La Bible rendue à l'histoire

DU MÊME AUTEUR

La fête juive de la Pentecôte, Éd. du Cerf, coll. « Lectio divina ».
Jésus, l'histoire vraie, Bayard Éditions.

En collaboration avec Jacques Potin :
Cette année à Jérusalem. Guide du voyage en Terre sainte, Bayard Éditions.

Avant-propos

Un nouvel itinéraire à travers la Bible

J'ai eu l'idée de ce guide en constatant combien il était ardu, pour celui qui n'a jamais ouvert la Bible, de pénétrer dans ce monument extraordinaire, d'en goûter le style et la poésie, d'en comprendre l'architecture. Il est vrai que les livres qui la composent, dans leur succession, n'obéissent pas toujours, du moins en apparence, à la logique narrative que l'on attend par exemple d'un roman ou d'un essai. Certes, la Bible fascine parce qu'elle est la référence religieuse fondamentale des juifs et des chrétiens, et aussi l'une des sources essentielles de notre culture. Elle est également l'ouvrage le plus diffusé au monde, traduit totalement ou en partie dans plus d'un millier de langues, voire davantage. Mais elle n'en paralyse pas moins les bonnes volontés en raison des problèmes complexes qu'elle soulève, qu'ils soient historiques, littéraires ou religieux. C'est pourquoi, quelques jours après son acquisition, elle est souvent reléguée sur un rayon élevé des bibliothèques. La première partie surtout, appelée traditionnellement Ancien Testament, constitue pour beaucoup un bloc impénétrable. Le métier de journaliste, que j'ai exercé pendant vingt ans, m'ayant peut-être rendu plus sensible à la nécessité et aux exigences de la communication, il m'a donc paru nécessaire de fournir un jour un accès nouveau et pratique à ceux qui découvrent l'Ancien Testament pour la première fois. Un moyen d'y entrer sans appréhension, de connaître son élaboration, de contempler sa splendeur tout en saisissant la portée des événements et le message qu'il transmet.

Les interrogations sur l'histoire

De prime abord, pourtant, la Bible peut donner l'impression d'un monument construit selon un plan rationnel. L'exposé paraît simple même si les genres littéraires adoptés déroutent. D'abord, la création du monde et l'apparition de l'humanité. Puis, les siècles qui couvrent l'histoire proprement dite du peuple d'Israël : la vocation de l'ancêtre Abraham, le cycle des aïeux ou patriarches (Abraham, Isaac, Jacob), la libération d'Égypte, les quarante ans de séjour dans le désert du Sinaï sous la conduite de Moïse, l'installation en Terre promise (Canaan) ; vient ensuite le temps des rois, David, Salomon et leur descendance, qui correspond aussi à celui des prophètes, et qui s'achève avec la chute de Jérusalem en 587 ; enfin, les juifs reviennent de l'exil de Babylone à partir de 538 avant notre ère.

Mais le lecteur d'aujourd'hui s'interroge dès le début. D'où proviennent ces traditions qui permirent de relater la création du monde et de l'humanité, la geste des patriarches, la sortie d'Égypte ? Quand, par qui et où furent-elles écrites ? Même des récits apparemment plus conformes aux exigences de l'histoire, par exemple la royauté d'Israël, appellent des questions identiques. Dans quelle mesure peut-on se fier à l'authenticité des événements rapportés ? Ceux-ci comportent-ils tous le même degré de certitude ? Quels furent les auteurs et les sources de ces œuvres dites « historiques », qui semblent consigner avec précision les péripéties de certains rois et la succession de leurs règnes ? Les sources utilisées sont-elles fiables ? Comment expliquer les contradictions fréquentes entre les livres, voire d'un passage à l'autre d'un même livre ? Dans quel but les rédacteurs édifièrent-ils la Bible ? Pour conserver le souvenir du passé, fortifier la foi du peuple en Yahvé son Dieu, défendre la mémoire de certains souverains et montrer la responsabilité de certains autres dans la ruine du pays ? Telles sont donc quelques-unes des interrogations qui accompagnent constamment le lecteur de la Bible et le rendent perplexe...

Les interrogations des croyants

Mais ce lecteur s'interroge tout autant sur le statut religieux de la Bible. Juifs et chrétiens la considèrent comme l'expression autorisée de la Parole de Dieu. Ce Dieu, qui se présente en Dieu unique, créateur de l'univers et de l'humanité, exige des hommes un certain comportement éthique, lequel est la condition pour qu'ils connaissent le bonheur. Mais qui garantit que cette Parole fut authentiquement celle de Dieu ? Et comment cette Parole, transmise par Israël au travers de ses relations avec son Dieu personnel, peut-elle aujourd'hui éclairer ma foi ? Y a-t-il un rapport, et lequel, entre ce Dieu en qui j'ai mis ma confiance et cette histoire tantôt mythique, tantôt cruelle, toujours lointaine ? Comment accorder un préjugé favorable à ces livres et engager, sur leurs affirmations, son existence personnelle dans un acte de foi au Dieu qui s'y révèle ? Ce Dieu ne connaît-il pas des passions trop humaines ? N'abandonne-t-il pas souvent la transcendance et l'impartialité qui s'imposent à la divinité pour s'impliquer dans l'histoire du monde et le destin du peuple qu'il a choisi ? Les questions que pose la Bible au croyant du IIIe millénaire sont, on le voit, innombrables...

À la recherche d'un nouveau chemin d'accès

L'itinéraire que je propose devrait permettre à l'homme d'aujourd'hui de surmonter quelques-unes de ces difficultés d'ordre historique et religieux, non pas dans un exposé didactique global, mais au fil même de la Bible.

Bien sûr, des guides de lecture ont depuis toujours tenté de faciliter la visite de la Bible. Des éditions spécialisées, sous le titre générique *Introduction à la Bible* – à l'Ancien, au Nouveau ou aux deux Testaments –, paraissent régulièrement afin de répondre aux questions particulières à telle époque ou à telle catégorie de lecteurs. D'autres, qui contiennent un choix des textes les plus importants, sont également utiles à ceux que rebutent l'épaisseur et la complexité de ce monument. La méthode la plus courante consiste à présenter les livres bibliques dans l'ordre de leur apparition dans la Bible, d'en indiquer le plan, le genre littéraire, la doctrine, la date de rédaction. Ces « introductions » ont l'avantage d'exposer systématiquement et objectivement chacun de ces textes, permettant ainsi de découvrir le grand axe de l'histoire d'Israël depuis la vocation d'Abraham jusqu'au retour en Terre promise après l'exil de Babylone. En outre, elles expliquent très bien que les événements rapportés ne furent pas des épisodes isolés : aux yeux de ceux qui constituèrent ces ouvrages bibliques, ils s'intégraient dans une chronologie qui avait un sens pour Israël. Mais cette manière d'explorer la Bible ne tient pas compte de deux éléments qui ne manquent pas d'intriguer le lecteur curieux.

Il s'avère d'abord que la Bible ne dit rien des six siècles qui vont du retour de captivité à partir de 538 av. J. C. jusqu'à la destruction définitive de Jérusalem par Titus en l'an 70 de notre ère. En tout cas, aucun fait important n'est souligné – du moins dans les livres reconnus par le judaïsme –, ni la chute de l'empire perse et la victoire d'Alexandre, ni les crises successives qui entraînèrent la révolte des Maccabées, la fondation de la dynastie hasmonéenne et, enfin, la ruine de Jérusalem. Une telle omission signifie-t-elle que le peuple juif accorda peu de signification théologique à l'histoire événementielle qui suivit l'exil ?

Dans ce cas, il faudrait en conclure qu'Israël cessa toute production littéraire au moment où les autres pays, la Grèce par exemple, commençaient à composer épopées, livres historiques, pièces de théâtre, discours. En réalité, les historiens savent qu'Israël rédigea à cette époque de nombreux livres de la Bible. Mais presque systématiquement, comme s'il fallait placer l'intervention de Dieu dans un temps reculé, aussi éloigné que possible du fracas des crises qu'il affrontait, il les attribua à de grands personnages du passé, Moïse surtout, et aussi David et Salomon. Ainsi la Bible dans son ensemble, loin de refléter ces époques très anciennes comme elle semble y inviter, témoigne-t-elle au contraire avant tout de la vie religieuse du peuple juif au cours des derniers siècles qui précèdent notre ère. Si nous situons cette littérature dans le contexte de cette communauté d'Israël, la découverte des livres bibliques apparaît alors inédite et passionnante.

C'est pourquoi j'ai pris le parti, dans cet ouvrage, d'une approche sensiblement différente des introductions bibliques habituelles. L'intuition de la démarche que j'adopte est apparue évidente alors que j'enseignais l'Écriture sainte dans un grand séminaire de Fianarantsoa, à Madagascar. Durant plusieurs années consécutives, à raison d'un trimestre par an, il m'avait été demandé d'y donner, à des groupes différents et parfois dans la même journée, un cours d'introduction générale à la Bible, un autre sur le Pentateuque ou sur les Prophètes, c'est-à-dire sur des livres bibliques distincts, avec le risque de s'y perdre, même pour des étudiants en théologie... Pourquoi fallait-il donc enseigner séparément ce qui faisait partie d'un tout ? Il me parut alors clair que cette contrainte ne pouvait être évitée que si le regard englobait l'ensemble de l'Ancien Testament. Ce fut précisément cette nécessité qui me poussa à tracer un chemin permettant d'explorer la Bible d'une façon nouvelle, à partir de sa globalité et non de son déroulé historique.

Je propose en effet de prendre comme fil conducteur la démarche religieuse de cette communauté, car ce fut elle qui anima et vérifia le travail de ses écrivains restés malheureusement anonymes. Ce fut elle, en définitive, qui donna forme à la plupart des livres de la Bible et les marqua de son empreinte spirituelle. Désorientée par la destruction du Temple et les cinquante années de la captivité à Babylone, elle ressuscita grâce au retour sur la Terre de ses ancêtres et à la reprise du culte dans le Temple rebâti. À travers son œuvre, et en utilisant les genres littéraires dont elle disposait, elle témoigna de sa foi. Elle fut donc à la fois l'acteur et le transmetteur de l'histoire d'Israël. Ces souvenirs, qui avaient été accumulés au cours des siècles, ne furent pas rassemblés dans une mémoire figée, mais une mémoire vivante, sans cesse revisitée, qui scruta et enrichit des traditions parfois presque évanescentes, pour composer une fresque grandiose relatant l'intervention de Yahvé en faveur de son peuple.

Sur quels fondements religieux s'appuya la communauté ? Tout le monde en convient, historiens comme théologiens, juifs comme chrétiens, la source première est l'enseignement des prophètes. Ces hommes inspirés par Yahvé, qui avaient pour nom Amos, Osée, Isaïe, intervinrent à une époque décisive pour Israël, le VIIIe siècle avant notre ère. Leurs oracles sont les plus anciens documents écrits à caractère religieux conservés par le peuple élu. C'est donc à partir de ce temps et de leur message qu'il est possible et fructueux de pénétrer au cœur de ce qui devint la Bible. Leurs voix retentirent à une période cruciale de l'histoire, tant pour Israël que pour l'ensemble du Proche-Orient. Vers 745, année qui sert de point de départ à mon propos, le petit peuple d'Israël bascula avec les royaumes voisins dans le tumulte des grands empires mondiaux. Il risqua lui aussi d'être emporté par la tourmente. Les prophètes, alternant menace et espérance, proclamèrent alors qu'Israël allait à une mort certaine s'il ne s'attachait pas exclusivement à Yahvé, son Dieu, la divinité à laquelle la nation rendait un culte depuis des siècles. Ces paroles se démarquaient vigoureusement d'un environnement religieux qui professait le polythéisme et le syncrétisme. Aussi pouvons-nous y voir vraiment le début de la religion d'Israël !

Un choix de textes replacés dans leur contexte historique

La rédaction des livres de la Bible suit donc la réflexion d'Israël sur son destin avant et après ce tournant que représente l'année 745. La présentation que j'ai choisie se situe dans ce cadre mais tout en prenant en considération les étapes de l'histoire du salut : la création du monde, les patriarches, les rois, l'exil, l'attente des temps messianiques. Elle met ainsi mieux en relief le rôle du peuple d'Israël : il fut en même temps le sujet, l'objet et l'auteur de cette histoire. Il essaya sans cesse de comprendre les événements de son existence à la lumière de cette vérité qui constituait l'essentiel de sa foi : Yahvé conduisait le destin de son peuple.

Cette méthode, je le crois, permet au lecteur de bénéficier d'une manière avantageuse des apports de l'exégèse actuelle. Celle-ci, depuis quelques années, s'attache en effet à l'étude du texte dans sa rédaction définitive, tel qu'il fut transmis dans le contexte de sa composition. Les historiens ne s'acharnent plus avec la même minutie à la reconstitution toujours hypothétique des documents que l'auteur biblique aurait utilisés, et à la saisie de l'événement factuel tel qu'il put se dérouler. Il convient évidemment de ne pas se désintéresser de la recherche proprement historique, mais il ne faut pas pour autant oublier que le propos de la Bible est de nature religieuse avant d'être historique.

Il me sera peut-être objecté que ma perspective privilégie une époque de l'histoire biblique, à savoir le temps des prophètes et surtout les siècles qui suivirent le retour de l'exil. Certains regretteront de même que, par là, elle sacrifie l'évocation de la vie nomade des patriarches ou les prouesses de héros qui font le charme des reconstitutions de la Bible dans les films, les romans ou même dans des livres d'enseignement religieux. Dieu ne se révèle-t-il pas mieux dans le dépouillement du désert que dans le tumulte des villes ? La perspective que j'adopte correspond pourtant à ce qu'en dit la recherche historique actuelle. Celle-ci relativise, par exemple, l'existence de traditions fixées déjà dans des documents antérieurs à l'exil et qui seraient à l'origine du Pentateuque (la Torah). Non seulement la Bible reçut sa forme littéraire définitive à partir de la captivité à Babylone, mais ce fut aussi à cette époque, et dans les siècles suivants, que, sous la direction de scribes, prêtres et laïcs, fut achevé le récit des étapes de l'histoire d'Israël, en remontant jusqu'à la création de l'humanité. Ainsi fut élaboré le message de ce qui allait devenir la grande religion monothéiste dans le monde, le judaïsme, dont christianisme et islam se présentent comme les héritiers.

La présentation que je préconise suppose aussi d'admettre que la vieille religion de Yahvé, apparue en un temps immémorial, recouvrit, au retour de l'exil, c'est-à-dire au VIe siècle avant notre ère, plus qu'une nouvelle jeunesse. S'inspirant de l'enseignement des prophètes, elle développa alors des ressources théologiques et éthiques insoupçonnées. Mais, en cela, elle n'était pas isolée des autres grandes religions. En plusieurs endroits, sans qu'il y eût concertation, l'humanité procédait à une refonte des fois traditionnelles jusqu'alors fondées exclusivement sur la croyance aux mythes. Elle chercha une explication de l'existence du monde et d'elle-même qui fût plus satisfaisante que les combats ou les amours des dieux ; elle proposa des fondements plus adaptés au nouvel ordre politique qui était en train de naître ; elle montra des chemins qui offraient une possibilité de relation personnelle à la divinité ; elle fournit des bases théologiques en vue d'élaborer des règles de comportement moral plus conformes à cette évolution spirituelle.

Mais Israël possédait un caractère très spécifique. Si le judaïsme professait avec de plus en plus de force un monothéisme intransigeant, il prétendait aussi que la révélation de ce Dieu unique s'effectuait à travers les méandres du destin d'Israël et du monde. Cette implication divine oblige le lecteur de la Bible à s'intéresser aux grandes étapes de l'histoire. Aussi trouvera-t-il dans le guide que je lui propose une explication – la plus claire possible – des événements complexes sous-jacents à la rédaction des livres bibliques.

Enfin, certains me reprocheront peut-être d'avoir opté pour la solution des « morceaux choisis ». Je suis convaincu moi aussi que la fréquentation du texte original de la Bible est indispensable. Mais, récemment, un homme d'expérience comme Pierre Grelot, lui-même auteur d'un recueil de textes choisis, *Pages bibliques*, qui a connu de nombreuses éditions, écrivait : « Je reste persuadé que, pour un premier contact, la plupart des lecteurs a besoin de textes choisis mis à sa portée en fonction de ses capacités d'assimilation [1]. » C'est pourquoi, dans ce guide, le lecteur trouvera les textes bibliques les plus importants présentés dans le contexte de leur rédaction. Il pourra, s'il le souhaite, plonger plus avant dans la Bible en bénéficiant d'un éclairage historique et de connaissances sur la constitution de ce chef-d'œuvre. Peut-être se surprendra-t-il à apprécier des passages avec une saveur nouvelle ? En cela, je réponds, je crois, au souhait d'un autre spécialiste de la communication biblique, Pierre Gibert : « Dire comment la Bible fut écrite semble donc bien, dans un premier temps, une voie de solution à la question de son introduction. La Bible, dans sa matérialité de livre ouvrable et lisible, oblige à s'interroger sur la façon dont elle a été élaborée dans cette matérialité même [2]. »

Bien évidemment, je suis redevable aux travaux d'exégètes innombrables, et d'abord à l'enseignement de mes maîtres à Rome et à Jérusalem. Si je ne les cite pas, c'est que mon livre n'a aucune prétention scientifique.

---

1. *Combats pour la Bible en Église*, Éd. du Cerf, 1994, p. 350.
2. *Comment la Bible fut écrite*, Bayard Éditions, 1995, p. 6.

En outre, je me suis familiarisé avec les nouvelles orientations de l'exégèse et je pense que mes options fondamentales rejoignent leurs recherches. Je reconnais volontiers le caractère audacieux de mon entreprise et certains jugeront peut-être que des étapes ne sont pas assez développées. Mais était-il nécessaire de tendre à une exhaustivité qui aurait conduit à la publication d'un livre colossal (plusieurs tomes, forcément), entraînant le lecteur dans un labyrinthe de considérations diverses ? La Bible dans sa beauté, sa puissance spirituelle, sa grande humanité, risquait alors d'être noyée. Je pense que, par son caractère inédit et la voie nouvelle qu'elle trace pour tous vers le cœur de la Bible, la merveilleuse aventure que je présente méritait d'être tentée.

Les outils de la découverte

Il n'existe évidemment pas de découverte sans retour aux sources. La Bible qu'utilisent les juifs, ou Bible hébraïque, c'est-à-dire écrite en hébreu, comprend trois parties.

– La Torah, mot hébreu qui signifie « loi, enseignement ». Cette partie rapporte des récits concernant les événements depuis la création du monde jusqu'à la mort de Moïse à la veille de l'entrée du peuple hébreu en Terre promise. Elle contient aussi de très nombreux textes législatifs réglant la vie sociale et religieuse du peuple d'Israël.

– Les Prophètes (Nebyim) constituent la partie la plus développée. Les prophètes sont des hommes inspirés par Yahvé qui ont eu un rôle fondamental dans la vie d'Israël par leurs paroles autant que par leurs écrits. La Bible hébraïque distingue les prophètes « premiers » et les prophètes « derniers ». Le nom de prophètes « premiers » est appliqué aux livres qui racontent l'histoire d'Israël après la mort de Moïse, depuis l'entrée en terre de Canaan sous la direction de Josué jusqu'à la prise de Jérusalem par le roi de Babylone, Nabuchodonosor, en 587, quelque sept cents ans plus tard. Les prophètes « derniers » sont ceux que nous appelons les prophètes écrivains et dont les écrits sont publiés dans la Bible sous leur nom. Elle en a retenu quinze (Daniel n'y figure pas comme prophète), mais elle présente leurs œuvres sans tenir compte toujours de l'ordre chronologique.

– La troisième partie, les Écrits (Ketubim), rassemble tous les autres livres et, en premier lieu, le recueil officiel de prières, les Psaumes. Ces Écrits sont de genres littéraires très divers, comme toutes les littératures du monde en présentent, livres poétiques, recueils de proverbes et même romans historiques.

Le lecteur peut aussi consulter les traductions chrétiennes de la Bible, qui, pour la plupart, ont adopté la liste et l'ordre des livres de la traduction grecque de la Bible opérée à Alexandrie à partir du IIIe siècle avant notre ère, la Septante – la Torah y est appelée Pentateuque parce qu'elle comporte cinq *(penté)* livres (rouleaux). Mais cet ordre est parfois différent de celui de la Bible hébraïque. Ainsi, Daniel est situé par la Septante parmi les prophètes alors qu'il est relégué à l'avant-dernière place dans la Bible hébraïque. Ces différences sont également perceptibles dans les deux traductions françaises les plus répandues : la Bible de Jérusalem (BJ) suit l'ordre de la Septante, la Traduction œcuménique de la Bible (TOB) celui de la Bible hébraïque. Par ailleurs, la Septante a reconnu plusieurs livres qui ne figurent pas dans la Bible hébraïque et que la BJ et la TOB placent différemment. Ce guide les présente en relation avec l'époque de leur rédaction.

La traduction que j'utilise, ainsi que les dates, sont généralement celles de la Bible de Jérusalem. Le lecteur pourra aussi recourir à quelques outils de base que j'ai souhaité insérer dans ce volume. Des cartes, tout d'abord, qui permettent de comprendre les enjeux des itinéraires commerçants ou militaires, le rôle des villes, places-fortes, etc. ; une chronologie, qui indique les événements de l'histoire d'Israël et du monde ainsi que la date probable d'écriture des livres bibliques ; un index biblique afin de pouvoir repérer ce parcours dans le texte habituel de l'Ancien Testament ; un index des principaux personnages de la Bible enfin, pour ceux qui souhaitent retrouver sans peine l'histoire d'Abraham, ou celle de David.

Je souhaite bonne lecture à ceux qui s'aventureront dans ces pages. Et qu'ils trouvent autant d'émerveillement et de plaisir à les lire que j'en ai eu à les écrire.

Jean POTIN

Prélude

745 av J. C. : Tempête sur le Proche-Orient

L'histoire de chaque peuple est ponctuée de dates qui marquent des tournants brutaux dans le cours de son existence. L'an 745 est l'une de ces dates pour Israël. En effet, en Mésopotamie, un nouveau roi, Téglat-Phalasar III, monte cette année-là sur le trône d'Assur, capitale de l'Assyrie, ce riche empire situé entre le Tigre et l'Euphrate. Intelligent, brutal, il applique dans les pays qu'il conquiert une politique de destruction des villes, de déportation et de transfert des populations, laissant derrière lui des régions entièrement dévastées. Israël, qui vit alors dans une relative tranquillité, va être happé comme ses voisins par cette tourmente, tel un fétu de paille. Ce moment constitue aussi le véritable point de départ de la rédaction de la Bible ! Car c'est à partir de cette époque que les prophètes commencent à mettre par écrit leurs oracles.

En une dizaine d'années, Téglat-Phalasar III impose sa domination implacable sur les royaumes environnants. Son empire s'étend bientôt du golfe Persique à la Méditerranée et atteint l'Égypte. Même cette dernière ne peut l'arrêter. Israël et les petits royaumes proches, qui recherchent traditionnellement l'appui de l'Égypte contre les grands empires qui se succèdent au Nord, se trouvent ainsi sous les attaques directes de l'Assyrie, qui programme leur destruction d'une manière impitoyable. C'est cette menace que révèlent au peuple ces hommes lucides que sont les prophètes. Les avertissements qu'ils lancent à partir de 745 étonnent d'autant plus leurs auditeurs que le peuple d'Israël connaît alors une situation économique relativement prospère. Avec véhémence, les prophètes demandent à leurs compatriotes de vivre en conformité avec les exigences de l'alliance que leurs ancêtres ont conclue autrefois avec Yahvé leur Dieu. Sinon, ils vont succomber au péril mortel qui fond sur eux.

Le peuple d'Israël en 745

Les historiens estiment que les tribus qui constituèrent plus tard ce qu'il est convenu d'appeler Israël s'installèrent vers 1200 dans la région limitée par les frontières naturelles que sont le Jourdain et la Méditerranée d'une part, les montagnes du Liban et la péninsule du Sinaï d'autre part. D'abord fédération assez mouvante de ces quelques tribus, le régime politique devint une royauté vers l'an 1000, sous David, à l'imitation des autres petits États limitrophes.

L'entrée dans l'histoire

Nous pouvons par conséquent considérer qu'avec David nous entrons dans l'histoire d'Israël au sens moderne du terme. Pour ce qui concerne le passé plus lointain d'Israël, nous ne disposons que des documents transmis exclusivement par les écrivains bibliques, qui s'appuyèrent eux-mêmes sur des traditions orales, fragmentaires et populaires, parfois difficiles à situer dans le temps. À partir de l'époque de David, les récits transmis par la Bible s'avèrent de plus en plus fiables, certains s'intègrent dans la succession des événements de l'histoire des grands empires ou sont même confirmés par des textes provenant des archives officielles de ces puissances.

Le règne de David peut ainsi être daté avec quelque probabilité de 1010 à 970. D'abord chef de bande dans le sud du pays, il réussit à réunir autour de lui plusieurs tribus apparentées à la sienne, celle de Juda. Il est proclamé roi par ces mêmes tribus et établit sa capitale à Jérusalem. Il y bâtit son palais, projette aussi la construction d'un temple consacré au Dieu national, Yahvé. Il regroupe par ailleurs autour de Jérusalem plusieurs tribus d'une ancienne fédération. Il fixe les bases d'un véritable État doté d'une armée et d'une administration, et régi par un système de royauté héréditaire. Profitant de l'affaiblissement de l'Assyrie et de l'Égypte, il amorce la constitution d'un petit empire en faisant payer tribut à des nations voisines, Moab, Ammon au-delà du Jourdain, Édom et la Philistie au sud de son territoire. Il parvient même à étendre son influence jusqu'à Damas, la ville la plus importante de la région. Aussi, le règne de David reste dans la mémoire d'Israël comme la référence, la preuve éclatante que Yahvé favorise et protège son peuple. Le souvenir de ce roi, vénéré à la fois comme guerrier valeureux et homme de foi, a entretenu l'espérance de son peuple aux heures les plus difficiles de son histoire.

Son fils Salomon lui succède (970-931). Il consolide l'œuvre de son père, bâtit de nombreuses places fortes en Israël. Surtout, il élève le Temple de Yahvé à Jérusalem, le sanctuaire qui est désormais le lieu de la présence divine au milieu de son peuple et la garantie de la légitimité de la dynastie davidique. Il noue des alliances avec la Phénicie et l'Égypte, mène une politique commerciale très active. Dans la mémoire d'Israël, Salomon est le symbole du prestige que Yahvé accorde à Israël parmi les nations et des espérances que ce peuple peut placer en son Dieu s'il lui reste fidèle : un peuple puissant et prospère, réuni autour de Yahvé présent dans son Temple de Jérusalem, gouverné par un roi sage et juste, véritable « lieutenant » de Dieu. Un peuple vivant en paix avec ses voisins, entre les frontières d'un territoire garanti par la promesse faite par Yahvé à ses ancêtres.

Malheureusement, ce bel édifice, œuvre de David et de Salomon, s'écroule dès la mort de Salomon en 931. Son fils Roboam n'est pas un politicien assez avisé pour conserver la cohésion du royaume. Celui-ci se scinde en deux, signe que la monarchie n'a pas réussi à créer une véritable unité entre les tribus. Le Nord, plus riche, se constitue en royaume autonome et se donne bientôt Samarie comme capitale [1]. Cependant, l'auteur

1. Le nom de la capitale, Samarie, sert souvent à désigner le royaume du Nord. Celui-ci est appelé également Israël, qui est un autre nom du patriarche Jacob selon Gn 32, 28

du coup d'État, Jéroboam, n'arrive pas à fonder une dynastie stable. Des révolutions de palais souvent très sanglantes bouleversent à plusieurs reprises l'histoire du royaume. Celui-ci doit souvent faire la guerre à son voisin du Nord, Damas, qui convoite une partie de ses possessions. Avec le royaume frère du Sud, Juda, dont il continue à partager le culte de Yahvé, les relations sont parfois hostiles, parfois pacifiques.

Après la séparation, Juda n'hérite que d'un petit territoire à moitié désertique autour de Jérusalem. Mais il garde une légitimité au regard de l'ensemble du peuple : sa capitale Jérusalem, fondée par David, abrite le Temple, la demeure de la divinité nationale, Yahvé. De plus, la dynastie davidique perdure sans discontinuité sur le trône de Jérusalem jusqu'en 587, alors que dans le royaume du Nord se succèdent les changements de dynastie.

Le schisme dure deux siècles. Pendant cette longue période, les deux frères ennemis s'allient parfois avec d'autres États, et combattent alors ensemble contre un adversaire commun, ou ils s'embarquent chacun de son côté dans des alliances qui les opposent l'un à l'autre, selon un jeu politique complexe. En réalité, leur division les affaiblit et ils ne sont plus les maîtres de leur destin. Damas impose sa supériorité, assujettit certains de leurs territoires, en Galilée et au-delà du Jourdain, contraignant Samarie et Jérusalem à des ententes dangereuses contre l'Assyrie, comme nous le verrons. Mais le tigre assyrien relâche quelque temps sa menace sur l'Ouest. De fait, il doit retourner protéger son repaire, la plaine fertile entre le Tigre et l'Euphrate, menacé par des révoltes conduites par la province de Babylone.

Les armées assyriennes sont dès lors engagées sur d'autres champs de bataille. Pendant quarante ans, de 783 à 745 environ, Israël-Samarie et Juda, comme tous les pays qui les entourent, connaissent une période de

---

(voir deuxième partie, chapitre 3, « Le combat de Jacob avec l'ange de Yahvé », p. 301). Le royaume du Nord, en se faisant appeler Israël, revendique donc un nom qui appartient à l'ensemble des tribus qui ont Jacob pour ancêtre. Après la disparition du royaume du Nord, en 722, Israël va qualifier l'ensemble du peuple élu. Au sud, le royaume est également désigné par le nom de sa capitale, Jérusalem, et par celui de sa tribu principale, Juda, l'autre tribu le composant étant Benjamin, propriétaire du territoire où se situe Jérusalem.

tranquillité et de prospérité. La Phénicie, voisine du royaume de Samarie, est le moteur de ce développement économique, car elle est alors également au sommet de son activité commerciale. Cette période correspond pour les royaumes de Jérusalem et de Samarie à deux longs règnes à peu près concomitants, celui de Jéroboam II (787-747) au nord, Azarias (appelé aussi Ozias) (781-740) au sud.

Pourtant, c'est au cours de ces deux règnes que les prophètes Amos et Osée font entendre leur voix et annoncent l'arrivée de la catastrophe. Or, quelque vingt années après le début de leur prédication, en 722, leurs oracles commencent à se réaliser, Samarie est prise et détruite, la population envoyée en exil. Jérusalem connaît un répit jusqu'en 587.

Le cadre politique et géographique

Le résumé de ces événements, qui se trouvent au cœur de la Bible, montre que l'histoire et la géographie sont des données capitales pour la lecture des livres bibliques. Il est donc nécessaire, avant de les aborder, de se familiariser quelque peu avec le cadre géographique dans lequel Israël évolue. Il est de plus nécessaire d'avoir en mémoire les grandes étapes de l'histoire qui a précédé et accompagné sa naissance.

Le Croissant fertile

Les géographes modernes ont appelé la région du Proche-Orient qui nous occupe le Croissant fertile parce que, du golfe Persique jusqu'à l'Égypte en passant par la Mésopotamie, elle forme comme un croissant, une zone fertile enserrant en son centre le désert d'Arabie.

La corne orientale de ce croissant s'appuie au sud sur les rives du golfe Persique. Le voyageur remonte vers le nord-ouest en longeant le Tigre et l'Euphrate, qui ont créé entre eux une plaine fertile, la Mésopotamie, « le pays entre les deux fleuves » (l'Irak d'aujourd'hui), qui est le berceau de plusieurs empires et civilisations. À l'est, la Mésopotamie est dominée par les montagnes de la Perse (l'Iran actuel) ; à l'ouest, elle est limitée par le désert d'Arabie, qui étend ses dunes de sable quand l'irrigation n'est pas possible.

Au sommet du Croissant fertile, la région appelée Asie Mineure est composée de montagnes et de hauts plateaux, réservoirs d'eau où le Tigre et l'Euphrate prennent leur source. Elle correspond à l'ouest à la Turquie, à l'est à l'Arménie et à l'Azerbaïdjan. De puissants royaumes s'y sont constitués (le Hatti, l'Urartu...), mais ils n'interfèrent pas dans l'histoire biblique.

La corne occidentale du Croissant fertile borde la Méditerranée. Elle commence au nord avec les monts du Liban. À leurs pieds s'étend une série de petites plaines côtières fertiles : la Phénicie. Au sud des monts du Liban, entre Méditerranée et désert arabique, se trouve une région de montagnes moyennes, aux plaines et vallées assez fertiles, mais qui devient de plus en plus aride à mesure que l'on s'approche de la presqu'île du Sinaï. Cette partie du Croissant fertile est coupée en deux du nord au sud par la vallée du fleuve Jourdain qui naît sur le massif de l'Hermon (2 814 m) et va se perdre dans la mer Morte après avoir traversé le lac de Génnésareth.

Ce pays entre Jourdain et Méditerranée est « celui » de la Bible, qui le nomme Canaan[2]. Il est formé au centre d'une région montagneuse qui s'appuie au nord sur le massif de l'Hermon. La chaîne comprend successivement les montagnes de Galilée (1 200 m), de Samarie et de Juda (1 000 m), qui se prolongent jusqu'au désert du Néguev au sud. Elle est de plus en plus sèche et aride à mesure que l'on progresse vers le sud. La plaine côtière, étroite à la hauteur du mont Carmel qui coupe le pays en deux d'est en ouest, s'élargit vers le sud et constitue la région agricole la plus riche : c'est le territoire des Philistins. À l'est, la vallée du Jourdain forme une dépression inhospitalière où la chaleur est suffocante. L'oasis de Jéricho y apporte verdure et fraîcheur. À la mer Morte, dans laquelle toute vie est impossible, la dépression atteint 395 m au-dessous du niveau de la mer.

La partie située au-delà du Jourdain est constituée au nord par un plateau assez fertile, appelé par la Bible le pays de Galaad. Elle est entaillée par des rivières qui ont creusé profondément le sol, le Yarmouck, le Yabboq, l'Arnon, souvent mentionnés dans la Bible. Ce plateau devient de plus en plus aride et désertique à mesure qu'il descend vers le golfe d'Aqaba. Il est occupé au temps biblique par trois royaumes : Ammon, Moab, Édom.

---

2. Elle appelle aussi Cananéens les habitants des pays voisins parce qu'ils sont idolâtres.

Enfin, au sud du Croissant fertile, au-delà de la presqu'île du Sinaï, zone de steppes et de dunes de sable au nord, massif montagneux au sud, s'étire l'Égypte, qui comprend essentiellement la vallée du Nil, dont les riches limons apportés par les crues annuelles fertilisent un couloir de terre long et étroit. Au nord, le Nil s'épanouit dans un vaste delta aux innombrables bras. Géographiquement, l'Égypte appartient plus à l'Afrique, d'où descendent le Nil blanc et le Nil bleu.

Aux sources des civilisations

Aux deux extrémités du Croissant fertile, l'Égypte et la Mésopotamie ont engendré les deux civilisations les plus anciennes de l'humanité avec celle de la Chine. Géographiquement et politiquement, Israël se situe entre ces deux pôles historiques, dans une sorte de corridor qui conduit de l'un à l'autre et qu'ont emprunté constamment les armées des deux grandes puissances. La civilisation de Mésopotamie a davantage influé sur la culture biblique, parce qu'Israël et les peuples mésopotamiens appartiennent à la même famille linguistique.

L'Égypte des hiéroglyphes

La civilisation de l'Égypte se perpétue sans interruption depuis le IVe millénaire jusqu'au tournant de notre ère sous la conduite d'une trentaine de dynasties de pharaons. Mais sa religion, sa langue et son écriture, différentes de celles des autres peuples du Croissant fertile, et donc d'Israël, favorisent son isolement, qu'accentue sa situation géographique entre Afrique et Asie. Tout au long des millénaires de son histoire, elle doit se protéger tout autant contre les nations du Sud et de l'Ouest que contre celles du Nord. Au cours du IIe millénaire avant notre ère, ses armées ont été contraintes d'établir un glacis protecteur sur la côte, le long du Sinaï, pour freiner les invasions. Ce fut d'abord celle des Hyksos et des Peuples de la mer, lesquels étaient sans doute originaires du nord de la Grèce. Puis elle est menacée par d'autres populations indo-européennes : les Hittites, fondateurs au XIVe siècle d'un empire puissant en Anatolie, mais surtout les grands empires sémites à partir du XIVe siècle. Assyriens et Babyloniens, animés par leur volonté hégémonique de constituer d'immenses empires, cherchent à atteindre les côtes de la Méditerranée et à intégrer l'Égypte dans leurs possessions. Ensuite Perses, Grecs, Romains la dominent tour à tour et en font leur grenier à grains.

Sumer des tablettes cunéiformes

À l'autre extrémité du Croissant fertile, au sud de la Mésopotamie, près du golfe Persique, vers 3500 avant notre ère, apparaît une civilisation très brillante, d'origine inconnue, à la langue tout à fait particulière, celle de Sumer, qui, pendant près d'un millénaire, est un phare pour la région. Elle invente vers 3200 l'écriture, dite cunéiforme parce qu'elle utilise des signes en forme de clous (*cuneus* en latin). Les récits mythiques sur l'origine du monde et de l'humanité, des textes législatifs et des contrats commerciaux peuvent désormais être transmis et gardés sur des tablettes de briques passées au feu. La religion sumérienne accorde une place prépondérante aux dieux cosmiques, le ciel, l'air, la lune adorée dans la ville d'Ur qui, selon la Bible, est la patrie d'origine du patriarche Abraham [3].

Émergence des grands empires sémites et de l'alphabet

La civilisation sumérienne disparaît vers l'an 2000. Des peuplades nomades, originaires sans doute de la péninsule arabique et connues sous le nom générique d'Akkadiens, appelés aussi Amorites, occupent peu à peu le Croissant fertile depuis le golfe Persique jusqu'au Sinaï et s'y sédentarisent. L'époque moderne a donné à ces peuples le nom de Sémites parce que la Bible les fait descendre de Sem, l'un des fils de Noé (Gn 6, 9) [4]. Le point principal de ressemblance entre ces peuples est l'utilisation d'une langue d'origine commune, caractérisée par des racines à trois consonnes [5].

---

3. Voir deuxième partie, chapitre 3, « Abraham, le père des croyants », p. 270.
4. Voir deuxième partie, chapitre 4, « Le règne du péché », p. 329.
5. Cette langue se diversifie au cours des siècles en de multiples rameaux qui correspondent à des royaumes apparus à travers le Croissant fertile au cours du IIe millénaire. La Bible utilise deux de ces langues : l'hébreu, la langue maternelle du peuple

Les Sémites créent des royaumes, Babylone au sud, Assur au nord de la Mésopotamie, plus loin Mari, Ebla, d'autres encore. Au début du IIe millénaire, Babylone domine la Mésopotamie et resplendit sous le règne du roi Hammourabi (vers 1750), connu pour son code conservé au Louvre. Mais à partir du XIVe siècle, les rois d'Assur deviennent les maîtres. Après une éclipse due à l'arrivée de nouveaux peuples sémites, les Araméens, à la fin du IIe millénaire, l'Assyrie s'impose à nouveau au cours du IXe siècle comme la puissance totalitaire, responsable de la tragédie qui frappe Israël. Mais les empires ont une vie éphémère...

Le contexte politique immédiat : calme avant la tempête sur le Croissant fertile

C'est sur cet arrière-fond politique et géographique que se déroule l'histoire du peuple d'Israël. À partir de cette année 745, les royaumes de Juda et de Samarie vont subir de plein fouet les assauts de la tempête.

L'Assyrie, la puissance irrésistible

Dès le début du IXe siècle, pour consolider sa suprématie sur le Croissant fertile, l'Assyrie entreprend chaque année, depuis sa capitale Assur, des campagnes militaires dans toutes les directions. D'abord vers le sud de la Mésopotamie, contre Babylone, la grande rivale de toujours. Aujourd'hui vassale, cette ville prestigieuse n'attend qu'un signe de faiblesse de son suzerain pour prendre sa revanche. À l'est, l'Assyrie doit guerroyer contre les royaumes d'Élam et de Médie (l'Iran actuel) qui, du haut de leurs montagnes, jalousent les riches plaines du Tigre et de l'Euphrate. Au

d'Israël, et l'araméen (pour quelques chapitres seulement du livre de Daniel rédigé en 164 av. J. C. ; voir cinquième partie, chapitre 3, « Le livre de Daniel : Dieu conduit l'histoire », p. 622). L'araméen est à l'origine la langue parlée dans le royaume de Damas. Mais à partir de l'empire perse (milieu du VIe siècle), il devient la langue véhiculaire du Proche-Orient, jusqu'à son remplacement par le grec après la conquête d'Alexandre en 332.

nord, d'autres empires qui se sont constitués dans le Caucase et en Anatolie la menacent constamment. À l'ouest, elle doit se méfier des royaumes araméens, le plus important étant alors celui de Damas. Pour mener cette politique à la fois défensive et offensive, l'Assyrie recrute des armées très nombreuses et puissamment équipées en chars de combat, en instruments de siège, en transports de matériel. Afin d'asseoir définitivement son autorité, elle ne recule devant aucun moyen, massacres de femmes et d'enfants, destructions systématiques de villes, déportations de populations. L'Assyrie amorce le comportement de ce qu'on appellera un État totalitaire.

Cependant, au VIIIe siècle, la menace la plus grave et la plus immédiate pour l'Assyrie vient de Babylone et des royaumes de l'Est. Quand elle est occupée à les mater, les petits pays de l'Ouest respirent, ce qui est le cas pour Samarie et Jérusalem au cours des décennies qui précèdent 745. Mais l'Assyrie a besoin des richesses des régions de l'Occident et des villes côtières de la Méditerranée pour payer les campagnes qu'elle mène à l'Est. Pour cela, il lui faut détruire les royaumes araméens qui lui barrent la route de ces ports. Devant le danger, les rois s'unissent. En 853, une coalition menée par Damas et à laquelle prend part le roi d'Israël-Samarie est battue par le roi d'Assyrie Salmanasar III à Qarqar sur l'Oronte. Toutes les nations environnantes sont obligées de payer un lourd tribut au vainqueur. Ces combats réussissent cependant à empêcher l'Assyrie d'établir totalement sa souveraineté. Bien plus, des révoltes internes paralysent alors pour un temps ses tentatives de conquête vers l'Occident. Les royaumes araméens connaissent un répit jusqu'en 745. L'Assyrie, sous l'impulsion du roi Téglat-Phalasar III, considéré comme le véritable fondateur de l'empire assyrien, atteint le sommet de sa puissance conquérante et domine le monde jusqu'en 606, date à laquelle la nouvelle capitale, Ninive, est prise par Babylone, le nouveau maître...

Quelles sont les forces capables de s'opposer à cette puissance implacable ? Pour le découvrir, faisons connaissance avec les peuples qui vont être les voisins immédiats d'Israël au cours des siècles que couvre la Bible et qui sont ses partenaires dans le drame qui va se dérouler.

L'Égypte, une puissance en déclin

Jusqu'au XIIe siècle, les pharaons ont réussi à endiguer tant bien que mal les armées de toutes provenances qui, dévalant d'Asie Mineure ou de Mésopotamie, venaient piller leurs terres fertiles. Pour se protéger, ils ont lancé des expéditions préventives vers le Nord à travers le territoire d'Israël et de ses voisins, jusqu'aux limites du royaume d'Assyrie. Ainsi, jusqu'au Ier millénaire, lorsque sa puissance militaire et commerciale est au sommet de sa splendeur, l'Égypte considère toute la terre qui s'étend du Sinaï à la Mésopotamie comme un glacis et y fait sentir la force redoutable de ses troupes.

Mais en 745, l'Égypte est sur le déclin et réduite au Nil et à sa vallée. Les XXIe et XXIIe dynasties de pharaons (1085-730) ne peuvent empêcher le pays de sombrer dans l'anarchie et leurs troupes se révèlent incapables de s'opposer aux forces entraînées et supérieurement armées de l'Assyrie, même si les armées de Sheshonq Ier, pharaon d'origine libyenne, peuvent monter une fois encore rançonner Jérusalem au Xe siècle [6]. Après lui, l'Égypte sombre dans des querelles internes, se divise en principautés, est pillée par des guerriers éthiopiens qui, de 715 à 664, unifient le Sud et laissent le delta à l'anarchie. Dans le Nord, elle est incapable d'exercer son influence au-delà de la péninsule du Sinaï et d'empêcher la pression des armées assyriennes sur ses frontières. L'Égypte que connaît la Bible n'est donc plus celle de la splendeur des pyramides, ni celle de la gloire royale des Ramsès. C'est pourquoi le recours à sa protection constitue un leurre dangereux pour le peuple d'Israël.

Damas, le plus grand parmi les petits

Damas, située dans une riche oasis traversée par des routes caravanières, est la capitale du plus important des royaumes araméens qui se sont installés dans cette région au cours du XIIe siècle et qui ont occupé le pays depuis le sud de la boucle de l'Euphrate jusqu'au territoire d'Israël (Syrie actuelle). Israël lui-même se considère comme un peuple araméen : la Bible

6. Voir troisième partie, chapitre 2, « Schisme et décadence : les deux royaumes », p. 418.

ne déclare-t-elle pas que l'ancêtre Jacob était « un Araméen errant » (Dt 26, 5). Les deux royaumes entretiennent souvent des rapports difficiles, le sort des armes étant favorable tantôt à l'un, tantôt à l'autre, car leurs forces sont sensiblement égales. En 853, c'est Damas qui prend la tête de la coalition contre l'Assyrie, et qui, nous l'avons vu, est assez puissant pour stopper les armées de Salmanasar III dans leur marche vers la mer.

Pendant la période de l'affaiblissement temporaire de l'Assyrie qui précède l'accession au trône de Téglat-Phalasar III en 745, Damas, bien qu'amputé de certains de ses territoires par le vainqueur, connaît aussi sans doute une période de relative prospérité, comme ses voisins sur lesquels il ne peut plus exercer de pression. En 736, il cherche à renouveler la coalition du siècle précédent. Mais la puissance de l'Assyrie est désormais irrésistible, les alliés d'autrefois se divisent, le royaume de Jérusalem fait sécession. Les troupes de Téglat-Phalasar III s'emparent de Damas et même de la Galilée en 732. Un répit est laissé à Samarie, la capitale du royaume du Nord, jusqu'en 722.

La Phénicie

La Phénicie couvre la bande côtière située au nord du mont Carmel, cette chaîne de montagnes qui barre la Palestine au sud de la Galilée. Il ne s'agit pas d'un État unifié, mais d'une confédération de villes commerçantes – Byblos, Tyr, Sidon, Arwad, Akko –, établies dans des abris naturels le long du littoral. Chacune de ces villes indépendantes est gouvernée par un roi, mais elles concluent des alliances entre elles. Hardis navigateurs, les Phéniciens détiennent la maîtrise des mers depuis le Xe siècle. Ils ont installé des comptoirs commerciaux à Chypre, puis sur tout le pourtour de la Méditerranée ; ils fondent Carthage. Ils importent des matières premières de pays lointains, d'Afrique et même d'Espagne, métaux, ivoire, animaux exotiques, qu'ils revendent aux pays voisins et notamment à ceux de Mésopotamie. À l'Égypte ils fournissent les cèdres des montagnes du Liban, l'huile et le vin d'Israël, ainsi que les produits de leur artisanat de luxe. Nous comprenons qu'une telle richesse attire la convoitise de l'Assyrie.

Le désir de faciliter les transactions commerciales, vers la fin du IIe millénaire, amène les Phéniciens, dont la langue est de type sémitique avec trois consonnes fondamentales, à inventer un alphabet de vingt-deux consonnes, ce qui facilite la diffusion de l'écriture parmi les peuples d'origine sémite [7]. À l'époque qui nous intéresse, Tyr est la plus importante des villes de la Phénicie. Elle entretient des relations commerciales importantes avec le royaume d'Israël, troquant de l'huile, du vin, du blé contre les bois des montagnes du Liban et les objets en bronze. Quand l'Assyrie menace leur indépendance commerciale, les cités phéniciennes s'allient aux royaumes araméens, mais vaincues en même temps que ceux-ci, elles doivent payer à l'Assyrie un lourd tribut en métaux précieux et en produits exotiques.

La Philistie

Sur le littoral de la Méditerranée, à proximité de l'Égypte, se constitue vers 1200 une fédération de cinq villes (Gaza, Ashdod, Ascalon, Éqrôn, Gath) fondée par un peuple appartenant à ce que les Égyptiens ont appelé « les Peuples de la mer » parce qu'ils venaient des côtes de la mer Égée ou de l'Anatolie. Ils cherchent à s'établir dans le delta du Nil, mais Ramsès III, vers 1175, les repousse vers la plaine côtière, au pied des montagnes de Canaan sur lesquelles, sensiblement à la même époque, commencent à s'installer les tribus d'Israël.

Les Philistins ne sont pas sémites, et ne pratiquent pas la circoncision, ce qui leur vaut dans la Bible un surcroît de mépris et d'inimitié. Grâce à leur maîtrise du fer, alors qu'Israël ne peut leur opposer que des armes en bronze, ils conquièrent les villes cananéennes de la plaine et entament même la conquête de la montagne. David réussit cependant à arrêter leur progression et en fait des vassaux. Mais les Philistins ne sont jamais soumis ni assimilés. Ils restent une menace permanente au flanc d'Israël, image de l'ennemi héréditaire. Paradoxalement, le nom de Philistin a donné naissance, au temps de l'occupation romaine, à celui de Palestine, terme qui désigne depuis le IIe siècle la région située entre Méditerranée et Jourdain...

---

7. Quelques siècles plus tard, les Grecs adoptèrent à leur tour cet alphabet en ajoutant sept voyelles aux dix-sept consonnes retenues par eux.

Trois frères ennemis d'Israël

En 745, et depuis des temps lointains, trois petits royaumes enserrent la terre d'Israël par le sud et par l'est : Édom, Moab, Ammon, frères par leur origine sémite commune et par la langue. Israël les considère volontiers comme des vassaux naturels, mais au cours de l'histoire ils se révoltent souvent contre lui et entravent son extension vers le sud et au-delà du Jourdain.

Édom

Édom, dont le nom en hébreu signifie « rouge », est ainsi appelé sans doute à cause de la couleur de sa terre. Ce pays s'étend de part et d'autre de la dépression qui descend du sud de la mer Morte jusqu'au golfe d'Aqaba. Nomades à l'origine, les Édomites sont déjà cultivateurs et éleveurs quand les tribus d'Israël sortant d'Égypte au XIIIe siècle veulent traverser leur territoire. Les Édomites leur refusent le passage. David les soumet, mais ils rejettent bientôt l'autorité de Juda et se constituent même en royaume au VIIIe siècle. Après la destruction de Jérusalem en 587, ils s'emparent du sud d'Israël, méritant ainsi les malédictions des prophètes. Pourtant, la Bible est consciente de la parenté d'Israël avec Édom, et l'exprime en racontant comment Édom est le peuple issu de la descendance d'Ésaü, le frère jumeau du patriarche Jacob[8]. Leur inimitié quasi viscérale est expliquée par les conflits entre les deux frères dès le sein maternel. Dans la Bible, Édom représente l'archétype de l'ennemi, impitoyable et fourbe.

Moab

Constitué en royaume dès le XIIIe siècle, Moab est situé à l'est du Jourdain entre l'Arnon et le torrent de Zéred, deux rivières qui coulent au fond de deux vallées délimitant nettement le territoire. Il est de plus solidement défendu par des villes fortifiées dont les rois de Juda et de Samarie ont du mal à s'emparer au VIIIe siècle. Pour Israël, Moab est lui aussi un peuple proche par ses origines, puisque selon la Bible[9] son ancêtre Moab est fils du neveu d'Abraham, Lot, mais un fils incestueux : cette sombre histoire signi-

---

8. Voir deuxième partie, chapitre 3, « Le cycle Jacob-Ésaü », p. 291.
9. Voir deuxième partie, chapitre 3, « L'inceste des filles de Lot », p. 281.

fie la parenté indéniable qui existe entre les deux peuples, mais aussi le mépris dont la Bible entoure les Moabites.

Ammon

Installé entre les rivières Arnon et Yabboq, Ammon est soumis au même jugement réprobateur que Moab. C'est également un royaume ancien qui remonte au XIIIe siècle. Israël jalouse particulièrement la possession de ce territoire où se sont fixés plusieurs clans appartenant à l'une de ses tribus, celle de Manassé. David conquiert la capitale Rabbat-Ammon. C'est au cours de ce siège qu'il fait périr l'officier Urie afin d'épouser sa femme Bethsabée [10]. Mais Damas convoite aussi cette terre dont la partie septentrionale, Galaad, est riche en pâturages et renommée pour ses troupeaux de moutons et de bœufs. Tout au long de l'histoire, Israël et Damas sont souvent en conflit pour la possession de Galaad.

La religion d'Israël avant les prophètes

Yahvé au milieu des divinités cananéennes

Si, par les origines et par la langue, Israël se reconnaît frère de ses voisins immédiats (Araméens de Damas, Arabes du Néguev, habitants des petits royaumes de l'autre côté du Jourdain), il a de plus en plus conscience d'être un peuple particulier en raison de sa religion. Le grand combat de son élite religieuse fut précisément de défendre cette singularité en préservant et en développant un patrimoine religieux qui, selon elle, remonterait aux générations où ses ancêtres nomadisaient dans le désert du Sinaï.

Comment se représenter ces nomades qui, vers 1200, abandonnant l'aridité du désert du Sinaï et leur vie précaire, risquent l'aventure de la sédentarisation et pénètrent peu à peu en Canaan ? Pour les habitants du pays, citadins ou paysans, ils sont des êtres frustes et dangereux. Des inscriptions de l'Égypte ancienne désignent d'ailleurs ces nomades d'un terme un peu méprisant : « *apirou* », qui a donné notre mot « hébreu ». Il semble

---

10. Voir troisième partie, chapitre 2, p. 398.

avoir caractérisé au départ des groupes de pillards et de mercenaires qui vendent leurs services pour des coups de main. Israël, pourtant, ne craint pas d'utiliser le terme « hébreu » pour se désigner. Avec leurs troupeaux de chèvres et de moutons, ces clans de nomades s'infiltrent peu à peu dans les territoires dépendant des villes de Canaan. Si certains ont seulement la dimension d'une famille patriarcale, ils se rattachent à des tribus et leur regroupement constitue une menace pour les autochtones.

Les religions cananéennes

Ces tribus pénètrent dans un pays qui est imprégné par une religion plus riche et complexe que le culte rudimentaire qu'elles pratiquent. En Canaan, elles découvrent des temples en pierre où officient des prêtres, et qui renferment des statues en bois et même en or ; certains sont réputés, Sichem, Béthel, Hébron, Gilgal, Silo, et dotés de riches constructions. Les divinités qui sont vénérées sont très variées et représentées sous des visages divers. Au sommet trône le dieu El, le dieu suprême chez la plupart des Sémites, que l'on adore sous des dénominations différentes selon les sanctuaires, et dont la Bible transmet les noms mystérieux : El Elyon, El Roï, El Shaddaï... Mais la plupart des temples de Canaan sont dédiés à Baal, mot qui signifie « seigneur », le dieu de l'orage et de la pluie. C'est lui qui apporte la fertilité à la nature et la vie aux hommes. Il est loué sous différents noms – d'où l'utilisation du pluriel « baals » – qui, pour les fidèles, correspondent à des divinités particulières auxquelles il convient d'offrir des sacrifices.

À côté de Baal, les Sémites connaissent Astarté, à l'origine déesse guerrière qui s'est rattachée de plus en plus à des rites sexuels pratiqués dans les temples. La fréquentation des prostitués sacrés, hommes et femmes, engagés au service de la déesse, favorise, croit-on alors, la fertilité de la terre et des troupeaux. Les sanctuaires consacrés aux baals et à Astarté sont établis dans les campagnes : la Bible les appelle les « hauts lieux » parce qu'ils sont bâtis sur le sommet de collines couronnées par des arbustes, d'où l'expression biblique « se prostituer sous les arbres verts » pour qualifier le culte des baals. Des temples existent aussi dans les villes, des prêtres y multiplient sacrifices, prières et oracles en proportion des honoraires que les dévots peuvent leur offrir. Sous l'influence des Phéniciens, les sacrifices d'enfants se sont introduits en Canaan et sont pratiqués en cas de périls extrêmes.

La religion ancienne de Yahvé

La religion des Cananéens éblouit les tribus d'Israël quand elles s'installent vers 1200 au milieu de cette civilisation à la fois paysanne et urbaine, aux divinités multiples et fascinantes qui répondent aux besoins immédiats, garantissent de bonnes récoltes et guérissent des maladies. Les prophètes luttent de toutes leurs forces contre cette adoration des baals : ils les considèrent comme les ennemis personnels de Yahvé. Pour eux, le salut d'Israël réside dans le retour vers la religion pratiquée par les tribus au cours de leur séjour dans le désert avant l'entrée en Canaan. Alors Yahvé a passé alliance avec Israël ; entre Yahvé et eux se sont noués des liens que le culte des baals affaiblit ou même risque de briser pour le plus grand malheur d'Israël.

Quelle fut la religion de ces tribus nomades ? Il est difficile de la décrire avec certitude, car les livres de la Bible projettent sur cette époque d'Israël dans le désert la complexité de la théologie et de la liturgie telles qu'elles étaient promues et vécues à Jérusalem au IVe siècle avant notre ère. Néanmoins, quelques indications permettent de comprendre la gravité de l'enjeu du combat que les prophètes ont mené contre la contamination cananéenne, chez les rois comme parmi le petit peuple des villes et des campagnes.

À l'origine, chacun des clans a sa divinité familiale. Cette divinité n'a pas toujours un nom personnel. On l'appelle par le nom générique du dieu (El) auquel on ajoute le nom de l'ancêtre du clan : dans la Bible nous aurons ainsi pour l'époque des patriarches des désignations de Dieu [11] sous le titre de Dieu d'Abraham, d'Isaac ou de Jacob. Mais parmi les tribus d'Israël l'une d'elles au moins, sinon plusieurs, adore sa divinité particulière sous le nom de Yahvé, un nom mystérieux qui deviendra plus tard l'objet de spéculations théologiques. Ces nomades portent avec eux son lieu de résidence sous forme d'une boîte en bois qu'ils installent au centre de leur campement – ce fut l'origine de ce que la Bible appelle « l'arche d'alliance ».

11. Il est désigné le plus souvent sous la forme emphatique plurielle « Élohim ».

Il est inhabituel, sinon interdit, de faire des représentations de cette divinité, mais, sous la tente, des amulettes ou des statuettes sont disposées en vue d'implorations personnelles.

Les nomades, au gré de la recherche de pâturages, fréquentent des sanctuaires qui sont traditionnellement vénérés par les clans. Ces temples, en général établis à ciel ouvert, sont situés sur des montagnes grandioses ou des lieux particulièrement sacrés, ainsi le Sinaï (ou Horeb). Nous les trouvons aussi près de sources dont les traditions bibliques nous transmettent les noms, par exemple Cadès, où les tribus séjournent quelque temps. Chacune des tribus y adore le dieu de ses ancêtres. On lui offre des bêtes du troupeau pour se le rendre favorable. Ces séjours permettent aussi de conclure des alliances entre tribus en vue du partage des terrains de pâturage ou de combats contre des ennemis communs. La divinité est garante de cette alliance conclue sous sa protection ; les contractants s'engagent devant elle à en respecter les clauses.

Si des unions définitives sont scellées, permettant des mariages, ce qui constitue le lien le plus fort, les us et coutumes sont harmonisés autant que possible, les tabous alimentaires ou sexuels notamment sont adoptés par tous en vue de rendre possible la vie commune dans les camps. La législation présente dans les plus anciennes traditions de la Bible a conservé des traces de ces sortes de contrats scellés au temps de l'époque nomade des tribus d'Israël.

Cette civilisation des Hébreux nomades est mise à rude épreuve par le contact avec le monde cananéen. Celui-ci est marqué par l'existence de cités-États, par l'agriculture de plaine et de montagne, et, surtout, par une conception religieuse diamétralement opposée à celle de ces gens aux mentalités et aux mœurs façonnées par la vie du désert. Normalement, tous les nomades, en se sédentarisant, adoptent le mode de vie et de pensée des habitants auxquels ils s'agrègent, surtout si cette société est plus riche et plus complexe. Cette intégration entraîne aussi l'adoption de la religion, à la fois fondement et clé de voûte de la société. Les Hébreux deviennent donc eux aussi citadins ou paysans, ils bâtissent des temples selon les plans des sanctuaires cananéens, ils vont se donner des rois à l'exemple des cités-États du pays. Cependant, et c'est la spécificité d'Israël, les Hébreux résistent à une assimilation complète. Parmi eux se dresse constamment un groupe, parfois même très minoritaire, pour défendre la foi de leurs ancêtres et s'opposer au syncrétisme pratiqué par tous les autres peuples à l'entour. Nous pouvons en conclure que la religion de Yahvé, déjà lors de l'entrée en Canaan, est assez affermie dans la conscience de ce groupe pour résister à une contamination religieuse. Manifestement, la dévotion à l'égard de ce qu'ils considèrent comme leur Dieu particulier ne se limite pas à une vague relation à une divinité invoquée sous le titre impersonnel de Dieu des ancêtres. Ce groupe humain reconnaît pour sien un dieu nettement individualisé invoqué sous son nom personnel, Yahvé. Cette foi permet au futur Israël, malgré son petit nombre, de résister à l'assimilation et à l'intégration.

Le combat des prophètes pour Yahvé

Les prophètes sont les défenseurs de la foi à Yahvé dans cet environnement religieux étranger à leur foi. Ils constituent même un mouvement caractéristique de la religion d'Israël. Certes, il a existé aussi dans les pays voisins des hommes inspirés, devins émettant des oracles au nom de la divinité, ou personnages extatiques exprimant leur enthousiasme religieux dans des transes. À ses origines, le charisme prophétique en Israël présente des manifestations similaires. Nous rencontrons ainsi au début de l'histoire d'Israël des bandes de prophètes qui jouent de la musique, dansent, gesticulent, se tailladent, se mettent tout nus. Mais, en dépit de ces comportements qui scandalisent les gens raisonnables, ils empêchent l'absorption par les cultes païens.

Cependant, le charisme prophétique en Israël évolue ensuite vers un statut spécifique. Le prophète, plus qu'un extatique, est un individu qui transmet la volonté de Yahvé dans des circonstances précises. Il s'oppose aux pratiques politiques, religieuses, morales du peuple d'Israël. Il conteste surtout les responsables, rois et prêtres. Contrairement à ce que laisse entendre l'étymologie du mot prophète (d'après la racine grecque : « celui qui annonce d'avance »), sa mission n'est pas habituellement de scruter l'avenir et d'annoncer les événements futurs, elle est de dire la Parole de Dieu, c'est-à-dire les exigences de la volonté divine pour le moment présent, et de montrer les conséquences bonnes ou mauvaises des options prises par les responsables de la nation. Aussi intervient-il principalement auprès du souverain et du prêtre pour leur transmettre l'oracle de Yahvé au nom de l'autorité que lui donne la vocation personnelle qu'il a reçue. Il ne rend compte de sa mission que devant Yahvé. Et en l'accomplissant, il peut mettre sa vie en danger.

Prophètes écrivains, la naissance de la Bible

L'histoire d'Israël est jalonnée par l'action de ces personnages qui défendent et garantissent la pureté de la religion aux heures les plus menaçantes de son histoire. Ainsi se manifestent dans des circonstances précises des hommes comme Samuel, Natân, Élie, Élisée (XIe-IXe siècle), dont les livres de Samuel et des Rois ont gardé un souvenir précis. Cependant la fonction prophétique reçoit une dimension nouvelle et exerce une influence plus durable avec l'apparition des « prophètes écrivains ». Ceux-ci, comme leurs glorieux prédécesseurs, interviennent dans l'actualité auprès du roi, des prêtres, du peuple, mais ils consignent leurs oracles dans des écrits dont les disciples vont assurer la conservation, donnant ainsi une nouvelle envergure à leur parole.

Cette évolution est rendue possible par la diffusion de l'écriture grâce à la simplification qu'a apportée l'invention par les Phéniciens de l'alphabet à vingt-deux consonnes. Hiéroglyphes et écriture cunéiforme cèdent alors peu à peu la place à ce mode de transmission pour lequel on peut utiliser n'importe quel matériau, la planche de bois, le tesson de poterie, la peau de bête qui va devenir le parchemin, le papyrus qui va devenir le papier. L'écriture n'est plus réservée aux scribes officiels des cours royales ou aux magasins des commerçants, elle est accessible à de simples particuliers dont les œuvres ne plairont guère aux souverains et aux riches ! Ainsi apparaissent les textes les plus anciens de la Bible, qui sont aussi les écrits parmi les plus anciens de l'humanité.

Ce fait justifie notre projet de commencer la lecture de la Bible par la présentation des prophètes écrivains, parce qu'avec eux nous entrons indiscutablement dans l'histoire au sens strict du terme. Désormais, en effet, nous disposons de documents fiables, même s'ils doivent être soumis eux aussi à la critique. Mais ni les prophètes, ni leurs disciples ne sont malheureusement des éditeurs habiles dans la confection de recueils. Les oracles

– souvent des phrases très courtes –, les récits de certains événements personnels ou publics, furent consignés sur des feuillets indépendants rassemblés souvent sans ordre. D'où l'impression de fouillis que n'ont pas réussi à supprimer ceux qui ont réuni ces oracles et constitué des recueils portant le nom d'un prophète. D'où aussi la difficulté d'une lecture continue de ces ouvrages, d'autant plus que la chronologie des prophètes n'est pas toujours respectée et que certains livres ont été gonflés d'oracles prononcés par d'autres prophètes parfois bien postérieurs. Ce travail de clarification est dévolu aux exégètes, spécialistes de l'écriture, mais il faut reconnaître qu'il n'est pas toujours aisé !

Quels sont ces prophètes écrivains dont la Bible nous transmet les oracles ? La Bible hébraïque en compte quinze. Parmi eux, on distingue parfois les grands prophètes (Isaïe, Jérémie, Ézéchiel) et les douze petits, ce qui ne signifie pas nécessairement qu'ils sont de moindre importance, puisque deux d'entre eux, Amos et Osée, sont les plus anciens et parmi les plus importants sur le plan théologique et historique. Les missions de ces quinze prophètes couvrent principalement la période qui précède ou accompagne l'exil jusqu'au retour en 535. Par la suite, vers la fin du ve siècle, le mouvement prophétique s'affaiblit et disparaît, mais c'est à cette époque que sont constitués les recueils de leurs écrits, et qu'ils acquièrent de plus en plus d'influence pour former le bloc le plus important de la Bible après la Torah (les cinq premiers livres).

La religion de Yahvé parmi les grandes religions du monde

La religion d'Israël connaît comme une seconde fondation grâce à ce mouvement prophétique inauguré par Amos et Osée au VIIIe siècle. Peu à peu, sous leur impulsion et celle de leurs successeurs, elle se dégage du terreau des croyances cananéennes, agraires et polythéistes, où elle vit depuis un demi-millénaire. Elle devient une religion fondée sur la foi personnelle et communautaire en Yahvé, qui exige la pratique d'une éthique reposant sur les impératifs moraux de la divinité elle-même et place au second plan l'exercice des rites. Ce renouveau, nous pouvons à bon droit le situer par rapport à un mouvement plus vaste qui concerne sensiblement à la même époque, entre le VIIIe et le Ve siècle avant notre ère, beaucoup de religions du monde. Il semble, en effet, que l'humanité franchisse parfois, à peu près au même moment, des seuils dans son évolution, même si les peuples n'ont pas de contacts directs entre eux. Ainsi en fut-il de l'agriculture, qui émergea en même temps en Chine et au Moyen-Orient ! Les religions aussi connaissent simultanément une mutation significative. Nous pouvons admettre que l'émergence des prophètes en Israël à cette époque s'inscrit dans ce mouvement.

Dans plusieurs régions du monde, entre le VIIe et le VIe siècle, des hommes plus exigeants cherchent à réformer les religions traditionnelles qui, pour eux, ne répondent plus à leurs aspirations spirituelles. Elles s'appuyaient sur des mythes qui révélaient le rôle des dieux dans la création et la marche du monde, mais ne concédaient comme vocation aux hommes que la soumission à des décrets divins immuables, parfois fantaisistes. En revanche, ces dieux exigeaient d'eux le respect tatillon de rites répétés inlassablement au fil des années et des saisons. Or l'humanité, dans sa quête de la rationalité, découvre la nature très irrationnelle de ces récits. Elle entreprend cependant d'y trouver les éléments d'une explication plus satisfaisante du monde. Elle veut aussi construire une éthique fondée sur des valeurs que les comportements aberrants des dieux rapportés par les mythes ne promeuvent guère. Elle entend aussi donner un fondement positif au nouvel ordre politique qui se profile avec l'émergence de royaumes stables et puissamment organisés. Le renouveau religieux d'Israël peut être situé dans ce mouvement général de réforme, dont il est intéressant de présenter brièvement les cas les plus importants.

En Égypte, où la théologie est très conservatrice en raison de la toute-puissance du clergé, le pharaon Akhenaton a voulu au XIVe siècle imposer à son peuple l'adoration d'un seul dieu, Aton. Même si sa réforme fut rapidement rejetée par les prêtres, nous voyons naître à partir de cette époque un élan spirituel qui inaugure une forme de rapport plus intime avec le divin.

En Inde, la religion védique, qui s'exprimait dans les textes des Védas depuis le XVIIIe siècle, se caractérisait par le polythéisme, l'importance donnée aux sacrifices, la division de la société en castes. À partir du

VIe siècle, de nouveaux traités, les *upanishads*, sans rien renier de la tradition, prônent une expérience personnelle fondée sur l'identité de la quintessence de l'homme et de celle du cosmos *(âtman-brahman)*.

Toujours en Inde, Gautama, vers le milieu du VIe siècle, déçu par l'enseignement qu'il a reçu des brahmanes, se met à la recherche d'une expérience spirituelle, l'éveil à la connaissance parfaite qui le conduit à l'état de *bouddha*, l'Éveillé. Son enseignement vise à libérer l'homme de la souffrance en agissant sur ses sources, c'est-à-dire le désir et le moi. Délivré de tout désir, l'homme entre alors dans le *nirvana*.

En Chine, Confucius, entre 551 et 479, au milieu d'une époque troublée par la lutte des États féodaux, entend offrir à son pays l'ordre et la paix. Il recommande le retour à la vertu, parce que l'ordre moral est conforme à l'ordre cosmique qui est la Loi du Ciel. D'où la nécessité pour l'homme de se corriger, de persévérer dans la voie de la justice, et d'aimer l'humanité selon un ordre graduel depuis la famille jusqu'à l'État, car l'empereur reçoit mandat du ciel pour diriger tous ses sujets comme un père. Confucius ne réussit pas à trouver un souverain qui mette en pratique sa doctrine, mais il initia de nombreux disciples qui recueillirent son enseignement sous forme de dialogues, et ses sentences inspirent encore la politique chinoise.

En Chine encore, au cours de la seconde moitié du Ier millénaire, paraît le *Livre de la Voie et de la Vertu*. Cet ouvrage attribué à Lao-tseu (ou Laozi) est le meilleur représentant du courant taoïste. Le Tao est la Voie, la Voie par excellence qui permet à l'homme de trouver ce qui est l'authentique, qui le conduit à l'immortalité ou à la Longue Vie. D'où l'intérêt des taoïstes pour des recherches en tous genres sur le corps humain (acupuncture), sur la matière (alchimie), les techniques de gymnastique. La doctrine unifie ainsi le profane et le religieux.

En Perse, vers le VIe siècle, Zarathoustra (Zoroastre) tente une réforme de la religion de l'empire perse. Il écarte les divinités populaires. Il prêche la croyance en Ahura Mazdah, dieu immatériel et juste, créateur de toutes choses. Il annonce aussi la venue d'un âge d'or où triomphera Ahura Mazdah après un conflit apocalyptique. Par la suite, la religion mazdéenne de l'Iran développe la croyance au dualisme, qui oppose le principe du bien et le principe du mal.

En Grèce, les dieux et héros divins personnalisant les forces cosmiques étaient innombrables, leur existence indissociable de la vie publique de chaque État. On estimait que la prospérité de la cité dépendait de la méticulosité dans l'exercice du culte qui leur était adressé. Mais, dans ce pays aussi, nous assistons à une distanciation de la pensée par rapport aux mythes qui rapportent les combats et les amours des dieux. Les philosophes – Thalès, Anaxagore, Archimède, Héraclite, Parménide, Platon – expliquent la succession des événements par l'action de forces purement naturelles et non plus par les seules entreprises divines. Ainsi naît peu à peu la pensée scientifique.

En Mésopotamie et dans les nations proches d'Israël, des régimes politiques forts et centralisés s'établissent. Ils promeuvent l'émergence d'une divinité nationale qui supplante les divinités traditionnelles, que le peuple continue cependant à vénérer dans les sanctuaires locaux. Ainsi Assur en Assyrie, Marduck à Babylone, Qôs à Édom, Kemosh à Moab, Milkom en Ammon... Ces divinités protègent le roi surtout dans ses combats, elles montrent leur vigueur dans ses victoires, elles sont affaiblies ou disparaissent avec les revers de ses armées.

Dans ce mouvement religieux général, il est compréhensible que la religion d'Israël change également. Elle connaît elle aussi entre le VIIIe et le Ve siècle une profonde évolution sous l'influence des prophètes. Certes, avant eux, Yahvé était considéré comme le Dieu national aussi bien dans le royaume de Samarie que dans celui de Juda. Mais il y cohabitait avec les baals, même dans le Temple royal de Jérusalem. La participation à ces cultes amena progressivement le peuple à une assimilation avec la population cananéenne et au rejet d'une tradition religieuse déjà ancienne. Pour lutter contre ce danger, les prophètes prêchent un Dieu invisible mais proche, qui fait à son peuple des promesses de bonheur sur la terre qu'il lui donne, mais moyennant l'obéissance à des préceptes moraux plus qu'à des pratiques rituelles. C'est cette intuition religieuse héritée d'ancêtres mythiques que les prophètes vont approfondir et essayer d'inculquer à Israël pour le conduire, au terme d'une longue évolution souvent douloureuse, vers la confession du monothéisme absolu.

Chronologie des empires du Proche-Orient

Égypte

Ancien Empire (3100-2100)
Époque des grandes pyramides. Écriture hiéroglyphique. Capitale Memphis.

Moyen Empire (2100-1730)
Dynastie des Hyksos (sémites) de 1720 à 1560. Capitale Tanis.

Nouvel Empire (1560-715)
Grandes figures.
Aménophis IV ou Akhenaton (1364-1347) : réforme religieuse.
Ramsès II (1304-1238) : campagne contre les Hittites puis alliance avec eux.
Ramsès III (1194-1163) : défaite des « Peuples de la mer », dont les Philistins.

Mésopotamie

3500-1900	Empires sumérien et akkadien, apparition de l'écriture cunéiforme.
À partir de 1800	Première dynastie de Babylone.
1490-1090	Nouvel empire hittite.
À partir de 1100	Prépondérance assyrienne avec Téglat-Phalasar Ier. Naissance des royaumes araméens, dont celui de Damas.

Empires continentaux

745	Fondation de l'empire néo-assyrien avec l'accession de Téglat-Phalasar III (745-727).
612	Fin de l'empire assyrien avec la destruction de Ninive par Babylone.
625-539	Dynastie babylonienne.
539	Cyrus le Perse prend Babylone.
539-333	Domination perse.
333-63	Époque hellénistique.
À partir de 63	Domination romaine.

Chronologie biblique*

Vers 1200	Installation de groupes hébreux dans le pays de Canaan entre Méditerranée et Jourdain.
Vers 1030	Institution de la royauté. Saül.
1010-931	Règnes de David et de Salomon.
931	Schisme et division d'Israël en deux royaumes.
745	Téglat-Phalasar III fonde l'empire néo-assyrien.
	Les prophètes *Amos* et *Osée*.
740	Vocation du prophète *Isaïe* (Is 1, 39).
	Le prophète *Michée*.
722	Prise de Samarie par Sargon II. Fin du royaume du Nord.
716	Ézéchias, roi de Juda. *Isaïe* (suite).
622-609	Josias, roi de Juda. Réforme religieuse attestée par le *Deutéronome*.
	Les prophètes *Nahum*, *Sophonie*, *Habaquq*, vocation de *Jérémie*.
612	Ruine de Ninive, capitale de l'Assyrie.
	Jérémie (suite).
587	Prise de Jérusalem par les Babyloniens. Déportation des Israélites.

* Les livres bibliques figurent en italique.

587-538	Exil à Babylone.
	Le prophète *Ézéchiel*.
	Le *Deutéro-Isaïe* (Is 40–55).
538	Édit de Cyrus le Perse autorisant le retour des exilés.
515	Dédicace du second Temple.
	Les prophètes *Aggée* et *Zacharie*.
445	Mission de Néhémie.
	Fin de la rédaction du *Pentateuque (Genèse, Exode, Lévitique, Nombres, Deutéronome)*.
	Rédaction de *Psaumes, Job, Proverbes, Cantique*.
	Rédaction des livres de *Josué, Juges, Samuel, Rois*.
398	Mission d'Esdras.
	Isaïe 56–66, Joël, Apocalypse d'Isaïe (24–27, 34–35), *Ruth, Jonas*.
333	Début de la période hellénistique.
	La Judée soumise aux Lagides d'Égypte (323-200).
	Esdras et *Néhémie, Chroniques, Qohélet, Siracide, Tobie*.
	La Judée soumise aux Séleucides de Syrie (200-63).
167	Persécution d'Antiochus IV Épiphane.
166	Soulèvement des Maccabées.
164	Purification du Temple.
	Livre de *Daniel*.
152	Jonathan, frère de Judas Maccabée, nommé grand prêtre.
142	Indépendance de la Judée. Simon, frère de Judas Maccabée, nommé grand prêtre et gouverneur.
	Livres des *Maccabées, Esther, Judith*.
63	Conquête de la Palestine par Pompée.
37-4	Hérode le Grand prend Jérusalem et le pouvoir sur la Palestine.
	Rédaction du livre de la *Sagesse*.
6 av. J. C.	Naissance de Jésus.
30 ap. J. C.	Mort de Jésus.
70	Prise de Jérusalem par Titus.

Première partie

Les prophètes annoncent la mort et la résurrection d'Israël (750-515)

1

Les premiers appels au sursaut : Amos et Osée (750-740)

Depuis 783, Téglat-Phalasar III, roi d'Assyrie, est confronté à de grandes difficultés intérieures qui l'obligent à relâcher la pression qu'il exerce sur l'ensemble du Proche-Orient. Ce répit permet aux royaumes de Samarie et de Juda, ainsi qu'à leurs voisins immédiats, de connaître, aux alentours de 750 av. J. C., la paix et le calme. Ce contexte est très favorable sur le plan économique. Le commerce des ports de Phénicie – Tyr, Byblos et Sidon – est alors à son apogée. Les navires phéniciens sillonnent la Méditerranée, et voguent même jusqu'en Espagne ; ils importent des métaux, fournissent du bois de construction à l'Égypte. Les caravanes de chameaux parcourent l'arrière-pays pour transporter des vins et du blé. La Samarie, plus proche de la Phénicie et plus riche que Juda, profite de ces échanges, et l'on voit des courtisans et des notables amasser d'importantes fortunes. Juda, pourtant pauvre, tire aussi avantage de cette période paisible : Ozias (781-740), appelé aussi Azarias, a étendu les frontières de son territoire jusqu'au golfe d'Aqaba, permettant à sa flotte commerciale de se lancer sur la route des épices et de l'encens.

Sur le plan politique, dans les deux royaumes frères, le pouvoir est stable malgré le schisme d'Israël qui, à la mort de Salomon en 931, a séparé Israël en deux nations [1]. À Jérusalem, la dynastie davidique se perpétue depuis le XIe siècle. À Samarie, le long règne tranquille de Jéroboam II (783-743) se prolonge ; les descendants de Jéhu occupent le trône depuis 841, soit près de cent ans, ce qui constitue un record pour cet État que des révolutions de palais ont agité tout au long du premier siècle de son existence.

En raison de la prospérité dont bénéficient Samarie et Juda, ces deux longs règnes mériteraient logiquement d'être approuvés par les auteurs des livres des Rois [2]. En effet, cette prospérité n'est-elle pas le fruit de la bienveillance que Dieu témoigne à son peuple ? Or, nous aurons souvent l'occasion de le constater, la Bible n'évalue pas l'action des rois selon les critères de la réussite politique et économique ; elle analyse les faits selon une échelle de valeurs essentiellement spirituelle qui forme son enseignement religieux propre. Ce décalage apparaît dans la manière d'apprécier Jéroboam II :

> Jéroboam, fils de Joas, roi d'Israël, devint roi à Samarie pour quarante et un ans. Il fit ce qui est mal aux yeux de Yahvé ; il ne s'écarta d'aucun des péchés que Jéroboam avait fait connaître à Israël (2 R 14, 23).

Jéroboam II, en effet, ménage les cultes idolâtres dont Jéroboam I (931-910), premier roi de Samarie, a favorisé la pratique [3]. Cependant, profitant de la faiblesse de Damas après les premières incursions des armées assyriennes, Jéroboam II a repris la Transjordanie, territoire que David avait annexé autrefois :

> Yahvé avait vu la très amère détresse d'Israël [...] et n'avait pas décidé d'effacer le nom d'Israël de dessous le ciel (2 R 14, 26-27).

1. Voir troisième partie, chapitre 2, « Rupture et décadence : les deux royaumes », p. 416.
2. Voir troisième partie, p. 372. Ces deux ouvrages, fondamentaux pour l'histoire de la royauté, rapportent la vie des deux royaumes depuis David au tournant de l'an mille jusqu'à la chute de Jérusalem en 587.
3. Voir troisième partie, chapitre 2, p. 437.

Si Jéroboam II peut être considéré comme impie en raison de ses compromissions idolâtriques, il a été cependant l'instrument dont Yahvé s'est servi afin de redonner au pays sa dimension idéale, celle qu'Israël connaissait au temps de David.

Le second livre des Rois se penche ensuite sur l'action d'Ozias, roi de Juda :

> Il avait seize ans lorsqu'il devint roi, et il régna cinquante-deux ans à Jérusalem. Il fit ce qui est droit aux yeux de Yahvé, exactement comme Amasias, son père. Cependant les hauts lieux ne disparurent pas ; le peuple continuait à offrir des sacrifices et à brûler de l'encens sur les hauts lieux.
>
> Mais Yahvé frappa le roi et il fut lépreux jusqu'au jour de sa mort. Il dut résider à part dans une maison et Yotam, le fils du roi, chef du palais, gouverna le peuple (2 R 15, 1-7).

Le jugement est contrasté. En tant que citoyen et individu, Ozias semble s'être montré fidèle à la véritable religion des Israélites, puisqu'il « fit ce qui est droit aux yeux de Yahvé ». Cependant, en tant que roi, il a toléré l'existence des « hauts lieux [4] » sur sa terre, ces sanctuaires établis pour la plupart sur le haut des collines et signalés par un bosquet d'arbres, mais qui se trouvent aussi à l'intérieur des villes, et même dans la capitale. Ainsi, dans le Temple de Jérusalem, la maison de Yahvé, des sacrifices ont été offerts aux baals cananéens. Cet état de choses est inadmissible et Yahvé châtie Ozias en le frappant de la lèpre.

Si la religion d'Israël est bafouée dans la propre demeure de Yahvé, la situation est pire encore dans le royaume du Nord, plus perméable aux influences phéniciennes. Dans le temple de Béthel, le sanctuaire royal de Samarie, Dieu est adoré sous la forme d'un taureau. Au cours du IXe siècle, la prolifération des cultes cananéens a même failli y éliminer définitivement la foi en Yahvé. Heureusement, Élie et Élisée [5], deux farouches défenseurs de Dieu, ont alors bataillé avec force afin de sauver cette foi. Il n'est donc pas étonnant que leurs successeurs interviennent une nouvelle fois en

4. Voir Prélude, p. 30.
5. Voir troisième partie, chapitre 5, p. 422-435.

Samarie. Il est de plus significatif que le premier d'entre eux, Amos, soit originaire de Juda, territoire moins contaminé par le syncrétisme cananéen.

Mais un élément nouveau et capital rend exceptionnels les ministères d'Amos et d'Osée. Ces prophètes sont les premiers dont les disciples aient consigné les oracles par écrit. Peut-être l'écriture alphabétique est-elle alors plus répandue en Samarie, territoire proche de la Phénicie, où elle a été inventée au cours des siècles précédents. Quoi qu'il en soit, son utilisation permet à la religion de Yahvé de posséder une mémoire plus fiable et plus durable que la tradition purement orale qui prévalait jusqu'ici. La Bible, c'est-à-dire le Livre, commence à naître !

Les deux premiers « prophètes écrivains », Amos et Osée, interviennent donc dans cette période de calme qui précède la tempête. Au milieu de l'euphorie qu'apporte la prospérité, ils sont les seuls à voir poindre le malheur.

Amos (vers 750) : les exigences de la justice divine

Amos est un Judéen. Il naît à une date indéterminée dans la petite ville de Téqoa, située à dix-huit kilomètres au sud de Jérusalem, non loin de Bethléem. Il se présente (7, 14) comme un bouvier qui cultive également des sycomores – des figuiers dont il incise les fruits pour en augmenter la maturité afin de les vendre plus facilement. Mais sa connaissance des événements qui se déroulent dans le Croissant fertile, la qualité de ses écrits et la pertinence de ses observations, font deviner en ce croyant fervent un propriétaire terrien aisé et cultivé. Il n'appartient pas à l'une de ces confréries d'illuminés qui chantent ou dansent autour des sanctuaires et qui ont été désignés par le nom de « prophètes [6] ».

Bien que judéen, Amos est envoyé par Dieu en Samarie, et plus précisément à Béthel, dont le nom signifie en hébreu « maison de Dieu ». Ce sanctuaire se trouve à quelques kilomètres seulement au nord de Jérusalem, soit près de la limite qui sépare les deux pays frères. Si Amos avait vécu ne

6. Voir Prélude, p. 33.

serait-ce qu'un siècle auparavant, il aurait eu des difficultés à s'y rendre tant les relations entre les deux nations étaient tendues. Mais, vers 750, la paix rend les contrôles frontaliers moins tatillons...

Amos prend conscience des effets négatifs de l'essor commercial. Certains se sont enrichis au détriment des plus modestes. D'autres ont bâti de splendides maisons décorées d'ébène et d'ivoire, ont agrandi leurs domaines. Les sanctuaires et les prêtres profitent des libéralités des marchands et des propriétaires qui, par des dons substantiels, cherchent à se concilier les faveurs des baals.

Installé près de Béthel, Amos occupe donc une position idéale pour observer et analyser la situation économique et religieuse de la Samarie. De plus, ce lieu est fameux, puisque la tradition y rattache le souvenir prestigieux de la visite des grands ancêtres des Israélites : Abraham et Jacob [7]. Les rois s'y rendent fréquemment, chaque jour les prêtres y présentent à Yahvé des sacrifices et des prières destinées à manifester la prospérité du royaume. Mais le prophète y reconnaît difficilement la présence de son Dieu : Yahvé est adoré sous la forme d'un taureau, symbole sémite de force et de fertilité. Et le roi Jéroboam II accepte qu'à proximité se déroulent des cérémonies dédiées aux antiques divinités cananéennes qui président à la fécondité de la Terre. Au cours de ces cultes censés activer à chaque printemps le réveil de la nature, les pèlerins profitent des prostitués sacrés, hommes et femmes, qui se livrent à eux sous de grands arbres.

Israël dans le concert des nations

Amos connaît aussi la situation internationale. Cependant, et bien qu'il soit conscient de la montée en puissance de l'Assyrie, alors occupée à pacifier ses territoires de l'Est, cet empire tyrannique et hégémonique n'entre apparemment pas dans ses priorités. Amos met davantage l'accent sur ce qui se passe en Samarie. Le prophète se penche sur le contexte politique et, par ses oracles, vise d'abord le comportement des voisins du pays de Yahvé (1, 3 – 2, 3). Il dénonce les atrocités dont ces nations se sont rendues coupables

7. Voir deuxième partie, chapitre 3, p. 271 et 296.

au cours de leurs guerres contre Juda, Samarie et les États proches. Damas a « foulé Galaad [8] avec des traîneaux de fer ». La Philistie et la Phénicie ont « déporté des populations entières pour les livrer à Édom ». Édom l'implacable « a poursuivi son frère avec l'épée, étouffant toute pitié, il garde à jamais sa colère et conserve sans fin sa fureur ». Amos se souvient aussi que des princes d'Ammon « ont éventré les femmes enceintes de Galaad afin d'élargir leur territoire », que les Moabites ont « brûlé les os du roi d'Édom jusqu'à les calciner ».

Yahvé, Dieu de justice et d'équité, désapprouve ces méfaits. Pourtant, il ne se préoccupe pas de l'état civil des coupables et des victimes – une position qui peut sembler paradoxale pour une divinité nationale. Tous les innocents sacrifiés aux ambitions, femmes, hommes et enfants, symbolisent ce qui lui tient le plus à cœur : sa création... La fureur que suscitent en lui les criminels est à la dimension de la compassion qu'il ressent pour les victimes.

Mais le bilan que dresse Amos concerne aussi Juda et la Samarie, même si leurs délits prennent une autre tournure. Yahvé rappelle ainsi à son peuple, auquel il témoigna autrefois ses faveurs, l'épisode qui va bientôt devenir le cœur de la religion d'Israël : la libération de l'Égypte et le séjour dans le désert [9].

> Et moi, je vous avais fait monter du pays d'Égypte, et, pendant quarante ans, menés dans le désert, pour que vous possédiez le pays de l'Amorite [10] (2, 10).

> Écoutez cette parole que Yahvé prononce contre vous, enfants d'Israël, contre toute la famille que j'ai fait monter d'Égypte : Je n'ai connu que vous de toutes les familles de la terre, c'est pourquoi je vous châtierai de toutes vos fautes (3, 1-2).

Contrairement aux baals, qui se satisfont de sacrifices d'animaux, Yahvé n'est pas dupe de ces largesses. Ses exigences ne sont pas matérielles mais

---

8. Galaad, riche territoire célèbre pour ses troupeaux, est situé au-delà du Jourdain.
9. Les traditions qui circulent dans le royaume du Nord ont vraisemblablement conservé avec plus d'acuité le souvenir de ce passé lointain.
10. Amos utilise le nom d'Amorite qui désigne le Cananéen, ces deux termes étant interchangeables dans la Bible.

morales. Amos s'emploie ainsi à dénoncer deux lourdes fautes : l'injustice sociale et l'hypocrisie religieuse.

L'injustice sociale

Les Israélites ont oublié l'équité. Tout serait-il permis ? Amos recense les abus :

> Ils vendent l'innocent à prix d'argent et le pauvre pour une paire de sandales ; ils écrasent la tête des faibles sur la poussière de la terre ; ils font dévier la route des humbles (2, 6-7).

Les épouses des notables de Samarie participent aux forfaits de leurs maris. Amos les compare aux vaches grasses du plateau de Bashân, une région de Transjordanie, au nord de Galaad, réputée pour la qualité de ses pâturages et de ses troupeaux :

> Vous exploitez les faibles, vous maltraitez les pauvres et dites à vos maris : « Apporte et buvons ! » (4, 1-2).

Ces femmes n'échapperont pas à la sanction qui menace la Samarie. Amos enchaîne par un avertissement : des cités araméennes et philistines, naguère florissantes, ont périclité ; elles vont bientôt être dévastées par les Assyriens. Preuve que nulle ville n'est à l'abri d'une déchéance, d'une invasion ou d'une destruction. Samarie pas plus qu'une autre ! Sans la foi, sans la rectitude morale, il ne peut exister de salut. Or, ces notables ne se contentent pas d'exploiter leur prochain, donc de souiller leur cœur et leur âme ; ils se livrent à d'indignes orgies :

> Couchés sur des lits d'ivoire, vautrés sur leurs divans, ils mangent les agneaux du troupeau et les veaux pris à l'étable. Ils braillent au son de la harpe, comme David, ils inventent des instruments de musique ; ils boivent le vin dans de grandes coupes, ils se parfument avec les meilleures huiles, mais ils ne s'affligent pas de la ruine de Joseph [11] (6, 4-6).

11. Joseph signifie ici le Royaume du Nord dont les tribus se rattachent à ce descendant de Jacob.

Étourdis par l'argent, ils sont indifférents au monde qui les entoure. Frappés d'aveuglement et de surdité, ils ne voient plus la misère et n'entendent plus les plaintes :

> Ils changent le droit en poison et jettent à terre la justice (5, 7).
>
> Ils haïssent le défenseur du droit au tribunal et détestent celui qui parle avec intégrité. Vous piétinez le faible et vous prélevez sur lui un tribut de froment (5, 10).
>
> Je sais combien nombreux sont vos crimes, énormes vos péchés, oppresseurs du juste, extorqueurs de rançons, vous repoussez le pauvre au tribunal (5, 12).

Amos les interpelle sans ménagement :

> Écoutez ceci vous qui écrasez le pauvre et voudriez faire disparaître les humbles du pays, vous qui dites : « Quand sera donc passée la [célébration de la] nouvelle lune [12] pour que nous vendions du grain, et le sabbat, que nous écoulions notre froment ? Nous diminuerons la mesure, nous augmenterons le sicle [unité de mesure], nous fausserons les balances pour tromper. Nous achèterons le faible à prix d'argent et le pauvre pour une paire de sandales ; et nous vendrons les déchets du froment. Yahvé l'a juré par ce qui fait la fierté d'Israël : jamais je n'oublierai aucune de leurs actions (8, 4-7).

Toutes les occasions de s'enrichir étant à saisir, ces profiteurs considèrent les fêtes religieuses, la nouvelle lune et le sabbat, comme des jours perdus pour le profit. Pourtant, Dieu a confié à Amos la tâche difficile de les ramener à la pureté de la foi...

L'hypocrisie religieuse

La mission d'Amos est délicate. En effet, si les riches Israélites fréquentent les temples, ce n'est pas seulement pour adorer Yahvé, mais aussi pour louer les dieux étrangers et profiter des prostitué(e)s sacré(e)s :

---

12. Selon le calendrier lunaire, au Proche-Orient, la nouvelle lune marque depuis des temps immémoriaux le début du mois, qui dure vingt-huit jours. Elle est célébrée par un jour festif chômé. Ainsi, depuis très longtemps, tous les sept jours, un jour appelé « sabbat » constituait pour les Israélites un jour néfaste où le commerce était risqué.

> Fils et père vont à la même fille pour profaner mon saint nom ; ils s'étendent auprès de chaque autel sur des vêtements que les pauvres ont dû leur donner en gage ; dans la maison de leur dieu, ils boivent le vin de ceux qu'ils ont frappés d'amende (2, 7-8).

Les rites attachés au culte de Yahvé, tels que le jeûne ou les sacrifices d'animaux, auraient dû les inciter à se recueillir et à prier uniquement leur Dieu ; à s'amender ou à communier dans l'amour que chacun doit éprouver pour ses proches... Certes, ils respectent ces rites, mais ces cérémonies ne sont qu'un simulacre de foi, une façade destinée à masquer leur véritable but. En couvrant Yahvé de somptueux cadeaux, ils ne montrent aucun attachement sincère au Dieu d'Israël. Ils s'adressent à Yahvé comme aux divinités païennes, en tentant non seulement de se donner bonne conscience, mais aussi de l'acheter avec le fruit de ce qu'ils ont dérobé aux plus pauvres. Yahvé serait-il un dieu parmi d'autres ? Non, car il sait déchiffrer les mots que n'articulent pas les lèvres et les intentions que cache cette générosité. Furieux de cette hypocrisie, Amos prononce un violent discours dont l'écho sera repris par d'autres prophètes [13] :

> Je hais, je méprise vos fêtes, pour vos solennités je n'ai que du dégoût. Quand vous m'offrez des holocaustes, vos oblations, je n'en veux pas, vos sacrifices de bêtes grasses, je ne les regarde pas. Éloigne de moi le bruit de tes cantiques, que je n'entende pas le son de tes harpes ! Mais que le droit coule comme l'eau, et la justice, comme un torrent qui ne tarit pas. Des sacrifices et des oblations, m'en avez-vous offert au désert, pendant quarante ans, maison d'Israël ? (5, 21-25).

Le chiffre quarante se retrouvera très souvent dans la Bible. En utilisant cette période qui représente le temps de l'attente et de l'épreuve, durée après laquelle survient un changement, Amos évoque le passé lointain, les circonstances qui précédèrent la fondation d'Israël, le séjour dans le désert du Sinaï. Le peuple aurait-il oublié que lorsqu'il était pauvre et démuni son Dieu lui témoigna une dévotion sincère ? La mémoire humaine est donc

13. Voir notamment Isaïe 1, 11-20, chapitre 2, « Les réquisitoires », p. 71. Le Nouveau Testament (Mt 15, 8-9) le reprend aussi.

bien fragile. L'impiété n'est plus tolérable et le royaume du Nord mérite d'être châtié !

Imminence et violence du châtiment

Amos multiplie les menaces contre la Samarie, comparée à une vierge : toutes les villes du royaume seront détruites, leurs habitants exterminés ou envoyés en captivité :

> L'ennemi investira le pays ; ta puissance sera abattue et tes palais seront pillés (3, 11).

> Elle est tombée, elle ne se relèvera plus, la vierge d'Israël ! elle gît sur son propre sol, nul ne la relève (5, 1-2).

> Sur toutes les places on va se lamenter, dans toutes les rues on dira : « Hélas ! Hélas ! » On convoquera le laboureur au deuil, et les pleureurs aux lamentations, dans toutes les vignes on se lamentera, car je vais passer au milieu de toi, dit Yahvé (5, 16-17).

« Toutes les vignes » désigne le pays dans son entier. Les fils d'Israël s'imaginent donc que leur Dieu les sauvera d'un éventuel danger parce qu'ils l'ont couvert de présents pour l'amadouer. Mais Yahvé n'est pas un marchand que l'on rémunère en échange de ses services. Ces inconscients n'ont aucune idée du malheur qui plane sur leur avenir. Dans la bouche d'Amos, ce malheur prend la forme d'une intervention fulgurante : le « Jour de Yahvé », un thème qui figure fréquemment dans les écrits des prophètes suivants [14] :

> Malheur à ceux qui soupirent après le jour de Yahvé ! Que sera-t-il pour vous, le jour de Yahvé ? Il sera ténèbres, et non pas lumière. Tel l'homme qui fuit devant un lion et tombe sur un ours ! Il entre chez lui, appuie sa main au mur et un serpent le mord ! Ne sera-t-il pas ténèbres, le jour de Yahvé, et non pas lumière ? Il sera sombre, sans lueur aucune (5, 18-20).

Amos reçoit la révélation de ce châtiment au cours de quatre visions (sauterelles, incendie, fil à plomb, corbeille de fruits mûrs) qui symbolisent

---

14. Voir cinquième partie, chapitre 1, « Naissance des apocalypses », p. 571.

la destruction de la Samarie, la ruine du temple de Béthel. Dans les trois premières, devant son peuple si vulnérable, Yahvé témoigne sa tendresse et renonce à anéantir les jeunes récoltes, à ravager la terre. Dans la première, Amos raconte :

> Voici ce que me fit voir le Seigneur Yahvé : c'était une éclosion de sauterelles, quand le regain commençait à monter. Comme elles avaient dévoré toute l'herbe du pays, je dis : « Seigneur Yahvé, pardonne, je t'en prie, Jacob pourrait-il tenir ? il est si petit ! » Yahvé s'en repentit : « Cela n'arrivera pas », dit Yahvé (7, 1-3).

Mais dans la quatrième, Yahvé affirme qu'il a suffisamment temporisé :

> Voici ce que me fit voir le Seigneur Yahvé : c'était une corbeille de fruits mûrs. Il dit : « Que vois-tu, Amos ? » Je dis : « Une corbeille de fruits mûrs. » Yahvé me dit : « Mon peuple Israël est mûr pour sa fin, désormais je ne lui pardonnerai plus. Les chants du palais seront des hurlements en ce jour-là – oracle du Seigneur Yahvé –, nombreux seront les cadavres, on les jettera en tous lieux. Silence ! » (8, 1-3).

Toutes les forces de la nature sont mobilisées pour exprimer le paroxysme de l'intervention divine qui apportera le malheur total :

> En ce jour-là je ferai coucher le soleil en plein midi, et enténébrerai la terre en plein jour. Je changerai vos fêtes en deuil, tous vos chants en lamentations ; je mettrai le sac sur tous les reins, je raserai toutes les têtes. Je ferai de ce deuil un deuil de fils unique et ce sera jusqu'à la fin comme un deuil d'amertume (8, 9-10).

Amos inaugure ainsi le style « apocalyptique », qui aura beaucoup de succès dans les siècles à venir [15]. Ce style, assez obscur, multiplie les symboles incohérents et disparates. Ce qui ne signifie pas que l'apocalypse soit obligatoirement synonyme de catastrophe. En réalité, elle est la « révélation » plénière de l'ensemble du dessein divin, qui a pour finalité d'établir la volonté de Dieu sur le monde en rétablissant la justice et le salut.

---

15. Voir chapitre 5, « Prélude », p. 571 ; et cinquième partie, chapitre 3, « Le livre de Daniel », p. 622.

À partir d'Amos, Yahvé sera de plus en plus affirmé comme le véritable et seul maître de la nature, de tous les peuples et de l'univers, statut qui va renforcer sa position de Dieu unique. Comparées à lui, les divinités qui polluent sa terre, représentées par des figurines dérisoires auxquelles Israël offre des sacrifices, n'ont aucun pouvoir sur la marche des événements.

Conflit avec le prêtre de Béthel (7, 10-17)

Au cours de sa mission, Amos se heurte à certains prêtres soucieux de leurs prérogatives et de leurs intérêts. Le prophète de Yahvé affronte alors le pouvoir royal. L'un de ces prêtres, Amasias, qui officie à Béthel, contrarié par les oracles d'Amos, et craignant peut-être que cet homme inspiré qui affirme parler au nom de Yahvé lui fasse de l'ombre, cherche à se débarrasser de ce rival potentiel. Pour cela, il ne recourt pas à sa foi, mais à l'intrigue. Ayant eu vent des menaces qu'Amos a proférées contre le roi, il les révèle à Jéroboam II et prétend que le Judéen conspire contre l'autorité du souverain. N'a-t-il pas promis celui-ci à une fin tragique et le pays à l'exil ? Il ordonne ensuite à Amos de quitter Béthel et d'aller « faire le prophète » chez lui, en Juda. Béthel, sanctuaire royal, n'a que faire de ses avertissements. Amos réplique que sa mission vient de Yahvé. Il n'était qu'un modeste bouvier cultivant des sycomores lorsque Yahvé l'a appelé directement et personnellement :

> « Yahvé m'a pris de derrière le troupeau et Yahvé m'a dit : "Va, prophétise à mon peuple Israël." Et maintenant écoute la parole de Yahvé. Tu dis : "Tu ne prophétiseras pas contre Israël, tu ne vaticineras pas contre la maison d'Isaac." C'est pourquoi ainsi parle Yahvé : "Ta femme se prostituera dans la ville, tes fils et tes filles tomberont sous l'épée, ta terre sera partagée au cordeau, toi, tu mourras sur une terre impure et Israël sera déporté loin de sa terre" » (7, 14-17).

Samarie, la capitale, sera détruite, les habitants du Nord connaîtront la déportation ! Cette sanction signifie-t-elle que Yahvé n'envisage plus de salut pour Israël ? Amos, lui, considère que le salut se trouve dans la conversion à la volonté divine. Tous les prophètes suivants vont en faire l'essentiel de leur message. Car Yahvé se distingue des divinités cananéennes par ses exigences morales :

> Recherchez le bien et non le mal, afin que vous viviez, et qu'ainsi Yahvé, Dieu Sabaot, soit avec vous, comme vous le dites. Haïssez le mal, aimez le bien, et faites régner le droit au tribunal ; peut-être Yahvé, Dieu Sabaot, prendra-t-il en pitié le reste de Joseph (5, 14-15).

Le nom Sabaot est attribué à Yahvé lorsqu'il devient un dieu guerrier, le véritable chef des armées, ce qui fut le cas au temps de David, par exemple. Sabaot, « celui qui va combattre avec nous et pour nous », s'apprête donc à conduire une véritable guerre spirituelle. Par ailleurs, Amos évoque le « reste de Joseph », terme qui désigne les rares survivants de la destruction de la Samarie. Car il y aura des rescapés ; malgré sa colère, Yahvé éprouve un amour qui s'avère le plus fort [16].

Là s'achève le message d'Amos. Le prophète n'a peut-être prêché que quelques mois. Sans doute retourne-t-il à Téqoa. Quoi qu'il en soit, un autre homme inspiré prend la relève, toujours dans le royaume du Nord, et avant la catastrophe qui survient en 722.

Osée (vers 740) : Yahvé, l'Époux d'Israël

En Samarie, le long règne prospère de Jéroboam II s'achève en 743. Son fils Zacharie lui succède avant d'être assassiné six mois plus tard par un certain Shallum. Les intrigues agitent le palais : un mois après son crime, Shallum est chassé du trône. L'usurpateur, Menahem, gouverne pendant quelques années (743-738). Cependant, la paix est perturbée par Téglat-Phalasar III, qui reprend ses conquêtes vers l'Occident. L'Assyrie considère que tout le Proche-Orient est son vassal et Menahem doit lui payer un lourd tribut afin que son pays ne soit pas ravagé et annexé. C'est dans ce sombre climat qu'intervient Osée.

Bien qu'étant tous deux de farouches défenseurs de Yahvé, Amos et Osée sont de tempéraments différents. Autant Amos est un homme de la

16. Osée (voir plus loin, p. 64) et Isaïe (voir chapitre 2, p. 71) développent aussi le thème du « petit reste ».

terre, direct et clair dans ses accusations, autant Osée est un esprit tourmenté, un poète à la sensibilité exacerbée, tiraillé entre l'atmosphère sensuelle des cultes cananéens et la pureté morale de sa religion. Là où Amos dénonce les crimes, les injustices et l'hypocrisie, Osée voit débauches, prostitutions, adultères, les seules désignations possibles du comportement religieux d'Israël. Osée délivre ce message avec d'autant plus de douleur que sa propre existence symbolise ce que vit son Dieu : Yahvé a aimé et épousé Israël. Mais Israël l'a trompé en se livrant aux baals...

La vie conjugale d'Osée, symbole de l'histoire d'Israël

Osée lui-même vit la tragédie que constitue l'infidélité de l'être aimé, comme Yahvé. En effet, ses disciples ont conservé dans son recueil deux récits plus ou moins parallèles qui évoquent chacun, parfois de manière confuse, son mariage avec Gomer, une femme aux mœurs douteuses, et celui de Yahvé avec Israël. Le texte navigue ainsi entre ce qu'il endure et ce que ressent Dieu, les deux épreuves se faisant écho et se confondant. Le message divin imprègne Osée au point de modifier son existence. Et le cœur malmené du prophète est déchiré entre un amour indéracinable et un juste châtiment (chapitres 1 et 3).

Le second récit se présente sous forme autobiographique :

> Yahvé me dit : « Aime cette femme qui a des amants et vit dans l'adultère. Car c'est ainsi qu'est l'amour de Yahvé pour les fils d'Israël qui se tournent vers d'autres dieux » [...] Je la rachetai pour quinze sicles d'argent et un boisseau et demi d'orge [unité de volume]. Je lui dis : « Tu vas rester là tranquille durant de longs jours, sans te débaucher ; et moi j'agirai de même à ton égard » (3, 1-5).

Le premier récit insiste sur la nature de Gomer, peut-être une prostituée sacrée d'un temple cananéen, et surtout sur la signification des noms qu'Osée doit donner à ses enfants :

> Yahvé dit à Osée : « Épouse une femme qui se livre à la prostitution, elle te donnera des enfants portés eux aussi à la prostitution, car le peuple se livre à la prostitution en se détournant de Yahvé. » Il épousa Gomer, fille de Diblayim : elle conçut et lui enfanta un fils. Yahvé dit à Osée : « Nomme-le Yizréel ["Yahvé

disperse"], car bientôt je vengerai sur la maison de Jéhu les massacres de Yizréel [17] et je mettrai fin au royaume de la maison d'Israël » (1, 2-4).

Elle conçut encore et enfanta une fille. Yahvé dit à Osée : « Nomme-la Lo-Rouhama ["Non-aimée"], car je vais cesser d'aimer la maison d'Israël et je ne lui pardonnerai plus » (1, 6-7).

Elle sevra Lo-Rouhama, puis elle conçut et enfanta un fils. Yahvé lui dit : « Nomme-le Lo-Ammi ["Pas-mon-peuple"], car vous n'êtes pas mon peuple et moi je n'existe pas pour vous » (1, 8-9).

Malgré cela, si le peuple se convertit, Yahvé peut mettre un terme à la malédiction qui est attachée à ces noms et la transformer en bénédiction :

J'ensemencerai Yizréel, j'aimerai Lo-Rouhama, et je dirai à Lo-Ammi : « Tu es mon peuple », et lui, il dira : « Mon Dieu ! » (2, 25).

De même qu'Osée continue de chérir Gomer, Dieu ne peut cesser d'aimer son peuple.

Les déviations du culte

Gomer est aussi inconstante, volage et infidèle qu'Israël. Samarie mérite d'être punie :

Yahvé est en procès contre les habitants du pays, car il n'y a plus dans ce pays ni fidélité ni bonté, ni connaissance de Dieu. Il n'y a que parjure, mensonge, meurtre, vol, adultère, les crimes succèdent aux crimes (4, 1-2).

En hébreu, « connaître » comporte une connotation existentielle et englobe toute une gamme de rapports humains, y compris les rapports conjugaux. Ce mot, très important dans la Bible, désigne donc l'amour que Yahvé éprouve pour son peuple et celui qu'Israël rend à son Dieu.

Rien n'ayant changé depuis Amos, le prophète s'en prend ensuite au veau d'or, qui représente toujours Yahvé dans le temple royal de Béthel :

---

17. Ce nom désigne aussi une plaine fertile de Samarie où le roi Jéhu, dont la dynastie règne sur le royaume du Nord, a fait massacrer Jézabel, la femme du roi Achab (2 R 9, 15). Voir troisième partie, chapitre 2, p. 436.

> De leur argent et de leur or ils se font des idoles qui les mèneront à la ruine. Ton veau me dégoûte, Samarie ! Jusqu'à quand serez-vous incapables de rester sans reproches ? Ton veau, un ouvrier l'a fabriqué, il n'a rien d'un dieu. Le veau de Samarie s'en ira en flammes. Puisqu'ils sèment le vent, ils moissonneront la tempête ! (8, 4-7).

Osée dénonce aussi toutes les déviations cultuelles de Samarie, appelée ici Éphraïm :

> Éphraïm a multiplié les autels, qui n'ont servi qu'à aggraver son péché ! J'avais beau écrire pour lui des instructions par milliers, ils n'en tiennent aucun compte. Ils multiplient les sacrifices parce qu'ils aiment la viande, mais Yahvé n'y prend pas plaisir. Désormais je vais me rappeler leurs fautes, je vais prendre en compte leur péché ! (8, 11-13).

Les principaux coupables sont les prêtres qui acceptent la vénération des baals, et les faux prophètes qui choisissent de flatter le peuple plutôt que de le mettre en garde :

> C'est à toi, prêtre, que je fais procès. Tu trébucheras en plein jour, le prophète aussi trébuchera avec toi, et je ferai périr ta mère. Mon peuple périt faute de connaissance, puisque toi d'abord tu n'as pas voulu me connaître. Je ne te reconnaîtrai plus, tu ne seras plus mon prêtre ! (4, 4-6).

L'amour de Yahvé

Osée utilise une série de comparaisons afin d'expliciter l'amour que sous-entend le mot « connaissance ». Ainsi compare-t-il Israël à une vigne. Or, le choix de la vigne n'est pas un hasard ; il s'agit d'une culture essentielle sur le pourtour oriental de la Méditerranée, voire primordiale. De plus, elle évoque le vin et la fête [18] :

> Israël était une vigne prospère qui produisait beaucoup de fruits ; mais plus elle produisait de fruits, plus elle multipliait les autels, plus sa terre était belle, plus elle a décoré les stèles (10, 1).

---

18. L'image est reprise par Isaïe dans un poème célèbre (voir chapitre 2, « Le chant de la vigne », p. 73), ainsi que par Jésus dans la parabole des vignerons homicides (Mt 21, 33-46) et celle de la vraie vigne (Jn 10).

Les Israélites ont donc élevé des stèles aux faux dieux avec l'argent que rapportait leur vigne. Osée se sert volontairement du registre des relations humaines pour exprimer l'amour divin. Un amour qui remonte aux temps les plus anciens, quand Yahvé planta ses ceps... Le prophète en vient alors à évoquer les commencements de l'histoire du peuple israélite : la rivalité du patriarche Jacob contre son frère Ésaü, et aussi son combat contre l'ange de Yahvé [19] ; l'esclavage en Égypte, la délivrance, la sortie sous la direction d'un prophète – titre rarement attribué à Moïse –, le séjour dans le désert... :

> Dès le sein maternel [Jacob] supplanta son frère, dans sa vigueur il fut fort contre Dieu. Il fut fort contre l'Ange et l'emporta, il pleura et l'implora. À Béthel il le rencontra (12, 4-5).

> Jacob s'enfuit au pays des Araméens, Israël servit pour une femme, il garda les troupeaux. Mais par un prophète, Yahvé fit monter Israël d'Égypte et par un prophète il fut gardé (12, 13-14).

Avec celles d'Amos, certes moins explicites, il s'agit des plus anciennes allusions aux personnages et aux traditions patriarcales qui, au retour d'exil, au VIe siècle, seront consignées dans les livres de la Genèse et de l'Exode [20].

Yahvé, le père d'Israël (11, 1-9)

Non seulement Israël est l'épouse de Yahvé, mais aussi son fils, autre comparaison qui permet d'insister sur la puissance créatrice de Dieu. En outre, l'amour reste le fondement du comportement de Yahvé ; du mari à l'égard de son épouse et du père à l'égard de son enfant :

> Quand Israël était jeune, je l'aimai, j'ai appelé mon fils à sortir d'Égypte. Mais plus je les appelais, plus ils s'écartaient de moi. Ils ont offert des sacrifices aux baals, ils ont brûlé de l'encens aux idoles. C'est pourtant moi qui avais appris à marcher à Éphraïm, qui l'avais porté dans mes bras. Mais il n'a pas reconnu que je prenais soin de lui. Je le guidais avec affection, attaché à lui par les liens de l'amour. J'étais pour lui comme un père qui serre son petit enfant contre sa joue, qui se penche sur lui pour le faire manger (11, 1-4).

---

19. Voir deuxième partie, chapitre 3, « Le cycle Jacob-Ésaü », p. 291 et 301.
20. Voir deuxième partie, « L'histoire au cœur de la foi d'Israël », p. 195.

> Mon peuple s'accroche à sa trahison, je l'appelle à se relever, mais sans aucun succès. Pourtant comment t'abandonnerais-je, Éphraïm, comment te livrerais-je, Israël ? [...] Mon cœur en moi est bouleversé, mes entrailles en frémissent. Je ne laisserai pas libre cours à ma colère, je ne détruirai pas Éphraïm. Car je ne suis pas homme, moi, je suis Dieu. Au milieu de toi, je suis le Saint, je ne te montrerai pas ma fureur (11, 7-9).

Yahvé, le père d'Israël, a élevé son (ses) fils avec amour. Mais ce fils s'est révélé ingrat, comme Israël l'a montré et le montrera tout au long de son histoire. Dieu est partagé, car un père ne peut cesser d'aimer son enfant, même si ce dernier est perverti.

Israël, l'épouse infidèle

Yahvé est un mari ou un père, Israël son épouse ou son enfant. En tant qu'époux aimant, il est confronté à l'infidélité de sa femme. En effet, Yahvé a rencontré la jeune Israël dans le désert. Ces années furent celles des fiançailles, de l'attachement réciproque. C'est pourquoi il veut y ramener son peuple, ce temps ayant été celui de l'épreuve, mais également de la grande passion. Cette purification et ce retour salutaire aux sources, lorsque la nation était aussi nue qu'un enfant à sa naissance, sont indispensables. Car la terre que son mari lui a promise et accordée, elle l'a couverte des marques distinctives de la prostituée, c'est-à-dire de sanctuaires consacrés aux baals, qu'Osée compare à de véritables amants. Il interpelle les fils d'Israël afin qu'ils rejettent les perversions de leur mère. Concrètement, les Israélites de Samarie doivent cesser de cautionner le régime religieux de leur pays. Cette attaque directe demande du courage :

> Intentez un procès à votre mère, intentez-lui un procès, car elle n'est pas ma femme, et moi je ne suis pas son mari. Qu'elle écarte de sa face les signes de ses prostitutions, qu'elle ôte d'entre ses seins les signes de son adultère. Sinon je la déshabillerai et je la mettrai toute nue comme elle était au jour de sa naissance. Je la rendrai pareille au désert, je la transformerai en terre aride, je la ferai mourir de soif. Ses enfants, je ne les aimerai plus, car ce sont des fruits de la débauche. Leur mère s'est prostituée, celle qui les a conçus s'est couverte de honte ; elle disait : « Je veux courir après mes amants, ce sont eux qui me

donnent le pain et l'eau, la laine et le lin, l'huile et le vin. » Mais moi je vais lui barrer la route par une haie d'épines, la bloquer avec une barrière. Elle essaiera en vain de rejoindre ses amants, elle cherchera à les atteindre, mais elle n'arrivera pas. Elle se dira alors : « Je vais retourner chez mon premier mari, car j'y étais beaucoup plus heureuse qu'aujourd'hui » (2, 4-10).

L'histoire d'amour peut-elle s'achever sur un échec ? Non, Yahvé va reprendre l'épouse infidèle qui, désemparée et libérée de l'emprise perfide de ses fausses dévotions, retrouve le chemin de sa sincérité amoureuse :

Je vais la séduire à nouveau et la conduire au désert. Là je parlerai à son cœur (2, 16).

Alors elle répondra comme aux jours de sa jeunesse, quand elle monta du pays d'Égypte. Alors tu m'appelleras « mon mari » et non plus « mon maître » [mon baal] (2, 17-18).

Yahvé, la vraie source de la vie, prouve alors la profondeur de ses sentiments :

Je conclurai pour toi en ce jour-là une alliance avec les bêtes des champs, les oiseaux du ciel, les reptiles du sol. L'arc, l'épée et la guerre, je les briserai. La terre reposera en paix. Je te fiancerai à moi pour toujours, je te fiancerai à moi dans la justice et le droit, l'amour et la tendresse. Je te fiancerai à moi dans la fidélité et tu connaîtras Yahvé (2, 20-22).

Ce retour est-il définitif ? Israël ne commettra-t-il plus d'infidélités ? Yahvé peut-il se fier à cette conversion alors que le passé d'Israël n'est qu'une succession d'inconstances et de déloyautés à son endroit ? Dieu sait que le cœur de l'épouse est faible, comme il sait que la nature de son peuple est fragile. Mais il rappelle que l'épreuve fortifie la foi :

Je vais rentrer chez moi, dit Yahvé, jusqu'à ce qu'ils reconnaissent leurs fautes et qu'ils se tournent vers moi. Quand ils seront dans la détresse, ils rechercheront mon visage. « Venez ! Revenons à Yahvé. C'est lui qui a déchiré, il nous guérira ; il nous a frappés, il pansera nos plaies. En deux jours il nous rendra la vie ; le troisième il nous relèvera et nous vivrons en sa présence. Appliquons-nous à connaître Yahvé. Son intervention est certaine comme la venue de l'aurore. Il viendra à nous comme la pluie, comme l'ondée de printemps qui arrose la terre. » [Et Yahvé répond :] « Que te faire, Éphraïm ? Que te faire, Juda ? Ton amour est comme la nuée du matin, comme la rosée matinale qui s'évapore. » [...] « C'est l'amour qui me plaît, non les sacrifices, la connaissance de Dieu, plus que les holocaustes ! » (5, 15–6, 6).

Osée termine son message en assurant que le châtiment d'Israël est inévitable :

> Samarie expiera, car elle s'est rebellée contre son Dieu. Ils tomberont sous l'épée, leurs petits enfants seront écrasés, leurs femmes éventrées (14, 1).

Mais Yahvé ne peut se résoudre à condamner ainsi son épouse. Sa miséricorde l'emporte une nouvelle fois :

> Reviens, Israël, à Yahvé ton Dieu, car c'est ta faute qui t'a fait trébucher (14, 2).

> Je les guérirai de leur infidélité, je les aimerai de bon cœur ; puisque ma colère s'est détournée de lui, je serai comme la rosée pour Israël, il fleurira comme le lis (14, 5-6).

Tels sont les derniers appels qu'Osée adresse au royaume du Nord. Comme Amos, il disparaît brusquement de la scène publique vers 740, après avoir proclamé son message pendant des années. Amos a insisté sur les exigences de la justice divine à l'égard des pauvres. Osée a souligné la fidélité de Yahvé envers son peuple pourtant fautif. Tous deux ont appelé Samarie, tentée par le culte des baals, à une conversion radicale, parce que seule la foi en Yahvé peut leur épargner le péril qui les menace.

Mais Samarie s'imagine bientôt, en s'alliant avec Damas, pouvoir résister à l'Assyrie devenue libre de ses mouvements. Or, le danger se fait de plus en plus pressant. En 732, Damas est pris par Téglat-Phalasar III. En 722 vient le tour de Samarie. Malheureusement, il n'existe pas de témoignage direct de cette catastrophe. L'événement est seulement rapporté par le second livre des Rois dans des termes sobres [21] :

21. Voir aussi troisième partie, chapitre 2, p. 435.

> Le roi d'Assyrie vint assiéger Samarie pendant trois ans. En la neuvième année du roi Ozias, il prit Samarie et déporta les Israélites en Assyrie (17, 5-6).

Quelle est la raison de cette punition divine ? Le refus d'écouter la voix des prophètes, affirme le livre des Rois en rappelant tous les forfaits dont Israël s'est rendu coupable. Cependant, vers 740, dans le petit royaume de Juda, un nouveau prophète, Isaïe, s'est déjà fait entendre et prolonge le message de ses prédécesseurs.

2

Un prophète dans la politique : Isaïe (vers 740-700)

Le roi Ozias meurt en 740, au bout de quarante ans de règne et trois ans après Jéroboam II. Cette double disparition laisse présager des bouleversements. Au Nord, après la mort du vieux monarque, les révoltes de palais se succèdent, préludes au grand cataclysme annoncé par les prophètes, qui survient en 722. Dans le royaume de Juda, le prophète Isaïe reprend la prédication d'Amos et d'Osée, dénonçant à son tour la corruption morale et religieuse. Pendant quarante ans, il intervient auprès des successeurs d'Ozias : Yotam (740-736), Achaz (736-716) et Ézéchias (716-687). Il désapprouve leur politique d'alliance avec l'Assyrie, puis soutient la résistance contre l'envahisseur.

Avec Isaïe, Jérusalem reprend dans la Bible la place prépondérante qu'elle a perdue depuis le schisme de 931. Isaïe est d'ailleurs originaire de Jérusalem et issu d'une famille de notables qui a ses entrées dans le palais royal. Aussi, avant d'aborder ses oracles, est-il utile de présenter la Ville sainte et le contexte dans lesquels il proclame son message [1].

1. Dans les différentes versions de la Bible (hébraïque, Septante), le livre d'Isaïe introduit le recueil des Prophètes, précédant ceux d'Amos et d'Osée. Il s'agit du livre le

Le royaume de Juda

Juchée sur son éperon rocheux, à 700 mètres d'altitude, Jérusalem est située au cœur des montagnes de Juda, à la lisière du désert qui descend vers la mer Morte. Elle est par conséquent isolée de la grande route qui part de Mésopotamie, longe la Méditerranée et conduit en Égypte. Au VIIIe siècle, cette ville, conquise vers l'an 1000 par David [2], est une forteresse protégée autant par des ravins que par ses remparts. Elle ne possède qu'une seule source, qui coule dans la vallée encaissée du Cédron qui la délimite à l'orient. Une autre vallée, le Tyropéon, marque sa limite occidentale et rejoint celle du Cédron au sud de la cité. La seule possibilité d'extension se situe au nord-ouest, au-delà de l'espace qu'occupent le palais royal et le Temple. À l'époque d'Isaïe, Jérusalem commence à s'agrandir dans cette direction, mais ses dimensions restent modestes.

D'autres cités de Juda, telles Hébron ou Lakish, sont plus vastes et peut-être plus prospères parce qu'elles se trouvent dans des régions plus fertiles que Jérusalem. Mais la capitale, même naguère pour les habitants du royaume de Samarie, est auréolée du prestige que lui confèrent son titre de ville de David et la présence du Temple qu'y a bâti Salomon au Xe siècle [3],

---

plus long de la Bible (66 chapitres), et aussi de l'un des plus complexes. Jusqu'au IIIe siècle, époque de sa constitution définitive, il a accueilli des écrits de plusieurs auteurs anonymes. Le prestige de ce grand prophète du VIIIe siècle a en effet servi à cautionner le message qu'ont transmis quelques-uns de ses successeurs. Nous pouvons aujourd'hui identifier trois parties principales composant cette véritable bibliothèque.
Les chapitres 1 à 39 contiennent les oracles d'Isaïe (VIIIe siècle), mais aussi des textes plus récents qui ont été insérés jusqu'au IIIe siècle av. J. C.
Les chapitres 40 à 55 ont été rédigés à la fin de l'exil par un inconnu, soit au milieu du VIe siècle av. J. C. et aussitôt après le retour des exilés à Jérusalem. Ils sont abordés dans le chapitre 7, p. 167.
Les chapitres 56 à 66 forment un ensemble composite dont les pièces sont datées du IVe siècle av. J. C. ; ils sont traités dans la cinquième partie, toujours pour des raisons chronologiques (voir « La littérature biblique de l'époque perse », p. 449).
Aussi ne figurent dans ce chapitre que les paroles attribuées au prophète Isaïe du VIIIe siècle, et sur lesquelles, après de longues discussions, l'exégèse moderne est parvenue à un consensus.

2. Voir troisième partie, chapitre 2, « David, roi à Jérusalem », p. 395.
3. Voir troisième partie, chapitre 2, « Le bâtisseur », p. 410.

monument que les prophètes évoquent pourtant peu, comme pour signifier que le culte est second par rapport aux exigences de l'éthique. Intégrés dans le même ensemble architectural, Temple et palais royal manifestent l'indissolubilité du trône et de l'autel. En effet, le roi, descendant de David, remplit également la fonction de prêtre ; il a accès au Saint des Saints, le Lieu saint par excellence où repose l'arche d'alliance. Cette boîte en bois, conservée depuis les temps de la vie nomade, est considérée comme le lieu de la présence de Yahvé et le symbole de l'alliance qui fut scellée entre Dieu et son peuple[4]. Elle garantit, croit-on, la protection indéfectible de Yahvé sur le souverain, sa capitale et ses sujets.

La mission d'Isaïe

La vocation (chapitre 6)

Si les vocations d'Amos et d'Osée n'ont pas fait l'objet de récits particuliers, celle d'Isaïe est auréolée du mystère entourant Yahvé. Dans un style profond et puissant, le texte montre le Judéen subjugué par l'apparition majestueuse du Dieu d'Israël. Cette vision, dans laquelle Yahvé surgit revêtu de sa dignité royale, va marquer de son empreinte les oracles et les actions d'Isaïe.

Un jour de l'an 740, Isaïe prie dans le Temple. Soudain, il entre en extase. Yahvé, assis sur un trône royal qui surplombe le Temple, l'appelle à devenir son envoyé, son prophète :

> L'année de la mort du roi Ozias, je vis le Seigneur qui siégeait sur un trône très élevé ; les pans de son manteau remplissaient le Temple. Des séraphins se tenaient au-dessus de lui. Ils avaient chacun six ailes : deux pour se couvrir le visage, deux pour se couvrir les pieds, et deux pour voler. Ils se criaient l'un à l'autre : « Saint ! Saint ! Saint ! Yahvé, Dieu de l'univers. Toute la terre est remplie de sa Gloire. » Les pivots des portes se mirent à trembler à la voix de celui qui criait, et le Temple se remplissait de fumée. Je dis alors : « Malheur à moi !

4. Voir deuxième partie, chapitre 2, p. 247, et troisième partie, chapitre 2, p. 371.

> Je suis perdu, car je suis un homme aux lèvres impures, j'habite au milieu d'un peuple aux lèvres impures : et mes yeux ont vu le Roi, le Seigneur de l'univers ! » L'un des séraphins vola vers moi, tenant un charbon brûlant qu'il avait pris avec des pinces sur l'autel. Il l'approcha de ma bouche et dit : « Ceci a touché tes lèvres, et maintenant ta faute est enlevée, ton péché est pardonné » (6, 1-7).

Yahvé porte un manteau royal, car il est le véritable souverain d'Israël et siège au-dessus du Temple, son palais. Même le roi de Jérusalem lui doit obéissance. Les séraphins sont des êtres célestes qui chantent sa Gloire, c'est-à-dire sa majesté, sa puissance. Dieu est trois fois saint parce que sa sainteté est parfaite, hors d'atteinte ; il est le Tout Autre que le simple mortel, à cause de ses fautes, ne peut approcher. Isaïe prend conscience de sa condition d'homme et de pécheur. Mais Dieu purifie ses lèvres à l'aide d'un feu puisé à la source de cette sainteté. Désormais, la bouche du prophète exprimera avec perfection la Parole divine.

Isaïe accepte avec détermination la mission que lui confie Yahvé, même si, en raison de l'attitude religieuse et morale des Israélites, ce ministère semble vain. Le contexte est tel qu'une conversion apparaît impossible. Juda se révèle finalement aussi atteint que le royaume du Nord :

> J'entendis alors la voix du Seigneur qui disait : « Qui enverrai-je ? qui sera notre messager ? » Et j'ai répondu : « Moi, je serai ton messager : envoie-moi. » Il me dit : « Va dire à ce peuple : "Écoutez bien, mais sans comprendre ; regardez bien, mais sans reconnaître." Alourdis le cœur de ce peuple, rends-le dur d'oreille, bouche-lui les yeux ; de peur que ses yeux ne voient, que ses oreilles n'entendent, que son cœur ne comprenne, qu'il ne se convertisse et ne soit guéri. » Et je dis : « Jusques à quand, Seigneur ? » Il me répondit : « Jusqu'à ce que les villes soient détruites et dépeuplées, les maisons inhabitées ; que le sol soit dévasté, désolé ; que Yahvé en chasse les gens, et qu'une grande détresse règne au milieu du pays » (6, 8-12).

Ce texte recourt à une figure de style fréquente dans la Bible : la position des partis opposés est radicalisée afin de mieux faire ressortir le cœur du message. Dieu semble demander en substance à Isaïe d'empêcher le salut du peuple en rendant les Israélites sourds et aveugles à leur situation et aux appels à la conversion qui pourraient pourtant leur éviter le malheur !

En réalité, Israël est tellement plongé dans le péché que Yahvé peut prédire dès maintenant qu'Isaïe ne sera pas écouté. Le prophète est forcément malheureux puisqu'il apparaît, à ses propres yeux, comme le responsable de ce malheur. Plus les Israélites refusent de l'entendre, plus ils s'endurcissent et courent irrémédiablement à leur perte. La suite du récit montre pourtant que le véritable dessein de Yahvé est au contraire de les sauver. Il réaffirme sa fidélité à l'alliance :

> Et s'il en reste un dixième, de nouveau il sera dépouillé, comme le térébinthe et comme le chêne qui une fois émondés n'ont plus qu'un tronc ; leur tronc est une semence sainte (6, 13).

Yahvé ne peut conduire le châtiment jusqu'à la destruction complète de son peuple. Du tronc dénudé, thème récurrent dans la Bible, poussera un rejeton, messager d'un nouveau printemps ; une semence survivra à l'incendie ; un « petit reste [5] » subsistera...

Les réquisitoires

Isaïe, qui connaît sans doute des oracles d'Amos, utilise le ton virulent de son prédécesseur pour interpeller les habitants de Jérusalem :

> Cieux, écoutez ; terre, prête l'oreille, car Yahvé parle : J'ai élevé des enfants, je les ai fait grandir, mais ils se sont révoltés contre moi. Le bœuf connaît son propriétaire, et l'âne, la crèche de son maître. Israël ne me connaît pas, mon peuple ne comprend pas. Malheur à toi, nation pécheresse, peuple chargé de fautes, engeance de malfaiteurs, fils pervertis ! Ils ont abandonné le Seigneur, ils ont méprisé le Dieu saint d'Israël, ils lui ont tourné le dos (1, 2-4).

Isaïe reprend les reproches qu'Amos a adressés au royaume du Nord, mais les destine aux Judéens. Yahvé attend un comportement moral conforme à l'alliance. Seuls les fidèles qui reviendront à lui et reconnaîtront sa prééminence, sa bonté et sa puissance, seront sauvés :

> À quoi bon m'offrir tant de sacrifices ? dit Yahvé. Les holocaustes de béliers, la graisse des veaux, j'en suis rassasié. Le sang des taureaux, des agneaux et des

5. Thème déjà évoqué par Amos et Osée, voir chapitre 1, p. 57 et 64.

boucs, je n'en veux plus. Quand vous venez vous présenter devant moi, qui donc vous a demandé d'encombrer mes parvis ? Cessez de m'apporter de vaines offrandes : j'ai dégoût de leur odeur. Nouvelles lunes, sabbats, assemblées, je ne supporte plus ces fêtes sacrilèges. Vos nouvelles lunes et vos solennités, je les déteste. Elles me sont un fardeau et je suis las de les porter. Quand vous étendez les mains, je me voile les yeux. Vous avez beau multiplier les prières, je n'écoute pas : vos mains sont pleines de sang. Lavez-vous, purifiez-vous, ôtez de ma vue vos actions perverses, cessez de faire le mal. Apprenez à faire le bien : recherchez la justice, mettez au pas l'oppresseur, faites droit à l'orphelin, prenez la défense de la veuve. Venez donc et discutons, dit Yahvé. Si vos péchés sont comme l'écarlate, ils deviendront comme la neige. S'ils sont rouges comme le vermillon, ils deviendront blancs comme la laine. Si vous consentez à m'obéir, vous mangerez les produits du pays. Mais si vous refusez, si vous vous obstinez, c'est l'épée qui vous mangera (1, 11-20).

La responsabilité du malheur des Israélites est attribuée maintenant au roi, aux princes et aux prêtres qui dépouillent les pauvres de leur terre :

Ô mon peuple, tes guides t'égarent, ils ont effacé les chemins que tu suis. [...] Yahvé entre en jugement avec les anciens et les princes de son peuple : « C'est vous qui avez dévasté la vigne, la dépouille du malheureux est dans vos maisons. De quel droit écraser mon peuple, et broyer le visage des malheureux ? » (3, 12-15).

Isaïe retrouve les accents d'Amos :

Malheur à ceux qui ajoutent maison à maison, qui joignent champ à champ jusqu'à ne plus laisser de place et rester seuls habitants du pays. [...] Malheur à ceux qui se lèvent tôt le matin pour courir à la boisson, qui s'attardent le soir, ivres de vin. Ce ne sont que harpes et cithares, tambourins et flûtes, et du vin pour leurs beuveries. Mais pour l'œuvre de Yahvé, pas un regard, l'action de ses mains, ils ne la voient pas. C'est pourquoi mon peuple est égaré, faute de connaissance. [...] Malheur à ceux qui appellent le mal bien et le bien mal, qui font des ténèbres la lumière et de la lumière les ténèbres, qui font de l'amer le doux et du doux l'amer. [...] Oui, comme la flamme dévore la paille, comme le foin s'enflamme et disparaît, leurs racines deviendront comme de la pourriture, leurs fleurs emportées comme la poussière. Car ils ont rejeté la loi de Yahvé Sabaot, ils ont méprisé la parole du Saint d'Israël (5, 8-24).

Le péché suprême est le péché contre la vérité ; c'est appeler bien ce qui est mal, lumière ce qui est ténèbres. Car Yahvé est vérité et justice. Chaque être et chaque action ne peuvent s'accomplir que par la connaissance intime du Dieu d'Israël ; de même qu'une vigne ne peut croître et s'épanouir sans les soins attentifs et l'autorité d'un vigneron éclairé.

Le chant de la vigne

Isaïe, reprenant la comparaison d'Osée[6], condense son message prophétique dans ce magnifique poème. Le propriétaire n'est autre que Yahvé, qui a cultivé sa vigne (Israël) avec amour et attention :

> Je chanterai pour mon ami le chant du bien-aimé à sa vigne.
> Mon ami avait une vigne sur un coteau fertile.
> Il en retourna la terre, il en retira les pierres.
> Il y plaça un plant de qualité.
> Au milieu il bâtit une tour de garde,
> il y creusa aussi un pressoir.
> Il en attendait de beaux raisins, mais elle en donna de mauvais.
> Et maintenant, habitants de Jérusalem, hommes de Juda,
> soyez donc juges entre moi et ma vigne !
> Pouvais-je faire pour ma vigne plus que je n'ai fait.
> J'attendais de beaux raisins, pourquoi en a-t-elle donné de mauvais ?
> Eh bien, je vais vous apprendre ce que je ferai de ma vigne :
> enlever sa clôture pour qu'elle soit dévorée par les animaux,
> ouvrir une brèche dans son mur pour qu'elle soit piétinée.
> J'en ferai une pente désolée ; elle ne sera ni taillée ni sarclée,
> il y poussera épines et ronces ;
> j'interdirai aux nuages d'y faire tomber la pluie.
> La vigne de Yahvé Sabaot, c'est la maison d'Israël.
> Le plant qu'il chérissait, ce sont les hommes de Juda.
> Il en attendait le droit, et voici l'iniquité ;
> il en attendait la justice, et voici le cri des opprimés (5, 1-7).

6. Voir plus haut, « L'amour de Yahvé », p. 60.

Yahvé a déjà donné d'innombrables preuves de son amour. Désormais, Juda et son roi doivent, et c'est leur intérêt, mettre leur foi uniquement en Dieu. Placer leur confiance en l'Assyrie revient à produire les « raisins de la colère ».

Les interventions politiques

Le prophète Michée soutient l'action d'Isaïe

Isaïe n'est pourtant pas le seul prophète à rappeler les exigences divines. Sous les rois Achaz et Ézéchias, une autre voix retentit en Juda, celle de Michée dont les oracles figurent aussi parmi les livres des Prophètes, entre Jonas et Nahum. Originaire de Moréshèt, à l'ouest d'Hébron, donc habitant du royaume du Sud, il prédit comme Isaïe la chute prochaine de Samarie, dénonce les injustices commises en Juda. Mais il ouvre aussi des perspectives glorieuses pour l'avenir de la dynastie davidique. Ses accusations contre les accapareurs adoptent la virulence de celles d'Amos et d'Osée :

> Malheur à ceux qui projettent le méfait
> et qui trament le mal sur leur couche !
> Dès que luit le jour, ils l'exécutent,
> car c'est au pouvoir de leurs mains.
> S'ils convoitent des champs, ils s'en emparent ;
> des maisons, ils les prennent ;
> ils saisissent le maître avec sa maison,
> l'homme avec son héritage.
> C'est pourquoi ainsi parle Yahvé.
> Voici que je projette
> contre cette engeance un malheur
> tel que vous n'en pourrez pas retirer votre cœur (2, 1-3).

La Ville sainte paiera un prix élevé :

> Écoutez donc ceci, chefs de la maison de Jacob,
> dirigeants de la maison d'Israël,
> vous qui exécrez la justice.
> Ils rendent tortueux ce qui est droit,

bâtissant Sion[7] dans le sang,
et Jérusalem dans le crime.
Ses chefs jugent pour des présents,
ses prêtres décident pour un salaire,
ses prophètes vaticinent à prix d'argent.
Et c'est sur Yahvé qu'ils s'appuient ! Ils disent :
« Yahvé n'est-il pas au milieu de nous ?
Le malheur ne tombera pas sur nous. »
C'est pourquoi, par votre faute,
Sion deviendra une terre de labour,
Jérusalem un monceau de décombres,
et la hauteur du Temple une hauteur brisée (3, 9-12).

Sous le règne d'Achaz (736-716)

Isaïe a commencé son ministère au temps de Yotam. En 736, celui-ci meurt et son fils Achaz lui succède. Un an auparavant, en Samarie, Péqah (737-732) a pris le pouvoir après avoir assassiné Peqahya (738-737), le successeur de Menahem. Au même moment, après des décennies de relative tranquillité, l'Assyrie se réveille au nord. Les petits royaumes du Croissant fertile, Damas, la Phénicie, Samarie-Israël, Juda... se sentent menacés. Isaïe intervient alors dans le domaine politique. Il profite de la crainte que suscite ce danger pour transmettre le message de Yahvé : le salut réside dans la foi et la conversion.

Mais que faire contre un adversaire aussi puissant que l'Assyrie ? Deux partis sont envisageables : s'allier entre voisins contre le géant, comme ce fut le cas au IXe siècle[8] ; ou pactiser avec l'ennemi. En 735, Raçon, roi de Damas, convainc Péqah d'unir les forces de leurs royaumes. Stimulés par cette union, et désireux d'étendre la coalition, ils cherchent à entraîner

---

7. Sion désignait autrefois la forteresse qu'occupaient les Jébuséens, avant que David ne s'en emparât (voir troisième partie, chapitre 2, « David, roi à Jérusalem », p. 395). Le Temple y fut bâti ensuite et ce nom de Sion, très fréquent dans les Psaumes et les livres des Prophètes, s'appliqua d'abord à la colline sur laquelle reposait le Temple, avant de personnifier la ville de Jérusalem elle-même. Peu à peu, Sion-Jérusalem en vint à désigner l'ensemble du pays et du peuple d'Israël.
8. Voir Prélude, p. 23, et troisième partie, chapitre 2, p. 416.

Achaz dans l'aventure. Mais celui-ci décline l'offre et préfère payer tribut à l'Assyrie. Les deux rebelles craignent alors que Juda ne fragilise leur flanc sud. Aussi, avant qu'ils ne fassent front contre l'agresseur, la prudence leur dicte de neutraliser Achaz qui, acculé, fait appel à l'Assyrie.

Isaïe désapprouve aussi bien la résistance que la soumission. Il prône la confiance en Yahvé, le Dieu qui habite Jérusalem et peut seul protéger la capitale. Cette conversion suppose bien entendu le désengagement vis-à-vis de l'un et l'autre parti. Mais Achaz n'est pas disposé à se fier totalement à son Dieu, loin de là, comme le prouve le portrait que dresse de lui le second livre des Rois :

> Il avait vingt ans quand il devint roi et il régna seize ans à Jérusalem. Il ne fit pas ce qui est bien aux yeux de Yahvé son Dieu, comme avait fait David son ancêtre, mais il imita la conduite des rois d'Israël. Même il fit passer son fils par le feu, selon les coutumes abominables des nations que Yahvé avait chassées devant les enfants d'Israël, et il offrit des sacrifices et de l'encens sur les hauts lieux, sur les collines et sous tout arbre verdoyant (16, 2-4).

Achaz ne se contente pas de tolérer que le culte des vieilles divinités cananéennes souille le Temple. Il offre son enfant premier-né en sacrifice ! De tels rites sont alors fréquents chez les Phéniciens. Sous l'influence de ces derniers, ils se sont multipliés à Jérusalem aux moments de crise. Dédiés notamment au dieu Moloch, ils ont lieu au sud de la ville, au fond de la vallée du Cédron (appelée aussi de Ben-Hinnom ou de la Géhenne), dans un quartier nommé Tophèt. Les prophètes ont condamné ces pratiques et vont continuer de les condamner [9]. La Loi punit même les contrevenants de mort. Et pour lutter contre ces immolations, la religion de Yahvé a déjà institué le sacrifice de substitution d'un jeune agneau [10].

Achaz est donc un impie et ne semble pas prêt à s'en remettre à Yahvé. Ce Dieu unique lui paraît bien faible en comparaison des divinités de l'Assyrie, qui garantissent la puissance de cet empire. Pourtant, le prophète doit le convaincre de se conformer à la foi d'Israël en Yahvé.

---

9. Voir notamment Jérémie, chapitre 4, « La cruche brisée », p. 116.
10. Voir chapitre 3, « La réforme de Josias, L'offrande des animaux premiers-nés », p. 97.

L'annonce de la naissance de l'Emmanuel

Un jour de 736 parvient à Jérusalem la nouvelle tant redoutée : Raçon et Péqah attaquent Juda. Épouvantés, Achaz et le peuple tremblent comme « les arbres secoués par le vent ». Yahvé demande alors à Isaïe d'aller trouver le roi et de s'accompagner de son fils, Shéar-Yashub. Cette escorte ne tient pas du hasard mais du symbole. Le nom de Shéar-Yashub signifie en hébreu « un reste reviendra » : les fidèles à Yahvé échapperont au sort qui attend le royaume du Nord !

> Tu lui diras : « Garde ton calme, ne crains pas, ne va pas perdre cœur devant ces deux bouts de tisons fumants, à cause de la colère bruyante du roi de Syrie et du roi d'Israël. Oui, la Syrie a décidé ta perte, en accord avec Éphraïm et le roi d'Israël. Ils se sont dit : "Marchons contre le royaume de Juda, pour l'intimider ; pénétrons chez lui, détruisons-le." [...] Mais voici ce que dit le Seigneur Yahvé : Cela ne tiendra pas, cela ne sera pas. [...] Si vous ne tenez pas à moi, vous ne pourrez pas tenir » (7, 4-9).

Si Achaz « tient » à Yahvé, il « tiendra » face aux deux coalisés. Ces simples mortels ne sont après tout que des roitelets en comparaison d'un souverain qui peut se reposer sur Yahvé, à condition que ce souverain croie en ce Dieu qui est le seul capable de sauver les Israélites.

Achaz est alors autorisé par Yahvé à solliciter une manifestation visible (un « signe ») de sa protection. Il refuse hypocritement cette offre qui l'obligerait à ne compter que sur Dieu :

> Yahvé parla encore au roi Achaz : « Demande pour toi un signe venant de Yahvé ton Dieu, demande-le au fond des vallées ou bien en haut sur les sommets. » Achaz répondit : « Non, je n'en demanderai pas, je ne mettrai pas Yahvé à l'épreuve. » Isaïe dit alors : « Écoutez, maison de David ! Il ne vous suffit donc pas de fatiguer les hommes : il faut encore que vous fatiguiez mon Dieu ! Eh bien ! le Seigneur lui-même vous donnera un signe : Voici que la jeune femme est enceinte, elle enfantera un fils, et elle l'appellera Emmanuel. De lait caillé et de miel il se nourrira, jusqu'à ce qu'il sache rejeter le mal et choisir le bien. Car avant que cet enfant sache rejeter le mal et choisir le bien, elle sera abandonnée, la terre dont les deux rois te font trembler » (7, 10-16).

Cet oracle célèbre et mystérieux, l'un des textes majeurs de la Bible, prévoit donc que « la jeune femme », sans doute l'épouse d'Achaz, enfantera un fils qui s'appellera Emmanuel. Or, le nom d'Emmanuel signifie en hébreu « Dieu avec nous », preuve que Yahvé protège son peuple et ne l'abandonne pas. Par ailleurs, il garantit à Achaz que la dynastie de David, dont il descend, ne sera pas interrompue par Raçon et Péqah. Yahvé ne peut pas délaisser les Israélites, puisqu'il s'est engagé envers eux par alliance, ni rejeter la famille de David, que le prophète Natân a saluée comme la garantie indissoluble de cette alliance [11].

Cette annonce occupe une place infime dans la Bible. Pourtant, elle va entretenir en Israël l'espérance d'un « Oint », car le roi était oint d'huile au moment de son intronisation. Ou plus précisément d'un messie [12], un descendant de David qui sauvera définitivement Israël.

Certains des oracles de Michée possèdent la même teneur messianique. Selon le prophète, le sauveur d'Israël naîtra du clan de David originaire d'Éphrata (c'est-à-dire Bethléem [13]) :

> Et toi Éphrata ! le plus petit parmi les clans de Juda, c'est de toi que sortira Celui qui doit régir Israël, lui dont les origines remontent aux temps antiques, aux jours d'autrefois. Aussi Yahvé livrera-t-il les siens, jusqu'à ce qu'enfante « Celle-qui-doit-enfanter » [...]. Il se dressera et gouvernera par la force de Yahvé, et dans la majesté du nom de son Dieu. Ses sujets reposeront en sécurité, car il sera exalté jusqu'aux extrémités de la terre. Alors ce sera la paix [...]. Il nous délivrera d'Assur, quand celui-ci envahira notre pays et foulera notre sol (5, 1-5).

La gravité du danger fait naître l'espérance en la venue future d'un roi descendant de David. Ce personnage apportera la paix définitive parce qu'il conduira sa politique en totale fidélité à Yahvé.

---

11. Voir troisième partie, chapitre 2, « La prophétie de Natân », p. 397.
12. Mot dérivé de l'hébreu *mashiah* signifiant « oint ». Au IIIe siècle av. J. C., la traduction grecque de la Bible (la Septante) traduira « jeune femme » par « vierge ». Les chrétiens trouveront plus tard dans cette traduction le fondement biblique de la virginité de Marie, la mère de Jésus (Mt 1, 23)...
13. Le Nouveau Testament reprendra cette autre annonce pour expliquer la naissance de Jésus, précisément à Bethléem (Mt 2, 5).

Le destin de Samarie : 722

Les souverains de Damas et de Samarie jouent un jeu dangereux en cherchant à s'attaquer à l'Assyrie, alors au sommet de sa puissance. De 745 à 727, Téglat-Phalasar III soumet tous les royaumes proches d'Israël, les oblige à payer tribut, écrase les villes résistantes. En 732, il inflige ce traitement à Damas, qui s'effondre sous ses coups de boutoir. Après Téglat-Phalasar III, Salmanazar V (727-721) se montre aussi agressif et impitoyable. Osée (732-724), qui gouverne le royaume du Nord, doit s'acquitter de l'impôt. Mais il se ravise et cherche à nouer une alliance avec l'Égypte. Salmanazar met le siège devant Samarie, la capitale, qui ne résiste pas aux assauts de Sargon II (721-705), son successeur.

En 722, le royaume du Nord est envahi, la capitale détruite, la population déportée en Assyrie. Du peuple réuni par David ne subsistent que Juda et ses montagnes qui entourent Jérusalem. Pourtant, au cours d'un siècle et demi, les aléas de la grande diplomatie et des guerres vont épargner ce petit territoire en raison de son insignifiance politique, économique et militaire. Malgré ses dimensions, il sera néanmoins le véritable point de départ de l'expansion de la religion de Yahvé à travers le monde !

Isaïe a prédit la catastrophe. À ses yeux, Dieu s'est servi de l'envahisseur assyrien pour punir Israël-Éphraïm de ses infidélités :

> Malheur à l'orgueilleuse couronne des ivrognes d'Éphraïm, à la fleur fanée de sa superbe splendeur sise au sommet de la grasse vallée, à ceux que terrasse le vin. Voici un homme fort et puissant au service du Seigneur, comme une tornade de grêle, une tempête dévastatrice, comme d'énormes trombes d'eau qui se déversent, de sa main il les jette à terre. Elles seront foulées aux pieds, l'orgueilleuse couronne des ivrognes d'Éphraïm et la fleur fanée de sa superbe splendeur sise au sommet de la grasse vallée. C'est comme une figue mûre avant l'été : qui l'aperçoit, aussitôt la saisit et l'avale (28, 1-4).

Une telle sanction pourrait relever de l'imagination débridée d'un prophète exalté. Or, Michée l'a également évoquée et dans des termes aussi violents : un guerrier formidable, Yahvé en personne, devait écraser le royaume frère de Jacob-Israël :

> Écoutez, tous les peuples ! Sois attentive, terre et tout ce qui t'emplit ! Yahvé va témoigner contre vous, le Seigneur, au sortir de son palais sacré ! Car voici

> Yahvé qui sort de son lieu saint ; il descend, il foule les sommets de la terre. Les montagnes fondent sous ses pas, les vallées s'effondrent, comme la cire devant le feu, comme l'eau répandue sur la pente. Tout cela à cause du crime de Jacob, à cause du péché de la maison d'Israël. Quel est le crime de Jacob ? N'est-ce pas Samarie ? [...] Je vais faire de Samarie une ruine dans la campagne, une terre à vignes. Je ferai rouler ses pierres à la vallée, je mettrai à nu ses fondations. Toutes ses statues seront brisées, tous ses salaires dévorés par le feu, toutes ses idoles, je les livrerai à la solitude, car elles ont été amassées avec le salaire des prostituées et elles redeviendront salaires de prostituées (1, 2-7).

Concernant la destruction de Samarie, le livre des Rois accepte l'analyse d'Amos, d'Osée, d'Isaïe et de Michée, qui devient désormais l'explication théologique officielle. Le Dieu qui a délivré autrefois Israël de l'Égypte l'a puni parce que ses habitants ont adoré d'autres dieux. Ils ne se sont pas convertis à la Loi qui leur avait été « communiquée par le ministère de ses serviteurs les prophètes » (2 R 17, 13). Le message prophétique, contre lequel Amasias, prêtre de Béthel opposé à Amos [14], s'était élevé, est devenu réalité. Mais comment les Judéens peuvent-ils réagir devant le cataclysme qui vient de balayer Samarie ?

C'est en voyant partir les caravanes d'exilés du royaume du Nord qu'Isaïe évoque encore Emmanuel. L'enfant royal va apporter la paix définitive sur la terre de David. La signification de son nom (« Dieu avec nous ») permet de lui donner des titres divins – tels que Merveilleux-Conseiller – qui sous-entendent que Dieu va agir par son intermédiaire. Car seul l'amour que Yahvé éprouve pour son peuple est capable de repousser les guerres, de libérer les captifs, de mettre en place ce royaume où régnera pour toujours l'équité :

> Le peuple qui marchait dans les ténèbres a vu se lever une grande lumière ; sur ceux qui habitaient le pays de l'ombre une lumière a resplendi. Dieu, tu as prodigué l'allégresse, tu as fait grandir la joie : ils se réjouissent devant toi comme on se réjouit en faisant la moisson, comme on exulte en partageant les dépouilles des vaincus. Car le joug qui pesait sur eux, le bâton qui meurtrissait

14. Voir chapitre 1, p. 56.

> leurs épaules, le fouet du chef de corvée, tu les as brisés comme au jour de la victoire sur Madiân [15]. Toutes les chaussures des soldats qui piétinaient bruyamment le sol, leurs manteaux couverts de sang, les voilà brûlés : le feu les a dévorés. Oui ! un enfant nous est né, un fils nous a été donné ; l'insigne du pouvoir est sur son épaule ; on proclame son nom : « Merveilleux-Conseiller, Dieu-fort, Père-à-jamais, Prince-de-la-Paix. » Ainsi son pouvoir s'étendra, la paix sera sans fin pour David et son royaume. Il sera solidement établi sur le droit et la justice dès maintenant et pour toujours. Dès maintenant et à jamais, l'amour jaloux de Yahvé Sabaot fera cela (9, 1-6).

Un autre oracle, écrit sans doute à une période ultérieure, probablement par un disciple d'Isaïe, parle de la venue d'un roi parfait, fils de Jessé (le père de David), qui établira la paix. Il est comblé de tous les dons de l'Esprit de Dieu : l'Esprit exprime la vie et la force de Yahvé, source de son action dans le monde [16]. Le roi va instaurer une ère paradisiaque, dont la description relève de la poésie et de l'utopie, mais qui vise à entretenir l'espérance parmi les déportés de Samarie :

> Un rameau sortira de la souche de Jessé, un rejeton poussera de ses racines. Sur lui reposera l'Esprit de Yahvé, esprit de sagesse et d'intelligence, esprit de conseil et de force, esprit de connaissance et de crainte du Seigneur qui lui inspirera la crainte du Seigneur. Il ne jugera pas d'après les apparences, il ne tranchera pas d'après ce qu'il entend dire. Il jugera les petits avec justice, il tranchera avec justice en faveur des pauvres du pays. [...] Le loup habitera avec l'agneau, le léopard se couchera près du chevreau, le veau et le lionceau seront nourris ensemble, un petit garçon les conduira. [...] Il ne se fera plus rien de mauvais ni de corrompu sur ma montagne sainte ; car la connaissance de Yahvé remplira le pays comme les eaux recouvrent le fond de la mer (11, 1-10).

Pour Isaïe, les perspectives de salut qu'ouvre la venue du roi Emmanuel concernent donc les deux royaumes, celui de Samarie qui vient d'être détruit, celui de Jérusalem qui est à son tour menacé. Tous deux seront restaurés et réunis sous l'autorité d'un unique souverain, descendant de

15. Madiân, territoire situé au nord de l'Arabie, peuplé de nomades qui furent vaincus par Gédéon. Voir troisième partie, chapitre 1, « Les Juges sauvent Israël infidèle », p. 360.
16. Dans la tradition chrétienne, ces dons deviennent les sept dons du Saint-Esprit.

David, qui gouvernera Israël selon les exigences de Yahvé. Dieu fera alors venir la paix et le bonheur éternels sur Israël et tous les peuples. Cette paix est décrite à l'aide de symboles forts (enfants, animaux) qui signifient la restauration du bien et l'absence de péché. Ces promesses d'ère messianique ne peuvent pourtant masquer la situation dramatique de Juda.

Sous le règne d'Ézéchias (716-687)

La chute de la Samarie a révélé non seulement la puissance de l'Assyrie, mais aussi la faiblesse de Juda, qui s'est trouvé contraint de payer tribut à l'envahisseur. En 716, dans ce climat d'angoisse, Ézéchias (716-687), douzième roi après le schisme de 931, succède à son père Achaz.

Isaïe n'a pas approuvé la politique d'Achaz. Le souverain a choisi le camp de l'Assyrie malgré les critiques et les appels du prophète. Les autels dédiés aux dieux assyriens, élevés sur le parvis du Temple et jusque dans le sanctuaire de Yahvé, sont la preuve d'allégeance sur laquelle la dynastie de David compte pour se maintenir à Jérusalem. Isaïe espère qu'Ézéchias ne ressemble pas au père. De fait, le nouveau monarque entame son règne par une tentative de réforme religieuse dans laquelle se devine l'influence d'Isaïe. Il s'attaque notamment aux pieux sacrés, des poteaux dressés dans les sanctuaires cananéens en l'honneur de la déesse Ashéra :

> Il fit ce qui est agréable à Yahvé, imitant tout ce qu'avait fait David son ancêtre. C'est lui qui supprima les hauts lieux, brisa les stèles, coupa les pieux sacrés. [...] C'est en Yahvé, Dieu d'Israël, qu'il mit sa confiance (2 R 18, 3-7).

Pendant dix ans, Ézéchias observe une ligne politique de vassalité discrète par rapport à l'Assyrie, dont les armées restent présentes dans la plaine de la Philistie, à quelques dizaines de kilomètres de Jérusalem. De cette position, elles surveillent l'Égypte toujours prête à se révolter. Mais en 705, Sargon II meurt. Alors que son fils Sennachérib (704-681) monte sur le trône, l'Égypte tente de former une coalition. Ézéchias est tenté par l'aventure. Isaïe le met en garde :

> Malheur à ceux qui descendent en Égypte pour y chercher du secours. Ils comptent sur les chevaux, ils mettent leur confiance dans les chars, car ils sont nombreux, et dans les cavaliers, car ils sont très forts. Ils ne se sont pas

tournés vers le Saint d'Israël, ils n'ont pas consulté Yahvé. Pourtant il est sage lui aussi, et peut faire venir le malheur, il n'a jamais manqué à sa parole. Il se lèvera contre l'engeance des méchants, contre la protection des malfaisants. L'Égyptien est un homme et non un dieu, ses chevaux sont chair et non esprit ; Yahvé étendra la main : le protecteur trébuchera, le protégé tombera, ensemble ils périront (31, 1-3).

Isaïe, comme lors de la guerre qui vient de provoquer la chute de Damas et de Samarie, désapprouve ces accords militaires et demande une confiance totale en Dieu :

Ainsi parle le Seigneur Yahvé le Saint d'Israël : dans la conversion et la tranquillité est votre salut, dans la sérénité et la confiance est votre force, mais vous n'avez pas voulu ! Vous avez dit : « Non, car nous fuirons à cheval ! » Eh bien, oui, vous fuirez. Et encore : « Nous aurons des montures rapides ! » Eh bien, vos poursuivants seront plus rapides. Mille trembleront devant la menace d'un seul, devant la menace de cinq vous vous enfuirez, jusqu'à ce qu'il reste de vous comme un mât en haut de la montagne, comme un signal sur la colline (30, 15-17).

Mais Isaïe n'est pas écouté ! En 701, profitant de ce que Sennachérib est occupé à guerroyer du côté de Babylone, la coalition se met en place, regroupant autour de l'Égypte tous les royaumes de la région (Édom, Philistie, Phénicie...). Cependant, toujours en 701, Sennachérib écrase la rébellion lors d'une campagne éclair. Seules quelques villes de Juda sont épargnées au milieu de leurs montagnes. L'Assyrien vient assiéger aussi Jérusalem. Ézéchias fortifie sa capitale, fait creuser dans le roc, sous la colline de l'Ophel sur laquelle sont bâtis le Temple et le palais, un canal qui amène les eaux de la source de Gihon jusqu'à la piscine de Siloé, à l'intérieur des remparts, et qui existe encore aujourd'hui. Le second livre des Rois rapporte cet épisode :

[...] Le roi d'Assyrie envoya vers le roi Ézéchias, à Jérusalem, le grand échanson, avec un important corps de troupes. Le grand échanson se posta près du canal de la piscine supérieure, sur le chemin du champ du Foulon. Le maître du palais, Élyaqim, le secrétaire Shebna et le héraut Yoah sortirent à sa rencontre. Le grand échanson leur dit : « Dites à Ézéchias : Ainsi parle le grand roi, le roi d'Assyrie. Quelle est cette confiance sur laquelle tu te reposes ? [...] Voici que tu te fies au soutien de ce roseau brisé, l'Égypte, qui pénètre et perce la main de qui s'appuie sur lui. Tel est Pharaon, roi d'Égypte, pour tous ceux qui se fient en lui. [...] Et puis, est-ce sans la volonté de Yahvé que je suis monté contre ce pays pour le dévaster, c'est Yahvé qui m'a dit : "Monte contre ce pays et dévaste-le !"» Élyaqim, Shebna et Yoah dirent au grand échanson : « Je t'en prie, parle à tes serviteurs en araméen, car nous l'entendons, ne nous parle pas en judéen à portée des oreilles du peuple qui est sur les remparts. » Mais le grand échanson dit : « Est-ce à toi ou à ton maître que Monseigneur m'a envoyé dire ces choses ? N'est-ce pas plutôt aux gens assis sur le rempart et condamnés à manger leurs excréments et à boire leur urine avec vous ? » Alors le grand échanson se tint debout, il cria d'une voix forte en langue judéenne et dit : « Écoutez les paroles du grand roi, le roi d'Assyrie ! Ainsi parle le roi : [...] Qu'Ézéchias n'entretienne pas votre confiance en Yahvé en disant : "Sûrement Yahvé nous délivrera, cette ville ne tombera pas entre les mains du roi d'Assyrie." [...] Qu'Ézéchias ne vous abuse pas en vous disant : "Yahvé nous délivrera." Les dieux des nations ont-ils vraiment délivré chacun son pays des mains du roi d'Assyrie ? [...] Ont-ils délivré Samarie de ma main ? Parmi tous les dieux de ces pays, lesquels ont délivré leur pays de ma main, pour que Yahvé délivre Jérusalem ? » Ils gardèrent le silence et ne lui répondirent pas un mot, car tel était l'ordre du roi : « Vous ne répondrez pas. » Le maître du palais Élyaqim, le secrétaire Shebna et le héraut Yoah vinrent auprès d'Ézéchias, les vêtements déchirés, et ils lui rapportèrent les paroles du grand échanson (2 R 18, 17-37).

Isaïe encourage Ézéchias en lui transmettant les paroles de Yahvé :

N'aie pas peur des blasphèmes que les valets du roi d'Assyrie ont lancés contre moi. Le roi va apprendre une nouvelle et quand il l'entendra, il retournera dans son pays, je le ferai tomber sous l'épée (37, 6-7).

D'après ce texte, le roi d'Assyrie est contraint de lever le siège pour retourner défendre son trône menacé. Mais selon une seconde version, qui figure aussi dans le livre d'Isaïe, Yahvé intervient personnellement contre l'armée ennemie :

Cette même nuit, l'ange de Yahvé sortit et frappa dans le camp assyrien cent quatre-vingt-cinq mille hommes. Le matin, au réveil, ce n'étaient plus que des cadavres. Sennachérib leva le camp et partit. Il s'en retourna et resta à Ninive (37, 36-37).

Ce passage laisse entendre que l'armée assyrienne renonce parce qu'un fléau tel que la peste s'abat sur les soldats. Quoi qu'il en soit, Sennachérib ne revient pas dans la région. Jérusalem et les villes de Juda qui l'entourent sont soulagées. Mais cette rémission ne signifie pas pour autant la longue tranquillité dont ont bénéficié les deux royaumes frères avant le réveil de l'Assyrie. En effet, si Jérusalem reste isolée et ignorée, c'est qu'elle ne présente décidément aucun intérêt stratégique ou économique. Isaïe décrit cette insignifiance :

> Elle est restée, la Fille de Sion, comme une hutte dans une vigne, comme un abri dans un champ de concombres, comme une ville assiégée. Si Yahvé Sabaot ne nous avait laissé quelques rares survivants, nous serions comme Sodome, nous ressemblerions à Gomorrhe (1, 8-9).

Selon une légende, qui figurera plus tard dans le livre de la Genèse (chapitre 19), Sodome et Gomorrhe, dans des temps immémoriaux, ont été anéanties par le feu et leurs habitants exterminés [17]. Après l'invasion assyrienne, Juda aurait pu aussi être totalement détruit.

Cependant, pour l'Assyrie aussi, après le temps de la splendeur, viendra celui de l'éclipse : elle sera à son tour rayée de la liste des peuples. La malédiction de Yahvé va s'abattre sur l'envahisseur parce qu'il a outrepassé les termes de sa mission :

> Malheur à Assur, bâton de ma colère, gourdin de ma fureur. Je l'envoyais contre une nation impie, contre un peuple objet de ma colère, pour qu'il le pille et le razzie, qu'il le piétine comme la boue des rues. Mais lui ne jugeait pas ainsi, son cœur ne concevait pas ces pensées. Il rêvait d'exterminer, de dévaster des nations sans nombre. [...] Il disait : « C'est par ma main puissante que j'ai réalisé tout cela, avec sagesse et habileté. J'ai supprimé les frontières des peuples, j'ai pillé leurs trésors. Ma main a saisi comme au nid leurs trésors ; comme on ramasse des œufs abandonnés, j'ai raflé tous leurs biens. Aucun n'a battu des ailes ni ouvert le bec » (10, 5-14).

Isaïe conclut sur une question dont la réponse est évidente :

---

17. Voir deuxième partie, chapitre 3, « Le cycle de Sodome et Gomorrhe », p. 277.

La hache se vante-t-elle devant celui qui la brandit, et la scie devant celui qui la manie ? Comme si le bâton conduisait la main de celui qui frappe, comme si le gourdin dirigeait le bras (10, 15).

La protection miraculeuse accordée à la Ville sainte n'en apparaît que plus significative de l'intention divine. Elle préfigure un renouveau merveilleux que le prophète chante dans plusieurs oracles, comme il a chanté quelques années plus tôt la restauration prestigieuse, grâce à la venue d'Emmanuel, de la dynastie de David, qui pouvait alors très bien disparaître :

Il arrivera dans la suite des temps que la montagne de la maison de Yahvé sera établie au-dessus des collines. Alors toutes les nations afflueront vers elle, alors viendront des peuples nombreux qui diront : « Venez, montons à la montagne de Yahvé, à la maison du Dieu de Jacob, qu'il nous enseigne ses voies et que nous suivions ses sentiers. » Car de Sion vient la Loi et de Jérusalem la parole de Yahvé. Il jugera entre les nations, il sera l'arbitre de peuples nombreux (2, 2-4).

Le prophète voit en Jérusalem le centre et la lumière des nations [18] :

Ce jour-là, le germe de Yahvé deviendra parure et gloire, le fruit de la terre deviendra fierté et ornement pour les survivants d'Israël. Le reste laissé à Sion, ce qui survit à Jérusalem sera appelé saint, tout ce qui est inscrit pour la vie à Jérusalem. Lorsque le Seigneur aura lavé la saleté des filles de Sion et purifié Jérusalem du sang répandu, au souffle du jugement et au souffle de l'incendie, Yahvé créera partout sur la montagne de Sion et sur ceux qui s'y assemblent une nuée le jour, et une fumée avec l'éclat d'un feu flamboyant la nuit (4, 2-5).

Isaïe termine ici sa mission et meurt à une date inconnue. L'écho de sa voix s'éteint sur cet avenir d'une Jérusalem glorieuse. Mais les décennies suivantes n'apportent pas la réalisation des perspectives ouvertes pour la dynastie davidique et la capitale, même si Juda connaît un répit de plus d'un siècle (de 690 à 597).

18. Ce thème sera développé au retour de l'exil, à partir de 530, particulièrement dans Is 56-66 (voir cinquième partie, chapitre 1, p. 566).

Le message d'Isaïe

Isaïe, prenant la relève d'Amos et d'Osée, a jeté les bases d'une interprétation de l'histoire d'Israël que les prophètes suivants, Jérémie et Ézéchiel, vont confirmer. Au cours de la vision par laquelle il a reçu sa mission, il a contemplé Yahvé dans toute sa dignité royale. Il lui est alors devenu évident que le véritable souverain des Israélites est Yahvé lui-même, présent dans sa demeure. Dans le palais, près du Temple, celui qui siège sur le trône de David n'est qu'un homme, simple lieutenant du Dieu unique d'Israël, qu'il s'appelle Achaz le sournois ou Ézéchias le faible. Yahvé en personne conduit l'histoire de son peuple. Les rois de Damas et de Samarie, et même les effrayantes armées assyriennes, ont obéi à ses décisions. Qu'importent l'infériorité des armées de Juda et la vulnérabilité de Jérusalem. Ce que Yahvé a décidé s'est réalisé ou se réalisera un jour.

La pérennité de la dynastie davidique, même quand elle repose sur un faible enfant, l'invincibilité de Jérusalem, même quand elle est assiégée, sont garanties par la présence royale de Yahvé au sein de sa nation. En retour, les Israélites, et en premier lieu leur souverain, doivent consolider leur foi, accorder une confiance absolue en Yahvé. Mais auparavant, il faut mettre un terme à toute compromission avec les divinités de l'Assyrie, le dominateur d'alors, et cesser le double jeu d'un recours secret à l'Égypte.

Que le peuple de Yahvé – et d'abord le roi – vive en conformité avec la sainteté de son Dieu, dans la justice, la sincérité à l'égard de Dieu et des hommes. La foi et la justice feront régner la paix en Israël et parmi les nations. Si l'Assyrie a pu imposer son joug, c'est parce que les Israélites avaient négligé de s'en remettre à Yahvé. Le peuple a voulu adopter la condition ordinaire de tous ses voisins qui adorent des dieux interchangeables au gré des victoires ou des défaites, alors que Yahvé est le Dieu de Juda, et Juda le peuple de Yahvé. Entre eux est scellée une alliance indissoluble, pareille à celle qui unit un homme et une femme qui s'aiment, union qu'a signifiée Osée par ses paroles et son existence.

À partir des oracles d'Amos, Isaïe a élaboré une politique pour le roi et le peuple, une politique d'indépendance farouche vis-à-vis des pays proches ; une politique intérieure de justice sociale, la seule capable de construire la cohésion interne de la nation et même de créer un rayonnement susceptible d'attirer l'assentiment d'autres pays à un Dieu absolument irréductible aux autres dieux.

Mais le message d'Isaïe n'a guère été entendu. Ses oracles étaient adressés au souverain d'un royaume tellement petit et faible qu'il ne mettait nullement en péril la stratégie régionale de l'Assyrie et de l'Égypte. Pourtant, son appel à la foi absolue va être recueilli par une petite communauté de croyants, qui restera fidèle à son Dieu tout au long des épreuves !

3

Crépuscule sur Juda et Jérusalem (687-609)

La réforme avortée de Josias
Les prophètes Nahum, Sophonie, Habaquq

À la mort d'Ézéchias en 687, Juda entre dans une longue période crépusculaire. Mais avant de s'enfoncer définitivement, le soleil déclinant va briller d'un dernier éclat. Depuis la disparition de la Samarie en 722, Juda est demeuré le seul témoin du passé glorieux du grand royaume de David. Ézéchias, sur les conseils d'Isaïe et de Michée, a tenté d'opérer une réforme politique et religieuse. Jérusalem a échappé miraculeusement aux armées assyriennes obligées de porter ailleurs leurs attaques.

Cependant, l'Assyrie n'apparaît pas affaiblie par les difficultés qu'elle vient de rencontrer. Au contraire, elle arrive à sa plus grande extension et rien apparemment ne laisse entrevoir sa fin. Vers 671, Asarhaddon (680-669) soumet l'Égypte du Nord. Il conquiert même les comptoirs des villes hellénistiques de la mer Égée. Son successeur, Assurbanipal (669-630), dote la civilisation assyrienne d'un éclat incomparable. La bibliothèque de Ninive, la nouvelle capitale, avec ses vingt-cinq mille tablettes cunéiformes, en est le symbole.

Dans ce contexte général, la situation de Juda apparaît misérable : il est amputé d'une partie importante de son territoire et doit payer un lourd tribut pour sauvegarder un semblant d'autonomie. À l'intérieur, il s'enfonce dans une crise morale et religieuse sans précédent.

Au roi Ézéchias succède son fils Manassé (687-642) dont le long règne est considéré par le second livre des Rois comme la période de la plus grande impiété, amenant la disparition quasi complète de la religion de Yahvé :

> Il fit ce qui est mal aux yeux de Yahvé, imitant les abominations des nations que Yahvé avait chassées devant les fils d'Israël. Il rebâtit les hauts lieux qu'avait détruits Ézéchias son père ; il érigea des autels à Baal et il dressa un pieu sacré comme avait fait Achab roi d'Israël. Il se prosterna devant toute l'armée des cieux et il la servit. Il bâtit des autels dans la maison de Yahvé dont Yahvé avait dit : « C'est à Jérusalem que je ferai résider mon nom. » Il bâtit des autels à toute l'armée des cieux. Il fit passer son fils par le feu. Il pratiqua l'astrologie et la magie, institua nécromants et devins. De multiples façons il offensa Yahvé en faisant ce qui est mal à ses yeux (2 R 21, 2-7).

Manassé accumule les fautes commises par ses ancêtres : restauration des temples des baals, sacrifices d'enfants, consultation des morts [1], divination auprès des prêtres des idoles au lieu de faire appel à ceux de Dieu. Aussi la menace de Yahvé se fait-elle de plus en plus pressante :

> Parce que Manassé, roi de Juda, a commis ces abominations, parce qu'il a fait pis que tous les Amorrhéens qui étaient avant lui, et qu'il a fait aussi pécher Juda par ses idoles, eh bien ! voici que je fais venir sur Jérusalem et Juda un malheur tel que quiconque l'apprendra, les deux oreilles lui tinteront. Je tendrai sur Jérusalem le cordeau de Samarie et le niveau de la maison d'Achab, je nettoierai Jérusalem comme on nettoie un plat, et qu'on retourne à l'envers après

1. Voir troisième partie, chapitre 2, « Les morts tragiques de Saül et Jonathan », p. 389. La consultation des morts fut l'une des fautes reprochées à Saül (XIe siècle). Précisons que le refus de consulter les défunts et de chercher à connaître l'avenir constituait, avant le IIe siècle et Daniel (voir cinquième partie, chapitre 3, p. 629), un signe distinctif supplémentaire de la foi d'Israël, qui ne croyait pas à une existence après la mort, au contraire de certains pays du Proche-Orient, dont l'Égypte.

l'avoir nettoyé. Je rejetterai le reste de mon héritage, je les livrerai aux mains de leurs ennemis, parce qu'ils ont fait ce qui est mal à mes yeux, qu'ils n'ont cessé de m'offenser depuis le jour où leurs pères sont sortis d'Égypte jusqu'à ce jour (2 R 21, 11-16).

Le fils de Manassé, Amon, ne vaut pas mieux que son père ; il est tué par ses serviteurs après deux ans de règne (642-640). Pour la première fois, un descendant de David est victime d'une révolte de palais. Cependant, le peuple reste fidèle à la dynastie davidique et place sur le trône le jeune fils d'Amon, Josias.

Pendant ce temps, l'échiquier du Croissant fertile est bouleversé. En effet, tous les empires finissent par atteindre une dimension critique au-delà de laquelle ils implosent. Pour l'Assyrie, cette heure est arrivée... Et la chute du géant est brutale. Les nations qui composent l'empire se soulèvent. À l'Est, les peuples situés en Iran, Élamites et Mèdes [2], secouent le joug de l'occupant. Vers 650, les troupes assyriennes ont déjà été chassées d'Égypte. En Mésopotamie elle-même, Babylone, la grande rivale, donne le signal de la rébellion générale. Les armées d'Assurbanipal doivent se battre sur tous les fronts. Babyloniens et Mèdes s'unissent et mettent fin à l'empire en 606, après avoir détruit Assur (614) et Ninive (612).

Deux prophètes au milieu de la désespérance : Nahum et Sophonie

Dans ce climat d'instabilité nationale et de bouleversement international, deux voix se font entendre. Alors que Juda subit encore la soumission politique et religieuse de l'Assyrie, qui semble indestructible, **Nahum** réconforte ses compatriotes en annonçant que Yahvé se vengera des méfaits dont son peuple est la victime :

C'est un Dieu jaloux et vengeur que Yahvé ! Il se venge, Yahvé, il est riche en colère ! Il se venge, Yahvé, de ses adversaires, il garde rancune à ses ennemis.

2. Voir chapitre 6, p. 155.

Yahvé est lent à la colère, mais grand par sa puissance. L'impunité, jamais il ne l'accorde, Yahvé (1, 2-3).

Et voici que Yahvé reprend le nom guerrier de Sabaot. Il exécute sa sentence contre cet empire qui ravage, assassine, assujettit :

> Malheur à la ville sanguinaire, toute en mensonges, pleine de butin, où ne cesse pas la rapine ! Claquement des fouets, fracas des roues, chevaux au galop, chars qui bondissent, cavaliers à la charge, flammes des épées, éclairs des lances, foule des blessés, masse des morts, sans fin des cadavres, on bute sur leurs cadavres ! C'est à cause des prostitutions sans nombre de la prostituée, la beauté gracieuse, l'habile enchanteresse qui réduisait en esclavage les nations par ses débauches, les peuples par ses enchantements. Me voici contre toi, oracle de Yahvé Sabaot. Je vais relever jusqu'à ton visage les pans de ta robe, montrer aux nations ta nudité, aux royaumes ton ignominie. Je vais jeter sur toi des ordures, te déshonorer, t'exposer au pilori. Alors quiconque te verra se détournera de toi. Il dira : « Ninive ! quelle désolation ! » Qui la prendrait en pitié ? (3, 1-7).

La perspective de la fin, ou du moins de l'affaiblissement de l'empire assyrien, et la possibilité d'un réveil religieux et politique en Juda inspirent la parole d'un autre prophète, **Sophonie**. Il tente d'amener les Judéens à un sursaut en leur signifiant, dans le prolongement de la prédication d'Amos [3], l'imminence du « Jour de Yahvé ». L'intervention puissante de Dieu punira ceux qui n'ont pas été fidèles à ses commandements :

> Il est proche le jour de Yahvé, formidable ! il est proche, il vient en toute hâte ! Ô clameur amère du jour de Yahvé : c'est maintenant un preux qui pousse le cri de guerre ! Jour de fureur que ce jour-là ! jour de détresse et de tribulations, jour de désolation et de dévastation, jour d'obscurité et de sombres nuages, jour de nuées et de ténèbres, jour de sonneries de cor et de cris de guerre contre les villes fortes et les hautes tours d'angle. Je livrerai les hommes à la détresse et ils iront comme des aveugles, parce qu'ils ont péché contre Yahvé ; leur sang sera répandu comme de la poussière, leurs cadavres jetés comme des ordures. Ni leur argent, ni leur or ne pourront les sauver. Au jour de la colère de Yahvé, au

3. Voir chapitre 1, « Imminence et violence du châtiment », p. 54.

feu de sa jalousie, toute la terre sera dévorée. Car il va détruire, oui, exterminer tous les habitants de la terre (1, 14-18).

Cependant, Sophonie annonce aussi qu'un reste humble et pauvre d'Israël deviendra le noyau d'une communauté totalement dévouée à Dieu. Sophonie invite Jérusalem à la joie :

> Ce jour-là tu n'auras plus honte de tous les méfaits que tu as commis contre moi, car j'écarterai de ton sein tes orgueilleux triomphants ; et tu cesseras de te pavaner sur ma montagne sainte. Je ne laisserai subsister en ton sein qu'un peuple humble et modeste, et c'est dans le nom de Yahvé que cherchera refuge le reste d'Israël. Ils ne commettront plus d'iniquité, ils ne diront plus de mensonge ; on ne trouvera plus dans leur bouche de langue trompeuse. Mais ils pourront paître et se reposer sans que personne les inquiète. Pousse des cris de joie, fille de Sion ! une clameur d'allégresse, Israël ! Yahvé a levé la sentence qui pesait sur toi ; il a détourné ton ennemi. Yahvé est roi d'Israël au milieu de toi, tu n'as plus de malheur à craindre (3, 11-15).

La ruine de l'ennemi assyrien prouve que Yahvé n'a pas abandonné son peuple. De fait, une période de paix commence pour Juda. Le jeune roi Josias va en profiter pour tenter de mettre en place une profonde réforme de son royaume.

Lueur dans le crépuscule (640-609) : la réforme de Josias

En 640, à la mort d'Amon, Josias n'a que huit ans et le royaume connaît une régence de dix ans sur laquelle nous n'avons aucune information. À dix-huit ans, par conséquent vers 630, le souverain commence à gouverner. Son premier soin est de remettre en état le Temple laissé à l'abandon par son père et son grand-père au profit des multiples édicules et objets de culte dédiés aux divinités païennes, disséminés sur les deux parvis. Alors que le chantier bat son plein, Josias envoie son secrétaire Shaphân auprès du grand prêtre Hilqiyyahu avec mission de prendre l'argent des offrandes destiné à payer les ouvriers. Hilqiyyahu remet à Shaphân la somme, mais aussi un mystérieux document, un rouleau sur lequel est écrit un vieux texte. Il lui recommande d'en faire la lecture au souverain. Tandis qu'il écoute, Josias ressent une émotion intense. Bouleversé, il constate qu'il s'agit d'un ancien recueil de « lois de Yahvé » et comprend aussitôt combien ses prédécesseurs ont offensé Dieu et bafoué son nom. Dieu n'a eu d'autre choix que de punir ceux qui avaient trahi l'alliance. Josias décide d'utiliser ces lois pour réformer la religion de son royaume (2 R 22, 3).

D'où provient ce rouleau ? Avec lui sort de l'oubli un épisode qui date de près d'un siècle, quand le royaume frère du Nord a été anéanti par l'Assyrien, en 722. Sans doute au cours des dernières années précédant cette tragédie, des prêtres de Samarie, officiant à Sichem ou à Béthel, ont voulu revenir aux traditions nationales ; leur démarche allait bien entendu à l'encontre des pratiques et des mentalités religieuses : l'attitude constante des rois de se soumettre à la religion dominante, la tendance générale du peuple attiré par les cultes cananéens, et même la préférence du clergé, qui tirait plus de bénéfices des sacrifices à ces divinités que du culte de l'austère Yahvé. Mais l'appel de Dieu a été le plus fort chez quelques prêtres. Les oracles d'Amos et d'Osée [4] résonnaient encore à leurs oreilles. Ils ont conservé les tablettes sur lesquelles avaient été consignés ces oracles et ont médité leur message. Ils ont alors élaboré un programme de changements religieux et sociaux. Le salut des Israélites résidait dans le retour à Yahvé, dont ils formaient le peuple particulier. Car, si la terre de David était partagée en deux royaumes, seule importait l'alliance réciproque qui unissait le Dieu national et Israël dans son entier ! Ce retour au Dieu national était la condition indispensable pour qu'Israël fût sauvé, retrouvât son identité malmenée par les influences extérieures. Mais il fallait d'abord prendre des mesures urgentes, dont la plupart n'étaient que la mise en pratique des exigences sociales et morales de l'alliance : centraliser le culte dans un sanctuaire unique, donc fermer tous les autres ; interdire sous peine de châtiments les pratiques idolâtriques ; organiser des fêtes conformes à l'esprit de Yahvé ; mettre sur pied une législation qui encadrât les diverses circonstances de la vie, fêtes liturgiques, mariages, guerres, crimes, esclavage...

4. Voir chapitre 1, p. 45 et 57.

Ce projet était excellent, mais il vint trop tard. En 722, l'Assyrie écrasait la Samarie, exilait la cour royale et la plupart des notables et des membres du clergé. Cependant, des prêtres emportèrent avec eux ce programme et trouvèrent refuge à Jérusalem, mais au moment où le roi Ézéchias (716-687) menait sa propre réforme religieuse. Aussi le précieux rouleau fut-il entreposé dans un local du Temple où il fut oublié... Puis retrouvé, presque un siècle plus tard.

Le jeune Josias pressent que ce document peut aider son dessein. L'époque est propice à une telle audace religieuse et politique. La pression que l'Assyrie exerce sur la région commence en effet à se relâcher, car l'empire doit se battre de nouveau à l'Est. Profitant de l'occasion, Josias envisage même d'étendre son autorité aux territoires du Nord, comme au temps de David et de Salomon. Le code de lois élaboré à Samarie peu avant 722 va par conséquent servir de référence à l'administration du royaume réunifié autour de Jérusalem et de la dynastie davidique.

De l'avis de la presque totalité des historiens actuels, ce manuscrit a été intégré dans le livre appelé Deutéronome[5] (chapitres 12 à 26). En voici des dispositions qui donnent un aperçu de ce qu'était, ou de ce qu'aurait dû être, la religion de Yahvé à l'époque des grands prophètes.

La religion

La lutte contre l'idolâtrie

Tel est le but premier de la réforme. Le combat doit être impitoyable et aller, si nécessaire, jusqu'à l'extermination des coupables, massacre appelé anathème :

> Si tu entends dire que dans l'une des villes que Yahvé ton Dieu t'a données pour y habiter, des hommes, des vauriens, issus de ta race, ont égaré leurs concitoyens en disant : « Allons servir d'autres dieux », tu examineras l'affaire, tu feras une enquête, tu interrogeras avec soin. S'il est bien avéré et s'il est bien

5. Le cinquième livre du Pentateuque, qui sera mis en forme au retour de l'exil, après 538 (voir deuxième partie, prélude, p. 201).

> établi qu'une telle abomination a été commise au milieu de toi, tu devras passer au fil de l'épée les habitants de cette ville, tu la voueras à l'anathème, elle et tout ce qu'elle contient ; tu en rassembleras toutes les dépouilles au milieu de la place publique et tu brûleras la ville avec toutes ses dépouilles, l'offrant tout entière à Yahvé ton Dieu. Elle deviendra pour toujours une ruine qui ne sera pas rebâtie (13, 13-17).

Précisons que, primitivement, le mot « anathème » désignait l'acte de vouer, de consacrer à Dieu quelque chose (hommes ou animaux) qui lui appartenait. Il pouvait aussi se rapporter au butin offert à la divinité pour la remercier d'une victoire sur un ennemi, c'est-à-dire les populations et les troupeaux. Mais, dans les textes bibliques écrits au retour de l'exil, après 538, il a pris une autre signification. Donc à une époque où il n'était plus possible de l'appliquer, puisque Israël n'avait plus d'armée, et où la guerre sainte était un souvenir très lointain. Il devint ainsi synonyme de volonté farouche et brutale : éradiquer les peuples étrangers et leurs mœurs païennes afin qu'Israël ne revienne plus jamais aux pratiques idolâtriques d'autrefois. Cette figure de style vise bien entendu la pureté religieuse. Il s'agit par conséquent d'une exagération destinée à secouer les consciences [6].

L'unité de sanctuaire

Tous les sanctuaires locaux, tels Sichem et Béthel, doivent être supprimés. Un seul doit subsister. À partir du règne de Josias, les sacrifices ne peuvent être offerts que dans le Temple de Jérusalem :

> Vous détruirez tous les lieux où les nations que vous allez chasser servaient leurs dieux, sur les montagnes, sur les collines, sous tout arbre verdoyant. Vous démolirez leurs autels, vous briserez leurs stèles, vous abattrez leurs pieux sacrés, vous brûlerez les statues de leurs dieux. Vous ferez disparaître leur nom de ce lieu.
>
> À l'égard de Yahvé, vous vous comporterez d'une autre manière. Vous le chercherez seulement au lieu que Yahvé votre Dieu aura choisi parmi vos tribus

6. Conformément à cet enseignement, le livre de Josué indique comment Israël, entrant en Terre promise, a dû exterminer tous les Cananéens pour ne pas succomber à l'idolâtrie (voir troisième partie, chapitre 1, p. 346).

pour y faire résider son nom. C'est là que vous irez présenter vos holocaustes et vos sacrifices, vos dîmes et vos présents, les premiers-nés de votre gros et de votre petit bétail. C'est là que vous mangerez en présence de Yahvé votre Dieu et vous vous réjouirez, vous et vos familles, de tous les biens qu'auront acquis vos mains, de ce dont t'aura béni Yahvé ton Dieu » (12, 2-7).

Les animaux purs et impurs

Tous les peuples respectent des interdits alimentaires par tradition religieuse ou pour des raisons d'hygiène. En Israël, ces mesures sont particulièrement détaillées. En voici quelques-unes, mais il en existe d'autres [7] :

> Tu ne mangeras rien de ce qui est abominable. Voici les animaux que vous pourrez manger : le bœuf, le mouton, la chèvre, le cerf. [...] Vous pourrez manger de tout animal qui a le sabot fourchu, fendu en deux ongles, et qui rumine. Toutefois, parmi les ruminants et parmi les animaux à sabot fourchu et fendu, vous ne pourrez manger ceux-ci : le chameau, le lièvre et le daman, qui ruminent mais n'ont pas le sabot fourchu, vous les tiendrez pour impurs. Ni le porc, qui a bien le sabot fourchu et fendu mais qui ne rumine pas ; vous le tiendrez pour impur. Vous ne mangerez pas de leur chair et ne toucherez pas à leurs cadavres (14, 3-8).

L'offrande des animaux premiers-nés

L'homme doit offrir à Dieu tous les premiers-nés des animaux mais aussi des enfants – remplacés en réalité par un agneau [8]. Yahvé rappelle ainsi que tout ce qui vit sur Terre est un don de sa part, et que l'homme doit lui exprimer sa reconnaissance :

> Tout premier-né mâle qui naîtra dans ton gros et dans ton petit bétail, tu le consacreras à Yahvé, ton Dieu. [...] Devant Yahvé ton Dieu, tu le mangeras, toi et ta maisonnée, d'année en année, dans le lieu qu'aura choisi Yahvé.

7. Voir quatrième partie, chapitre 2, p. 467.
8. Comme l'illustre un récit fondamental de la religion israélite : Dieu demande à Abraham de lui faire présent de son aîné Isaac (voir deuxième partie, chapitre 3, p. 283).

[...] Seulement, le sang, tu ne le mangeras pas [9] ; sur la terre tu le répandras comme de l'eau » (15, 19-23).

Les trois grandes fêtes : Pâque, Semaines, Tentes

Ces fêtes (il s'agit de leur mention la plus ancienne dans la Bible) possédaient primitivement un caractère agraire ; Pâque au printemps (Abib, premier mois du calendrier israélite, correspond à mars-avril), les Semaines pour la récolte du blé, les Tentes pour la vendange [10] :

> Observe le mois d'Abib : tu feras une Pâque pour Yahvé, ton Dieu, car c'est au mois d'Abib que Yahvé, ton Dieu, t'a fait sortir d'Égypte la nuit. Tu sacrifieras comme pâque pour Yahvé ton Dieu, du petit et du gros bétail, dans le lieu qu'aura choisi Yahvé pour y faire demeurer son nom. Tu ne mangeras pas avec elle du pain levé ; pendant sept jours tu mangeras avec elle des azymes [11]. [...] Tu sacrifieras la pâque, le soir, au coucher du soleil, à l'heure de ta sortie d'Égypte. Tu la feras cuire et tu la mangeras dans le lieu qu'aura choisi Yahvé ton Dieu, puis tu t'en retourneras le matin, et tu iras à tes tentes. Pendant six jours tu mangeras des azymes, et le septième jour il y aura une réunion solennelle pour Yahvé ton Dieu ; tu ne feras aucun travail. Tu compteras sept semaines, dès que tu commenceras à moissonner les blés, tu compteras sept semaines. Tu célébreras la fête des Semaines pour Yahvé ton Dieu, tu apporteras tes dons à la mesure de la bénédiction que ton Dieu t'aura accordée. [...] La fête des Tentes, tu la célébreras pendant sept jours quand tu auras rentré le produit de ton aire et de ton pressoir. [...] Trois fois dans l'année, tous les hommes paraîtront devant Yahvé ton Dieu dans le lieu qu'il a choisi (16, 1-17).

---

9. Sur l'interdit du sang, voir quatrième partie, chapitre 2, « Les sacrifices », p. 463.
10. Voir aussi quatrième partie, chapitre 2, p. 471, deuxième partie, chapitre 2, « L'institution de la fête de Pâque », p. 229. Après l'exil, ces fêtes seront explicitement mises en relation avec les événements de l'histoire du peuple : Pâque commémore la libération de l'Égypte ; Pentecôte (Semaines), l'événement du Sinaï ; Tentes, le séjour de quarante ans dans le désert.
11. Le pain préparé sans levain.

La société

Les dîmes

Les offrandes présentées au Temple sont codifiées. Surtout la dîme (du mot latin *decima*, qui signifie « dixième »). L'Israélite doit en effet prélever un dixième de ses troupeaux et de ses moissons et les offrir à son Dieu, qui lui a fait tous ces dons :

> Chaque année, tu devras prendre la dîme de tout ce que tes semailles auront rapporté dans tes champs et, en présence de Yahvé ton Dieu, au lieu qu'il aura choisi pour y faire habiter son nom, tu mangeras la dîme de ton froment, de ton moût et de ton huile, les premiers-nés de ton gros et de ton petit bétail ; ainsi tu apprendras à toujours craindre Yahvé ton Dieu (14, 22-23).

L'année de remise

Un Israélite incapable de rembourser un emprunt devenait esclave de son compatriote prêteur. Or, un fils d'Israël ne peut pas rester esclave perpétuellement car, en tant que membre du peuple de l'alliance, il ne peut dépendre définitivement d'un autre Israélite. Il appartient à Yahvé. Cette disposition marque le renforcement de l'appartenance à Israël :

> Au bout de sept ans tu feras remise. [...] Si ton frère hébreu, homme ou femme, se vend à toi, il te servira six ans. La septième année tu le rendras libre et, le renvoyant libre, tu ne le renverras pas les mains vides. Tu chargeras sur ses épaules, à titre de cadeau, quelque produit de ton petit bétail, de ton aire et de ton pressoir ; selon ce dont t'aura béni Yahvé ton Dieu, tu lui donneras (15, 1 et 12-14).

Le roi

Le souverain doit se conformer à la Loi de l'alliance et ne pas se comporter comme un potentat oriental qui exploite ses sujets et vit dans le luxe. D'une manière symptomatique – qui tend à faire penser que le code vient de Samarie –, cette charte royale ne fait pas mention de la nécessaire appartenance du roi à la descendance de David :

> C'est un roi choisi par Yahvé ton Dieu que tu établiras sur toi comme roi, tu ne pourras te choisir un homme étranger, qui ne serait pas ton frère. Mais

> qu'il n'ait pas de nombreux chevaux. [...] Qu'il n'ait pas non plus de nombreuses femmes, de peur que son cœur ne s'égare. De l'argent et de l'or, qu'il n'en ait pas en trop grande quantité. Lorsqu'il montera sur le trône royal, il devra écrire sur un livre un double de cette loi, sous le contrôle des prêtres lévites. Elle ne le quittera plus et il la lira tous les jours de sa vie pour apprendre à craindre Yahvé son Dieu en observant toutes les prescriptions de cette Loi... (17, 14-20).

Les prêtres

Avant 587 et l'exil, les membres de la tribu de Lévi deviennent déjà prépondérants dans le culte du Temple[12]. L'exercice du culte leur permet de vivre puisqu'ils ne possèdent pas de territoire propre, au contraire des autres tribus. Ils en détiendront le monopole au retour de l'exil :

> Les prêtres lévites, toute la tribu de Lévi, n'auront point de part ni d'héritage avec Israël. Ils se nourriront des sacrifices offerts à Yahvé et de son héritage. Cette tribu n'aura pas d'héritage au milieu de ses frères ; c'est Yahvé qui sera son héritage, selon ce qu'il lui a dit. Voici les droits des prêtres sur le peuple, sur ceux qui offrent en sacrifice du gros et du petit bétail. On donnera au prêtre l'épaule, les mâchoires et la panse. Tu lui donneras les prémices de ton froment, de ton vin nouveau, de la tonte de ton petit bétail. Car c'est lui que ton Dieu a choisi d'entre toutes les tribus pour se tenir devant lui, lui et ses fils (18, 1-5).

Les prophètes

Comment distinguer « faux » et « vrais » prophètes ? En Israël, certains prononçaient des oracles destinés à flatter les souverains ; pour ces bonnes paroles, ils recevaient de belles récompenses. Au contraire, d'autres dénonçaient la mauvaise conduite des rois et du peuple ; ils étaient pauvres et persécutés. Le seul critère qui permette de les différencier ne réside donc pas dans le succès, mais dans la fidélité à prononcer la véritable Parole de Dieu :

---

12. Voir aussi deuxième partie, chapitre 2, « Dieu se révèle à Moïse sous le nom de Yahvé », p. 224.

Si quelqu'un n'écoute pas mes paroles que le prophète dira en mon nom, c'est moi qui lui en demanderai compte. Mais si un prophète ose dire en mon nom une parole que je ne lui ai pas demandé de dire, ce prophète mourra. Peut-être vas-tu te dire : « Comment reconnaîtrons-nous que cette parole Yahvé ne l'a pas dite ? » Si ce prophète a prétendu parler au nom de Yahvé, et que sa parole reste sans effet et ne se réalise pas, alors c'est que Yahvé n'a pas dit cette parole. Tu ne le redouteras pas (18, 19-22).

L'authenticité de cette Parole est prouvée par la réalisation effective de ce qu'elle présage. Mais reconnaissons que les vrais prophètes, plongés dans l'actualité, confrontés à l'impiété d'Israël, annoncent plutôt le malheur. Et rarement le bonheur !

Les Dix Paroles : la personnalité d'Israël s'exprime

Le code découvert dans le Temple doit donc guider les Israélites dans leur vie religieuse, sociale, politique et familiale. Mais, parallèlement à l'établissement de ce code (et d'autres qui permettront de répondre à d'autres circonstances et d'autres besoins [13]), Israël cherche à résumer de manière concise les principes fondamentaux et distinctifs de sa foi religieuse et de sa morale. Cet objectif figure dans un texte mondialement connu sous le nom de Décalogue, ce qui signifie les Dix Paroles, ou, moins exactement, les Dix Commandements (il débute en effet par une déclaration de Dieu qui parle de lui-même). Le chiffre dix exprime ici un tout aux éléments cohérents et indissociables, inséparables.

Les historiens ne peuvent dater avec exactitude la rédaction du Décalogue. Sans doute a-t-il connu plusieurs formes avant d'aboutir à celle que transmettent, avec quelques variantes, les livres du Deutéronome et de l'Exode [14]. Selon ces deux ouvrages, il a été prononcé par Yahvé en personne au Sinaï. Mais avant de se rapporter à cet événement, plusieurs préceptes

13. Voir quatrième partie, chapitre 2, p. 463.
14. Voir deuxième partie, chapitre 2, p. 240.

ont certainement existé à part, copiés et recopiés sur des tablettes, médités par les fidèles comme la caractéristique des exigences de leur Dieu. Il est difficile de savoir quelle en était la forme au temps de Josias. Cependant, il est utile d'en prendre connaissance dès maintenant : en effet, à partir de cette époque, les Dix Paroles vont inspirer, explicitement ou implicitement, parallèlement à l'enseignement des prophètes, la conduite religieuse et morale d'Israël. La recension donnée par le Deutéronome est sans doute la plus ancienne.

Les exigences de Yahvé

Dieu s'exprime à la première personne, sans aucun intermédiaire, et commence par rappeler l'acte fondateur d'Israël [15] :

> Moi, Yahvé, je suis ton Dieu, qui t'ai fait sortir du pays d'Égypte, de la maison des esclaves (Dt 5, 6).

Dans les préceptes qui suivent, Yahvé révèle comment l'honorer.

Un seul Dieu

Contrairement aux nations voisines qui, à côté d'une divinité principale, acceptent une multitude d'autres divinités, Yahvé exige l'exclusivité de la part d'Israël :

> Tu n'auras pas d'autres dieux en face de moi (5, 7).

Un Dieu sans visage

Non seulement les représentations des divinités païennes sont prohibées, mais aussi les images de Yahvé :

> Tu ne te feras pas de statue, aucune forme de ce qui est dans le ciel en haut, et de ce qui est sur la terre en bas, et de ce qui est dans les eaux au-dessous de

---

15. Plus tard, au retour de l'exil, au VIe siècle, Israël va prendre conscience très clairement que Yahvé est aussi le Dieu de tous les hommes et le créateur du monde (voir conclusion, p. 190).

> la terre. Tu ne te prosterneras pas devant eux et tu ne les serviras pas, car moi Yahvé ton Dieu, je suis un Dieu jaloux, châtiant la faute des pères sur les fils, et sur la troisième et sur la quatrième génération pour ceux qui me haïssent, mais témoignant fidélité à des milliers pour ceux qui m'aiment et observent mes commandements (5, 8-10).

Sans doute cet interdit reflète-t-il l'époque durant laquelle Israël nomadisait dans le désert. Il souligne la volonté de Yahvé : écarter tout ce qui pourrait conduire au polythéisme. Tout reniement à cette Parole mérite un châtiment exemplaire.

Le bon usage du nom divin

Le nom de Yahvé ne doit pas être utilisé dans des formules magiques :

> Tu ne prononceras pas en vain le nom de Yahvé ton Dieu, car Yahvé ne laisse pas impuni celui qui prononce son nom en vain (5, 11).

La locution « en vain » signifie « faussement ». Elle souligne le caractère mensonger de certains discours.

Le sabbat

Le sabbat, le repos du septième jour, est une institution propre au peuple d'Israël.

> Observe le jour du sabbat pour le sanctifier, selon ce que t'a commandé Yahvé ton Dieu. Pendant six jours tu œuvreras et tu feras tout ton travail, mais le septième jour est un sabbat pour Yahvé ton Dieu. Tu ne feras aucun travail, ni toi, ni ton fils, ni ta fille, ni ton serviteur, ni ta servante, ni ton bœuf, ni ton âne, ni aucune de tes bêtes, ni l'étranger qui habite dans ta ville, afin que ton serviteur et ta servante se reposent comme toi. Tu te souviendras que tu as été esclave au pays d'Égypte, et que Yahvé ton Dieu t'en a fait sortir par une main forte et par un bras étendu ; voilà pourquoi Yahvé ton Dieu t'a ordonné de pratiquer le jour du sabbat (5, 12-15).

D'autres religions ont connu des jours fastes ou néfastes, favorisant ou interdisant toutes ou certaines activités humaines ou animales. La pratique du sabbat remonte à la nuit des temps de l'histoire d'Israël, mais est devenue au fil des siècles l'institution du culte la plus caractéristique de la religion de Yahvé. Si le Deutéronome justifie cette pause par la libération d'Égypte, le livre de l'Exode l'explique par le repos de Dieu au septième jour de la Création [16] :

> Car en six jours Yahvé a fait le ciel, la terre, la mer et tout ce qui s'y trouve, mais il s'est reposé le septième jour. C'est pourquoi Yahvé a béni le jour du sabbat et l'a sanctifié (Ex 20, 11).

Le respect des parents

Après l'adoration de Yahvé vient ce précepte fondamental en Israël :

> Honore ton père et ta mère, selon ce que t'a commandé Yahvé ton Dieu, afin que se prolongent tes jours, et qu'il t'arrive du bonheur sur la terre que Yahvé ton Dieu te donne (5, 16).

Ce respect marque le rapport de dépendance entre la foi en Dieu et les lois qui déterminent les relations avec le prochain et rendent possible la vie au sein du peuple. Il ne concerne pas seulement les jeunes enfants, mais aussi le comportement des enfants en général à l'égard de leurs parents, à tous les âges et en toutes circonstances. La qualité des liens familiaux garantit la stabilité et la cohésion nationale. Cette unité, fondée sur le mariage monogame, deviendra plus tard l'un des éléments spécifiques de la religion juive [17].

« Tu ne tueras pas » (5, 17)

Dans un monde où la guerre est fréquente et la condamnation à mort des coupables admise, cette interdiction lapidaire résonne comme un appel au respect absolu de la vie. Malgré cet interdit, nous avons vu que, après le retour d'exil, l'anathème a soutenu le contraire [18]. Ce décalage montre

---

16. Voir deuxième partie, chapitre 4, « La création du monde en sept jours », p. 317.
17. Voir notamment cinquième partie, chapitre 2, « Le livre de Tobit et Tobie : la bienveillance de Dieu », p. 605.
18. Voir troisième partie, chapitre 1, p. 346.

combien la parole absolue interdisant le meurtre a eu des difficultés à s'imposer à la conscience de l'humanité, même en Israël !

« Tu ne commettras pas d'adultère » (5, 18)

Dans une société patriarcale où les relations avec les prostituées sont admises pour l'homme et où la polygamie est courante, la condamnation de l'adultère vise principalement l'épouse et, pour le mari, les rapports sexuels avec une femme mariée. Mais, exprimée de cette manière absolue, cette Parole prépare les esprits à accepter la fidélité à l'intérieur du couple monogame, et à prévenir toute convoitise, qui fait l'objet de la dixième Parole.

« Tu ne voleras pas » (5, 19)

La Parole est concise : elle interdit aussi bien le vol des personnes que celui du bétail et de n'importe quel bien appartenant à autrui.

« Tu ne déposeras pas contre ton prochain en faux témoin » (5, 20)

Cette règle vise ceux qui, lors d'un procès, mentent sciemment pour faire condamner un innocent. Précisons qu'elle est intemporelle...

La convoitise

La dixième Parole amplifie et précise les interdits de l'adultère et du vol déjà portés :

> Tu ne convoiteras pas la femme de ton prochain, tu ne désireras pas la maison de ton prochain, ni son champ, ni son serviteur, ni sa servante, ni son bœuf, ni son âne, ni rien de ce qui est à ton prochain (5, 21).

Elle amorce implicitement une réflexion éthique sur la convoitise qui se trouve au cœur de l'homme, et qui motive et précède toujours l'acte. Entretenir en soi le désir de ce qui appartient à autrui est déjà commettre le péché [19].

19. Comme le commentera Jésus : « Quiconque regarde une femme pour la désirer a déjà commis, dans son cœur, l'adultère avec elle » (Mt 5, 28).

À partir de l'exil, en 587, sous l'influence des prophètes, Israël considérera donc ces dix Paroles comme les exigences absolues de Yahvé son Dieu. Elles en font un peuple à part, « le peuple élu ». Elles correspondent aux conditions fondamentales de l'alliance. Mais la liste du Décalogue, dont l'essentiel remonte certainement au VIIe siècle, n'est pas exhaustive. Elle ne dit rien du culte qu'il convient de rendre à Dieu, ni de la justice à l'égard du prochain. Rien non plus de l'obligation de la circoncision, qui sera le signe de l'appartenance au peuple de Yahvé [20]. Mais telle qu'elle se présente, elle caractérise parfaitement la religion de Yahvé. Israël explore désormais une voie qui façonne peu à peu sa personnalité propre. Une identité qui le distingue de toutes les nations !

La réforme avortée et la fin de Josias (609)

Josias est résolu. Se fondant sur le texte découvert providentiellement, il réforme l'État affaibli par la corruption, assainit la religion de Yahvé en supprimant les sanctuaires locaux et en centralisant le culte dans le Temple de Jérusalem. Afin de promouvoir ces mesures, il convoque le peuple au Temple et lui fait lecture de ce code, qui devient désormais la charte d'une alliance renouvelée entre Dieu et Israël :

> Le roi debout devant la colonne conclut l'alliance devant Yahvé, s'engageant à suivre Yahvé et à garder ses commandements, ses instructions et ses ordonnances, de tout son cœur et de toute son âme, et à réaliser les paroles de cette alliance écrites dans ce livre. (2 R 23, 1-3).

Josias fait purifier le Temple où cohabitaient prêtres de Yahvé et prostitué(e)s consacré(e)s à la déesse Ashéra. Il commande de brûler tous les instruments de dévotion aux dieux cananéens. Pour rendre effective la centralisation du culte, il fait venir à Jérusalem les prêtres des sanctuaires locaux du pays. Il met le feu à Béthel, qu'Amos a cherché en vain à réfor-

20. Voir deuxième partie, chapitre 2, « La circoncision, signe de l'alliance », p. 276.

mer, et en massacre les prêtres. Josias peut alors convoquer au Temple les Israélites, venus du nord au sud, pour une célébration commune de la Pâque, l'une des trois fêtes abordées par le code (2 R 23, 4-22).

Mais la réforme n'a pas le temps de porter ses fruits. Elle est stoppée tragiquement par la mort du souverain. Le second livre des Rois rapporte laconiquement la tragédie :

> Durant ses jours, le pharaon Neko monta rejoindre le roi d'Assyrie vers le fleuve Euphrate. Le roi Josias marcha à sa rencontre, mais le pharaon Neko le fit mourir à Megiddo dès qu'il le vit. Ses serviteurs le transportèrent en char depuis Megiddo à Jérusalem et l'ensevelirent dans sa tombe (23, 29-30).

Le livre des Chroniques [21] précise les circonstances de cette mort (2 Ch 34–35). Neko, deuxième pharaon de la XXVIe dynastie, craignant la puissance montante de Babylone, qui s'est déjà emparée de Ninive et d'Assur, vole au secours de l'Assyrie. Pour cela, il traverse le royaume de Josias. Le roi de Jérusalem ne saisit pas la portée du revirement de l'Égypte, naguère ennemie farouche des Assyriens. Fier d'avoir étendu son autorité sur les territoires du Nord, il veut empêcher les Égyptiens de prendre pied sur la terre de David. Mais ses armées ne font pas le poids contre celles du pharaon ! Josias est tué à Megiddo, ville stratégique qui se trouve sur la route conduisant de l'Égypte à la Phénicie, la Syrie et la Mésopotamie, et qui permet de contrôler l'accès par l'est de la plaine de Yizréel.

Le drame se déroule en 609. La réforme n'est pas poursuivie par Joachaz (609), le successeur de Josias, ni par les rois suivants [22]. C'est pourquoi ce projet a laissé peu de souvenirs dans la tradition. Certes, nous devons louer le zèle dont Josias fit preuve à l'égard du Dieu d'Israël. Mais son intervention contre Pharaon témoigne d'un manque de confiance en Yahvé. Josias n'avait rien à gagner à s'immiscer dans les conflits entre grandes puissances. Yahvé lui demandait seulement de ramener Israël à la fidélité au

---

21. Ouvrage parallèle aux livres des Rois, écrit vers le IIIe siècle (voir cinquième partie, chapitre 2, p. 584).
22. Voir chapitre suivant, p. 111.

Dieu de ses pères, et le roi avait d'ailleurs commencé à œuvrer dans ce sens. Pour le reste, il lui suffisait de se fier à Yahvé, seul capable de protéger le souverain et son peuple.

Le prophète Habaquq

C'est dans cette situation de désarroi religieux et politique qu'il faut sans doute aborder les oracles d'un autre prophète, Habaquq. Babylone, nouveau maître du monde, a remplacé l'Assyrie depuis 606. Mais il n'y a aucun répit pour les nations opprimées : Babylone va se montrer encore plus cruelle et impitoyable que l'Assyrie, son ennemi de toujours. Dans ces conditions, comment les Israélites ne sombreraient-ils pas dans le désespoir ? Habaquq explique que Yahvé a offert sa puissance à Babylone, et plus précisément aux Chaldéens, nom attribué à la dynastie qui vient de prendre le pouvoir. En effet, les Chaldéens, d'origine araméenne, sont arrivés en basse Mésopotamie vers 900. En 625, le prince chaldéen Nabopolassar s'est proclamé roi. Avec ses alliés les Mèdes, il a précipité l'Assyrie dans la défaite. Mais il a surtout fondé cette dynastie, appelée néo-babylonienne ou chaldéenne, qui va occuper le trône jusqu'en 539 :

> Oui ! voici que je suscite les Chaldéens, ce peuple farouche et fougueux, celui qui parcourt de vastes étendues de pays pour s'emparer des demeures d'autrui. Il est terrible et redoutable, sa force fait son droit, sa grandeur ! Ses chevaux sont plus rapides que panthères, plus mordants que loups du soir ; ses cavaliers bondissent, ses cavaliers arrivent de loin, ils volent comme l'aigle qui fond pour dévorer. Tous arrivent pour le pillage, la face ardente comme un vent d'est ; ils ramassent les captifs comme du sable ! Ce peuple se moque des rois, il tourne les princes en dérision. Il se rit de toutes forteresses ; il entasse de la terre et les prend ! (1, 6-10).

Le prophète s'interroge sur l'apparente passivité de Yahvé :

> Dès les temps lointains, n'es-tu pas Yahvé, mon Dieu, mon Saint qui ne meurs pas ? [...] Tes yeux sont trop purs pour voir le mal, tu ne peux regarder l'oppression. Pourquoi regardes-tu les gens perfides, gardes-tu le silence quand l'impie engloutit plus juste que lui ? (1, 12-13).

Habaquq attend une réponse à sa doléance :

> Alors Yahvé me répondit et dit : « Écris la vision, grave-la sur les tablettes pour qu'on la lise facilement. Car c'est une vision qui n'est que pour son temps : elle aspire à son terme sans décevoir ; si elle tarde, attends-la : elle viendra sûrement, sans faillir. Voici qu'il succombe, celui dont l'âme n'est pas droite, mais le juste vivra par sa fidélité » (2, 2-4).

Dieu proclame le châtiment de l'impie. Mais il appelle surtout le juste à préserver sa fidélité en Yahvé, condition absolue de la vie. Un principe qui vaut pour le peuple d'Israël dans ces heures de ténèbres épaisses où ne brille aucune lueur [23]. Parfois, la foi est soumise à l'épreuve du désespoir sans fin. Tel est le tourment que subit le prophète Jérémie dans les années qui suivent la mort de Josias.

23. Un principe qui vaut pour tout croyant, comme l'expliquera Paul dans son épître aux Romains : « C'est la foi en Dieu qui sauve » (1, 17).

4

Le temps de la mort (609-587)

Jérémie, l'emblème du drame national

Le règne de Josias a suscité une grande espérance, mais la mort brutale du souverain a anéanti cette tentative de redressement national. Commence alors pour Juda une période tragique d'une vingtaine d'années qui va s'achever par la destruction du Temple et la prise de Jérusalem en 587. Le second livre des Rois transmet une chronique sommaire des événements (chapitres 24–25). Mais l'ouvrage du prophète Jérémie contient de nombreux éléments historiques qui permettent de mieux comprendre le déroulement de la catastrophe, tellement ce personnage y est impliqué personnellement. Peut-être a-t-il participé à l'œuvre de réforme de Josias, bien que peu d'oracles puissent être datés avec certitude de ces années. Après la disparition du roi, Jérémie intervient directement pour tenter d'orienter la politique du royaume dans un sens conforme à la religion de Yahvé. Il ne se contente pas de prononcer des oracles : il vit le désastre national dans sa chair !

Cent ans plus tôt, Isaïe était intervenu dans la politique de son pays. Jérémie s'y emploie aussi. Mais les deux hommes sont différents. Le premier appartenait à la grande bourgeoisie de Jérusalem, le second est né dans une humble famille de prêtres d'Anatot, un petit village situé à environ cinq kilomètres au nord-ouest de la capitale. Les époques sont également différentes : au temps d'Isaïe, la dynastie davidique était solidement installée sur le trône de Jérusalem ; pour Jérémie, la royauté, totalement déconsidérée, court inexorablement à sa perte si elle ne se conforme toujours pas aux exigences de Yahvé. Isaïe jouissait de l'estime de son souverain et du peuple ; Jérémie est méprisé et injurié par tous. C'est à peine s'il échappe à la mort. Comble de dérision : après la chute de Jérusalem, il est envoyé de force en Égypte, où il disparaît, alors que toute sa vie il a lutté contre l'alliance avec ce pays.

Jérémie incarne l'histoire de Juda lors de la tragédie qui couvre ces années. Il est apparemment fragile, à l'instar de son peuple ; il ne subsiste que par la force de Yahvé qui l'appelle, le guide, le soutient et le relève quand il est tombé. À l'image de Juda réduit à un territoire minuscule, bientôt dépeuplé par l'exil et la guerre, il est privé d'enfants, ébranlé par les attaques de ses adversaires, ligoté, enchaîné, exilé loin de sa patrie. Il ne lui est même pas accordé de finir ses jours au milieu de la communauté des Israélites de Babylone, dans laquelle il a pourtant vu la semence sainte du nouvel Israël, comme s'il devait représenter la partie d'Israël dont Yahvé s'est retiré, celle qui a cherché refuge en Égypte contre la volonté divine. Un élu de Dieu ne pouvait connaître un sort plus terrible !

L'identification de son destin avec celui de son peuple explique la présence dans son livre de nombreux récits qui constituent une sorte de biographie. En cela, il se différencie des autres prophètes, dont la vie intime est moins mise en évidence, voire négligée – excepté Osée. Cette identification justifie aussi que Jérémie ait transmis sous forme autobiographique des moments très personnels de son existence ; sa vocation, mais aussi des épreuves spirituelles appelées à juste titre « confessions ». Ces textes dévoilent la complexité de l'homme, qui se révèle à la fois émotif et agressif, d'une sensibilité exacerbée, torturée, proche de celle de nos contemporains.

Après sa mort, ses disciples ont recueilli ses oracles que son secrétaire Baruch avait consignés de son vivant. Ils y ont ajouté des passages sur les péripéties qu'il avait traversées. Malheureusement, l'éditeur final du livre a rassemblé les feuillets dans un tel désordre qu'il est nécessaire de recomposer le puzzle afin de reconstituer la chronologie des événements. Néanmoins, grâce à de fréquentes indications de date, les grandes lignes du parcours de Jérémie sont suffisamment sûres pour qu'elles nous aident à tracer un portrait du prophète.

La vocation de Jérémie

Le ministère de Jérémie débute à une date imprécise. Mais il n'a pas la révélation de sa vocation à un moment déterminé de son existence ; il se sent appelé dès sa naissance. D'où peut-être ce sentiment de faiblesse et de peur devant la tâche qui l'attend. En apparence, il est faible comme un enfant ; en réalité, la Parole de Dieu lui insuffle une force irrésistible. Faiblesse extérieure, énergie inébranlable sont les deux aspects de la personnalité de Jérémie. Le prophète rapporte lui-même sa vocation :

> La Parole de Yahvé me fut adressée en ces termes : « Avant de te façonner dans le sein de ta mère, je te connaissais ; avant que tu ne sortes de son ventre, je t'avais consacré. Je t'avais institué prophète pour les nations. » Je répondis : « Ah ! Seigneur Yahvé ! Vois, je ne sais pas parler, je suis un enfant ! » Yahvé me dit : « Ne dis pas : "Je suis un enfant !" Vers tous ceux à qui je t'enverrai tu iras, et tout ce que je te commande tu diras. N'aie pas peur d'eux, car je suis avec toi pour te délivrer. Oracle de Yahvé. » Yahvé, avançant la main, me toucha la bouche et me dit : « Voici que je mets mes paroles dans ta bouche. Vois, je t'établis en ce jour sur les nations et sur les royaumes, pour arracher et pour abattre, pour ruiner et pour démolir, pour bâtir et pour planter » (1, 4-10).

La vision du chaudron

À travers cette première vision, Jérémie essaie d'exprimer la menace qui se profile. Il voit les hordes des armées de Babylone. Elles viennent du Nord et s'abattent sur Juda :

> La parole de Yahvé s'adressa à moi une seconde fois : « Que vois-tu, Jérémie ? » Je dis : « Je vois un chaudron bouillonnant posé sur un foyer ouvert du côté du Nord. » Yahvé me dit : « C'est du Nord que bouillonne le malheur contre tous

les habitants du pays. Car voici que je convoque tous les royaumes du Nord. Ils arriveront et chacun établira son trône aux portes de Jérusalem, devant ses remparts tout autour et devant toutes les villes de Juda. Je prononcerai contre leurs habitants mes jugements à cause de leurs méfaits, car ils m'ont abandonné, ils ont fait fumer l'encens pour d'autres dieux et se sont prosternés devant l'œuvre de leurs mains. » (1, 13-16).

Dans la ligne d'Osée et d'Isaïe

Dans la première partie du livre de Jérémie figurent des oracles dont la tonalité rappelle les reproches qu'Osée et Isaïe ont adressés à la Samarie, puis à Juda. Les relations que Yahvé entretient avec son peuple sont à nouveau comparées à celles de l'époux et de l'épouse, et à l'amour dont le vigneron entoure sa vigne :

Ainsi parle Yahvé : Je me souviens de l'affection de ta jeunesse, de l'amour de tes fiançailles quand tu me suivais au désert, dans une terre inculte. Israël était le bien sacré de Yahvé, les prémices de sa récolte. Quiconque en mangeait en était puni, et le malheur tombait sur lui. [...] En quoi vos pères m'ont-ils trouvé en défaut pour qu'ils se soient éloignés de moi, pour courir après des riens et devenir eux-mêmes des riens ! Ils n'ont pas dit : « Où est Yahvé, qui nous a fait monter du pays d'Égypte, qui nous a guidés dans le désert, dans un pays aride et stérile, un pays desséché et effrayant, dans un pays où nul ne passe ni n'habite. » Je vous ai fait entrer dans un pays de vergers pour vous rassasier de leurs fruits splendides. Mais en y entrant vous l'avez souillé et vous avez fait de mon héritage une abomination. Les prêtres n'ont pas dit : « Où est Yahvé ? » Les dépositaires de la Loi ne m'ont pas connu. Les pasteurs se sont révoltés contre moi, les prophètes ont prophétisé au nom de Baal et couru après des idoles impuissantes. Une nation change-t-elle de dieux ? – et pourtant ce ne sont pas des dieux ! Or mon peuple a échangé sa Gloire contre ce qui ne sert à rien. Cieux, soyez-en stupéfaits, suffoqués, horrifiés. Mon peuple a commis deux crimes : ils m'ont abandonné, moi la source d'eau vive, pour se creuser des citernes, des citernes fissurées qui ne retiennent pas l'eau (2, 2-13).

Moi, cependant, je t'avais plantée comme un vignoble de choix, un cépage excellent. Comment as-tu dégénéré en vigne sauvage aux fruits infects ? Même si tu te laves avec de la potasse, si tu emploies de la soude, la saleté de ton iniquité resterait visible à mes yeux (2, 21-22).

Au temps de Joiaqim (609-598)

En 609, les partisans de Josias placent sur le trône Joachaz, le jeune fils du monarque défunt. Mais le pharaon Neko, le vainqueur de Josias, le destitue trois mois plus tard au profit de son frère aîné, Joiaqim, plus favorable sans doute à une politique pro-égyptienne. Aussi Joiaqim vit-il dès le début de son règne sous la dépendance de l'Égypte.

Cependant, Babylone veille. Nabopolassar a définitivement mis fin à l'empire assyrien en 606. Bien que contraint de se reconnaître son vassal, Joiaqim fait appel à l'Égypte. Jérémie lui reproche bien entendu ce double jeu. Mais en 605, un an avant de succéder à son père Nabopolassar, Nabuchodonosor (604-562) triomphe de Neko à Karkémish, sur la rive gauche de l'Euphrate, et s'empare de la Syrie et de la région philistine :

> Le roi d'Égypte ne sortit plus de son pays, car le roi de Babylone avait pris tout ce qui avait appartenu au roi d'Égypte, depuis le torrent d'Égypte jusqu'au fleuve Euphrate (2 R 24, 7).

Plusieurs oracles de Jérémie couvrent les dix années de pouvoir de Joiaqim, qu'ils ne ménagent pas. L'un d'eux vise personnellement le souverain et dénonce son comportement de bâtisseur dépensier alors que le peuple est dans la misère :

> Malheur à qui bâtit sa maison sans la justice et ses chambres hautes sans le droit, qui fait travailler son prochain pour rien et ne lui verse pas de salaire, qui se dit : « Je vais me bâtir un palais spacieux avec de vastes chambres hautes », qui y perce des ouvertures, le recouvre de cèdre et le peint en rouge. Règnes-tu parce que tu as la passion du cèdre ? Ton père ne mangeait-il et ne buvait-il pas ? Mais il pratiquait le droit et la justice ! Alors, pour lui tout allait bien. Il jugeait la cause du pauvre et du malheureux. Me connaître, n'est-ce pas cela ? – oracle de Yahvé. Mais rien ne captive tes yeux et ton cœur sinon ton intérêt propre, le sang innocent à répandre, oppression et violence à perpétrer. C'est pourquoi ainsi parle Yahvé au sujet de Joiaqim, fils de Josias, roi de Juda. Pour lui, point de lamentation : « Hélas ! mon frère ! Hélas ! ô sœur ! » Pour lui point de lamentation : Hélas ! Seigneur ! Hélas ! sa Majesté ! Il sera enterré comme on enterre un âne ! Il sera traîné et jeté loin des portes de Jérusalem ! (22, 13-23).

Les attaques contre le Temple

Durant son règne, le roi de Juda se sent en sûreté à Jérusalem. N'est-il pas sous la protection du Temple de Yahvé, et surtout des armées égyptiennes ? Mais dès son accession au trône, il fait l'objet d'une mise en garde solennelle qui marque l'intervention publique du prophète dans l'actualité : Jérémie le prévient contre une telle confiance. Le roi et les habitants de Jérusalem ne doivent pas s'imaginer que la présence de Yahvé dans sa demeure les protégera contre le châtiment que méritent leurs fautes, notamment envers les plus pauvres. Cette intervention, qui se déroule à la porte du Temple, est citée deux fois dans le livre de Jérémie (chapitres 7 et 26), ce qui en souligne l'importance :

> Écoutez la parole de Yahvé, vous tous Judéens qui entrez par ces portes pour vous prosterner devant Yahvé. Ainsi parle Yahvé des armées, Dieu d'Israël : Améliorez votre conduite et vos actions, et je vous ferai demeurer en ce lieu. Ne vous fiez pas à ces paroles illusoires : « C'est ici le Temple de Yahvé ! le Temple de Yahvé ! le Temple de Yahvé ! » Mais plutôt amendez vraiment votre conduite et vos actions, pratiquez vraiment le droit les uns envers les autres, n'exploitez pas l'immigré, l'orphelin et la veuve ; ne répandez pas le sang innocent en ce lieu ; ne courez pas à la suite d'autres dieux pour votre malheur. Alors j'habiterai avec vous en ce lieu, dans le pays que j'ai donné à vos pères depuis toujours et pour toujours. Malheureusement vous vous fiez à des paroles illusoires et qui ne servent à rien. Quoi ! voler, tuer, commettre l'adultère, prêter de faux serments, faire fumer l'encens pour Baal, courir après d'autres dieux que vous ne connaissez pas, puis venir vous présenter devant moi dans cette Maison qui porte mon Nom, et dire : « Nous sommes sauvés ! » et puis continuer ces horreurs ? Cette Maison, la prenez-vous pour un repaire de bandits ? Mais j'y vois clair moi aussi ! (7, 1-11).

La cruche brisée

Après cette prophétie, Yahvé envoie Jérémie proclamer un message de menace contre Jérusalem dans le quartier de Tophèt, où Israël sacrifiait des enfants aux idoles [1] avant que Josias n'en détruisît le sanctuaire. Jérémie

1. Voir chapitre 2, p. 75, pour le roi Achaz, et chapitre 3, p. 89, pour le roi Manassé.

accomplit un geste symbolique : il brise une cruche, pour signifier la destruction prochaine de la Ville sainte :

> Yahvé dit à Jérémie : Va acheter une cruche de potier. Prends avec toi des anciens du peuple et des anciens des prêtres. Sors en direction de la vallée de Ben-Hinnom qui est à l'entrée de la porte des Tessons. Là tu proclameras les paroles que je te dirai. Tu diras : Écoutez la parole de Yahvé, rois de Juda et habitants de Jérusalem. Ainsi parle Yahvé Sabaot, le Dieu d'Israël : Voici que j'amène le malheur sur ce lieu. Les oreilles tinteront à quiconque l'apprendra ! Car ils m'ont abandonné, ils ont rendu ce lieu méconnaissable, ils y ont offert l'encens à des dieux étrangers que n'avaient connus ni eux, ni leurs pères, ni les rois de Juda. Ils ont rempli ce lieu du sang des innocents. Car ils ont construit des hauts lieux de Baal, pour consumer au feu leurs fils en holocauste à Baal ; cela je ne l'avais jamais ordonné, je n'en avais jamais parlé, je n'y avais jamais songé ! Aussi voici venir des jours – oracle de Yahvé – où l'on n'appellera plus ce lieu Tophèt ni vallée de Ben-Hinnom, mais bien vallée du Carnage. [...] Tu briseras cette cruche sous les yeux des gens qui t'auront accompagné et tu leur diras : Ainsi parle Yahvé Sabaot : Je vais briser ce peuple et cette ville comme on brise le vase du potier, qui ne peut plus être réparé (19, 1-10).

L'opposition contre Jérémie de plus en plus vive

Le livre de Jérémie rapporte plusieurs péripéties qui montrent que les attaques violentes dont le prophète est l'objet se multiplient au cours des années précédant le siège de Jérusalem. Ce sont d'abord ses compatriotes d'Anatot qui trament un complot pour le supprimer. Jérémie leur adresse la mise en demeure de Yahvé :

> Ainsi parle Yahvé contre les hommes d'Anatot qui en veulent à ma vie et qui disent : « Ne prophétise pas au nom de Yahvé, sinon tu mourras de notre main ! » Eh bien, ainsi parle Yahvé : je vais sévir contre eux. Leurs jeunes gens mourront par l'épée, leurs fils et leurs filles par la famine. Chez eux plus aucun survivant, je vais faire venir le malheur sur les gens d'Anatot l'année du grand rendement de compte ! (11, 21-23).

Ensuite, le préfet de police du Temple, Pashehur, le fait mettre au carcan. Sentant la menace pressante de Babylone, Jérémie lui réplique :

Ce n'est plus Pashehur que Yahvé t'appelle, mais « Terreur-de-tous-côtés ». Car ainsi parle Yahvé : Voici que je vais livrer à la terreur, toi et tous tes amis ; ils tomberont sous l'épée de leurs ennemis : tes yeux verront cela ! De même Juda tout entier, je le livrerai aux mains du roi de Babylone qui déportera les gens à Babylone et les frappera de l'épée. Je livrerai encore toutes les richesses de cette ville, toutes ses réserves, tout ce qu'elle a de précieux, tous les trésors des rois de Juda, je les livrerai aux mains de leurs ennemis qui les pilleront, les enlèveront, les emporteront à Babylone. Et toi, Pashehur, ainsi que tous les hôtes de ta maison, vous partirez en captivité ; à Babylone tu iras, là tu mourras, là tu seras enterré, toi et tous les amis à qui tu as prophétisé le mensonge (20, 1-6).

Le roi brûle le rouleau des oracles (chapitre 36) : 605-604

Jérémie tient à conserver ses oracles contre Jérusalem et le témoignage des persécutions dont il est la victime. Aussi recourt-il à un secrétaire nommé Baruch afin de les consigner sur des rouleaux, ce qui prouve qu'à cette époque l'écriture est devenue assez courante. L'écrit prolonge ainsi la force de la parole du prophète. En décembre 604, les Judéens de Jérusalem et ceux qui peuvent voyager jusqu'à la capitale doivent se rassembler dans le Temple à l'occasion d'un jour de jeûne. Jérémie prévient Baruch :

« Je suis empêché, je ne peux plus entrer au Temple de Yahvé. Mais tu iras, toi, lire au peuple, dans le rouleau que tu as écrit sous ma dictée, toutes les paroles de Yahvé, en son Temple le jour du jeûne. »

Un auditeur, un certain Mikayehu, conseiller de Joiaqim, rapporte aux princes réunis en séance le contenu des oracles lus par Baruch. On demande au scribe Yehudi de convoquer Baruch pour qu'il en fasse lecture. Ils sont épouvantés en écoutant ces malédictions et décident d'informer le roi, tout en conseillant à Baruch, et par conséquent à Jérémie, de s'enfuir. Sur ordre du roi, Yehudi va chercher le rouleau et le lit. Les dignitaires se tiennent debout devant le souverain :

Chaque fois que Yehudi avait lu trois ou quatre colonnes, le roi les lacérait avec le canif du scribe et les jetait au feu sur le brasero, jusqu'à ce que le rouleau entier fût consumé.

Les notables ont voulu s'opposer à cette destruction, mais en vain. Loin de faire pénitence à l'écoute de ces oracles qui menacent sa personne et son royaume, Joiaqim exige la capture du prophète et de son secrétaire. Ils ont cependant réussi à se cacher et Yahvé s'adresse à Jérémie :

> « Prends un autre rouleau ; écris dessus toutes les paroles qui figuraient déjà dans le premier rouleau brûlé par Joiaqim. » [...] Jérémie prit un autre rouleau et le remit au scribe Baruch, qui y écrivit sous la dictée de Jérémie toutes les paroles du livre qu'avait brûlé Joiaqim. De plus beaucoup de paroles du même genre y furent ajoutées.

Après trois ans de soumission, rapporte le second livre des Rois (24, 1-4), donc vers 602, Joiaqim se révolte contre Nabuchodonosor et refuse de lui payer tribut, comptant une nouvelle fois sur l'aide de l'Égypte, qui a été battue mais non écrasée. Une armée de mercenaires téléguidée par Babylone vient razzier Juda, mais Joiaqim ne voit pas la ruine de son pays et de Jérusalem. Il meurt en 598, vers l'âge de trente-cinq ans. Son fils Joiakîn le remplace...

Au temps de Joiakîn (598-597) : la reddition de Jérusalem et la première vague d'exilés

Le drame éclate au cours des premières semaines du règne de Joiakîn, qui monte sur le trône à l'âge de dix-huit ans. Le second livre des Rois relate ainsi la catastrophe :

> En ce temps-là, les serviteurs de Nabuchodonosor, roi de Babylone, montèrent contre Jérusalem. La ville fut investie. Nabuchodonosor, roi de Babylone, vint lui-même attaquer la ville que ses serviteurs assiégeaient. Alors Joiakîn, roi de Juda, sortit au-devant du roi de Babylone, lui, sa mère, ses serviteurs, ses chefs et ses officiers. La huitième année de son règne, le roi de Babylone le fit prisonnier. Selon ce que Yahvé avait dit, il emporta tous les trésors de la maison de Yahvé et les trésors de la maison du roi ; il brisa tous les objets en or que Salomon, roi d'Israël, avait faits pour le Temple de Yahvé. Il déporta tout Jérusalem, tous les chefs, tous les gens riches, soit dix mille déportés, tous les

artisans du métal et les serruriers ; il ne resta que les petites gens du pays. Le roi de Babylone établit roi à la place de Joiakîn son oncle Mattanya dont il changea le nom en Sédécias (24, 10-17).

Lors de cette première offensive, le Temple et la ville ne sont pas détruits, mais les trésors du sanctuaire de Yahvé sont pillés et l'élite de la population est emmenée en captivité par les Babyloniens.

Le cœur de Yahvé accompagne les exilés

Jérémie n'est pas déporté. Cependant, bien que le royaume subsiste, il estime que tous les espoirs concernant l'avenir d'Israël reposent désormais sur les exilés. Il reçoit révélation de cette préférence divine au cours d'une vision :

> Voilà que Yahvé me fit voir deux corbeilles de figues disposées devant le sanctuaire de Yahvé. [...] Une corbeille contenait d'excellentes figues, comme sont les figues précoces ; l'autre contenait des figues gâtées, si gâtées qu'elles en étaient immangeables. Et Yahvé me dit : « Que vois-tu, Jérémie ? » Et je répondis : « Des figues. Les bonnes sont excellentes. Les mauvaises sont gâtées, si gâtées qu'on ne peut les manger. » Alors la parole de Yahvé me fut adressée en ces termes : Ainsi parle Yahvé, Dieu d'Israël. Comme à ces bonnes figues, ainsi je veux m'intéresser pour leur bien aux exilés de Juda, que j'ai envoyés de ce lieu au pays des Chaldéens. Je veux fixer les yeux sur eux pour leur bien, les faire revenir en ce pays, les reconstruire au lieu de les démolir, les planter au lieu de les arracher. Je leur donnerai un cœur pour connaître que je suis Yahvé. Ils seront mon peuple et moi je serai leur Dieu, car ils reviendront à moi de tout leur cœur. Mais comme on traite les mauvaises figues, si gâtées qu'elles en sont immangeables – oui, ainsi parle Yahvé –, ainsi traiterai-je Sédécias, roi de Juda, ses princes et le reste de Jérusalem : ceux qui sont restés dans ce pays comme ceux qui habitent au pays d'Égypte. J'en ferai un objet d'horreur, une calamité pour tous les royaumes de la terre ; un opprobre, une fable, une risée, une malédiction en tous lieux où je les chasserai (24, 1-10).

Pour signifier que le cœur de Yahvé se trouve désormais avec les exilés, Jérémie leur écrit une lettre dans laquelle il leur enjoint de s'installer à Babylone. Car l'exil va durer soixante-dix ans, un chiffre symbolique et assez fréquent dans la Bible, qui signifie que plusieurs générations seront concernées :

> Ainsi parle Yahvé Sabaot, le Dieu d'Israël, à tous les exilés, déportés de Jérusalem à Babylone. Bâtissez des maisons et installez-vous ; plantez des jardins et mangez leurs fruits ; prenez femme et engendrez des fils et des filles, choisissez des femmes pour vos fils, donnez vos filles en mariage et qu'elles enfantent des fils et des filles, multipliez-vous là-bas, ne diminuez pas ! Recherchez la paix pour la ville où je vous ai déportés ; priez Yahvé en sa faveur, car de sa paix dépend la vôtre. [...] Car ainsi parle Yahvé : Quand seront accomplis les soixante-dix ans à Babylone, je vous visiterai et je réaliserai pour vous ma promesse de bonheur en vous ramenant ici. Car je sais, moi, les desseins que je forme pour vous, desseins de paix et non de malheur, pour vous donner un avenir et une espérance. Vous m'invoquerez et vous viendrez me prier, je vous écouterai ; vous me chercherez et vous me trouverez, car vous me rechercherez de tout votre cœur ; je me laisserai trouver par vous. Je ramènerai vos captifs et vous rassemblerai de toutes les nations où je vous ai chassés. Je vous ramènerai en ce lieu d'où je vous ai exilés (29, 4-15).

Pour Jérémie, les habitants de Jérusalem sont définitivement corrompus en raison de leur refus de se convertir à Yahvé. En revanche, les exilés, même s'ils ne valent pas mieux, peuvent s'amender grâce à l'épreuve. Ils constituent le germe du peuple renouvelé dans la foi en Dieu. Néanmoins, ils ne doivent pas espérer un retour rapide. Jérémie les incite à s'établir durablement, à se multiplier et à prospérer sur cette terre lointaine. Cet exil ne peut être définitif. Un jour, Yahvé les ramènera sur le sol d'Israël !

La grande crise spirituelle de Jérémie

Les appels de Jérémie à se soumettre à l'ennemi babylonien révoltent l'opinion publique judéenne. Les habitants d'Anatot, ses concitoyens, et des chefs religieux de Jérusalem le persécutent, l'emprisonnent, le menacent de mort. À plusieurs reprises, il se plaint à son Dieu des souffrances qu'il endure. Ces plaintes ont été recueillies par ses disciples dans ce que l'on a appelé « Confessions de Jérémie ». Au début de son ministère, le prophète ne s'est pas aperçu que ses compatriotes lui en voulaient personnellement :

> Quand Yahvé m'a mis au courant et que j'ai compris, alors j'ai découvert leurs manœuvres. Moi, j'étais comme un agneau docile, mené à la boucherie ; j'ignorais que leurs sinistres propos me concernaient : « Détruisons l'arbre en pleine sève, supprimons-le du pays des vivants ; que son nom ne soit plus mentionné ! » (11, 18-19).

Jérémie transmet alors ses doléances à Yahvé, car c'est à cause de Lui qu'il subit pareil traitement :

> Malheur à moi, ma mère, car tu m'as enfanté pour devenir un homme de dispute et de querelle pour tout le pays. Je ne prête, ni n'emprunte, et pourtant tous me maudissent. Yahvé, je t'ai servi de mon mieux ; j'ai même intercédé auprès de toi pour mes ennemis, au temps de leur malheur et de leur détresse. Tu le sais ! [...] Reconnais que c'est à cause de toi que je subis l'insulte. Quand tes paroles me parvenaient, je les dévorais. Elles ont été ma joie et mon bonheur car je porte ton nom, Yahvé. Jamais je ne m'asseyais pour me divertir au milieu de ceux qui s'amusent. Sous la pression de ta main je me tenais assis, solitaire, car tu m'avais rempli de colère. Pourquoi ma douleur est-elle continue, et ma blessure rebelle aux soins, inguérissable ? Vraiment tu es pour moi comme un ruisseau trompeur, une eau décevante. Yahvé m'a alors répondu : Si tu reviens vers moi à mon appel, je te reprendrai à mon service. Si au lieu de paroles vaines, tu exprimes des paroles solides, tu seras comme ma bouche. C'est eux qui se tourneront vers toi, et non pas toi vers eux. Je ferai de toi pour ce peuple un mur de bronze inébranlable. Ils te combattront, mais ils ne te vaincront pas, car je suis avec toi pour te sauver et te délivrer (15, 10-20).

Loin de réconforter Jérémie, Dieu lui demande de ne pas se marier, de s'abstenir d'avoir des enfants. Le prophète sera la preuve vivante que Dieu laisse dépérir son peuple décimé par les ravages de la guerre :

> Ne prends pas femme, n'aie ni fils ni fille en ce pays. Car, ainsi parle Yahvé au sujet des fils et des filles qui vont y naître, au sujet des mères qui les enfanteront et des pères qui les engendreront. Ils mourront de mort violente, ils ne seront ni pleurés ni enterrés ; ils resteront comme du fumier sur le sol. Ils périront par l'épée et la famine ; leurs cadavres deviendront la pâture des rapaces et des bêtes sauvages (16, 1-6).

Personne n'écoute Jérémie, il est seul. Objet de l'acharnement des Judéens, il ne peut réprimer une prière de vengeance alors qu'il a intercédé en leur faveur :

« Venez ! ont-ils dit. Tramons un complot contre Jérémie. On ne manquera pas d'enseignement chez le prêtre, ni de conseil chez le sage, ni d'oracle chez le prophète. Prenons ses paroles en défaut, n'attachons d'importance à aucune d'entre elles. » Prête-moi attention, Yahvé, entends la voix de mes adversaires ! Rend-on le mal pour le bien ? Ils creusent une fosse pour m'y faire tomber. Souviens-toi que je me tenais devant toi pour intercéder en leur faveur et détourner d'eux ta colère. Abandonne maintenant leurs fils à la famine, livre-les au tranchant de l'épée. Que leurs femmes soient privées d'enfants et de mari, que leurs maris meurent de la peste, que leurs jeunes gens périssent par l'épée au combat. Que des clameurs de douleur jaillissent de leurs maisons quand soudain tu feras venir sur eux des bandes de soudards. Car ils ont creusé une fosse pour m'y enfermer et caché des pièges pour me faire tomber. Yahvé, tu connais leurs desseins en vue de me faire périr. Ne pardonne pas leur crime, que leur faute ne s'efface pas devant toi. Qu'ils s'effondrent devant toi. Au temps de ta colère agis contre eux » (18, 18-23).

La mission que Dieu lui a imposée est si lourde qu'il souhaite en être délivré :

Tu m'as possédé, Yahvé, et je me suis laissé posséder ; tu m'as maîtrisé, tu l'as emporté. Je suis constamment objet de risée, tous se moquent de moi. Chaque fois que j'ai à parler, je dois crier : « Violence et dévastation ! » La parole de Yahvé est devenue pour moi cause d'outrages et de sarcasmes. Mais si je dis : « Je ne ferai plus mention de lui, je ne parlerai plus en son nom », dans mon cœur brûle un feu qui tenaille tout mon corps, je m'épuise à le contenir mais n'y arrive pas. J'entends tout autour de moi les propos menaçants de la foule : « Allons le dénoncer. » Mes amis intimes guettent ma chute : « Peut-être se laissera-t-il posséder, nous serons plus forts que lui, nous prendrons notre revanche. » Mais Yahvé est avec moi comme un héros puissant, mes persécuteurs trébucheront, ils ne l'emporteront pas. Ils seront tout honteux de leur échec, confondus pour toujours. Yahvé tout puissant, toi qui scrutes le juste, qui sondes nos cœurs et nos pensées, je verrai ta revanche sur eux car je t'ai confié ma cause (20, 7-12).

La plainte du prophète se fait de plus en plus douloureuse et préfigure les imprécations que Job proférera plus tard contre le jour de sa naissance [2] :

> Maudit soit le jour où je fus enfanté, le jour où m'enfanta ma mère, qu'il ne soit point béni ! Maudit soit l'homme qui annonça à mon père : « Un fils t'est né ! » et le combla de joie. Qu'il en soit de cet homme comme des villes que Yahvé a détruites sans pitié, qu'il entende au matin des cris d'épouvante, à midi des cris de guerre, lui qui ne m'a pas fait mourir dès le sein, et ma mère eût été mon tombeau, son sein m'eût gardé pour toujours. Pourquoi donc suis-je sorti de son sein, pour connaître la peine et la douleur, pour consumer mes jours dans la honte ? (20, 14-18).

Ainsi, toute la vie de Jérémie n'a été que souffrance. Il en est arrivé à maudire le jour de sa naissance, et même celui de sa conception, car dès le premier instant de son existence Dieu l'a saisi et poussé à prononcer ces avertissements qui lui ont valu d'être condamné à mort. Parfois, saisi par le désespoir, Jérémie a été tenté d'abandonner sa tâche, de faire taire en lui la Parole divine. Mais l'emprise que Yahvé exerçait sur lui était si puissante qu'il a été contraint de poursuivre son ministère. Jérémie devient le modèle du Serviteur de Dieu persécuté injustement [3].

Au temps de Sédécias (597-587) : la destruction de Jérusalem et du Temple

Installé sur le trône de Jérusalem par Nabuchodonosor en 597, Sédécias, oncle de Joiakîn, gouverne pendant une dizaine d'années. Malgré l'exil de l'élite politique, militaire et religieuse, l'esprit de résistance anime le peuple, tant dans la capitale que dans ses environs. Jérémie est resté à Jérusalem, où il continue de prêcher inlassablement la soumission à Babylone.

---

2. Voir quatrième partie, chapitre 4, « Job : le problème du mal », p. 516.
3. En lui se reconnaîtront le Serviteur souffrant d'Isaïe (voir chapitre 7, p. 167) et Jésus, tous deux exécutés en raison de leur fidélité à la mission reçue de Dieu.

Le joug du roi de Babylone

En 593, Yahvé demande au prophète de se fabriquer un joug à bestiaux en bois, de le fixer solidement sur sa nuque et de traverser les rues, courbé sous le poids de l'entrave. Cette action symbolique s'adresse à la fois aux ambassadeurs venus de Moab, Ammon, Édom et de la Phénicie (Tyr et Sidon) pour rencontrer Sédécias, et à Sédécias lui-même. Certainement envisagent-ils de mettre sur pied une nouvelle coalition contre Babylone. Jérémie les met en garde. Ceux qui refuseront de se soumettre à ce joug que représente Babylone seront exterminés. En revanche, ceux qui accepteront cette domination bénéficieront de la protection du Dieu d'Israël. Jérémie s'adresse ensuite à Sédécias :

> Offrez vos nuques au joug du roi de Babylone ; servez-le ainsi que son peuple, et vous vivrez. [...] N'écoutez pas les paroles que vous disent les prophètes : « Vous ne serez pas asservis au roi de Babylone. » C'est le mensonge qu'ils vous prophétisent. Car je ne les ai pas envoyés, c'est le mensonge qu'ils vous prophétisent en mon nom. Le résultat c'est que je vous chasserai et que vous périrez, vous et les prophètes qui vous prophétisent (27, 12-15).

Mais Hananya, un prophète sans doute bien en cour, enlève le joug de Jérémie et le brise en déclarant :

> « Ainsi parle Yahvé. C'est de cette façon que dans juste deux ans je briserai le joug de Nabuchodonosor, l'enlevant de la nuque de toutes les nations » (28, 11).

Jérémie lui répond :

> « Tu brises les jougs de bois ? Eh bien ! tu vas les remplacer par des jougs de fer ! C'est un joug de fer que je mets sur la nuque de toutes ces nations ! » (28, 14).

Néanmoins, les interventions de Jérémie ne convainquent pas Sédécias. Le monarque intrigue auprès des rois voisins afin de constituer une ligue, avec l'aide toujours attendue de l'Égypte. Les armées de Babylone se mettent en marche une fois de plus. Jérusalem se trouve directement sur le chemin du conquérant. Déjà des villes proches de la capitale, Lakish et Azeqa, aperçoivent l'avant-garde ennemie. Craignant le pire, Sédécias demande à Jérémie d'intercéder auprès de Yahvé. Mais le prophète répond qu'il est trop tard :

« Nabuchodonosor nous fait la guerre : peut-être Yahvé opérera-t-il en notre faveur tous ses miracles, si bien que l'ennemi devra s'éloigner de nous. » Jérémie lui dit : « Voici, je livrerai Sédécias, roi de Juda, ses serviteurs, le peuple et ceux qui, de cette ville, seront rescapés de la peste, de l'épée et de la famine, aux mains de Nabuchodonosor et aux mains de leurs ennemis et aux mains de ceux qui en veulent à leur vie ; il les passera au fil de l'épée, sans pitié pour eux, ni ménagement, ni compassion. Et au peuple tu diras : « Ainsi parle Yahvé : "Voici, je place devant vous le chemin de la vie et le chemin de la mort. Qui restera dans cette ville mourra par l'épée, la famine et la peste ; mais qui en sortira et se rendra aux Chaldéens, vos assaillants, vivra, il aura sa vie comme butin." » (21, 2-9.)

L'imminence de la catastrophe pousse Sédécias et les Judéens à un semblant de conversion. Dans le Temple, le roi conclut une alliance avec le peuple ; comme la réforme de Josias l'a stipulé avec la libération des esclaves (année de remise), les enfants d'Israël doivent libérer tous les sept ans leurs compatriotes réduits en esclavage et ils s'engagent en pratiquant un vieux rite d'alliance qui consiste à passer au milieu d'un veau coupé en deux (34, 18-19) :

Chacun devait renvoyer libres ses esclaves hébreux, hommes et femmes, personne ne devait plus tenir en esclavage un Judéen, son frère. Tous les princes et tout le peuple qui avaient participé à cette alliance avaient accepté de renvoyer libres chacun ses esclaves, hommes et femmes, et de ne plus les tenir en servitude : ils avaient accepté et les avaient renvoyés (34, 8-10).

Mais l'armée égyptienne vient au-devant de celle de Babylone qui a entamé le siège de Jérusalem. Nabuchodonosor doit quitter la place. Sédécias envoie consulter Jérémie, qui répond :

« L'armée de Pharaon est sortie à votre secours ? Elle va s'en retourner en son pays d'Égypte ! Les Chaldéens reviendront attaquer cette ville, la conquérir et y mettre le feu » (37, 7-8).

Le danger semble cependant s'éloigner et les Israélites s'empressent de récupérer leurs esclaves. Yahvé s'en scandalise par l'intermédiaire de Jérémie :

Ainsi parle Yahvé. Vous n'avez pas obéi en rendant la liberté chacun à son prochain. Eh bien, moi, je vais rendre la liberté contre vous à l'épée, à la peste et à la famine, et faire de vous un objet d'épouvante pour tous les royaumes de la terre (34, 17).

De fait, Nabuchodonosor, après avoir vaincu l'Égypte (589-588), revient devant Jérusalem. La situation est désespérée. Le siège, qui dure près de dix-huit mois, est entrecoupé de répits, les armées babyloniennes devant sans doute continuer à exercer leur vigilance contre l'Égypte, et à mater des mouvements de rébellion toujours sporadiques chez les petits pays voisins d'Israël.

Les péripéties de la vie de Jérémie pendant la dernière partie de ce siège ne sont pas chronologiquement claires, mais elles mettent en lumière la tragédie qu'il traverse. En effet, aux yeux des Judéens, le prophète est suspect, car il continue de prôner la soumission à Babylone :

« Ainsi parle Yahvé. Qui restera dans cette ville mourra par l'épée, la famine et la peste ; mais qui sortira et se rendra aux Chaldéens vivra, il aura sa vie comme butin : il vivra ! » Alors les princes disent au roi : « Que cet individu soit mis à mort ! En vérité, il décourage les combattants qui sont restés dans cette ville, et tout le peuple, en leur tenant semblables propos. » Le roi Sédécias leur livre Jérémie : « Voici, il est entre vos mains, car le roi n'a aucun pouvoir en face de vous ! » (38, 2-5).

Les princes (les membres de la famille royale) s'emparent donc du prophète et le précipitent dans une citerne qui se trouve dans la cour de garde :

« Ils le descendirent à l'aide de cordes. Dans cette citerne, il n'y avait point d'eau, mais de la vase, et Jérémie s'enfonça dans la vase » (38, 6).

Un eunuque attaché au palais royal intervient auprès du roi en faveur du prisonnier. Sur l'ordre de Sédécias, il libère Jérémie :

Il se procura des bouts de tissus déchirés et des bouts de tissus usés qu'il fit passer à Jérémie : « Mets donc ces bouts de tissus déchirés et usés sous tes aisselles par-dessous les cordes. » Ce que fit Jérémie. Alors ils soulevèrent Jérémie au moyen des cordes et le remontèrent de la citerne. Et Jérémie resta dans la cour de garde (38, 11-13).

Jérémie bénéficie de la protection royale, car Sédécias craint ses oracles. Il lui promet la vie sauve quel que soit le contenu de ses paroles. Jérémie réitère sa demande : qu'il se rende aux Babyloniens :

> Ainsi parle Yahvé, le Dieu Sabaot, le Dieu d'Israël. Si tu sors pour te rendre aux officiers du roi de Babylone, tu sauveras ta vie et cette ville ne sera pas incendiée ; vous survivrez, toi et ta famille. Mais si tu ne sors pas pour te rendre aux officiers du roi de Babylone, cette ville sera livrée aux mains des Chaldéens, qui l'incendieront. [...] Toutes tes femmes et tes enfants, on les mènera aux Chaldéens. Et toi, tu n'échapperas pas à leurs mains, mais tu seras prisonnier, dans la poigne du roi de Babylone. Quant à cette ville, elle sera incendiée (38, 14-24).

Mais Sédécias n'écoute pas le prophète...

Les promesses d'avenir et la nouvelle alliance

Cependant, pour Jérémie, malgré l'imminence de la catastrophe, l'avenir d'Israël n'est pas définitivement compromis. Afin de le signifier, il achète un champ dans son village natal, Anatot. Pendant qu'il est prisonnier dans la cour de garde, on lui fait en effet savoir que l'un de ses cousins veut vendre un champ et que, en tant que parent, il a un droit de préemption à faire valoir afin que la terre reste dans sa famille. Jérémie voit dans cette proposition un ordre de Yahvé. Il achète ce champ devant témoins pour dix-sept sicles d'argent qu'il pèse sur une balance. Il prie ensuite son secrétaire Baruch de placer dans un vase de terre l'acte d'acquisition scellé et une copie de ce texte, de façon qu'ils se conservent longtemps. Par là, il entend signifier de la part de Yahvé :

> On achètera encore des champs et des vignes en ce pays (32, 6-16).

Le message est clair : la chute et la destruction de la Ville sainte ne marqueront pas la fin du peuple élu. Malgré toutes les menaces qu'il doit brandir, le prophète envisage l'espérance, comme l'illustrent ces oracles réunis dans ce que l'on a appelé le « livre de la Consolation » (chapitres 30 et 31), qui regroupe des interventions qui ont sans doute jalonné son ministère.

Dans cet ensemble complexe, il convient de retenir quelques passages importants. Ainsi, cette déclaration d'amour de Yahvé à Jérusalem :

> D'un amour éternel je t'ai aimée, aussi t'ai-je maintenu ma faveur. De nouveau je te bâtirai et tu seras rebâtie, vierge d'Israël. De nouveau tu te feras belle, avec tes tambourins, tu sortiras au milieu des danses joyeuses (31, 3-4).

Dieu rassemblera de nouveau son peuple :

> On dira encore cette parole au pays de Juda et dans ses villes quand je ramènerai leurs captifs : Que Yahvé te bénisse, toi, demeure de justice, toi, sainte montagne ! (31, 23).

Jérémie découvre la complexité de son enseignement. En effet, tout en continuant à prôner la responsabilité collective dans la faute, il introduit une perspective morale inédite portant sur la responsabilité personnelle. Chacun sera puni pour la mauvaise action qu'il a commise, mais non pour celle de ses parents [4] :

> En ce jour-là on ne dira plus : « Les pères ont mangé des raisins verts, et les dents des fils sont agacées. » Mais chacun mourra pour sa propre faute. Tout homme qui aura mangé des raisins verts, ses propres dents seront agacées (31, 29-30).

Au-delà de l'épreuve purificatrice de l'exil se profile donc la naissance d'un nouveau peuple avec lequel Dieu passera une alliance nouvelle. Jérémie annonce que la restauration d'Israël sera le fruit de cette alliance, un engagement mutuel dont les clauses ne seront plus écrites sur de la pierre, comme ce fut le cas avec Moïse au Sinaï, mais dans le cœur de chaque Israélite [5]. Grâce à cette intériorisation, le croyant accédera à une véritable

4. Le prophète Ézéchiel développera cette avancée de la réflexion morale (voir chapitre 5, « Responsabilité et rétribution individuelles », p. 148).
5. Au retour de l'exil, l'espérance de la venue du Messie suscitera aussi l'attente de la conclusion d'une nouvelle alliance entre Yahvé et son peuple. Par ailleurs, les moines de Qumrân s'appelleront « la communauté de l'alliance ». Enfin, au cours de son dernier repas, la Cène, Jésus reprend le thème de la nouvelle alliance dans les paroles de l'institution de l'eucharistie : « Cette coupe est la nouvelle alliance en mon sang, versé pour vous » (Lc 22, 20). Comme Jérémie, il fait référence à la première alliance conclue au Sinaï (voir deuxième partie, chapitre 2, « Conclusion de l'alliance », p. 242).

« connaissance » de Yahvé, une connaissance faite d'amour et d'obéissance spontanés à sa Loi :

> Voici venir des jours – oracle de Yahvé – où je conclurai avec la maison d'Israël et la maison de Juda une alliance nouvelle. Non pas comme l'alliance que j'ai conclue avec leurs pères, le jour où je les pris par la main pour les faire sortir du pays d'Égypte – mon alliance qu'eux-mêmes ont rompue bien que je fusse leur Maître. Mais voici l'alliance que je conclurai avec la maison d'Israël après ces jours-là. Je mettrai ma Loi au fond de leur être et je l'écrirai sur leur cœur. Alors je serai leur Dieu et eux seront mon peuple. Ils n'auront plus à instruire chacun son prochain, chacun son frère, en disant : « Ayez la connaissance de Yahvé ! » Car tous me connaîtront, des plus petits jusqu'aux plus grands, parce que je vais pardonner leurs crimes et ne plus me souvenir de leur péché (31, 31-34).

Juillet-août 587 : la prise de Jérusalem

En juillet 587, Nabuchodonosor revient mettre le siège devant Jérusalem. Les livres de la Bible (2 R 24, 1-4), y compris celui de Jérémie, racontent sobrement l'événement. En août, les armées babyloniennes détruisent les remparts, brûlent le Temple et le palais royal. Sédécias tente de s'enfuir dans le désert de Juda, mais il est capturé à Jéricho. Ses fils sont égorgés, il a les yeux crevés avant d'être envoyé à Babylone avec d'autres notables (2 R 25, 5-6). Jérusalem est dévastée et Juda n'abrite plus que les Israélites les plus pauvres. Pour peupler le pays, Nabuchodonosor fait alors venir des hommes et des femmes originaires d'autres régions conquises.

Que devient Jérémie pendant ces événements ? Son destin tragique est longuement raconté dans les chapitres 40 à 45. Après la prise de Jérusalem, il est placé sous la protection de Godolias, que Nabuchodonosor a établi gouverneur des villes de Juda. Godolias s'installe à Miçpa, à 13 kilomètres au nord de Jérusalem, où des Judéens le rejoignent, dont Jérémie. Lors d'un repas, Yishmaël, un membre de la famille royale de Juda, et dix de ses hommes assassinent Godolias, ainsi que les Judéens et les Babyloniens qui festoient avec eux. Les meurtriers ont agi à l'instigation du roi d'Ammon. Yohanân, fidèle de Godolias, et ses partisans donnent la chasse à Yishmaël, qui parvient cependant à se réfugier en Ammon avec huit de ses complices.

Craignant les représailles des Babyloniens, qui ne feraient peut-être pas la différence entre innocents et coupables du meurtre, Yohanân emmène hommes, femmes et enfants, et marche vers l'Égypte.

Entraîné dans cet exode, Jérémie, fidèle à l'enseignement qu'il a donné, condamne cette recherche de protection, prédisant que Nabuchodonosor envahira prochainement l'Égypte. La raison de l'horreur que cette nation lui inspire est expliquée dans le chapitre 44. Dans un oracle, il reproche à ceux qui l'y ont entraîné d'y offrir des sacrifices aux divinités égyptiennes, particulièrement à la reine du ciel, la déesse Ishtar, d'origine mésopotamienne :

> Pourquoi continuez-vous à vous faire vous-mêmes tant de mal jusqu'à vous faire exterminer, hommes et femmes, bébés et nourrissons, sans laisser subsister aucun reste. En effet, vous m'offensez par vos pratiques : vous brûlez des offrandes à d'autres dieux dans le pays d'Égypte où vous êtes venus vous réfugier : vous finirez par provoquer votre extermination. [...] Eh bien ! ainsi parle Yahvé le tout-puissant, le Dieu d'Israël : je vais me tourner contre vous, j'enlèverai le reste de Juda qui s'est tourné vers le pays d'Égypte, ils périront tous en Égypte. [...] Je visiterai ceux qui sont installés au pays d'Égypte, comme j'ai visité Jérusalem (44, 7-8).

Mais les exilés refusent de l'écouter :

> « Nous continuerons à faire tout ce que nous avons promis : offrir de l'encens à la reine du ciel et lui verser des libations, comme nous le faisions, nous et nos pères, nos rois et nos princes, dans les villes et dans les rues de Jérusalem » (44, 17).

Jérémie a beau leur rappeler que c'est à cause de ce péché d'idolâtrie que Juda est devenu une ruine, ils renouvellent leur attachement à la reine du ciel. Jérémie prévient alors :

> Tous les hommes de Juda qui se trouvent au pays d'Égypte périront par l'épée et la famine jusqu'à l'extinction totale (44, 27).

Tel est le dernier message de Jérémie. Il disparaît en Égypte, ce pays que la Bible présente comme l'archétype de l'idolâtrie. Au cours de plusieurs décennies, le destin de cet homme a accompagné l'anéantissement irrémédiable de son peuple. Il en a partagé le destin tragique jusqu'à assumer la situation de ceux qui, en raison de leur manque de repentir, ne seront pas appelés à la restauration d'Israël au retour de l'exil. Tout au long de son ministère, il a été « martyr », c'est-à-dire témoin. Envers et contre tous, il a clamé avec courage la Parole de Dieu.

Chants de douleur sur Jérusalem dévastée (Lamentations)

Après que les remparts et les maisons ont cessé de fumer, que les colonnes d'exilés ont disparu à l'horizon, une voix s'élève au milieu des ruines de la Ville sainte. Celle d'un poète qui exprime sa détresse et celle de la capitale face à ce drame qui, avec les pierres du sanctuaire et des remparts, semble jeter à terre les fondements de l'alliance sur laquelle reposaient la foi dans le Dieu d'Israël et l'existence du peuple. Ses cinq poèmes sont connus sous le nom de « Lamentations de Jérémie ». Mais ils sont attribués à tort au prophète. En effet, l'auteur décrit sa stupeur face à l'événement, alors que Jérémie n'a cessé de l'annoncer. Ce poète est plus vraisemblablement un habitant de Jérusalem qui est resté dans la « fille de Sion », selon la vieille dénomination de Jérusalem. Chaque jour, il contemple les décombres de la cité et de la demeure de Yahvé. Et cette destruction est la raison principale de sa douleur.

Les strophes de quatre des cinq Lamentations commencent par une lettre de l'alphabet hébreu dans l'ordre de l'abécédaire [6]. La deuxième Lamentation évoque plus concrètement les circonstances et les acteurs de la tragédie :

> *Aleph*
> Quoi ! Le Seigneur en sa colère a enténébré la fille de Sion !
> il a précipité du ciel sur la terre la gloire d'Israël !
> sans plus se souvenir de son marchepied, au jour de sa colère !

6. Ce style académique, savant, figurera dans quelques Psaumes et les livres sapientiaux (voir quatrième partie, chapitre 3, p. 481, et chapitre 4, p. 548).

Bèt
Sans pitié le Seigneur a détruit toutes les demeures de Jacob ;
il a renversé, en sa fureur, les forteresses de la fille de Juda ;
il a jeté à terre, il a maudit le royaume et ses princes.

Gimel
Il a brisé dans l'ardeur de sa colère toute la vigueur d'Israël,
retiré en arrière sa droite devant l'ennemi ;
il a allumé en Jacob un feu flamboyant qui dévore tout alentour.

Dalèt
Il a bandé son arc, comme un ennemi, il a assuré sa droite,
il a égorgé, tel un adversaire, tous ceux qui charmaient les yeux ;
sur la tente de la fille de Sion il a déversé la fureur comme un feu.

Hé
Le Seigneur a été comme un ennemi ; il a détruit Israël,
il a détruit tous ses palais, abattu ses forteresses
et multiplié pour la fille de Juda gémissements et gémissements.

Vav
Il a forcé comme un jardin son enclos, abattu son lieu de réunion.
Yahvé a fait oublier dans Sion fêtes et sabbats ;
il a rejeté, dans l'ardeur de sa colère, roi et prêtre.

Zaïn
Le Seigneur a pris en dégoût son autel, en horreur son sanctuaire ;
aux mains de l'ennemi il a livré les remparts de ses palais ;
clameurs dans le Temple de Yahvé comme en un jour de fête !

Hèt
Yahvé a médité d'abattre le rempart de la fille de Sion.
Il a étendu le cordeau, ne retirant pas sa main que tout ne soit englouti.
Il a endeuillé mur et avant-mur : ensemble ils se désolent.

Tèt
Ses portes sont enfouies sous terre, il en a détruit et brisé les barres ;
son roi et ses princes sont chez les païens ; plus de Loi !
Ses prophètes n'obtiennent plus de vision de Yahvé.

Yod
Ils sont assis à terre, en silence, les anciens de la fille de Sion ;
ils ont mis de la poussière sur leur tête, ils ont revêtu des sacs.
Elles penchent la tête vers la terre, les vierges de Jérusalem.

Kaph
Mes yeux sont consumés de larmes, mes entrailles frémissent,
mon foie s'étend à terre pour le brisement de la fille de mon peuple,
tandis que défaillent enfants et nourrissons sur les places de la Cité.

Lamed
Ils disent à leurs mères : « Où y a-t-il du pain ? »
Tandis qu'ils défaillent comme des blessés sur les places de la Ville,
et qu'ils versent leur âme sur le sein de leur mère.

Mem
À quoi te comparer ? À quoi te dire semblable, fille de Jérusalem ?
Qui pourra te sauver et te consoler, vierge, fille de Sion ?
Car il est grand comme la mer, ton brisement ; qui donc va te guérir ?

Nun
Tes prophètes ont eu pour toi des visions d'illusion et de clinquant.
Ils n'ont pas révélé ta faute pour changer ton sort.
Ils t'ont servi des oracles d'illusion et de séduction.

Samek
Ils battent des mains à cause de toi tous les passants sur le chemin ;
ils sifflotent et hochent la tête sur la fille de Jérusalem.
« Est-ce là la ville qu'on appelait toute belle, la joie de toute la terre ? »

Phé
Contre toi ils ouvrent la bouche, tous tes ennemis ;
ils sifflotent, grincent des dents, disant : « Nous l'avons engloutie !
Voilà donc le Jour que nous espérions. Nous le touchons, nous le voyons ! »

Aïn
Yahvé a accompli tout ce qu'il avait résolu, exécuté sa parole
décrétée depuis les jours anciens ; il a détruit sans pitié.
Il a réjoui l'ennemi à tes dépens, exalté la vigueur de tes adversaires.

Çadé
Crie donc vers le Seigneur, rempart de la fille de Sion ;
laisse couler tes larmes comme un torrent jour et nuit ;
ne t'accorde pas de relâche, que tes yeux n'aient pas de repos !

Qoph
Debout ! Pousse un cri dans la nuit au commencement des veilles ;
répands ton cœur comme de l'eau devant la face de Yahvé,
élève vers lui tes mains pour la vie de tes enfants
(qui défaillent de faim à l'entrée de toutes les rues) !

Resh
« Vois, Yahvé, et regarde : Qui as-tu jamais traité de la sorte ?
Fallait-il que des femmes mangent leurs petits, les enfants qu'elles berçaient ?
Fallait-il qu'au sanctuaire du Seigneur fussent égorgés prêtre et prophète ?

Shin
Sur le sol gisent dans les rues enfants et vieillards,
mes vierges et mes jeunes gens sont tombés sous l'épée ;
tu as égorgé au jour de ta colère, tu as immolé sans pitié.

Tav
Tu as convoqué comme pour un jour de fête les terreurs de tous côtés ;
au jour de la colère de Yahvé, il n'y eut rescapé ni survivant.
Ceux que j'avais bercés et élevés, mon ennemi les a exterminés. »

Désormais, l'avenir d'Israël, s'il existe, dépend des Judéens exilés à Babylone.

5

Ézéchiel : ténèbres et lueurs dans l'exil (597-570)

Le prophète Ézéchiel fait partie de la première vague de Judéens que Nabuchodonosor exile en Babylonie dès 597. C'est là qu'il reçoit sa mission de prophète. Comme l'ensemble de ses compatriotes, il pourrait se laisser submerger par la nostalgie ou la soif de vengeance contre Babylone et ses alliés. Au contraire, il pousse les exilés à réfléchir sur la raison profonde du désastre national afin de les appeler à la conversion, condition de la survie d'Israël. Mais, après plusieurs années de captivité, la communauté israélite de Babylone est encore traumatisée par la destruction de Jérusalem. Le psaume 137 (136), une sorte de Complainte de l'exilé écrite à cette époque, indique l'état d'esprit qui règne alors :

> Au bord des fleuves de Babylone
> nous étions assis et nous pleurions,
> nous souvenant de Sion ;
> aux peupliers d'alentour
> nous avions pendu nos harpes.
>
> Et c'est là qu'ils nous demandèrent,
> nos geôliers, des cantiques,
> nos ravisseurs, de la joie :

« Chantez-nous, disaient-ils,
un cantique de Sion. »

Comment chanterions-nous
un cantique de Yahvé
sur une terre étrangère ?
Si je t'oublie, Jérusalem,
que ma droite se dessèche !

Que ma langue s'attache à mon palais
si je perds ton souvenir,
si je ne mets Jérusalem
au plus haut de ma joie !

Souviens-toi, Yahvé,
contre les fils d'Édom,
du Jour de Jérusalem,
quand ils disaient : « À bas !
Rasez jusqu'aux assises ! »

Ô Babylone misérable,
heureux qui te revaudra
les maux que tu nous valus,
heureux qui saisira et brisera
tes petits contre le roc !

Décidé à ranimer les courages défaillants, Ézéchiel intervient pour rappeler les erreurs passées, dénoncer les coupables. Il est de famille sacerdotale, comme Jérémie, mais d'une classe supérieure. Par ailleurs, sa personnalité est bien différente. Il n'a pas la sensibilité exacerbée du prophète d'Anatot. Son tempérament est puissant, fougueux, souvent agressif. Quand il dénonce le péché d'Israël, il s'exprime parfois dans des termes proches de la vulgarité. D'autres fois, il crée des images et des mondes déconnectés de la réalité quotidienne afin de mieux faire saisir la transcendance de Dieu. De ce point de vue, il est le véritable créateur du style apocalyptique [1] !

1. Amos a jeté les bases de ce style (voir chapitre 1, « Imminence et violence du châtiment », p. 54), qui sera développé par le livre de Daniel (voir cinquième partie, chapitre 3, p. 622) puis par l'Apocalypse de Jean du Nouveau Testament.

Ézéchiel est prêtre et un prédicateur prolixe qui analyse les situations présentes et passées des Israélites, théorise un enseignement moral et en détaille les applications concrètes dans la vie du peuple et de chaque individu. Il fulmine contre son auditoire. Mais, au-delà de l'épreuve, il dévoile à Israël des perspectives grandioses de renouveau. Dans le prolongement de Jérémie, il initie à la « religion intérieure » en révélant la présence et l'action de Dieu dans le cœur de chacun.

Sa prédication peut se décomposer en plusieurs étapes. Avant la destruction de Jérusalem, en 587, il s'en prend aux fausses certitudes des exilés de 597 qui croient en une libération prochaine : Israël doit retourner à son Dieu, sinon Yahvé ira jusqu'au bout du châtiment qu'Israël a mérité en raison de ses fautes. Parallèlement, il prononce des oracles contre les nations, et particulièrement l'Égypte. Pendant et après le siège de Jérusalem, il explique la signification de cet événement, mais prévoit aussi la résurrection d'Israël. Enfin, il trace un plan de reconstruction religieuse et politique d'Israël, imaginant après le retour un nouveau Temple et une nouvelle répartition des antiques tribus à l'intérieur des frontières de la Terre promise.

Avant le siège de Jérusalem

La vision du char divin (chapitre 1)

D'abord, depuis son exil, Ézéchiel voit apparaître la Gloire de Yahvé sous la forme d'un char entouré de quatre êtres vivants à l'aspect de feu, et porté sur quatre roues qui procurent au véhicule une mobilité extrême. Puis il entrevoit une silhouette humaine lumineuse qui représente Dieu. Par ces images quelque peu fantastiques, Ézéchiel signifie que Yahvé quitte sa demeure de Jérusalem pour habiter désormais au milieu de la communauté des exilés. Mais cette présence reste empreinte du mystère de l'être divin que nulle parole humaine ne peut exprimer :

> Je me trouvais parmi les déportés au bord du fleuve Kebar, le ciel s'ouvrit et je fus témoin de visions divines. [...] Je regardai : c'était un vent de tempête soufflant du nord, un gros nuage, un feu jaillissant, avec une lueur autour, et au

centre comme l'éclat du vermeil au milieu du feu. Au centre, je discernai quelque chose qui ressemblait à quatre êtres vivants dont voici l'aspect : ils avaient une forme humaine. Ils avaient chacun quatre faces et chacun quatre ailes. Leurs jambes étaient droites et leurs sabots étaient comme des sabots de bœuf, étincelants comme l'éclat de l'airain poli. [...] Leurs ailes étaient jointes l'une à l'autre ; ils ne se tournaient pas en marchant : ils allaient chacun droit devant soi. Quant à la forme de leurs faces, ils avaient une face d'homme, et tous les quatre avaient une face de lion à droite, et tous les quatre avaient une face de taureau à gauche, et tous les quatre avaient une face d'aigle. Leurs ailes étaient déployées vers le haut ; chacun avait deux ailes se joignant et deux ailes lui couvrant le corps ; et ils allaient chacun devant soi ; ils allaient là où l'esprit les poussait, ils ne se tournaient pas en marchant. [...] L'aspect des roues [du char] avait l'éclat de la chrysolite. [...] Lorsque les êtres vivants avançaient, les roues avançaient à côté d'eux, et lorsque les êtres vivants s'élevaient de terre, les roues s'élevaient. Là où l'esprit les poussait, les roues allaient, et elles s'élevaient également, car l'esprit du vivant était dans les roues. [...] Au-dessus du firmament qui était sur leurs têtes, il y avait quelque chose qui avait l'aspect d'une pierre de saphir en forme de trône ; et sur cette forme de trône, dessus, tout en haut, une forme ayant apparence humaine. Et je vis comme l'éclat du vermeil, quelque chose comme du feu près de lui, tout autour, depuis ce qui paraissait être ses reins et au-dessus ; et depuis ce qui paraissait être ses reins, et au-dessous, je vis quelque chose comme du feu et une lueur tout autour ; l'aspect de cette lueur, tout autour, était comme l'aspect de l'arc qui apparaît dans les nuages, les jours de pluie. C'était quelque chose qui ressemblait à la Gloire de Yahvé. Je regardai et je tombai la face contre terre ; et j'entendis la voix de quelqu'un qui me parlait.

Il est difficile de trouver une quelconque cohérence dans cette description à la puissance évocatrice extraordinaire. Au centre évolue le char de feu, qui est mû par quatre roues suggérant la mobilité dont Dieu a besoin pour se rendre auprès des exilés. Ce char est flanqué de quatre êtres vivants qui amplifient l'atmosphère de sainteté du Temple. L'imagerie est empruntée à l'art babylonien (animaux, char, roue...), mais elle confirme aussi la conception de Dieu propre à Israël : il est impossible de le représenter, bien que « l'apparence humaine » soit la seule comparaison possible.

La vocation du prophète (chapitre 2)

Pour que sa vocation lui soit signifiée, Ézéchiel reçoit au cours d'une vision un livre dans lequel sont consignés les oracles de Yahvé. Dieu avertit aussi bien les déportés de 597 que les Israélites restés en Juda. Les uns et les autres sont « rebelles » à ses injonctions :

> Il me dit : « Fils d'homme, debout, je vais te parler. » L'esprit entra en moi et me fit tenir debout. Il me dit : « Fils d'homme [2], je t'envoie vers les fils d'Israël, vers des rebelles qui se sont rebellés contre moi. [...] N'aie pas peur d'eux. Ouvre la bouche et mange ce que je vais te donner. » Voici qu'une main était tendue vers moi, tenant un volume roulé. Il le déploya devant moi ; il était écrit des deux côtés. Il contenait des plaintes, des gémissements, des cris. Yahvé me dit : « Fils d'homme, mange ce rouleau et va parler à la maison d'Israël. » J'ouvris la bouche et il me fit manger ce rouleau. Je le mangeai et, dans ma bouche, il fut doux comme du miel. Alors il me dit : « Rends-toi auprès de la maison d'Israël et tu leur porteras mes paroles. Mais ils ne voudront pas t'écouter car ils ne veulent pas m'écouter. N'aie pas peur d'eux, sois sans crainte devant eux, car c'est une engeance de rebelles. »

Ézéchiel est donc habité par l'Esprit de Yahvé, qui lui insuffle la force nécessaire à l'accomplissement de sa mission. Il est contraint de manger ce livre, car il doit seulement exprimer la Parole de Dieu. Cette Parole lui est douce ; en effet, il n'a pas les états d'âme de Jérémie, même si ses oracles évoquent plus fréquemment le malheur que le bonheur.

La dénonciation des péchés de Jérusalem (chapitre 8)

À plusieurs reprises, Ézéchiel est transporté en vision dans le Temple de Jérusalem. Yahvé lui montre ce qui se passe dans sa propre demeure :

> Il me conduisit à l'entrée du parvis du Temple. Je regardai : il y avait un trou dans le mur. Il me dit : « Entre et regarde les misérables abominations qu'ils pratiquent ici. » Soixante-dix hommes, des anciens de la maison d'Israël, étaient debout devant les idoles ayant chacun un encensoir à la main ; et le parfum du nuage montait.

---

2. « Fils d'homme » désigne simplement l'« homme ». À partir de Daniel (voir cinquième partie, chapitre 3, p. 622), l'expression servira à désigner un être à la fois humain et céleste.

Plus loin, le prophète voit des femmes assises pleurant Tammuz, le dieu babylonien du printemps. À l'entrée du sanctuaire, là même où réside la Gloire de Yahvé, il voit ce spectacle :

> Entre le vestibule et l'autel, il y avait environ vingt-cinq hommes, tournant le dos au sanctuaire de Yahvé, regardant vers l'orient. Ils se prosternaient vers l'orient, devant le soleil.

Yahvé ne peut pardonner. Il ira jusqu'au bout du châtiment que mérite Jérusalem :

> J'agirai avec fureur ; je n'aurai pas un regard de pitié et je n'épargnerai pas. Ils auront beau crier d'une voix forte à mes oreilles, je ne les écouterai pas.

La Gloire de Yahvé quitte le Temple et Jérusalem (chapitre 9)

Avant de la détruire, Yahvé doit partir de Jérusalem. Le char de sa Gloire surgit devant les yeux du prophète. Les chérubins déploient leurs ailes, les roues se mettent à tourner. Dieu abandonne le Temple, survole la cité et se pose sur la montagne qui se trouve à l'est de Jérusalem, le mont des Oliviers. Pour la première fois depuis Salomon, il quitte son sanctuaire ! Le véritable Israël se trouve désormais à Babylone, au milieu des exilés. Alors, le châtiment peut s'abattre.

Le prophète assiste en vision à son accomplissement... Portant un écritoire à sa ceinture, un homme vêtu de lin pénètre dans la ville. Yahvé l'apostrophe : il devra marquer d'une croix le front des Judéens qui « gémissent et pleurent sur toutes les abominations qui se pratiquent à Jérusalem ». Ensuite, Yahvé exige de six hommes qui accompagnent l'étrange personnage de frapper sans pitié ceux qui ne porteront pas ce signe, à commencer par les vieillards qui ont souillé le Temple. Seuls les habitants marqués de la croix seront graciés, ce qui prouve que Yahvé épargne toujours ses fidèles. Ézéchiel assiste avec horreur au massacre de la population de Jérusalem [3].

3. Dans le Nouveau Testament, Jean reprendra cette vision dans l'Apocalypse : un ange demandera aux quatre anges chargés de détruire la Terre d'attendre qu'il ait marqué au front les serviteurs de Dieu (Ap 7, 3)...

Trois mimes de la destruction de Jérusalem

Ézéchiel ne se contente pas de rapporter ses visions et les oracles de Yahvé qui proclament la sanction inexorable de Juda. À la suite de ses prédécesseurs, il effectue des gestes qui symbolisent ces menaces. Un jour, Dieu le prie de prendre une brique et d'y graver un dessin figurant Jérusalem en état de siège. Rien ne doit manquer : le camp retranché, les talus servant de remblai, les campements ennemis, les machines infernales comme le bélier (4, 1-3).

Une autre fois, Yahvé lui commande de se raser les cheveux et la barbe. Ézéchiel divise le tout en trois parts, en brûle un tiers, coupe le deuxième tiers en petits morceaux et disperse le dernier. Les habitants seront brûlés par le feu, massacrés par l'épée, dispersés par l'exil (5, 1-4).

Enfin, en plein jour il doit mimer le rôle de l'émigrant clandestin qui, la nuit, sort en cachette de la ville par un trou du rempart, son bagage sur l'épaule (12, 1-20). Ce mime vise la nouvelle vague d'exilés de 587, mais il peut aussi représenter Sédécias qui essaie de quitter la capitale, mais qui est repris par Nabuchodonosor à Jéricho [4] (2 R 25, 5-6).

Ainsi, ces trois mimes, par leur forme expressive, viennent accentuer la force de la Parole. Dans tout son comportement, le prophète exprime concrètement, et aux yeux de tous, le Jugement par lequel Yahvé condamne son peuple.

La fin de Jérusalem

Le malheur qui plane depuis des années sur Jérusalem devient imminent. Les plaintes du prophète se font de plus en plus poignantes. À ces compatriotes qui l'interrogent sur ces gémissements, il répond :

> À cause de la nouvelle qui va venir, tous les cœurs vont défaillir, les mains vont faiblir, les esprits seront abattus, les genoux s'en iront en eau. Voici qu'elle vient ; c'est fait, oracle du Seigneur Yahvé (21, 12).

4. Voir chapitre 4, p. 130, et troisième partie, chapitre 1, p. 349.

L'arme de Nabuchodonosor entre en action :

> L'épée, l'épée tranchante et bien fourbie ! Pour accomplir le massacre elle est tranchante, [...] pour qu'on la mette dans la main du tueur. Crie, hurle, fils d'homme, car elle est destinée à mon peuple (21, 14-17).

Mais un répit semble possible, car Nabuchodonosor, selon la vision d'Ézéchiel, se trouve à la croisée de deux chemins. L'un pourrait le conduire à Rabba, la capitale des Ammonites, de l'autre côté du Jourdain. L'autre mène à Jérusalem. Le roi consulte ses devins, et le sort tombe sur la malheureuse capitale judéenne :

> Dans sa main droite, le sort est tombé sur Jérusalem : pour y placer des béliers, donner l'ordre de la tuerie, pousser le cri de guerre, placer des béliers contre les portes, élever un remblai et construire des retranchements (21, 27).

Dans les derniers jours de 589 ou au début de 588 (« la neuvième année [de Sédécias], au dixième mois, le dix du mois »), Yahvé demande au prophète :

> Mets par écrit la date d'aujourd'hui, d'aujourd'hui même, car le roi de Babylone s'est jeté sur Jérusalem aujourd'hui même (24, 1-2).

Yahvé annonce alors à Ézéchiel une nouvelle terrible : il va perdre sa femme (« la joie de tes yeux »), mais il ne devra pas porter le deuil. Son épouse meurt dans la soirée, et le prophète n'accomplit aucun rite funéraire. Ses compatriotes en sont scandalisés. Il leur explique la portée de ce renoncement aux traditions : eux non plus ne devront pas pleurer sur la destruction de Jérusalem, car elle est le juste châtiment des péchés de ses habitants (24, 15-24).

Ézéchiel est ensuite frappé de mutisme. Dieu lui assure qu'il retrouvera la parole lorsqu'un survivant du massacre viendra apprendre aux exilés l'anéantissement de Jérusalem. De fait :

> La douzième année, le cinq du dixième mois de notre captivité, le rescapé arriva vers moi de Jérusalem et m'annonça : « La ville est prise. » Or la main de Yahvé avait été sur moi, la veille au soir, avant que n'arrivât le rescapé, et il m'ouvrit la bouche quand celui-ci arriva vers moi, le matin ; ma bouche s'ouvrit et je ne fus plus muet (33, 21-22).

Ainsi, Ézéchiel, à travers ses visions ou les messagers venus de Jérusalem, a assisté à la destruction de la Ville sainte. Avec l'annonce du drame se termine la partie biographique de son œuvre. Mais avant et après la catastrophe, Ézéchiel n'a eu et n'aura de cesse d'expliquer aux exilés les raisons du châtiment divin.

Les responsables du malheur d'Israël

Jérusalem, l'épouse comblée devenue prostituée

Jérusalem s'est comportée en pécheresse tout au long de son histoire. À travers une longue allégorie, qui retrace les étapes de l'existence de cette femme depuis sa naissance, le prophète, au nom de Dieu époux aimant et bafoué, interpelle en des termes violents et crus l'épouse adulée devenue adultère et prostituée. Cependant, comme Osée pour Gomer [5], Yahvé est disposé à la reprendre si elle revient vers lui avec sincérité :

> Jérusalem, tu fus rejetée dès ta naissance avec dégoût par ton père amorite et ta mère hittite [des idolâtres]. Mais je t'ai aperçue baignant dans ton sang, je t'ai invitée à vivre, et tu as grandi. Je t'ai revue quand tu es parvenue à l'âge des amours. Je me suis engagé par serment avec toi et tu fus à moi. Je t'ai parfumée, revêtue des vêtements les plus riches, décorée des bijoux les plus splendides. Tu devins magnifique comme une reine, car ta beauté était parfaite. Mais tu t'es infatuée de ta beauté, tu t'es prostituée et tu t'es débauchée avec tout venant. Tu as donné mes présents à tes amants, tu leur as même sacrifié les enfants que tu m'avais donnés, tu leur as bâti des demeures où tu t'es souillée avec eux. Alors que les prostituées se font payer, c'est toi qui as donné des cadeaux à tes amants, ceux que je t'avais offerts. C'est pourquoi je vais rassembler contre toi tous tes amants, je vais découvrir ta nudité devant eux, et je te ferai subir le châtiment des adultères, ils te lapideront, et te perceront à coups d'épée. J'assouvirai ma colère contre toi puisque tu ne t'es pas souvenue de ta jeunesse. Jérusalem, ta conduite a été pire que celle de ta sœur Samarie, pire que celle de Sodome. En comparaison, tu as justifié tes sœurs. Mais quand j'aurai assouvi ma fureur

5. Voir chapitre 1, « Israël, épouse infidèle de Yahvé », p. 62.

> contre toi, ma jalousie s'apaisera. Je me souviendrai de mon alliance avec toi au temps de ta jeunesse, j'établirai avec toi une alliance éternelle. En te souvenant de ton passé, tu seras saisie de honte et réduite au silence quand je te pardonnerai tout ce que tu as fait (chapitre 16).

Ézéchiel dépasse ensuite le cadre de cette simple comparaison. Avec une virulence accrue, il développe une autre allégorie (chapitre 23) afin de stigmatiser le comportement des deux sœurs, Samarie, capitale du royaume du Nord, et Jérusalem, capitale du royaume du Sud. Il dénonce les alliances politiques des deux nations qui se sont conduites en véritables filles publiques. Les deux sœurs se prostituent en Égypte dès leur jeunesse et engendrent des enfants. L'aînée s'appelle Ohola (Samarie), la cadette Oholiba (Jérusalem). Yahvé les épouse, mais elles vendent leur corps alors qu'elles lui appartiennent ! Ohola s'entiche en effet de l'élite de ses voisins assyriens, de fringants cavaliers jeunes et charmeurs. Malgré ces apparences séduisantes, ils portent en eux des immondices dont ils souillent Ohola. Furieux, Yahvé leur livre la dépravée. Les Assyriens la dévêtent, s'emparent de ses enfants et la tuent.

Oholiba, qui assiste à ces horreurs, devrait retenir la leçon. Elle fait tout le contraire, s'amourache des mêmes Assyriens et se comporte de manière encore plus révoltante que sa sœur. Elle se commet ensuite avec des amants babyloniens, qu'elle finit par rejeter. Le sort de Oholiba-Jérusalem est inéluctable : les armées vont bientôt venir et la juger ; elle sera mutilée et ses enfants connaîtront à leur tour l'exil. Yahvé prend Ézéchiel à témoin : quelle sentence aurait appliqué le prophète à ces deux femmes, qui n'ont pas hésité à offrir la chair de leur chair en holocauste, qui ont « souillé son sanctuaire » ? Au terme de son réquisitoire, Yahvé porte une sentence irrévocable :

> Que l'on convoque contre elles une assemblée et qu'on les livre à la terreur et au pillage ; l'assemblée les lapidera et les frappera de l'épée, on tuera leurs fils et leurs filles et on mettra le feu à leurs maisons.

Les grands responsables : les bergers d'Israël

Les péchés qu'Israël a commis depuis sa naissance incombent pour une grande part aux bergers d'Israël : rois, princes et fonctionnaires, prêtres et faux prophètes. Yahvé critique la manière dont ces chefs ont conduit le troupeau qui leur avait été confié et déclare qu'il en prend désormais la tête (chapitre 34[6]) :

> Malheur aux pasteurs qui se paissent eux-mêmes et qui ne paissent pas le troupeau. Vous n'avez pas soigné les brebis chétives ou malades, pas pansé les blessées, vous n'avez pas recherché les égarées, pas ramené les dispersées, si bien que le troupeau erre dans les montagnes et devient la victime des bêtes sauvages. C'est pourquoi je vais leur reprendre mon troupeau, je prendrai soin moi-même de mes brebis, je les rassemblerai de tous les endroits éloignés où elles se sont dispersées, je les ferai paître sur les montagnes d'Israël, où elles trouveront de bons pâturages, et je les ferai reposer. Je rechercherai celle qui est perdue, je ramènerai celle qui est égarée, je panserai celle qui est blessée, je fortifierai celle qui est malade. Mais je distinguerai aussi entre brebis et brebis, entre béliers et boucs. Car non contents de boire l'eau limpide, vous la troublez pour les autres, vous écrasez leurs pâturages. Vous donnez des coups de cornes aux brebis faibles ou malades.

Yahvé dévoile le projet qu'il a conçu pour son peuple : lui offrir un véritable pasteur à l'image de David :

> Je susciterai pour le mettre à leur tête un pasteur qui les fera paître, mon serviteur David : c'est lui qui les fera paître et sera pour eux un pasteur. Moi, Yahvé, je serai pour eux un Dieu, et mon serviteur David sera prince, au milieu d'eux.

Alors s'établira l'ère messianique :

> Je conclurai avec eux une alliance de paix, je ferai disparaître du pays les bêtes féroces.

Comme les prophètes qui l'ont précédé, Ézéchiel ouvre aussi des perspectives de salut. Un descendant de David en sera l'artisan, cependant il ne

---

6. Jésus s'inspirera de ce texte dans l'allégorie du bon pasteur (Jn 10).

portera que le titre de « prince », le véritable « roi » d'Israël étant désormais Yahvé, qui interviendra personnellement.

Responsabilité et rétribution individuelles

Si tout Israël a été puni, le peuple est-il tout entier coupable ? Parfois, Ézéchiel semble prévoir la mort de la totalité des habitants de Jérusalem sans discrimination. Pourtant, dans le chapitre 9, Yahvé a demandé à l'homme vêtu de lin de marquer d'une croix ceux qui n'ont pas cédé à la corruption générale, afin qu'ils soient épargnés au jour du châtiment. Le prophète a en effet réfléchi à la responsabilité morale individuelle. Dieu châtie ou récompense chacun selon que sa conduite est bonne ou mauvaise. Ézéchiel, en bon moraliste, envisage tous les cas possibles. Il prend le contre-pied d'un proverbe fameux en Israël, déjà remis en cause par Jérémie [7], qui constatait avec fatalisme que les enfants payaient pour leurs parents, les innocents pour les coupables :

> Qu'avez-vous à répéter ce proverbe au pays d'Israël : Les pères ont mangé des raisins verts et les dents des fils ont été agacées ? Par ma vie, oracle du Seigneur Yahvé, vous n'aurez plus à répéter ce proverbe en Israël. Voici : toutes les vies sont à moi, aussi bien la vie du père que celle du fils, elles sont à moi. Celui qui a péché, c'est lui qui mourra (18, 2-4).

Par exemple, un homme juste et équitable pratique le droit et la justice, n'adore pas les idoles, ne séduit pas la femme de son prochain, ne vole et n'exploite personne, règle ses dettes et ne recourt pas à l'usure... En résumé, il respecte les lois et les préceptes de Yahvé, notamment les Dix Paroles [8]. Il mérite de vivre. Mais si le fils de ce juste est violent et sanguinaire, enfreint les commandements de Yahvé, cet enfant impie mourra et son père ne devra pas être puni pour ses manquements. À l'inverse, si un fils juste ne suit pas la conduite abominable de son père, il vivra : un fils ne doit pas assumer la culpabilité de son père.

---

7. Voir chapitre 4, « Le livre de la consolation », p. 128.
8. Voir chapitre 3, p. 101.

Cependant, il arrive qu'un méchant se repente de ses délits et se conforme aux volontés de Yahvé. Dans ce cas, il vivra aussi en raison de ses bienfaits ! Yahvé veut le salut de l'homme :

> Je ne prends pas plaisir à la mort du méchant, mais je désire plutôt qu'il renonce à son péché et qu'il vive (18, 32).

En revanche, si le juste renonce à sa justice, ses bonnes actions seront oubliées au profit des mauvaises. Yahvé conclut :

> Je vous jugerai chacun selon sa manière d'agir. Convertissez-vous et détournez-vous de tous vos crimes et faites-vous un cœur nouveau et un esprit nouveau. Pourquoi mourir, maison d'Israël ? Je ne prends pas plaisir à la mort de qui que ce soit, oracle du Seigneur Yahvé. Convertissez-vous et vivez ! (18, 30-31).

Ce chapitre prolonge donc la réflexion morale portant sur la responsabilité de chacun par rapport à ses actes. Parfois, il faut se désolidariser de certains principes imposés par la collectivité. Le prophète soutient par conséquent les droits et les devoirs de la conscience individuelle, qui peuvent différer des lois et des conventions sociales que la société a fixées. Il apporte ainsi une dimension morale nouvelle qui va devenir un acquis de la conscience universelle. Mais il ne se contente pas d'évoquer les erreurs de ses compatriotes.

La culpabilité de l'Égypte

De même que les prophètes antérieurs, Ézéchiel, dans les chapitres 25 à 28, prononce des oracles contre les pays qui entourent Juda et qui, d'une façon ou d'une autre, ont participé à la défaite et à la destruction du royaume du Sud, ou simplement se sont réjouis de son malheur, tels Moab, Édom, la Philistie, Tyr. Mais il existe une nation qui mérite d'être particulièrement maudite : l'Égypte. N'a-t-elle pas encouragé Israël à chercher refuge auprès de sa puissance, la détournant ainsi de sa foi, c'est-à-dire d'une confiance absolue en Dieu ? Les chapitres 29 à 32 multiplient les reproches et utilisent des allégories :

> Ils [les Égyptiens] ont été un appui de roseau pour la maison d'Israël.
>
> Quand ils [les fils d'Israël] te saisissaient [toi l'Égypte], tu te rompais dans leur main,

et tu leur déchirais toute la main.
Quand ils s'appuyaient sur toi, tu te brisais,
tu faisais chanceler tous les reins (29, 6-7).

Au chapitre 31, l'Égypte est splendide comme le cèdre du Liban, au branchage magnifique, au feuillage touffu, à la cime élevée qui atteint les nuages. Tous les oiseaux du ciel nichent dans ses branches, on profite de son ombre : aucun arbre ne l'égale en beauté. Mais parce qu'il s'est infatué de sa hauteur, des nations barbares l'abattent : ses branches gisent sur les montagnes, ses rameaux brisés jonchent les ravins, les gens quittent son ombre bienfaitrice. Plus loin, l'Égypte est un crocodile puissant qui trouble le Nil en agitant ses pattes. Mais l'animal est tiré des eaux avec des crocs de fer, jeté dans le désert et livré en pâture aux bêtes (chapitre 32).

Pour finir, le prophète voit le pharaon atteindre les profondeurs du shéol, pour rejoindre les plus puissants héros, ses alliés, tous les peuples incirconcis qui répandent la terreur au pays des vivants et qui, eux aussi, sont victimes de l'épée. Pour la Bible, le shéol est traditionnellement le lieu où descendent les hommes après leur mort. Les défunts n'y connaissent qu'une existence diminuée, proche de l'anéantissement. Aucune divinité n'habite ce monde, aucun rite n'y est célébré. Cette allusion vise à rendre dérisoire la portée spirituelle de la religion égyptienne. Ce pays est décidément peu de chose face à la puissance de Yahvé.

Après la destruction de Jérusalem, les livres de la Bible mettent de plus en plus l'accent sur la responsabilité de l'Égypte et du pharaon dans le châtiment d'Israël, coupables d'avoir fait miroiter l'espoir d'une force militaire qui n'existait plus.

Les perspectives de salut

Ézéchiel considère, en effet, que la catastrophe nationale que représentent l'exil et la ruine de Jérusalem n'est pas la conséquence d'une infériorité militaire d'Israël. Son origine se trouve dans l'infidélité du peuple à l'égard de son Dieu et le châtiment terrible que celui-ci lui a infligé est en proportion de ses fautes. Aussi seul Dieu sera-t-il capable d'assurer le salut des Israélites. Mais pourquoi le ferait-il, puisque ceux-ci sont punis justement ? Si Yahvé décide donc de les délivrer, ce sera :

> ... à cause de mon saint nom. Je sanctifierai mon grand nom qui a été profané par vous au milieu des nations. Elles sauront que je suis Yahvé quand je ferai éclater ma sainteté sous leurs yeux (36, 22-23).

Yahvé libérera son peuple des pays étrangers et le ramènera sur sa terre afin de sauver sa Gloire humiliée par la défaite du peuple élu (36, 16-24).

Les ossements desséchés du peuple reprennent vie

Mais, pour le moment, Israël est dépouillé, pareil à des cadavres desséchés dont les os sont dispersés. Le premier acte de salut de Yahvé consiste par conséquent à redonner vie à ces cadavres, à faire croître sur eux chair, nerf et peau. Mais, surtout, à leur procurer cet Esprit que Dieu a soufflé dans les narines du premier homme au jour de sa création et qui a fait de ce dernier un être vivant [9]. Par là, Ézéchiel évoque la résurrection d'Israël après l'exil, c'est-à-dire après sa mort :

> La main de Yahvé fut sur moi, il m'emmena par l'esprit de Yahvé, et il me déposa au milieu d'une vallée pleine d'ossements. Il me la fit parcourir en tous sens. Or les ossements étaient très nombreux sur le sol de la vallée et complètement desséchés. Il me dit : « Fils d'homme, ces ossements vivront-ils ? » Je dis : « Seigneur Yahvé, c'est toi qui le sais. » Il me dit : « Prophétise sur ces ossements. Tu leur diras : "Ossements desséchés, écoutez la parole de Yahvé. Voici que je vais faire entrer en vous l'esprit et vous vivrez. Je mettrai sur vous des nerfs, je ferai pousser sur vous de la chair, je tendrai sur vous de la peau, je vous donnerai un esprit et vous vivrez, et vous saurez que je suis Yahvé." » Je prophétisai comme j'en avais reçu l'ordre. Or il se fit un bruit au moment où je prophétisais ; il y eut un frémissement et les os se rapprochèrent les uns des autres. Je regardai : ils étaient recouverts de nerfs, la chair avait poussé et la peau s'était tendue par-dessus, mais il n'y avait pas d'esprit en eux. Il me dit : « Prophétise à l'esprit. Tu diras à l'esprit : Viens des quatre vents, esprit, souffle

9. Voir deuxième partie, chapitre 4, p. 323.

sur ces morts, et qu'ils vivent. » Je prophétisai comme il m'en avait donné l'ordre, et l'esprit vint en eux, ils reprirent vie et se mirent debout sur leurs pieds : grande, immense armée. Alors il me dit : « Fils d'homme, ces ossements, c'est la maison d'Israël. Ils disent : "Nos os sont desséchés, notre espérance est détruite, c'en est fait de nous." C'est pourquoi tu leur diras : "Voici que j'ouvre vos tombeaux ; je vais vous faire remonter de vos tombeaux, mon peuple, et je vous ramènerai sur le sol d'Israël. Je mettrai mon esprit en vous et vous vivrez, et je vous installerai sur votre sol, et vous saurez que je suis Yahvé." » (37, 1-14).

La restauration spirituelle et politique d'Israël

Cette résurrection n'aurait aucune signification si les anciens cadavres étaient animés du même souffle qui a conduit les fils d'Israël au péché. Il faut que Yahvé offre à ces morts dispersés en exil un cœur neuf capable d'aimer : après les avoir purifiés de leur faute, il fait descendre en eux son Esprit, qui s'affirme comme la source d'une vie nouvelle. Israël peut désormais retrouver le bonheur sur sa terre :

> Je vous prendrai parmi les nations, je vous rassemblerai de tous les pays étrangers et je vous ramènerai sur votre sol. Je répandrai sur vous une eau pure et vous serez purifiés ; de toutes vos souillures et de toutes vos ordures je vous purifierai. Et je vous donnerai un cœur nouveau, j'ôterai de votre chair le cœur de pierre et je vous donnerai un cœur de chair. Je mettrai mon esprit en vous et je ferai que vous marchiez selon mes lois et que vous observiez et pratiquiez mes coutumes. Vous habiterez le pays que j'ai donné à vos pères. Vous serez mon peuple et moi je serai votre Dieu (36, 24-28).

Quel sera le statut de ce peuple rénové et ramené au pays de la Promesse ? La division en deux royaumes sera surmontée, un prince régnera, Dieu conclura avec Israël une alliance éternelle :

> J'en ferai une nation unique sur les montagnes d'Israël ; un roi unique sera leur roi à tous, ils ne formeront plus deux nations, ils ne seront plus divisés en deux royaumes. Mon serviteur David régnera sur eux tous, ils obéiront à mes coutumes. David mon serviteur sera leur prince à jamais. Je conclurai avec eux une alliance de paix ; ce sera avec eux une alliance éternelle. J'établirai mon sanctuaire au milieu d'eux pour toujours (37, 22-26).

En ces années qui suivent la destruction de Jérusalem, seule sa foi permet à Ézéchiel d'annoncer une telle perspective. Mais il n'est pas naïf au point d'imaginer que le peuple de Yahvé connaîtra une tranquillité éternelle. Les forces du mal voudront anéantir ce pays de justice et de paix. Elles chercheront à l'envahir. Ézéchiel figure ces forces en la personne d'un souverain effrayant, « Gog, roi de Magog », dont il est vain de percer l'identité. Cependant, les assauts de cet agresseur sont sans effet, car Yahvé lui-même le fracasse ; son cadavre et ceux de son armée jonchent les terres de l'Orient (chapitres 38 et 39). Ézéchiel peut alors conclure son livre par la présentation d'un Israël idéal, enfin conforme à la Loi de sainteté qu'exige Yahvé.

La restauration du Temple et du pays (chapitres 40 à 48)

Le recueil d'Ézéchiel s'achève par une réorganisation du pays et un plan de reconstruction du Temple. L'attention du prophète est concentrée surtout sur ce nouveau bâtiment, lequel ne doit pas être la copie conforme de l'ancien édifice souillé par les idoles. Il occupe certes le même emplacement, mais il obéit à des normes de pureté très strictes et à des dimensions précises. Ézéchiel en détaille les parties : porches, dépendances, parvis, autel. Cette « Torah » d'Ézéchiel est inapplicable et ne sera jamais appliquée. Il s'agit d'une sorte d'exercice d'école, œuvre d'un esprit utopique qui ignore les conditions concrètes et précaires qui vont présider au retour de l'exil...

L'essentiel du message d'Ézéchiel est d'entretenir l'espérance, de préparer les esprits à vivre dans la perfection la Loi divine lorsque les Israélites auront retrouvé leur terre. Car le Dieu d'Israël, qui a quitté son pays et son Temple pour rejoindre les déportés à Babylone, y reviendra. Et Ézéchiel voit déjà la Gloire de Yahvé réintégrant le sanctuaire rebâti. Une vision le transporte jusqu'au porche qui fait face à l'orient, c'est-à-dire au mont des Oliviers où il a vu cette Gloire se poser avant de rejoindre la communauté israélite de Babylone. Le char revient de l'orient « avec un bruit semblable à celui des grandes eaux et la terre resplendissait de sa gloire ». Il pénètre dans le parvis intérieur et emplit le Temple. Yahvé déclare au prophète :

C'est ici le lieu de mon trône, j'y pose la plante de mes pieds. J'y habiterai à jamais au milieu des enfants d'Israël (43, 1-6).

Le Temple devient alors le véritable cœur d'Israël. De lui coule la source qui irrigue Israël pour donner les fruits de justice et de sainteté qu'en attend Yahvé. Ézéchiel en prend conscience lors d'une autre vision. Un fleuve immense sourd de dessous le parvis ; il est si large et profond qu'on ne peut le traverser. Il descend du sanctuaire vers la vallée de la mer Morte, dont il adoucit et assainit les eaux salées, faisant pousser sur ces rives toutes sortes d'arbres fruitiers. Ainsi toute la terre d'Israël retrouve-t-elle la fertilité du jardin d'Éden (47, 1-12) ou « jardin des délices[10] ».

Après avoir annoncé la restauration du Temple et le retour de Yahvé dans son sanctuaire, Ézéchiel décrit la réinstallation d'Israël. Le territoire qu'il dépeint possède les dimensions idéales du royaume de David ; il veut même restituer à chacune des antiques tribus une zone bien délimitée. Il imagine une Jérusalem idéale, de forme carrée, dont chaque côté est percé de trois portes. Surtout, et sa vision se termine ainsi :

Le nom de la ville sera désormais : « Yahvé-sham » – « Yahvé est là ! »

Ainsi s'achève le recueil d'Ézéchiel...

Le prophète ne voit pas la réalisation des prophéties de restauration qu'il a prononcées alors que les Israélites étaient plongés dans la désespérance... Mais il a contribué à une évolution capitale : le peuple d'Israël garde la conscience d'un destin singulier au milieu de toutes les populations qui ont été progressivement assimilées dans le vaste empire de Babylone. Celui-ci semble devoir durer des siècles, or, comme tous les empires précédents, il va s'écrouler. L'alliance de Yahvé avec son peuple s'apprête à connaître un nouveau départ.

---

10. Voir Gn 2, 8, deuxième partie, chapitre 4, p. 321.

6

Le retour de l'exil (587-515)

Sur le plan politique, à partir de cette terrible année 587, la disparition d'Israël, que les prophètes ont annoncée depuis Amos, semble définitive. L'élite du peuple – roi, princes, prêtres, artisans et commerçants – est exilée à Babylone. De nombreux habitants de Jérusalem et de Juda ont fui en désordre vers l'Égypte. Le Temple a été détruit et pillé. Juchée sur son piton rocheux, la capitale n'est plus qu'une ruine aux remparts éventrés. Les campagnes sont ravagées, les paysans déportés comme esclaves et remplacés par d'autres peuples vaincus. L'empire de Babylone impose sa tyrannie sur tout le Croissant fertile. L'Égypte, la puissance rivale, après avoir subi deux attaques babyloniennes en 601 et 581, est affaiblie par des divisions internes et ne peut plus exercer de contrôle sur la Syrie-Palestine.

L'empire perse au service de Yahvé

À Babylone, les exilés connaissent d'abord des conditions de vie très dures. Mais les artisans et les commerçants, qui savent lire et écrire, parviennent peu à peu à exercer leur métier et à acquérir des biens. Des tablettes d'argile trouvées en Babylonie font d'ailleurs état des transactions de riches marchands israélites. Le peuple de Yahvé semble donc réussir son implantation. Une évolution que confirme le second livre des Rois (25, 27-30), qui s'achève sur une information étonnante : après trente-sept années de captivité, Joiakîn, dernier roi de Juda, qui a été exilé en 587, est gracié (en 562) par le roi Évil-Mérodak, qui va même jusqu'à le convier chaque jour à sa table, en son palais.

Dans les villes, les exilés se regroupent en communautés formées autour d'anciens membres de la famille royale, de prêtres, mais aussi de laïcs, qui voient leur influence grandir auprès de la nouvelle génération qui n'a jamais participé à la liturgie du Temple. Dans ces communautés, la foi en Yahvé n'est pas anéantie comme l'ont été les structures politiques et religieuses de la nation israélite. Au contraire, elle s'approfondit au creuset de l'épreuve et permet à ce groupe, qui ne comprend sans doute que quelques milliers de personnes, de garder sa spécificité religieuse et culturelle au milieu des populations polythéistes. Ainsi s'écoulent quelque cinquante ans, le temps de deux générations, et rien ne laisse présager un changement politique au Proche-Orient. Même si elle n'a jamais eu la puissance de l'Assyrie, Babylone paraît inébranlable.

Au bord du Tigre et de l'Euphrate, les survivants d'Israël peuvent exprimer leur nostalgie de Sion, mais le retour en Terre promise a peu de chances de se concrétiser. Jérémie n'a-t-il pas conseillé de prendre racine à Babylone, d'y bâtir des maisons, de fonder des familles, de participer à la prospérité du roi ? D'ailleurs, malgré les perspectives que les oracles d'Ézéchiel ont ouvertes, il est probable que peu de ces exilés aspirent à ce retour : les informations qu'ils reçoivent du pays n'évoquent que désolation et misère. De plus, les conflits internes qui agitent l'empire babylonien ne risquent pas de changer leur sort. À Nabuchodonosor, mort en 562, succède Évil-Mérodak, son fils, qui ne règne que deux ans. L'empire connaît ensuite quelques années de troubles lorsque monte sur le trône Nabonide (556-539), figure mystique et dernier roi de Babylone. Car aux frontières des régions orientales de la Mésopotamie, la naissance d'une nouvelle puissance bouleverse brutalement l'échiquier du Proche-Orient : la Perse.

Depuis le début du Ier millénaire, sur le plateau iranien se sont sédentarisées des tribus appartenant à une ethnie venant d'Asie, les Mèdes. Ceux-ci sont rapidement entrés en conflit avec l'Assyrie, qui a dû les affronter lors de campagnes militaires acharnées. Pendant les VIIIe et VIIe siècles, ils sont donc restés sous domination assyrienne. Mais ils se sont révoltés et, alliés à Babylone, ont réussi à incendier Assur en 614 et Ninive en 612. En étendant encore leurs conquêtes jusqu'en Anatolie, ils ont créé un empire important qui a fini par menacer Babylone. Or, un prince vassal [1] du roi mède, le Perse Cyrus, fils de Cambyse, s'empare du trône mède en 549 et fonde un État plus puissant et mieux organisé, l'empire perse, appelé aussi achéménide d'après le nom de l'un de ses ancêtres, Achéménès. Dès sa prise de pouvoir, Cyrus, poursuivant les conquêtes mèdes, soumet toute l'Asie Mineure jusqu'à la Méditerranée. Ses armées progressent ensuite le long des côtes de Phénicie et de l'ancien Israël jusqu'aux portes de l'Égypte. Encerclé, l'empire babylonien ne résiste pas longtemps. En 539, il tombe sans coup férir. Personne ne regrette la chute de cette tyrannie implacable.

Mais quelle est cette civilisation qui va changer le sort des Israélites ? Les Perses parlent un idiome indo-européen ; néanmoins, ils adoptent l'araméen, qui deviendra la langue véhiculaire de l'empire. Nos connaissances sur leurs croyances religieuses d'alors sont très floues, et il n'est pas certain que la réforme zoroastrienne [2] ait commencé à l'époque où Cyrus prend le pouvoir. Pourtant, la progression d'une spiritualité explique peut-être, du moins en partie, l'esprit de tolérance dont va faire preuve le jeune Cyrus à l'égard de la religion d'Israël, mais aussi de toutes les religions. Au contraire de Babylone et de l'Assyrie, en effet, Cyrus mène dans ses provinces une politique de bienveillance. Il libère les peuples exilés et leur permet de retourner dans leurs pays respectifs ; il restitue les trésors volés dans les temples par les armées babyloniennes ; il autorise chacun à pratiquer la religion de ses ancêtres. Et, en 538, l'année qui suit la prise de Babylone, Cyrus signe un décret : les fils d'Israël peuvent revenir à Jérusalem et rebâtir le Temple !

---

1. La Perse, dont le territoire primitif coïncide avec la province du Fars de l'Iran actuel, apparaissait déjà dans les inscriptions du VIIe siècle, mais comme une province mède.
2. Voir Prélude, p. 37.

Les humbles recommencements

Le texte du décret de Cyrus nous a été transmis grâce au livre d'Esdras, qui rapporte des épisodes relatifs à la restauration de Jérusalem et du Temple [3]. Ce décret y a été conservé sous deux formes. La première reproduit l'autorisation du retour des exilés et de la reconstruction du sanctuaire :

> Ainsi parle Cyrus, roi de Perse : Yahvé, le Dieu du ciel, m'a remis tous les royaumes de la terre, c'est lui qui m'a chargé de lui bâtir un temple à Jérusalem en Juda. Quiconque parmi vous fait partie de tout son peuple, que son Dieu soit avec lui ! Qu'il monte à Jérusalem, en Juda, et bâtisse le Temple de Yahvé, le Dieu qui est à Jérusalem. Qu'à tous les rescapés, partout, la population des lieux où ils résident apporte une aide en argent, en or, en équipement et en montures, en même temps que des offrandes de dévotion pour le Temple de Dieu qui est à Jérusalem (Esd 1, 2-4).

Selon la seconde version du décret, le Temple doit être rebâti. Ce texte est gardé dans les archives perses et extirpé quelques années après le retour, afin de mettre fin à une contestation [4] :

> Le Temple sera bâti comme lieu où l'on offre des sacrifices et ses fondations seront préservées. Sa hauteur sera de soixante coudées, sa largeur de soixante coudées. Il y aura trois assises de blocs de pierre et une assise de bois. La dépense sera couverte par la maison du roi. En sus, les ustensiles d'or et d'argent du Temple de Dieu que Nabuchodonosor enleva au sanctuaire de Jérusalem et emporta à Babylone, on les restituera, pour que tout reprenne sa place au sanctuaire de Jérusalem et soit déposé dans le Temple de Dieu (Esd 5, 1-5).

Cette autorisation a été d'autant plus inattendue que la chute de l'empire babylonien fut rapide et brutale. Et qui est donc ce Cyrus qui redonne soudain vie aux promesses que Yahvé avait faites aux Israélites ? Dès le début de ses campagnes, un prophète a prévenu les exilés que Yahvé avait choisi

3. Un ouvrage rédigé au IIIe siècle av. J. C. Voir quatrième partie, chapitre 1, « La mission d'Esdras, la proclamation de la Torah », p. 457.
4. Voir plus loin, chapitre 7, p. 160, et quatrième partie, chapitre 1, p. 451.

ce roi pour être l'instrument du salut de son peuple. Les oracles de ce prophète resté anonyme ont été intégrés dans le recueil d'Isaïe (mort depuis environ cent cinquante ans), dont ils occupent les chapitres 40 à 55. C'est pourquoi les chercheurs de la Bible ont appelé cet homme le Deutéro-Isaïe (le « deuxième Isaïe »). Aujourd'hui, plus personne ne met en doute la date de ces oracles, qui correspondent à une chronologie. Mais ils constituent aussi l'un des sommets théologiques de l'Ancien Testament. C'est pourquoi il nous a semblé préférable de présenter cette œuvre à part[5].

Aussitôt après le décret de Cyrus, un convoi se met en route pour Jérusalem, rapporte le livre d'Esdras. Puis d'autres se forment. Mais aucun retour massif ne se dessine. Beaucoup d'exilés préfèrent les situations confortables que leurs familles ont acquises en Mésopotamie au cours du demi-siècle passé. Les informations provenant de la terre d'Israël ne sont d'ailleurs pas encourageantes : une Jérusalem quasi en ruine ; des intrus, des Israélites ayant échappé à la déportation ou des étrangers implantés de force par les conquérants, ont occupé les maisons abandonnées par les exilés. Le livre d'Esdras, qui tente d'effectuer le recensement des caravanes, estime le nombre des volontaires à environ trente mille, ce qui est peu pour la reconstruction d'une ville et d'un pays. Et ce chiffre couvre plusieurs années !

Le premier groupe est conduit par un prince de la famille royale de Juda, Sheshbaççar. Un autre groupe est dirigé par le grand prêtre Josué et Zorobabel. Ce dernier prend rapidement la succession de Sheshbaççar au poste de gouverneur de Jérusalem. Mais Cyrus ne restaure pas pour autant le royaume du Sud. Ce territoire reste rattaché à la province de l'ancien royaume du Nord, la Samarie, et à sa capitale, ce que les Judéens considèrent comme une humiliation. Car les actes administratifs, la restauration du Temple et des remparts, la récupération de leurs biens, tout est soumis non seulement à l'autorité des fonctionnaires perses, mais, ce qui est pire, à des gens d'origine douteuse dont beaucoup ont été amenés là par l'Assyrie au moment de la destruction de Samarie en 722. Néanmoins, rapporte le livre d'Esdras, les nouveaux arrivants rebâtissent très vite l'autel au milieu des

5. Voir chapitre 7, p. 167.

ruines du Temple ; ils offrent des holocaustes et célèbrent la grande fête des Tentes au début de l'automne. Dès la deuxième année, ils se mettent à rebâtir le Temple avec ardeur. Comme au temps de Salomon [6], au Xe siècle, les Phéniciens sont sollicités pour acheminer par mer les matériaux nécessaires. Et les anciens pleurent en se souvenant de la splendeur de l'édifice précédent. Toutefois, les jeunes, dynamisés par l'enseignement des prêtres et des prophètes reçu durant les années d'exil, travaillent au rythme des chants d'action de grâces : « Car il est bon, éternel est son amour. »

Mais seuls les exilés revenus en Terre sainte, et reconnus comme de véritables Israélites, peuvent participer au chantier, car rien d'impur ne peut trouver place dans le sanctuaire. Il faut notamment écarter les « gens du pays » (nom que leur attribue le livre d'Esdras) qui résident en Juda depuis 587. Il s'agit de païens déplacés par les envahisseurs et d'Israélites laissés sur place par Nabuchodonosor, qui ont conclu des mariages avec d'autres païens, unions que les anciens exilés considèrent comme particulièrement impures. Malgré cela, certains de ces « gens du pays », qui éprouvent un attachement sincère à l'égard de Yahvé, proposent de collaborer à la reconstruction, ce qui pourrait favoriser l'unité des deux populations. Mais ils sont brutalement écartés. Ils interviennent avec succès auprès des autorités perses de Samarie et réussissent à faire arrêter les travaux. Il faut alors faire venir d'Ecbatane, l'une des capitales de l'empire, la seconde version de l'édit de Cyrus citée plus haut. L'administration de Samarie doit céder et l'on peut continuer.

Mais devant les difficultés, l'opposition de certains habitants, le coût du chantier, les conditions de vie difficiles dans une ville en ruine, une série de mauvaises récoltes dans un pays laissé presque à l'abandon pendant plus de cinquante ans, l'enthousiasme des nouveaux arrivants chute. Certains épousent même des autochtones, unions interdites pour empêcher le retour à l'idolâtrie qui, selon les oracles prophétiques, fut la cause principale du châtiment d'Israël. C'est dans ce contexte qu'interviennent deux prophètes,

6. Voir troisième partie, chapitre 2, p. 410.

Aggée et Zacharie. Ils vont encourager le gouverneur Zorobabel à réveiller le courage assoupi du peuple.

Aggée

Aggée prononce ses oracles entre la fin août et la mi-décembre 520. Le chantier du Temple vient d'être abandonné, les récoltes sont mauvaises. Le prophète appelle le peuple à un « réveil », mais il est difficilement entendu. Le projet de reconstruction du Temple est timide et fait regretter les splendeurs de l'ancien sanctuaire. Il ne mobilise pas les énergies. Aggée encourage Zorobabel et Josué à reprendre le travail. Il annonce une intervention puissante de Yahvé :

> Encore un très court délai et j'ébranlerai le ciel et la terre, la mer et le sol ferme. J'ébranlerai toutes les nations, alors afflueront les trésors de toutes les nations, et j'emplirai de gloire ce Temple. À moi l'argent, à moi l'or ! La gloire à venir de ce Temple dépassera l'ancienne, et dans ce lieu j'établirai la paix, dit Yahvé Sabaot (2, 6-9).

Quelques mois plus tard, Aggée prononce un oracle adressé directement à Zorobabel :

> Parle ainsi à Zorobabel, le gouverneur de Juda. Je vais ébranler cieux et terre. Je vais renverser les trônes et détruire la puissance des rois des nations. Je renverserai la charrerie et ses équipages ; les chevaux et leurs cavaliers seront abattus, chacun sous l'épée de son frère. En ce jour-là – oracle de Yahvé Sabaot – je te prendrai, Zorobabel, fils de Shéaltiel, mon serviteur, et je ferai de toi un anneau à cachet. Car c'est toi que j'ai choisi, oracle de Yahvé Sabaot (2, 21-23).

En cette année 520, le prophète considère les guerres fratricides qui déchirent l'empire perse comme l'amorce du grand chamboulement qui marquera l'intervention de Yahvé. Alors, Zorobabel devient le « serviteur » de Yahvé, celui qui accomplit sa volonté. Le prophète le compare à un cachet placé au bas d'une lettre pour l'authentifier. Aggée attribue ainsi à Zorobabel la dignité de descendant davidique.

Zacharie

Au même moment, un autre prophète tente de galvaniser les énergies. Zacharie est un rapatrié de l'exil. Il souffre des retards du chantier. Il commence à prophétiser en même temps qu'Aggée, mais sa mission dure deux ans de plus (jusqu'en 518). Son recueil, comme celui d'Isaïe, a été augmenté de paroles de prophètes postérieurs. Cependant, les chapitres 1 à 8 sont attribués sans conteste au Zacharie qui vit à l'époque d'Aggée. Ce recueil débute par huit visions que le prophète rapporte à la première personne. Elles annoncent l'intervention personnelle de Yahvé en faveur de la restauration de Jérusalem et du Temple, et son action contre les nations qui cherchent à s'y opposer. La cinquième vision est particulièrement importante :

> « Je vis un lampadaire tout en or, avec un réservoir à son sommet ; sept lampes sont sur le lampadaire ainsi que sept becs pour les lampes qui sont dessus. Près de lui sont deux oliviers, l'un à sa droite, l'autre à sa gauche. » [...]

L'ange lui explique :

> « [Les deux oliviers] sont les deux Oints qui se tiennent devant le Seigneur de toute la terre » (4, 1-14).

Les deux oliviers représentent Zorobabel et Josué. Zorobabel est le petit-fils du roi de Juda Joiakîn emmené en captivité en 597. Il figure parmi les guides qui, entre 538 et 522, ramènent les caravanes d'Israélites à Jérusalem. En tant que prince issu de David, il joue un rôle important dans le gouvernement de la ville, au côté du grand prêtre Josué, le maître d'œuvre du chantier du Temple. Ces deux hommes sont donc symbolisés par l'arbre dont l'huile sert à oindre le roi et le grand prêtre. Zacharie imagine par conséquent, dans le cadre du retour d'exil, la restauration des pouvoirs royal et sacerdotal.

Plusieurs autres oracles du prophète confortent la fonction de ces deux personnages qu'il promet à un grand destin. Zacharie y souligne que le premier rôle revient à Zorobabel, que, comme Aggée, il qualifie du terme messianique de « Germe ». Zacharie organise même une collecte auprès d'anciens exilés afin de lui confectionner une couronne d'or et d'argent dont il veut le coiffer. Mais Zorobabel disparaît brutalement, sans doute avant la fin de la reconstruction du Temple et sa consécration. Meurt-il prématurément ? Est-il assassiné par des « gens du pays », des opposants farouches à la restauration religieuse planifiée par les prêtres ? Est-il démis de ses fonctions de gouverneur de Jérusalem par les Perses ? On ne sait. Quoi qu'il en soit, le Temple est achevé en avril 515 et consacré à Pâque, comme le raconte le livre d'Esdras :

> Les exilés célébrèrent la Pâque le quatorze du premier mois. Les lévites, comme un seul homme, s'étaient purifiés : tous étaient purs ; ils immolèrent donc la pâque pour tous les exilés, pour leurs frères les prêtres et pour eux-mêmes. Mangèrent la pâque : les Israélites qui étaient revenus d'exil et tous ceux qui, ayant rompu avec l'impureté des nations du pays, s'étaient joints à eux pour chercher Yahvé, le Dieu d'Israël. Ils célébrèrent avec joie pendant sept jours la fête des Azymes, car Yahvé les avait remplis de joie, ayant incliné vers eux le cœur du roi d'Assur, pour qu'il fortifiât leurs mains dans les travaux du Temple de Dieu, le Dieu d'Israël (6, 15-22).

Malachie

Malachie – qui occupe la dernière place dans le recueil des prophètes –, quelques années après la consécration du Temple, cherche à encourager les rescapés de l'exil. Son nom signifie « Mon envoyé », ce qui laisse supposer qu'il n'est qu'un pseudonyme. Malachie commence par rappeler le caractère incompréhensible de la préférence que Yahvé témoigne à Israël :

> Je vous ai aimés, dit Yahvé. – Cependant vous dites : En quoi, nous as-tu aimés ? – Ésaü n'était-il pas le frère de Jacob ? oracle de Yahvé ; or, j'ai aimé Jacob mais j'ai haï Ésaü (1, 2-3).

Malachie fait ici allusion au conflit qui opposa, dans les temps anciens, les deux fils d'Isaac, dont l'ancêtre éponyme d'Israël[7]. Il reproche aux prêtres de brader le culte en offrant des bêtes malades en sacrifice :

---

7. Voir deuxième partie, chapitre 3, « Les patriarches », p. 291.

> Vous méprisez mon nom, dit Yahvé aux prêtres. – Mais vous dites : En quoi avons-nous méprisé ton nom ? C'est que vous offrez sur mon autel des aliments souillés. – Mais vous dites : En quoi t'avons-nous souillé ? – En disant : La table de Yahvé est méprisable. Quand vous amenez des bêtes aveugles pour le sacrifice, n'est-ce pas mal ? Et quand vous en amenez des boiteuses ou des malades, n'est-ce pas mal ? Présente-les donc à ton gouverneur : en sera-t-il content ? (1, 6-8).

Aux hommes mariés, Malachie demande la fidélité dans le mariage en se référant à la Genèse (2, 24), dont l'élaboration est en cours :

> Yahvé est témoin entre toi et la femme de ta jeunesse que tu as trahie, bien qu'elle fût ta compagne et la femme de ton alliance. N'a-t-il pas fait un seul être qui a chair et souffle de vie ? Et cet être de chair, que cherche-t-il ? Une postérité donnée par Dieu ! Respect donc à votre vie, et la femme de ta jeunesse, ne la trahis point ! Car je hais la répudiation, dit Yahvé, le Dieu d'Israël (2, 14-16).

Malachie, dans le sillage des prophètes qui l'ont précédé depuis Amos, annonce la venue du jour de Yahvé. Mais il voit cette intervention précédée par la venue d'un messager :

> Voici que je vais envoyer mon messager, pour qu'il fraye un chemin devant moi. Et soudain il entrera dans son sanctuaire, le Seigneur que vous cherchez, et l'Ange de l'alliance que vous désirez, le voici qui vient ! dit Yahvé Sabaot. Qui soutiendra le jour de son arrivée ? Qui restera droit quand il apparaîtra ? Car il est le feu du fondeur et comme la lessive des blanchisseurs (3, 1-2).

Malachie, à la fin de son livre, annonce le retour d'Élie[8] :

> Voici que je vais vous envoyer Élie le prophète, avant que n'arrive le jour de Yahvé, grand et redoutable. Il ramènera le cœur des pères vers leurs fils et le cœur des fils vers leurs pères, de peur que je ne vienne frapper le pays d'anathème (3, 23-24).

8. Le Nouveau Testament verra dans ce messager Jean-Baptiste annonçant la venue de Jésus le Messie (Mt 11, 10). De même, Jean-Baptiste sera identifié à Élie (voir troisième partie, chapitre 2, « Le cycle d'Élie », p. 422).

Ainsi, devant les difficiles recommencements se profile l'attente d'une intervention directe et personnelle de Dieu qui purifiera définitivement son peuple et l'empêchera de retomber dans le péché qui l'a conduit en exil. Avec Malachie, la voix des prophètes, qui se faisait entendre depuis Amos, se tait définitivement. Cependant, Yahvé va continuer à parler à Israël par l'intermédiaire d'autres hommes inspirés, notamment des scribes qui vont relire l'histoire à la lumière de l'enseignement prophétique. Mais avant d'aborder cette phase fondamentale dans l'élaboration de la Bible, il convient d'écouter le grand prophète anonyme appelé Deutéro-Isaïe.

7

Le messager de la délivrance (Isaïe 40-55)

Ézéchiel s'est tu depuis une vingtaine d'années. Ses derniers oracles ont annoncé la restauration d'un Temple qui répondrait à toutes les exigences rituelles de la Loi de Yahvé. Ensuite, pendant deux décennies au moins, aucune parole inspirée n'est venue réconforter la communauté des Israélites de Babylone... Mais une voix retentit soudain, entre l'accession de Cyrus au trône des Mèdes et des Perses en 549, et la prise de Babylone en 539. Elle ne lance pas un nouvel appel menaçant à la conversion, elle n'ouvre pas des perspectives intemporelles de renouveau d'Israël, elle affirme que la captivité va bientôt s'achever. Yahvé s'y engage personnellement : par sa Parole toute-puissante, il va ramener Israël vers sa terre, au cours d'un exode plus grandiose que celui qui conduisit autrefois les tribus vers la Terre de la Promesse. L'instrument qu'il a choisi pour accomplir ce prodige n'est autre que ce Cyrus le Grand dont les exploits militaires commencent à parvenir aux oreilles des exilés.

Cette voix reste anonyme. Pourtant, elle ne se limite pas à l'annonce de la libération. Cet inconnu fait lui-même partie d'une caravane qui prend courageusement le chemin de Jérusalem. Il poursuit dans la Ville sainte son ministère débuté en exil. Son existence s'achève par un drame qui assombrit encore davantage le climat d'un retour déjà difficile. Sa mort tragique va demeurer longtemps un mystère. Seuls des esprits capables de saisir les réalités divines derrière les apparences sont parvenus à lui donner un sens. Malgré son anonymat, ses paroles ont été conservées par des disciples et jointes aux oracles du grand Isaïe (chapitres 40 à 55), peut-être parce que l'un et l'autre ont ouvert au peuple d'Israël des horizons prodigieux.

Les spécialistes ont appelé cette œuvre le Deutéro-Isaïe (« deuxième Isaïe »). Il porte aussi le titre de « Livre de la Consolation » (donné également à un passage de Jérémie), parce qu'il commence par : « Consolez mon peuple. » Il a été rédigé après la mort du prophète par des disciples qui, malheureusement, ont fourni peu de renseignements sur son action et sa mort. Aussi de nombreuses hypothèses ont-elles été échafaudées afin d'éclairer cet ensemble qui reste l'une des grandes énigmes de l'Ancien Testament, mais aussi l'un des textes majeurs de la littérature religieuse universelle. Selon l'analyse la plus répandue, trois étapes jalonnent la mission du prophète.

L'annonce du retour (chapitres 40 à 48)

Dans les événements qui secouent l'empire babylonien, et derrière la montée en puissance de Cyrus, le prophète est le seul à discerner un tournant dans l'histoire du monde en général et celle d'Israël en particulier. Yahvé, l'unique et véritable Dieu, créateur du ciel et de la Terre, conduit ces événements par sa Parole. Bientôt, par l'intermédiaire de Cyrus, il va libérer son peuple. Le prophète, qui a reçu révélation de ce dessein divin, appelle les exilés à se préparer au retour. Israël doit avoir foi en son Dieu.

L'annonce de la délivrance

Le prophète reçoit sa vocation, et plus précisément la mission de révéler aux Israélites que Dieu, au terme d'un long châtiment, va les délivrer : les événements de l'histoire humaine passent, mais les effets de la Parole divine sont durables [1]. La voix de Dieu s'adresse au prophète. Elle est répercutée par d'autres voix. Dieu crie comme à la cantonade :

> « Consolez, consolez mon peuple,
> encouragez Jérusalem et criez-lui
> que sa corvée est finie, sa faute expiée,
> qu'elle a reçu de la main de Yahvé double punition
> pour ses péchés. »
> Une [autre] voix crie : « Préparez dans le désert la route de Yahvé !
> Aplanissez dans la steppe une chaussée pour notre Dieu.
> Que toute vallée soit comblée, toute colline abaissée.
> Que les lieux accidentés soient aplanis,
> que les escarpements deviennent des passages.
> Alors la Gloire de Yahvé se révélera,
> toutes les créatures ensemble la verront,
> la bouche de Yahvé a parlé. »
> La voix dit [au prophète] : « Crie. »
> Et je dis : « Que crierai-je ? »

Yahvé répond au prophète en opposant les effets permanents de sa Parole à la vie éphémère de la nature. Il demande au prophète de proclamer jusqu'à Jérusalem la bonne nouvelle de la délivrance. Il va conduire son peuple comme un berger son troupeau.

> Toute chair est comme l'herbe,
> sa beauté comme celle de la fleur des champs.
> L'herbe se dessèche, la fleur se fane,
> quand le souffle de Yahvé passe sur elles.
> L'herbe se dessèche, la fleur se fane,
> Mais la parole de notre Dieu subsiste à jamais.
> Toi, monte sur une haute montagne,
> porte la Bonne Nouvelle à Sion,
> élève fortement la voix,

1. Les auteurs des évangiles appliqueront ce texte à Jean-Baptiste, le précurseur de Jésus (Mc 1, 2-3).

porte la joyeuse nouvelle à Jérusalem.
Dis aux villes de Juda : « Voici votre Dieu ! »
Voici que le Seigneur Yahvé vient avec puissance,
son bras lui soumet tout.
Il emmène avec lui le fruit de sa victoire,
ses trophées marchent devant lui.
Comme un berger il fait paître son troupeau
et de son bras le rassemble,
il porte les agneaux sur son sein,
il conduit doucement les brebis qui allaitent (40, 1-11).

Yahvé conduit les événements qu'il a annoncés

Parce qu'il conduit l'histoire, Yahvé est seul capable de révéler ce qui va arriver. Il s'adresse à Israël, son témoin, qu'il appelle son serviteur :

Que toutes les nations se rassemblent,
que tous les peuples s'unissent !
Qui parmi eux a proclamé cela
et nous a fait connaître les choses anciennes ?
Qu'ils produisent leurs témoins et qu'ils se justifient,
qu'on les entende et qu'on dise : « C'est la vérité ! »
C'est vous qui êtes mes témoins, oracle de Yahvé,
vous êtes le serviteur que je me suis choisi,
afin que vous le sachiez, que vous croyiez en moi :
avant moi aucun dieu n'a été formé,
et après moi il n'y en aura pas.
Moi, c'est moi, Yahvé,
et en dehors de moi il n'y a pas de sauveur.
C'est moi qui ai révélé, sauvé et fait connaître,
ce n'est pas un étranger qui est parmi vous ;
vous, vous êtes mes témoins, oracle de Yahvé,
et moi, je suis Dieu, de toute éternité je le suis ;
nul ne peut délivrer de ma main,
si j'agis, qui pourrait me faire renoncer ? (43, 9-13).

À part Yahvé, pas de dieu

Yahvé apostrophe ceux qui prétendent que d'autres dieux existent. Le Deutéro-Isaïe rappelle avec force que le monothéisme absolu est désormais le fondement de la religion d'Israël[2] :

> Ainsi parle Yahvé, le roi d'Israël, Yahvé Sabaot, son rédempteur :
> Je suis le premier et je suis le dernier,
> à part moi, il n'y a pas de dieu.
> Qui est comme moi ?
> qu'il crie, qu'il le proclame et me l'expose ;
> depuis que j'ai constitué un peuple éternel,
> ce qui se passe, qu'il le dise,
> et ce qui doit arriver, qu'il l'annonce.
> Ne vous effrayez pas, soyez sans crainte,
> dès longtemps ne vous l'ai-je pas annoncé et révélé ?
> Vous êtes mes témoins. Y aurait-il un dieu à part moi ?
> Il n'y a pas d'autre rocher, je n'en connais pas ! (44, 6-8).

Cyrus, l'oint de Yahvé

Le prophète a entendu l'annonce des conquêtes fulgurantes que Cyrus mène à travers l'Asie Mineure. En 539, les armées du jeune roi fougueux fondent sur Babylone, qu'elles s'apprêtent à détruire. Pour le prophète, ce héros est l'homme que Yahvé a élu pour libérer les Israélites, comme il a choisi autrefois David et l'a revêtu de l'onction royale pour libérer Israël des Philistins[3]. Il offre donc au Perse cette même onction royale – ce qui en fait un messie au sens étymologique[4]. Le châtiment infligé à Babylone et la libération d'Israël prouvent encore une fois que Yahvé conduit l'histoire pour le bien du peuple élu :

> « Ainsi parle Yahvé à son oint,
> à Cyrus dont j'ai saisi la main droite,
> pour faire plier devant lui les nations

2. Voir « Les prophètes : entre le passé et l'avenir, Marche vers le monothéisme », p. 189.
3. Voir troisième partie, chapitre 2, « David, le serviteur de Yahvé », p. 393.
4. Voir chapitre 2, « L'annonce de la naissance de l'Emmanuel », p. 77.

et désarmer les rois,
pour ouvrir les vantaux,
pour que les portes ne soient plus fermées.
C'est moi qui vais marcher devant toi, j'aplanirai les hauteurs,
je briserai les vantaux de bronze,
je ferai céder les verrous de fer
et je te donnerai des trésors secrets,
des richesses cachées,
afin que tu saches que je suis Yahvé,
celui qui t'appelle par ton nom,
le Dieu d'Israël.
C'est à cause de mon serviteur Jacob et d'Israël mon élu
que je t'ai appelé par ton nom.
Je te donne un titre, sans que tu me connaisses.
Je suis Yahvé, il n'y en a pas d'autre,
moi excepté, il n'y a pas de Dieu.
Je te ceins, sans que tu me connaisses,
afin que l'on sache du levant au couchant
qu'il n'y a personne sauf moi :
Je suis Yahvé, il n'y en a pas d'autre (45, 1-6).

Dieu libère son peuple par amour

Israël, à cause de la dureté du châtiment qu'il a subi, a pu supposer que Yahvé ne l'aimait plus. Aujourd'hui, Dieu laisse parler son amour à l'égard de « son serviteur » :

Et toi, Israël, mon serviteur,
Jacob que j'ai choisi,
race d'Abraham, mon ami,
toi que j'ai saisi aux extrémités de la terre,
que j'ai appelé des contrées lointaines,
je t'ai dit : « Tu es mon serviteur,
je t'ai choisi, je ne t'ai pas rejeté. »
Ne crains pas, car je suis avec toi,
ne te laisse pas émouvoir car je suis ton Dieu. [...]
Ne crains pas, vermisseau de Jacob,

et vous pauvres gens d'Israël.
C'est moi qui te viens en aide, oracle de Yahvé.
Celui qui te rachète, c'est le Saint d'Israël » (41, 8-14).

Tu comptes beaucoup à mes yeux,
tu as du prix et je t'aime (43, 4).

Le prophète invite les exilés à quitter Babylone, comme leurs ancêtres quittèrent l'Égypte. Yahvé va renouveler pour eux les prodiges de l'Exode :

Sortez de Babylone, fuyez de chez les Chaldéens,
avec des cris de joie, annoncez, proclamez ceci,
répandez-le jusqu'aux extrémités de la terre,
dites : Yahvé a racheté son serviteur Jacob.
Ils n'ont pas eu soif quand il les menait dans le désert,
il a fait couler pour eux l'eau du rocher,
il a fendu le rocher et l'eau a jailli (48, 20-21).

Le retour sera un nouvel Exode

Afin d'illustrer le retour, le prophète utilise des éléments du récit de la sortie d'Égypte tels qu'ils seront rapportés dans le livre de l'Exode [5] (passage de la mer Rouge, noyade de l'armée égyptienne, jaillissement de l'eau dans le désert). Mais les miracles de ce nouvel exode sont incomparablement plus grandioses :

Ainsi parle Yahvé, celui qui traça dans la mer un chemin,
un sentier dans les eaux déchaînées,
qui fit sombrer char et cheval,
armée et troupe d'élite ensemble ;
ils se sont couchés pour ne plus se relever,
ils se sont éteints, comme une mèche ils se sont consumés.
Ne vous souvenez plus des événements anciens,
ne pensez plus aux choses passées.
Voici que je vais faire une chose nouvelle,
déjà elle pointe, ne la reconnaissez-vous pas ? (43, 16-19).

5. Voir deuxième partie, chapitre 2, « Le passage de la mer Rouge », p. 231.

Le prophète appelé Deutéro-Isaïe a intégré l'une des caravanes qui prend la route de Jérusalem. Il vit un second Exode, pareil à celui qui conduisit Israël de l'Égypte, où il était réduit à l'esclavage, jusqu'à la Terre promise. Or, cette fois, les rescapés sont convoyés par Yahvé en personne.

L'exhortation à Jérusalem (chapitres 49 à 55)

Mais les arrivants se heurtent aux difficultés d'installation et le doute les gagne[6]. Ils remettent en cause la réalité de la libération clamée par le prophète. Il faut que celui-ci ranime les cœurs. Dans plusieurs oracles, il affirme que ce retour n'est que le début de la restauration. Dieu n'a pas oublié Jérusalem-Sion, son épouse. D'autres convois vont arriver, obligeant Sion à s'agrandir pour accueillir ses nouveaux enfants, et les occupants illégitimes à quitter la ville :

> Cieux, criez de joie, terre, exulte,
> que les montagnes poussent des cris,
> car Yahvé a consolé son peuple,
> il prend en pitié ses affligés.
> Sion avait dit :
> « Yahvé m'a abandonnée, le Seigneur m'a oubliée. »
> Une femme oublie-t-elle son petit enfant ?
> Est-elle sans pitié pour le fils de ses entrailles ?
> Même si les femmes oubliaient, moi je n'oublierai pas. [...]
> Car tes ruines, tes décombres, ton pays désolé
> sont désormais trop étroits pour tes habitants,
> et ceux qui te dévoraient s'éloigneront.
> Ils diront de nouveau à tes oreilles,
> tes fils dont tu étais privée :
> « L'endroit est trop étroit pour moi,
> fais-moi une place pour que je m'installe. »
> Et tu diras dans ton bonheur : « Qui m'a enfanté ceux-ci ?

6. Voir chapitre 6, « Les humbles recommencements », p. 158.

J'étais privée d'enfants et stérile, exilée et rejetée,
et ceux-ci qui les a élevés ?
Pendant que moi j'étais laissée seule,
ceux-ci où étaient-ils ? » (49, 13-21).

Comme Abraham et Sara

À cette époque, les traditions relatives aux patriarches d'Israël et à la création du monde commencent à recevoir la forme qu'elles adoptent dans la Genèse. Ainsi, la solitude que connurent Abraham et Sara [7] (Gn 12, 1), restés longtemps sans enfants, à l'origine du grand peuple d'aujourd'hui, doit fortifier la foi d'Israël confronté aux difficultés du retour. Sion sera belle comme le jardin d'Éden (Gn 2–3) :

Regardez Abraham votre père et Sara qui vous a enfantés.
Il était seul quand je l'ai appelé,
mais je l'ai béni et multiplié.
Oui, Yahvé a pitié de Sion,
il a pitié de toutes ses ruines ;
il fera de son désert un Éden,
et de sa steppe un jardin de Yahvé ;
on y trouvera la joie et l'allégresse,
l'action de grâces et le son de la musique (51, 1-3).

Jérusalem doit s'éveiller

Les rescapés de l'exil découvrent une Jérusalem en ruine, désertée par ses habitants. C'est d'abord à elle que le prophète doit annoncer la bonne nouvelle du retour de ses enfants, une nouvelle qui va la combler de joie. Cet oracle inaugure la série des nombreux poèmes et psaumes qui vont célébrer Sion-Jérusalem, lumière des nations [8] :

Éveille-toi, éveille-toi, Sion, revêts ta force,
revêts tes habits les plus magnifiques,

---

7. Voir deuxième partie, chapitre 3, « La geste des patriarches. Abraham, le père des croyants », p. 270.
8. Voir quatrième partie, chapitre 3, p. 504, et cinquième partie, chapitre 1, p. 566.

Jérusalem, ville sainte,
car ils ne viendront plus chez toi, l'incirconcis et l'impur.
Secoue ta poussière,
lève-toi, Jérusalem, la prisonnière.
Car, ainsi parle Yahvé, vous avez été vendus pour rien,
ce n'est pas avec de l'argent que vous serez rachetés (52, 1-3).

Qu'ils sont beaux, sur les montagnes,
les pas du messager qui annonce la paix,
du messager de la bonne nouvelle du salut,
qui dit à Sion : « Ton Dieu est Roi. »
Les guetteurs ensemble poussent des cris de joie,
car ils voient de leurs yeux Yahvé qui revient à Sion.
Jérusalem pousse des cris de joie,
car Yahvé console son peuple, il rachète Jérusalem.
Yahvé découvre son bras de sainteté aux yeux des nations,
les confins de la terre voient le salut de notre Dieu (52, 7-10).

La Parole de Dieu est efficace

Au début de la prédication du prophète, les exilés ne l'ont pas cru. Pourtant, il transmet la Parole de Dieu, toujours efficace comme l'a prouvé la réalisation de la libération d'Israël. Cette Parole, par son action, devient visible aux yeux des hommes :

Cherchez Yahvé pendant qu'il se laisse trouver,
invoquez-le tant qu'il est proche.
Que le méchant abandonne sa voie,
et le malfaisant ses pensées,
qu'il revienne à Yahvé qui aura pitié de lui
car il est riche en pardon. [...]
Car vos pensées ne sont pas mes pensées,
et mes chemins ne sont pas vos chemins.
Autant les cieux sont hauts par rapport à la terre,
autant sont élevés mes chemins par rapport à vos chemins,
et mes pensées par rapport à vos pensées.
De même que la pluie et la neige descendent des cieux
et n'y remontent pas sans avoir saturé la terre,

sans l'avoir fécondée et fait germer,
pour fournir semence au semeur et pain à l'affamé,
ainsi en est-il de la parole qui sort de ma bouche [9],
elle ne retourne pas vers moi sans résultat,
sans avoir accompli ce que j'ai voulu
et réalisé le but de sa mission (55, 6-11).

Ces textes viennent de rapporter la manière dont le prophète a accompli sa mission, d'abord auprès des exilés avant le départ, puis à Jérusalem où il a accompagné les premiers convois. Il a encouragé les habitants de Sion à rebâtir leur ville, à l'exemple d'Aggée et de Zacharie [10] ; il leur a annoncé que la Ville sainte attirerait à nouveau tous ses enfants encore dispersés. Mais quel fut ensuite son sort ?

Les Chants du Serviteur

En dehors de Jérémie, qui fut entraîné de force avec les fugitifs en Égypte à la fin du siège de Jérusalem [11], nous ignorons le destin que connurent les prophètes après leur mission. Mais au milieu du Deutéro-Isaïe sont enchâssés quatre poèmes (chapitres 42, 49, 50, 52–53) qui semblent donner une indication sur le destin de ce « deuxième Isaïe ». De l'avis de la plupart des spécialistes, ces poèmes présentent des éléments biographiques de sa vocation, comme ce fut le cas pour Jérémie, et rapportent de manière mystérieuse les circonstances tragiques de sa mort après un procès truqué. Chose étonnante, ils attribuent même une signification religieuse à cette mort injuste. D'ailleurs, le prophète considère lui-même son supplice comme l'instrument du salut du peuple, ce qui est conforme à ce qu'il a enseigné à ses disciples.

---

9. L'évangile de Jean s'inspirera de ce texte pour présenter l'incarnation de la Parole divine en Jésus : « Au commencement était la Parole. [...] La Parole est venue dans le monde. [...] La Parole s'est faite chair » (Jn 1, 1-14).
10. Voir chapitre 6, p. 161 et 162.
11. Voir chapitre 4, p. 130.

Ces « Chants du Serviteur », selon le titre traditionnel qui leur est donné, proviennent du même milieu religieux que l'ensemble du Deutéro-Isaïe, tout en formant une entité à part en raison de leur contenu : ils décrivent un personnage mystérieux appelé « Serviteur de Yahvé » et que Yahvé appelle « mon Serviteur ». Par ailleurs, ils constituent sans doute le sommet spirituel de l'Ancien Testament. La pensée religieuse s'y élève en effet jusqu'aux points culminants de l'esprit humain. Nulle part ailleurs l'homme n'a saisi avec autant d'acuité le mystère de Dieu et de la vocation humaine, la part du péché dans l'histoire, le rôle positif de la souffrance et de la mort, l'espérance du salut de l'homme, même quand il est condamné par ses proches.

Tout comme le « deuxième Isaïe », le prophète des Chants reste anonyme. D'innombrables hypothèses ont été échafaudées pour percer son identité et l'origine de ces poèmes. Devant la difficulté d'une telle entreprise, certains ont même proposé de refuser l'existence de ces poèmes : pour eux, on peut les expliquer simplement en les laissant en relation avec le contexte dans lequel ils sont insérés. D'autres pensent que ce Serviteur, qui est soumis à une mort cruelle puis connaît une renaissance inouïe, représente le peuple d'Israël ressuscité après l'épreuve de l'exil, qui a été vécue comme une véritable mort. Cependant, la plupart des chercheurs soutiennent qu'il s'agit d'un individu tant sa personne et sa mission sont irréductibles à celles d'Israël. Mais est-il possible de lever son anonymat ? Les uns avancent que le Serviteur représenterait un personnage historique tel que Zorobabel[12]. D'autres, que l'auteur n'avait en vue aucune figure historique, mais plutôt le prophète de la fin des temps qui, ayant offert sa vie en sacrifice à Dieu, mérita le salut définitif, pour lui et l'ensemble de l'humanité. Mais aucune théorie n'a réussi à s'imposer, tellement ce portrait mystérieux dépasse les repères historiques auxquels on voudrait le réduire. Pourtant, il est nécessaire de proposer une piste de lecture, une première approche, afin d'aider à comprendre ces poèmes qui ne cessent de fasciner les lecteurs de la Bible depuis deux mille cinq cents ans. Conformément à une hypothèse assez répandue, nous les interpréterons dans le prolongement

12. Voir chapitre précédent, p. 162.

de la vocation et de la mission du Deutéro-Isaïe. Après la mort du prophète, ces quatre Chants au caractère biographique ont été insérés dans le recueil du Deutéro-Isaïe, dont l'œuvre peut être présentée de la façon suivante.

Comme nous l'avons vu dans les chapitres 40–49, il est intervenu d'abord auprès de ses compagnons d'exil. Il leur a expliqué le sens des événements qui se déroulaient sous leurs yeux, c'est-à-dire leur délivrance. Il les a éveillés au désir du retour en leur promettant les merveilles d'un nouvel exode plus beau que le premier. Puis il a accompagné l'une des premières caravanes partant pour Jérusalem. Mais le pays était dans une condition misérable, Jérusalem et le Temple n'offraient que leurs ruines. Surtout, les rêves d'établissement d'une communauté sainte à Sion se sont heurtés à une opposition violente de la part des « gens du pays ». Les autorités de Samarie ont compromis la reconstruction du Temple [13]. L'enthousiasme des arrivants est rapidement retombé. Certains, même parmi les prêtres, ont conclu des mariages en dehors des règles de pureté ethnique décidées durant l'exil. Les mauvaises récoltes n'ont rien arrangé. Le chantier du Temple a été arrêté. Il s'en est fallu de peu que la communauté sainte, imaginée par les plus fervents dans la méditation et la prière au cours de l'exil, ne se dissolve devant les difficultés et les conflits [14].

En dépit de cette contestation, le prophète a poursuivi en Juda la mission commencée à Babylone. Une Jérusalem merveilleuse devait, au-delà des épreuves du présent, rassembler dans ses remparts tous les exilés d'Israël et toutes les nations (chapitres 49–55). Yahvé n'avait-il pas montré qu'il était le Seigneur de toute la Terre, jusqu'aux îles lointaines ? Or, à Jérusalem, une opposition virulente s'est déchaînée contre lui, malgré ses propos empreints de douceur et ses attitudes pacifiques. Au cours d'une parodie de procès, il a été condamné à mort, torturé et vraisemblablement lapidé. Ses disciples ont ensuite entretenu son souvenir, le désignant par le titre de « Serviteur », titre qu'il s'est lui-même donné. Ils ont réfléchi sur sa vocation, ses paroles, son obéissance à la Parole divine, sa fidélité à sa mission jusqu'à la mort.

---

13. Voir chapitre précédent, p. 160.
14. Voir chapitre précédent, p. 161.

Alors comment expliquer son supplice ? Jérémie et Ézéchiel ont soutenu que chacun devait être puni pour ses péchés. Cette explication ne tient pas devant la sainteté du Serviteur, son intimité avec Yahvé. Mais une pensée n'a encore jamais effleuré la conscience religieuse : en méditant sur la mort de ce juste, ses disciples ont découvert qu'il s'agissait d'une mort volontairement acceptée pour le salut de tous ! Cette mort prolongea donc la tâche du Serviteur par-delà sa disparition. Par elle, il réalisa pleinement la mission qu'il avait reçue à Babylone !

L'échec de cette mission eut une conséquence inattendue. La mort du prophète semble en effet manifester les limites de la parole et de l'action prophétiques, et marquent du même coup la fin de l'époque de ces êtres inspirés. Au cours des siècles suivants, certains cercles pieux se sont mis alors à attendre la venue d'un Serviteur de Yahvé qui, à la fin des temps, réconcilierait Israël et toutes les nations avec Dieu [15].

Premier chant (42, 1-9)

Il se compose de deux déclarations de Yahvé, séparées par la réflexion d'un disciple du Serviteur. Yahvé présente le Serviteur qu'il s'est choisi et a revêtu de son Esprit ; il décrit la douceur et la persévérance dont il fait preuve pour faire connaître sa Parole et son action à toutes les nations, et surtout pour libérer son peuple captif. En écho, le disciple souligne la dimension cosmique de Yahvé, qui a créé l'univers, mais qui intervient aussi dans chaque moment de son histoire. Yahvé parle :

> Voici mon Serviteur que je soutiens,
> mon élu en qui mon âme se complaît.
> J'ai mis sur lui mon esprit,
> il présentera aux nations le droit.

15. Jésus lui-même a situé sa vie, et surtout sa mort sur la croix, dans cette attente. Il a été à l'image du Prophète-Serviteur qui annonçait la venue du Royaume et donnait sa vie pour qu'il vînt. Ces poèmes l'ont d'ailleurs inspiré dans la compréhension de sa mission, et notamment dans la signification sacrificielle de sa crucifixion : « Le Fils de l'Homme n'est pas venu pour être servi, mais pour servir et donner sa vie en rançon pour la multitude » (Mt 20, 28).

Il ne crie pas, il n'élève pas le ton,
il ne fait pas entendre de clameurs dans la rue ;
il ne brise pas le roseau plié,
il n'éteint pas la mèche qui faiblit.
Fidèlement il annonce ce qui est le droit.
Il ne faiblira pas, il ne cédera pas,
jusqu'à ce qu'il ait établi le droit sur la terre.
Les îles sont en attente de ses jugements.

Le disciple :

Ainsi parle Dieu, Yahvé,
qui a créé les cieux et les a déployés,
qui a formé la terre et ce qu'elle produit,
qui a donné le souffle aux êtres qui l'habitent,
et l'esprit à ceux qui la parcourent.

Yahvé :

Moi Yahvé, je t'ai appelé selon mon dessein,
je t'ai saisi par la main,
je t'ai formé pour être l'alliance des peuples,
la lumière des nations,
pour ouvrir les yeux des aveugles,
pour tirer de leurs geôles les prisonniers,
et de leurs cachots ceux qui sont enfermés dans les ténèbres.
Je suis Yahvé, tel est mon nom,
ma gloire, je ne la céderai pas à un autre,
ni aux idoles la gloire qui me revient.
Les premiers événements sont déjà arrivés,
j'en annonce de nouveaux,
avant qu'ils ne paraissent je vous les fais connaître.

Deuxième chant (49, 1-9)

Le Serviteur explique aux nations (les îles) et à Israël quelle est sa mission. Dieu l'a choisi pour annoncer la libération d'Israël et leur témoigner sa puissance. Charge difficile ! Il a connu le découragement, elle lui a valu le mépris de ses compatriotes et des autres peuples. Mais il sait que Dieu le récompensera en proportion de l'importance de cette mission : restaurer l'alliance et manifester ainsi la Gloire de Yahvé aux yeux de tous.

Parole du Serviteur :

Îles, écoutez-moi,
soyez attentifs, peuples lointains !
Yahvé m'a appelé dès le sein maternel,
dès le ventre de ma mère il a annoncé mon nom.
Il a fait de ma bouche une épée tranchante,
dans le creux de sa main il m'a serré.
Il a fait de moi une flèche acérée,
il m'a glissé dans son carquois.
Il m'a dit : « C'est toi mon serviteur,
par toi je manifesterai ma Gloire. »
Et moi j'ai constaté :
« C'est en vain que je me suis fatigué,
c'est pour du vent que j'ai épuisé mes forces. »
Pourtant Yahvé a reconnu mon travail
et mon Dieu m'a donné mon salaire.
Car voici qu'à présent Yahvé révèle,
lui qui m'a formé dès le sein de ma mère
pour être son serviteur,
pour ramener vers lui Jacob,
pour rassembler Israël vers lui ;
j'ai du poids aux yeux de Yahvé
car mon Dieu a été ma force. »

Parole de Yahvé :

C'est trop peu
que tu sois pour moi un serviteur
appelé à relever les tribus de Jacob
et ramener les rescapés d'Israël.
Je t'ai destiné à être la lumière des nations,
pour que mon salut atteigne aux extrémités de la terre.

Le disciple :

Ainsi a parlé Yahvé le Rédempteur et le Saint d'Israël,
à celui dont la personne était méprisée,
honnie des nations, esclave des despotes.
Des rois verront et se lèveront,
des princes comprendront et se prosterneront
devant Yahvé qui t'a été fidèle,
le Saint d'Israël qui t'a élu.

Parole de Yahvé :

Ainsi parle encore Yahvé :
Quand tu avais besoin de ma faveur, je t'ai exaucé,
quand tu avais besoin de mon salut, je t'ai secouru.
Je t'ai formé pour être l'alliance du peuple,
pour relever le pays et restituer les héritages dévastés,
pour dire aux captifs : « Sortez »,
et à ceux qui gisent dans les cachots : « Montrez-vous » (49, 1-9).

Troisième chant (50, 4-10)

Le Serviteur explique de quelle manière il a rempli sa charge : en exhortant comme un sage, avec douceur mais fermeté. La persécution dont il a été victime fut violente, sa vie sans cesse menacée. Néanmoins, il est certain que Yahvé va le soutenir et lui rendre justice dans le procès qui lui est intenté :

Le Seigneur Yahvé m'a donné une langue de disciple
pour que je sache apporter à l'épuisé une parole de réconfort.
Chaque matin il éveille,
il ouvre mon oreille pour que j'écoute comme un disciple.
Et moi je n'ai pas résisté, je n'ai pas reculé.
J'ai tendu le dos à ceux qui me frappaient,
les joues à ceux qui m'arrachaient la barbe ;
je n'ai pas soustrait ma face aux outrages et aux crachats.
Le Seigneur Yahvé me vient en aide,
c'est pourquoi je ne me suis pas laissé abattre,
j'ai rendu mon visage dur comme la pierre ;

je sais que je ne serai pas confondu.
Il est proche celui qui me justifie !
Qui va porter une accusation contre moi ?
Comparaissons ensemble !
Qui sera mon adversaire dans le jugement, qu'il approche !
Le Seigneur Yahvé va me venir en aide,
qui est celui qui me condamnera ?
Tous ceux-là s'effriteront comme un vêtement,
la teigne les mangera.
Au contraire si quelqu'un d'entre vous craint Yahvé,
qu'il écoute la voix de son Serviteur.
Si quelqu'un a marché dans les ténèbres
sans entrevoir aucune lumière,
qu'il mette sa confiance en Yahvé,
qu'il s'appuie sur Yahvé.

Quatrième chant (52, 13–53, 12)

Ce dernier chant révèle la signification de la mort dont fut victime le Serviteur après une existence de fidélité constante et de persécution. Cette fin tragique, conséquence d'un procès truqué, a pu représenter aux yeux des simples spectateurs le châtiment mérité d'un blasphémateur. Mais cet homme est proclamé maintenant le Serviteur de Yahvé. Il est le juste par excellence, parce que son innocence a été reconnue, faisant ressortir le péché de ceux qui l'ont condamné. Désormais, pour le disciple qui écrit ce poème, et pour ceux qui vont être éclairés par Dieu, cette mort reçoit une signification nouvelle : sa vie, offerte par ce juste comme un sacrifice, se présente comme une intercession permanente auprès de Dieu afin d'accorder aux hommes le pardon de leurs péchés. Elle ne s'achève pas avec sa condamnation à la peine capitale, elle se prolonge en ceux qui, comme lui, resteront fidèles à Yahvé. Le poème est rythmé par trois prises de parole.

D'abord celle de Yahvé, qui annonce le retournement de la condition du Serviteur, la déchéance physique et l'ignominie. Puis, après cette mort, la glorification aux yeux de tous :

Voici que mon Serviteur prospérera, grandira,
s'élèvera, sera exalté.

De même que les foules ont été horrifiées à sa vue,
tant son visage était défiguré,
tant il n'avait plus apparence humaine,
de même des nations nombreuses seront émerveillées,
des rois resteront bouche close
car ils verront ce qui ne leur a pas été raconté,
ils comprendront quelque chose d'inouï (52, 13-15).

Les témoins de l'exécution rapportent le procès dont il a été victime, les mauvais traitements et l'exécution qui ont fait supposer qu'il était maudit de Dieu. Mais les disciples du Serviteur veulent témoigner maintenant du rôle salutaire de cette mort sacrificielle :

Qui a cru ce que nous entendions dire,
le bras de Yahvé à qui s'est-il révélé ?
Devant Lui il a poussé comme un rejeton,
comme une racine d'une terre aride.
Il n'avait ni beauté, ni éclat pour attirer le regard,
ni prestance pour séduire.
Méprisé, rejeté des hommes,
homme de douleur, familier de la souffrance,
comme celui de qui on détourne le regard,
méprisé, traité comme un rien.
Or ce sont nos souffrances qu'il portait,
nos douleurs dont il était chargé.
Nous, nous l'estimions puni, frappé par Dieu et humilié.
Mais lui, il a été transpercé pour nos révoltes,
écrasé pour nos péchés.
Le châtiment qui nous rend la paix pesait sur lui,
dans ses blessures nous avons trouvé la guérison.
Tous comme des moutons nous allions errant,
chacun suivant son propre chemin,
et Yahvé a fait tomber sur lui nos fautes à tous.
Brutalisé, il baissait la tête,
il n'ouvrait pas la bouche,
comme l'agneau traîné à l'abattoir,

> comme la brebis muette devant les tondeurs.
> Par un jugement inique il a été condamné.
> Parmi ses contemporains qui s'en est inquiété,
> quand il a été retranché de la terre des vivants,
> frappé à cause de la révolte de son peuple ?
> On lui a donné un sépulcre avec les impies,
> une tombe parmi les richards.
> Pourtant il n'avait commis aucune injustice,
> jamais non plus de fraude dans sa bouche.
> Yahvé a voulu le broyer par la souffrance !
> Mais s'il fait de sa vie un sacrifice d'expiation,
> il verra une postérité, il prolongera sa vie,
> grâce à lui le dessein de Yahvé se réalisera (53, 1-10).

Enfin, Yahvé assure une nouvelle fois que le sacrifice du Serviteur est bénéfique à tous, parce qu'il communique la justice, c'est-à-dire qu'il rétablit la relation juste entre Dieu et l'homme, et entre l'homme et Dieu. Il est source de Gloire éternelle pour lui-même :

> Oui, après l'épreuve qu'il a endurée,
> il verra la lumière et sera comblé.
> À ceux qui le reconnaîtront comme juste,
> il communiquera la justice,
> après s'être lui-même accablé de leurs fautes.
> Je l'établirai maître sur des multitudes,
> parce qu'il a été identifié aux criminels,
> alors qu'il portait les fautes des multitudes,
> et intercédait pour les pécheurs (53, 11-12).

Les Chants du Serviteur s'achèvent par cette affirmation étonnante. Sa mort ignominieuse, loin de signifier l'abandon de Dieu, inaugure sa véritable mission : le salut de ceux qui, grâce à lui, croiront en lui. Ils constitueront une multitude. De sa souffrance, et même de son supplice, naîtra un Israël régénéré par l'épreuve, peut-être politiquement et économiquement très affaibli, mais fort de la conviction que sa survie repose sur la protection de son Dieu, auquel il doit désormais vouer une foi exclusive. La satisfaction du retour de l'exil pouvait apparaître surtout comme une revanche sur Babylone, un juste renversement de situation politique. Mais les difficultés de la réinstallation, l'absence d'indépendance obligent la communauté d'Israël à se fier davantage à Yahvé, comme l'y ont invité les prophètes Aggée, Zacharie et Malachie. Comme en a témoigné le Serviteur qui, par fidélité, a proclamé jusqu'au bout la Parole de Dieu, au péril de sa vie.

Conclusion

Les prophètes : entre le passé et l'avenir

Depuis 750 environ jusqu'à la restauration du culte dans le Temple vers 515, la Bible permet de suivre directement l'influence des prophètes, qui ont transmis la Parole de Yahvé lors de circonstances et de périodes précises, sur l'approfondissement de la foi d'Israël en son Dieu national. Les recueils de leurs oracles rassemblés par leurs disciples donnent un témoignage historiquement fondé sur leur œuvre. Cette mission se situait dans le prolongement de figures marquantes de ce mouvement typique de la religion d'Israël, dès ses débuts : Samuel, Natân, Élie, Élisée [1]. Or, nous l'avons vu, le retour de l'exil a marqué la fin de l'ère prophétique. Des voix vont encore s'élever mais sporadiquement, et les oracles de certaines, restés anonymes, vont être conservés et rédigés par leurs disciples, puis intégrés dans des textes anciens. La communauté va ainsi constituer un « corpus » des œuvres de prophètes, dont la liste ne sera close que par le livre de Daniel rédigé au IIe siècle avant notre ère [2]. Bien que la constitution de ce

1. Voir troisième partie, chapitre 2, Samuel, p. 375 ; Natân, p. 397 ; Élie, p. 422 ; Élisée, p. 429.
2. Voir cinquième partie, chapitre 3, p. 622.

corpus n'ait pas toujours répondu à un souci chronologique, la critique historique parvient aujourd'hui à restituer pour l'essentiel la succession de ces prophètes dans le temps.

La marche vers le monothéisme

Les prophètes ont fait progresser la foi d'Israël, conduisant Yahvé du statut de Dieu national à celui de Dieu unique. Depuis Samuel, au lendemain de l'installation en Terre promise au XIIe siècle [3], ils ont lutté pour convaincre leurs compatriotes de rester fidèles au Dieu qu'ils avaient hérité de leurs ancêtres. En effet, les Israélites, agriculteurs en Canaan, furent longtemps exposés à la tentation d'adopter les divinités locales masculines et féminines qui géraient les aléas des saisons et les caprices du climat. Puis les rois, dans leurs recherches d'alliances, furent poussés à favoriser les dieux des pays voisins et à ne considérer Yahvé que comme un dieu parmi les autres. Enfin, les grands empires, par leur puissance, incitèrent les souverains et le peuple à accepter la prédominance de leurs divinités au détriment de Yahvé, apparemment incapable de protéger les siens. Les prophètes ont empêché la foi d'Israël de succomber à ces tentations : Yahvé est unique, il conduit l'histoire des nations même les plus redoutables ; s'il le veut, il peut même les utiliser pour châtier Israël. En réalité, il ne peut y avoir d'autre dieu en Israël, et même pour les autres nations, puisque Yahvé a créé l'univers et tous les peuples qui y habitent.

Le Deutéro-Isaïe exprime d'une manière très explicite ce monothéisme absolu qui va être, à partir du retour d'exil, la caractéristique de la religion d'Israël. Puisque Yahvé sait ainsi utiliser les nations païennes, cette influence apporte la preuve que son pouvoir dépasse les limites du peuple qu'il a élu ; en quelque sorte, il est aussi le Dieu de ces puissants qu'il manipule à son gré. En réalité, Yahvé fait tout exister, en premier lieu Israël – il le « crée » selon le mot qui apparaît alors pour la première fois dans le Deutéro-Isaïe. Yahvé a donc donné la vie à chacun des hommes et des

3. Voir troisième partie, chapitre 2, p. 371.

femmes, par conséquent à la Terre où ils résident. Il devient alors le seul et unique Dieu de tous les peuples et de la planète. C'est-à-dire le créateur de l'univers !

Les liens d'alliance entre Yahvé et son peuple

Israël n'existe que par la volonté de Yahvé. Il est la vigne qu'il a plantée et entourée de soin. Il est aussi l'épouse découverte au désert, pauvre et délaissée. Dieu l'a aimée et continue de l'aimer malgré ses infidélités. Ses adultères méritent d'être sanctionnés par sa mise à mort, et les prophètes l'ont signifié en annonçant la suppression de la royauté, la destruction de Jérusalem et du Temple. Pourtant, le châtiment, bien que rigoureux et juste, n'est pas allé et ne pouvait pas aller jusqu'à la mort de l'épouse. L'amour de Yahvé ne peut entrer dans la logique de la justice humaine. Les prophètes ont signifié ce décalage par la notion de « reste » qui subsistera après la punition, point de départ d'une nouvelle histoire. Cette époque va être instaurée par la venue d'un descendant de David, un roi selon le cœur de Dieu, dont l'action réalisera le projet de paix que Yahvé a prévu pour son peuple. Cette ère nouvelle apportera le bonheur à Israël mais aussi à toutes les nations de la Terre. Car, si Israël est le peuple élu, s'il bénéficie de l'alliance conclue avec Yahvé qui, par cet accord, est obligé de s'impliquer dans son histoire, il est aussi le créateur de tous les peuples. Aussi, un jour, dans un temps indéterminé, il sera nécessairement reconnu par tous comme l'unique et véritable Dieu.

Les exigences morales de Yahvé

Fondées sur l'amour, la vérité, la fidélité, la justice, les relations que Yahvé entretient avec Israël dans le cadre de l'alliance, impliquent de la part d'Israël la réciprocité dans son comportement moral. Les prophètes dénoncent les turpitudes qui se déroulent dans les sanctuaires cananéens et les syncrétismes que les rois autorisent jusque dans le Temple de Jérusalem. Or, la résidence de Yahvé n'est pas une garantie de protection ni pour la royauté ni pour le peuple. En réalité, le culte ne fait pas partie des exigences premières de Yahvé. D'abord compte l'obéissance à sa Parole, qui exige une attitude conforme à l'alliance. Ces mesures sont progressivement formulées pour se concrétiser dans les Dix Paroles : respect de la vie en général et des parents en particulier, de la femme du prochain, de ses biens, des engagements donnés. Surtout, les liens qui unissent étroitement Israël à son Dieu réclament la protection des plus pauvres, veuves, orphelins, vieillards, tous ceux qui sont spoliés par les riches et dont Yahvé se déclare le protecteur attentionné.

Si le peuple élu met en pratique ces exigences divines, Yahvé va continuer à le protéger comme il l'a fait depuis sa naissance. C'est pourquoi les scribes et les prêtres qui, au retour de l'exil, succèdent aux prophètes, vont méditer sur l'histoire de la communauté d'Israël, depuis la libération de l'esclavage en Égypte et, en remontant encore plus loin, depuis l'appel de l'ancêtre Abraham. Au nom de sa foi, le peuple d'Israël va partir à la recherche de ses racines.

Deuxième partie

Un peuple à la recherche de ses racines

Prélude

L'histoire au cœur de la foi d'Israël

Pendant deux siècles et demi, de Amos, vers 750, à Malachie, vers 510, les prophètes ont interprété les épisodes marquants du Proche-Orient : la montée de l'Assyrie et la décadence de l'Égypte ; les chutes de Damas (732) et de Samarie (722) ; la fin de l'empire assyrien et la victoire de Babylone (606) ; la destruction de Jérusalem et l'exil du peuple israélite (587) ; la naissance du nouvel empire perse (549), qui s'est emparé de Babylone (539) ; le retour des exilés et la reconstruction de la Ville sainte et du Temple (538-515). Pour ces porte-parole de Yahvé, ces circonstances heureuses ou malheureuses ont été nécessairement le résultat de l'action divine : Dieu a conduit personnellement le destin d'Israël ; il l'a châtié en le condamnant à la déportation à Babylone ; il l'a libéré et ramené sur la terre de ses ancêtres. Une telle foi explique le souci qui habite Israël à partir de l'exil de 587 : conserver et méditer ce qui a façonné son passé.

Mais, si l'attention des prophètes a porté principalement sur les événements qui se déroulaient à leurs époques, leurs allusions aux périodes plus anciennes sont assez vagues – l'entrée en Canaan, les débuts de la royauté avec Saül, David et Salomon vers l'an 1000, le schisme de 931. Elles sont même rares pour ce qui concerne les plus reculées, comme la geste des patriarches et la sortie d'Égypte. Cette imprécision rend donc difficile, à partir de leurs écrits, la reconstitution rigoureuse de ces temps lointains. Pourtant, cette histoire apparaît en filigrane dans leurs textes. Elle forme même l'arrière-fond de leur prédication de par le rôle prépondérant de Yahvé !

Comment Israël élabore son histoire

Au moment de partir en exil pour Babylone en 587, les disciples des prophètes ont emporté des copies des oracles de leurs maîtres ; les princes ont protégé jalousement les annales contenant la succession des souverains et leurs actes ; les prêtres ont préservé avec soin de vieux recueils législatifs qui codifiaient le culte dans le Temple ainsi que la vie personnelle et sociale des Israélites. De même, des récits plus anecdotiques, qui relèvent davantage de la tradition populaire et présentent parfois une moindre importance religieuse ou historique, par exemple les exploits de héros légendaires tels que Samson [1] ou les prouesses de jeunesse de David, avaient sans doute déjà reçu une première forme écrite. Israël a ainsi élaboré son histoire à partir de sources orales et écrites de provenances variées.

Ces sources ont ensuite été rassemblées au cours et au retour de l'exil, ce qui a dû exiger un travail littéraire et théologique long et complexe. Il fut sans doute plus facile de regrouper celles qui se rapportaient à la royauté que celles qui évoquaient les temps les plus lointains. Pour cette même royauté (1040-587), des chroniques avaient été vraisemblablement consignées par écrit très tôt après les événements, grâce à la facilité procurée par l'écriture alphabétique, qui avait commencé à se répandre sous David et Salomon. Cependant, pour les scribes du VIe siècle, il ne suffisait pas de conserver cette mémoire couvrant plus de cinq cents ans ; il fallait aussi

1. Voir troisième partie, chapitre 1, p. 365.

qu'une pensée théologique donnât la signification religieuse de ce passé embrouillé. Ainsi, la décadence et la chute de la monarchie soulevaient des questions délicates. Pour quelles raisons, en effet, avait-elle disparu alors que Dieu désirait si ardemment son existence ?

Aussi, dans cette longue chronologie, il convient de distinguer deux phases. L'une où Israël nomade n'est pas encore constitué en État ; l'autre où il est déjà installé sur sa terre.

Pour ce qui concerne la période précédant l'entrée en Canaan – par exemple, la geste des patriarches ou l'exode –, il est plus difficile de déterminer de quelle façon les traditions ont évolué ; l'écriture n'existait pas ou, en tout cas, n'était pas accessible à des nomades. Pendant des siècles, elles n'ont circulé que par voie orale, ce qui permet la préservation de souvenirs, mais aussi la création de multiples adaptations. Toutefois, certains récits ont pu être mis par écrit avant l'exil, mais sans que l'on sache précisément ni quand ni comment. Au cours de la captivité à Babylone, soit pendant près de cinquante ans, ces éléments ont été comparés et réunis dans des ensembles plus ou moins vastes pour finir par constituer, au retour en Terre promise, un aperçu global de l'histoire de la nation tel qu'il figure dans la Bible ; c'est-à-dire depuis la vocation d'Abraham (et la création du monde) dans le livre de la Genèse, jusqu'à l'entrée en Canaan avec la fin du Deutéronome.

La longue et difficile implantation en Canaan – située à partir de l'an 1200 av. J. C. – inaugure « l'existence historique d'Israël », parce qu'un peuple ne peut commencer à se doter d'une histoire que s'il est établi sur une terre. Or, conformément aux traditions les plus anciennes, les Israélites étaient certains d'être venus d'ailleurs à une époque donnée sur un territoire qui n'était pas celui de leurs ancêtres. Les tribus composant ce peuple avaient ensuite adopté le régime de la monarchie, à l'image des États environnants. Israël avait connu une période faste sous les règnes de ses deux premiers rois, David et Salomon. À partir du schisme de 931, et pendant les quatre siècles suivants, soit une trentaine de générations, les Israélites avaient vécu sous l'autorité de deux souverains, jusqu'à la destruction des deux royaumes frères et, enfin, l'exil de 587. Au retour en Israël, grâce aux documents dont ils disposaient, les scribes ont composé les livres de Samuel et des Rois et reconstitué l'histoire de Samarie et de Juda, tâche ardue puisqu'il a fallu harmoniser deux passés parallèles. Ces livres mentionnent même leurs sources : le livre du Juste, le livre des guerres de Yahvé[2], qui ne nous sont pas parvenus. Mais le propos de ces scribes fut moins de conserver avec exactitude les souvenirs de ce temps, que d'expliquer pour quelle raison cette histoire, commencée dans la splendeur, avait sombré progressivement. Elle s'était même achevée par la ruine des deux capitales, et surtout par la disparition de cette dynastie davidique à laquelle des prophètes avaient pourtant promis l'éternité...

La naissance du peuple

Au retour de l'exil, la foi d'Israël en Yahvé ne pouvait donc se contenter de l'examen du passé proche ; elle devait remonter jusqu'aux origines les plus lointaines du peuple en opérant ce nouveau travail de collecte des sources et en entamant une réflexion théologique. Sur l'époque antérieure à l'entrée en Canaan, il est compréhensible que les souvenirs aient été moins assurés que pour la monarchie. Pourtant, nous devons admettre que, parmi certaines tribus du moins, des repères précis avaient été conservés, notamment un temps de servitude en Égypte, un retour à la vie nomade dans le désert, au cours duquel le livre de l'Exode situe aussi l'adoption de Yahvé en tant que Dieu particulier, donc avant que ce groupe ne s'installe en Canaan.

Les auteurs bibliques n'ont cependant pas relaté la naissance d'Israël à la manière de fidèles historiens. L'exactitude et la cohérence des faits leur importaient moins que la volonté de les interpréter à la lumière de vérités qui, pour la religion d'Israël, étaient devenues essentielles depuis l'enseignement des prophètes : Yahvé s'était révélé à des hommes qui ne le connaissaient pas ; il avait élu ce peuple, l'avait aidé à quitter l'Égypte et s'était engagé à conduire son destin. Ces vérités, qu'Israël considérait désormais comme fondamentales, ont servi à ordonner et éclairer des traditions qui avaient été entretenues d'abord au sein de certaines tribus, avant d'être le bien commun de tous les clans israélites.

---

2. Voir troisième partie, chapitre 1, p. 342.

Le temps des pères

Cependant, un peuple se constitue à partir de familles qui se reproduisent et s'unissent. Aussi, au retour de l'exil, Israël a placé à son origine première un ancêtre dans la vie duquel Yahvé avait fait irruption : Abraham. Dieu l'avait élu comme il devait élire plus tard Israël ! Fort de cette intuition, Israël s'est construit peu à peu un arbre généalogique partant d'Abraham pour aboutir aux douze tribus constitutives du peuple. Cet arbre eut même pour mission d'expliquer la parenté qui existait entre Israël et les peuples proches sur les plans ethnique et géographique – Édom, Moab, Ammon –, nations qui, au fil des siècles, avaient été des sujets ou des adversaires.

Pour réaliser cet arbre, Israël disposait d'éléments très anciens, souvent difficiles à situer dans le temps et l'espace, et à organiser dans un ensemble cohérent, car ils faisaient référence à des noms d'ancêtres aux relations familiales très floues, à des alliances, des rivalités et même des guerres entre clans et tribus dont les traces se perdaient dans la nuit des temps. Pour rapporter cette « préhistoire » dans la seconde partie du livre de la Genèse, il fut surtout important de souligner que le destin des patriarches et des tribus qui en étaient issues avait déjà été conduit par Celui qui était devenu le Dieu unique du peuple.

Vers le commencement de l'homme

Or, les derniers prophètes, principalement le Deutéro-Isaïe [3], avaient, nous l'avons vu, mené la conscience religieuse d'Israël vers la foi en un Dieu certes unique, mais aussi créateur de l'univers et, par conséquent, maître du sort d'Israël ainsi que de la marche du monde. Cette histoire particulière devait donc être envisagée par rapport au dessein que Dieu avait conçu en donnant vie à tout ce qui existait sur la Terre. C'est pourquoi les concepteurs de la Bible introduisirent l'origine première d'Israël par cette page grandiose : Celui qui vit de toute éternité a conçu toutes choses par sa Parole, puis il a choisi un peuple particulier qui va révéler à tous les hommes qui est le seul et véritable Dieu.

---

3. Voir première partie, chapitre 7, p. 167.

Le sens de l'histoire apparaît au terme du chemin

Israël procéda donc comme tout homme qui, pour comprendre son destin personnel, scrute d'abord son passé le plus récent, puis remonte étape par étape jusqu'à son enfance. Souvent, il ne comprend ses premières années, mais aussi sa personne même, qu'en les replaçant dans l'histoire de sa famille et de sa patrie, dans le cadre de la religion et de la culture qui ont contribué à le façonner. Il découvre dès lors le sens de ce qu'il a vécu et peut mettre en forme les souvenirs qu'il léguera à ses enfants. De même, au retour de l'exil, Israël s'est penché sur la libération de la captivité de Babylone. Dans cet acte sauveur, il a découvert pleinement la vérité que les prophètes lui avaient fait entrevoir : Yahvé est le Dieu unique, maître de l'histoire et créateur du monde, qui l'a élu pour être son peuple personnel. La rédaction finale de la Torah pouvait alors donner un sens à toutes les péripéties d'Israël depuis la vocation d'Abraham, et même depuis la création de l'univers et du premier homme. Voilà pourquoi, en ouverture de leur œuvre, comme le magnifique porche d'entrée d'une cathédrale, les auteurs ont placé le poème de la Création...

Toutefois, les historiens contemporains ne peuvent aborder la Bible uniquement sous cet angle spirituel. Ils doivent jeter un regard critique sur les documents, analyser les sources, déterminer les genres littéraires. Leur reconstitution des faits est souvent frustrante pour le croyant, parce que le degré de certitude qu'ils peuvent accorder aux traditions est, pour la plupart d'entre elles, inversement proportionnel à leur ancienneté. Ainsi accordent-ils peu de poids historique au temps des patriarches, à la libération d'Égypte, à l'entrée en Canaan en raison du manque de précision des sources bibliques – qui, d'ailleurs, sont les seules à attester ces épisodes. En revanche, ces passages sont essentiels aux yeux de la foi, puisque Israël les considéra comme la révélation des hauts faits de Yahvé en sa faveur, les fondements de sa croyance et de son existence.

Le porche d'entrée de l'histoire

La construction littéraire de la Torah (Pentateuque)

La Bible s'ouvre sur un monument littéraire extraordinaire : la Torah, appelée en grec Pentateuque (« cinq rouleaux ») parce qu'elle contient cinq livres [4]. Ce mot est trop souvent traduit par Loi, alors qu'il signifie plutôt « enseignement », « transmission ». Cet ensemble contient en effet des recueils de prescriptions et des récits.

Pour le judaïsme, la Torah constitue la partie la plus précieuse de la Bible, la référence primordiale de sa foi. L'importance de ce texte l'emporte incomparablement sur les deux autres parties, les Prophètes et les Écrits, qui sont le prolongement et le développement de l'intervention initiale et essentielle de Dieu : Yahvé a libéré son peuple de l'Égypte et s'est révélé à lui au Sinaï.

Mais, si la Torah est d'une importance capitale, son étude historique et théologique est particulièrement ardue pour de nombreuses raisons [5]. Plus d'un millier d'années séparent l'action de Moïse de la dernière élaboration de l'œuvre vers 300 av. J. C. ; les genres littéraires utilisés (récits historiques ou légendaires, poèmes, codes juridiques) sont d'une extrême diversité ; parfois, les sources se contredisent ou laissent dans l'ombre de longues périodes ; enfin, les textes reflètent la réflexion de courants doctrinaux divers qui s'étalent sur plusieurs siècles, ce qui confère à l'ensemble une grande complexité théologique.

Mais d'où vient en fait la Torah ? L'enseignement juif traditionnel veut qu'elle ait été écrite par Moïse lui-même. Cette thèse fut soutenue par la doctrine officielle de l'Église catholique jusqu'au XIXe siècle, avant d'être mise à mal par la critique moderne. Après de longues hésitations, l'Église a dû renoncer à la défendre, tout en maintenant que les rédacteurs avaient

4. La Septante (traduction grecque du IIIe siècle av. J. C.) a donné à ces livres les titres qui nous sont devenus familiers : Genèse, Exode, Lévitique, Nombres, Deutéronome. De son côté, la Bible hébraïque appelle ces ouvrages par leurs premiers mots : Au commencement, Les noms, Il crie, Au désert, Paroles.

5. Voir chronologie des livres bibliques, p. 39.

été inspirés par Dieu afin de transmettre les vérités fondamentales, nécessaires au salut de l'homme. Dès lors, de nombreuses hypothèses sur les sources de la Torah ont été avancées. Celle qui prévaut encore aujourd'hui, mais à laquelle l'ensemble des chercheurs apportent beaucoup de nuances et de retouches, discerne à l'origine quatre documents, ou quatre traditions, qui furent associés au cours d'un processus long et compliqué. La plus ancienne est appelée « yahviste » parce que Dieu porte le nom de Yahvé depuis la Création ; la deuxième « élohiste » parce que Dieu porte celui d'Élohim (pluriel de majesté de El, Dieu) jusqu'à ce qu'il se révèle au Sinaï sous le nom de Yahvé ; la troisième, « deutéronomiste », comprend essentiellement le livre du Deutéronome ; la quatrième, ou « sacerdotale », est représentée surtout par le livre du Lévitique, mais on en trouve aussi des traces importantes dans la Genèse (ainsi le premier récit de la Création [6]), l'Exode et les Nombres.

Si les deux derniers courants peuvent être assez facilement isolés, il est plus délicat de distinguer les deux premiers, et beaucoup de chercheurs ont renoncé à cette tâche. À leur avis, ils témoignent de deux sources de récits parfois parallèles, le courant yahviste étant plutôt celui du royaume de Jérusalem, le courant élohiste celui du royaume de Samarie. Comme nous l'avons vu, les prophètes, Amos et Osée au Nord, Isaïe, Michée et Ézéchiel au Sud, avaient déjà connaissance d'éléments développés dans le Pentateuque : les patriarches, plusieurs épisodes de la libération d'Égypte et du séjour au désert, et surtout l'alliance d'Israël et de Yahvé au Sinaï. Il est difficile de savoir comment furent combinés ces deux courants qui formèrent peu à peu cet ensemble relatant l'origine des ancêtres et les péripéties de l'existence des premières tribus. Ils continuèrent à être enrichis et organisés tout au long de l'exil ainsi qu'au retour à Jérusalem après 538. Les historiens, en effet, sont enclins à penser que, à cette époque, une école théologique, dont la doctrine apparaît principalement dans le Deutéronome, aurait inspiré la réflexion sur le sens de l'histoire d'Israël et coordonné les sources anciennes orales ou écrites, des récits narratifs mais aussi d'anciens

---

6. Voir chapitre 4, p. 317.

textes législatifs, en les unifiant autour de l'événement central : la libération d'Égypte. Il fut possible de greffer sur celle-ci des traditions de provenances différentes – yahvistes de Juda, élohistes de Samarie, et d'autres encore allant de la création du monde jusqu'à l'entrée en Canaan.

De leur côté, les prêtres, pendant et après l'exil, intégrèrent ces traditions dans une conception de l'histoire d'Israël et de l'univers qui leur était propre et qui ne pouvait se satisfaire de celle du Deutéronome. À cette époque, en effet, la vie religieuse d'Israël se concentrait, après la disparition de la royauté, autour du culte dans le Temple et de la pratique de la Loi. Si la libération d'Égypte était l'épisode fondateur, cela signifiait que Yahvé avait révélé à ce moment à son peuple les préceptes qui devaient le guider dans son existence personnelle et sociale : les mesures concernant le culte, les fêtes et les sacrifices, les règles de pureté rituelle, les dispositions en vue de la construction d'un sanctuaire. Ces prêtres reprirent donc les anciennes traditions sur la sortie d'Égypte et ajoutèrent des récits qui leur tenaient à cœur, mais, surtout, de longs textes législatifs qui leur semblaient fondamentaux pour la vie de la communauté. Ils adjoignirent aussi de longues généalogies des clans et des tribus pour montrer que la Parole de Dieu concernait toutes les générations et s'adressait à chacune d'entre elles et à chacune des familles. Les livres de l'Exode, des Nombres et du Lévitique sont le résultat de cette élaboration, que les milieux sacerdotaux de Jérusalem achevèrent vers le IVe siècle av. J. C.

Mais, pour les scribes de ces milieux sacerdotaux, la libération d'Égypte n'avait pas été pour autant un commencement absolu. L'approfondissement de la foi demandait une vision plus universelle de l'histoire. Il fallait, à partir de traditions immémoriales, expliquer l'origine de ce peuple apparu soudain en Égypte et rencontré par Yahvé dans le désert. Quels étaient ses ancêtres ? D'où venaient-ils ? De plus, Israël n'était pas un peuple isolé, il avait vécu au milieu d'autres nations qui possédaient les mêmes caractéristiques ethniques. Il convenait donc d'expliquer les similitudes et les différences existant avec les États voisins.

Le livre de la Genèse eut donc pour but de rapporter la naissance d'Israël en racontant la geste des patriarches depuis la vocation d'Abraham jusqu'à la descente en Égypte de Jacob et de ses fils. Il était nécessaire aussi de situer ce peuple parmi les nations environnantes. De fait, pour ces prêtres, le dessein de Dieu ne concernait pas seulement le peuple de Yahvé. Celui-ci était le créateur de l'univers et ainsi le Dieu de tous les peuples. Les premiers chapitres de la Genèse veulent le faire comprendre. En englobant la généalogie d'Israël parmi celle des nations de la Terre, ils témoignent que Yahvé mène l'histoire universelle. S'il a conclu une alliance avec Israël pour qu'il soit son peuple particulier, il s'est aussi engagé à l'égard de tous les hommes parce qu'il les a tous créés !

Le processus de composition du Pentateuque explique donc les difficultés de sa lecture. Le rédacteur final a juxtaposé des traditions de provenances et d'époques différentes sans chercher à les harmoniser. D'où des ruptures, des anachronismes ou même des contradictions dans les récits ; d'où aussi des législations divergentes élaborées en fonction des époques. On y trouve également des explications théologiques qui ne sont pas homogènes, parce qu'elles reflètent l'approfondissement de la foi au cours des siècles.

Mais ces difficultés n'empêchent pas de saisir le dessein qui donne son unité au Pentateuque. Il apparaîtra plus clairement si l'on se réfère d'abord à l'événement fondamental, la libération d'Égypte, tel qu'il est théologiquement présenté dans le Deutéronome. Les péripéties de la sortie d'Égypte et du séjour des tribus dans le désert telles qu'elles sont racontées dans les livres de l'Exode et les Nombres prendront alors tout leur sens, lequel est loin d'être purement anecdotique. Mais c'est seulement après avoir ainsi pris connaissance de l'expérience spirituelle faite par le peuple d'Israël au cours de l'exode que se révélera pleinement la signification des récits de la Genèse : la geste de ses ancêtres, les patriarches, la Création.

1

La libération d'Égypte au cœur de la foi d'Israël

Le fil narratif

Le début du livre de l'Exode met en scène les douze tribus du peuple hébreu. Elles sont issues de douze patriarches descendus quatre cents ans plus tôt en Égypte pour fuir une famine. Mais elles sont présentement réduites en esclavage et menacées d'extinction car Pharaon, le roi égyptien, les estimant trop prolifiques, a décidé d'en exterminer les enfants mâles. Or, l'un de ces garçons est sauvé miraculeusement par la propre fille de Pharaon ; il reçoit le nom de Moïse et est éduqué à la cour.

Devenu adulte, il voit un jour un contremaître égyptien maltraiter l'un de ses compatriotes. Furieux, il le tue et doit se cacher dans le désert de Madiân. Là, il rencontre un riche berger, également prêtre, dont il épouse la fille. Plus tard, alors qu'il garde les troupeaux, il aperçoit un buisson en flammes d'où s'élève une voix. Cette voix dit se nommer Yahvé et se présente comme le dieu des ancêtres de Moïse : Abraham, Isaac et Jacob. De plus, elle appelle le jeune homme à devenir le libérateur de son peuple. Moïse doit aller trouver Pharaon et exiger de lui qu'il libère les siens. Il remplit sa mission, mais, devant le refus obstiné du souverain, et afin de forcer sa décision, il recourt à dix plaies terribles qui s'abattent sur le grand pays. Seule la dernière de ces plaies, la mort des premiers-nés, réussit à faire fléchir le roi.

Une nuit, après avoir sacrifié l'agneau rituel, les Hébreux quittent l'Égypte. Pharaon regrette l'autorisation qu'il a donnée et, prenant la tête de son armée, se lance sur les traces des fugitifs. Alors qu'il les a rejoints sur les rives de la mer Rouge, Moïse fend les eaux, le peuple passe à sec et les flots se referment sur les poursuivants.

Les Hébreux entament ensuite une marche dans le désert du Sinaï et finissent par installer leurs tentes au pied de la montagne du même nom. Moïse grimpe jusqu'au sommet. Dieu s'adresse à lui dans les coups de tonnerre et les éclairs ; il lui transmet des tables de pierre sur lesquelles sont gravées dix Paroles, les dix commandements qui constituent la Torah que les Hébreux doivent mettre en pratique. Par ailleurs, il conclut avec eux une alliance qui fait désormais de ces errants son peuple élu et il leur garantit la possession d'une terre, d'un pays.

Mais, tandis que Moïse s'entretient avec Yahvé, les Hébreux restés au pied de la montagne se bâtissent un veau d'or qu'ils célèbrent comme leur dieu. Moïse, en descendant, aperçoit la scène sacrilège. Indigné, il brise les tables de la Torah. Pourtant, lorsqu'il comprend que Yahvé veut exterminer ces impies, il intercède auprès de lui et obtient un sursis. Dieu décide cependant de punir cette génération : elle n'entrera pas en Terre promise. Les Hébreux sont condamnés à passer quarante années dans le désert du Sinaï.

Après un an, ils entament une longue marche, conduits par une nuée de feu qui leur trace le chemin et leur indique les étapes de la route. Souffrant de faim et de soif, ils se rebellent contre Yahvé et Moïse. Pour les nourrir, Dieu fait alors tomber chaque jour de la nourriture autour du camp, la manne, tandis que Moïse fait jaillir l'eau d'un rocher en le frappant de son bâton. Puis des éclaireurs, envoyés explorer Canaan, reviennent en déclarant que ce territoire est fabuleusement riche mais que, malheureusement, il est défendu par des géants. La peur saisit les Hébreux : ils se révoltent contre Moïse, qui met à mort ces porteurs de mauvaises nouvelles, parce qu'ils ont cherché à détourner le peuple élu de la voie sur laquelle Dieu veut le conduire.

Les Hébreux parviennent à l'oasis de Cadès, où ils installent leur campement. Après y être restés trente-neuf ans – le temps de remplacer la génération maudite –, ils reprennent leur marche. Ils doivent d'abord éviter le territoire d'Édom, qui leur refuse le passage, puis se dirigent vers le nord, sur la rive orientale de la mer Morte. Ils traversent le pays de Moab, et campent dans les steppes qui dominent la plaine du Jourdain, face à la Terre promise. Le roi de Moab, inquiet devant cette multitude, envoie chercher un devin, Balaam ; celui-ci, au lieu de maudire les Hébreux, les bénit. Malheureusement, des Hébreux se laissent séduire par l'attrait des cultes païens. Les coupables sont punis.

Le Deutéronome livre ensuite les dernières pièces du récit. Aux Hébreux qui campent face à Canaan, Moïse adresse ses ultimes recommandations et leur rappelle ce qu'ils ont enduré pendant ces quarante ans. À la fin de ce discours-testament, il monte sur le mont Nébo, d'où Yahvé lui fait voir l'ensemble de la Terre promise. C'est là qu'il meurt et qu'il est enseveli. Tels sont les principaux éléments narratifs de la sortie d'Égypte, que nous pouvons recueillir dans le Pentateuque. Mais quelle en est la part « historique » ?

Le noyau historique

Des fragments de ce récit semblent correspondre à une réalité historique. Nous savons que le pharaon Ramsès II (1290-1224) fortifia l'est du delta du Nil et fit bâtir la ville de Pi-Ramsès en mettant à contribution des populations nomades, dont celle des Hébreux [1]. Quelques années plus tard, une stèle écrite vers 1200 par le fils de Ramsès II, Mernephtah, mentionne une victoire sur un groupe nommé « Israël » qui semble désigner également des nomades.

---

1. Cette dernière dénomination proviendrait du mot « Apirou », connu dans le Proche-Orient et en Égypte dès le début du IIe millénaire. Il désigne un groupe social, des mercenaires, des travailleurs « migrants », des étrangers. La traduction biblique a ensuite relié cette appellation à Eber, aïeul d'Abraham (Gn 10, 26).

Par ailleurs, Moïse, Mosché en hébreu, dérive d'un nom égyptien dont la racine *mos* signifie « fils de », et qui se retrouve dans Ramsès (Ramosès, fils de Ra). Pour Moïse, le nom du dieu qui précédait semble donc avoir été supprimé. Or, les Égyptiens formaient de jeunes Sémites, famille ethnique à laquelle appartenait Israël, à l'administration de leurs compatriotes. Nous pouvons par conséquent supposer que l'exode se déroula au XIIIe siècle. Un groupe de ces Sémites s'enfuit d'Égypte vers l'époque de Ramsès II et, après avoir échappé à une patrouille lancée à leur poursuite, séjourna quelque temps dans le désert avant de pénétrer en Canaan.

Pourtant, malgré ces concordances avec l'histoire, les sources contenues dans les livres de l'Exode et des Nombres sur la sortie d'Égypte et le séjour en Canaan sont imprécises, souvent divergentes et parfois contradictoires. Même si elle entend rapporter un événement réel, la présentation des faits est avant tout théologique. Les douze tribus sont supposées être sorties la même nuit, avoir vécu ensemble dans le Sinaï et y avoir conclu une alliance avec Yahvé et entre elles, afin de former un seul peuple. Or, la suite du destin d'Israël montre que l'évolution politique et religieuse fut lente, progressive. Ces douze tribus, qui devaient constituer une sorte de fédération, n'ont pas toutes séjourné ni en Égypte ni au Sinaï. Elles n'ont adopté la religion de Yahvé que plus tard et progressivement. Les recueils de lois que Moïse, d'après les livres de l'Exode et des Nombres, a édictés d'une manière définitive et parfaite, sont en réalité des législations correspondant à différentes époques d'Israël. Enfin, le personnage historique de Moïse est également difficile à cerner : il n'est pas cité nommément par les prophètes, et n'apparaît pas non plus dans les vieux poèmes, par exemple celui qui exalte le passage de la mer Rouge [2]. Mais, pour le Pentateuque et la foi d'Israël, il est avant tout celui par qui Dieu parle et agit. Sa parole est la Parole de Yahvé. De même, l'exode est le modèle de l'acte libérateur de Yahvé en faveur de son peuple et qui se renouvellera tout au long de l'histoire d'Israël.

---

2. Voir le cantique très ancien dans « Le miracle du passage de la mer Rouge », p. 231.

L'acte d'amour de Yahvé pour son peuple (le livre du Deutéronome)

Le Deutéronome illustre particulièrement cette focalisation de la religion d'Israël autour de ses deux éléments fondateurs : la sortie d'Égypte d'une part, la révélation de la Loi (Torah) et l'alliance d'autre part. Cet ouvrage constitue d'ailleurs un livre à part dans le Pentateuque. Il ne prolonge pas la narration contenue dans les trois livres précédents, Exode, Lévitique et Nombres. Il débute pourtant comme eux par la sortie d'Égypte et s'achève à la veille de l'entrée en Terre promise avec la mort de Moïse. Mais ces faits ne sont pas insérés dans un récit, ils sont évoqués dans trois discours adressés par Moïse aux Hébreux assemblés dans les steppes de Moab alors qu'ils sont sur le point de franchir le Jourdain. Avant de mourir, il leur adresse ses dernières recommandations : pour vivre heureux sur la terre dont ils vont prendre possession, ils devront accomplir fidèlement les lois que Yahvé leur a données à l'Horeb (le mont Sinaï dans la tradition deutéronomique).

Dans cet ensemble de trois discours, le rédacteur a inséré un code de lois et de coutumes (chapitres 12 à 26). Les historiens s'accordent à y reconnaître le rouleau qui fut découvert dans le Temple de Jérusalem et qui inspira la réforme de Josias [3]. Mais ce code ne caractérise pas bien l'esprit du Deutéronome. Celui-ci emploie en effet un ton chaleureux qui cherche à convaincre Israël en rappelant l'amour que Yahvé éprouve à son égard, un Dieu qui se fait proche de lui ; qui lui parle tantôt en utilisant le « tu », tantôt en utilisant le « vous ». Le Deutéronome est donc la meilleure clé pour comprendre la libération d'Égypte et toute l'histoire d'Israël : dans la mesure où le peuple élu obéit à la Loi, Yahvé le protège.

Premier discours : la rencontre avec Yahvé à l'Horeb

Assemblés au pied du mont Nébo, qui domine la plaine du Jourdain, les Hébreux contemplent la Terre promise. Dans un premier discours, Moïse évoque le séjour d'Israël à l'oasis de Cadès pendant trente-neuf ans, puis la

3. Voir première partie, chapitre 3, p. 93.

conquête de la région située au-delà du Jourdain[4]. Mais l'essentiel est qu'Israël médite la rencontre avec Yahvé à l'Horeb.

La Loi de Yahvé est pleine de sagesse

La Loi qu'Israël est appelé à pratiquer n'est pas une invention des hommes, elle a été donnée par la bouche même de Yahvé :

> Et maintenant, Israël, écoute les lois et les coutumes que je vous enseigne aujourd'hui pour que vous les mettiez en pratique : afin que vous viviez, et que vous entriez, pour en prendre possession, dans le pays que vous donne Yahvé, le Dieu de vos pères. Vous n'ajouterez rien à ce que je vous ordonne et vous n'en retrancherez rien, mais vous garderez les commandements de Yahvé votre Dieu tels que je vous les ai prescrits (4, 1-2).

> Vois ! comme Yahvé mon Dieu me l'a ordonné, je vous ai enseigné des lois et des coutumes, pour que vous les mettiez en pratique dans le pays dont vous allez prendre possession. Gardez-les et mettez-les en pratique, ainsi serez-vous sages et avisés aux yeux des peuples. Quand ceux-ci auront connaissance de toutes les lois, ils s'écriront : « Il n'y a qu'un seul peuple sage et avisé, c'est cette grande nation ! » Quelle est en effet la grande nation dont les dieux se fassent aussi proches que Yahvé notre Dieu l'est pour nous chaque fois que nous l'invoquons ? Et quelle est la grande nation dont les lois et coutumes soient aussi justes que toute cette Loi que je vous prescris aujourd'hui ? (4, 5-8).

La révélation de l'Horeb. Les deux tables

Israël a entendu la voix de Dieu. Elle a énoncé les Dix Paroles qu'il doit transmettre à ses enfants, que Yahvé a inscrites lui-même sur la pierre, comme pour en symboliser l'éternité :

> Mais prends garde ! Ne va pas oublier ces choses que tes yeux ont vues, ni les laisser en aucun jour de ta vie sortir de ton cœur ; enseigne-les au contraire à tes fils et aux fils de tes filles. Au jour où tu te tenais à l'Horeb en présence de Yahvé ton Dieu, Yahvé me dit : « Assemble-moi le peuple que je leur fasse

4. Événement que rapporte également le livre des Nombre (31–32).

entendre mes paroles, afin qu'ils apprennent à me craindre tant qu'ils vivront sur la terre, et qu'ils l'enseignent à leurs fils. » Et vous vous êtes alors approchés, pour vous tenir auprès de la montagne ; la montagne était embrasée jusqu'en plein ciel – ciel obscurci de nuages ténébreux et retentissants ! Yahvé alors vous a parlé du milieu du feu ; vous entendiez le son de ses paroles, mais vous n'aperceviez aucune forme, rien qu'une voix. Il vous révéla son alliance, qu'il vous ordonna de mettre en pratique, les dix paroles qu'il inscrivit sur deux tables de pierre (4, 9-13).

L'interdiction des idoles

Israël doit s'interdire toute représentation de Dieu parce qu'à l'Horeb il n'a rien vu. Il a seulement entendu la voix de Yahvé. Il doit aussi rejeter tout culte idolâtrique à l'égard des animaux et des astres :

Prenez bien garde à vous-mêmes : puisque vous n'avez vu aucune forme le jour où Yahvé à l'Horeb vous a parlé du milieu du feu, n'allez pas vous pervertir et vous faire une image sculptée représentant quoi que ce soit : figure d'homme ou de femme, figure de quelqu'une des bêtes de la terre, figure de quelqu'un des oiseaux qui volent dans le ciel, figure de quelqu'un des reptiles qui rampent sur le sol, figure de quelqu'un des poissons qui vivent dans les eaux au-dessous de la terre. Quand tu lèveras les yeux vers le ciel, quand tu verras le soleil, la lune, les étoiles et toute l'armée des cieux, ne va pas te laisser entraîner à te prosterner devant eux et à les servir (4, 15-19).

La menace du châtiment de l'exil : perspective de conversion

Le Deutéronome, rédigé après l'exil à Babylone – qui est ici en arrière-plan –, enseigne que le châtiment a été mérité. Israël doit le considérer comme un nouvel appel à la conversion de la part d'un Dieu plein de miséricorde :

Lorsque tu auras engendré des enfants et des petits-enfants et que vous aurez vieilli dans le pays, quand vous vous serez pervertis, que vous aurez fabriqué quelque image sculptée, fait ce qui est mal aux yeux de Yahvé ton Dieu, de manière à l'irriter, je prends aujourd'hui à témoin contre vous les cieux et la terre : vous devrez promptement disparaître de ce pays dont vous allez prendre possession en passant le Jourdain. Vous n'y prolongerez pas vos jours, car vous serez bel et bien anéantis. Yahvé vous dispersera parmi les peuples, et il ne restera de vous qu'un petit nombre, au milieu des nations où Yahvé vous aura conduits. Vous y servirez des dieux faits de main d'homme, du bois et de la pierre, incapables de voir et d'entendre, de manger et de sentir. De là-bas tu chercheras Yahvé ton Dieu, et tu le trouveras si tu le cherches de tout ton cœur et de toute ton âme. Dans ta détresse, toutes ces paroles t'atteindront, mais à la fin des temps tu reviendras à Yahvé ton Dieu et tu écouteras sa voix, car Yahvé est un Dieu miséricordieux qui ne t'abandonnera ni te détruira, et qui n'oublicra pas l'alliancc qu'il a concluc par scrment avcc tcs pères (4, 21-31).

Yahvé est le seul vrai Dieu

Il l'a prouvé en libérant son peuple et en se révélant à lui avec puissance :

Interroge donc les anciens âges qui t'ont précédé depuis le jour où Dieu créa l'homme sur la terre : d'un bout du ciel à l'autre y eut-il jamais si auguste parole, en entendit-on de semblable ? Est-il un peuple qui ait entendu la voix du Dieu vivant parlant du milieu du feu, comme tu l'as entendue, et soit demeuré en vie ? Est-il un dieu qui soit venu se chercher une nation au milieu d'une autre, par des épreuves, des signes, des prodiges et des combats, à main forte et à bras étendu, et par de grandes terreurs – toutes choses que pour vous, sous tes yeux, Yahvé votre Dieu a faites en Égypte ? C'est à toi qu'il a donné de voir tout cela, pour que tu saches que Yahvé est le vrai Dieu et qu'il n'y en a pas d'autre. Du ciel il t'a fait entendre sa voix pour t'instruire, et sur la terre il t'a fait voir son grand feu, et du milieu du feu tu as entendu ses paroles. Parce qu'il a aimé tes pères et qu'après eux il a élu leur postérité, il t'a fait sortir d'Égypte en manifestant sa présence et sa grande force, il a dépossédé devant toi des nations plus grandes et plus puissantes que toi, il t'a fait entrer dans leur pays et te l'a donné en héritage, comme il le reste encore aujourd'hui (4, 32-38).

Conclusion

La pratique de la Loi est la conclusion logique de ce qui précède :

Sache-le donc aujourd'hui et médite-le dans ton cœur : c'est Yahvé qui est Dieu, là-haut dans le ciel comme ici-bas sur la terre, lui et nul autre. Garde ses lois et ses commandements que je te prescris aujourd'hui, afin d'avoir, toi et tes fils après toi, bonheur et longue vie sur la terre que Yahvé ton Dieu te donne pour toujours (4, 39-40).

Pour Israël, la Torah ne correspond pas à une liste de préceptes à respecter ; elle est avant tout source de la vie et du bonheur. Elle lui a été transmise lors du face-à-face qui a eu lieu à l'Horeb ; Israël a pu constater alors que Yahvé était le seul Dieu véritable, qu'il était venu à sa rencontre. C'est pourquoi, en Terre promise, le peuple élu doit vivre avec son Dieu dans une intimité d'amour aussi forte que celle qu'il a expérimentée pendant les années du désert.

Deuxième discours : la sainteté de l'alliance

Le Deutéronome ne fait pas que rappeler le passé ; il envisage aussi l'avenir et interpelle toutes les générations futures (jusqu'à celles de notre époque). Ce deuxième discours commence par souligner que, dans l'alliance conclue avec la médiation de Moïse, ne se sont pas seulement engagés ceux qui sont sortis d'Égypte, mais tous les fils d'Israël :

> Yahvé notre Dieu a conclu avec nous une alliance à l'Horeb. Ce n'est pas avec nos pères que Yahvé a conclu cette alliance mais avec nous, nous-mêmes qui sommes ici aujourd'hui tous vivants. Sur la montagne, au milieu du feu, Yahvé vous a parlé face à face, et moi je me tenais alors entre Yahvé et vous pour vous faire connaître la parole de Yahvé : car craignant le feu, vous n'étiez pas montés sur la montagne (5, 2-5).

Moïse transmet alors à Israël les Dix Paroles que Yahvé lui a communiquées sur la montagne[5]. Ces paroles ne sont pas humaines, mais véritablement sorties de la bouche du Dieu unique et rédigées de sa main. Le Deutéronome résume ici les récits de la manifestation divine au Sinaï[6] :

> Telles sont les paroles que vous adressa Yahvé quand vous étiez tous assemblés sur la montagne. Il vous parla du milieu du feu, dans la nuée et les ténèbres, d'une voix forte. Il n'y ajouta rien et les écrivit sur deux tables de pierre qu'il me donna (5, 22).

---

5. Rappelons que, formulées ainsi, ces Dix Paroles sont en fait à rapprocher du Code de l'alliance trouvé dans le Temple de Jérusalem et qui a servi à la réforme de Josias en 609 (voir première partie, chapitre 3, p. 101).
6. Voir chapitre suivant, p. 238.

L'importance de ces paroles est soulignée par une injonction pressante qui fait partie des textes essentiels, le Shemah Israël, que le juif récite encore tous les jours :

> Écoute, Israël, Yahvé notre Dieu est le seul Yahvé. Tu aimeras Yahvé ton Dieu de toute ton âme et de tout ton pouvoir. Que ces paroles que je te dicte aujourd'hui restent dans ton cœur ! Tu les répéteras à tes fils, tu les leur diras aussi bien assis dans ta maison que marchant sur la route, couché aussi bien que debout ; tu les attacheras à ta main comme un signe, sur ton front comme un bandeau ; tu les écriras sur les poteaux de ta maison et sur tes portes (6, 4-9).

Suit alors le texte fondamental de la tradition juive que tout père doit enseigner à son enfant :

> Lorsque demain ton fils te demandera : « Qu'est-ce donc que ces instructions, ces lois et ces coutumes que Yahvé notre Dieu vous a prescrites ? », tu diras à ton fils : « Nous étions esclaves de Pharaon, en Égypte, et Yahvé nous a fait sortir d'Égypte par sa main puissante. Yahvé a accompli sous nos yeux des signes et des prodiges grands et terribles contre l'Égypte, Pharaon et toute sa maison. Mais nous, il nous a fait sortir de là pour nous conduire dans le pays qu'il avait promis par serment à nos pères, et pour nous le donner. Et Yahvé nous a ordonné de mettre en pratique toutes ces lois, afin de craindre Yahvé notre Dieu, d'être toujours heureux et de vivre, comme il nous l'a accordé jusqu'à présent. Telle sera notre justice : garder et mettre en pratique tous ces commandements devant Yahvé notre Dieu, comme il nous l'a ordonné » (6, 20-25).

Yahvé demande à Israël de ne pas pactiser avec les nations païennes au milieu desquelles il vivra quand il sera installé en Canaan [7] :

> Yahvé ton Dieu te les livrera et tu les battras. Tu les dévoueras par anathème. Tu ne concluras pas d'alliance avec elles, tu ne leur feras pas grâce. Tu ne contracteras pas de mariage avec elles, tu ne donneras pas ta fille à leur fils, ni ne prendras leur fille pour ton fils. Car ton fils serait détourné de me suivre ; il servirait d'autres dieux ; et la colère de Yahvé s'enflammerait contre vous et il t'exterminerait promptement (7, 2-4).

7. Au retour de l'exil, l'expérience a montré que la cohabitation au milieu des nations polythéistes présentait de graves dangers.

Cette séparation des autres nations n'est que la conséquence de l'amour de Yahvé :

> Tu es un peuple consacré à Yahvé ton Dieu ; c'est toi que Yahvé ton Dieu a choisi pour son peuple à lui, parmi toutes les nations qui sont sur la terre. Si Yahvé s'est attaché à vous, et vous a choisis, ce n'est pas que vous soyez le plus nombreux de tous les peuples : car vous êtes le moins nombreux d'entre tous les peuples. Mais c'est par amour pour vous, et pour garder le serment juré à vos pères, que Yahvé vous a fait sortir à mains fortes et t'a délivré de la maison de servitude, du pouvoir de Pharaon, roi d'Égypte. Tu sauras donc que Yahvé ton Dieu est le vrai Dieu, le Dieu fidèle qui garde son alliance et son amour pour mille générations à ceux qui l'aiment et gardent ses commandements, mais qui punit en leur propre personne ceux qui le haïssent. Il fait périr sans délai celui qui le hait, et c'est en sa propre personne qu'il le punit. Tu garderas donc les commandements, lois et coutumes que je te prescris aujourd'hui de mettre en pratique (7, 6-12).

Israël doit garder en mémoire les quarante années dans le désert, temps d'épreuve mais aussi temps de la manifestation de cet amour :

> Souviens-toi de tout le chemin que Yahvé ton Dieu t'a fait faire pendant quarante ans dans le désert, afin de t'humilier, de t'éprouver et de connaître le fond de ton cœur : allais-tu ou non garder ses commandements ? Il t'a humilié, il t'a fait sentir la faim, il t'a donné à manger la manne que ni toi ni tes pères n'aviez connue pour te montrer que l'homme vit de tout ce qui sort de la bouche de Yahvé (8, 2-3).

Israël doit se rappeler tout autant que, dès le jour de la sortie d'Égypte, il a désobéi à Yahvé. Il aurait dû être anéanti si Moïse n'avait pas intercédé en sa faveur :

> Yahvé me dit : « J'ai vu ce peuple : c'est un peuple à la nuque raide. Laisse-moi, que je les détruise et que j'efface leur nom de dessous les cieux et que je fasse de toi une nation plus puissante et plus nombreuse que lui. » Je descendis de la montagne qui était tout embrasée ; j'avais les deux tables de l'alliance dans mes deux mains. Et je vis que vous veniez de pécher contre Yahvé votre Dieu. Vous vous étiez fait un veau de métal fondu : vous n'aviez pas tardé à vous écarter de la voie que Yahvé vous avait prescrite. Je saisis les deux tables des deux mains, je les jetai et je les brisai sous vos yeux (9, 13-17).

Tous les peuples appartiennent à Yahvé, mais c'est Israël seul qu'il a choisi :

> Et maintenant, Israël, que te demande Yahvé ton Dieu, sinon de craindre Yahvé ton Dieu, de suivre toutes ses voies, de l'aimer, de servir Yahvé ton Dieu de tout ton cœur et de toute ton âme, de garder les commandements de Yahvé et ses lois que je te prescris aujourd'hui pour ton bonheur ? C'est bien à Yahvé ton Dieu qu'appartiennent les cieux et les cieux des cieux, la terre et tout ce qui s'y trouve. Yahvé pourtant ne s'est attaché qu'à tes pères, par amour pour eux, et après eux il a élu entre toutes les nations leur descendance, vous-mêmes jusqu'à aujourd'hui. Circoncisez votre cœur et ne raidissez plus votre nuque, car Yahvé votre Dieu est le Dieu des dieux et le Seigneur des seigneurs, le Dieu grand, vaillant et redoutable, qui ne fait pas acception de personnes et ne reçoit pas de présents (10, 12-18).

En conclusion de ce deuxième discours, Moïse demande à Israël de choisir :

> Vois, je vous offre aujourd'hui bénédiction et malédiction. Bénédiction si vous obéissez aux commandements de Yahvé votre Dieu que je vous prescris aujourd'hui, malédiction si vous désobéissez aux commandements de Yahvé votre Dieu, si vous vous écartez de la voie que je vous prescris aujourd'hui en suivant d'autres dieux que vous n'avez pas connus (11, 26-28).

À l'Horeb, Yahvé a conclu une alliance avec les Hébreux, mais aussi avec leurs descendants. Tous devront la ratifier et se rappeler qu'Israël a été choisi par amour, et non en raison d'un quelconque prestige. Mais cet amour est un amour jaloux qui peut châtier Israël en le déportant loin de ses racines.

Troisième discours : le châtiment de l'exil et le pardon de Yahvé

Quand Israël est fidèle à l'alliance, Dieu le comble de ses bénédictions. Mais s'il sert d'autres dieux, Yahvé le maudit en l'envoyant dans une contrée lointaine. Cependant, le projet de Dieu ne peut être interrompu par cet échec. Sans cesse Yahvé propose à Israël la conversion et le bonheur sur sa terre :

> Lorsque toutes ces paroles se seront réalisées pour toi, cette bénédiction et cette malédiction que j'ai prononcées, si tu les médites en ton cœur, parmi

toutes les nations où Yahvé ton Dieu t'aura fait errer, si tu reviens à Yahvé ton Dieu, si tu écoutes sa voix en tout ce que je t'ordonne aujourd'hui de tout ton cœur et de toute ton âme, toi et tes fils, Yahvé ton Dieu ramènera tes captifs, il aura pitié de toi, il te rassemblera à nouveau du milieu de tous les peuples où Yahvé ton Dieu t'a dispersé (30, 1-5).

Israël est au carrefour de deux voies. La Loi de Yahvé n'est pas un code que des éléments extérieurs à sa volonté imposent à l'homme, par exemple des autorités religieuses ou politiques. Elle est inscrite dans sa conscience. Les fils d'Israël doivent donc choisir entre la vie que Yahvé leur propose et la mort que l'infidélité leur promet :

> Car cette Loi que je te prescris aujourd'hui n'est pas au-delà de tes moyens ni hors de ton atteinte. Elle n'est pas dans les cieux, qu'il te faille dire : « Qui montera pour nous aux cieux pour la chercher, que nous l'entendions pour la mettre en pratique ? » Elle n'est pas au-delà des mers, qu'il te faille dire : « Qui ira pour nous au-delà des mers nous la chercher, que nous l'entendions pour la mettre en pratique ? » Car la Parole est tout près de toi, elle est dans ta bouche et dans ton cœur pour que tu la mettes en pratique. Vois, je te propose aujourd'hui vie et bonheur, mort et malheur. Si tu écoutes les commandements de Yahvé ton Dieu que je te prescris aujourd'hui, et que tu aimes Yahvé ton Dieu, que tu marches dans ses voies, que tu gardes ses commandements, ses lois et ses coutumes, tu vivras et tu multiplieras, Yahvé ton Dieu te bénira dans le pays où tu entres pour en prendre possession. Mais si ton cœur se détourne, si tu n'écoutes point et si tu te laisses entraîner à te prosterner devant d'autres dieux et à les servir, je vous déclare aujourd'hui que vous périrez certainement et que vous ne vivrez pas de longs jours sur la terre où vous pénétrerez pour en prendre possession en passant le Jourdain. Je prends aujourd'hui à témoin contre vous le ciel et la terre : je te propose la vie ou la mort, la bénédiction ou la malédiction. Choisis donc la vie, pour que toi et ta postérité vous viviez, aimant Dieu, écoutant sa voix, t'attachant à lui ; car là est ta vie, ainsi que la longue durée de ton séjour sur la terre que Yahvé a juré à tes pères, Abraham, Isaac et Jacob, de leur donner (30, 11-20).

Après avoir prononcé ces discours, Moïse demande qu'ils soient placés à côté de l'arche d'alliance dans laquelle, selon la tradition, sont enfermées les deux tables contenant les Dix Paroles. Le Deutéronome, le dernier livre de la Torah, s'achève sur le récit de la mort de Moïse [8]. Mais auparavant, Moïse, dans un long cantique de méditation, exalte sur le mode poétique les hauts faits de Yahvé en faveur d'Israël. L'auteur y compare Dieu à l'aigle qui veille sur son petit et lui apprend à voler :

> Rappelle-toi les jours d'autrefois, considère les années, d'âge en âge.
> Interroge ton père, qu'il te l'apprenne ; tes anciens, qu'ils te le disent.
> Quand le Très-Haut donna aux nations leur héritage, quand il répartit les fils d'homme,
> il fixa les limites des peuples suivant le nombre des fils d'Israël ;
> mais le lot de Yahvé, ce fut son peuple, Jacob fut sa part d'héritage.
> Au pays du désert, il le trouve, dans la solitude lugubre de la steppe.
> Il l'entoure, il l'élève, il le garde comme la prunelle de son œil.
> Tel un aigle qui veille sur son nid, plane au-dessus de ses petits,
> il déploie ses ailes et le prend, il le soutient sur son pennage... (32, 7-11).

Au retour de l'exil, à travers ces trois discours attribués à Moïse, le Deutéronome invite Israël à placer la libération d'Égypte et l'alliance au centre de sa foi. Le peuple doit revenir sans cesse à ces deux fondements. Sur la terre que Dieu lui a offerte, ils lui ouvrent des perspectives de vie, mais ils peuvent aussi le conduire à la mort. Dieu a choisi Israël par amour. Désormais, l'avenir de la nation juive va dépendre de la manière dont elle répondra à cet amour en suivant le chemin que lui indique la Torah. L'écho de la Loi doit se répercuter à travers toutes les générations futures, sinon Israël risque la disparition et la mort.

---

8. Voir chapitre suivant, p. 260.

2

De la terre de l'esclavage à la Terre de la Promesse

(les livres de l'Exode et des Nombres)

Dans le Deutéronome, avant de mourir, Moïse a rappelé les hauts faits de Yahvé : la traversée prodigieuse de la mer Rouge, la manifestation divine à l'Horeb (Sinaï), le don de la Torah, les trente-neuf ans de séjour à l'oasis de Cadès, la conquête de la Transjordanie... Les livres de l'Exode et des Nombres, que nous allons découvrir, comportent des développements circonstanciés sur ces mêmes faits, mais aussi d'autres qui ne figurent pas dans le Deutéronome par méconnaissance ou par choix, par exemple la jeunesse de Moïse, les dix fléaux, la révélation du nom de Yahvé. En réalité, la version qu'ils proposent de la grande épopée qu'est la libération d'Égypte est considérée comme officielle, car elle contient les récits et les textes législatifs qui constituent le fondement de la Torah.

La libération de Moïse le libérateur (Ex 1–4)

Moïse, que Yahvé élit pour libérer son peuple de l'esclavage, est sauvé de la mort physique qui le menace comme ses compatriotes. Surtout, il échappe au péril de la corruption morale et religieuse de la cour de Pharaon. Celui-ci, qui se révèle impitoyable, ne représente pas un souverain particulier, mais tous ces rois impies qui cherchent, de tout temps mais vainement, à s'opposer à l'action libératrice de Yahvé, le maître de l'histoire. D'ailleurs, dans ces passages de la Bible, Pharaon n'a pas de nom propre, au contraire de Neko, qui a vaincu Josias [1].

Pharaon décide l'extermination d'Israël

Le peuple hébreu, semi-nomade, s'est multiplié au cours des quatre siècles de son séjour dans la région de Goshèn, en Égypte. Pendant tout ce temps, grâce aux services rendus autrefois par Joseph [2], il a bénéficié d'une grande bienveillance de la part des souverains égyptiens. Mais un nouveau Pharaon occupe un jour le trône. La croissance démographique des Hébreux et, peut-être, leur poids économique et politique devenu gênant l'inquiètent. Il les réduit en esclavage et contraint les hommes à mouler des briques pour la construction de cités dans le delta oriental du Nil – Pitom et Pi-Ramsès. Mais cette oppression n'arrête pas l'essor du peuple hébreu. Pharaon prend alors une autre décision pour le faire disparaître : la mort de tous les enfants mâles :

> Un nouveau roi vint au pouvoir en Égypte, qui n'avait pas connu Joseph. Il dit à son peuple : « Voici que le peuple des Israélites est devenu nombreux et plus puissant que nous. Allons, prenons de sages mesures pour l'empêcher de s'accroître, sinon, en cas de guerre, il grossirait le nombre de nos adversaires. Il combattrait contre nous pour, ensuite, sortir du pays. » On imposa donc à Israël des chefs de corvée pour lui rendre la vie dure par les travaux qu'ils exigeraient. C'est ainsi qu'il bâtit pour Pharaon les villes-entrepôts de Pitom et de

1. Voir première partie, chapitre 3, « La réforme avortée et la fin de Josias », p. 93.
2. Voir chapitre suivant, p. 307.

Ramsès. Mais plus on lui rendait la vie dure, plus il croissait en nombre et surabondait, ce qui fit redouter les Israélites. Les Égyptiens contraignirent les Israélites au travail et leur rendirent la vie amère par de durs travaux : préparation de l'argile, moulage des briques, divers travaux auxquels ils les contraignirent (1, 8-14).

Moïse, du Nil au désert

Pharaon contraint les accoucheuses à faire mourir les garçons, et à ne laisser vivre que les filles. Mais les femmes des Hébreux sont tellement vigoureuses qu'elles accouchent toutes seules. La mère de Moïse, obligée de cacher son fils, utilise alors un subterfuge [3] :

> Un homme de la maison de Lévi s'en alla prendre pour femme une fille de Lévi. Celle-ci conçut et enfanta un fils. Voyant combien il était beau, elle le dissimula pendant trois mois. Ne pouvant le dissimuler plus longtemps, elle prit pour lui une corbeille de papyrus qu'elle enduisit de bitume et de poix, y plaça l'enfant et la déposa dans les roseaux sur la rive du Fleuve. La sœur de l'enfant se posta à distance pour voir ce qui lui adviendrait.
>
> Or la fille de Pharaon descendit au Fleuve pour s'y baigner, tandis que ses servantes se promenaient sur la rive du Fleuve. Elle aperçut la corbeille parmi les roseaux et envoya sa servante la prendre. Elle l'ouvrit et vit l'enfant : c'était un garçon qui pleurait. Touchée de compassion pour lui, elle dit : « C'est un des petits Hébreux. » La sœur de l'enfant dit alors à la fille de Pharaon : « Veux-tu que j'aille te chercher, parmi les femmes des Hébreux, une nourrice qui te nourrira cet enfant ? » – « Va », lui répondit la fille de Pharaon. La jeune fille alla donc chercher la mère de l'enfant. La fille de Pharaon lui dit : « Emmène cet enfant et nourris-le-moi, je te donnerai moi-même ton salaire. » Alors la femme emporta l'enfant et le nourrit. Quand l'enfant eut grandi, elle le ramena à la fille de Pharaon, qui le traita comme un fils et lui donna le nom de Moïse, car, disait-elle, « je l'ai tiré des eaux » (2, 1-10).

Moïse aurait donc été élevé à la cour. Il aurait connu la condition de ces Sémites formés par l'administration égyptienne pour s'occuper des

3. La même légende de l'enfant sauvé des eaux est racontée pour Sargon d'Agadé, souverain mésopotamien du IIIe millénaire avant notre ère.

populations nomades qui vivaient aux confins du delta du Nil et du désert, comme l'attestent des inscriptions. Mais, à la cour de Pharaon, il risque de perdre la conscience de son appartenance à Israël. Heureusement, le sang l'emporte sur la culture reçue dans l'entourage royal :

> Il advint, en ces jours-là, que Moïse, qui avait grandi, alla voir ses frères. Il vit les corvées auxquelles ils étaient astreints ; il vit aussi un Égyptien qui frappait un Hébreu, un de ses frères. Il se tourna de-ci de-là et, voyant qu'il n'y avait personne, il tua l'Égyptien et le cacha dans le sable. Le jour suivant, il revint alors que deux Hébreux se battaient. « Pourquoi frappes-tu ton compagnon ? » dit-il à l'agresseur. Celui-ci répondit : « Qui t'a constitué notre chef et notre juge ? Veux-tu me tuer comme tu as tué l'Égyptien ? » Moïse effrayé se dit : « Certainement l'affaire se sait. » Pharaon entendit parler de cette affaire et chercha à tuer Moïse. Moïse s'enfuit loin de Pharaon ; il se rendit au pays de Madiân (2, 11-15).

Dieu se révèle à Moïse sous le nom de Yahvé

Madiân, où se réfugie Moïse, est la région désertique qui s'étend vers l'est de la péninsule du Sinaï et du golfe d'Aqaba. Moïse est reçu chez un prêtre nommé Jéthro. Il se marie avec l'une de ses filles, Çippora, et devient le berger des troupeaux de son beau-père. Un jour qu'il conduit ses bêtes vers une montagne appelée Horeb (Sinaï), Dieu se révèle à lui :

> L'ange de Yahvé lui apparut dans une flamme de feu du milieu d'un buisson. Moïse regarda : le buisson était embrasé, mais le buisson ne se consumait pas. Moïse dit : « Je vais faire un détour pour voir cet étrange spectacle, et pourquoi le buisson ne se consume pas. » Yahvé vit qu'il faisait un détour pour voir, et Dieu l'appela du milieu du buisson. « Moïse, Moïse », dit-il, et il répondit : « Me voici. » Il dit : « N'approche pas d'ici, retire tes sandales de tes pieds, car le lieu où tu te tiens est une terre sainte. » Et il dit : « Je suis le Dieu de ton père, le Dieu d'Abraham, le Dieu d'Isaac et le Dieu de Jacob. » Alors Moïse se voila la face, car il craignait de fixer son regard sur Dieu. Yahvé dit : « J'ai vu, j'ai vu la misère de mon peuple qui est en Égypte. J'ai entendu son cri devant ses oppresseurs ; oui, je connais ses angoisses. Je suis descendu pour le délivrer de la main des Égyptiens et le faire monter de cette terre vers une terre plantureuse et vaste. [...] Maintenant va, je t'envoie auprès de Pharaon, fais sortir mon peuple, les Israélites. » [...]

> Moïse dit à Dieu : « Voici, je vais trouver les Israélites et je leur dis : "Le Dieu de vos pères m'a envoyé vers vous." Mais s'ils me disent : "Quel est son nom ?", que leur dirai-je ? » Dieu dit à Moïse : « Je suis celui qui est. » Et il dit : « Voici ce que tu diras aux Israélites : "Je suis m'a envoyé vers vous." » Dieu dit encore à Moïse : « Tu parleras ainsi aux Israélites : "Yahvé, le Dieu de vos pères, le Dieu d'Abraham, le Dieu d'Isaac et le Dieu de Jacob m'a envoyé vers vous." C'est mon nom pour toujours, c'est ainsi que l'on m'invoquera de génération en génération » (3, 2-15).

Yahvé est représenté en hébreu par les quatre consonnes YHWH, le célèbre tétragramme (on le prononçait *yahvé* ou *yahvo*) [4]. Il s'agissait peut-être du nom sous lequel le prêtre Jéthro invoquait son Dieu, ou du nom du Dieu de la tribu de Lévi à laquelle on a rattaché Moïse [5].

Yahvé confère ensuite à Moïse le pouvoir d'accomplir des prodiges afin de convaincre son peuple et Pharaon de l'origine divine de sa mission.

> Moïse insista auprès de Yahvé : « Et s'ils ne me croient pas et n'écoutent pas ma voix, mais me disent : "Yahvé ne t'est pas apparu" ? » Yahvé lui dit : « Qu'as-tu en main ? » – « Un bâton », dit-il – « Jette-le à terre », lui dit Yahvé. Moïse le jeta à terre, le bâton se changea en serpent et Moïse fuit devant lui. Yahvé dit à Moïse : « Avance la main et prends-le par la queue. » Il avança la

4. Il sera interdit de prononcer ce nom au dernier siècle avant notre ère. Il a existé plusieurs interprétations du nom Yahvé. Sa ressemblance avec le verbe hébreu « être » *(hayah)* permet de lui accorder une signification théologique : « je suis qui je serai », c'est-à-dire « je serai agissant à votre égard ». Mais l'expression peut aussi se traduire par « je suis qui je suis », et chercherait alors à masquer la nature de Dieu, c'est-à-dire « je ne veux pas dire qui je suis ». Plus tard, au IIIe siècle av. J. C., la traduction grecque, la Septante, a compris « je suis celui qui est » ; en d'autres termes, les autres dieux ne sont que néant. La théologie ultérieure a donné un sens absolu au verbe être : Dieu est celui qui EST.
5. Pour la Bible, à partir de l'épisode du buisson ardent, Yahvé est désormais le nom du Dieu d'Israël – en effet, les ancêtres des Hébreux, les patriarches, ne le connaissaient pas sous cette forme mais notamment sous celle de El Shaddaï (Ex 6, 3 et Nb 24, 16) ; voir chapitre 3, « La circoncision, signe de l'alliance », p. 276. À partir de la déportation à Babylone, Yahvé est et sera le Dieu exclusif d'Israël. Son action va même être étendue à l'histoire des patriarches – Abraham, Isaac et Jacob –, et à celle des premiers hommes. Yahvé est aussi le créateur de l'univers. Au retour de l'exil, cette assimilation est justifiée puisqu'il n'existe pas d'autres dieux.

main, le prit, et dans sa main il redevint un bâton. « Afin qu'ils croient que Yahvé t'est apparu, le Dieu de leurs pères, le Dieu d'Abraham, le Dieu d'Isaac et le Dieu de Jacob » (4, 1-5).

Son frère Aaron l'assiste pour pallier son manque d'éloquence. Il vient à la rencontre de Moïse pour lui servir de « bouche », c'est-à-dire de porte-parole[6] :

> Tu lui parleras et tu mettras les paroles dans sa bouche, lui avait dit Yahvé. Moi, je serai avec ta bouche et avec sa bouche, et je vous indiquerai ce que vous devez faire. C'est lui qui parlera pour toi au peuple ; il te tiendra lieu de bouche et tu seras pour lui un dieu (Ex 4, 10-16).

La libération du peuple (Ex 5–15)

Moïse et Aaron se rendent d'abord auprès de Pharaon pour le prier de laisser partir les Hébreux. Mais, loin de consentir à se séparer de cette main-d'œuvre bon marché, le souverain demande aux contremaîtres :

> Ne continuez plus à donner de la paille hachée au peuple pour mouler les briques ; qu'ils aillent eux-mêmes ramasser la paille qu'il leur faut. Mais vous leur imposerez la même quantité de briques qu'ils fabriquaient hier et avant-hier, sans en rien retrancher car ce sont des paresseux (5, 1-8).

---

6. D'après le livre de l'Exode, il remplit rarement cette fonction. Et, toujours d'après l'Exode, si Moïse lui demande parfois de le seconder, la collaboration d'Aaron n'est pas très importante... Le rôle d'Aaron n'est pas évident. Manifestement, sa présence auprès de Moïse a été ajoutée pour souligner l'importance du sacerdoce dans la vie de la communauté au retour de l'exil : le judaïsme se définissait alors par l'obéissance à la Loi que Moïse avait enseignée au peuple, et par le culte dont Aaron avait été l'initiateur dès le séjour d'Israël dans le désert. Plusieurs récits de l'Exode et des Nombres abondent d'ailleurs dans ce sens (voir en particulier Nb 7 et suivants. Voir plus loin « La place du sacerdoce dans le peuple », p. 252). Aaron fut considéré alors comme le fondateur de l'ensemble de la classe sacerdotale, qui comprenait prêtres et lévites. Ces derniers, serviteurs de ces mêmes prêtres, avaient le droit de nettoyer le Temple et de préparer les animaux, mais non de sacrifier.

Moïse et Aaron sont intervenus à bon escient. Or, au lieu de leur être reconnaissants, les Hébreux leur reprochent violemment d'avoir attisé la colère de Pharaon et d'avoir aggravé leurs conditions d'esclavage. Afin de persuader les Égyptiens que c'est lui qui agit par l'intermédiaire de Moïse, Dieu doit par conséquent intervenir de manière puissante et symbolique.

Yahvé envoie dix fléaux sur l'Égypte

La lutte entre Moïse et Pharaon, ou plutôt entre Yahvé et les idoles, prend les dimensions d'un combat épique[7]. L'obstiné Pharaon est le Mal incarné ; son cœur s'endurcit à mesure que se succèdent les dix fléaux.

Le chiffre dix exprime un ensemble limité mais englobant une totalité : ainsi, les Dix Paroles contiennent l'essentiel des exigences divines[8]. De même, ces « dix fléaux » désignent un ensemble de cataclysmes envoyés par Yahvé à son adversaire. Or, le rédacteur final du livre de l'Exode est arrivé à ce chiffre en unissant au moins deux sources différentes.

Des chercheurs ont tenté de déceler dans ces fléaux un certain nombre de phénomènes naturels fréquents en Égypte, le caractère miraculeux des interventions de Moïse se situant alors dans l'accumulation de ces catastrophes sur quelques jours. Mais il est préférable d'aborder ces textes comme des récits exemplaires, imaginés par des esprits inventifs. Ceux-ci ont voulu montrer que Dieu pouvait intervenir puissamment contre le mal s'opposant au projet qu'il prévoyait pour son peuple.

Ces récits sont composés selon un même schéma. Moïse annonce à Pharaon un fléau s'il ne laisse pas partir son peuple. Pharaon refuse. Le fléau se déchaîne. Pharaon cède, mais reprend aussitôt sa parole. Même le dixième fléau, la mort des premiers-nés des Égyptiens, ne le fait pas capituler définitivement. Il revient sur sa parole et Yahvé est contraint d'anéantir les forces du mal que le souverain commande[9].

---

7. On peut y voir l'amorce des récits qui décriront, au IIe siècle av. J. C., la lutte impitoyable qui doit, à la fin des temps, opposer les puissances du ciel et celles des enfers, celles du Bien et celles du Mal. Amorcée par les prophètes, cette lutte culmine dans le livre de Daniel (voir cinquième partie, chapitre 1, « Naissance de l'apocalypse », p. 571, et pour Daniel, chapitre 3, p. 622).
8. Voir première partie, chapitre 3, p. 101.
9. Voir plus loin, « Le miracle du passage de la mer Rouge », p. 231.

L'âpreté du combat est soulignée par la violence et la succession des calamités : le changement en sang de toutes les eaux du pays, la montée des grenouilles depuis le Nil (le Fleuve) sur toute l'Égypte, la transformation de la poussière en moustiques, l'invasion du pays par des taons, l'extermination du bétail par la peste, l'éruption d'ulcères sur la peau des gens et du bétail, les éclairs et les tornades de grêles, les nuées de sauterelles, la descente des ténèbres sur la terre durant trois jours, et enfin la mort des premiers-nés des enfants égyptiens et du cheptel.

Les devins et les magiciens de Pharaon apportent à leur maître l'appui des forces qui sont en leur pouvoir dans sa résistance contre Yahvé. Eux aussi se montrent capables de changer l'eau en sang, de faire monter les grenouilles sur la terre d'Égypte. Mais, devant l'invasion des moustiques, ils rendent les armes et confessent qu'ils ne peuvent rien contre Dieu qui, à l'évidence, est l'auteur de tous ces phénomènes. De son côté, Pharaon s'obstine, car il constate de plus en plus clairement que ces fléaux ne touchent que les Égyptiens, à l'image de ces ulcères qui marquent la peau des animaux et des personnes, même celle de ses magiciens. En revanche, le pays de Goshèn, où habitent les Hébreux, est épargné par la grêle, de même qu'il n'est pas recouvert par les ténèbres. Le dernier fléau apporte une preuve supplémentaire de la protection dont bénéficient les Hébreux – Yahvé épargne leurs premiers-nés –, mais il ne fait qu'endurcir davantage le souverain.

Pharaon est flanqué de ces magiciens, mais Moïse n'est pas seul. Il est accompagné de son frère Aaron, auquel il confie parfois le bâton que Yahvé a rendu capable de prodiges. Lorsqu'il intervient auprès de Pharaon, il ne lui demande pas de libérer les Hébreux afin qu'ils aillent s'installer dans la terre que Dieu leur a promise, mais pour qu'ils « servent » Yahvé dans un sanctuaire du désert. Avant la plaie des taons, le roi lui propose que ses compatriotes offrent des sacrifices à leur Dieu, mais en Égypte. Moïse objecte que les Égyptiens n'accepteront pas que soient immolés des animaux qu'ils adorent [10].

10. Au retour de l'exil, il était en effet impensable que de tels sacrifices soient effectués sur une terre souillée par l'idolâtrie.

De ces dix fléaux, nous présentons les deux premiers et le dernier qui déclenche le processus de la libération d'Israël.

Premier fléau : l'eau changée en sang

Il intervient après que la première tentative de Moïse et d'Aaron auprès de Pharaon s'est révélée vaine :

> Yahvé dit à Moïse : « Le cœur de Pharaon s'est appesanti et il a refusé de laisser partir le peuple. Va, demain matin, trouver Pharaon, à l'heure où il se rend au bord de l'eau, et tiens-toi à l'attendre sur la rive du Fleuve. Tu prendras en main le bâton qui s'est changé en serpent. Tu lui diras : Yahvé, le Dieu des Hébreux, m'a envoyé vers toi pour te dire : "Laisse partir mon peuple, qu'il me serve dans le désert." Jusqu'à présent tu n'as pas écouté. Ainsi parle Yahvé : En ceci tu sauras que je suis Yahvé. Du bâton que j'ai en main, je vais frapper les eaux du Fleuve et elles se changeront en sang. Les poissons du Fleuve crèveront, le Fleuve s'empuantira, et les Égyptiens ne pourront plus boire l'eau du Fleuve. »
>
> Yahvé dit à Moïse : « Dis à Aaron : Prends ton bâton et étends la main sur les eaux d'Égypte – sur ces fleuves et sur ses canaux, sur ses marais et sur tous ses réservoirs d'eau – et elles se changeront en sang, même les arbres et les pierres. » Moïse et Aaron firent comme l'avait ordonné Yahvé. Il leva son bâton et il frappa les eaux qui sont dans le Fleuve aux yeux de Pharaon et de ses serviteurs, et toutes les eaux qui sont dans le Fleuve se changèrent en sang. Les poissons du Fleuve crevèrent et le Fleuve s'empuantit ; et les Égyptiens ne purent plus boire l'eau du Fleuve ; il y eut du sang dans tout le pays d'Égypte. Mais les magiciens d'Égypte avec leurs sortilèges en firent autant ; le cœur de Pharaon s'endurcit et il ne les écouta pas, comme l'avait prédit Yahvé. Pharaon s'en retourna et rentra dans sa maison sans même prêter attention à cela (7, 14-23).

Deuxième fléau : l'invasion de grenouilles

Grâce à ses crues annuelles, le Nil apporte la richesse. Ce « Fleuve » sacré et nourricier est frappé de manière symbolique par une invasion de grenouilles :

> Yahvé dit à Moïse : « Va trouver Pharaon et dis-lui : Ainsi parle Yahvé : "Laisse partir mon peuple, qu'il me serve." Si tu refuses, toi, de le laisser partir, moi je vais infester de grenouilles tout ton territoire. » [...] Yahvé dit à Moïse : « Dis à Aaron : Étends ta main avec ton bâton sur les fleuves, les canaux et les

marais, et fais monter les grenouilles sur la terre d'Égypte. » Aaron étendit la main sur les eaux d'Égypte, les grenouilles montèrent et recouvrirent la terre d'Égypte. Mais les magiciens avec leurs sortilèges en firent autant et firent monter les grenouilles sur la terre. [...] Pharaon appela Moïse et Aaron et dit : « Priez Yahvé de détourner les grenouilles de moi et de mon peuple, et je m'engage à laisser partir le peuple pour qu'il sacrifie à Yahvé. » [...] Moïse et Aaron sortirent de chez Pharaon, et Moïse cria vers Yahvé au sujet des grenouilles qu'il avait infligées à Pharaon. Yahvé fit ce que demandait Moïse, et les grenouilles crevèrent dans les maisons, dans les cours et dans les champs. On les amassa en tas et le pays en fut empuanti. Pharaon vit qu'il y avait un répit ; il appesantit son cœur et il ne les écouta pas, comme l'avait prédit Yahvé (7, 26–8, 11).

Dixième fléau : la mort des premiers-nés des Égyptiens

L'action de Yahvé contre la vie des premiers-nés des enfants et du bétail ne constitue pas seulement le paroxysme de ses interventions afin de faire céder Pharaon :

Yahvé dit à Moïse : « Je vais encore envoyer une plaie à Pharaon et à l'Égypte, après quoi il vous renverra d'ici. Quand il vous renverra, ce sera fini, et même il vous expulsera d'ici. » [...] Alors Moïse dit : « Ainsi parle Yahvé : Vers le milieu de la nuit, je parcourrai l'Égypte, et tous les premiers-nés mourront dans le pays, aussi bien le premier-né de Pharaon qui doit s'asseoir sur son trône, que le premier-né de la servante qui est derrière la meule, ainsi que tous les premiers-nés du bétail. Ce sera alors, dans tout le pays, une grande clameur, telle qu'il n'y en eut jamais, et qu'il n'y en aura jamais plus. Mais chez tous les Israélites, pas un chien ne jappera contre qui que ce soit, homme ou bête, afin que tu saches que Yahvé discerne Israël de l'Égypte. Alors tous tes serviteurs viendront me trouver et se prosterneront devant moi en disant : "Va-t'en, toi et tout le peuple qui marche à ta suite !" Après quoi je partirai. » Et, enflammé de colère, il sortit de chez Pharaon (11, 1-8).

Mais Pharaon reste sourd encore une fois à cette parole. Yahvé intervient avec force :

Au milieu de la nuit, Yahvé frappa tous les premiers-nés dans le pays, aussi bien le premier-né de Pharaon qui devait s'asseoir sur son trône, que le premier-né du captif dans la prison et tous les premiers-nés du bétail. Pharaon se leva pendant la nuit, ainsi que tous ses serviteurs et tous les Égyptiens, et ce fut en Égypte une grande clameur car il n'y avait pas de maison où il n'y eût un mort. Pharaon appela Moïse et Aaron pendant la nuit et leur dit : « Levez-vous et sortez du milieu de mon peuple, vous et les Israélites, et allez servir Yahvé, comme vous l'avez demandé » (12, 29-31).

L'institution de la fête de Pâque : l'agneau et les pains sans levain

Mais comment ce fléau, qui s'est insinué dans les villes et les bourgades, a-t-il pu distinguer les maisons des Égyptiens de celles des Hébreux ? La veille de cette intervention, Yahvé a demandé aux Hébreux d'enduire de sang les linteaux de leurs portes :

> En voyant ce signe, je passerai outre et vous échapperez au fléau destructeur lorsque je frapperai le pays d'Égypte (12, 13).

Dans les religions antiques, on attribuait au sang le pouvoir d'éloigner les menaces pesant sur l'homme et les animaux, d'où le rôle important qu'il prenait dans les sacrifices [11]. Le sang sur les linteaux est donc supposé écarter le fléau circulant à travers les maisons. Mais si le rédacteur de l'Exode a inséré cet épisode, c'est surtout pour introduire le rituel de la fête de Pâque, dans lequel intervenait également le sang. Il en a profité aussi pour donner la tonalité de ce rituel, une célébration complexe, car elle comporte deux aspects, l'un correspondant à la condition de bergers nomades, l'autre à celle de l'agriculture.

La fête de l'agneau

Traditionnellement, au printemps, avant de quitter les campements d'hiver pour les pâturages d'été, les nomades offraient en sacrifice un agneau d'un an à la divinité, afin qu'elle protège leur bétail des dangers du désert. Les clans nomades d'Israël ont certainement pratiqué ce sacrifice et, très habilement, la liturgie, sans doute déjà avant l'exil, en a rattaché plusieurs détails à la libération d'Égypte, pour en faire la commémoration.

---

11. Voir chapitre 2, « La conclusion de l'alliance », p. 242, et quatrième partie, chapitre 2, p. 473.

Ainsi, le sang sur les linteaux – qui doit protéger le troupeau – a prémuni les fils d'Israël du dixième fléau. Car, en voyant ce signe, Dieu ignore la porte, il « passe », mot qui correspond à l'hébreu *pasah*, que certains rapprochent de l'étymologie du nom de la fête, *pesah*. De même, la tenue de celui qui célèbre la Pâque est celle du nomade quittant le campement. Les herbes amères qui servent de condiment pour l'agneau évoquent la dure condition de l'esclavage :

> Yahvé dit à Moïse et à Aaron au pays d'Égypte : « Ce mois sera pour vous en tête des autres mois, il sera pour vous le premier mois de l'année. Parlez à toute la communauté d'Israël et dites-lui : le dix de ce mois, que chacun prenne une tête de petit bétail par maison. Si la maison est trop peu nombreuse pour une tête de petit bétail, on s'associera avec son voisin le plus proche de la maison, selon le nombre de personnes. Vous choisirez la bête de petit bétail selon ce que chacun peut manger. La tête de petit bétail sera un mâle sans tare, âgé d'un an. Vous la choisirez parmi les moutons ou les chèvres. Vous la garderez jusqu'au quatorzième jour de ce mois, et toute l'assemblée de la communauté d'Israël l'égorgera au crépuscule. On prendra de son sang et on en mettra sur les deux montants et le linteau des maisons où on le mangera. Cette nuit-là, on mangera la chair rôtie au feu ; on la mangera avec des azymes et des herbes amères. N'en mangez rien cru ni bouilli dans l'eau, mais rôti au feu, avec la tête, les pattes et les tripes. Vous n'en réserverez rien jusqu'au lendemain. Ce qui en resterait le lendemain, vous le brûlerez au feu. C'est ainsi que vous la mangerez : vos reins ceints, vos sandales aux pieds et votre bâton en main. Vous la mangerez en toute hâte, c'est une pâque pour Yahvé » (12, 1-12).

La fête des pains sans levain

L'agneau doit être mangé avec des « azymes [12] », c'est-à-dire du pain sans levain, le pain traditionnel des nomades. Mais les paysans en consommaient aussi, pendant une semaine, au printemps, quand ils venaient au sanctuaire offrir la première gerbe, celle de l'orge, afin de remercier la divinité qui avait redonné vie à la nature. Pour signifier ce renouveau, ils s'abstenaient de manger du pain fermenté de la récolte précédente. Quand il

12. Du grec *azumos*, qui signifie « sans levain ».

s'installa en Canaan, Israël adopta cette fête agraire et lui associa la célébration nomade de l'agneau. Mais, dans la liturgie d'Israël, la fête de Pâque abandonna peu à peu son caractère nomade ou agraire pour devenir la fête de la libération d'Égypte :

> Moïse dit au peuple : « Souvenez-vous de ce jour, celui où vous êtes sortis d'Égypte, de la maison de servitude, car c'est par la force de sa main que Yahvé vous en a fait sortir, et on ne mangera pas de pain levé. [...] Pendant sept jours, tu mangeras des azymes et, le septième jour, il y aura une fête pour Yahvé. Ce sont des azymes que l'on mangera pendant les sept jours et l'on ne verra pas chez toi de pain levé, ni on ne verra chez toi de levain, dans tout ton territoire » (13, 3-7).

Le miracle du passage de la mer Rouge

Le peuple se met ensuite en route pour la Terre promise. Dieu les accompagne :

> Yahvé marchait avec eux, le jour dans une colonne de nuée pour leur indiquer la route, et la nuit dans une colonne de feu pour les éclairer, afin qu'ils puissent marcher de jour et de nuit (13, 21).

Ces précautions sont justifiées, car les Hébreux ne seront pas à l'abri tant qu'ils n'auront pas franchi la mer des Roseaux (la mer Rouge). D'autant que Pharaon a très vite regretté de les avoir laissés partir. Il fait atteler son char, en rassemble six cents que conduisent des officiers et s'élance sur la trace des fugitifs. Il les rejoint sur le bord de la mer, que le livre de l'Exode imagine comme un bras de mer formant frontière entre l'Égypte et le désert, plus exactement entre le pays de l'esclavage de Pharaon et celui de Yahvé.

Le miracle est présenté sous deux recensions que le rédacteur de l'Exode n'a pas cherché à harmoniser. Selon l'une, un vent d'est refoule les flots, les Égyptiens s'engagent sur le sable, les chars s'embourbent et Yahvé fait refluer les eaux sur eux. Selon l'autre (qui figure ci-dessous en italique), Moïse brandit son bâton, les eaux se divisent en deux, les Hébreux passent au milieu à pied sec, les Égyptiens les poursuivent. Moïse étend de nouveau son bâton et la mer engloutit Pharaon et ses chars.

> L'Ange de Dieu qui marchait en avant du camp d'Israël se déplaça et marcha derrière eux, et la colonne de nuée se déplaça de devant eux et se tint derrière eux. Elle vint entre le camp des Égyptiens et le camp d'Israël. La nuée était ténébreuse et la nuit s'écoula sans que l'un puisse s'approcher de l'autre de toute la nuit. Moïse étendit la main sur la mer, et Yahvé refoula la mer toute la nuit par un fort vent d'est ; il la mit à sec. *Toutes les eaux se fendirent. Les Israélites pénétrèrent à pied sec au milieu de la mer, et les eaux leur formaient une muraille à droite et à gauche. Les Égyptiens les poursuivirent, et tous les chevaux de Pharaon, ses chars et ses cavaliers pénétrèrent à leur suite au milieu de la mer.* À la veille du matin, Yahvé regarda de la colonne de feu et de nuée vers l'armée des Égyptiens. Il enraya les roues de leurs chars qui n'avançaient plus qu'à grand-peine. Les Égyptiens dirent : « Fuyons devant Israël, car Yahvé combat avec eux contre les Égyptiens ! » Yahvé dit à Moïse : « Étends la main sur la mer, que les eaux refluent sur les Égyptiens, sur leurs chars et sur leurs cavaliers. » Moïse étendit la main sur la mer et, au point du jour, la mer rentra dans son lit. Les Égyptiens en fuyant la rencontrèrent, et Yahvé culbuta les Égyptiens au milieu de la mer. *Les eaux refluèrent et recouvrirent les chars et les cavaliers de toute l'armée de Pharaon qui avaient pénétré derrière eux dans la mer. Il n'en resta pas un seul. Les Israélites, eux, marchèrent à pied sec au milieu de la mer, et les eaux leur formèrent une muraille à droite et à gauche* (14, 19-29).

Pour le livre de l'Exode, Moïse et Israël peuvent alors entonner ce chant, sans doute très ancien, dans lequel seul Dieu a conduit le combat contre Pharaon et son armée :

> Je chante pour Yahvé, car il s'est couvert de gloire,
> il a jeté à la mer cheval et cavalier.
> Yahvé est ma force et mon chant, à lui je dois mon salut.
> Il est mon dieu, je le célèbre,
> le Dieu de mon père et je l'exalte.
> Yahvé est un guerrier, son nom est Yahvé.
> Les chars de Pharaon et son armée, il les a jetés à la mer,
> l'élite de ses officiers, la mer des Roseaux l'a engloutie.
> Les abîmes les recouvrent,
> ils ont coulé au fond du gouffre comme une pierre.
> Ta droite, Yahvé, s'illustre par sa force,
> ta droite, Yahvé, taille en pièces l'ennemi.

Par l'excès de ta majesté, tu renverses tes adversaires,
tu déchaînes ta colère, elle les dévore comme du chaume.
Au souffle de tes narines, les eaux s'amoncelèrent,
les flots se dressèrent comme une digue,
les abîmes se figèrent au cœur de la mer.
L'ennemi s'était dit : « Je poursuivrai,
j'atteindrai, je partagerai le butin,
mon âme s'en gorgera,
je dégainerai mon épée, ma main les supprimera. »
Tu soufflas de ton haleine, la mer les recouvrit,
ils s'enfoncèrent comme du plomb dans les eaux formidables.
Qui est comme toi illustre en sainteté,
redoutable en exploits, artisan de merveilles ? (15, 1-11).

Ainsi, Pharaon, avec ses officiers et ses chars, sombre définitivement dans la mer, qui symbolise le lieu où gisent toutes les forces du mal. Son endurcissement, malgré toutes les démonstrations de la puissance de Yahvé dont il a été le témoin, l'a précipité vers cet abîme où périssent les impies. Désormais, il ne viendra plus tourmenter les Hébreux, qui peuvent commencer leur nouvelle existence. Et Pharaon disparaît de la Bible. Yahvé a vraiment libéré son peuple pour qu'il puisse le servir. Lui et lui seul !

Au désert du Sinaï : l'alliance (Ex 15, 22–24, 18)

Dès que l'on a traversé la zone de lacs et de marécages qui s'étend entre la Méditerranée et la mer Rouge (occupée aujourd'hui par le canal de Suez), la route directe pour se rendre en Canaan longe la côte et conduit à la région de Gaza en quelque trois cents kilomètres. Paradoxalement, sans que l'on sache pourquoi, ce n'est pas celle que les Hébreux empruntent. Ils s'enfoncent dans la péninsule du Sinaï, qui est constituée au nord par des déserts et des steppes, et au sud par un massif montagneux.

Les premières étapes les amènent vers une montagne appelée généralement Sinaï, comme le désert où elle se trouve, et que le Deutéronome cite sous le nom de Horeb (« montagne aride »). Une localisation, qui ne date que du IVe siècle de notre ère, situe cette montagne au cœur du massif qui occupe le sud de la péninsule et culmine à 2 644 mètres. Les Hébreux vont rester une année autour de cette montagne (chapitres 19 à 35).

Les premières étapes dans le désert (15, 27–17, 15)

Dès qu'il a franchi la frontière avec l'Égypte, Israël connaît une série d'épreuves qui inaugurent celles qu'il va affronter tout au long des quarante ans passés dans le désert – la soif, la faim. Même la guerre est nécessaire. Il faut ajouter qu'un peuple ne peut subsister sans chef et sans organisation, ce dont Israël va forcément avoir besoin [13]...

La soif étanchée

Pendant les trois premiers jours, les Hébreux marchent sans trouver la moindre goutte d'eau. L'eau de la première source rencontrée est amère, mais Moïse la transforme miraculeusement en eau douce (Ex 15, 22). Puis ils campent dans un endroit appelé Élim (de l'hébreu *élim*, qui signifie simplement « arbres »), où l'on peut compter jusqu'à douze sources et soixante-dix palmiers (Ex 15, 27) ! Mais le désert devient de plus en plus aride, et les Hébreux reprochent à Moïse de les avoir emmenés jusqu'ici. La soif risque de les anéantir, alors qu'en Égypte ils avaient de quoi boire et manger. À la demande de Yahvé, Moïse frappe un rocher à l'aide du bâton utilisé pour diviser la mer, et l'eau jaillit. Il attribue aussitôt à ce site deux noms : Massa (« épreuve ») pour signifier que Dieu a été contraint de prouver sa puissance, et Meriba (« contestation ») pour rappeler que les Hébreux ont protesté [14] (Ex 17, 1-7).

---

13. L'essentiel de ces épisodes est rapporté deux fois, d'abord avant l'arrivée au Sinaï dans le livre de l'Exode, puis au cours du séjour à Cadès dans le livre des Nombres. Les deux séries des traditions sont regroupées dans le récit qui suit.
14. Un miracle identique est raconté lors de l'arrivée du peuple à Cadès après le départ du Sinaï (Nb 20, 1-13) – notons au passage que l'endroit est alors simplement appelé Meriba (voir plus loin, « Marche d'approche vers la Terre promise », p. 255).

La faim assouvie par la manne et les cailles

Non seulement les Hébreux ont été libérés presque malgré eux, mais ils gardent la nostalgie des bonnes nourritures qu'ils mangeaient en Égypte, comme le rapportent ces propos désabusés :

> Ah ! si nous étions morts de la main de Yahvé au pays d'Égypte, quand nous étions assis près du chaudron de viande, quand nous mangions du pain à satiété ! Vous nous avez fait sortir dans ce désert pour laisser mourir de faim toute cette assemblée ! (Ex 16, 3).

Malgré ces récriminations, Yahvé les apaise en leur procurant un pain merveilleux et des viandes succulentes. Ces dons généreux n'arrivent malheureusement pas à faire taire les doléances (la portée de ces récits est évidemment moins historique que spirituelle).

– ***La manne.*** Yahvé répond au besoin naturel de pain en accordant aux Hébreux la manne, un produit venu du ciel. Il s'agit en fait d'une substance que Dieu offre chaque jour, mois après mois, jusqu'à leur arrivée en Canaan, où il cesse définitivement de la fournir. Car les Israélites pourront alors se nourrir des fruits de la Terre promise :

> Au matin, il y avait une couche de rosée tout autour du camp. Cette couche de rosée évaporée, apparut sur la surface du désert quelque chose de menu, de granuleux, de fin comme du givre sur le sol. Lorsque les Israélites virent cela, ils se dirent : « Qu'est-ce que cela ? », car ils ne savaient pas ce que c'était. Moïse leur dit : « Cela, c'est le pain que Yahvé nous a donné à manger. Recueillez-en chacun ce qu'il peut manger, selon le nombre des personnes qu'il a dans sa tente. » Les Israélites firent ainsi : celui qui avait beaucoup recueilli n'en avait pas trop, et celui qui avait peu recueilli en avait assez : chacun avait recueilli ce qu'il pouvait manger. Ils en recueillirent chaque matin chacun selon ses besoins, et quand le soleil devenait chaud, cela fondait (Ex 16, 13-21).

Inutile de se demander quel arbuste du désert a pu sécréter une résine qui ressemblerait à la manne. Elle est un don mystérieux sur lequel on s'interroge en s'exclamant : « Qu'est-ce que c'est ? » (en hébreu *man hû*). La foi d'Israël ne répond pas à cette interrogation. Mais le sens est clair : Dieu veille sur son peuple et le fait vivre dans le désert. C'est l'essentiel. Mais comment empêcher l'imagination de faire des comparaisons ?

> On eût dit de la graine de coriandre, c'était blanc et cela avait un goût de galette au miel (Ex 16, 31).

Selon une autre source, elle peut être cuisinée :

> On la broyait à la meule ou on l'écrasait au pilon ; enfin on la faisait cuire dans un pot pour en faire des galettes (Nb 11, 7-9).

Chaque nuit, Yahvé fait tomber la manne en même temps que la rosée. Ainsi, chaque matin, Israël attend sa nourriture de Dieu. Cependant, il ne doit pas amasser de provisions : dans le désert, son existence dépend donc totalement et en permanence de Dieu. Mais qu'en est-il du sabbat, pendant lequel, après l'exil, il fut strictement interdit de préparer de la nourriture ? Ce jour-là, dans le désert, ramasse-t-on la manne ? Un court récit de la tradition sacerdotale nous éclaire :

> Le sixième jour, ils recueillirent le double de pain, deux gomors [15] par personne. Moïse leur dit : « Demain est un jour de repos complet, un saint sabbat pour Yahvé. Cuisez tout ce que vous voulez cuire, le surplus mettez-le en réserve jusqu'à demain. » Ils le mirent en réserve jusqu'au lendemain, ce ne fut pas infect, il n'y eut pas de vers dedans. Le septième jour cependant, des gens sortirent pour en recueillir, mais ils n'en trouvèrent pas. Les Israélites mangèrent de la manne pendant quarante ans jusqu'à ce qu'ils arrivent aux confins de Canaan (Ex 16, 22-36).

Ainsi, Israël doit toujours vivre dans la foi, la certitude que Yahvé veille sur lui, en pratiquant le repos du sabbat afin de témoigner qu'il vit réellement dans la confiance absolue en son Dieu. Après le retour de l'exil, ce texte visait donc à renforcer le rôle capital de ce jour sacré.

– ***Les cailles.*** Les Hébreux ont aussi faim de viande. Yahvé satisfait cet autre besoin par des vols de cailles qui s'abattent sur le camp. L'événement est rapporté deux fois. Dans le livre de l'Exode, l'arrivée des oiseaux est seulement mentionnée au milieu du récit sur la manne, avant la théophanie du Sinaï (16, 13).

15. Une unité de mesure.

Dans le livre des Nombres, elle est racontée en détail et située au cours du trajet qui mène du Sinaï vers Cadès. Les Israélites, lassés de la manne, rêvent des riches nourritures d'Égypte :

> Moïse dit à Yahvé : « Où trouverais-je de la viande à donner à tout ce peuple quand ils m'obsèdent de leurs larmes en disant : Donne-nous de la viande à manger ? » Yahvé lui répondit : « À ce peuple tu diras : Yahvé vous donnera de la viande à manger. Vous n'en mangerez pas un jour seulement, mais bien tout un mois jusqu'à ce qu'elle vous sorte par les narines et vous soit un dégoût, puisque vous avez rejeté Yahvé. » (Nb 11, 13).
>
> Envoyé par Yahvé, un vent se leva qui, venant de la mer, entraîna des cailles et les précipita sur le camp. Il y en avait aussi loin qu'un jour de marche, de part et d'autre du camp, et sur une épaisseur de deux coudées au-dessus du sol. Le peuple fut debout tout le jour, toute la nuit et le lendemain pour ramasser des cailles. La viande était encore entre leurs dents, elle n'était pas encore mâchée que la colère de Yahvé s'enflamma contre le peuple. Yahvé le frappa d'une très grande plaie (Nb 11, 31-34).

Le pain est une nécessité, la viande peut pousser à la gloutonnerie !

Yahvé combat pour Israël

Au cours de cette marche vers le Sinaï, un peuple ennemi se dresse contre Israël : les Amalécites. Dans la tradition biblique, il n'a pas d'origine ni d'implantation déterminées. Moïse envoie Josué combattre Amaleq, tandis qu'il monte sur la montagne avec Aaron son frère et Hur [16] :

> Lorsque Moïse tenait ses mains levées, Israël l'emportait, et quand il les laissait retomber, Amaleq l'emportait. Comme les mains de Moïse s'alourdissaient, ils prirent une pierre et la mirent sous lui. Il s'assit dessus tandis qu'Aaron et Hur lui soutenaient les mains, l'un d'un côté, l'autre de l'autre.
>
> Ainsi ses mains restèrent-elles fermes jusqu'au coucher du soleil. Josué défit Amaleq et son peuple au fil de l'épée (17, 10-13).

16. Les Amalécites interviendront encore une fois dans l'histoire d'Israël (voir troisième partie, chapitre 2, « Les guerres de Saül », p. 380). Quant à Hur, il serait également le frère de Moïse d'après une autre tradition.

Le but de ce passage est de rappeler que le peuple de Yahvé ne peut vaincre qu'en s'appuyant sur son Dieu.

La manifestation de Dieu et l'alliance

Jusque-là, Yahvé ne s'est véritablement révélé qu'à Moïse. Les Hébreux, de leur côté, ne connaissent leur Dieu qu'à travers la libération inattendue dont ils viennent de bénéficier, qui les trouble et les dérange autant qu'elle les réjouit, car elle les projette dans l'inconnu. Il est donc temps que Yahvé le sauveur se manifeste auprès d'eux et annonce ce qu'il attend du peuple dont il a pris en main la destinée [17].

Deux mois après la sortie d'Égypte, les Hébreux parviennent donc au pied de la montagne du Sinaï pour recevoir la révélation de Dieu. Moïse effectue préalablement deux ascensions de la montagne. Au cours de la première, il reçoit la plus belle déclaration d'attachement à son peuple jamais exprimée par Yahvé :

> Vous avez vu vous-mêmes ce que j'ai fait aux Égyptiens, et comment je vous ai emportés sur des ailes d'aigle et amenés vers moi. Maintenant, si vous écoutez ma voix et gardez mon alliance, je vous tiendrai pour mon bien propre parmi tous les peuples, car toute la terre est à moi. Je vous tiendrai pour un royaume de prêtres, une nation sainte (19, 4-6).

Les Hébreux ont désormais le statut de peuple élu qui, si tous les autres peuples appartiennent à Yahvé, est le bien propre de Dieu, auquel il est lié par alliance. Tous ses membres doivent vivre en communauté sainte, être voués (comme des prêtres) au culte de Celui qui est le seul vrai Dieu. Quand Moïse gravit le Sinaï pour la seconde fois, Yahvé lui donne l'ordre d'interdire aux Hébreux de fouler cette montagne rendue sainte par Sa présence. Il demande aussi qu'Israël se sanctifie en vue du jour solennel qui approche. Dieu, en effet, va se manifester ! Pour exprimer la majesté divine, la Bible

17. Plusieurs traditions ont été combinées pour relater l'événement.

utilise les images les plus grandioses dont elle dispose ; cette présence est pareille à un orage terrifiant assorti du tonnerre et d'éclairs, une éruption volcanique, un tremblement de terre. Les images se télescopent sans cohérence. Seule compte la crainte que le peuple doit ressentir devant la sainteté de Dieu :

> Or le surlendemain, dès le matin, il y eut des coups de tonnerre, des éclairs et une épaisse nuée sur la montagne, ainsi qu'un très puissant son de trompe et, dans le camp, tout le peuple trembla. Moïse fit sortir le peuple du camp, à la rencontre de Dieu, et ils se tinrent au bas de la montagne. Or la montagne du Sinaï était toute fumante, parce que Yahvé y était descendu dans le feu ; la fumée s'en élevait comme d'une fournaise et toute la montagne tremblait violemment. Le son de trompe allait en s'amplifiant ; Moïse parlait et Dieu lui répondait dans le tonnerre (19, 16-19).

Cette voix terrifie les Hébreux, qui demandent à Moïse de leur transmettre ce que dit la Parole de Dieu :

> Parle-nous, toi, et nous t'écouterons ; mais que Dieu ne nous parle pas, car alors c'est la mort (20, 19).

La Parole de Dieu ne parvient donc pas directement à Israël, elle est transmise par l'intermédiaire de Moïse, dont l'enseignement, la Torah, possède la même autorité. Mais Dieu communique aussi par le moyen de l'écriture, comme nous le verrons plus loin [18]. La Torah est Parole et Écriture !

La Torah de Yahvé

Quelles sont les exigences essentielles de la Torah sur lesquelles Israël doit s'engager au cours de la cérémonie de la conclusion de l'alliance ? Parmi les innombrables textes législatifs dont disposait la tradition biblique, et qui remplirent la suite du livre de l'Exode, l'auteur a choisi deux textes.

---

18. Voir « La conclusion de l'alliance », p. 242.

Les Dix Paroles

Yahvé adresse ces Dix Paroles directement au peuple, comme si Moïse n'était pas son porte-parole officiel. Cette version du Décalogue est légèrement différente de celle du Deutéronome qui a déjà été présentée [19] : ainsi le sabbat est mis ici en relation avec la création du monde en six jours, alors que, dans le Deutéronome, il l'est avec la libération d'Égypte :

Dieu prononça toutes ces paroles et dit : « Je suis Yahvé, ton Dieu, qui t'ai fait sortir du pays d'Égypte, de la maison de servitude.

Tu n'auras pas d'autres dieux devant moi.

Tu ne te feras aucune image sculptée, rien qui ressemble à ce qui est dans les cieux, là-haut, ou sur la terre, ici-bas, ou dans les eaux, au-dessous de la terre.

Tu ne te prosterneras pas devant ces dieux et tu ne les serviras pas, car moi Yahvé, ton Dieu, je suis un Dieu jaloux qui punis la faute des pères sur les enfants, les petits-enfants et les arrière-petits-enfants pour ceux qui me haïssent, mais qui fais grâce à des milliers pour ceux qui m'aiment et gardent mes commandements.

Tu ne prononceras pas le nom de Yahvé ton Dieu à faux, car Yahvé ne laisse pas impuni celui qui prononce son nom à faux.

Tu te souviendras du jour du sabbat pour le sanctifier. Pendant six jours, tu travailleras et tu feras tout ton ouvrage ; mais le septième jour est un sabbat pour Yahvé ton Dieu.

Tu ne feras aucun ouvrage, toi, ni ton fils ni ta fille, ni ton serviteur, ni ta servante, ni tes bêtes, ni l'étranger qui est dans tes portes. Car en six jours Yahvé a fait le ciel, la terre, la mer et tout ce qu'ils contiennent, mais il s'est reposé le septième jour, c'est pourquoi Yahvé a béni le jour du sabbat et l'a consacré.

Honore ton père et ta mère, afin que se prolongent tes jours sur la terre que te donne Yahvé ton Dieu.

Tu ne tueras pas.

Tu ne commettras pas d'adultère.

Tu ne voleras pas.

Tu ne porteras pas de témoignage mensonger contre ton prochain.

19. Voir première partie, chapitre 3, p. 101.

Tu ne convoiteras pas la maison de ton prochain. Tu ne convoiteras pas la femme de ton prochain, ni son serviteur, ni sa servante, ni son bœuf ni son âne, rien de ce qui est à ton prochain » (20, 1-17).

Le code de l'alliance

Ce code législatif très ancien a été inséré entre le Décalogue et la cérémonie de ratification de l'alliance. Son analyse montre qu'il concerne un peuple à l'évidence déjà sédentarisé : par exemple, la condition des esclaves et des étrangers, le règlement des conflits à la suite de torts causés par les bêtes ; l'institution de villes refuges pour ceux qui ont provoqué involontairement la mort d'un autre homme ; l'interdiction du prêt à intérêt à un compatriote ; le repos de la terre tous les sept ans ; le sacrifice du premier-né des animaux ; les amendes visant à dédommager des victimes de vols ; la célébration de trois fêtes annuelles : au printemps les Azymes (il n'est pas question de l'agneau pascal), en été la fête de la Moisson, en fin d'année celle de la Récolte.

La peine de mort est prévue pour certains crimes, comme le meurtre d'un Hébreu (en fait un Israélite), mais aussi pour les coups donnés aux parents, la magie, la bestialité et le culte rendu aux dieux étrangers. La loi du talion (du latin *talis*, qui signifie « tel ») restreint le châtiment autorisé, comme le montre cet article typique de l'esprit du code : le châtiment doit être proportionnel au préjudice :

> Si des hommes, en se battant, bousculent une femme enceinte et que celle-ci avorte mais sans autre accident, le coupable paiera l'indemnité imposée par le maître de la femme, il paiera selon la décision des arbitres. Mais s'il y a un accident, tu donneras vie pour vie, œil pour œil, dent pour dent, pied pour pied, brûlure pour brûlure, meurtrissure pour meurtrissure, plaie pour plaie (21, 22-24).

On ne doit pas laisser nu le pauvre :

> Si tu prends en gage le manteau de quelqu'un, tu le lui rendras au coucher du soleil. C'est sa seule couverture, c'est le manteau dont il enveloppe son corps, dans quoi se couchera-t-il ? S'il crie vers moi je l'écouterai, car je suis compatissant, moi ! (22, 25).

Certains interdits mystérieux sont confirmés. Ainsi :

> Tu ne feras pas cuire un chevreau dans le lait de sa mère (23, 19).

Aujourd'hui, la législation juive de pureté alimentaire a conservé cet interdit qui concerne la consommation de viande et de laitage au cours du même repas.

La conclusion de l'alliance

Le moment solennel est enfin venu. Israël a déjà entendu Dieu prononcer lui-même les Dix Paroles qui expriment ses exigences fondamentales. Puis Moïse lui a communiqué d'autres lois, qu'il rappelle au début de la cérémonie :

> Moïse vint rapporter au peuple toutes les paroles de Yahvé et toutes les lois, et tout le peuple répondit d'une seule voix : « Toutes les paroles que Yahvé a prononcées, nous les mettrons en pratique. » Moïse mit par écrit toutes les paroles de Yahvé puis, se levant de bon matin, il bâtit un autel au bas de la montagne, et douze stèles pour les douze tribus d'Israël. Puis il envoya de jeunes Israélites offrir des holocaustes et immoler à Yahvé de jeunes taureaux en sacrifice de communion. Moïse prit la moitié du sang et la mit dans des bassins, et l'autre moitié du sang, il la répandit sur l'autel. Il prit le livre de l'alliance et il en fit la lecture au peuple, qui déclara : « Tout ce que Yahvé a dit, nous le ferons et nous y obéirons. » Moïse, ayant pris le sang, le répandit sur le peuple et dit : « Ceci est le sang de l'alliance que Yahvé a conclue avec vous moyennant toutes ces clauses » (24, 3-8).

Le peuple s'engage donc dans l'alliance en parfaite connaissance de cause. Moïse lui répète les Paroles et les Lois ; il les écrit de sa propre main [20]. Les Hébreux promettent solennellement de les respecter. Moïse bâtit alors un autel (symbole de Yahvé), et dresse douze stèles (symbole des douze tribus). Il demande à des jeunes gens [21] d'immoler des bœufs et

20. Dans l'épisode du Veau d'or ci-après, on dit qu'elles ont été écrites de la main même de Dieu, ce qui montre comment les traditions ont été juxtaposées et non harmonisées.
21. Paradoxalement, les prêtres ne jouent aucun rôle dans ce sacrifice solennel où est conclue l'alliance entre Yahvé et son peuple ! Ce qui correspond à la qualification du peuple d'Israël : un « Peuple de prêtres » (voir plus haut, « La manifestation de Dieu et l'alliance », p. 238).

d'en recueillir le sang dans des bassines. Le sang est le symbole de la vie, qui est don de Dieu, comme l'explique le livre du Lévitique[22] (17, 11). Yahvé et son peuple sont ensuite unis par le même sang, celui de l'alliance. Ils communient dans une même existence, sont liés l'un à l'autre pour toujours en un être unique, époux et femme dans une même chair. L'histoire peut s'enclencher !

Le veau d'or

Mais l'enseignement des scribes sacerdotaux sur la conclusion de l'alliance au Sinaï ne comprenait pas seulement le récit de l'événement fondamental tel que l'ont relaté ces vieux textes. Il rapporta d'autres traditions qui se raccordaient plus ou moins exactement avec ceux-ci. Ces sources mentionnaient notamment d'autres ascensions et séjours de Moïse sur la montagne, seul ou avec d'autres Hébreux.

Par exemple, Moïse monte sur le Sinaï, accompagné de Aaron et ses deux fils, Nadad et Abihu, mais aussi de soixante-dix anciens d'Israël. Or, lors de ce périple, ils voient Yahvé, ce qui est absolument inouï et proprement impensable, car on ne peut voir Dieu sans mourir[23] :

> Ils virent le Dieu d'Israël. Sous ses pieds, il y avait comme un pavement de saphir, aussi pur que le ciel même. Il ne porta pas la main sur les notables des Israélites. Ils contemplèrent Dieu puis ils mangèrent et burent (24, 9-11).

Mais la tradition mentionne principalement un long séjour de Moïse accompagné de son serviteur Josué. Il dure quarante jours et quarante nuits et commence par sept jours et sept nuits au cours desquels la Gloire de Yahvé et la nuée couvrent la montagne (24, 12-18). Nous retrouvons ici le chiffre quarante, qui signifie le temps de l'attente, de l'épreuve et de la purification, durée après laquelle survient un changement. C'est pendant la première période de sept jours que Yahvé élabore pour Israël :

> les deux tables du Témoignage, tables de pierre écrites du doigt de Dieu (31, 18).

22. Voir quatrième partie, chapitre 2, p. 465.
23. Voir plus loin « Moïse intercesseur et ami de Dieu », p. 245.

Or, pendant ce temps, le peuple commet un péché abominable en offrant un culte à un veau d'or qu'il s'est fabriqué :

> Quand le peuple vit que Moïse tardait à descendre de la montagne, le peuple s'assembla auprès d'Aaron et lui dit : « Allons, fais-nous un dieu qui aille devant nous, car ce Moïse, l'homme qui nous a fait monter du pays d'Égypte, nous ne savons pas ce qui lui est arrivé. » Aaron leur répondit : « Ôtez les anneaux d'or qui sont aux oreilles de vos femmes, de vos fils et de vos filles et apportez-les-moi. » Tout le peuple ôta les anneaux d'or qui étaient à leurs oreilles et ils les apportèrent à Aaron. Il reçut l'or de leurs mains, le fit fondre dans un moule et en fit une statue de veau ; alors ils dirent : « Voici ton Dieu, Israël, celui qui t'a fait monter du pays d'Égypte. » Voyant cela, Aaron bâtit un autel devant la statue et fit cette proclamation : « Demain, fête pour Yahvé. » Le lendemain, ils se levèrent de bon matin, ils offrirent des holocaustes et apportèrent des sacrifices de communion. Le peuple s'assit pour manger et pour boire, puis ils se levèrent pour se divertir (32, 1-6).

Les Hébreux n'entendent pas renier Yahvé, ce Dieu qui les a fait sortir d'Égypte ; ils veulent s'en faire une représentation, une statue en or, un « veau [24] ».

Après l'exil, ce sacrilège sonne comme un retour au passé. Dès le schisme en 931, le roi de Samarie Jéroboam s'est empressé de fabriquer deux effigies de Yahvé sous les traits d'un taureau ; il a dressé l'une dans le nord de son royaume, à Dan, l'autre au sud, à Béthel, afin de détourner ses sujets d'aller en pèlerinage à Jérusalem (1 R 12, 28-30). Osée a dénoncé d'ailleurs une telle aberration [25]. Cette représentation a été le point de départ de la compromission avec les cultes idolâtres. C'est pourquoi le commandement de Yahvé est toujours strict : « Tu ne te feras aucune image sculptée... » Mais la tentation reste forte au VIe siècle. Dès son origine, Israël s'est montré un peuple rebelle, ont répété les prophètes. Pour les auteurs de la Bible, Moïse doit constamment intercéder auprès de Yahvé.

---

24. C'est l'appellation dérisoire du taureau, image habituelle en Canaan de la divinité Baal et qui évoquait la vigueur.
25. Voir première partie, chapitre 1, « Les déviations du culte », p. 59.

Moïse, intercesseur et ami de Dieu

Quand Moïse descend de la montagne, en portant les tables de pierre, Yahvé lui apprend le crime des Israélites et le châtiment qu'il a décidé :

« J'ai vu ce peuple : c'est un peuple à la nuque raide. Maintenant laisse-moi, ma colère va s'enflammer contre eux et je les exterminerai ; mais de toi je ferai une grande nation. » Moïse s'efforça d'apaiser Yahvé son Dieu et dit : « Pourquoi, Yahvé, ta colère s'enflammerait-elle contre ton peuple que tu as fait sortir d'Égypte par ta grande force et ta main puissante ? Pourquoi les Égyptiens diraient-ils : "C'est par méchanceté qu'il les a fait sortir, pour les faire périr dans les montagnes et les exterminer de la face de la terre"? Reviens de ta colère ardente et renonce au mal que tu voulais faire à ton peuple » (32, 9-12).

Yahvé n'applique pas sa punition. Mais ce pardon n'arrête pas la colère de Moïse ; il jette les tables de pierre et les brise au pied du Sinaï. Puis il prend le veau et le brûle, non sans avoir réprimandé son frère Aaron, lui le grand prêtre qui s'est rendu complice du péché collectif. Par ce péché, Israël s'est acquis le qualificatif de « peuple à la nuque raide », à l'image d'un bœuf rétif qui refuse de plier son cou sous le joug. L'histoire du Veau d'or a montré comment Israël a voulu s'éloigner de Yahvé. Mais Dieu va restaurer les liens de l'alliance en réponse à l'intercession de Moïse qui, désormais, n'apparaît plus seulement comme le porte-parole de Dieu, mais aussi comme son ami. Il faut d'abord qu'il remonte au sommet de la montagne avec de nouvelles tables de pierre pour que Dieu y inscrive à nouveau sa Parole. Mais, cette fois, l'atmosphère de la rencontre est tout à fait différente.

Moïse ose demander à Yahvé :

« Fais-moi de grâce voir ta gloire. »

Yahvé lui répond :

« Je ferai passer devant toi toute ma beauté et je prononcerai devant toi le nom de Yahvé. Je fais grâce à qui je fais grâce et j'ai pitié de qui j'ai pitié. Tu ne peux pas me voir et vivre. » Yahvé dit encore : « Voici une place près de moi ; tu te tiendras sur le rocher. Quand passera ma gloire, je te mettrai dans la fente du rocher et je te couvrirai de ma main jusqu'à ce que je sois passé. Puis j'écarterai ma main et tu verras mon dos ; mais ma face, on ne peut la voir » (33, 18-23).

Ce n'est plus le Dieu terrible que Moïse doit invoquer. Sa prière prend une tonalité nouvelle. Quand Yahvé passe devant lui, il proclame :

> Yahvé, Yahvé, Dieu de tendresse et de pitié, lent à la colère, riche en grâce et en fidélité ; qui garde sa grâce à des milliers, tolère faute, transgression et péché, mais ne laisse rien impuni et châtie les fautes des pères jusqu'à la troisième et la quatrième génération (34, 6-7).

Dieu est plein de tendresse et de pitié, il est même prêt à pardonner à ceux qui l'offensent. Pourtant, sa colère plane encore sur ceux qui s'obstinent à refuser de l'écouter. Au cours de cette nouvelle rencontre, qui dure aussi quarante jours et quarante nuits, il transmet à Moïse une nouvelle série de dix prescriptions qui concernent plus particulièrement le culte. Puis Moïse descend en portant les nouvelles tables. Au cours de ce séjour, l'intimité entre Yahvé et Moïse est devenue très forte « car Dieu parle à Moïse face à face, comme un homme parle à son ami » (33, 10), si bien que « la peau de son visage rayonnait parce qu'il avait parlé avec lui ». Quand les Hébreux découvrent son visage, ils prennent peur. Et, après leur avoir répété ce que Yahvé lui a dit, Moïse doit se voiler la face. Quand il pénètre dans la Tente où réside Yahvé pour parler avec lui, il ôte le voile. Quand il en sort, après avoir communiqué au peuple la Parole de Dieu, il le remet jusqu'à ce qu'il y rentre de nouveau[26] (34, 28-35).

Quarante ans dans le désert

Le séjour au pied du Sinaï se prolonge pour atteindre la durée exacte d'une année, jour pour jour, jusqu'à la célébration de la Pâque par laquelle Israël commémore pour la première fois la nuit de sa libération. Pendant cette année, les différents corps de métier bâtissent la Tente, parfois appelée de l'Assemblée, où Yahvé va résider pendant la marche vers la Terre

26. Dans sa célèbre statue de Moïse, Michel Ange a symbolisé ces rayons émanant du visage par des cornes. En effet, en hébreu, le même mot *qeren* signifie « rayon » et « corne ».

promise. Dieu en a communiqué à Moïse le plan et les détails durant les quarante jours passés sur la montagne.

La construction de la Tente

Yahvé a indiqué le plan, le mobilier de la Tente, ainsi que la confection des vêtements des prêtres. Ces prescriptions n'occupent pas moins de sept chapitres du livre de l'Exode (25 à 32), et la réalisation reprend presque littéralement l'exécution de ces ordres (35 à 40). Il faut voir dans ces longs exposés une construction théologique élaborée dans les milieux sacerdotaux de Jérusalem au retour de l'exil, à l'imitation de celle qui termine le livre d'Ézéchiel [27]. Cette présentation veut alors persuader les juifs de l'ancienneté et de l'origine divine du culte dans le Temple. Dans ses moindres détails, il est dans la continuité de celui que les ancêtres pratiquaient depuis toujours.

Aussi la Tente montée dans le désert est-elle le Temple de Jérusalem en réduction. Le sanctuaire proprement dit est divisé en deux pièces, le Saint et le Saint des Saints, séparés par un rideau. Le mobilier est identique, avec la table des pains d'oblation, le candélabre à sept branches, l'autel des holocaustes et l'autel des parfums. Les vêtements des prêtres auraient aussi été dessinés alors.

Le livre de l'Exode donne également une description de l'arche qui résidait dans le Saint des Saints [28]. Elle est faite en bois d'acacia, plaquée d'or à l'extérieur et à l'intérieur. Des barres de bois passées dans les anneaux accrochés à ses pieds permettent de la transporter. Elle mesure environ 110 cm sur 50 cm. Moïse doit y installer le « Témoignage », qui semble désigner les tables de pierre. On y met également un serpent d'airain [29]. Mais la description insiste plutôt sur le « propitiatoire », une plaque d'or de

27. Voir première partie, chapitre 5, p. 153.
28. L'arche d'alliance est également évoquée à plusieurs reprises dans les récits concernant Samuel et David (voir troisième partie, chapitre 2, p. 371). Elle aurait disparu dans l'incendie du Temple par Nabuchodonosor en 587.
29. Il est aussi question plus loin de ce serpent d'airain, voir « Deux fautes graves, le serpent d'airain et la trahison avec le Baal de Péor », p. 259.

même dimension que l'arche. Il est dominé par deux chérubins, sortes de sphinx dont les ailes se rejoignent pour le couvrir. Évidemment, on voit difficilement ces représentations de chérubins dans le désert [30] !

Le départ

Le récit reprend après la description et la fabrication de la Tente. Moïse dresse la Tente avec ses différentes parties, dispose le mobilier à l'intérieur et à l'extérieur, fait fumer l'encens, place les sacrifices sur l'autel. Les prêtres se purifient et revêtent leurs habits :

> Alors la nuée couvre la Tente du Rendez-vous, et la gloire de Yahvé emplit la Demeure (40, 34).

La nuée est visible le jour ; le matin, elle prend la tête du cortège pour montrer le chemin, car c'est Yahvé qui donne l'ordre du départ. Le jour du sabbat, évidemment, elle ne se déplace pas et le peuple demeure près d'elle. Elle s'arrête le soir et indique le lieu du campement. On dresse la Tente en dehors du camp et la Gloire de Yahvé illumine l'intérieur comme un feu (40, 34-38). Mais une autre source prétend que le peuple sort le soir de ses quartiers pour voir Moïse se rendre à la Tente : la nuée descend alors et se tient à la porte de la Tente, Moïse s'entretient avec Yahvé comme un ami avec son ami, et le peuple se prosterne pour adorer Dieu [31] (33, 7-11).

Yahvé demande alors à Moïse de faire le recensement des Hébreux par clan et l'on dénombre 603 550 hommes âgés de plus de vingt ans. Les membres de la tribu de Lévi sont comptés à part. L'ordre des tribus dans le cortège est fixé, les lévites qui portent l'arche figurent au milieu. Des trompettes sonnent, l'immense procession quitte le Sinaï et prend le chemin de la Terre promise (Nb 1–10).

---

30. Mais on pense que, l'arche ayant été brûlée par Nabuchodonosor, dans la liturgie d'Israël le propitiatoire placé sur une table a tenu lieu ensuite d'arche, et que c'est sur lui que le grand prêtre versait le sang des sacrifices le jour de la fête des expiations (voir quatrième partie, chapitre 2, p. 473).
31. Précisons que le départ est relaté dans le dernier chapitre du livre de l'Exode, et que le récit continue dans le livre des Nombres mais, dans l'ordre de la Bible, par-delà le livre du Lévitique.

Moïse et ses collaborateurs

Aussitôt après le départ du Sinaï, les Hébreux grommellent à nouveau. Ils se montrent dégoûtés de la manne, ils rêvent encore aux nourritures riches et variées de l'Égypte :

> Les fils d'Israël commencèrent à pleurer : « Qui nous donnera de la viande à manger ? Nous nous rappelons le poisson que nous mangions pour rien en Égypte, les concombres, les pastèques, les poireaux, les oignons, l'ail » (Nb 11, 4).

Une fois encore, Yahvé décide de les châtier. Moïse intercède en lui rappelant qu'il s'agit de Son peuple :

> Pourquoi m'as-tu imposé la charge de tout ce peuple ? Est-ce moi qui ai conçu tout ce peuple, est-ce moi qui l'ai enfanté, que tu me dises : « Porte-le sur ton sein, comme la nourrice porte l'enfant à la mamelle, au pays que j'ai promis par serment à ses pères » ? [...] « Je ne puis à moi seul porter tout ce peuple : c'est trop lourd pour moi » (Nb 11, 14).

La charge semble donc écrasante pour un seul homme. Pourtant, Moïse paraît bénéficier du soutien d'un entourage familial. À commencer par son frère Aaron qui, nous l'avons vu, a été appelé pour le seconder. Le livre de l'Exode mentionne aussi une sœur, Myriam, à laquelle est même donné le titre de prophétesse (Ex 15, 20). Le même livre rapporte que Moïse a eu deux fils, Gershom et Éliézer (Ex 18, 3), de Çippora, la fille du prêtre Jéthro qu'il a épousée à Madiân. Mais la Bible ne parle plus ensuite de Çippora ni de Gershom et d'Éliézer. Moïse ne peut à l'évidence imposer l'un de ses descendants, son charisme n'est pas transmissible, au contraire du sacerdoce d'Aaron et de la royauté. Un autre récit exclut d'ailleurs toute responsabilité de la famille de Moïse à l'égard du peuple, même Aaron. Cette source mentionne notamment Myriam (appelée la sœur d'Aaron, et non de Moïse). Myriam (ainsi qu'Aaron) reproche à Moïse d'avoir épousé une « Kushite » (en réalité une Madianite), et donc d'avoir conclu un mariage en dehors du peuple d'Israël [32]. Yahvé tranche :

> « Toute ma maison lui est confiée, je lui parle face à face » (Nb 12, 7).

---

32. Une union qui, après l'exil, était fortement condamnée.

Et c'est Myriam qui est châtiée :

> Elle devient lépreuse, blanche comme neige (Nb 12, 10).

Moïse intervient néanmoins en sa faveur ; elle guérit, mais est séquestrée sept jours en dehors du camp.

Yahvé, qui se trouve donc obligé de convenir que la responsabilité d'un peuple si nombreux est trop importante pour Moïse, demande à celui-ci de choisir soixante-dix « anciens et sages [33] » pour l'assister et de les rassembler autour de la Tente. Alors :

> Yahvé descendit dans la nuée et prit de l'Esprit qui était sur Moïse pour le mettre sur les soixante-dix anciens. Quand l'Esprit reposa sur eux, ils prophétisèrent (Nb 11, 25).

Parmi ces anciens, deux sont restés dans le camp, mais ils se mettent à prophétiser en même temps que les autres, l'inspiration prophétique se manifestant ici sans doute par des transes et des chants [34]. Josué, le serviteur de Moïse, vient avertir son maître de cette aberration, mais il se fait rabrouer :

> « Serais-tu jaloux pour moi ? Ah ! puisse tout le peuple de Yahvé être prophète, Yahvé leur donnant son Esprit » (Nb 11, 29).

L'Esprit [35] est considéré comme une énergie divine qui se communique à l'homme pour l'amener à vivre et à agir personnellement selon le dessein

33. Nous avons vu, dans l'un des récits du Sinaï, ce groupe accompagner Moïse et Aaron et ses enfants au sommet de la montagne (voir plus haut Ex 24, 9-11, p. 243). Il s'agit en réalité d'une institution créée au retour de l'exil, et qui allait constituer à partir du IVe siècle un contrepoids précieux au pouvoir envahissant du sacerdoce. Elle fut l'amorce du Sanhédrin, sorte de parlement de la communauté juive, auquel devait plus tard se heurter Jésus, et qui se perpétua même après la destruction du Temple par Titus en 70 de notre ère.

34. Voir prélude, p. 33.

35. Au retour de l'exil, devant la puissance du pouvoir sacerdotal qui tendait à devenir hégémonique, le message était clair : l'Esprit ne peut être canalisé, commandé et limité par une institution quelle qu'elle soit. Cette venue de l'Esprit doit concerner tous les temps, et surtout l'avenir. Isaïe avait déjà annoncé qu'il allait se poser sur le roi messianique (voir première partie, chapitre 2, p. 77).

de Dieu. Le seul conducteur des Hébreux est donc Yahvé, qui donne son Esprit non seulement à ceux qui reçoivent une responsabilité, mais aussi à chaque fils d'Israël, faisant ainsi de son peuple :

> un royaume de prêtres, une nation sainte (Ex 19, 6).

Néanmoins, les Hébreux ont besoin d'un chef parce que la conquête du pays ne peut se faire sans combats. Or, Moïse n'est pas un guerrier, il est l'homme de la relation à Dieu. L'homme des batailles à venir est Josué, qui conduit la patrouille envoyée explorer Canaan.

L'exploration de Canaan (Nb 13–14)

Le peuple s'est mis en route, mais il est loin de former une sorte de procession liturgique cheminant vers la Terre sainte. À chaque étape, selon le rédacteur, la marche est ponctuée de récriminations ; le peuple a encore faim de viande. Pourtant, la caravane se dirige maintenant vers Canaan par la route la plus directe. Elle s'installe bientôt dans le désert de Parân, que l'auteur situe au sud du Néguev, donc presque à l'entrée de Canaan. Il n'est pas étonnant que Moïse, obéissant à un ordre de Yahvé, envoie une patrouille chargée de reconnaître le pays dévolu aux Hébreux. Il choisit douze hommes, un de chaque tribu. Le détachement est placé sous la responsabilité de Josué, son serviteur, et de Caleb, membre de la tribu de Juda – qui, par la même occasion, va découvrir le futur territoire de sa tribu, situé au sud du pays.

L'exploration dure quarante jours. Les éclaireurs pénètrent jusqu'à la vallée d'Eshkol, qui se trouve tout près d'Hébron, ce qui ne constitue pas un bien long chemin ! De cette région – l'action se déroule au début des vendanges –, ils ramènent une grappe de raisin volumineuse et si lourde qu'ils sont contraints de la placer sur une perche et de la porter à deux. Attentif, le peuple écoute leur rapport. La première information est encourageante : Canaan est vraiment très beau et très riche. Mais la seconde est alarmante : les villes sont puissamment défendues, les habitants des géants. Comparés à eux, les Hébreux ne sont que des « sauterelles » (13, 33). La conclusion des envoyés sème le trouble : il est impossible d'attaquer.

Les Hébreux réagissent aussitôt ; il faut désigner un autre homme enfin capable de les diriger et repartir en Égypte, qu'ils n'auraient jamais dû quitter. Caleb et Josué soutiennent alors que, avec l'aide de Yahvé, le peuple est capable de vaincre les Cananéens. Ils affirment que leurs divinités ont abandonné ces idolâtres, alors que Dieu veille sur ceux qu'il a choisis. Certes, les exigences divines sont très contraignantes, mais elles sont à la mesure de son amour et de l'avenir qu'il réserve.

Devant la révolte du peuple, Yahvé perd patience. Moïse subit sa colère dans la Tente : les Hébreux doivent être exterminés, seul Moïse sera épargné, de manière à tout reprendre depuis le début. Dieu est las de leurs plaintes. Ne les a-t-il pas avertis à plusieurs reprises :

> « Je vais le frapper de la peste et le priver de son héritage ; et de toi je ferai un peuple plus grand et plus puissant que lui » (Nb 14, 12).

Moïse lui objecte qu'en les punissant il se déconsidérerait aux yeux des Égyptiens. Une fois de plus, Yahvé pardonne, car son amour est le plus fort (14, 20).

Cependant, il jure que cette génération, qui a vu les prodiges accomplis en Égypte et vécu l'alliance du Sinaï, ne mettra pas le pied en Terre promise : tous mourront dans le désert, sauf Josué et Caleb. Seule la génération suivante, dans quarante ans, pourra y entrer. En entendant cette malédiction, le peuple se repent et décide de partir sur-le-champ à la conquête de Canaan. Moïse les met en garde : « Yahvé ne sera pas avec vous. » La menace se réalise, les combattants sont écrasés par les Cananéens (Nb 14, 27-45).

Ainsi, l'exploration de la Terre promise se solde par une double catastrophe, la première génération d'Israël est maudite et Israël subit une première défaite. Au retour de l'exil, la leçon que sous-entend ce récit était claire : certes Dieu est plein d'amour pour son peuple, mais Israël doit respecter cet amour. La possession de son pays est à ce prix : Yahvé peut lui interdire d'y pénétrer, comme il peut l'en chasser pour un exil de plus de quarante ans !

La place du sacerdoce dans le peuple (Nb 15–19)

Josué est donc maintenant chargé de remplacer Moïse à la tête des armées d'Israël. Mais il est important aussi de situer la place du sacerdoce par rapport à Moïse, au conseil des anciens, et Josué. Cette question était en effet cruciale au retour de l'exil, alors que la disparition de la royauté mettait en fait le pouvoir à la fois politique et religieux entre les mains des seuls prêtres. Les traditions rassemblées ici et dans l'ensemble du Pentateuque reflètent cette difficulté de concilier les deux pouvoirs. Nous avons vu que, selon le livre de l'Exode, Moïse, dès le début de sa mission et par la volonté de Yahvé, a eu pour adjoint son frère Aaron, plus éloquent, mais que ce dernier a rempli rarement les rôles qui lui avaient été confiés, notamment celui d'utiliser le bâton prodigieux [36].

Selon l'ensemble des textes bibliques, Aaron est membre de la tribu de Lévi (à laquelle Moïse est rattaché aussi) et, à ce titre, choisi par Yahvé pour être le premier grand prêtre. Mais l'évolution du sacerdoce en Israël est l'une des questions les plus complexes ; elle est encore loin d'être élucidée. Les historiens pensent que le clan de Lévi, dès l'installation en Canaan, s'attribua un certain monopole du culte dans les sanctuaires locaux où les fils d'Israël venaient adorer Yahvé. Ils vivaient de ce ministère (de fait, on ne connaît pas un territoire qui leur aurait été attribué). Il n'est pas étonnant que les prêtres exerçant le culte à Jérusalem aient aussi pris peu à peu une place prééminente dans la conduite de la politique du royaume. Au retour de l'exil, ils s'adjugèrent le monopole de l'offrande des sacrifices, laissant les tâches subalternes aux descendants de ces prêtres qui avaient seulement exercé dans les sanctuaires locaux : on appela ceux-ci les lévites pour les distinguer des prêtres proprement dits. Mais cette distinction n'était pas du goût de tous. Des récits intégrés dans le Pentateuque n'ont pas peur de rappeler que ces lévites n'ont pas démérité par rapport à la religion de Yahvé, leur fidélité s'était opposée parfois à l'attitude des prêtres : ainsi, lors de la confection du veau d'or, ne racontait-on pas qu'Aaron avait mené l'affaire, alors que des lévites avaient été solidaires de Moïse ?

Après la tentative d'entrée en Canaan, un passage du livre des Nombres reflète précisément les tensions que cette prééminence du sacerdoce a pu faire naître au sein d'Israël après le retour de l'exil. Le peuple se révolte à nouveau. La rébellion, cette fois, est menée par des membres de la tribu de

36. Voir plus haut, « Dieu se révèle à Moïse sous le nom de Yahvé », p. 224.

Lévi (les lévites) et par deux cent cinquante « princes de la communauté » (les chefs traditionnels). Ils reprochent à Moïse et à Aaron leur attitude :

> Vous passez la mesure ! C'est toute la communauté, ce sont tous ses membres qui sont consacrés, et Yahvé est au milieu d'eux. Pourquoi vous élevez-vous au-dessus de la communauté de Yahvé ? (Nb 16, 3).

Selon ces contestataires, toute la communauté d'Israël a été déclarée « royaume de prêtres » (Ex 19, 6) et pas seulement Moïse et Aaron. Mais cette remise en cause de la prééminence du sacerdoce était inacceptable pour les hauts dignitaires du Temple. Pour illustrer cette condamnation, une tradition d'origine sacerdotale raconte comment la colère de Yahvé s'est enflammée contre les lévites et les notables coupables d'avoir contesté cette prééminence : Moïse leur demande de s'approcher de la Tente en portant un encensoir allumé. Mais :

> alors le sol se fendit sous leurs pieds, la terre ouvrit sa bouche et les engloutit, eux et leurs femmes (16, 32).

Or, le peuple s'insurge contre ce châtiment. Yahvé fait alors tomber sur lui une plaie qui fait 14 700 victimes. Il faut qu'Aaron recoure au rite de l'expiation et la catastrophe cesse. Un récit de caractère merveilleux relate ensuite comment Dieu confirme la tribu de Lévi dans la fonction de tribu sacerdotale. Moïse demande aux douze chefs de lui apporter chacun un bâton portant le nom de sa tribu. Les douze bâtons sont déposés dans la Tente de la rencontre. Le lendemain matin, on découvre que celui de Lévi, donc d'Aaron, a fleuri :

> Des bourgeons avaient éclos, des fleurs s'étaient épanouies, des amandes avaient mûri (17, 16-26).

Ce bâton est placé dans la Tente afin de signifier la suprématie d'Aaron et de sa famille.

Le livre des Nombres en profite pour préciser ensuite le rôle respectif des deux catégories sacerdotales [37]. Les prêtres sont responsables du sanc-

37. Une distinction qui a pris de plus en plus d'importance dans les siècles suivant la reconstruction du Temple après le retour de l'exil.

tuaire et de l'autel ; ils doivent offrir le sacrifice pour les péchés du peuple. Les lévites ne doivent pas s'approcher de l'autel ; ils sont les adjoints des prêtres pour le service de la Tente (Nb 18).

Marche d'approche vers la Terre promise

Les Hébreux quittent le désert de Parân pour celui de Çin et s'installent à Cadès (Nb 20, 1), oasis située au nord de la presqu'île du Sinaï et porte d'entrée en Canaan. Ils sont contraints d'y rester pendant trente-neuf ans, délai nécessaire pour que disparaisse la génération coupable d'incrédulité et de péché, en dépit des merveilles que Yahvé lui a prodiguées depuis l'Égypte. Mais le rédacteur n'a rien à révéler sur ce long séjour, sinon répéter, comme avant l'arrivée au Sinaï, la sempiternelle réclamation d'eau : une seconde fois, Moïse et Aaron la font couler d'un rocher en le frappant à deux reprises à l'aide de leur bâton [38].

Pendant ces trente-neuf années, Moïse est censé mettre en place l'organisation du peuple, le fonctionnement du sacerdoce. Au bout de ce temps, les Hébreux, purifiés en leur sein des pécheurs, peuvent quitter Cadès et reprendre le chemin de la Terre promise. Cependant, ils ne prennent pas la route qui mène directement au nord, par Bersabée et Hébron. Il n'est en effet pas question qu'ils entrent furtivement mais, au contraire, solennellement ; toutes les nations doivent être au courant de leur arrivée. C'est pourquoi ils amorcent un long détour par l'est, franchissent la Araba, dépression qui sépare le golfe d'Aqaba de la mer Morte, longent celle-ci et parcourent toute la Transjordanie, qu'ils vont conquérir en partie avant de fixer leurs tentes face à Jéricho, dans l'attente de la traversée du Jourdain [39]. Ce long parcours leur fait traverser les territoires des trois peuples locaux

38. Ce miracle fait bien entendu écho à celui de « La soif étanchée » (voir plus haut, p. 234). Mais, selon la tradition qui rapporte ce miracle, ce double coup a manifesté la faiblesse de la foi de Moïse et de son frère ; pour cette raison, ils ne pourront entrer en Terre promise.
39. Voir troisième partie, chapitre 1, « La traversée du Jourdain », p. 347.

qui vont devenir leurs adversaires désignés : Édom installé des deux côtés de la Araba, Moab entre les rivières du Zared et de l'Arnon, Ammon au nord de l'Arnon. Poursuivant leur route, les Hébreux atteignent les territoires de Heshbôn et de Bashân, dont ils s'emparent ; ils y installent même les tribus de Ruben et de Gad et certains clans de celle de Manassé[40].

Les prophéties de Balaam

Après avoir conquis les territoires de Transjordanie jusqu'au fleuve Yarmouck, les Hébreux redescendent vers Moab et campent dans les steppes, à la hauteur de Jéricho. Le roi de Moab, Balaq, qui ne s'est pas opposé à leur passage, commence à s'inquiéter de cette armée victorieuse dont l'invincibilité s'appuie manifestement sur une puissance divine redoutable. Moab n'étant pas en mesure de la battre, la seule solution serait de faire appel à un magicien capable, par ses malédictions, de l'anéantir. Or, Balaq connaît un tel magicien : il s'agit de Balaam, qui habite à Péor, quelque part dans le nord. Cet épisode a donné un récit haut en couleurs, digne de figurer parmi les plus beaux contes orientaux.

Balaq envoie des émissaires chez Balaam avec mission de le ramener à Moab afin qu'il maudisse les Hébreux. Avant de leur donner sa réponse, Balaam consulte Dieu et lui explique ce que ces gens attendent de lui. Yahvé lui interdit de leur obéir. Balaam transmet le refus divin aux ambassadeurs, qui n'ont d'autre choix que de rentrer chez eux. Balaq envoie ensuite une délégation plus nombreuse et plus prestigieuse, avec la promesse de présents importants. Balaam rejette cette nouvelle demande, mais, sur l'ordre de Yahvé qui exige de lui une obéissance absolue, il accompagne les émissaires de Balaq. Ce départ ne signifie pas que Dieu ait changé d'avis ; Dieu ne peut pas maudire son peuple, mais l'auteur a envie de plai-

40. Le récit explique ainsi, d'une part, la présence à l'est de trois peuples plus ou moins frères, avec lesquels Israël eut toujours des relations difficiles ; d'autre part, l'existence d'une région appelée Galaad, sur laquelle Israël eut des prétentions au temps des rois parce qu'elle faisait partie de la Terre promise, étant occupée par des familles appartenant à Israël (voir notamment troisième partie, chapitre 1, « Jephté », p. 364, et chapitre 2, « La rivalité entre Israël et Damas pour la possession de Galaad », p. 300).

santer un peu, comme le montre la petite histoire merveilleuse qui suit. Nous découvrons une ânesse plus clairvoyante qu'un devin :

> Au matin, Balaam se leva, sella son ânesse. L'Ange de Yahvé se posta sur la route pour lui barrer le passage. Lui montait son ânesse, ses deux garçons l'accompagnaient. Or l'ânesse vit l'Ange de Yahvé posté sur la route, son épée nue à la main ; elle s'écarta de la route à travers champs. Mais Balaam battit l'ânesse pour la ramener sur la route. L'Ange de Yahvé se tint alors dans un chemin creux, au milieu des vignes, avec un mur à droite et un mur à gauche. L'ânesse vit l'ange de Yahvé et rasa le mur, y frottant le pied de Balaam. Il la battit encore une fois. L'Ange de Yahvé changea de place et se tint en un passage resserré, où il n'y avait pas d'espace pour passer ni à droite ni à gauche. Quand l'ânesse vit l'Ange de Yahvé, elle se coucha sous Balaam. Balaam se mit en colère, et battit l'ânesse à coups de bâton. Alors Yahvé ouvrit la bouche de l'ânesse et elle dit à Balaam : « Que t'ai-je fait, pour que tu m'aies battue ainsi par trois fois ? » Balaam répondit à l'ânesse : « C'est que tu t'es moquée de moi ! Si j'avais eu à la main une épée, je t'aurais tuée. » L'ânesse dit à Balaam : « Ne suis-je pas ton ânesse, qui te sert de monture depuis toujours et jusqu'aujourd'hui ? Ai-je l'habitude d'agir ainsi envers toi ? » Il répondit : « Non. » Alors Yahvé ouvrit les yeux de Balaam. Il vit l'Ange de Yahvé posté sur la route, son épée nue à la main. Il s'inclina et se prosterna face contre terre. Et l'Ange de Yahvé lui dit : « Pourquoi as-tu battu ainsi ton ânesse par trois fois ? C'est moi qui étais venu te barrer le passage ; car moi présent, la route n'aboutit pas. L'ânesse m'a vu et devant moi elle s'est détournée par trois fois. Bien t'en a pris qu'elle se soit détournée, car je t'aurais déjà tué. Elle, je l'aurais laissée en vie. » Balaam répondit à l'Ange de Yahvé : « J'ai péché. C'est que j'ignorais que tu t'étais posté devant moi sur la route. Et maintenant, si cela te déplaît, je m'en retourne. » L'Ange de Yahvé répondit à Balaam : « Va avec ces hommes. Seulement, ne dis rien de plus que ce que je te ferai dire. » Balaam s'en alla avec les princes envoyés par Balaq (22, 22-35).

Balaam arrive chez le roi de Moab. Balaq le conduit sur une colline d'où il peut voir une partie du camp d'Israël installé dans la plaine. Balaam offre un sacrifice à Dieu et se met en état de recevoir et de transmettre un oracle. Mais, au lieu de maudire Israël, il profère des bénédictions à son égard :

> Comment maudirais-je quand Dieu ne maudit pas ? [...] Voici un peuple qui habite à part, il n'est pas rangé parmi les nations. Qui pourrait compter la poussière de Jacob ? Qui pourrait dénombrer la nuée d'Israël ? (23, 9-10).

La malédiction a donc fait long feu. Il faut que Balaam recommence, demande Balaq après lui avoir montré une autre partie du camp. Nouveau sacrifice, nouvel oracle encore plus favorable :

> Je ne vois pas de malheur pour Jacob, ni de souffrance pour Israël. C'est un peuple qui se dresse comme une lionne, qui surgit comme un lion (23, 21-24).

Balaq est catastrophé, mais il ne capitule pas. Il réclame une troisième intervention au magicien et le poste ailleurs afin qu'il découvre le camp dans son entier et prenne conscience de la gravité du danger. Balaam ne consulte même pas Dieu, il se laisse envahir par l'Esprit et proclame :

> « Que tes tentes sont belles, Jacob,
> et tes demeures, Israël !
> Comme des vallées qui s'étendent,
> comme des jardins au bord d'un fleuve,
> comme des aloès que Yahvé a plantés,
> comme des cèdres auprès des eaux. [...]
> Béni soit qui te bénit,
> et maudit qui te maudit » (24, 5-9).

Balaq se met en colère et chasse Balaam. Celui-ci lui réplique qu'il l'avait averti : il n'a été qu'un truchement de Dieu. Mais avant de rentrer chez lui, il profère un dernier oracle autrement plus menaçant que les trois précédents : un grand roi d'Israël fera, dans un jour lointain, la conquête de toute cette région. Balaam annonce ainsi la montée de l'étoile de David :

> « Oracle de Balaam, fils de Béor,
> oracle de l'homme au regard pénétrant,
> oracle de celui qui écoute les paroles de Dieu,
> de celui qui sait la science du Très-Haut.
> Il voit ce que Dieu fait voir,
> il obtient la réponse divine et ses yeux s'ouvrent.
> Je le vois – mais non pour maintenant,
> je l'aperçois – mais non de près :

un astre issu de Jacob devient chef,
un sceptre se lève, issu d'Israël.
Il frappe les tempes de Moab
et le crâne de tous les fils de Seth.
Édom devient un pays conquis,
pays conquis, Séïr.
Israël déploie sa puissance,
Jacob domine ses ennemis » (24, 15-19).

Dans un avenir indéterminé, David va donc conquérir Édom (Séïr) et Moab. Mais Israël ne doit jamais l'oublier : la victoire de ses armées sera la réponse de Yahvé à sa fidélité. En réalité, son véritable ennemi sera lui-même, toujours tenté d'oublier Dieu qui l'a délivré. Deux récits, rapportant des événements qui se déroulent à la fin du séjour de quarante ans dans le désert, en apportent la preuve.

Deux fautes graves : le serpent d'airain et la trahison avec le Baal de Péor

Les Hébreux récriminent encore contre Dieu et Moïse parce qu'ils manquent de pain et d'eau. Pour les punir, Dieu leur envoie des serpents brûlants qui font de nombreuses victimes. Moïse, une nouvelle fois, intercède auprès de Yahvé. Il doit fabriquer un serpent d'airain[41] et le placer sur un étendard :

> Si un homme était mordu par quelque serpent, il regardait le serpent d'airain et restait en vie (21, 4-9).

Les Hébreux arrivent au bord de la Terre promise. Ils plantent leurs tentes dans la plaine de Shittim, à proximité d'un temple cananéen situé à Péor. Ils s'y livrent alors aux rites de fertilité cananéens, avec les débordements sexuels qui les accompagnent, inaugurant ainsi la longue série de « prostitutions » avec les baals que dénonceront plus tard les prophètes :

41. On retrouve ce serpent ou un autre identique dans le Temple de Jérusalem au temps des rois et Ézéchias le fit brûler parce qu'il était devenu un objet d'idolâtrie (2 R 18, 4). En revanche, Jésus utilisera ce symbole pour annoncer sa crucifixion et signifier que, ainsi cloué sur la croix, il sera la véritable source du salut : « Comme Moïse éleva le serpent dans le désert, ainsi faut-il que soit élevé le Fils de l'homme » (Jn 3, 14).

> Le peuple se livra à la débauche avec les filles de Moab. Elles l'invitèrent aux sacrifices de leurs dieux : le peuple mangea et se prosterna devant leurs dieux (25, 1-2).

Yahvé s'enflamme contre son peuple, mais le prêtre Pinhas, fils d'Éléazar et petit-fils d'Aaron, détourne sa colère. Voyant un Hébreu introduire l'une de ces prostituées de Baal dans sa tente, il saisit une lance, pénètre à l'intérieur et les transperce tous les deux (Nb 25, 3-13). Le zèle que ce prêtre, descendant d'Aaron, met à purifier le camp par ce meurtre, renforce la légitimité du sacerdoce qui, désormais, doit être à la pointe du combat pour la défense de la foi en Yahvé.

La mort de Moïse

Le vaste camp est installé dans les steppes de Moab. Les Hébreux viennent de conquérir le Galaad, territoire qui s'étend au nord de la Transjordanie. Mais les tribus qui héritent de cette région ne pourront s'y établir que lorsque les autres auront reçu le territoire que Yahvé leur destine. Les Hébreux sont donc rassemblés une dernière fois avant la mort de Moïse, et avant la dispersion qui va suivre le passage du Jourdain [42]. Voici comment le rédacteur du livre du Deutéronome a imaginé la dernière intervention de Moïse.

Yahvé demande à celui qui a guidé son peuple depuis la sortie d'Égypte (Moïse est âgé de 120 ans, dit-on en Dt 31, 2) de monter sur le mont Pisga, appelé aussi Nébo, qui domine toute la contrée. En face de Moïse, de l'autre côté du Jourdain, se dresse la barrière des monts de Juda et de Samarie qui constitue la colonne vertébrale de la Terre promise. Il en mesure l'immensité quand son regard parcourt l'horizon depuis les rives de la mer Morte au sud, jusqu'aux hauteurs enneigées de l'Hermon au nord. Contemplant ce don merveilleux que Yahvé accorde à ses fils, Moïse exprime le désir de se rendre aussi dans cet heureux pays. Mais Yahvé réitère son refus et renouvelle l'intronisation de Josué en tant que guide :

> « C'est lui qui passera à la tête de ce peuple » (Dt 3, 21-29).

---

42. Voir troisième partie, chapitre 1, p. 347

Moïse sent que ce refus, qui laisse présager sa mort prochaine, ne rend que plus nécessaire la proclamation de son testament. Alors, du haut du mont Pisga, il interpelle l'ensemble des tribus dont les tentes innombrables s'épanouissent sur les steppes qui descendent vers la plaine du Jourdain. Sa voix retentit non seulement aux oreilles de chacun des Hébreux assemblés sous ses yeux, mais, dit le Deutéronome, elle veut persuader toutes les générations futures de rester fidèles aux paroles de Yahvé qui ont retenti sur l'Horeb. C'est dans la foi en Yahvé que le peuple va trouver la vie. Tel est, nous l'avons vu, le thème développé en trois longs discours qui constituent ce testament et donnent la clé de l'interprétation de la libération d'Égypte[43]. À la fin de ces discours, Moïse ne manque pas de demander que l'on mette par écrit ses paroles (« cette Torah ») et d'en placer le livre à côté de l'arche de l'alliance. Après avoir prononcé un cantique à Yahvé et adressé des bénédictions à chacune des tribus, il peut partir :

> C'est là que mourut Moïse, serviteur de Yahvé, en terre de Moab, selon l'ordre de Yahvé ; on l'enterra dans la vallée, au pays de Moab, vis-à-vis de Bet-Péor. Jusqu'à ce jour, nul n'a connu son tombeau. Moïse avait cent vingt ans quand il mourut ; son œil n'était pas éteint, ni sa vigueur épuisée. Les Israélites pleurèrent Moïse trente jours dans les steppes de Moab. Les jours de pleurs pour le deuil de Moïse s'achevèrent. Josué fils de Nûn était rempli de l'esprit de sagesse, car Moïse lui avait imposé les mains. C'est à lui qu'obéirent les Israélites, agissant selon l'ordre que Yahvé avait donné.

Le Deutéronome conclut son œuvre par cet éloge :

> Il ne s'est plus levé en Israël de prophète pareil à Moïse, lui que Yahvé connaissait face à face. Que de signes et de prodiges Yahvé lui fit accomplir au pays d'Égypte, contre Pharaon, tous ses serviteurs et tout son pays ! Quelle main puissante et quelle grande terreur Moïse avait mises aux yeux de tout Israël ! (Dt 34, 5-12).

Le titre qui caractérise le mieux Moïse, selon le Deutéronome, est celui de prophète ; il est le plus grand des prophètes d'Israël, car ses paroles

---

43. Voir chapitre 1, p. 209.

exprime parfaitement la Parole de Dieu. Cette identité prend son origine dans l'intimité de Moïse avec Dieu entretenue par des contacts longs et fréquents, au cours desquels il lui a parlé face à face, en ami. Pourtant, Moïse n'est l'objet d'aucun culte : la pierre de son tombeau ne doit pas faire écran aux tables de pierre qu'il a reçues et qui contiennent la Parole de Dieu. Même le lieu de sa sépulture reste inconnu ; il repose quelque part dans ce monde qui n'est pas la Terre promise.

Au fil des siècles qui ont suivi l'exil, la figure de Moïse n'a cessé de grandir dans la foi juive. Il a été le bras dont Dieu s'est servi pour libérer Israël de l'esclavage de l'Égypte. Il a été le porte-parole qui a transmis la Torah, cette révélation définitive, expression de la personne et de la volonté divines. Dieu lui a communiqué son nom « personnel » par lequel Israël devait désormais l'invoquer, Yahvé. Il a été le témoin de l'alliance, reconnu à la fois par Dieu parce qu'il fut son ami, et par son peuple auquel il appartenait, partageant son espérance et ses faiblesses. C'est pourquoi la foi d'Israël a pu comprendre son œuvre comme le prolongement de la geste des patriarches : Abraham, Isaac, Jacob, Joseph, ces ancêtres fameux qui avaient donné naissance à ce peuple déjà élu par Yahvé !

3

La geste des patriarches

Au retour de l'exil, Israël voyait donc, dans sa libération de l'Égypte et dans l'alliance, le double événement qui lui avait véritablement donné naissance. Mais, pour autant, il avait conscience de ne pas être né du limon du Nil. Il avait grandi dans ce pays comme un élément étranger, parmi des hommes qui adoraient une multitude de divinités. Quelles étaient alors ses origines premières ? D'où venaient ces « Hébreux » ? C'est pour répondre à ces questions qu'a été élaborée, dans les chapitres 12 à 50 du livre de la Genèse, une saga grandiose. Elle devait rapporter les péripéties des grands aïeux d'Israël, Abraham, Isaac et Jacob, mais aussi les aventures de Joseph, grâce auquel les Hébreux descendirent en Égypte pour y séjourner plus de quatre cents ans. Cette geste des patriarches se déroulait par conséquent dans un passé presque immémorial. Aussi, de la très longue période qui la séparait de l'exode, ont émergé peu de souvenirs, juste le sentiment d'un rattachement du clan à tel ou tel ancêtre errant dans la nuit des temps. Il ne faut donc pas s'étonner si les traditions se rapportant à ces patriarches sont encore plus ténues que celles qui concernent ce même exode. Il est de plus impossible de rattacher ces personnages à une période précise, car les points de repère par rapport à l'histoire des grands royaumes manquent cruellement. Par ailleurs, leur ordre de succession n'est même pas certain. Enfin, les auteurs n'ont pas cherché à reconstituer le temps où ces ancêtres étaient nomades, mode de vie révolu depuis mille ans lors de la rédaction du Pentateuque.

En réalité, il est intéressant de lire ces chapitres moins en s'interrogeant sur les conditions historiques de l'époque où auraient vécu les patriarches – le IIe millénaire – qu'en portant attention aux problèmes qui se posaient à la communauté juive au retour de l'exil, et au sens qu'il fallait donner à ces récits pour qu'une nouvelle catastrophe ne se renouvelle pas. Nous constatons, en effet, qu'ils reflètent la situation et la géographie politiques de l'empire perse. Ils contribuent aussi à éclairer les questions religieuses et morales des juifs, qui se réinstallaient en Terre promise et affrontaient des difficultés énormes. Cette interprétation, qui apporte un regard nouveau, met fin définitivement à une lecture trop naïve des récits de la Genèse. En revanche, elle fait clairement apparaître la force et l'actualité de l'enseignement que les rédacteurs ont voulu transmettre. Les patriarches devaient être considérés comme des pionniers et surtout des modèles alors qu'Israël reprenait possession de son pays. Mais, avant d'aborder ce texte, il peut être utile d'en rappeler les grandes lignes afin d'en percevoir le mouvement général.

Les patriarches dans l'enseignement des prophètes

L'ancêtre d'Israël se nomme Abraham. Il vit à Harân, en Mésopotamie ; c'est là que son Dieu l'appelle et lui demande de se mettre en marche vers la terre qu'il lui promet. Abraham part vers Canaan, qu'il parcourt en tant qu'éleveur de troupeaux. Sa femme Sara est stérile, mais dans sa vieillesse elle enfante Isaac. Celui-ci épouse Rébecca, une femme qu'Abraham a fait venir de sa parenté demeurée à Harân. Rébecca donne naissance à deux jumeaux, Ésaü et Jacob. Mais Jacob réussit à voler le droit d'aînesse à son frère. S'ensuit une rivalité entre Ésaü et Jacob, lequel doit s'enfuir près de sa famille, à Harân. Il y épouse Léa et Rachel. Les deux femmes et leurs servantes accouchent de douze enfants, les ancêtres des douze tribus d'Israël. Jacob revient ensuite en Canaan. Ses fils aînés jalousent leur jeune frère Joseph. Un jour qu'ils gardent les troupeaux, ils le vendent à des marchands et racontent à Jacob qu'une bête sauvage l'a dévoré. Joseph se retrouve esclave en Égypte, mais fait une ascension fulgurante auprès du pharaon et devient premier ministre. Une famine s'abat alors sur Canaan, où vivent Jacob et ses fils. Ceux-ci sont réduits à rechercher des pâturages en Égypte. Joseph les reconnaît, leur pardonne et les place sous sa protection. Le clan de Jacob prospère et prolifère pendant plusieurs générations, jusqu'à ce que règne le pharaon qui « ne connaissait pas Joseph ». Alors débute le terrible esclavage qui prend fin avec l'intervention de Moïse...

Les historiens n'ont pas réussi à déterminer dans quel état le rédacteur final, vers le ve siècle av. J. C., a connu les traditions concernant les patriarches. Les chercheurs de la Bible admettent qu'il a disposé, comme pour les récits de l'Exode et des Nombres, de trois courants [1]. Parmi ceux-ci, le yahviste est le plus important. On ne pense pas que l'élohiste racontait une histoire complète. Les sources narratives (notamment sur Abraham) qui proviennent directement des milieux sacerdotaux sont apparemment minimes ; en revanche, l'influence des prêtres est certainement pour quelque chose dans les généalogies qui parsèment l'ensemble et lui donnent sa cohérence chronologique.

En raison de cette disparité, le schéma littéraire que nous connaissons doit être probablement l'œuvre de cet auteur final : Abraham, Isaac, Jacob ; un fils (Isaac), deux fils (Ésaü, Jacob), douze fils pères des douze tribus. Il a dû utiliser et agencer ces sources portant sur des ancêtres de clans et de tribus que chacun situait à ses propres origines. Israël dans son entier a accepté ce travail quand le Pentateuque est devenu le livre officiel du judaïsme. Or, ces traditions, ainsi organisées au retour de l'exil, étaient certainement plus anciennes, puisque les prophètes avaient déjà évoqué les patriarches dans leurs prédications.

Les allusions à Abraham sont rares. Mais notons celle d'Ézéchiel :

> Abraham était seul lorsqu'il a été mis en possession de ce pays. Nous qui sommes nombreux, c'est à nous que le pays est donné en patrimoine (33, 24).

---

1. Voir plus haut, « La construction littéraire de la Torah (Pentateuque) », p. 201.

Abraham avait reçu la promesse de sa terre alors qu'il était seul et sans enfant, ce qui montrait la puissance de l'intervention de Dieu qui, à partir de cet homme solitaire, avait créé un peuple auquel il avait offert ce pays. De même, le Deutéro-Isaïe [2] avait dit aux exilés qui désespéraient :

> Regardez Abraham votre père et Sara qui vous a enfantés. Il était seul quand je l'ai appelé, mais je l'ai béni et multiplié. Oui, Yahvé a pitié de Sion, il a pitié de ses ruines (51, 2).

Dieu allait donc relever les ruines d'Israël. Mais il fallait que les Israélites aient une foi aussi forte que celle d'Abraham.

Quant à Jacob, les mentions sont beaucoup plus nombreuses, ce qui est normal puisque son nom est attribué très souvent à Israël [3] (Gn 32, 23-33). Deux épisodes de sa vie sont mentionnés par les prophètes. D'abord, Osée avait évoqué la fuite en Aram :

> Jacob s'enfuit aux campagnes d'Aram, Israël servit pour une femme, pour une femme il garda les troupeaux [4] (12, 13).

Au retour de l'exil, le prophète Malachie a écrit à propos du choix de Jacob au détriment d'Ésaü [5] :

> Je vous ai aimés ! dit Yahvé. – Cependant vous dites : En quoi nous as-tu aimés ? – Ésaü n'était-il pas le frère de Jacob ? Oracle de Yahvé ; or j'ai aimé Jacob, mais j'ai haï Ésaü (1, 2-3).

Quant à la succession « Abraham, Isaac et Jacob », elle est citée pour la première fois dans Jérémie :

> Moi qui ai fait alliance avec le jour et la nuit, et établi l'ordre du ciel et de la terre, est-ce que je rejetterais la descendance de Jacob et de mon serviteur David ? Est-ce que je renoncerais à choisir dans sa postérité des chefs pour la race d'Abraham, d'Isaac et de Jacob ? (33, 26).

---

2. Voir première partie, chapitre 7, p. 175.
3. Voir plus loin « Jacob combat l'ange », p. 301.
4. Il est donc reproché à Jacob d'être devenu esclave pour obtenir une femme : le récit de la Genèse dit au contraire qu'il va chercher une épouse dans le pays de ses ancêtres pour éviter de s'unir à une Cananéenne.
5. La Genèse va apporter un prolongement à cette rivalité, l'un deviendra le père d'Israël, l'autre celui du peuple d'Édom (voir plus loin, « Le cycle Jacob-Ésaü », p. 291).

Si ce texte est de Jérémie – ce qui n'est pas sûr –, il prouve qu'avant l'exil la séquence des trois patriarches était déjà établie !

Dans la présentation qui suit, notre regard veillera donc surtout à discerner le message théologique des textes. Leur perspective est moins historique qu'éducatrice, ou plutôt « catéchétique », dirions-nous. Pour atteindre ce but, l'auteur a interprété les sources transmises par la mémoire du peuple, les a transformées, adaptées, éclairées à la lumière de l'enseignement des prophètes et des prêtres. C'est ce que, au tournant de notre ère, on appela un *midrash*, du verbe hébreu qui signifie « chercher », un genre littéraire typique de la littérature d'Israël [6].

Au retour de l'exil, le peuple élu est comme Abraham quand Dieu l'appela en Mésopotamie : un être seul et menacé dans son existence même. Comme lui, il doit s'appuyer uniquement sur Dieu, offrir sa foi en Celui qui lui promet de le protéger, avec Lequel il est lié par une alliance particulière. Comme Abraham encore, il doit quitter le confort des plaines du Tigre et de l'Euphrate et reprendre possession de sa terre. Ce qu'Abraham a fait, Israël doit le réaliser, conscient à la fois de l'assistance divine et des périls qui l'attendent. Les dangers de la réinstallation sont identiques à ceux de ce lointain passé ; le principal consiste dans la tentation de renier Yahvé par un retour à l'idolâtrie, que symbolise l'Égypte où le peuple risqua de perdre son âme. L'obéissance à Yahvé doit être totale, à l'exemple de celle d'Abraham. Sinon, un châtiment comme celui qu'a connu Jérusalem en 587 peut s'abattre à nouveau sur Juda. Ou encore un cataclysme pareil à celui qui balaya Sodome et Gomorrhe et dont les prophètes ont déjà brandi la menace [7].

De fait, ces dangers, il faut le reconnaître, sont bien réels. Les peuples ennemis de toujours, ceux qu'Israël a déjà affrontés dans le passé, cernent encore Juda : la Philistie, Moab, Ammon et surtout le plus honni, Édom.

---

6. Le *midrash* consiste souvent en un récit fictif. Il peut contenir des détails historiques qui servent de point de départ, mais son but principal est d'illustrer par un récit un enseignement religieux.
7. Voir notamment première partie : Isaïe, chapitre 2, « Sous le règne d'Ézéchias », p. 85 ; Ézéchiel, chapitre 5, « Jérusalem, l'épouse comblée devenue prostituée », p. 145.

Il est compréhensible que la communauté juive de Mésopotamie, depuis la destruction de Jérusalem, hésite à s'arracher à la vie opulente de la Diaspora pour retrouver la Terre promise.

Canaan au temps des patriarches

Il faut bien comprendre que le pays dans lequel évoluent les patriarches, selon le livre de la Genèse, ressemble davantage à celui que connaissent les juifs sous l'occupation perse qu'au Canaan de l'entrée d'Israël en Terre promise, avec ses villes-royaumes que décrit le livre de Josué [8]. En effet, ce qui s'appellera bientôt la Palestine fait alors partie de la grande province perse de la Transeuphratène.

Darius Ier (522-486) a divisé la région en plusieurs districts à la tête desquels il a placé un gouverneur perse. Dans le Sud sont établis les Arabes (descendants d'Ismaël [9]), les futurs Nabatéens. Ils occupent la quasi-totalité de la péninsule du Sinaï, le Néguev jusqu'à Béer Sheba, la Aravah jusqu'au golfe d'Aqaba. Plus au nord est fortement implanté l'ancien royaume d'Édom qui va porter le nom d'Idumée. On lui attribue le titre de frère aîné, car Édom a conquis son territoire avant l'arrivée d'Israël. Mais il a profité de la destruction de Juda en 587 pour repousser ses frontières vers le nord, jusqu'à Bethléem, et investir même la ville d'Hébron, où pourtant est enseveli Abraham [10] : le peuple juif ne lui pardonnera jamais ces forfaits.

De l'autre côté de la mer Morte, l'empire perse a aussi conservé une certaine autonomie administrative à deux nations très anciennes, Moab et Ammon. Israël les méprise, en conséquence la Genèse va les présenter comme les enfants incestueux de Lot, le neveu d'Abraham [11].

Le long de la côte et gravissant les contreforts de la chaîne centrale, s'étend une province qui prend la succession de l'ancien pays des Philistins. Dans la Genèse, elle s'appelle Ashdod, du nom d'une ville de la confé-

8. Voir troisième partie, chapitre 1, p. 345.
9. Voir plus loin, « Le cycle de Sodome et Gomorrhe », p. 282.
10. Voir plus loin, p. 286.
11. Voir plus loin, « Le cycle de Sodome et Gomorrhe », p. 281.

dération philistine. Abraham et Isaac vont y rencontrer le roi de Gérar, Abimélek, ce qui constitue un anachronisme, car les Philistins, branche des Peuples de la mer, sont arrivés en Canaan à la même époque que les Hébreux, vers le XIIe siècle av. J. C. De plus, selon les récits, les Philistins ont un comportement différent de celui de leurs ancêtres. Oubliant leur antagonisme passé, ils se montrent plutôt accueillants envers les patriarches, preuve sans doute qu'à l'époque perse des établissements juifs importants cohabitent dans cette zone avec la population philistine !

Infiniment plus difficiles sont les relations avec la Samarie, le pays frère par excellence puisque le royaume du Nord rassembla dix des douze tribus d'Israël. L'administration perse de la Transeuphratène a conservé à Samarie son ancien nom. Comme nous l'avons vu, elle essaie même de contrôler Juda, suscitant rivalités et conflits avec Jérusalem au moment où les anciens exilés veulent établir dans la Ville sainte une théocratie radicalement opposée au syncrétisme de Samarie [12]. Les patriarches, selon la Genèse, vont peu fréquenter cette terre souillée par les cultes idolâtres. Car si c'est à Sichem, la vieille cité du Nord, qu'a lieu le pacte entre les douze tribus après la conquête de la Terre promise (Jos 24), c'est là aussi que Siméon et Lévi commettent le crime qui crée la rupture définitive entre les fils de Sichem (qui porte le nom de la ville) et les fils de Jacob. C'est également à Sichem qu'a lieu le complot des fils de Jacob pour vendre leur frère Joseph à des marchands madianites [13] (chapitre 37).

Comme la Samarie, l'ancien royaume de Juda constitue un district perse, administré par un gouverneur perse. Un prêtre nommé par la puissance occupante dirige les affaires du Temple. Son territoire est certes restreint, mais il présente l'avantage d'être centré autour de Jérusalem. Au nord, Juda englobe Béthel, l'ancien sanctuaire royal de Samarie (dont le prophète Amos a dénoncé le culte syncrétiste [14]). Au sud, il s'arrête presque à

12. Voir première partie, chapitre 6, « Les humbles recommencements », p. 158.
13. Voir pour le pacte, troisième partie, chapitre 1, p. 355 ; plus loin pour Joseph, « L'histoire de Joseph », p. 344.
14. Voir première partie, chapitre 1, « Conflit avec le prêtre de Béthel », p. 56.

Bethléem, laissant Hébron entre les mains d'Édom ! C'est sans doute en raison de ces limites administratives imposées par la Perse qu'Abraham va devoir acheter un terrain à Hébron pour y ensevelir Sara [15]. En revanche, les patriarches vont fréquenter Béthel, qui, il est vrai, est à seulement quelques heures de marche de Jérusalem. Jacob va considérer Béthel comme « un lieu saint et la porte du ciel », tandis qu'Abraham va le visiter discrètement à deux reprises !

Plus au sud se trouve la grande Égypte, devenue aussi une province perse. Évidemment, elle a du mal à accepter cette vassalité et des révoltes sporadiques tentent de secouer le joug de l'occupant. Mais elles sont rapidement jugulées par l'empire et son armée puissante. Cette armée comprend même un détachement de soldats israélites basés à Éléphantine, près d'Assouan ! Car après la chute de Jérusalem, des Israélites, nous l'avons vu, ont cherché refuge en Égypte, où ils ont emmené Jérémie [16]. Mais pas plus aujourd'hui qu'hier l'Égypte, n'est fiable. Qu'il s'agisse des patriarches ou, plus tard, d'Israël, on ne doit pas y chercher secours. Toute alliance avec elle est dangereuse.

Abraham, le père des croyants

Le rédacteur de la Genèse a composé le cycle d'Abraham à partir de plusieurs récits indépendants et de provenances diverses. Son but n'était pas d'écrire une biographie du grand ancêtre, mais de proposer des faits importants qui indiquaient les chemins de la foi au peuple issu de cet ancêtre prestigieux. Comme Abraham, Israël devait toujours être disposé à répondre aux appels de Dieu, même s'ils étaient difficiles à comprendre. Comme lui, ses descendants devaient rester fidèles à l'alliance conclue entre Dieu et leur père. Telle était la condition pour qu'Israël pût jouir sur la Terre de Canaan des bienfaits que Dieu avait promis à Abraham.

---

15. Voir plus loin, « La sépulture de Sara à Hébron », p. 285.
16. Voir première partie, chapitre 4, p. 130.

Vocation et départ d'Abraham

La généalogie imaginée par la tradition sacerdotale (Gn 11, 1-26) rattache Abraham aux patriarches d'après le déluge, les descendants de Sem, l'un des fils de Noé [17]. Le père d'Abraham, Térah (Gn 11, 27-32), a trois fils, Abram (nom qui sera changé en Abraham), Nahor et Harân. Il vit à « Ur des Chaldéens » : Ur est l'ancienne ville des Sumériens, mais ces Chaldéens doivent être identifiés à ces Babyloniens abhorrés qui ont détruit Jérusalem et exilé les enfants d'Abraham en 587. Térah quitte la Babylonie pour le nord de la Mésopotamie et s'établit à Harân (homonyme de son fils), plus proche mais encore bien éloignée de la Terre promise [18] :

> Yahvé dit à Abram : « Quitte ton pays, ta parenté et la maison de ton père, pour le pays que je t'indiquerai. Je ferai de toi un grand peuple, je te bénirai, je magnifierai ton nom ; sois une bénédiction !
>
> Je bénirai ceux qui te béniront,
> je réprouverai ceux qui te maudiront.
> Par toi se béniront
> tous les clans de la terre. »
>
> Abram partit, comme lui avait dit Yahvé, et Lot partit avec lui. Abram avait soixante-quinze ans lorsqu'il quitta Harân. Abram prit sa femme Saraï, son neveu Lot, tout l'avoir qu'ils avaient amassé et le personnel qu'ils avaient acquis à Harân ; ils se mirent en route pour le pays de Canaan et ils y arrivèrent.
>
> Abram traversa le pays jusqu'au lieu saint de Sichem, au Chêne de Moré. Les Cananéens étaient alors dans le pays. Yahvé apparut à Abram et dit : « C'est à ta postérité que je donnerai ce pays. » Et là, Abram bâtit un autel à Yahvé, qui lui était apparu. Il passa de là dans la montagne, à l'orient de Béthel, et il dressa sa tente, ayant Béthel à l'ouest et Aï à l'est. Là, il bâtit un autel à Yahvé et il invoqua son nom. Puis, de campement en campement, Abram alla au Négeb (Gn 12, 1-9).

Pour le clan d'Abraham, la Mésopotamie est certes une terre étrangère, mais les conditions de vie n'y sont pas nécessairement mauvaises : Abraham y acquiert troupeaux et serviteurs, comme l'ont fait les Israélites déportés

---

17. Voir chapitre 4, « Du déluge à Abraham », p. 336.
18. C'est là que se sont installés beaucoup d'exilés après la destruction de Jérusalem.

par Nabuchodonosor. Dieu appelle Abraham à abandonner cette région à la fois hospitalière et étrangère pour se lancer dans une aventure fascinante et néanmoins risquée. La vocation comporte toujours un arrachement à une situation établie, un engagement vers un destin mystérieux en réponse à un appel de Dieu qui exige la foi en sa Parole. Abraham croit à cet appel, il quitte tout pour se diriger vers cette contrée inconnue. De même, au terme de l'exil, Dieu a appelé les exilés à quitter le sol sur lequel ils vivaient depuis cinquante ans pour rejoindre celui de leurs ancêtres, un sol certes familier mais dévasté.

Nous avons vu que beaucoup de ces exilés n'ont pas écouté la voix des prophètes[19]. Mais le « petit reste » qui a répondu à Dieu, comme Abraham, est appelé à devenir, ou plutôt à « redevenir » un grand peuple. La bénédiction de Yahvé est sur lui. Le Dieu unique, maître de l'histoire, a permis à des empires tels que Babylone d'écraser Israël, mais c'est lui aussi qui accorde ses bienfaits à ceux qui, de même que la Perse, protègent le peuple élu. Avec courage, la caravane d'Abraham s'ébranle. Elle traverse la Terre promise, de Sichem à Béthel, où Abraham bâtit un autel à Yahvé. Béthel devient ainsi le sanctuaire de prédilection des patriarches.

Descente périlleuse en Égypte

Canaan, que sillonne Abraham avec ses troupeaux, est soumis au régime des pluies annuelles. La sécheresse y provoque souvent la famine. L'Égypte, fertilisée par le Nil, s'avère alors un recours pour les nomades. Abraham fait déjà l'expérience des dangers que ce pays représente. Et Sara, son épouse, femme jeune et belle qui porte en elle tout l'avenir merveilleux d'Israël, manque d'être entraînée dans le harem de Pharaon, ce qui peut ruiner la promesse divine. À ce moment, Abraham n'en a cure et ne se soucie que de lui-même :

> De fait, quand Abram arriva en Égypte, les Égyptiens virent que la femme était très belle. Les officiers de Pharaon la virent et la vantèrent à Pharaon ; et la femme fut emmenée au palais de Pharaon. Celui-ci traita bien Abram à cause

19. Voir première partie, chapitre 6, p. 158.

d'elle : il eut du petit et du gros bétail, des ânes, des esclaves, des servantes, des ânesses, des chameaux. Mais Yahvé frappa Pharaon de grandes plaies, et aussi sa maison, à propos de Saraï, la femme d'Abram. Pharaon appela Abram et dit : « Qu'est-ce que tu m'as fait ? Pourquoi ne m'as-tu pas déclaré qu'elle était ta femme ? Pourquoi as-tu dit : "Elle est ma sœur !" en sorte que je l'ai prise pour femme. Maintenant, voilà ta femme : prends-la et va-t'en ! » Pharaon le confia à des hommes qui le reconduisirent à la frontière, lui, sa femme et tout ce qu'il possédait (12, 14-20).

Au retour de l'exil, l'auteur pense à certains moments de l'histoire d'Israël, lorsque le peuple, à l'exemple d'Abraham, ne se soucia que de lui-même, notamment quand il remit son destin entre les mains des armées égyptiennes, désobéissant aux mises en garde des prophètes [20]. Heureusement, Dieu veille sur ses enfants, comme il arrache Sara aux fascinations de la cour de Pharaon. Il punit l'impie. Dans ces fléaux on peut déjà voir ceux qui vont se multiplier quelques générations plus tard, par l'intermédiaire de Moïse [21].

Abraham se sépare de Lot

Du sommet de Béthel où il est revenu, Abraham contemple la Terre promise dans sa diversité et sa splendeur. Leurs troupeaux étant devenus trop grands, Abraham et son neveu Lot, qui l'accompagne depuis son départ de Harân (Gn 12, 5), doivent se séparer. Lot choisit la vallée du Jourdain verdoyante comme l'Égypte (ce qui n'est pas un bon présage), sur laquelle une catastrophe va bientôt s'abattre. À Abraham reste le vaste pays que Dieu continue de lui offrir ainsi qu'à sa descendance :

Yahvé dit à Abram, après que Lot se fut séparé de lui : « Lève les yeux et regarde, de l'endroit où tu es, vers le nord et le midi, vers l'orient et l'occident. Tout le pays que tu vois, je le donnerai à toi et à ta postérité pour toujours. Je rendrai ta postérité comme la poussière de la terre : quand on pourra compter les grains de poussière de la terre, alors on comptera tes descendants ! Debout !

20. Voir première partie, chapitre 2, p. 82, et chapitre 4, p. 125.
21. Voir chapitre 1, « Yahvé fait tomber dix fléaux sur l'Égypte », p. 225.

Parcours le pays en long et en large, car je te le donnerai. » Avec ses tentes, Abram alla s'établir au Chêne de Mambré, qui est à Hébron, et là, il érigea un autel à Yahvé (13, 14-18).

Abraham dans la tourmente des peuples

Depuis le sanctuaire de Béthel, Abraham se dirige vers le sud, et parvient au chêne de Mambré, à Hébron, où il aime planter sa tente. Le patriarche y apprend que quatre grands rois ont razzié la vallée du Jourdain et entraîné avec eux Lot et sa famille. Ces rois ne sont pas des personnages historiques, mais des figures mythiques qui symbolisent les grands empires qui ont assujetti Israël – Assyriens, Babyloniens, Mèdes et Perses – et que Daniel, au IIe siècle [22], représentera sous la forme de bêtes monstrueuses.

Abraham les poursuit jusqu'aux frontières extrêmes de la Terre promise, c'est-à-dire Damas ! Plus tard, David étendra les limites de son royaume jusqu'à Damas, dont il fera un vassal. D'ailleurs, sur le chemin du retour, le patriarche traverse Salem, la future Jérusalem, capitale de David. Il y rencontre Melchisédech, roi de Salem et prêtre du Très-Haut, qui officie dans un sanctuaire préfigurant celui de Salomon. Melchisédech salue en Abraham celui dont la descendance prendra possession par les armes de cette ville très sainte et lui offre l'hospitalité. Abraham réagit en croyant respectueux des lois du culte :

> Melchisédech, roi de Shalem, apporta du pain et du vin ; il était prêtre du Très-Haut.
> Il prononça cette bénédiction :
> « Béni soit Abram par le Dieu Très Haut
> qui créa ciel et terre,
> et béni soit le Dieu Très Haut
> qui a livré tes ennemis entre tes mains. »
> Et Abram lui donna la dîme de tout (14, 18-20).

En Melchisédech, comme plus tard en David, sont unis pouvoirs royal et sacerdotal [23].

---

22. Voir cinquième partie, chapitre 3, « Le livre de Daniel », p. 622.
23. Dans le Nouveau Testament, l'épître aux Hébreux verra dans cette figure de Melchisédech l'image du Christ grand prêtre de la nouvelle alliance (chapitre 7).

Dieu s'engage par alliance avec Abraham

Depuis sa réponse à l'appel de Yahvé, la foi d'Abraham est soumise à une terrible épreuve, car la promesse de la possession d'une terre suppose une descendance, et le patriarche est sans enfant. Au renouvellement de la promesse faite par Yahvé, Abraham répond par un magnifique acte de foi, qui fait de lui le père de tous ceux qui croient au Dieu unique, juifs, chrétiens, musulmans. Cette foi est considérée par Dieu comme « justice », c'est-à-dire comme la conformité parfaite à la volonté divine. Yahvé demande alors à Abraham d'accomplir un mystérieux rite d'alliance très ancien – mais dont Jérémie a encore été le témoin pendant le siège de Jérusalem [24] (34, 18-19). Notons que c'est Dieu lui-même, sous la forme d'un brandon de feu, qui passe à travers les animaux partagés, signifiant que l'alliance est une initiative divine. Yahvé s'engage le premier, l'homme est appelé à entrer dans cette alliance par la foi et l'obéissance :

> Après ces événements, la parole de Yahvé fut adressée à Abram, dans une vision : « Ne crains pas, Abram ! Je suis ton bouclier, ta récompense sera très grande. » Abram répondit : « Mon Seigneur Yahvé, que me donnerais-tu ? Je m'en vais sans enfant. » [...] Abram dit : « Voici que tu ne m'as pas donné de descendance et qu'un des gens de ma maison héritera de moi. » Alors cette parole de Yahvé lui fut adressée : « Celui-là ne sera pas ton héritier, mais bien quelqu'un issu de ton sang. » Il le conduisit dehors et dit : « Lève les yeux au ciel et dénombre les étoiles si tu peux les dénombrer », et il lui dit : « Telle sera ta postérité. » Abram crut en Yahvé, qui le lui compta comme justice. Il lui dit : « Je suis Yahvé qui t'ai fait sortir d'Ur des Chaldéens, pour te donner ce pays en possession. » Abram répondit : « Mon Seigneur Yahvé, à quoi saurai-je que je le posséderai ? » Il lui dit : « Va me chercher une génisse de trois ans, une chèvre de trois ans, un bélier de trois ans, une tourterelle et un pigeonneau. » Il lui amena tous ces animaux, les partagea par le milieu et plaça chaque moitié vis-à-vis de l'autre ; cependant il ne partagea pas les oiseaux. Les rapaces s'abattirent sur les cadavres, mais Abram les chassa.
>
> Comme le soleil allait se coucher, une torpeur tomba sur Abram, et voici qu'un grand effroi le saisit. [...]

---

24. Voir première partie, chapitre 4, p. 126.

> Quand le soleil fut couché et que les ténèbres s'étendirent, voici qu'un four fumant et un brandon de feu passèrent entre les animaux partagés. Ce jour-là, Yahvé conclut une alliance avec Abram en ces termes :
> « À ta postérité je donne ce pays,
> du Fleuve d'Égypte jusqu'au Grand Fleuve,
> le fleuve d'Euphrate » (15, 1-18).

Mais la réalisation de la promesse se fait encore attendre. Pour susciter à Abraham une descendance, Sara lui propose de s'unir à Agar, sa servante égyptienne, comme l'autorisait le droit mésopotamien (le code d'Hammourabi). De cette union naît Ismaël, qui va être considéré comme l'ancêtre du peuple arabe [25] (chapitre 16).

La circoncision, signe de l'alliance

Avant la naissance d'Isaac, qui va donc devenir le seul fils de la promesse, voici un autre récit d'alliance qui peut être attribué à la tradition sacerdotale. En effet, après l'exil, les prêtres insistèrent pour que la circoncision [26] fût le signe d'appartenance à Israël et la condition obligatoire pour participer au culte. En Israël, ce vieux rite d'initiation, pratiqué à l'âge de la puberté en Afrique et dans l'ancien Orient, est toujours d'actualité, et le garçon est circoncis dès l'âge de huit jours pour signifier qu'il appartient désormais au peuple de la promesse. Jérémie (4, 4) et Ézéchiel (44, 7) ont souligné que le véritable signe de l'alliance est la circoncision du cœur, c'est-à-dire l'attachement exclusif à Yahvé :

> Lorsque Abram eut atteint quatre-vingt-dix-neuf ans, Yahvé lui apparut et lui dit : « Je suis El Shaddaï [27], marche en ma présence et sois parfait. J'institue

25. C'est sur l'aînesse d'Ismaël (Ismaïl en arabe) sur Isaac que s'appuie la religion musulmane pour affirmer qu'Ismaël est le véritable héritier d'Abraham, le père des croyants.
26. L'Église, à la suite de Paul (Rm 4, 11), enseignera plus tard que cette marque physique est rendue caduque par le baptême, qui permet d'entrer dans la nouvelle alliance.
27. El Shaddaï est une désignation archaïque de Dieu, qui pourrait se traduire par « Dieu des montagnes » pour signifier que les montagnes désignent la puissance divine.

mon alliance entre moi et toi, et je t'accroîtrai extrêmement. » Et Abram tomba la face contre terre. Dieu lui parla ainsi : « Moi, voici mon alliance avec toi : tu deviendras père d'une multitude de nations. Et l'on ne t'appellera plus Abram, mais ton nom sera Abraham[28], car je te fais père d'une multitude de nations. Je te rendrai extrêmement fécond, de toi je ferai des nations et des rois sortiront de toi. J'établirai mon alliance entre moi et toi, et ta race après toi, de génération en génération, une alliance perpétuelle, pour être ton Dieu et celui de ta race après toi. À toi et à ta race après toi, je donnerai le pays où tu séjournes, tout le pays de Canaan, en possession à perpétuité, et je serai leur Dieu. » Dieu dit à Abraham : « Et toi, tu observeras mon alliance, toi et ta race après toi, de génération en génération. Et voici mon alliance qui sera observée entre moi et vous, c'est-à-dire ta race après toi : que tous vos mâles soient circoncis. Vous ferez circoncire la chair de votre prépuce, et ce sera le signe de l'alliance entre moi et vous. Quand ils auront huit jours, tous vos mâles seront circoncis, de génération en génération » (17, 1-12).

Le cycle de Sodome et Gomorrhe

L'épisode suivant plonge de nouveau le patriarche dans les drames de l'histoire. D'une part, Abraham entre de plus en plus dans l'intimité de Dieu, qui lui renouvelle la promesse d'une descendance et lui confie ses desseins. D'autre part, les mâles de villes voisines, Sodome et Gomorrhe, sombrent dans un péché qui mérite le châtiment le plus atroce que Dieu ait jamais infligé à des hommes. Même Lot et sa famille, qui vivent à Sodome, vont éprouver des difficultés à quitter cette contrée absolument corrompue...

Dieu rend visite à Abraham

Abraham accueille d'abord trois visiteurs mystérieux selon les règles les plus raffinées de l'hospitalité nomade. Il soupçonne seulement que, parmi eux, se trouve Dieu en personne lorsque cet hôte lui renouvelle la

28. La tradition sacerdotale appelait jusqu'alors le patriarche Abram, et Sara, Saraï, d'après des formes légèrement différentes des mêmes noms, qui signifient respectivement « de noble lignée » et « princesses ».

promesse d'un fils que Sara n'ose plus espérer. Ces personnages sont parfois un seul, parfois trois [29] :

Yahvé lui apparut au Chêne de Mambré, tandis qu'il était assis à l'entrée de la tente, au plus chaud du jour. Ayant levé les yeux, voilà qu'il vit trois hommes qui se tenaient debout près de lui ; dès qu'il les vit, il courut de l'entrée de la tente à leur rencontre et se prosterna à terre. Il dit : « Monseigneur, je t'en prie, si j'ai trouvé grâce à tes yeux, veuille ne pas passer près de ton serviteur sans t'arrêter. Qu'on apporte un peu d'eau, vous vous laverez les pieds et vous vous étendrez sous l'arbre. Que j'aille chercher un morceau de pain et vous vous réconforterez le cœur avant d'aller plus loin ; c'est bien pour cela que vous êtes passés près de votre serviteur ! » Ils répondirent : « Fais donc comme tu as dit. »

Abraham se hâta vers la tente auprès de Sara et dit : « Prends vite trois boisseaux de farine, de fleur de farine, pétris et fais des galettes. » Puis Abraham courut au troupeau et prit un veau tendre et bon ; il le donna au serviteur, qui se hâta de le préparer. Il prit du caillé, du lait, le veau qu'il avait apprêté et plaça le tout devant eux ; il se tenait debout près d'eux, sous l'arbre, et ils mangèrent.

Ils lui demandèrent : « Où est Sara, ta femme ? » Il répondit : « Elle est dans la tente. » L'hôte dit : « Je reviendrai vers toi l'an prochain ; alors, ta femme Sara aura un fils. » Sara écoutait, à l'entrée de la tente, qui se trouvait derrière lui. Or Abraham et Sara étaient vieux, avancés en âge, et Sara avait cessé d'avoir ce qu'ont les femmes. Donc, Sara rit en elle-même, se disant : « Maintenant que je suis usée, je connaîtrais le plaisir ! Et mon mari qui est un vieillard ! » Mais Yahvé dit à Abraham : « Pourquoi Sara a-t-elle ri, se disant : "Vraiment, vais-je encore enfanter, alors que je suis devenue vieille ?" Y a-t-il rien de trop merveilleux pour Yahvé ? À la même saison l'an prochain, je reviendrai chez toi et Sara aura un fils. » Sara démentit : « Je n'ai pas ri », dit-elle, car elle avait peur, mais il répliqua : « Si, tu as ri [30] » (18, 1-15).

---

29. Les Pères de l'Église liront plus tard dans cette scène l'annonce de la Trinité : « Il en vit trois, il adora l'Unique. » La célèbre icône d'Andreï Roublev, au début du XVe siècle, lui a donné une forme inoubliable avec les trois anges entourant la table sur laquelle repose la coupe, symbole de l'Eucharistie.

30. Le nom du futur fils, Isaac, est mis en relation avec le verbe signifiant « rire, être favorable ».

Abraham intercède en faveur des pécheurs de Sodome et Gomorrhe

Dieu doit révéler au patriarche sa décision de punir Sodome et Gomorrhe, afin que le futur Israël en tire une leçon pour l'avenir. Mais le châtiment des coupables doit-il inclure celui des justes qui se trouveraient dans ces villes ? interroge Abraham au nom de la justice divine, qui ne peut englober dans la même punition les justes et les pécheurs. Jérémie et Ézéchiel ont fait avancer la réflexion morale sur ce point : chacun doit être puni ou récompensé pour ses propres fautes[31]. Dieu ne peut être assimilé à un justicier aveugle : la présence de quelques justes peut arrêter le châtiment décrété contre un peuple pécheur. Le nombre de ces justes importe peu, cinquante, vingt, dix, cinq. Ou même un seul. Mais s'il n'y en a vraiment aucun pour arrêter la sentence ?

Yahvé se tenait encore devant Abraham. Celui-ci s'approcha et dit : « Vas-tu vraiment supprimer le juste avec le pécheur ? Peut-être y a-t-il cinquante justes dans la ville. Vas-tu vraiment les supprimer et ne pardonneras-tu pas à la cité pour les cinquante justes qui sont dans son sein ? Loin de toi de faire cette chose-là ! de faire mourir le juste avec le pécheur, en sorte que le juste soit traité comme le pécheur. Loin de toi ! Est-ce que le juge de toute la terre ne rendra pas justice ? » Yahvé répondit : « Si je trouve à Sodome cinquante justes dans la ville, je pardonnerai à toute la cité à cause d'eux. »

Abraham reprit : « Je suis bien hardi de parler à mon Seigneur, moi qui suis poussière et cendre. Mais peut-être, des cinquante justes en manquera-t-il cinq : feras-tu, pour cinq, périr toute la ville ? » Il répondit : « Non, si j'y trouve quarante-cinq justes. » Abraham reprit encore la parole et dit : « Peut-être n'y en aura-t-il que quarante », et il répondit : « Je ne le ferai pas, à cause des quarante. »

Abraham dit : « Que mon Seigneur ne s'irrite pas et que je puisse parler : peut-être s'en trouvera-t-il trente », et il répondit : « Je ne le ferai pas, si j'en trouve trente. » Il dit : « Je suis bien hardi de parler à mon Seigneur : peut-être s'en trouvera-t-il vingt », et il répondit : « Je ne détruirai pas, à cause des vingt. » Il dit : « Que mon Seigneur ne s'irrite pas et je parlerai une dernière fois : peut-être s'en trouvera-t-il dix », et il répondit : « Je ne détruirai pas, à cause des dix. »

---

31. Voir première partie : pour Jérémie, chapitre 4, « Promesses d'avenir », p. 128 ; pour Ézéchiel, chapitre 5, « Responsabilité et rétribution individuelles », p. 148.

Yahvé, ayant achevé de parler à Abraham, s'en alla, et Abraham retourna chez lui (18, 22-33).

Or, dans la ville de Sodome, il ne se trouve aucun juste, sinon Lot.

La destruction de Sodome et Gomorrhe (Gn 19, 1-29)

L'auteur de la Genèse, au retour de l'exil, sait que les prophètes, tel Isaïe [32] (1, 9), ont aimé citer l'anéantissement de Sodome et de Gomorrhe comme un exemple du sort qui attendait Israël s'il continuait à tromper son Dieu. Le caractère désolé de la région de la mer Morte leur suggérait sans doute que cette partie du Proche-Orient avait un jour été détruite totalement ! Apparemment, un cataclysme y avait supprimé toute vie. Pour les prophètes, ce phénomène ne pouvait être que le juste châtiment d'hommes particulièrement pervers. La légende transmise par la Genèse (14, 2) situe à cet endroit, avant le cataclysme, une sorte de confédération de cinq cités, comme il en existait par exemple chez les Phéniciens et les Philistins. Après la catastrophe, la mémoire ne retint que le nom de deux d'entre elles, Sodome et Gomorrhe, et parfois d'une seule, Sodome. Certains géographes modernes ont attribué l'effondrement de la région de la mer Morte à un tremblement de terre, ce qui conduirait à penser que la légende serait inspirée par ce séisme.

Les prophètes n'ont pas nommé le crime de ces cités. Mais la Genèse dénonce l'homosexualité de tous les hommes de Sodome, un péché condamné par la Bible et puni de mort (Lv 18, 22 ; 20, 23). Or, on ne voit pas que l'homosexualité ait été particulièrement répandue en Israël au point de concerner toute une population « des plus jeunes aux plus vieux », comme l'affirme le récit. En revanche, les prophètes comparaient souvent l'infidélité d'Israël envers l'alliance à des fautes sexuelles, adultère de l'épouse selon Osée, prostitution selon Ézéchiel. L'homosexualité doit sans doute être interprétée dans le même sens : Israël a commis un péché contre nature en délaissant son Dieu au profit des idoles. Les prophètes ont

32. Voir première partie, chapitre 2, « Sous le règne d'Ézéchias », p. 85.

dénoncé cette trahison, jamais un peuple n'a abandonné son Dieu comme l'a fait Israël. Par conséquent, Jérusalem aurait dû être rayée de la carte, comme Sodome et Gomorrhe. Mais il s'en est fallu de peu, un reste a été épargné en raison de la fidélité de Dieu à l'alliance. Au retour de l'exil, la terrible histoire de Sodome est donc un exemple à méditer !

Après que Dieu a pris congé d'Abraham, le récit s'intéresse aux deux hommes qui accompagnaient Yahvé lors de sa visite au patriarche. En réalité, ils étaient des anges, ces êtres mystérieux dont Dieu se sert pour agir auprès des hommes. Yahvé les a donc envoyés à Sodome pour vérifier si les rumeurs de perversité sont fondées. Ils pénètrent dans la ville, où Lot les accueille chez lui selon les lois de l'hospitalité. Mais, le soir, les habitants de Sodome, des plus âgés aux plus jeunes, cernent la maison et exigent de Lot qu'il leur livre ces deux étrangers pour qu'ils en abusent. Ainsi, la réputation de Sodome est justifiée, elle est coupable à la fois d'homosexualité et de crime contre l'hospitalité. Les deux anges annoncent à Lot que Yahvé va détruire la cité et tous ses habitants. Il faut que lui, sa femme, ses deux filles et, s'ils le veulent, ses deux futurs gendres, partent aussitôt. Mais ceux-ci refusent. Lot lui aussi tergiverse pour ne pas quitter cette contrée où il bénéficie d'une certaine aisance. Cependant, lorsqu'il décide enfin de s'en aller, les anges lui recommandent, ainsi qu'à sa famille, de ne pas regarder en arrière. Au matin, Yahvé fait pleuvoir sur Sodome et Gomorrhe une pluie de feu et de soufre, qui dévaste aussi les environs. Mais la femme de Lot ignore le conseil des anges et regarde en arrière : elle est transformée en une colonne de sel, l'une de ces nombreuses concrétions salines qui ont donné son nom hébreu à la mer Morte, la « mer de sel ».

L'inceste des filles de Lot (Gn 19, 30-38)

Lot a échappé au sort de Sodome parce qu'il n'était pas aussi pervers que les habitants de cette ville. Il n'empêche qu'il a peiné à s'arracher à l'atmosphère malsaine qui y régnait, et la nostalgie a été fatale à sa femme. Sans doute Lot a-t-il eu tort de se séparer de son oncle Abraham, refusant ainsi de se fondre dans le peuple de la promesse.

Lot et ses filles se réfugient dans la montagne. Puisqu'il n'y a pas d'hommes, celles-ci se voient dès lors condamnées à avoir des rapports sexuels avec leur père afin d'assurer une descendance. Une nuit, elles font boire du vin à Lot qui, inconscient, ne se rend pas compte qu'il couche avec son aînée. Au réveil, il ne se souvient de rien. La plus jeune utilise le même stratagème. Toutes deux tombent enceintes. Les fruits de ces unions incestueuses ne peuvent être que les ancêtres de deux peuples honnis, Ammon et Moab, certes proches d'Israël par le sang, mais séparés de lui par un gouffre dont la stérilité de la mer Morte est le signe effrayant.

Rivalité Isaac-Ismaël

Isaac, le fils tant attendu, naît enfin : comme Dieu l'a demandé, il est circoncis à l'âge de huit jours. Sara, craignant que les deux enfants de son mari ne se partagent la promesse divine, demande à Abraham de chasser Ismaël et sa mère Agar. Il accepte avec douleur ce rejet qui sera plus tard source de conflits entre les deux peuples. Car Ismaël, comme Isaac, va donner naissance à une descendance importante, même si cette nation vivra dans des conditions très rudes au sein du désert inhospitalier d'Arabie :

> L'enfant grandit et fut sevré, et Abraham fit un grand festin le jour où l'on sevra Isaac. Or Sara aperçut le fils né à Abraham de l'Égyptienne Agar, qui jouait avec son fils Isaac, et elle dit à Abraham : « Chasse cette servante et son fils, il ne faut pas que le fils de cette servante hérite avec mon fils Isaac. » Cette parole déplut beaucoup à Abraham, à propos de son fils, mais Dieu lui dit : « Ne te chagrine pas à cause du petit et de ta servante, tout ce que Sara te demande, accorde-le, car c'est par Isaac qu'une descendance perpétuera ton nom, mais du fils de la servante je ferai aussi une grande nation, car il est de ta race. » Abraham se leva tôt, il prit du pain et une outre d'eau qu'il donna à Agar, et il mit l'enfant sur son épaule, puis il la renvoya. Elle s'en fut errer au désert de Bersabée. Quand l'eau de l'outre fut épuisée, elle jeta l'enfant sous un buisson et elle alla s'asseoir vis-à-vis, loin comme une portée d'arc. Elle se disait en effet : « Je ne veux pas voir mourir l'enfant ! » Elle s'assit vis-à-vis et elle se mit à crier et à pleurer.
>
> Dieu entendit les cris du petit et l'ange de Dieu appela du ciel Agar et lui dit : « Qu'as-tu, Agar ? Ne crains pas, car Dieu a entendu les cris du petit, là où il était. Debout ! soulève le petit et tiens-le ferme, car j'en ferai une grande nation. » Dieu dessilla les yeux d'Agar et elle aperçut un puits. Elle alla remplir l'outre et fit boire le petit. Dieu fut avec lui, il grandit et demeura au désert, et

il devint un tireur d'arc. Il demeura au désert de Parân, et sa mère lui choisit une femme du pays d'Égypte (21, 8-21).

Le sacrifice du fils premier-né

L'enfant de la promesse, Isaac, grandit, comblant de joie ses parents qui l'ont si longtemps attendu. Mais Yahvé demande à Abraham de lui sacrifier ce fils bien-aimé :

Après ces événements, il arriva que Dieu éprouva Abraham et lui dit : « Abraham ! Abraham ! » Il répondit : « Me voici ! » Dieu dit : « Prends ton fils, ton unique, que tu chéris, Isaac, et va-t'en au pays de Moriyya, et là tu l'offriras en holocauste sur une montagne que je t'indiquerai. »

Abraham se leva tôt, sella son âne et prit avec lui deux de ses serviteurs et son fils Isaac. Il fendit le bois de l'holocauste et se mit en route pour l'endroit que Dieu lui avait dit. Le troisième jour, Abraham, levant les yeux, vit l'endroit de loin. Abraham dit à ses serviteurs : « Demeurez ici avec l'âne. Moi et l'enfant nous irons jusque là-bas, nous adorerons et nous reviendrons vers vous. »

Abraham prit le bois de l'holocauste et le chargea sur son fils Isaac, lui-même prit en main le feu et le couteau et ils s'en allèrent tous deux ensemble. Isaac s'adressa à son père Abraham et dit : « Mon père ! » Il répondit : « Oui, mon fils ! » – « Eh bien, reprit-il, voilà le feu et le bois, mais où est l'agneau pour l'holocauste ? » Abraham répondit : « C'est Dieu qui pourvoira à l'agneau pour l'holocauste, mon fils », et ils s'en allèrent tous deux ensemble.

Quand ils furent arrivés à l'endroit que Dieu lui avait indiqué, Abraham y éleva l'autel et disposa le bois, puis il lia son fils Isaac et le mit sur l'autel, par-dessus le bois. Abraham étendit la main et saisit le couteau pour immoler son fils.

Mais l'Ange de Yahvé l'appela du ciel et dit : « Abraham ! Abraham ! » Il répondit : « Me voici ! » L'Ange dit : « N'étends pas la main contre l'enfant ! Ne lui fais aucun mal ! Je sais maintenant que tu crains Dieu : tu ne m'as pas refusé ton fils, ton unique. » Abraham leva les yeux et vit un bélier, qui s'était pris par les cornes dans un buisson, et Abraham alla prendre le bélier et l'offrit en holocauste à la place de son fils. À ce lieu, Abraham donna le nom de « Yahvé pourvoit », en sorte qu'on dit aujourd'hui : « Sur la montagne, Yahvé pourvoit. »

L'Ange de Yahvé appela une seconde fois Abraham du ciel et dit : « Je jure par moi-même, parole de Yahvé ; parce que tu as fait cela, que tu ne m'as pas refusé ton fils, ton unique, je te comblerai de bénédictions, je rendrai ta postérité aussi nombreuse que les étoiles du ciel et que le sable qui est sur le bord de la mer, et ta postérité conquerra la porte de ses ennemis. Par ta postérité se béniront toutes les nations de la terre, parce que tu m'as obéi. »

Abraham revint vers ses serviteurs et ils se mirent en route ensemble pour Bersabée. Abraham résida à Bersabée (22, 1-19).

L'offrande à Dieu de tout premier-né est un devoir absolu réclamé par Dieu lui-même, parce que cette offrande, aussi bien celle des prémices de la récolte que du premier-né du bétail ou de l'homme, n'est que la reconnaissance normale de la créature à l'égard de celui qui est l'auteur de tous les bienfaits reçus. La Loi d'Israël contient à maintes reprises cet ordre [33] :

> Consacre-moi tout premier-né, prémices du sein maternel, parmi les Israélites. Homme ou animal, il est à moi (Ex 13, 1).

L'exigence de Dieu est donc dans l'ordre des choses, et l'obéissance d'Abraham à ce commandement confirme que le patriarche reconnaît l'intervention divine dans la naissance de ce fils unique qu'il chérit. Dans les pays voisins, la pratique du sacrifice de l'enfant premier-né était relativement fréquente. En Israël aussi, il était encore courant à l'époque des rois [34]. Yahvé, à qui revenait tout premier-né, ne pouvait accepter de telles pratiques qui lui répugnaient. Aussi, la Loi d'Israël, pour assurer à la fois le devoir de reconnaissance à Dieu et l'interdiction de verser le sang innocent, a-t-elle institué le sacrifice de substitution, peut-être déjà avant l'exil :

> Je sacrifie à Yahvé tout être sorti le premier du sein maternel, et je rachète tout premier-né de mes fils (Ex 13, 15).

C'est le rôle que joue le bélier trouvé par Abraham. La présence de l'animal montre que Dieu accueille favorablement ce sacrifice de substitution.

---

33. Voir aussi première partie, chapitre 3, « Lueur dans le crépuscule : la réforme avortée de Josias », p. 94.
34. Jérémie et Ézéchiel notamment (voir première partie, chapitre 4, p. 116, et chapitre 5, p. 145) ont dénoncé ces sacrifices offerts aux baals, au pied des remparts de la ville, non loin du Temple de Yahvé.

La Genèse donne une forme dramatique et paradoxale à cet enseignement. Il est d'ailleurs significatif que ce sacrifice se situe sur le Moriyya, l'un des noms de la montagne où Salomon avait élevé le Temple de Jérusalem [35] (2 Ch 3, 1). Abraham a déjà sanctifié le lieu du Temple lors de sa rencontre avec Melchisédech. Aujourd'hui, il y sacrifie lui-même un bélier, comme le faisaient quotidiennement les prêtres au retour de l'exil.

Sépulture de Sara à Hébron

Sara meurt comblée d'années, son fils Isaac a trente-sept ans. Elle s'éteint à Hébron et son époux veut l'enterrer dans cette ville. Pour cela, il doit acheter un terrain et les transactions se déroulent selon les subtilités du marchandage en Orient :

> La durée de la vie de Sara fut de cent vingt-sept ans, et elle mourut à Qiryat-Arba – c'est Hébron – au pays de Canaan. Abraham entra faire le deuil de Sara et la pleurer. [...]
>
> Abraham se leva et s'inclina devant les gens du pays, les fils de Hèt, et il leur parla ainsi : « Si vous consentez que j'enlève mon mort et que je l'enterre, écoutez-moi et intercédez pour moi auprès d'Ephrôn, fils de Cohar, pour qu'il me cède la grotte de Makpéla, qui lui appartient et qui est à l'extrémité de son champ. Qu'il me la cède pour sa pleine valeur, en votre présence, comme possession funéraire. » [...]
>
> Ainsi le champ d'Ephrôn, qui est à Makpéla, vis-à-vis de Mambré, le champ et la grotte qui est sise en ce lieu, et tous les arbres qui sont dans le champ, dans sa limite, passèrent en propriété à Abraham au vu des fils de Hèt, de tous ceux qui franchissaient la porte de sa ville. Puis Abraham enterra Sara dans la grotte du champ de Makpéla, vis-à-vis de Mambré [c'est Hébron], au pays de Canaan. C'est ainsi que le champ et la grotte qui y est sise furent acquis à Abraham des fils de Hèt comme possession funéraire (23, 1-20).

Abraham est déjà venu à Hébron, plus exactement au Chêne de Mambré, un endroit qu'il a sanctifié en y bâtissant un autel à Yahvé (13, 18). Mais la présence du chêne évoque probablement ces arbres verts que les prophètes

35. Voir troisième partie, chapitre 2, « Le bâtisseur », p. 410.

fustigeaient parce qu'à leur ombre s'accomplissaient des cultes aux baals [36]. Il est significatif que la Genèse rapporte l'achat en bonne et due forme d'une parcelle en plein cœur de la Terre promise et, de plus, dans la ville qui va devenir la première capitale de David, comme si ce lieu n'appartenait pas à Israël de droit divin. Mais à l'époque perse, de fait, Hébron est une ville d'Édom et non de Juda : la tombe des patriarches est donc difficilement accessible aux juifs. L'achat s'impose logiquement à Abraham [37].

Isaac et Jacob, les héritiers d'Abraham

Le rédacteur du livre de la Genèse dispose de peu de traditions pour évoquer la figure d'Isaac. Comme Abraham, celui-ci vit dans le sud de Canaan et, comme le fera son fils Jacob, il épouse une femme originaire du pays des ancêtres. Jacob éclipse, en effet, le souvenir de son père. Il est l'ancêtre direct des douze tribus, et donc le véritable père d'Israël, dont il porte aussi le nom. Les péripéties de sa vie, telles qu'elles sont rapportées par la Genèse, reflètent deux préoccupations d'Israël au retour de l'exil : les relations conflictuelles avec le pays d'Édom, dont l'ancêtre, Ésaü, est le frère jumeau d'Isaac ; la mise en garde contre des alliances avec la population cananéenne qui risque, une fois encore, de contaminer la foi d'Israël.

Le mariage d'Isaac

Après le récit de la mort et de la sépulture de Sara, le livre de la Genèse raconte longuement le mariage d'Isaac. Abraham craint plus que tout qu'Isaac n'épouse une Cananéenne, une idolâtre, comme l'a fait Ismaël. Il envoie son serviteur chercher une épouse pour son fils dans sa famille, à Harân en Mésopotamie, au pays de ses aïeux, supposé ne pas être souillé comme celui où il réside. Yahvé guide merveilleusement son serviteur vers

36. Hébron fut d'ailleurs l'un de ces sanctuaires que la réforme de Josias supprima quand il centralisa le culte à Jérusalem (voir première partie, chapitre 3, p. 96).
37. Ce n'est donc pas un anachronisme que les Hébronites soient appelés « fils de Hèt ». L'auteur ne voit pas dans ces Hittites des survivants de cet empire qui a dominé le Proche-Orient au XIVe siècle. Ils sont seulement l'un des peuples de Canaan qu'Israël a dû un jour anéantir pour ne pas succomber à l'idolâtrie.

la maison du neveu d'Abraham, Bétuel, qui a précisément une jeune fille très belle à marier. Mieux, Rébecca est heureuse de quitter sa famille pour épouser Isaac qui, dès qu'il la voit, tombe amoureux. La promesse de Dieu se réalise :

Abraham était alors un vieillard avancé en âge, et Yahvé avait béni Abraham en tout. Abraham dit au plus vieux serviteur de sa maison, le régisseur de tous ses biens : « Tu ne prendras pas pour mon fils une femme parmi les filles des Cananéens. Mais tu iras dans mon pays, et tu choisiras une femme pour mon fils Isaac. » [...]

Le serviteur prit dix des chameaux de son maître et il se mit en route pour la ville de Nahor. Il fit agenouiller les chameaux en dehors de la ville, près du puits, à l'heure du soir, à l'heure où les femmes sortent pour puiser. Et il dit : « Yahvé, je me tiens près de la source et les filles des gens de la ville sortent pour puiser de l'eau. La jeune fille à qui je dirai : "Incline donc ta cruche, que je boive" et qui répondra : "Bois et j'abreuverai aussi tes chameaux", ce sera celle que tu as destinée à ton serviteur Isaac. »

Il n'avait pas fini de parler que sortait Rébecca, qui était fille de Bétuel, fils de Milka, la femme de Nahor, frère d'Abraham, et elle avait sa cruche sur l'épaule. La jeune fille était très belle, elle était vierge. Elle descendit à la source, emplit sa cruche et remonta. Le serviteur courut au-devant d'elle et dit : « S'il te plaît, laisse-moi boire un peu d'eau de ta cruche. » Elle répondit : « Bois, Monseigneur. Je vais puiser aussi pour tes chameaux, jusqu'à ce qu'ils soient désaltérés. » Vite elle puisa pour tous les chameaux. Lorsque les chameaux eurent fini de boire, l'homme dit : « De qui es-tu la fille ? » Elle répondit : « Je suis la fille de Bétuel, le fils que Milka a enfanté à Nahor. Il y a, chez nous, de la paille et du fourrage en quantité et de la place pour gîter. » Alors l'homme se prosterna et adora Yahvé, et il dit : « Béni soit Yahvé, Dieu de mon maître Abraham, qui n'a pas ménagé sa bienveillance et sa bonté à mon maître et a guidé mes pas chez le frère de mon maître ! »

La jeune fille courut annoncer chez sa mère ce qui était arrivé. Or Rébecca avait un frère qui s'appelait Laban, et Laban courut au-dehors vers l'homme. Il le trouva encore debout près des chameaux, à la source. Il lui dit : « Viens, béni de Yahvé ! » L'homme vint à la maison et Laban débâta les chameaux, il donna de la paille et du fourrage aux chameaux et, pour lui et les hommes qui l'accompagnaient, de l'eau pour se laver les pieds. [...]

> Laban et Bétuel prirent la parole et dirent : « Rébecca est là devant toi : prends-la et pars, et qu'elle devienne la femme du fils de ton maître, comme a dit Yahvé. » [...]
>
> Le frère et la mère de Rébecca dirent : « Appelons la jeune fille et demandons-lui son avis. » Ils appelèrent Rébecca et lui dirent : « Veux-tu partir avec cet homme ? » et elle répondit : « Je veux bien. » Alors ils laissèrent partir leur sœur Rébecca, avec sa nourrice, le serviteur d'Abraham et ses hommes.
>
> Or Isaac sortit pour se promener dans la campagne, à la tombée du soir, et, levant les yeux, il vit que les chameaux arrivaient. Et Rébecca, levant les yeux, vit Isaac. [...] Le serviteur raconta à Isaac toute l'affaire qu'il avait faite. Et Isaac introduisit Rébecca dans sa tente : il la prit et elle devint sa femme et il l'aima. Et Isaac se consola de la perte de sa mère (24, 1-67).

L'histoire est riche d'enseignements si nous la lisons dans le contexte du retour de l'exil. La famille qui réside en Mésopotamie symbolise la communauté des exilés qui vit loin de la terre de la promesse. Sans le savoir, elle est le vivier d'où doivent venir ceux qui sont appelés à redonner vie à Jérusalem et à Juda. Heureusement, des hommes, et certainement aussi des femmes, accueillent l'appel de Yahvé à venir rebâtir Sion, malgré les sacrifices que comporte cet abandon d'un pays où certains ont fait fortune. Rébecca, qui accepte d'épouser Isaac et de le rejoindre en Terre promise, symbolise ainsi Sion que les chants de cette époque magnifient comme l'épouse bien-aimée de Yahvé [38].

Isaac chez les Philistins

Abraham meurt de nombreuses années après le mariage d'Isaac. Isaac et Ismaël l'enterrent à Makpéla, auprès de Sara. Ismaël rejoint son territoire, le désert ; Isaac séjourne dans le sud de Canaan. La tradition biblique n'est pas très diserte sur Isaac. En fait, elle va s'intéresser surtout aux rivalités entre ses jumeaux, Ésaü et Jacob. Sur les faits et gestes d'Isaac et de Rébecca, elle rapporte seulement leur séjour chez Abimélek, roi des Philistins, récit inséré à l'intérieur du conflit entre leurs deux enfants. Une histoire simi-

38. Voir cinquième partie, chapitre 1, Isaïe 56–66, p. 566, et quatrième partie, chapitre 3, « Les Psaumes : prière de la communauté sainte », p. 504.

laire a été déjà racontée deux fois à propos d'Abraham : l'une s'est déroulée en Égypte (chapitre 12), l'autre déjà chez Abimélek (chapitre 20). Dans les deux cas, Sara a été enlevée et amenée dans le harem de son ravisseur, le Pharaon ou le roi des Philistins. Voici la version de l'aventure d'Isaac :

> Il y eut une famine dans le pays – en plus de la première famine qui eut lieu du temps d'Abraham – et Isaac se rendit à Gérar chez Abimélek, roi des Philistins. Yahvé lui apparut et dit : « Ne descends pas en Égypte ; demeure au pays que je te dirai. Séjourne dans ce pays-ci, je serai avec toi et te bénirai. » [...] Ainsi Isaac demeura à Gérar. Les gens du lieu l'interrogèrent sur sa femme et il répondit : « C'est ma sœur. » Il eut peur de dire : « Ma femme », pensant : « Les gens du lieu me feront mourir à cause de Rébecca, car elle est belle. » Il était là depuis longtemps quand Abimélek, le roi des Philistins, regardant une fois par la fenêtre, vit Isaac qui caressait Rébecca, sa femme. Abimélek appela Isaac et dit : « Pour sûr, c'est ta femme ! Comment as-tu pu dire : C'est ma sœur ? » Isaac lui répondit : « Je me disais : je risque de mourir à cause d'elle. » Abimélek reprit : « Qu'est-ce que tu nous as fait là ? Un peu plus, quelqu'un du peuple couchait avec ta femme et tu nous chargeais d'une faute ! » Alors Abimélek donna cet ordre à tout le peuple : « Quiconque touchera à cet homme et à sa femme sera mis à mort » (26, 1-11).

La répétition de cette anecdote scabreuse met l'accent sur un enseignement important. Dans les trois cas, Abraham et Sara, Isaac et Rébecca symbolisent le peuple d'Israël menacé dans son existence même. Si Dieu n'était pas intervenu, comme il le fera à de multiples reprises au cours des siècles, pour protéger l'épouse des patriarches, la promesse divine n'aurait jamais vu le jour. L'enlèvement de l'épouse provoque les malheurs du roi coupable, sa libération devient source de bénédiction, en conformité avec ce que Dieu a promis à Abraham [39] (12, 3).

D'autres détails du séjour d'Isaac chez les Philistins sont riches de signification. Ainsi, Dieu interdit à Isaac de descendre en Égypte : nous savons de fait combien l'Égypte est source de dangers. Par ailleurs, Isaac et Rébecca entretiennent des relations amoureuses d'une intensité assez étonnante.

---

39. Voir plus haut, « Vocation et départ d'Abraham », p. 271.

Isaac donne à son épouse le nom de sœur, une appellation que, dans le Cantique des cantiques écrit vers la même époque, le fiancé donne à sa fiancée[40]. Déjà, dès qu'Isaac a vu Rébecca, il en est tombé amoureux. Ici, c'est en les voyant se caresser qu'Abimélek découvre qu'ils sont mari et femme. En insistant sur l'amour qui les unit, sans doute le récit veut-il faire entendre que dans cet amour ils sont vraiment l'image de celui qui lie Yahvé et son peuple, selon le message des prophètes depuis Osée.

La présence d'Isaac chez les Philistins est également symbolique. Nous avons noté l'anachronisme que constitue la présence des Philistins à l'époque patriarcale, ce peuple n'étant arrivé dans la région qu'au XIIe siècle. D'autres bizarreries sont encore à noter : Abimélek (« mon père le roi » en hébreu) porte un nom typiquement sémitique, alors que les Philistins n'étaient pas sémites ; les Philistins n'ont jamais eu de roi, car ils étaient regroupés dans une confédération de cités, parmi lesquelles on ne connaît pas de Gérar. En fait, la Perse a reconnu l'existence des Philistins et constitué un district autour de la ville d'Ashdod. Aussi, si nous lisons ce texte à la lumière de la situation au temps de l'empire perse, il semble que les relations entre les fils d'Israël et les Philistins n'étaient pas mauvaises dans ce district comprenant les collines descendant vers la mer (la Shéphelah) et la plaine côtière qui se prolongeait au sud vers le Néguev et Béer Sheba.

Abraham séjourne longtemps dans cette région, Isaac y devient un riche agriculteur et un éleveur de troupeaux. D'autres épisodes laissent soupçonner une cohabitation difficile, mais pas impossible, puisque les deux hommes passent avec Abimélek un accord au sujet de l'utilisation de puits (21, 22-33 ; 26, 15-33). La promesse divine de la possession de toute cette terre semble donc s'accommoder de la présence au milieu d'Israël d'autres populations. En revanche, les relations avec Édom vont être autrement mauvaises et conflictuelles. Au retour de l'exil, elles sont à la base du conflit qui va opposer Jacob et Ésaü, les ancêtres d'Israël et d'Édom.

40. Voir quatrième partie, chapitre 4, p. 555.

Le cycle Jacob-Ésaü (Gn 25-34)

Le cycle Jacob-Ésaü est dominé par la rivalité entre les deux frères. Rébecca est enceinte de deux enfants et déjà les deux frères se battent dans le sein de leur mère. Ésaü naît le premier et doit donc bénéficier du droit d'aînesse. Jacob va lui voler cette prééminence en dérobant la bénédiction de son père. La haine que déclenche la ruse qu'il a utilisée pour arriver à ses fins oblige Jacob à fuir chez Laban, en Mésopotamie, où il se marie. Quand il décide de rentrer en Canaan avec ses femmes, ses douze enfants, ses nombreux biens, le ressentiment de son frère n'est pas encore apaisé. Cependant, un compromis est trouvé dans le partage de la terre. C'est à l'aller et au retour de ce long voyage que se situent les épisodes au cours desquels Jacob rencontre Dieu : à l'aller, à Béthel, il voit en songe des anges monter et descendre sur une échelle ; au retour, à la veille de pénétrer en Terre promise, il combat avec un ange de Dieu, puis Yahvé lui apparaît à Béthel. La suite des événements de la vie de Jacob appartient au cycle de son fils Joseph[41].

Jacob, le père d'Israël

Jacob est le patriarche que les prophètes ont mentionné le plus souvent, ce qui s'explique par le fait que Jacob est un autre nom d'Israël[42]. Certains historiens pensent qu'il s'agissait primitivement de deux ancêtres distincts, pères de clans qui fusionnèrent à une époque indéterminée. Mais la combinaison des traditions est ancienne puisque Osée, vers 750, les connaissait déjà sous la forme qu'elles adoptent dans le livre de la Genèse :

> Yahvé est en procès avec Juda, il va sévir contre Jacob selon sa conduite et lui rendre selon ses actions. Dès le sein maternel il a supplanté son frère, dans sa vigueur il fut fort contre Dieu. Il fut fort contre l'ange et l'emporta, il pleura et l'implora. À Béthel il le rencontra (12, 3-5).

41. Voir chapitre suivant, p. 307.
42. Voir plus loin, « Jacob combat l'ange », p. 301.

Nous reconnaissons dans ce texte des allusions aux épisodes célèbres de la vie de Jacob : son combat victorieux avec son frère jumeau dans le ventre de leur mère, la lutte avec l'ange, la rencontre avec Dieu à Béthel. Malachie, au retour de l'exil, a de son côté rappelé la préférence de Yahvé pour Jacob :

> Je vous ai aimés ! dit Yahvé. – Cependant vous dites : En quoi nous as-tu aimés ? – Ésaü n'était-il pas le frère de Jacob ? oracle de Yahvé ; or j'ai aimé Jacob, mais j'ai haï Ésaü. Je fis de ses montagnes une solitude et de son héritage des pâturages de désert. Si Édom dit : « Nous avons été détruits, mais nous relèverons nos ruines », ainsi parle Yahvé Sabaot : Qu'ils bâtissent, moi je démolirai ! (1, 2-4).

Yahvé n'aime pas Édom, pas plus qu'il n'a aimé Ésaü. Son amour va uniquement à Jacob, le père d'Israël, qu'il aime d'un amour gratuit et inexplicable.

Édom, le frère ennemi

La tradition biblique affirme constamment qu'Ésaü est le jumeau de Jacob. À ce titre, il a droit à une part de l'héritage paternel, puisqu'ils ont partagé ensemble le sein maternel. De fait, les territoires d'Édom et d'Israël sont voisins, ils ne sont séparés par aucune limite naturelle. Leurs frontières vont être l'objet de conflits sanglants tout au long de leur histoire, nous l'évoquerons plus loin.

Mais Ésaü (Édom) est l'aîné, comme Ismaël le fut d'Isaac. Aussi a-t-il occupé son territoire avant que Jacob (Israël) ne prît possession du sien – l'histoire est racontée dans le livre des Nombres (20, 14-21). Quand les tribus ont quitté Cadès pour entrer en Terre promise, Moïse a voulu conduire son peuple par la route directe vers Hébron, mais Édom s'est opposé au passage des tribus sur son sol, les obligeant à faire un grand détour par l'autre côté de la mer Morte et à entrer en Terre promise en franchissant le Jourdain. Le Deutéronome place dans la bouche de Moïse une recommandation adressée aux Hébreux parvenus devant Édom :

> Vous allez passer par le territoire de vos frères, les fils d'Ésaü, qui habitent Séïr. N'allez pas les provoquer, car je ne vous donnerai rien de leur pays, pas même la longueur d'un pied : c'est à Ésaü que j'ai donné la montagne de Séïr pour domaine (2, 4-5).

Naissance d'Ésaü et de Jacob

Comme Sara, Rébecca est stérile, mais Dieu va la bénir dans son grand âge :

> Isaac implora Yahvé pour sa femme, car elle était stérile : Yahvé l'exauça et sa femme Rébecca devint enceinte. Or les enfants se heurtaient en elle et elle dit : « S'il en est ainsi, à quoi bon vivre ? » Elle alla donc consulter Yahvé, et Yahvé lui dit :
>
> « Il y a deux nations en ton sein,
> deux peuples, issus de toi, se sépareront,
> un peuple dominera un peuple,
> l'aîné servira le cadet. »
>
> Quand vint le temps de ses couches, voici qu'elle portait des jumeaux. Le premier sortit : il était roux [43] et tout entier comme un manteau de poils ; on l'appela Ésaü. Ensuite sortit son frère et sa main tenait le talon d'Ésaü; on l'appela Jacob. Isaac avait soixante ans à leur naissance.
>
> Les garçons grandirent : Ésaü devint un habile chasseur, courant la steppe, Jacob était un homme tranquille, demeurant sous les tentes (Gn 25, 21-27).

La rivalité entre Jacob-Israël et Ésaü-Édom est congénitale et totale : elle s'attache au statut social ; elle oppose les paysans-bergers aux nomades-chasseurs et divise les parents. Mais c'est le choix de la mère qui l'emporte !

Jacob conquiert son droit d'aînesse

Comment Ésaü-Édom a-t-il perdu son droit d'aînesse ? En réponse à cette question, la Genèse propose deux récits. Selon le premier, Ésaü a vendu ce droit pour un plat parce qu'il avait faim au retour de la chasse. Selon le second, Rébecca utilise un subterfuge pour dérober la bénédiction à Isaac. La vérité profonde est exprimée par cette phrase :

> Isaac préférait Ésaü parce que le gibier était à son goût, mais Rébecca préférait Jacob (Gn 25, 28).

---

43. Il est *admoni*, « roux » en hébreu, et il est père d'Édom, qui est roux.

Les femmes jouent un rôle important dans l'histoire d'Israël, comme nous l'avons vu et nous le verrons encore. Mais ici, selon Malachie (Ml 1, 2), Rébecca ne fait qu'exprimer la préférence de Dieu. Les options divines sont inexplicables, comme celles d'une mère.

Le droit d'aînesse contre un plat

Ésaü préfère la vie de nomade à celle de paysan. Surtout, il méprise les privilèges que Yahvé reconnaît au fils aîné. Il est même prêt, selon une tradition, à se soumettre à son frère :

> Une fois, Jacob prépara un potage et Ésaü revint de la campagne, épuisé. Ésaü dit à Jacob : « Laisse-moi avaler ce roux, ce roux-là ; je suis épuisé. » – C'est pourquoi on l'a appelé Édom. – Jacob dit : « Vends-moi d'abord ton droit d'aînesse. » Ésaü répondit : « Voici que je vais mourir, à quoi me servira le droit d'aînesse ? » Jacob reprit : « Prête-moi d'abord serment » ; il lui prêta serment et vendit son droit d'aînesse à Jacob. Alors Jacob lui donna du pain et du potage de lentilles, il mangea et but, se leva et partit. C'est tout le cas qu'Ésaü fit du droit d'aînesse (Gn 25, 29-34).

Rébecca détourne la bénédiction d'Isaac sur Jacob

Selon une autre tradition, Rébecca recourt à un subterfuge. Même s'il est moralement condamnable, il sera utilisé par Dieu pour bénir celui qu'il a élu :

> Isaac était devenu vieux et ses yeux avaient faibli jusqu'à ne plus voir. Il appela son fils aîné Ésaü : « Mon fils ! » lui dit-il, et celui-ci répondit : « Oui ! » Il reprit : « Tu vois, je suis vieux et je ne connais pas le jour de ma mort. Maintenant, prends tes armes, ton carquois et ton arc, sors dans la campagne et tue-moi du gibier. Apprête-moi un régal comme j'aime et apporte-le-moi, que je mange, afin que mon âme te bénisse avant que je meure. » – Or Rébecca écoutait pendant qu'Isaac parlait à son fils Ésaü. – Ésaü alla donc dans la campagne chasser du gibier pour son père.
>
> Rébecca dit à son fils Jacob : « Je viens d'entendre ton père dire à ton frère Ésaü: "Apporte-moi du gibier et apprête-moi un régal : je mangerai et je te bénirai devant Yahvé avant de mourir." Maintenant, mon fils, écoute-moi et fais comme je t'ordonne. Va au troupeau et apporte-moi de là deux beaux chevreaux

et j'en préparerai un régal pour ton père, comme il aime. Tu le présenteras à ton père et il mangera, afin qu'il te bénisse avant de mourir. »

Jacob dit à sa mère Rébecca : « Vois : mon frère Ésaü est velu, et moi j'ai la peau bien lisse. Peut-être mon père va-t-il me tâter, il verra que je me suis moqué de lui et j'attirerai sur moi la malédiction au lieu de la bénédiction. » Mais sa mère lui répondit : « Je prends sur moi ta malédiction, mon fils ! Écoute-moi seulement et va me chercher les chevreaux. » Il alla les chercher et les apporta à sa mère, qui apprêta un régal comme son père aimait. Rébecca prit les plus beaux habits d'Ésaü, son fils aîné, qu'elle avait à la maison, et en revêtit Jacob, son fils cadet. Avec la peau des chevreaux elle lui couvrit les bras et la partie lisse du cou. Puis elle mit le régal et le pain qu'elle avait apprêtés entre les mains de son fils Jacob.

Il alla auprès de son père et dit : « Mon Père ! » Celui-ci répondit : « Oui ! qui es-tu, mon fils ? » Jacob dit à son père : « Je suis Ésaü, ton premier-né, j'ai fait ce que tu m'as commandé. Lève-toi, je te prie, assieds-toi et mange de ma chasse, afin que ton âme me bénisse. » Isaac dit à Jacob : « Comme tu as trouvé vite, mon fils ! » – « C'est, répondit-il, que Yahvé ton Dieu m'a été propice. » Isaac dit à Jacob : « Approche-toi donc, que je te tâte, mon fils, pour savoir si, oui ou non, tu es mon fils Ésaü. » Jacob s'approcha de son père Isaac, qui le tâta et dit : « La voix est celle de Jacob, mais les bras sont ceux d'Ésaü ! » Il ne le reconnut pas, car ses bras étaient velus comme ceux d'Ésaü son frère, et il le bénit. Il dit : « Tu es bien mon fils Ésaü ? » et l'autre répondit : « Oui. » Isaac reprit : « Sers-moi et que je mange de la chasse de mon fils, afin que mon âme te bénisse. » Il le servit et il mangea, il lui présenta du vin et il but. Son père Isaac lui dit : « Approche-toi et embrasse-moi, mon fils ! » Il s'approcha et embrassa son père, qui respira l'odeur de ses vêtements. Il le bénit ainsi :

« Oui, l'odeur de mon fils
est comme l'odeur d'un champ fertile
que Yahvé a béni.
Que Dieu te donne
la rosée du ciel
et les gras terroirs,
froment et vin en abondance ! » [...]

Isaac avait achevé de bénir Jacob et Jacob sortait tout juste de chez son père Isaac lorsque son frère Ésaü rentra de la chasse. Lui aussi apprêta un régal et l'apporta à son père. Il lui dit : « Que mon père se lève et mange de la chasse de son fils, afin que ton âme me bénisse ! » Son père Isaac lui demanda : « Qui es-tu ? » – « Je suis, répondit-il, ton fils premier-né, Ésaü. » Alors Isaac fut secoué d'un grand frisson et dit : « Quel est donc celui-là qui a chassé du gibier et me l'a apporté ? De confiance j'ai mangé avant que tu ne viennes et je l'ai béni, et il restera béni ! » Lorsque Ésaü entendit les paroles de son père, il cria avec beaucoup de force et d'amertume et dit à son père : « Bénis-moi aussi, mon père ! » Mais celui-ci répondit : « Ton frère est venu par ruse et a pris ta bénédiction » (27, 1-35).

La parole de bénédiction du patriarche est efficace ; elle contient en elle une force, comme la Parole de Dieu qui produit son effet dès qu'elle sort de sa bouche (Is 55, 11).

Jacob recherche une épouse au pays de ses ancêtres

La Genèse interrompt le récit du conflit entre les frères pour relater le mariage de Jacob. Ses parents lui interdisent de prendre une épouse parmi les femmes du pays (chapitre 28). Rébecca, surtout, le modèle de la femme juive à qui incombe la protection de la cohésion familiale, déteste la conduite des Cananéennes appelées avec mépris « Hittites » :

> Je suis dégoûtée des filles de Hèt. Si Jacob épouse une des filles de Hèt comme celles-là, une des filles du pays, que m'importe la vie ? (27, 46).

Isaac approuve. Pour rien au monde il ne doit y avoir alliance entre fils d'Israël et gens du pays. Cette interdiction déjà notée pour le mariage d'Isaac, et accentuée ici, correspond bien à la sévérité de l'interdit des mariages mixtes au retour de l'exil. Les Israélites doivent épouser les filles juives de la Diaspora plutôt que des autochtones. Mais Jacob est autorisé à aller lui-même chercher son épouse, à la différence d'Isaac, pour qui le serviteur a fait la démarche. Il prend donc le chemin de Harân, le pays d'Abraham.

Le songe de Jacob

Jacob quitte le sud de Canaan, où son père est devenu paysan-berger. Il doit traverser le pays de la promesse pour se rendre à Harân. Il y rencontre Yahvé :

Jacob quitta Bersabée et partit pour Harân. Il arriva d'aventure en un certain lieu et il y passa la nuit, car le soleil s'était couché. Il prit une des pierres du lieu, la mit sous sa tête et dormit en ce lieu. Il eut un songe : voilà qu'une échelle était dressée sur la terre et que son sommet atteignait le ciel, et des anges de Dieu y montaient et descendaient !

Voilà que Yahvé se tenait devant lui et dit : « Je suis Yahvé, le Dieu d'Abraham ton ancêtre et le Dieu d'Isaac. La terre sur laquelle tu es couché, je la donne à toi et à ta descendance. Ta descendance deviendra nombreuse comme la poussière du sol, tu déborderas à l'occident et à l'orient, au septentrion et au midi, et tous les clans de la terre se béniront par toi et par ta descendance. Je suis avec toi, je te garderai partout où tu iras et te ramènerai en ce pays, car je ne t'abandonnerai pas que je n'aie accompli ce que je t'ai promis. » Jacob s'éveilla de son sommeil et dit : « En vérité, Yahvé est en ce lieu et je ne le savais pas ! » Il eut peur et dit : « Que ce lieu est redoutable ! Ce n'est rien de moins qu'une maison de Dieu et la porte du ciel ! » Levé de bon matin, il prit la pierre qui lui avait servi de chevet, il la dressa comme une stèle et répandit de l'huile sur son sommet. À ce lieu, on donna le nom de Béthel, mais auparavant la ville s'appelait Luz (28, 10-19).

Sur la route de Harân, Jacob s'arrête pour passer la nuit. Il met une pierre sous sa tête et s'endort dans un lieu apparemment anodin. Au matin, à la suite de son rêve, il déclare que cet emplacement est un lieu sacré, celui de la présence de Dieu, un lieu redoutable, la maison de Dieu, la porte du ciel. De fait, pendant le songe, il a vu, dressée entre la terre et le ciel, une échelle que parcouraient les anges, tandis que Dieu, tout proche de lui, renouvelait la promesse de sa protection et de la possession de cette terre. Abraham a déjà fréquenté cet endroit et y a bâti un autel comme le fait Jacob : ainsi, dans les sanctuaires s'accumulent les mémoriaux qui attestent la permanence de la présence de Dieu et la pérennité de ses promesses réitérées à chaque génération. Tel est le sens de la stèle-autel que dresse Jacob, une simple pierre sur laquelle la main de l'homme n'a pas passé – comme cela est demandé pour les autels par l'ancienne législation d'Israël (Ex 20, 25). Elle devient comme la fondation de la maison de Dieu, que Jacob promet de construire à son retour si Dieu le protège, et où il offrira la dîme aux prêtres.

L'auteur de la Genèse évoque évidemment la « Béthel ». Il ne peut oublier cependant que ce vieux sanctuaire sanctifié par les ancêtres a été souillé pendant des siècles par le veau qu'y ont dressé les rois de Samarie. Le prophète Amos a proféré des malédictions contre Béthel[44], et le châtiment de Dieu est tombé, puisqu'il a été détruit. Au retour de l'exil, le temple n'existe plus, cependant que la ville de Béthel, rebâtie par les Perses et intégrée dans le district de Juda, dépend de Jérusalem proche. En célébrant Béthel, le sanctuaire des pères, c'est le Temple de Jérusalem, la véritable maison de Dieu, que glorifie le texte. Le lieu saint et redoutable par excellence, sur lequel planent les anges qui annoncent les séraphins présents sur l'arche dans le Saint des Saints. Le Temple est au cœur de la promesse, c'est à partir de lui que s'étend la bénédiction de Yahvé sur les descendants de Jacob disséminés vers le Nord et le Sud, l'Orient et l'Occident, mais qui sont toujours invités à revenir vers le pays des ancêtres, comme va le faire Jacob. Ils doivent surtout monter vers le Temple pour y offrir la dîme comme le promet Jacob, comme l'a fait Abraham à Salem, c'est-à-dire Jérusalem.

Jacob fait fortune et se marie en Mésopotamie (Gn 29–32, 22)

Jacob parvient en Orient. Alors qu'il arrive à un puits, il rencontre des bergers, ceux de Laban, son oncle, puis Rachel, la fille de Laban, qui vient donner à boire à son troupeau. Plein d'attention, Jacob abreuve le bétail, embrasse sa cousine, qui court avertir ses parents. Laban vient à la rencontre de Jacob, lequel raconte ses aventures et devient l'un de ses bergers. Laban a deux filles, Léa l'aînée et Rachel la cadette, toutes deux jolies. Jacob tombe amoureux de Rachel et propose à Laban de le servir pendant sept ans pour l'obtenir en mariage. Aussi, au bout de cette période qui lui paraît un instant tellement il adore Rachel, il demande que l'union soit conclue. Laban organise une grande fête, mais, durant la nuit des noces, il fait entrer Léa dans la tente de Jacob, qui s'unit à elle. Le matin, le jeune homme découvre le subterfuge, et son beau-père lui explique que la coutume

44. Voir première partie, chapitre 1, p. 56.

exige que l'aînée des filles soit épousée la première ; pour mériter la main de Rachel, il doit travailler encore sept ans.

Son amour pour Rachel étant toujours aussi vif, Jacob consent à cette nouvelle échéance et finit par épouser sa bien-aimée. Mais elle est stérile, tandis que Yahvé rend Léa féconde en raison de l'amour moins intense que lui voue son mari ! Elle donne naissance à Ruben, Siméon, Lévi, Juda. Voyant qu'elle ne peut pas enfanter, Rachel demande à son époux de s'unir à sa servante Bilha, comme Sara a engagé Abraham à prendre Agar. Bilha conçoit deux fils, Dan et Nephtali. À son tour, Léa, constatant qu'elle a cessé de procréer, offre à Jacob sa servante Zilpa : de cette union naissent Gad et Asher. Léa a ensuite deux nouveaux fils, qu'elle appelle Issachar et Zabulon, puis une fille, Dina. Dieu se souvient alors de Rachel et la rend féconde ; elle accouche d'un fils, Joseph. Jacob est par conséquent le père de onze garçons et d'une fille. Il sollicite auprès de son beau-père l'autorisation de rentrer chez lui. Pour salaire de ses années de labeur, Jacob, qui est rusé, lui propose de ne garder que les moutons noirs et les chèvres tachetées. Mais il est aussi un peu magicien ; il sait qu'en mettant, devant les bêtes qui s'accouplent, des écorces de certains arbres dans les auges et les abreuvoirs, on obtient des moutons noirs et des chèvres tachetées. Les animaux plus robustes copulent de cette façon, si bien que son troupeau se multiplie.

Les relations entre Laban et Jacob deviennent difficiles ; Yahvé fait alors savoir à Jacob qu'il est temps pour lui de rejoindre sa patrie. Jacob avertit Léa et Rachel de son intention. Les deux épouses déclarent qu'elles le suivront, puisque leur père les a vendues moyennant salaire. Jacob rassemble ses troupeaux, chameaux, ânes, brebis, chèvres, et s'enfuit pendant la nuit. Mais, en partant, Rachel dérobe les idoles domestiques de Laban. Celui-ci se lance à la poursuite de Jacob et le rejoint en Galaad au bout de sept jours. Après un échange de reproches, il consent à la séparation, mais exige la restitution de ses idoles. Il fouille le camp et ne trouve rien. Il pénètre dans la tente de Rachel, qui a caché les objets dans le palanquin de son chameau, sur lequel elle s'est assise. Elle s'excuse de ne pas pouvoir se lever parce qu'elle est indisposée, comme le sont périodiquement les femmes. Après un nouvel échange de reproches, Jacob et Laban concluent un traité et dressent une stèle : elle va marquer plus tard la frontière entre Aram et Israël[45].

Derrière ces péripéties pittoresques, il est possible de percevoir l'enrichissement des exilés au fil des décennies qui ont suivi leur implantation en Mésopotamie. Comme Jacob, beaucoup y ont fait fortune : des archives perses ont laissé des actes de tractations commerciales de négociants aux noms typiquement juifs. Pour ces nouveaux riches, il est difficile d'abandonner des affaires prospères au profit de l'aventure que représente le retour dans un pays ruiné. Jacob est donc le modèle de ces juifs qui, comme autrefois Abraham, ont entendu l'appel de Yahvé. Léa et Rachel, comme Rébecca leur belle-mère, admirables femmes juives, sont heureuses de suivre leur époux vers la Terre promise. Ont-elles cependant au cœur le regret d'une religion qui prend des libertés par rapport aux exigences radicales de pureté que le culte de Yahvé impose désormais ? Rachel emporte en cachette les idoles domestiques de son père, mais elle doit s'en défaire avant d'entrer en Terre sainte...

Mais, si Laban et son gendre sont parvenus à un accord, en revanche, le différend qui oppose Jacob et Ésaü, c'est-à-dire Israël et Édom, reste entier. Jacob apprend que son jumeau vient au-devant de lui avec quatre cents hommes armés. Se sentant plus faible, il envoie à son frère un présent de conciliation, un lot de ses meilleures bêtes. Par ailleurs, il divise son troupeau en deux parts, espérant qu'il pourra au moins en sauver une. Puis il fait passer tous ses biens à travers le gué du Yabboq, la rivière qui correspond à la ligne de partage entre Galaad et Ammon. Le Yabboq, qui descend des plateaux de Galaad vers le Jourdain, est pour Jacob la porte d'entrée du pays des ancêtres. Car, à partir de là, la route des caravanes qui vient de Mésopotamie en passant par Damas se divise en deux voies. L'une file au sud à travers Ammon et Moab, vers les grands espaces d'Arabie. L'autre suit la vallée du Yabboq, franchit le Jourdain et remonte de l'autre côté, vers Sichem. C'est l'itinéraire que va emprunter Jacob ; ce fut celui du retour de l'exil.

---

45. Mais cette frontière n'empêchera pas la guerre entre les deux pays : à partir de l'époque des rois, ils se livreront souvent des combats pour la possession de cette région.

Le combat de Jacob avec l'ange de Yahvé

Les femmes, les enfants et les nombreux troupeaux de Jacob ont traversé le Yabboq. Il reste seul au cours de la nuit et doit lutter corps à corps avec un personnage mystérieux, qui le blesse et le bénit :

> Et quelqu'un lutta avec lui jusqu'au lever de l'aurore. Voyant qu'il ne le maîtrisait pas, il le frappa à l'emboîture de la hanche, et la hanche de Jacob se démit pendant qu'il luttait avec lui. Il lui dit : « Lâche-moi, car l'aurore s'est levée », mais Jacob répondit : « Je ne te lâcherai pas, que tu m'aies béni. » Il lui demanda : « Quel est ton nom ? » – « Jacob », répondit-il. Il reprit : « On ne t'appellera plus Jacob, mais Israël, car tu as été fort contre Dieu et contre les hommes et tu l'as emporté. » Jacob fit cette demande : « Révèle-moi ton nom, je te prie », mais il répondit : « Et pourquoi me demandes-tu mon nom ? » et, là même, il le bénit.
>
> Jacob donna à cet endroit le nom de Peniel, « car, dit-il, j'ai vu Dieu face à face et j'ai eu la vie sauve ». Au lever du soleil, il avait passé Peniel et boitait de la hanche. C'est pourquoi les Israélites ne mangent pas, jusqu'à ce jour, le nerf sciatique qui est à l'emboîture de la hanche, parce qu'il avait frappé Jacob à l'emboîture de la hanche, au nerf sciatique (32, 25-33).

Sans le savoir, Jacob se bat avec Dieu. Cependant, Yahvé ne parvient pas à le maîtriser, il peut seulement le blesser. Au cours de cette lutte, Jacob reçoit son nouveau nom, « Israël », interprété selon une étymologie populaire et approximative : « Il a été fort contre Dieu. » Mais l'être mystérieux qu'il affronte refuse de livrer son identité, car la connaissance du nom permet d'avoir prise sur quelqu'un, et personne ne peut mettre la main sur Dieu. Pourtant, Jacob dira qu'il a vu Yahvé face à face et qu'il a été béni par Lui, puisqu'il a eu la vie sauve. Ainsi en sera-t-il du peuple d'Israël meurtri dans ses combats contre son Dieu, et pourtant sauvegardé. De fait, la bénédiction divine n'a jamais manqué à Israël, même si, tout au long de son histoire, le peuple élu s'est montré violent dans ses révoltes contre Yahvé, mais aussi à la fois rebelle et fidèle, fort et fragile. Dieu, de son côté, s'est révélé à la fois proche et lointain, Dieu de tendresse et de colère.

Après ce combat, Jacob n'est plus ce jeune homme fringant et sûr de lui, qui utilise toutes les ressources de son esprit pour faire fortune. Il est un homme meurtri ; il porte à la hanche une blessure qui va l'empêcher de mener une existence de liberté absolue loin de Yahvé. À l'image d'Israël au retour de l'exil ! Où sont, en effet, les splendeurs de la jeunesse du royaume de David et de Salomon ? Le peuple qui revient en Juda est blessé par l'épreuve, diminué dans ses forces vives. Plus encore qu'en ses tendres années, il doit implorer la bénédiction de Dieu, qui seul peut le sauver des menaces qui pèsent sur lui. Et d'abord de l'oppression de son frère ennemi, Édom.

Rencontre et séparation des deux frères : Jacob à Sichem

Malgré les présents qu'offre Jacob à Ésaü, les deux frères ne se réconcilient pas réellement (Gn 33, 1-16). Leur route se sépare. Ésaü reprend le chemin de la montagne de Séïr, dans le Sud, d'où il va inquiéter Juda[46] (le chapitre 36 donne la liste de la descendance d'Ésaü et de ses rois).

Jacob traverse le Jourdain et se rend à Sichem. Son aïeul Abraham a traversé cette ville, y a laissé un autel à Yahvé. Il est normal que Jacob y bâtisse lui aussi un autel et achète un terrain, comme Abraham a dû acheter à Hébron une parcelle afin d'ensevelir Sara – au retour de l'exil, cette acquisition est également symbolique, à cause de la présence dans l'ancien royaume du Nord des « Samaritains[47] ».

46. Après la destruction de Jérusalem, Édom a profité de la faiblesse du royaume du Sud et étendu son territoire presque jusqu'à Bethléem, confisquant même le tombeau des patriarches à Hébron (voir plus haut, « Canaan au temps des patriarches », p. 268). C'est pourquoi Juda considère Édom comme le type de tous ses ennemis : dans la littérature juive du Ier siècle av. J. C., le nom servira à désigner Rome.

47. En effet, Sichem va devenir le lieu du renouvellement de l'alliance entre les douze tribus descendant des douze fils de Jacob (voir troisième partie, chapitre 1, « Josué conduit la conquête », p. 355). Par la suite, après le schisme de 931, elle sera quelque temps la capitale du royaume du Nord avant de céder ce rôle à Samarie. Mais, après le retour de l'exil, elle désigne symboliquement cette partie de la Terre promise qui échappe à Juda et à Jérusalem : voilà pourquoi Jacob y achète un terrain, à l'imitation d'Abraham ! Rappelons que, après sa destruction, le royaume du Nord fut peuplé par des gens de différentes provenances qui firent souche avec les Israélites laissés sur place par les Assyriens. Ils adoptèrent le culte de Yahvé, mais un culte influencé par la religion cananéenne. C'est cette population qui, au retour de l'exil, a voulu exercer sa domination sur le district de Juda et de Jérusalem (voir première partie, chapitre 6, « Les humbles recommencements », p. 158). À partir du IIIe siècle, ses membres ont été appelés avec mépris « les Samaritains ».

Les relations entre les fils d'Israël et les habitants de Sichem ne peuvent être pacifiques. C'est ce que fait entrevoir le récit d'une sauvagerie extrême qui suit. La famille de Jacob s'est établie à Sichem, et Dina, la fille de Léa et de Jacob, se mêle aux filles du pays. Un jeune homme, qui répond au nom hautement symbolique de Sichem, voit Dina, la viole, mais en tombe aussi amoureux. Il demande à son père, Hamor, d'intervenir auprès de Jacob pour qu'il puisse l'épouser. Hamor propose donc à Jacob que les deux familles fassent alliance et que garçons et filles s'unissent. Apprenant l'affaire, les fils de Jacob se mettent en colère. Par ruse, ils exigent que les Sichémites mâles se fassent circoncire à l'exemple des fils d'Israël. Les Sichémites y consentent. Mais, profitant de la douleur qu'a entraînée l'opération, deux des fils de Jacob, Siméon et Lévi, pénètrent dans la ville, massacrent toute la famille du violeur et enlèvent Dina, qu'ils ramènent auprès de Jacob. Ils ne pouvaient tolérer, disent-ils, que leur sœur subisse le sort d'une prostituée. Craignant des représailles, Jacob quitte Sichem (chapitre 34).

Les historiens voient surtout dans ce récit de la Genèse la confirmation du fait qu'au temps des patriarches, Siméon et Lévi auraient été des tribus assez puissantes pour détruire une place forte comme Sichem. Mais on peut aussi déceler la réponse à une question importante pour ceux qui, au retour en Terre sainte, se préoccupaient des alliances matrimoniales. Pouvait-on marier une fille d'Israël à un Sichémite, en clair à l'un de ces Samaritains honnis, d'extraction et de religion douteuses ? Pouvait-on accepter ces unions moyennant l'acceptation de la circoncision, le rite d'intégration dans le peuple élu ? La réponse semble négative, cette union est assimilée à la prostitution. Elle témoigne donc d'une conception extrêmement étroite des limites du peuple de Dieu, contre laquelle d'autres textes de la Bible, heureusement, réagissent [48]. Ce récit rend compte aussi du gouffre qui se creusa entre juifs et Samaritains au cours des siècles qui suivirent le retour de l'exil.

48. Voir cinquième partie, chapitre 1, « Ruth et Jonas : Yahvé et les païens », p. 576.

Retour à Béthel et fin de la geste de Jacob (Gn 35)

Dieu demande à Jacob de revenir à Béthel afin de mettre fin à son périple. Mais avant de fouler cette terre sainte, Jacob prie ses épouses de se dépouiller des idoles cachées dans leurs bagages et de se purifier. On enfouit ces idoles dans ce lieu corrompu qu'est Sichem, et tout le monde peut monter à Béthel pour rendre grâce à Dieu. Jacob y bâtit un nouvel autel dédié à Yahvé, qui lui apparaît de nouveau, lui confirme son nom d'Israël et renouvelle la promesse de lui donner cette terre en héritage.

Jacob parvient au terme de son voyage. Une grave épreuve marque la dernière étape. Sur la route d'Hébron, à Éphrata (autre désignation de Bethléem), Rachel meurt en mettant au monde un fils, Benjamin. Jacob enterre sa femme bien-aimée à cet endroit et dresse une stèle sur son tombeau. Accompagné des douze fils que Dieu lui a donnés, il retrouve son vieux père Isaac à Mambré, près d'Hébron. Isaac meurt rassasié de jours à l'âge de 180 ans. Ses deux fils, Ésaü et Jacob, réunis une dernière fois, l'ensevelissent près d'Abraham et de Sara.

L'histoire de Joseph

Selon nos critères modernes, l'histoire de Joseph figurerait parmi les romans historiques. Le pays où elle se déroule est bien connu : l'Égypte, la grande puissance agricole et commerciale de la région. Mais l'époque est imprécise, le pharaon qui fait de Joseph son grand vizir est inconnu. Des historiens ont supposé que des clans hébreux, des Apiru, seraient descendus vers les rives du Nil en même temps que les Hyksos, une population sémite qui prit le pouvoir en Égypte vers la fin du XVIIIe siècle av. J. C., mais en fut expulsée par les pharaons qui fondèrent le Nouvel Empire en 1550 av. J. C. La prospérité des Hébreux puis leur réduction à l'esclavage s'expliqueraient ainsi. La promotion de Joseph au rang de vizir symboliserait ce temps où les Sémites Hyksos régnaient. Mais cette hypothèse s'appuie sur des indices trop ténus et n'est plus guère défendue.

De même, il est impossible d'indiquer avec quelque certitude quand les tribus d'Israël descendirent en Égypte. Certes, un séjour dans l'est du delta de quelques clans qui furent à l'origine d'Israël est assez vraisemblable, comme nous l'avons vu [49]. De plus, le nom de Moïse est d'origine égyptienne et on sait par ailleurs que des enfants de peuples captifs pouvaient être formés pour devenir des fonctionnaires chargés d'administrer les populations étrangères [50]. Mais ces indices ne sont pas suffisants pour appuyer la réalité historique de l'épopée de Joseph. Ce dernier est avant tout le symbole du peuple d'Israël soumis à l'esclavage consécutif au crime de ses frères. Grâce à son obéissance à la Loi de Yahvé, il surmonte les séductions de l'Égypte qui l'assaillent, personnifiées par la femme de son maître. Il reçoit des responsabilités importantes parce que la sagesse que lui donne la foi est plus grande que l'habileté politique des fonctionnaires du pharaon. Grâce au souverain, sa famille devient puissante. Mais elle ne doit pas demeurer en Égypte, car sa véritable patrie est la terre qui lui a été promise par son Dieu. L'Égypte est pour Israël le pays où il risque de disparaître si Yahvé n'intervient pas pour l'en faire sortir...

Ainsi, l'histoire de Joseph est l'illustration de celle d'Israël envoyé en exil à Babylone en raison de ses crimes. Il y prospère dans la mesure où il est fidèle aux préceptes de la Torah, mais il est menacé d'y perdre son âme. De plus, l'empire perse, qui se montre favorable aux juifs, n'est pas éternel !

Joseph vendu par ses frères (Gn 37)

Jacob affectionne particulièrement Joseph, parce que ce fils est l'enfant qu'il a eu dans sa vieillesse et, ce que ne rappelle pas ce récit, celui de son épouse préférée, Rachel. Aussi aime-t-il lui offrir de beaux vêtements. Les onze frères, jaloux de cette préférence, détestent cordialement ce cadet objet de toutes les attentions paternelles. Et cette haine atteint son paroxysme lorsque Joseph, dans sa naïveté juvénile, leur raconte un rêve :

> « Écoutez le rêve que j'ai fait : nous étions à lier des gerbes dans les champs, et voici que ma gerbe se dressa et se tint debout, et vos gerbes l'entourèrent et

---

49. Voir chapitre 1, « Le noyau historique », p. 207.
50. Voir chapitre 2, « La libération de Moïse le libérateur », p. 220.

> elles se prosternèrent devant ma gerbe. » Ses frères lui répondirent : « Voudrais-tu donc régner sur nous ? » et ils le haïrent encore plus (6-8).

Alors que ses fils font paître les troupeaux près de Sichem, Jacob demande à Joseph d'aller prendre de leurs nouvelles. En voyant approcher « l'homme aux songes », ses onze frères concoctent un plan afin de l'éliminer : il suffit de le tuer, de dissimuler son corps dans un puits et de prétendre qu'un animal féroce n'a fait qu'une bouchée du malheureux. Pourtant, une voix s'élève : Ruben, le fils de Léa, s'oppose à cet assassinat. Il suggère plutôt de le précipiter dans la citerne proche, avec le secret espoir de le ramener auprès de Jacob. Dès qu'ils voient arriver Joseph, ils se ruent sur lui, le déshabillent et le jettent au fond de la citerne.

Alors que, leur forfait accompli, les misérables déjeunent tranquillement, une caravane de marchands ismaélites (madianites) pointe à l'horizon, en provenance de Galaad. Une idée germe dans l'esprit de Juda : pourquoi ne pas leur vendre Joseph ? Ils éviteraient ainsi de le tuer, homicide dont Ruben a rappelé l'horreur. Ils tombent d'accord, sortent le cadet de son trou et l'échangent contre la somme de vingt sicles d'argent :

> Les Ismaélites le conduisirent en Égypte. Ils prirent la tunique de Joseph et, ayant égorgé un bouc, ils trempèrent la tunique dans le sang et ils la firent porter à leur père avec ces mots : « Voilà ce que nous avons trouvé ! Regarde si ce ne serait pas la tunique de ton fils. » Celui-ci regarda et dit : « C'est la tunique de mon fils ! Une bête féroce l'a dévoré. » Jacob fit le deuil de son fils pendant longtemps (31-34).

Histoire de Juda et de Tamar (Gn 38)

Le récit de Joseph s'interrompt pour faire place à l'histoire de la tribu de Juda (chapitre 38), dont il vient d'être dit que l'ancêtre est intervenu en faveur de Joseph. Juda, rapporte cette tradition, quitte ses frères et épouse une Cananéenne qui lui donne trois fils. Il marie le premier, Er, à une femme du nom de Tamar. Mais Er meurt sans enfant, et Juda demande à son deuxième fils, Onân, de susciter une descendance à Er en s'unissant à sa belle-sœur, selon ce qu'ordonne la loi du lévirat [51] (Dt 25, 5). Mais Onân,

51. Du latin *levir*, qui signifie « beau-frère ».

chaque fois qu'il fait l'amour avec Tamar, laisse tomber sa semence pour ne pas offrir de postérité à son frère défunt. Or, Onân meurt aussi et Juda renvoie Tamar chez elle, le temps que son troisième fils Shéla soit assez grand pour procréer. Tamar se rend cependant compte que Juda ne se préoccupe plus de susciter une descendance à son époux disparu.

Un jour, apprenant qu'il doit passer dans la région, elle se déguise en prostituée. Avant de coucher avec son beau-père, elle exige de lui un gage, en attendant le chevreau qu'il lui a promis en salaire. Ce gage est un sceau enfilé sur un cordon, avec sa canne. Juda fait parvenir l'animal par l'intermédiaire de l'un de ses serviteurs, mais les gens du pays avertissent celui-ci qu'il n'y a jamais eu de prostituée dans les environs. Quelque trois mois plus tard, Juda apprend que sa belle-fille s'est prostituée et est enceinte. Furieux, il demande qu'elle soit brûlée vive. Tamar révèle alors qu'elle attend un enfant de lui, et en présente le gage pour preuve. Juda est obligé de reconnaître : « Elle est plus juste que moi. C'est qu'en effet je ne lui ai pas donné mon fils Shéla. » Tamar accouche de jumeaux, Pérec et Zérah, les pères des deux clans qui formeront la tribu de Juda. Pérec deviendra l'ancêtre de David. Le récit veut-il signifier que l'origine de la famille royale n'est pas pure ? Ou faut-il voir, dans cette origine douteuse, l'annonce de l'ouverture du peuple de Yahvé à des gens d'origine païenne, comme l'illustre l'histoire de Ruth vers le Ve siècle av. J. C.[52] ?

L'épopée égyptienne

Réussite et infortune de Joseph (Gn 39)

Yahvé veille sur Joseph, à qui la chance sourit et qui bénéficie de la reconnaissance de son maître, Potiphar. Grâce à la protection divine, le jeune homme méritant devient le majordome de Potiphar, dont Yahvé bénit la maison en signe de gratitude. Mais il n'est pas pour autant à l'abri des tentations. L'épouse de Potiphar, qui le trouve charmant, lui ordonne de partager son lit. La réponse de Joseph est conforme aux désirs de Yahvé :

52. Voir cinquième partie, chapitre 1, « Ruth et Jonas : Yahvé et les païens », p. 576.

il n'en est pas question, Joseph est croyant et ne désire en aucun cas transgresser les préceptes divins en accomplissant un adultère.

Toujours décidée, la femme profite de l'absence des domestiques pour agripper Jacob. Elle lui répète son offre, mais il se dégage et s'enfuit si vite que sa tunique reste dans les mains de la tentatrice. Furieuse d'avoir été repoussée, elle appelle ses serviteurs et prétend que Jacob a voulu abuser d'elle. Impressionné par ses cris, il en aurait oublié son vêtement. La conséquence ne se fait pas attendre. Potiphar fait arrêter Joseph et mettre en prison. Mais Yahvé continue de lui prodiguer ses bienfaits, il lui gagne les faveurs du garde-chiourme principal, qui lui confie la surveillance des autres prisonniers !

Joseph interprète les songes des officiers royaux (Gn 40)

En prison, Joseph fait la connaissance de deux officiers de Pharaon, le grand échanson et le panetier, qui ont osé déplaire au souverain. Désigné pour les servir, il va leur prouver sa clairvoyance. Un matin, il les trouve inquiets et s'en étonne. Ils lui expliquent que chacun a fait un rêve qu'ils ne réussissent pas à interpréter. Joseph propose de les aider et de leur livrer la clé de leurs songes.

L'échanson a vu un cep de vigne dont les trois sarments produisaient des raisins. Il a pressé les grappes, il en a offert le vin à Pharaon. Pour Joseph, tout est clair : dans trois jours, l'échanson sera pardonné et retrouvera son poste. Il pourra servir du vin à Pharaon, comme il en avait l'habitude. Joseph, en contrepartie, lui demande de plaider en sa faveur auprès du roi.

Le panetier, encouragé par une conclusion aussi favorable, raconte son rêve : il portait trois corbeilles empilées sur sa tête et remplies de gâteaux. Celle du dessus contenait les pâtisseries que Pharaon appréciait le plus. Mais voici que des oiseaux les dévorent. Joseph interprète le songe : dans trois jours, Pharaon le pendra haut et court. Les charognards se régaleront de ses chairs !

Effectivement, trois jours plus tard, date de l'anniversaire de Pharaon, l'échanson est relaxé et réintégré ; le panetier est pendu. Quant à Joseph, l'échanson l'a déjà oublié !

Joseph interprète les songes de Pharaon (Gn 41, 1-36)

Deux ans ont passé. Une nuit, Pharaon fait un rêve : il voit sept vaches grasses broutant l'herbe des bords du Nil, puis sept vaches laides et maigres arriver. Alors que ces dernières dévorent les premières, il se réveille en sursaut, oppressé. Il parvient pourtant à replonger dans un profond sommeil et fait un second rêve : sept magnifiques épis sont absorbés par sept autres épis rachitiques et brûlés par le soleil.

Le lendemain, Pharaon ne peut dissimuler son angoisse : que signifient ces songes ? Il convoque les sages et les magiciens de la cour, qui s'avouent impuissants devant pareille énigme. Le grand échanson retrouve alors la mémoire et se souvient de Joseph. Il raconte l'expérience qu'il a vécue en prison.

Mandé expressément, Joseph se présente au palais, écoute attentivement Pharaon. La réponse viendra de Dieu, déclare-t-il. Les deux rêves n'en sont qu'un : Yahvé annonce que les sept ans (les sept vaches et les sept épis) qui viennent seront une période de prospérité et de récoltes abondantes. Mais que les sept suivants verront une famine terrible ravager l'Égypte. En conclusion, Yahvé préconise à Pharaon de nommer un fonctionnaire compétent qui aura pour tâche de constituer des réserves en vue de fournir au peuple les vivres nécessaires pendant la famine. L'Égypte sera ainsi sauvée !

Joseph est promu au rang de grand vizir (Gn 41, 37-57)

Pharaon, impressionné par la sagesse de Joseph, le nomme premier ministre, c'est-à-dire au rang le plus élevé après celui de pharaon. Il lui attribue un nouveau nom, Çophnat-Panéah, lui offre une femme, Anat, fille d'un prêtre. Cette épouse lui donne deux fils : Manassé, l'aîné, et Éphraïm, le cadet. Comme Joseph l'a annoncé, l'Égypte connaît sept années d'abondance auxquelles succèdent sept années de famine. Mais les réserves que Joseph a accumulées suffisent largement à nourrir tous les Égyptiens. Dès lors, la nouvelle se répand comme une traînée de poudre dans les pays voisins : il y a du grain à vendre en Égypte !

Les fils de Jacob se ravitaillent en Égypte (Gn 42, 1-14)

Jacob, apprenant cette nouvelle, envoie dix de ses fils se procurer du blé en Égypte. Le plus jeune, Benjamin, comme Joseph fils de Rachel, l'épouse préférée, reste avec son père. Mélangés aux Cananéens, les dix frères négocient auprès de Joseph, qui est seul habilité à vendre le grain. Mais il les reconnaît, les accuse d'espionnage et les interroge sur leur famille. Ils se défendent, arguant de leur bonne foi, au passage ils donnent une information dont va se servir Joseph : leur père a gardé près de lui le plus jeune. Joseph se livre alors à un chantage : il ne croira à leur innocence que s'ils font venir Benjamin en Égypte. En attendant leur retour, il garde en otage Siméon, fils de Léa. Mais il a du mal à cacher l'émotion qui l'étreint.

Les fils de Jacob retournent en Canaan (Gn 42, 25-38)

Joseph donne l'ordre de remplir de blé les sacs de ses frères et d'y enfouir l'argent avec lequel ils l'ont payé. À leur retour en Canaan, ils rapportent à Jacob les exigences du premier ministre de l'Égypte en même temps qu'ils découvrent la somme. Jacob commence par refuser de livrer Benjamin. Le vieillard n'a pas oublié Joseph :

> « Mon fils ne descendra pas avec vous : son frère est mort et il reste seul. S'il lui arrivait malheur, vous feriez descendre dans l'affliction mes cheveux blancs au Shéol » (38).

Les fils de Jacob repartent en Égypte (Gn 43)

Mais la famine s'aggrave. Sur l'insistance de Juda, qui prend la responsabilité des conséquences éventuelles, Jacob se voit contraint de laisser partir Benjamin. Cependant, il prend soin de confier à ses enfants les meilleurs produits du pays et une forte somme d'argent pour obtenir la miséricorde du Premier ministre de Pharaon. Quand ils arrivent avec Benjamin, Joseph les invite chez lui. Il s'enquiert de la santé de leur père, salue Benjamin. Joseph a du mal à retenir ses larmes, et il doit s'esquiver un moment pour pleurer. Puis il les fait manger en sa présence.

Benjamin est condamné à rester en Égypte (Gn 44)

Joseph remplit de nouveau leurs sacs de grain et y cache encore leur argent. De plus, il dissimule une tasse d'argent qui lui appartient dans le sac de Benjamin. Quand ils sont sur le chemin du retour, il les fait poursuivre. On les fouille et l'on trouve cette tasse. Ils sont ramenés devant Joseph et Juda plaide leur innocence : ils ont été francs à son égard, ils ont révélé la situation exacte de leur famille : leur vieux père, les deux fils de la femme la plus aimée, le frère mis en pièces par une bête, le fils cadet, le préféré de Jacob. Avec beaucoup de peine, ils ont réussi à convaincre leur père de laisser partir ce fils bien-aimé. S'il voit qu'il n'est pas avec eux, il en mourra. Juda se propose d'être otage à la place de Benjamin.

Joseph se fait reconnaître de ses frères (Gn 45, 1-20)

Joseph ne peut retenir ses larmes et, dans un sanglot, révèle son identité. Ses frères sont bouleversés. Joseph comprend tout de suite que sa présence en Égypte n'est pas due à leur volonté, mais à celle de Dieu, qui l'a envoyé en qualité d'éclaireur afin de sauver l'existence de la famille. Il leur demande de retourner auprès de Jacob pour lui proposer de s'installer en Égypte car la famine durera encore cinq ans. Alors, il se jette au cou de Benjamin puis les embrasse tous. La nouvelle de la joie de ces retrouvailles parvient à Pharaon, qui encourage Joseph à faire venir Jacob, auquel il promet les plus riches terres du pays !

Jacob descend à son tour en Égypte (Gn 45, 21-28 et 46–48)

C'est une caravane triomphale richement pourvue de cadeaux divers qui revient en Canaan. Surtout, elle apporte au patriarche la bonne nouvelle : le Premier ministre n'est autre que Joseph, qu'il croyait mort. D'abord incrédule, Jacob se laisse convaincre et décide de rendre visite à son fils préféré avant de mourir. Sur le chemin, il s'arrête au sanctuaire de Bersabée, où Dieu l'encourage en promettant de l'accompagner et de protéger sa descendance : « Je ferai de toi une grande nation », dit-il. La famille de Jacob, en tout soixante-dix personnes, se met en route derrière le patriarche. Joseph vient à la rencontre de son père au pays de Goshèn et ils se jettent dans les bras l'un de l'autre. Joseph avertit Pharaon que les siens sont arrivés à Goshèn, avec leurs troupeaux, et le souverain consent à ce qu'ils s'installent dans cette riche région. Pendant dix-sept ans, Jacob vit en Égypte, mais avant de mourir il fait jurer à Joseph de l'enterrer à Makpéla (Hébron) auprès de ses ancêtres. Quand Jacob est sur le point de s'éteindre, Joseph fait venir auprès de lui Manassé et Éphraïm, pour qu'il les bénisse. Mais c'est sur la tête d'Éphraïm, le cadet, que Jacob pose sa main, annonçant que sa descendance sera plus nombreuse que celle de Manassé [53].

Les bénédictions de Jacob (Gn 49)

Le vieux patriarche convoque ses douze enfants, les pères des douze tribus, et bénit chacun d'eux. C'est Juda – celui qui, selon une tradition, a voulu aussi sauver la vie de Joseph, et qui s'est proposé d'être otage à la place de Benjamin – qui reçoit la bénédiction la plus prometteuse. Cette bénédiction, certainement très ancienne, célèbre la suprématie de sa tribu au temps de David (XIe siècle) : le symbole en est le lion (le lion de Juda), c'est un pays de vin et d'élevage. Au-delà de David se profile déjà le Messie, celui qui apportera la paix sans fin à Israël [54] :

> Juda, toi, tes frères te loueront,
> ta main est sur la nuque de tes ennemis
> et les fils de ton père s'inclineront devant toi.
> Juda est un jeune lion ;
> de la proie, mon fils tu es remonté ;
> il s'est accroupi, s'est couché comme un lion,
> comme une lionne : qui le ferait lever ?
> Le sceptre ne s'éloignera pas de Juda,
> ni le bâton de chef d'entre ses pieds
> jusqu'à ce que le tribut lui soit apporté
> et que les peuples lui obéissent.
> Il lie à la vigne son ânon,

53. La tribu d'Éphraïm occupera la région centrale du pays, tandis que Manassé s'établira de part et d'autre du Jourdain.

54. Voir Isaïe 7, 14, première partie, chapitre 2, « L'annonce de la naissance de l'Emmanuel », p. 77.

au cep le petit de son ânesse,
il lave son vêtement dans le vin,
son habit dans le sang des raisins,
ses yeux sont troubles de vin,
ses dents sont blanches de lait (49, 8-12).

Jacob meurt. Joseph fait embaumer son corps et, entouré de dignitaires de Pharaon et de toute la famille de Jacob, l'ensevelit là où il désirait, à Makpéla (Hébron). Ses frères, craignant qu'il ne se venge d'eux, lui demandent pardon. Joseph leur réplique que Dieu s'est chargé de transformer leur mauvaise intention en bienfaits. Mais il leur demande de ramener son corps dans le pays que Dieu a promis par serment à Abraham, Isaac et Jacob.

Ici se termine l'histoire de Joseph et se clôt le livre de la Genèse. Ainsi s'explique de quelle manière les Hébreux sont descendus en Égypte avant que Dieu ne les délivre à l'heure propice.

4

Les origines de l'humanité (Gn 1-11)

Nous venons de découvrir comment Israël a élaboré sa « préhistoire ». Yahvé a choisi les Hébreux pour être son peuple, les a libérés de l'esclavage en Égypte, leur a fait passer la mer Rouge, a conclu une alliance avec eux et transmis la Loi, la Torah, sur le mont Sinaï. Puis ces Hébreux ont été rattachés à leurs grands ancêtres, les patriarches, dont ils ont hérité le nom (Israël), la terre (Canaan), et le Dieu (Yahvé). Ces aïeux étaient restés quatre cents ans en Égypte, une longue généalogie menant au temps des Hébreux conduits par Moïse le libérateur.

Mais, au retour en Terre promise, l'intervention de Dieu en faveur de ces ancêtres marquait-elle le commencement absolu de son action dans l'histoire des hommes ? Déjà avant l'exil, les prophètes avaient expliqué comment Yahvé, s'il avait choisi Israël, conduisait aussi le destin des nations, grandes ou petites, qui l'entouraient. À Babylone, Israël avait découvert que la famille humaine dépassait les frontières au sein desquelles s'était déroulé son propre passé. Il savait désormais qu'au-delà de l'Égypte, de Babylone, au-delà des mers vivaient des peuples et des empires tout aussi puissants : ainsi ce Cyrus, qui avait vaincu l'oppresseur, et les avait délivrés, ne provenait-il pas d'un monde très différent, avec des dieux et des langues inconnus ? Or, dans le fracas de ce bouleversement d'empires, dans lequel il avait été impliqué bien malgré lui depuis des siècles, Israël n'avait pas été anéanti. Si son Dieu l'avait protégé contre des États redoutables, et s'il l'avait sauvé grâce à l'appui du plus puissant d'entre eux, la Perse, ce salut signifiait que Dieu était le maître de tous les peuples, dont il conduisait l'histoire à son gré.

En Babylonie, les Israélites avaient été confrontés à la religion babylonienne qui, sur les origines du monde et de l'humanité, enseignait des doctrines bien différentes de la foi d'Israël. Babylone avait ainsi développé des récits mythiques, qu'elle avait d'ailleurs hérités des Sumériens. L'on y voit les dieux se concerter, s'aimer, se battre pour mettre en place et organiser les forces qui vont régir la marche de l'univers [1]. Ces récits déterminent aussi la condition de l'homme, notamment en lui interdisant le chemin de l'immortalité, ou encore en fixant les règles du culte qu'il aura à rendre aux dieux afin de se concilier leurs faveurs. Déjà avant l'exil, Israël avait connu des légendes de cette nature par ses contacts avec la religion cananéenne, qui s'inspirait de mythes semblables, lesquels avaient été répandus dans la région par les Phéniciens. Mais, désormais, dans le contexte de l'occupation perse, le souci principal des scribes était moins de prémunir la religion du Dieu unique contre celle des baals que de donner une réponse théologique à l'interrogation sur l'action de Yahvé dans la création du cosmos et de l'humanité. La nature de Yahvé ne pouvait, en effet, s'accommoder des récits de luttes, d'amours, de jalousies des divinités ainsi mises en scènes. Cependant, Israël ne disposait pas d'éléments mythiques suffisamment élaborés pour décrire le commencement des choses, ce qui l'incita à faire des emprunts à ces mythes, emprunts d'ailleurs peu nombreux, comme l'arbre de vie, le déluge, la tour de Babel...

Les onze premiers chapitres de la Genèse répondent donc à l'interrogation relative aux origines du monde. Ils constituent le porche d'entrée de l'histoire d'Israël, un ensemble à la fois différent du reste des livres de

1. Ainsi le célèbre *Enuma Elish*, dans lequel le dieu Marduk, après avoir lutté contre le monstre Tiamat, forme le cosmos à partir du chaos.

la Torah et homogène par rapport à son enseignement. Les récits ne sont pas nombreux : deux récits de la Création, dont l'un rapporte la création du monde en sept jours et l'autre la création et la chute de l'homme ; la brève histoire de Caïn et Abel ; le déluge, longuement rapporté, puisqu'il s'agit du grand événement entre la Création et la vocation d'Abraham ; la construction de la tour de Babel et la dispersion des peuples. L'espace temporel entre ces faits est comblé par des généalogies d'origine sacerdotale qui couvrent les millénaires séparant la Création et la vocation d'Abraham. Le tout forme un ensemble de dimension modeste, mais de grande importance religieuse : il a profondément marqué la pensée occidentale du point de vue théologique et philosophique.

La création du monde en sept jours

Le premier récit de la Création

Ce premier récit est un poème rythmé par les œuvres de Dieu qui donnent vie à l'univers, huit œuvres qui ont été ensuite intégrées dans le cadre d'une semaine de sept jours. Ce texte, qui a été élaboré au cours de longues générations de fidélité à la foi en Yahvé, constitue l'un des moments forts de l'enseignement théologique de la Bible. En raison de sa perception de la transcendance de Dieu qui crée toutes choses par sa Parole, de sa définition de l'homme image et ressemblance de Dieu.

Dieu crée par sa Parole, il dit et les choses existent : ainsi est exprimée une distance infinie entre le Créateur et sa créature, aucune confusion n'est possible entre eux, à la différence de ce qui ressort des mythes étrangers qui circulaient dans le Croissant fertile. Il ne reste d'ailleurs pas grand-chose de ces mythes dans la conception de l'origine du monde que reflète cette première page de la Bible, même si l'on peut y repérer quelques réminiscences, le magma primordial de terre et d'eau, la séparation des eaux d'en bas et d'en haut... Dans ce récit, seul préexiste à l'œuvre de Dieu ce magma informe, mais ensuite Dieu amène les êtres à l'existence, et il les distingue les uns des autres pour empêcher les confusions : ils ne sont que ce qu'ils sont, des astres, des plantes, des animaux avec des divisions bien soulignées même à l'intérieur de leur espèce. La nature particulière de l'homme n'en est que plus éclatante, puisqu'il est à l'image et à la ressemblance de Dieu ; l'homme, sommet de l'œuvre divine, est appelé à dominer le monde par son travail, mais aussi à imiter Dieu dans son repos, c'est-à-dire dans la contemplation de cet univers où, avec Dieu, il doit proclamer que toute cette œuvre est « bonne ».

Ce poème est attribué unanimement à la tradition sacerdotale[2]. Effectivement, il culmine dans la justification du sabbat, une préoccupation éminemment sacerdotale. Il aurait été composé au retour de l'exil, puis divisé en sept strophes avant d'être placé au début de la Bible, comme un prologue à l'ensemble de l'œuvre du Dieu d'Israël.

Premier jour

Condition préalable à tout travail, l'existence de la lumière qui sépare le jour de la nuit, cette nuit opaque qui enserre le magma primordial, sur lequel plane le vent de Dieu. La lumière semble provenir directement de Dieu, indépendamment des astres :

> Au commencement, Dieu créa le ciel et la terre.
>
> Or la terre était vide et vague, les ténèbres couvraient l'abîme, un vent de Dieu tournoyait sur les eaux.
>
> Dieu dit : « Que la lumière soit » et la lumière fut. Dieu vit que la lumière était bonne, et Dieu sépara la lumière et les ténèbres. Dieu appela la lumière « jour » et les ténèbres « nuit ». Il y eut un soir et il y eut un matin : premier jour (1, 1-5).

Deuxième jour

Il faut maintenant séparer les eaux qui imprègnent ce magma, de manière à créer entre celles d'en haut et celles d'en bas un espace où la vie va s'épanouir. La digue est constituée par le firmament, voûte solide qui, selon la conception antique, empêche les eaux d'en haut de dégringoler en déluge sur la partie basse :

---

2. Voir introduction de cette deuxième partie, « La construction littéraire de la Torah (Pentateuque) », p. 201.

> Dieu dit : « Qu'il y ait un firmament au milieu des eaux et qu'il sépare les eaux d'avec les eaux » et il en fut ainsi. Dieu fit le firmament, qui sépara les eaux qui sont sous le firmament d'avec les eaux qui sont au-dessus du firmament, et Dieu appela le firmament « ciel ». Il y eut un soir et il y eut un matin : deuxième jour (1, 6-8).

Troisième jour

Deux œuvres pour cette journée. D'abord, dans la partie basse, il convient de séparer la terre, qui doit former les continents, de l'eau qui se déversera dans les mers. Ensuite, on peut lancer sur cette terre le processus de croissance de la végétation qui comprend les herbes et les arbres fruitiers :

> Dieu dit : « Que les eaux qui sont sous le ciel s'amassent en un seul endroit et qu'apparaisse le continent » et il en fut ainsi. Dieu appela le continent « terre » et la masse des eaux « mers », et Dieu vit que cela était bon.
>
> Dieu dit : « Que la terre verdisse de verdure : des herbes portant semence et des arbres fruitiers donnant sur la terre selon leur espèce des fruits contenant leur semence » et il en fut ainsi. La terre produisit de la verdure : des herbes portant semence selon leur espèce, des arbres donnant selon leur espèce des fruits contenant leur semence, et Dieu vit que cela était bon. Il y eut un soir et il y eut un matin : troisième jour (1, 9-13).

Quatrième jour

Pour qu'on ne se trompe pas sur leur nature (ce sont des luminaires et non des dieux comme certains le croient, notamment les Égyptiens), ce jour-là seulement sont créés les deux grands astres, qui ont cependant des fonctions importantes. Ils rythment les travaux et le repos des hommes, mais aussi les cycles liturgiques :

> Dieu dit : « Qu'il y ait des luminaires au firmament du ciel pour séparer le jour et la nuit ; qu'ils servent de signes, tant pour les fêtes que pour les jours et les années : qu'ils soient des luminaires au firmament du ciel pour éclairer la terre » et il en fut ainsi. Dieu fit les deux luminaires majeurs : le grand luminaire comme puissance du jour et le petit luminaire comme puissance de la nuit, et les étoiles. Dieu les plaça au firmament du ciel pour éclairer la terre, pour commander au jour et à la nuit, pour séparer la lumière et les ténèbres, et Dieu vit que cela était bon. Il y eut un soir et il y eut un matin : quatrième jour (1, 14-19).

Cinquième jour

Maintenant peuvent apparaître les êtres vivants, d'abord les animaux aquatiques, puis les oiseaux : on dirait que l'auteur a utilisé un livre moderne racontant l'évolution ! Dieu donne à ces êtres vivants le pouvoir de se multiplier dans les eaux et les airs :

> Dieu dit : « Que les eaux grouillent d'un grouillement d'êtres vivants et que des oiseaux volent au-dessus de la terre contre le firmament du ciel » et il en fut ainsi. Dieu créa les grands serpents de mer et tous les êtres vivants qui glissent et qui grouillent dans les eaux selon leur espèce, et toute la gent ailée selon son espèce, et Dieu vit que cela était bon. Dieu les bénit et dit : « Soyez féconds, multipliez, emplissez l'eau des mers, et que les oiseaux multiplient sur la terre. » Il y eut un soir et il y eut un matin : cinquième jour (1, 20-23).

Sixième jour

Encore deux œuvres ce jour-là. D'abord, la création des animaux vivant sur le sol ; ils sont classés en trois catégories : les bestiaux (le bétail), les bestioles (insectes et autres rampants), les bêtes sauvages. Enfin le chef-d'œuvre : l'homme, dont il faut souligner la nature particulière et les prérogatives. S'il est lui aussi créé par Dieu comme l'ensemble des êtres, il se situe plus du côté de Dieu que des animaux et c'est pourquoi il reçoit domination sur ces vivants qui appartiennent également à Dieu. Mais l'humanité ne se distingue pas seulement par sa répartition en mâle et femelle, comme les animaux. Elle se distingue aussi en « homme et femme », car la reproduction de l'espèce ne réalise pas totalement la vocation de ces deux êtres. Comme les animaux, ils mettront au monde des enfants qui leur ressembleront, mais ils sont aussi et surtout « à l'image et à la ressemblance » de leur créateur, participant à son autorité sur tous les êtres vivants :

> Dieu dit : « Que la terre produise des êtres vivants selon leur espèce, bestiaux, bestioles, bêtes sauvages selon leur espèce » et il en fut ainsi. Dieu fit les bêtes sauvages selon leur espèce, les bestiaux selon leur espèce et toutes les bestioles du sol selon leur espèce, et Dieu vit que cela était bon.
>
> Dieu dit : « Faisons l'homme à notre image, comme notre ressemblance, et qu'il domine sur les poissons de la mer, les oiseaux du ciel, les bestiaux, toutes les bêtes sauvages et toutes les bestioles qui rampent sur la terre. »

Dieu créa l'homme à son image,
à l'image de Dieu il le créa,
homme et femme il les créa.

Dieu les bénit et leur dit : « Soyez féconds, multipliez, emplissez la terre et soumettez-la ; dominez sur les poissons de la mer, les oiseaux du ciel et tous les animaux qui rampent sur la terre. » Dieu dit : « Je vous donne toutes les herbes portant semence, qui sont sur toute la surface de la terre, et tous les arbres qui ont des fruits portant semence : ce sera votre nourriture. À toutes les bêtes sauvages, à tous les oiseaux du ciel, à tout ce qui rampe sur la terre et qui est animé de vie, je donne pour nourriture toute la verdure des plantes » et il en fut ainsi. Dieu vit tout ce qu'il avait fait : cela était très bon. Il y eut un soir et il y eut un matin : sixième jour (1, 23-31).

Septième jour

Dieu cesse de travailler, il ne fait rien, sinon ce qui est l'essentiel : il bénit et sanctifie le sabbat. Désormais, ce jour est à part des autres, il appartient à Dieu en propre. Il devient le jour le plus important, parce qu'il donne un sens à toute l'œuvre des six jours, qu'il relativise en même temps. En ce jour, Dieu seul doit exister pour l'homme :

Ainsi furent achevés le ciel et la terre, avec toute leur armée. Dieu conclut au septième jour l'ouvrage qu'il avait fait et, au septième jour, il chôma, après tout l'ouvrage qu'il avait fait. Dieu bénit le septième jour et le sanctifia, car il avait alors chômé après tout son ouvrage de création.

Telle fut l'histoire du ciel et de la terre, quand ils furent créés (2, 1-4a).

Le second récit de la Création : la Création et la chute de l'homme (2, 4–3, 24)

Ce second récit, dans le texte actuel de la Bible, qui suit le premier sans transition, est d'esprit très différent. Ce n'est pas un poème, mais une histoire aux nombreuses péripéties racontée avec beaucoup de talent. Il ne détaille pas chacune des œuvres de la Création depuis les astres jusqu'au brin d'herbe. Il est centré sur la création du premier couple humain et sur sa désobéissance à un commandement divin, ce qui entraîne son expulsion du jardin de félicité où Dieu l'avait placé. Ce n'est pas non plus un récit mythologique, même s'il est question d'un arbre dont les fruits procurent l'immortalité, même si Dieu intervient d'une manière familière et si apparaît un serpent qui évoque les monstres des légendes anciennes. En réalité, pour le conteur, les faits ne se déroulent pas dans un temps et un lieu mythiques, mais bien sur la Terre, au début de l'histoire des hommes.

Sous l'apparence d'un style familier, il livre des réflexions philosophiques et théologiques très élaborées. On y aborde en effet les réalités fondamentales de la vie – notamment ce que l'on désigne, en termes modernes, par la nature du composé humain fait de matière et d'esprit –, les rapports de l'humanité avec la nature, la grandeur et les difficultés de l'amour au sein du couple envisagé comme exclusivement monogame, l'affrontement avec la loi morale, l'attirance du mal dans la conscience appelée au bien, le processus du choix du mal, la nostalgie d'un état de bonheur dont l'homme ne peut se défaire et que Dieu son créateur et père transforme en espérance. Sur tous ces sujets, le sage qui a écrit ce texte a réfléchi longuement et livre une synthèse qui reflète toute l'expérience d'Israël après des siècles d'histoire. Il intègre l'enseignement des sages sur la relation de Dieu avec les hommes, sur l'amour de l'homme et de la femme, le cheminement de la tentation dans le cœur de l'homme. Il prolonge l'enseignement des prophètes en montrant que le péché dépasse la responsabilité personnelle des hommes, car il participe à la présence du mystère du mal dans le monde. Cet auteur inaugure ainsi la réflexion sur ce que l'on a appelé le péché originel.

C'est pourquoi nous sommes tentés de penser que ce récit est plus récent que la tradition yahviste à laquelle on l'attribue généralement [3]. Il a dû être écrit au cours de l'exil ou plus vraisemblablement au retour de Babylone. En effet, le rédacteur situe le paradis aux sources du Tigre et de l'Euphrate, c'est-à-dire en Mésopotamie, et sans doute imagine-t-il que le jardin primordial ressemble à ces endroits merveilleux où le roi de Perse entretenait arbres et animaux de toutes origines, et où il venait se détendre avec sa cour, sites que l'on appelait en perse *paridaiza*, mot qui a donné « paradis ». Par ailleurs, le premier couple est placé dans un cadre où les pesanteurs

3. Voir chapitre 1, « La construction littéraire de la Torah », p. 201.

sociologiques de la famille patriarcale ne semblent plus exister, ce qui correspond à la situation d'un couple pendant l'exil ou revenu à Jérusalem. Une situation plutôt moderne, en somme ! Enfin, nous devinons à travers ces lignes le destin tragique d'Israël, que Yahvé a installé sur une terre où coulait le lait et le miel avant de le chasser de ce « paradis » et de le punir en le bannissant.

La création de l'homme

La terre à partir de laquelle le premier homme est créé est inhospitalière, car elle est seulement humidifiée par une vapeur montant du sol. C'est avec cette terre que Dieu façonne Adam, nom générique qui sert à désigner l'homme. Il opère comme le fait un potier, puis il lui insuffle la vie, marquant ainsi que l'homme appartient à la fois au monde de la matière et à celui de l'esprit. Il le place alors dans un jardin merveilleux arrosé par quatre grands fleuves (le Tigre et l'Euphrate, connus pendant le temps de l'exil, et deux fleuves mythiques). Deux arbres aux fruits particuliers y poussent, l'un qui entretient la vie et empêche l'homme de mourir, l'autre qui permet à l'homme de pénétrer dans le mystère du bien et du mal et de déterminer par lui-même, sans tenir compte de la Loi de Dieu, ce qui est le bien et ce qui est le mal. L'homme a accès au premier, qui lui évite la mort, l'autre lui est interdit sous peine de mort :

> Au temps où Yahvé Dieu fit la terre et le ciel, il n'y avait encore aucun arbuste des champs sur la terre et aucune herbe des champs n'avait encore poussé, car Yahvé Dieu n'avait pas fait pleuvoir sur la terre et il n'y avait pas d'homme pour cultiver le sol. Toutefois, un flot montait de terre et arrosait toute la surface du sol. Alors Yahvé Dieu modela l'homme avec la glaise du sol, il insuffla dans ses narines une haleine de vie et l'homme devint un être vivant.
>
> Yahvé Dieu planta un jardin en Éden, à l'orient, et il y mit l'homme qu'il avait modelé. Yahvé Dieu fit pousser du sol toute espèce d'arbres séduisants à voir et bons à manger, et l'arbre de vie au milieu du jardin, et l'arbre de la connaissance du bien et du mal. Un fleuve sortait d'Éden pour arroser le jardin et de là il se divisait pour former quatre bras. Le premier s'appelle le Pishôn : il contourne tout le pays de Havila, où il y a l'or ; l'or de ce pays est pur et là se

trouvent le bdelium[4] et la pierre de cornaline. Le deuxième fleuve s'appelle le Gihôn : il contourne tout le pays de Kush. Le troisième fleuve s'appelle le Tigre : il coule à l'orient d'Assur. Le quatrième fleuve est l'Euphrate. Yahvé Dieu prit l'homme et l'établit dans le jardin d'Éden pour le cultiver et le garder. Et Yahvé Dieu fit à l'homme ce commandement : « Tu peux manger de tous les arbres du jardin. Mais de l'arbre de la connaissance du bien et du mal tu ne mangeras pas, car, le jour où tu en mangeras, tu deviendras passible de mort » (2, 4b-17).

La création du couple

À l'homme qui est encore seul dans le monde, Yahvé présente les animaux à mesure qu'il les crée. Adam leur donne un nom, signifiant ainsi sa domination. Mais il ne trouve parmi eux aucun égal. Alors, Dieu extrait une créature de son côté. Cette origine symbolique marque l'égalité de l'homme et de la femme (en hébreu, le mot « femme », *isha*, dérive de la même racine que le mot qui sert à désigner un homme particulier, *ish*) en même temps que l'attirance de l'un vers l'autre pour constituer un couple fondé sur l'amour réciproque :

Yahvé Dieu dit : « Il n'est pas bon que l'homme soit seul. Il faut que je lui fasse une aide qui lui soit assortie. » Yahvé Dieu modela encore du sol toutes les bêtes sauvages et tous les oiseaux du ciel, et il les amena à l'homme pour voir comment celui-ci les appellerait : chacun devait porter le nom que l'homme lui aurait donné. L'homme donna des noms à tous les bestiaux, aux oiseaux du ciel et à toutes les bêtes sauvages, mais, pour un homme, il ne trouva pas d'aide qui lui fût assortie. Alors Yahvé Dieu fit tomber une torpeur sur l'homme, qui s'endormit. Il prit une de ses côtes et referma la chair à sa place. Puis, de la côte qu'il avait tirée de l'homme, Yahvé Dieu façonna une femme et l'amena à l'homme. Alors celui-ci s'écria :

« Pour le coup, c'est l'os de mes os
et la chair de ma chair !
Celle-ci sera appelée "femme",
car elle fut tirée de l'homme, celle-ci ! »

4. Une gomme aromatique.

C'est pourquoi l'homme quitte son père et sa mère et s'attache à sa femme, et ils deviennent une seule chair.

Or tous deux étaient nus, l'homme et sa femme, et ils n'avaient pas honte l'un devant l'autre (2, 18-25).

La tentation et la chute

Contrairement aux religions des pays voisins, et notamment celle de l'Égypte, pour qui le serpent est un animal sacré prodiguant vie et sagesse, pour la Bible il n'est qu'un animal. Il est présenté comme une bête rusée qui, comme dans une fable, joue le rôle de l'insensé qui conduit celui qui l'écoute à l'erreur et à la mort. L'auteur veut expliquer comment la tentation chemine dans le cœur de l'homme. Le malin suggère que Dieu est un père despote jaloux de ses prérogatives, qu'il interdit à ses enfants le pouvoir de déterminer par eux-mêmes ce qui est bien et ce qui est mal, et de l'expérimenter ensuite. Dieu se serait réservé ce privilège. La femme est fascinée par cette perspective, le reste des faveurs que Dieu leur accorde perd toute valeur ; elle succombe et entraîne son époux. Telle est la nature du péché. Il est un choix de l'homme qui s'oppose à la volonté de Dieu sur lui :

> « Le serpent était le plus rusé de tous les animaux des champs que Yahvé Dieu avait faits. Il dit à la femme : « Alors, Dieu a dit : Vous ne mangerez pas de tous les arbres du jardin ? » La femme répondit au serpent : « Nous pouvons manger du fruit des arbres du jardin. Mais du fruit de l'arbre qui est au milieu du jardin, Dieu a dit : Vous n'en mangerez pas, vous n'y toucherez pas, sous peine de mort. » Le serpent répliqua à la femme : « Pas du tout ! Vous ne mourrez pas ! Mais Dieu sait que, le jour où vous en mangerez, vos yeux s'ouvriront et vous serez comme des dieux, qui connaissent le bien et le mal. » La femme vit que l'arbre était bon à manger et séduisant à voir, et qu'il était, cet arbre, désirable pour acquérir le discernement. Elle prit de son fruit et mangea. Elle en donna aussi à son mari qui était avec elle, et il mangea. Alors leurs yeux à tous deux s'ouvrirent et ils connurent qu'ils étaient nus ; ils cousirent des feuilles de figuier et se firent des pagnes (3, 1-6).

Le châtiment

Le premier effet de la désobéissance est lourd de conséquences : Ève et Adam se découvrent nus, c'est-à-dire faibles. Mais, surtout, ils sont maintenant contraints de se voiler l'un à l'autre, parce que les relations qu'ils ont entre eux et à l'égard de leur Dieu créateur et père ont perdu de leur spontanéité originelle. Pour Dieu, le plus coupable est le tentateur, dont la punition symbolique (« Tu ramperas ») exprime la volonté divine de l'empêcher de triompher de l'homme. Mais, si le combat qui doit l'opposer à l'homme s'annonce permanent et difficile (« Il te mordra au talon »), la victoire ne lui reviendra pas : un jour il sera écrasé. Cependant les conditions de la femme et de l'homme ne peuvent plus être ce qu'elles furent ! Ils mourront. Les rapports du couple seront difficiles, les maternités douloureuses. Le travail sera pénible. Adam et Ève (dont le nom est interprété, selon une étymologie populaire, comme « la vivante ») sont chassés à jamais du paradis et rejoignent un monde hostile. L'accès au jardin leur est définitivement interdit :

> « Ils entendirent le pas de Yahvé Dieu qui se promenait dans le jardin à la brise du jour, et l'homme et sa femme se cachèrent devant Yahvé Dieu parmi les arbres du jardin. Yahvé Dieu appela l'homme : « Où es-tu ? », dit-il. « J'ai entendu ton pas dans le jardin, répondit l'homme ; j'ai eu peur parce que je suis nu et je me suis caché. » Il reprit : « Et qui t'a appris que tu étais nu ? Tu as donc mangé de l'arbre dont je t'avais défendu de manger ! » L'homme répondit : « C'est la femme que tu as mise auprès de moi qui m'a donné de l'arbre, et j'ai mangé ! » Yahvé Dieu dit à la femme : « Qu'as-tu fait là ? » et la femme répondit : « C'est le serpent qui m'a séduite, et j'ai mangé. »
>
> Alors Yahvé Dieu dit au serpent : « Parce que tu as fait cela,
> Maudit sois-tu entre tous les bestiaux et toutes les bêtes sauvages.
> Tu marcheras sur ton ventre et tu mangeras de la terre tous les jours de ta vie.
> Je mettrai une hostilité entre toi et la femme,
> entre ton lignage et le sien.
> Il t'écrasera la tête
> et tu l'atteindras au talon. »
> À la femme, il dit :
> « Je multiplierai les peines de tes grossesses,
> dans la peine tu enfanteras des fils.

Ta convoitise te poussera vers ton mari
et lui dominera sur toi. »

À l'homme, il dit : « Parce que tu as écouté la voix de ta femme et que tu as mangé de l'arbre dont je t'avais interdit de manger,

Maudit soit le sol à cause de toi !
À force de peines tu en tireras subsistance
tous les jours de ta vie.
Il produira pour toi épines et chardons
et tu mangeras l'herbe des champs.
À la sueur de ton visage
tu mangeras ton pain,
jusqu'à ce que tu retournes au sol,
puisque tu en fus tiré.
Car tu es glaise
et tu retourneras à la glaise. »

L'homme appela sa femme « Ève », parce qu'elle fut la mère de tous les vivants. Yahvé Dieu fit à l'homme et à sa femme des tuniques de peau et les en vêtit. Puis Yahvé Dieu dit : « Voilà que l'homme est devenu comme l'un de nous, pour connaître le bien et le mal ! Qu'il n'étende pas maintenant la main, ne cueille aussi de l'arbre de vie, n'en mange et ne vive pour toujours ! » Et Yahvé Dieu le renvoya du jardin d'Éden pour cultiver le sol d'où il avait été tiré. Il bannit l'homme et il posta devant le jardin d'Éden les chérubins et la flamme du glaive fulgurant pour garder le chemin de l'arbre de vie (3, 8-24).

Le règne du péché

La suite du récit montre qu'à partir du péché d'Adam et d'Ève le péché prolifère dans le monde. La Genèse présente cette extension du mal à travers trois épisodes (le meurtre d'Abel, le Déluge et la tour de Babel) reliés entre eux par des généalogies qui indiquent la continuité du temps.

Caïn tue son frère Abel

Le fils aîné d'Adam et Ève, Caïn, devient cultivateur, et Abel, le cadet, berger. Mais Yahvé – ce qui est inexplicable – préfère Abel, comme il choisira Isaac plutôt qu'Ismaël, Jacob plutôt qu'Ésaü, et Israël plutôt qu'une autre nation. La rivalité souvent tragique entre gardiens de troupeaux et cultivateurs fournit un exemple des motifs de meurtres. Pourtant, la jalousie née de la préférence de Yahvé ne justifie pas l'assassinat de Caïn. Le coupable mérite donc un châtiment : l'exil. Dieu s'engage néanmoins à le protéger contre des vengeances expéditives : le pécheur est puni, mais non maudit. Contrairement à ce qu'affirme Caïn, tout homme, même criminel, reste l'objet de la protection divine et peut obtenir le pardon. Ce récit, pas plus que le précédent sur Adam et Ève, n'entend rapporter un événement réel survenu au début de l'histoire des hommes, il suppose d'ailleurs l'existence d'autres hommes qui peuvent tuer Caïn :

> L'homme connut Ève, sa femme ; elle conçut et enfanta Caïn et elle dit : « J'ai acquis un homme de par Yahvé. » Elle donna aussi le jour à Abel, frère de Caïn. Or Abel devint pasteur de petit bétail et Caïn cultivait le sol. Le temps passa et il advint que Caïn présenta des produits du sol en offrande à Yahvé, et qu'Abel, de son côté, offrit des premiers-nés de son troupeau, et même de leur graisse. Or Yahvé agréa Abel et son offrande. Mais il n'agréa pas Caïn et son offrande, et Caïn en fut très irrité et eut le visage abattu. Yahvé dit à Caïn : « Pourquoi es-tu irrité et pourquoi ton visage est-il abattu ? Si tu es bien disposé, ne relèveras-tu pas la tête ? Mais si tu n'es pas bien disposé, le péché n'est-il pas à la porte, une bête tapie qui te convoite, pourras-tu la dominer ? » Cependant Caïn dit à son frère Abel : « Allons dehors », et, comme ils étaient en pleine campagne, Caïn se jeta sur son frère Abel et le tua.
>
> Yahvé dit à Caïn : « Où est ton frère Abel ? » Il répondit : « Je ne sais pas. Suis-je le gardien de mon frère ? » Yahvé reprit : « Qu'as-tu fait ! Écoute le sang de ton frère crier vers moi du sol ! Maintenant, sois maudit et chassé du sol fertile qui a ouvert la bouche pour recevoir de ta main le sang de ton frère. Si tu cultives le sol, il ne te donnera plus son produit : tu seras un errant parcourant la terre. » Alors Caïn dit à Yahvé : « Ma peine est trop lourde à porter. Vois ! Tu me bannis aujourd'hui du sol fertile, je devrai me cacher loin de ta face et je serai un errant parcourant la terre : mais, le premier venu me tuera ! » Yahvé lui répondit : « Aussi bien, si quelqu'un tue Caïn, on le vengera sept fois » et Yahvé mit un signe sur Caïn, afin que le premier venu ne le frappât point. Caïn se retira de la présence de Yahvé et séjourna au pays de Nod, à l'orient d'Éden (4, 1-16).

Le Déluge

Après la mort d'Abel, Ève enfante un autre fils, Seth, qui inaugure la lignée porteuse de l'histoire des hommes et du salut. La Bible considère que, pendant les premières générations de l'humanité, le péché n'a pas encore proliféré de façon excessive, et la généalogie que présente alors la Genèse (chapitre 5) rapporte que les patriarches durant cette époque vivent plusieurs siècles – neuf cent soixante-neuf ans pour Mathusalem, l'aïeul de Noé, père de Sem, Cham et Japhet, qui, après le Déluge, seront les continuateurs de la descendance d'Adam et d'Ève. Malheureusement pour l'homme, le mal prend progressivement des dimensions insupportables aux yeux de Dieu. Le comble du péché est atteint par une faute dont les hommes ne sont pas les seuls coupables, comme ce fut déjà le cas pour Adam et Ève. En effet, comme l'énonce un récit à l'accent mythologique :

> Lorsque les hommes commencèrent d'être nombreux sur la face de la terre et que des filles leur furent nées, les fils de Dieu trouvèrent que les filles des hommes leur convenaient et ils prirent pour femmes toutes celles qu'il leur plut (6, 1-2).

Pareilles unions donnent naissance à des surhommes qui ne peuvent que s'opposer à Dieu. Dieu décide alors d'anéantir l'humanité par le Déluge, que relate longuement la Genèse.

La Bible a emprunté ce mythe à la tradition babylonienne, qui l'avait elle-même reçu de Sumer. Il y a encore quelques décennies, certains chercheurs voulaient en expliquer l'origine par le souvenir d'une inondation particulièrement grave du Tigre et de l'Euphrate. Mais un tel mythe existe dans plusieurs autres religions, assorti d'une signification religieuse propre. Selon la source babylonienne, les dieux, fatigués du bruit que font les hommes, décident d'anéantir l'humanité ; le héros Utnapishtim échappe au cataclysme en se réfugiant sur un bateau, dans lequel il fait entrer des animaux. Pendant que la terre est détruite, le navire accoste sur une haute montagne, le mont Nizir... Le mythe a connu plusieurs recensions au cours des siècles, et on ne sait sous quelle forme Israël l'a connu. Le récit biblique mélange d'ailleurs lui-même deux recensions qui ne concordent pas totalement : on s'aperçoit de répétitions et de divergences. L'une (donnée ici en italique), la plus vivante et la plus sobre, est attribuée au courant yahviste ; l'autre (en romain), attribuée à la tradition sacerdotale [5], se remarque notamment par son attention aux dates et aux distinctions entre les animaux. Mais le rédacteur final, qui a fusionné les deux versions de l'événement, a dû procéder à des raccords qui expliquent les redites ou les contradictions apparentes.

Noé seul juste de la terre

Dieu constate la perversité de l'humanité entière, à l'exception de Noé. Conformément à l'enseignement des prophètes, Dieu, qui ne peut tolérer le péché, décide de punir les coupables et d'épargner le juste :

> *Yahvé vit que la méchanceté de l'homme était grande sur la terre et que son cœur ne formait que de mauvais desseins à longueur de journée. Yahvé se repentit d'avoir fait l'homme sur la terre et il s'affligea dans son cœur. Et Yahvé dit : « Je vais effacer de la surface du sol les hommes que j'ai créés, – et avec les hommes, les bestiaux, les bestioles et les oiseaux du ciel, – car je me repens de les avoir faits. » Mais Noé avait trouvé grâce aux yeux de Yahvé.*
>
> Voici l'histoire de Noé : Noé était un homme juste, intègre parmi ses contemporains, et il marchait avec Dieu. Noé engendra trois fils, Sem, Cham et Japhet. La terre se pervertit au regard de Dieu et elle se remplit de violence. Dieu vit la terre : elle était pervertie, car toute chair avait une conduite perverse sur la terre (6, 5-12).

Les préparatifs de Noé

Selon le document sacerdotal (versets 13-22), Dieu indique avec précision les matériaux et les dimensions de l'arche, assure Noé qu'il a fait alliance avec lui, et lui recommande surtout de faire pénétrer dans l'arche, en même temps que sa famille, un couple de toutes les espèces d'animaux. Le courant yahviste envisage la préservation de sept couples et annonce la durée du Déluge, sept jours de préparation et quarante jours de pluie. Des raccords du rédacteur sont perceptibles dans les derniers versets et il est difficile d'y distinguer les traditions :

5. Pour ces deux courants, voir chapitre 1, « La construction littéraire de la Torah », p. 201.

Dieu dit à Noé : « La fin de toute chair est arrivée, je l'ai décidé, car la terre est pleine de violence à cause des hommes et je vais les faire disparaître de la terre. Fais-toi une arche en bois résineux, tu la feras en roseaux et tu l'enduiras de bitume en dedans et en dehors. Voici comment tu la feras : trois cents coudées pour la longueur de l'arche, cinquante coudées pour sa largeur, trente coudées pour sa hauteur. Tu feras à l'arche un toit et tu l'achèveras une coudée plus haut, tu placeras l'entrée de l'arche sur le côté et tu feras un premier, un deuxième et un troisième étage. Pour moi, je vais amener le déluge, les eaux, sur la terre, pour exterminer de dessous le ciel toute chair ayant souffle de vie : tout ce qui est sur la terre doit périr. Mais j'établirai mon alliance avec toi et tu entreras dans l'arche, toi et tes fils, ta femme et les femmes de tes fils avec toi. De tout ce qui vit, de tout ce qui est chair, tu feras entrer dans l'arche deux de chaque espèce pour les garder en vie avec toi ; qu'il y ait un mâle et une femelle. De chaque espèce d'oiseaux, de chaque espèce de bestiaux, de chaque espèce de toutes les bestioles du sol, un couple viendra avec toi pour que tu les gardes en vie. De ton côté, procure-toi de tout ce qui se mange et fais-en provision. Cela servira de nourriture pour toi et pour eux. » Noé agit ainsi ; tout ce que Dieu lui avait commandé, il le fit.

Yahvé dit à Noé : « Entre dans l'arche, toi et toute ta famille, car je t'ai vu seul juste à mes yeux parmi cette génération. De tous les animaux purs, tu prendras sept paires, le mâle et sa femelle ; des animaux qui ne sont pas purs, tu prendras un couple, le mâle et sa femelle (et aussi des oiseaux du ciel, sept paires, le mâle et sa femelle), pour perpétuer la race sur toute la terre. *Car encore sept jours et je ferai pleuvoir sur la terre pendant quarante jours et quarante nuits et j'effacerai de la surface du sol tous les êtres que j'ai faits. » Noé fit tout ce que Yahvé lui avait commandé.*

Noé avait six cents ans quand arriva le Déluge, les eaux sur la terre.

Noé – avec ses fils, sa femme et les femmes de ses fils – entra dans l'arche pour échapper aux eaux du Déluge. (Des animaux purs et des animaux qui ne sont pas purs, des oiseaux et de tout ce qui rampe sur le sol, un couple entra dans l'arche avec Noé, un mâle et une femelle, comme Dieu avait ordonné à Noé.) Au bout de sept jours, les eaux du Déluge vinrent sur la terre (6, 13–7, 10).

La terre disparaît sous les eaux

Pour la tradition yahviste, le Déluge est provoqué par la pluie qui dure quarante jours ; pour la source sacerdotale, les eaux d'en bas et d'en haut se mélangent pendant cent cinquante jours. Pour les deux, tous les animaux, mais aussi tous les hommes, sont anéantis :

En l'an six cent de la vie de Noé, le second mois, le dix-septième jour du mois, ce jour-là jaillirent toutes les sources du grand abîme et les écluses du ciel s'ouvrirent. La pluie tomba sur la terre pendant quarante jours et quarante nuits.

Ce jour même, Noé et ses fils, Sem, Cham et Japhet, avec la femme de Noé et les trois femmes de ses fils, entrèrent dans l'arche, et avec eux les bêtes sauvages de toute espèce, les bestiaux de toute espèce, les bestioles de toute espèce qui rampent sur la terre, les volatiles de toute espèce, tous les oiseaux, tout ce qui a des ailes. Auprès de Noé, entra dans l'arche un couple de tout ce qui est chair, ayant souffle de vie, et ceux qui entrèrent étaient un mâle et une femelle de tout ce qui est chair, comme Dieu le lui avait commandé.

Et Yahvé ferma la porte sur Noé.

Il y eut le Déluge pendant quarante jours sur la terre ; les eaux grossirent et soulevèrent l'arche, qui fut élevée au-dessus de la terre.

Les eaux montèrent et grossirent beaucoup sur la terre et l'arche s'en alla à la surface des eaux. Les eaux montèrent de plus en plus sur la terre et toutes les plus hautes montagnes qui sont sous tout le ciel furent couvertes. Les eaux montèrent quinze coudées plus haut, recouvrant les montagnes. Alors périt toute chair qui se meut sur la terre : oiseaux, bestiaux, bêtes sauvages, tout ce qui grouille sur la terre, et tous les hommes. *Tout ce qui avait une haleine de vie dans les narines, c'est-à-dire tout ce qui était sur la terre ferme, mourut. Ainsi disparurent tous les êtres qui étaient à la surface du sol, depuis l'homme jusqu'aux bêtes, aux bestioles et aux oiseaux du ciel : ils furent effacés de la terre et il ne resta que Noé et ce qui était avec lui dans l'arche.* La crue des eaux sur la terre dura cent cinquante jours (7, 11-24).

Les eaux se retirent de la terre

Selon la tradition sacerdotale, le vent sèche la terre et l'arche accoste sur le mont Ararat tandis que l'eau continue de baisser. Selon l'autre, Noé doit faire sortir des oiseaux pour vérifier le niveau de l'eau, d'abord le corbeau, animal impur, qui ne revient pas, puis une colombe, qui ne s'écarte définitivement de l'arche que la troisième fois. Alors, Noé et sa famille, et tous les animaux, peuvent quitter le navire :

Alors Dieu se souvint de Noé et de toutes les bêtes sauvages et de tous les bestiaux qui étaient avec lui dans l'arche ; Dieu fit passer un vent sur la terre et les eaux désenflèrent. Les sources de l'abîme et les écluses du ciel furent fermées

– la pluie fut retenue de tomber du ciel et les eaux se retirèrent petit à petit de la terre ;
– les eaux baissèrent au bout des cent cinquante jours et, au septième mois, au dix-septième jour du mois, l'arche s'arrêta sur les monts d'Ararat. Les eaux continuèrent de baisser jusqu'au dixième mois et, au premier du dixième mois, apparurent les sommets des montagnes.

Au bout de quarante jours, Noé ouvrit la fenêtre qu'il avait faite à l'arche et il lâcha le corbeau, qui alla et vint en attendant que les eaux aient séché sur la terre. Alors il lâcha d'auprès de lui la colombe pour voir si les eaux avaient diminué à la surface du sol. La colombe, ne trouvant pas un endroit où poser ses pattes, revint vers lui dans l'arche, car il y avait de l'eau sur toute la surface de la terre ; il étendit la main, la prit et la fit rentrer auprès de lui dans l'arche. Il attendit encore sept autres jours et lâcha de nouveau la colombe hors de l'arche. La colombe revint vers lui sur le soir et voici qu'elle avait dans le bec un rameau tout frais d'olivier ! Ainsi Noé connut que les eaux avaient diminué à la surface de la terre. Il attendit encore sept autres jours et lâcha la colombe, qui ne revint plus vers lui.

C'est en l'an six cent un de la vie de Noé, au premier mois, le premier du mois, que les eaux séchèrent sur la terre.

Noé enleva la couverture de l'arche ; il regarda, et voici que la surface du sol était sèche.

Au second mois, le vingt-septième jour du mois, la terre fut sèche.

Alors Dieu parla ainsi à Noé : « Sors de l'arche, toi et ta femme, tes fils et les femmes de tes fils avec toi. Tous les animaux qui sont avec toi, tout ce qui est chair : oiseaux, bestiaux et tout ce qui rampe sur la terre, fais-les sortir avec toi : qu'ils pullulent sur la terre, qu'ils soient féconds et multiplient sur la terre. » Noé sortit avec ses fils, sa femme et les femmes de ses fils ; et toutes les bêtes sauvages, tous les bestiaux, tous les oiseaux, toutes les bestioles qui rampent sur la terre sortirent de l'arche, une espèce après l'autre (8, 1-19).

L'alliance de Dieu : il n'y aura plus de déluge

Après la sortie de Noé de l'arche, selon la tradition yahviste, pour montrer qu'une ère nouvelle commence, Dieu, en réponse au sacrifice que lui offre Noé, s'engage à ne plus faire venir le déluge et à conserver à la nature un rythme immuable qui permet l'épanouissement de la vie. Cet engagement, selon la tradition sacerdotale, est plus solennel et plus explicite. Dieu renouvelle à l'homme son pouvoir sur la nature, et l'autorise à manger des animaux pour se nourrir, mais il interdit de consommer le sang. Cette interdiction prononcée dès le début du monde, avant la Loi de Moïse, qui l'appliquera surtout pour les sacrifices [6], vise à renforcer l'interdiction du meurtre par lequel le sang humain est versé.

L'ultime fondement de la condamnation du meurtre est la ressemblance de l'homme avec Dieu. Pour assurer qu'il n'y aura plus de déluge, Dieu affirme qu'il noue avec le cosmos et l'ensemble de l'humanité une alliance dont l'arc-en-ciel est le signe. Pour la tradition sacerdotale, il s'agit de la première alliance conclue par Dieu, avant celles qui l'uniront avec Abraham, puis avec l'ensemble d'Israël au Sinaï sous la conduite de Moïse. La conséquence de cette alliance est qu'il n'y aura plus de déluge pour détruire l'univers et l'humanité. L'histoire du salut peut donc commencer dans un monde désormais stable :

> *« Noé construisit un autel à Yahvé, il prit de tous les animaux purs et de tous les oiseaux purs et offrit des holocaustes sur l'autel. Yahvé respira l'agréable odeur et il se dit en lui-même : « Je ne maudirai plus jamais la terre à cause de l'homme, parce que les desseins du cœur de l'homme sont mauvais dès son enfance ; plus jamais je ne frapperai tous les vivants comme j'ai fait.*
>
> *Tant que durera la terre,*
> *semailles et moisson,*
> *froidure et chaleur,*
> *été et hiver,*
> *jour et nuit*
> *ne cesseront plus. »*
>
> Dieu bénit Noé et ses fils et il leur dit : « Soyez féconds, multipliez, emplissez la terre. Soyez la crainte et l'effroi de tous les animaux de la terre et de tous les oiseaux du ciel, comme de tout ce dont la terre fourmille et de tous les poissons de la mer : ils sont livrés entre vos mains. Tout ce qui se meut et possède la vie vous servira de nourriture, je vous donne tout cela au même titre que la verdure des plantes. Seulement, vous ne mangerez pas la chair avec son âme, c'est-à-dire le sang. Mais je demanderai compte du sang de chacun de vous. J'en demanderai compte à tous les animaux et à l'homme, aux hommes entre eux, je demanderai compte de l'âme de l'homme.

6. Voir quatrième partie, chapitre 2, « Les sacrifices », p. 463.

Qui verse le sang de l'homme,
par l'homme aura son sang versé.
Car à l'image de Dieu
l'homme a été fait.
Pour vous, soyez féconds, multipliez, pullulez sur la terre et la dominez. »

Dieu parla ainsi à Noé et à ses fils : « Voici que j'établis mon alliance avec vous et avec vos descendants après vous, et avec tous les êtres animés qui sont avec vous : oiseaux, bestiaux, toutes bêtes sauvages avec vous, bref tout ce qui est sorti de l'arche, tous les animaux de la terre. J'établis mon alliance avec vous : tout ce qui est chair ne sera plus détruit par les eaux du déluge, il n'y aura plus de déluge pour ravager la terre. »

Et Dieu dit : « Voici le signe de l'alliance que j'institue entre moi et vous et tous les êtres vivants qui sont avec vous, pour les générations à venir : je mets mon arc dans la nuée et il deviendra un signe d'alliance entre moi et la terre. Lorsque j'assemblerai les nuées sur la terre et que l'arc apparaîtra dans la nuée, je me souviendrai de l'alliance qu'il y a entre moi et vous et tous les êtres vivants, en somme toute chair, et les eaux ne deviendront plus un déluge pour détruire toute chair. Quand l'arc sera dans la nuée, je le verrai et me souviendrai de l'alliance éternelle qu'il y a entre Dieu et tous les êtres vivants, en somme toute chair qui est sur la terre. »

Dieu dit à Noé : « Tel est le signe de l'alliance que j'établis entre moi et toute chair qui est sur la terre » (8, 20 – 9, 17).

La mésaventure de Noé avec l'invention du vin

Noé a trois enfants, Sem, Cham et Japhet, qui sont à l'origine du peuplement de la Terre. Pour le rédacteur, la découverte des effets imprévus du vin par Noé est l'occasion de souligner l'irrespect de Cham à l'égard de son père, signe annonciateur du dévoiement des Cananéens, qui sont ses descendants :

Les fils de Noé qui sortirent de l'arche étaient Sem, Cham et Japhet ; Cham est le père de Canaan. Ces trois-là étaient les fils de Noé et à partir d'eux se fit le peuplement de toute la terre.

Noé, le cultivateur, commença de planter la vigne. Ayant bu du vin, il fut enivré et se dénuda à l'intérieur de sa tente. Cham, père de Canaan, vit la nudité de son père et avertit ses deux frères au-dehors. Mais Sem et Japhet prirent le manteau, le mirent tous deux sur leur épaule et, marchant à reculons, couvrirent la nudité de leur père ; leurs visages étaient tournés en arrière et ils ne virent pas la nudité de leur père. Lorsque Noé se réveilla de son ivresse, il apprit ce que lui avait fait son fils le plus jeune. Et il dit :

« Maudit soit Canaan !
Qu'il soit pour ses frères
le dernier des esclaves ! »
Il dit aussi :
« Béni soit Yahvé, le Dieu de Sem,
et que Canaan soit son esclave !
Que Dieu mette Japhet au large,
qu'il habite dans les tentes de Sem,
et que Canaan soit son esclave ! »

Après le Déluge, Noé vécut trois cent cinquante ans. Toute la durée de la vie de Noé fut de neuf cent cinquante ans, puis il mourut (9, 18-28).

La tour de Babel : la dispersion des peuples

La tradition sacerdotale donne alors (chapitre 10) l'origine des nations qui descendent des trois fils de Noé. Japhet est le père des peuples de l'Asie Mineure et des îles méditerranéennes, c'est-à-dire tous les territoires qui s'étendent au-delà de l'horizon du Proche-Orient ; ils ne prendront pas part à l'histoire immédiate, mais eux aussi monteront un jour à Jérusalem pour adorer Yahvé [7]. Cham est le père des nations qui occupent l'Égypte et plusieurs pays de Mésopotamie (Babel, Ninive), mais aussi Canaan et les ethnies qui le composent. La descendance de Cham englobe par conséquent les ennemis du futur Israël. Quant à l'aîné des fils de Noé, Sem, il est le père d'Israël et des Araméens – la proximité ethnique de ces derniers avec Israël est d'ailleurs soulignée par la parenté d'Abraham avec eux et les mariages conclus par son fils et son petit-fils. Il n'existe donc aucun fondement « scientifique » à cette division des peuples, laquelle les situe uniquement par rapport à l'histoire d'Israël qui va bientôt commencer.

7. Voir cinquième partie, chapitre 1, p. 574.

Les fils de Cham sont les futurs oppresseurs et persécuteurs d'Israël. Les fils de Sem, les moins nombreux, préparent l'apparition de la famille de Térah, le père d'Abraham.

La grande dispersion des peuples selon leurs ancêtres n'a cependant pas lieu immédiatement après la fin du Déluge. Les trois familles humaines se multiplient tout en se déplaçant vers l'orient. Elles arrivent à Shinéar, qui n'est autre que Babylone :

> Tout le monde se servait d'une même langue et des mêmes mots. Comme les hommes se déplaçaient à l'orient, ils trouvèrent une vallée au pays de Shinéar et ils s'y établirent. Ils se dirent l'un à l'autre : « Allons ! Faisons des briques et cuisons-les au feu ! » La brique leur servit de pierre et le bitume leur servit de mortier. Ils dirent : « Allons ! Bâtissons-nous une ville et une tour dont le sommet pénètre les cieux ! Faisons-nous un nom et ne soyons pas dispersés sur toute la terre ! »
>
> Or Yahvé descendit pour voir la ville et la tour que les hommes avaient bâties. Et Yahvé dit : « Voici que tous font un seul peuple et parlent une seule langue, et tel est le début de leurs entreprises ! Maintenant, aucun dessein ne sera irréalisable pour eux. Allons ! Descendons ! Et là, confondons le langage pour qu'ils ne s'entendent plus les uns les autres. » Yahvé les dispersa de là sur toute la face de la terre et ils cessèrent de bâtir la ville. Aussi la nomma-t-on Babel, car c'est là que Yahvé confondit le langage de tous les habitants de la terre et c'est de là qu'il les dispersa sur toute la face de la terre (11, 1-9).

En exil, dans la ville cosmopolite de Babylone, les exilés ont découvert la prodigieuse variété des langues utilisées par les nations composant cet empire, mais aussi la puissance énorme de celui-ci depuis qu'il s'est rendu maître de tous les pays avoisinants. Cette puissance monstrueuse est symbolisée par cette tour qui monte jusqu'au ciel. On peut y voir une allusion à ces tours à étages, les ziggourats, dont plusieurs exemplaires existaient dans la capitale. Elles représentaient la montagne sacrée mythique où résidait la divinité. Mais Israël sait que c'est son Dieu qui conduit l'histoire des peuples et que Babylone, comme tous les grands empires qui essaient de rivaliser avec Dieu, s'écroulera un jour. Les peuples réduits à l'esclavage par la férule de ces tyrans, qui veulent tout soumettre, vont retrouver leur liberté et repartir aux quatre coins de l'horizon, comme Israël. L'ancêtre d'Israël, Sem, peut donc quitter Babel et suivre le chemin qui doit être le sien. Mais il ne s'éloigne guère. Quelque dix générations plus tard, selon la généalogie de la Genèse, nous trouvons l'ancêtre d'Abraham, Térah, installé à Ur des Chaldéens. C'est là que Dieu appelle Abraham. Dans ce vaste monde aux populations variées, l'histoire de la nation que Yahvé va choisir pour être son peuple particulier peut commencer.

Troisième partie

Heurs et malheurs : Israël explique son histoire (1220-587)

Prélude

Lorsqu'ils rentrent de l'exil, les Israélites ont bien retenu l'enseignement des prophètes : la fuite de l'Égypte a marqué le début de la véritable existence d'Israël. Yahvé a libéré son peuple de l'esclavage afin de lui offrir une terre, de même qu'un père transmet un héritage à son fils. Pendant sept siècles environ, depuis la conquête de Canaan, vers 1200 av. J. C., jusqu'en 587, lorsque Babylone a martyrisé Juda et déporté sa population, Israël a existé comme une nation à l'égal des autres. Un État politiquement indépendant, implanté sur un territoire délimité par des frontières et entretenant des relations amicales ou conflictuelles avec ses voisins.

Cette période constitue son histoire proprement dite. À l'instar des pays proches, Israël a été responsable de son destin. Mais en 587, cette liberté a disparu – les juifs ne devaient plus la connaître, excepté un bref intermède au IIe siècle av. J. C.[1]. De plus, les deux institutions qui soutenaient l'existence de la patrie, le Temple et la royauté, ont été détruites.

1. Voir cinquième partie, chapitre 3, p. 614.

Au retour de l'exil, Israël s'est déjà interrogé sur les causes de cette catastrophe. Qui en a été l'artisan ? Yahvé, qui n'a pas été assez puissant pour protéger son peuple contre l'Assyrie d'abord, puis Babylone ? Les rois, qui ont trop souvent mené une politique contraire aux ordres que donnait Dieu par l'intermédiaire de ses prophètes ? Les prophètes eux-mêmes, dont certains ont laissé les souverains et les Israélites verser dans l'idolâtrie ? Les prêtres, qui ont offert un culte aux baals dans les sanctuaires locaux, voire dans le Temple ?

Il apparaît donc nécessaire d'examiner et d'exposer cette histoire aux nouvelles générations en déterminant les responsabilités de chacun. Car, si l'État a disparu en tant que tel avec ses institutions, sa monarchie et son Temple, le peuple élu subsiste dans ce petit reste dont la confiance en Dieu, loin de s'éteindre, s'est fortifiée au creuset de l'épreuve. Avec un courage puisé dans cette foi, les rescapés reconstituent la communauté en dépit de l'occupation perse qui interdit tout espoir d'indépendance. Mais, afin de préparer un nouvel avenir, il est d'abord essentiel de comprendre ce passé et de l'expliquer à tous.

Or, les scribes de Juda, disciples des prophètes ou proches des milieux sacerdotaux, y ont déjà réfléchi à Babylone et continuent de s'y pencher après le retour sur la terre des ancêtres. Leur étude attentive les conduit à la conclusion que, dès qu'Israël a franchi le Jourdain pour conquérir Canaan, avant même l'instauration de la royauté, il a emprunté un chemin fatal. C'est cette désobéissance fondamentale aux exigences de l'alliance que révèle la grande fresque située après le Pentateuque ou Torah. Après la « préhistoire », voici donc l'histoire nationale d'Israël.

Ces sept siècles, de 1200 environ à 587 av. J. C., sont couverts par les livres que la pratique occidentale rassemble sous le nom de « Livres historiques » : Josué, Juges, les deux livres de Samuel, les deux livres des Rois [2].

---

2. La Bible hébraïque les appelle « Prophètes premiers ». Cette appellation s'explique par le fait que nous voyons intervenir les premiers prophètes : Samuel, Natân, Élie, Élisée et quelques autres. Ces hommes inspirés ont en effet joué un rôle important même si, à la différence de leurs successeurs, ils n'ont pas transmis leurs oracles par écrit. En outre, le qualificatif de « prophétiques » convient aussi à ces ouvrages parce que ce passé est également interprété à la lumière de l'enseignement des prophètes

Mais il est difficile de traiter l'ensemble de ces ouvrages sur le même plan. En effet, les livres de Josué et des Juges se distinguent des quatre autres. Ils rapportent une époque intermédiaire qui débute après 1220, alors qu'apparaissent en Canaan des clans et des tribus qui vont peu à peu constituer Israël ; certains viennent du désert du Sinaï, d'autres sont déjà installés sur place et sont originaires du nord de la Mésopotamie. Cette époque s'achève vers 1040, quand la menace des Philistins oblige ces colons devenus plus nombreux à adopter un système de gouvernement plus contraignant que celui de la fédération tribale. Sur ces deux siècles, les souvenirs bibliques auxquels nous pouvons accorder une certaine crédibilité se limitent à conforter une implantation progressive et lente. Cette imprécision n'est pas étonnante, puisque aucune organisation centrale ne pouvait alors veiller à la conservation des traditions et que l'écriture alphabétique n'en était qu'à ses débuts. Aussi les livres de Josué et des Juges ont-ils une valeur surtout religieuse, même s'ils ont fait appel à des documents antérieurs qu'ils mentionnent, le livre du Juste (Jos 10, 12-13) et le livre des Guerres de Yahvé (Nb 21, 14), qui semblent avoir été des récits épiques plus qu'historiques. En revanche, les quatre livres de Samuel et des Rois recèlent non seulement une riche signification religieuse, mais aussi une réelle portée historique.

écrivains, depuis Amos jusqu'à Malachie (voir première partie, pour Amos, chapitre 1, p. 48, pour Malachie, chapitre 6, p. 163). Cependant, ces livres peuvent être considérés comme « historiques » même si leur conception de l'histoire n'est pas la nôtre. D'une part, les événements rapportés se déroulent au temps des grands empires de l'époque. D'autre part, les scribes disposèrent de traditions plus solides que celles qui concernaient la préhistoire d'Israël (voir deuxième partie, « L'histoire au cœur de la foi d'Israël », p. 195), des documents écrits qu'ils mentionnent à plusieurs reprises.

1

Première période : les débuts difficiles sur la terre de la promesse (1220-1040)

Josué conduit la conquête (le livre de Josué)

Le livre de Josué raconte la conquête de Canaan sous la direction de Josué, l'un des hommes investis par l'Esprit de Yahvé, celui que le Pentateuque a présenté comme le plus proche collaborateur de Moïse [1]. Son nom signifie « Yahvé sauve » – nom qui deviendra « Jésus » pour les juifs de langue grecque. Quoi qu'il en soit, il est moins question de sauver Israël que d'investir la Terre promise et, pour cela, d'en expulser, par le massacre si nécessaire, les Cananéens, ces abominables adorateurs d'idoles.

Au retour de l'exil, les scribes livrent une interprétation religieuse de cette entrée : Dieu a été fidèle à la promesse qu'il a faite aux ancêtres, il a guidé Israël dans la prise de possession de son pays, et l'ouvrage détaille en de longs chapitres la liste des villes et des villages que chacune des tribus a reçus en héritage divin. Mais Israël a commis la faute de n'avoir pas

1. Voir deuxième partie, chapitre 2, p. 251.

totalement purifié la terre de la promesse que Yahvé voulait pourtant sainte et totalement débarrassée des temples et des idoles qui la souillaient. Ainsi est-elle devenue le lieu de la corruption d'Israël et de la perte de son âme. Or, en recourant à la loi de l'anathème [2], les scribes de la fin du VIe siècle, qui présentent cette loi comme un commandement de Yahvé, montrent qu'Israël, purifié par l'épreuve de l'exil, doit désormais se préserver de la tentation que représentent toujours ces païens implantés en Terre sainte et même à Jérusalem. Le passé doit ainsi servir de référence aux nouvelles générations. La tradition n'en conserve que quelques souvenirs épars, que les rédacteurs vont développer pour signifier la puissance de Yahvé et l'infidélité d'Israël.

La réalité historique que les chercheurs, et surtout l'archéologie, tentent de déceler, est différente. Si le peuple hébreu est bien entré en Canaan vers 1220, les tribus n'ont pas pris facilement possession des villes cananéennes. La conquête fut lente et l'installation définitivement acquise seulement à partir de David, soit deux cents ans plus tard. Entre ces deux dates, Israël dut cohabiter avec des Cananéens assez nombreux pour que leur religion pût menacer la foi en Yahvé.

L'investiture de Josué

Le livre de Josué débute par une déclaration de Yahvé adressée à l'ancien auxiliaire de Moïse. Il lui ordonne de poursuivre la mission de celui-ci, la conquête et l'installation d'Israël en Terre promise. La condition de sa réussite tient dans la fidélité à la Loi :

> « Moïse, mon serviteur, est mort : maintenant debout ! Passe le Jourdain que voici, toi et tout ce peuple, vers le pays que je donne aux fils d'Israël. [...] Personne ne pourra tenir devant toi, je serai avec toi comme j'ai été avec Moïse, je ne t'abandonnerai pas. Seulement sois fort et tiens bon pour veiller à agir selon toute la Loi que mon serviteur Moïse t'a prescrite. Ne t'en écarte ni à droite ni à gauche, afin de réussir dans toutes tes démarches. Que le livre de cette Loi soit toujours sur tes lèvres : médite-le jour et nuit afin de veiller à agir selon tout ce qui y est écrit » (1, 1-9).

2. Voir première partie, chapitre 3, « La lutte contre l'idolâtrie », p. 95.

Le premier commandement de Josué concerne les tribus de Ruben, de Gad, et la moitié de Manassé. En effet, les autres tribus les ont aidées à conquérir leur territoire sur la rive orientale du Jourdain. Par conséquent, leur tour est venu de les épauler, car la possession de l'ensemble du pays doit être l'œuvre de tous.

Deux espions à Jéricho (chap. 2)

Avant que le peuple ne traverse le Jourdain, Josué envoie deux espions à Jéricho, la grande ville fortifiée située sur leur passage et à une quinzaine de kilomètres de la mer Morte. Les deux hommes trouvent une cachette commode chez une prostituée du nom de Rahab, dont la maison est pourvue d'une terrasse et s'appuie sur les remparts. Mais leur arrivée n'est pas passée inaperçue. Le roi de Jéricho est averti de leur présence. Rahab a le temps de les cacher sous du lin entreposé sur la terrasse et déclare aux policiers venus les arrêter qu'ils ont déjà quitté la ville. Dès que le danger est passé, Rahab se confie : elle les a bien reconnus comme étant des agents de ce peuple redoutable qui vient d'investir toute la région de l'autre côté du Jourdain. Les prouesses de leur Dieu, telles que le passage de la mer Rouge, la soumission de Og et de Sihôn [3], terrorisent ses compatriotes. Aussi leur demande-t-elle de la protéger, elle et sa famille, quand les Israélites s'empareront de Jéricho. Les deux envoyés de Josué promettent de l'épargner à deux conditions : qu'elle garde leur conversation secrète et que personne ne sorte de chez elle au jour de l'attaque. Il lui suffira d'attacher un ruban rouge à la fenêtre donnant sur le rempart, et les assaillants reconnaîtront sa maison. Ils rentrent ensuite au camp et rapportent à Josué l'état d'esprit des habitants de Jéricho.

La traversée du Jourdain

Le passage de la mer Rouge, qui s'accompagna de l'extermination de Pharaon et de son armée, fut le grand exploit de Yahvé lors de la sortie d'Égypte. La traversée du Jourdain et la destruction de Jéricho marquent le renouvellement de cette intervention prodigieuse. Il importe peu que le

---

3. Voir deuxième partie, chapitre 2, « Marche d'approche vers la Terre promise », p. 255.

Jourdain soit une petite rivière que l'on franchit facilement à gué. Il constitue la porte d'entrée en Terre promise qu'il faut, bien sûr, conquérir par les armes. Mais, surtout, Israël doit la considérer comme une terre sainte qu'il purifiera de toutes les idoles cananéennes et sur laquelle il vivra dans la fidélité aux prescriptions de la Loi de sainteté que Moïse lui a enseignées. C'est pourquoi les Israélites qui passent le Jourdain forment moins une armée montant au combat qu'une procession marchant derrière l'arche d'alliance que portent les prêtres :

> Or quand le peuple quitta ses tentes pour traverser le Jourdain, les prêtres portaient l'arche d'alliance en tête du peuple. Dès que les porteurs de l'arche furent arrivés au Jourdain, et que les pieds des prêtres touchèrent les eaux – or le Jourdain coule à pleins bords pendant toute la durée de la moisson –, les eaux d'amont s'arrêtèrent et formèrent une seule masse à une très grande distance tandis que les eaux descendant vers la mer de la Araba, la mer Salée, étaient complètement séparées. Le peuple traversa vis-à-vis de Jéricho. Les prêtres qui portaient l'arche de l'alliance de Yahvé se tinrent au sec, immobiles au milieu du Jourdain, tandis que tout Israël traversait à sec, jusqu'à ce que la totalité de la nation eût achevé de traverser le Jourdain (3, 14-17).

Afin de bâtir un mémorial consacré à cet exploit divin, Josué choisit un homme de chaque tribu :

> « Passez devant l'arche de Yahvé notre Dieu, jusqu'au milieu du Jourdain, et que chacun de vous prenne sur son épaule une pierre, selon le nombre des tribus israélites, pour en faire un signe au milieu de vous ; et quand demain vos fils vous demanderont : "Ces pierres, que sont-elles pour vous ?" alors vous leur direz : "C'est que les eaux du Jourdain se sont séparées devant l'arche de l'alliance de Yahvé : lorsqu'elle traversa le Jourdain, les eaux du Jourdain se sont séparées. Ces pierres sont un mémorial pour les Israélites, pour toujours !" » Les Israélites exécutèrent les ordres de Josué : ayant enlevé douze pierres du milieu du Jourdain, selon le nombre des tribus israélites, ils les transportèrent au bivouac et les y déposèrent (4, 4-9).

Dès que le peuple entier est passé, les prêtres peuvent sortir du lit de la rivière :

> Yahvé dit à Josué : « Donne aux prêtres qui portent l'arche du Témoignage l'ordre de remonter du Jourdain. » Or lorsque les prêtres portant l'arche de

l'alliance de Yahvé remontèrent du milieu du Jourdain, et que la plante de leurs pieds eut touché la terre ferme, les eaux du Jourdain revinrent dans leur lit et se mirent comme avant à couler à pleins bords (4, 15-18).

Josué établit ensuite son camp à Gilgal, à l'est de Jéricho. Les douze pierres prélevées dans le Jourdain sont alors disposées, signifiant par là que Yahvé entend marquer sa présence sur cette terre et supplanter les divinités locales. Mais ces pierres symboliques ne suffisent pas. Sur l'ordre de Dieu, Josué procède, à l'aide de couteaux en silex, à la circoncision de tous les hommes sur le « Tertre des Prépuces ». Puis, les Israélites se préparent à célébrer la Pâque[4] :

> Les Israélites campèrent à Gilgal et y firent la Pâque, le quatorzième jour du mois, le soir, dans la plaine de Jéricho. Le lendemain de la Pâque, ils mangèrent du produit du pays : pains sans levain et épis grillés, en ce même jour. Il n'y eut plus de manne le lendemain, où ils mangeaient du produit du pays. Les Israélites se nourrirent dès cette année des produits de la terre de Canaan (5, 10-12).

Le temps du séjour dans le désert est désormais terminé. Israël peut entamer la conquête de la Terre promise.

La prise de Jéricho (chapitre 6)

Le récit biblique ne rapporte pas les péripéties militaires de la prise de Jéricho, mais plutôt la commémoration liturgique de cette victoire. D'ailleurs, toute la mainmise sur la Terre sainte est présentée comme le fruit de l'action divine et moins celui de la puissance des armées d'Israël. L'archéologie a en effet prouvé que, au moment de l'entrée des Hébreux en Canaan, Jéricho était inoccupé depuis des siècles. En outre, la

4. Il est bien entendu étrange de trouver à une époque aussi reculée la Pâque parfaitement ritualisée. Mais le fait s'explique. En effet, les hommes nés dans le désert n'ont pas été circoncis. Or, la législation en vigueur après le retour de l'exil prévoit que la Pâque ne peut être célébrée que par des circoncis ! Il convient donc d'insister sur la valeur symbolique et religieuse de cette fête. N'oublions pas que les Hébreux sont sortis d'Égypte le jour même de Pâque, exactement quarante ans auparavant (voir deuxième partie, chapitre 2, « L'institution de la fête de Pâque : l'agneau et les pains sans levain », p. 229).

suite de la Bible montre que ceux-ci n'ont pas anéanti systématiquement les cités et leurs habitants. L'insistance – même au retour de l'exil – sur la nécessité de l'anathème vise à mettre l'accent sur la contamination toujours menaçante des cultes idolâtriques :

> Josué, fils de Nûn, appela les prêtres et leur dit : « Prenez l'arche d'alliance, et que sept prêtres portent sept trompes en corne de bélier en avant de l'arche d'alliance de Yahvé. » [...] Les sept prêtres portant les sept trompes en corne de bélier passèrent et sonnèrent de la trompe ; l'arche de l'alliance de Yahvé venait après eux, l'avant-garde précédait les prêtres qui sonnaient de la trompe et l'arrière-garde venait après l'arche.
>
> Au peuple, Josué avait donné l'ordre suivant : « Ne criez pas et ne faites pas entendre votre voix, qu'il ne sorte pas un mot de votre bouche jusqu'au jour où je vous dirai : "Poussez le cri de guerre !" Alors vous pousserez le cri de guerre. »
>
> Il fit faire à l'arche de Yahvé le tour de la ville une fois, puis on rentra au camp pour la nuit. De bon matin, les prêtres prirent l'arche de Yahvé, les sept prêtres sonnant de la trompe marchaient devant l'arche, l'avant-garde s'avançait devant eux, l'arrière-garde suivait l'arche de Yahvé.
>
> Ce deuxième jour, on fit encore le tour de la ville et l'on rentra au camp. On fit ainsi pendant six jours. Le septième jour, on fit sept fois le tour de la ville. La septième fois, les prêtres sonnèrent de la trompe et Josué dit au peuple : « Poussez le cri de guerre, car Yahvé vous a livré la ville ! Mais tout dans la ville doit être dévoué par l'anathème à Yahvé, l'or, l'argent, le bronze, le fer. Seule Rahab la prostituée aura la vie sauve et ceux qui sont avec elle dans la maison. »
>
> Le peuple poussa le cri de la guerre et le rempart s'écroula sur place. Aussitôt, le peuple grimpa vers la ville, chacun devant soi. Ils dévouèrent à l'anathème tout ce qui se trouvait dans la ville, hommes et femmes, jeunes et vieux, jusqu'aux taureaux, aux moutons et aux ânes, les passant au fil de l'épée. L'or, l'argent, les objets de fer et de bronze furent livrés au trésor de la maison de Yahvé. Les deux espions firent sortir de sa maison Rahab et sa famille. Josué leur accorda la vie sauve, et elle est demeurée au milieu d'Israël jusqu'aujourd'hui (6, 6-25).

Josué prononce alors un serment :

> Maudit soit, devant Yahvé, l'homme qui se lèvera pour rebâtir cette ville ! (6, 26).

Le poids de la désobéissance

Un revers humiliant, lors de l'attaque d'une ville apparemment facile à prendre, illustre les conséquences de la désobéissance à cette loi de l'anathème. Sur la route qui conduit à la montagne centrale se dresse Aï (nom qui signifie « ruine »). Cette cité, qui se trouve à près de trois kilomètres à l'est de Béthel, est stratégique, mais aussi symbolique puisque le patriarche Abraham y séjourna [5]. Des espions, que Josué a dépêchés sur place, rapportent qu'il suffit de deux mille ou trois mille hommes pour s'en emparer. Mais l'armée subit un échec sévère devant les murs de Aï. La confiance de Josué est ébranlée par cette défaite cinglante. Il se prosterne et consulte Dieu. Celui-ci répond que ce fiasco n'est pas dû au hasard. Un Israélite a violé la loi de l'anathème, qui exige que tout butin pris à l'ennemi soit réservé à Yahvé :

> Lève-toi, sanctifie le peuple et tu diras : Sanctifiez-vous pour demain, car ainsi parle Yahvé, le Dieu d'Israël. L'anathème est au milieu de toi, Israël ; tu ne pourras pas tenir devant tes ennemis jusqu'à ce que vous ayez écarté l'anathème du milieu de vous (7, 13-14).

Yahvé demande à Josué de démasquer le coupable afin qu'il soit « livré au feu », ainsi que sa famille et ses biens, pour signifier que la responsabilité est également collective. Il s'agit d'un membre de la tribu de Juda, un certain Akân, qui avoue son péché. Il a vu un beau manteau, un lingot d'or, deux cents sicles d'argent, qu'il a cachés dans sa tente. De fait, on les y découvre. Tous les Israélites se rassemblent, le lapident et le brûlent. Les siens et tout ce qu'il possède subissent le même sort. Puis, sur son cadavre sont entassées des pierres. Cette sépulture, réservée aux criminels, sert d'avertissement. Israël doit dorénavant se garder de désobéir à la loi de l'anathème.

---

5. Voir deuxième partie, chapitre 3, « Abraham, le père des croyants », p. 270. Signalons au passage que, d'après l'archéologie, à l'époque de Josué, Aï se résumait à des remparts en ruine derrière lesquels s'étaient peut-être retranchés des défenseurs, mais certainement pas une population entière gouvernée par un roi.

Lavé de l'infamie, Israël peut maintenant se lancer à la conquête de Aï. Pour s'en emparer, Josué utilise un stratagème classique. De nuit, il place l'essentiel de ses armées, trente mille hommes, à l'ouest de la ville. Au matin, lui-même et un détachement d'élite s'approchent du rempart vers l'est. Les habitants font alors une sortie contre Josué, qui prend la fuite vers le désert de la Araba. Ils laissent ainsi leur cité sans protection. L'armée placée en embuscade y pénètre sans difficulté et passe ses habitants au fil de l'épée, soit douze mille personnes. Pris en tenaille entre les deux détachements d'Israël, les soldats de Aï sont écrasés. Le roi est capturé et pendu, mais son cadavre est enlevé avant la nuit, comme le stipule la Loi (8, 1-29), puis placé devant l'entrée de la ville et recouvert de cailloux.

Israël progresse ensuite dans la montagne et atteint Sichem. Josué y bâtit un autel, offre des holocaustes. Il écrit la Loi sur des pierres et, devant le peuple assemblé moitié sur le mont Garizim moitié sur le mont Ébal, en présence de l'arche que portent les prêtres, il en fait la lecture, qu'il s'agisse de bénédiction ou de malédiction [6] (8, 30-35).

La conquête est longue

Des villes cananéennes utilisent la ruse pour échapper à l'anathème. Ayant entendu parler du traitement que les Israélites réservaient aux vaincus, les habitants de Gabaôn et de trois autres cités de la montagne centrale pénètrent dans le camp israélite déguisés en voyageurs exténués par un long périple. Bien qu'ils résident dans une lointaine contrée, disent-ils, les prodiges de Yahvé sont arrivés jusqu'à leurs oreilles. Ils viennent nouer une alliance. Les anciens d'Israël ne se méfient pas et acceptent. Bientôt, on découvre que ces gens appartiennent en fait à un peuple voisin. Or, le pacte ayant été conclu, il est impossible de le renier. Les habiles Cananéens ont donc la vie sauve. Mais, en guise de punition pour leur mensonge, ils sont condamnés à être fendeurs de bois et porteurs d'eau dans le Temple [7] (chapitre 9).

---

6. À la fin de la conquête de Canaan, pareille cérémonie sera renouvelée (voir plus loin, p. 355).
7. Il est intéressant de noter que, au retour de l'exil, ces tâches sont depuis longtemps considérées tout autant comme une corvée que comme un grand honneur. Néanmoins,

Israël a pris pied en Canaan, Josué doit maintenant élargir la conquête. D'abord vers la montagne centrale où cinq rois, menés par celui de Jérusalem, Adoni-Çédeq, se liguent contre Israël (10, 1-12). Mal leur en prend car Yahvé intervient personnellement pour les exterminer en faisant tomber sur eux d'énormes grêlons, et surtout en arrêtant la course du soleil à la demande de Josué. Le soleil est une créature de Dieu ! Dieu lui commande son lever et son coucher, pourquoi ne pourrait-il pas arrêter sa course pour permettre à son peuple d'achever sa campagne [8] ? Le livre de Josué résume ainsi ce haut fait dans un style épique :

> Josué dit en présence d'Israël :
> « Soleil, arrête-toi sur Gabaôn, et toi, lune, sur la vallée d'Ayyalôn ! »
> Et le soleil s'arrêta, et la lune se tint immobile jusqu'à ce que le peuple se fût vengé de ses ennemis.
>
> Cela n'est-il pas écrit dans le livre du Juste ? Le soleil se tint immobile au milieu du ciel et près d'un jour entier retarda son coucher. Il n'y a pas eu de journée pareille, ni avant ni depuis, où Yahvé ait obéi à la voix d'un homme. C'est que Yahvé combattait pour Israël (10, 12-14).

Josué lance alors son armée vers le Sud et s'empare de Lakish, Gézer, Eglôn, Hébron, Debir (10, 29-43). Puis il attaque le Nord (chapitre 11). Les rois de la région, sous la conduite de Yabîn, souverain de Haçor, la capitale de tous ces royaumes, montent une coalition, mais elle est défaite près des eaux de Mérom. Le livre de Josué insiste sur la destruction de Haçor, ce que semblent confirmer les fouilles archéologiques. En effet, cette cité (El-Qidah en arabe), qui se trouvait en Haute-Galilée, à 14 km au nord du lac de Tibériade, fut une position clé. Son nom figure d'ailleurs sur de nombreux documents égyptiens et mésopotamiens vers le XIXe siècle av. J. C. Alors qu'elle n'était encore qu'une modeste agglomération, elle fut détruite vers 1850. Rebâtie et agrandie, elle subit un incendie au XVIe siècle,

---

elles prouvent que les étrangers peuvent être intégrés au peuple d'Israël, malgré la loi de l'anathème.

8. Israël a chanté cette défaite des cinq rois et en a gardé le souvenir dans un livre dit du Juste, qui ne nous est pas parvenu (voir p. 343).

avant de retrouver une certaine splendeur au XIIIe siècle, comme l'attestent les archives des pharaons égyptiens, dont le souverain d'Haçor se prétendait l'allié. La version des exploits de Josué semble donc plausible.

La victoire étant acquise, la conquête de Canaan est théoriquement terminée. Le livre de Josué peut affirmer :

> Josué s'empara de tout le pays, exactement comme Yahvé l'avait dit à Moïse, et il le donna en héritage à Israël, selon sa répartition en tribus. Et Israël se reposa de la guerre (11, 23).

Pourtant, les chapitres suivants (14 à 21) laissent entendre que l'installation fut progressive et longue, ce qu'ont démontré la critique historique et l'archéologie. Les villes ne furent enlevées que peu à peu. Dans les campagnes, la population cananéenne demeura sur ses terres et il est vraisemblable qu'elle enseigna l'agriculture aux Israélites, avec le danger très réel d'une contamination des cultes rendus aux baals.

C'est pourquoi, dans le livre de Josué, les applications de la loi de l'anathème font clairement allusion à ce qui aurait dû être tenté avant l'exil pour empêcher Israël de sombrer dans l'idolâtrie. Cet ouvrage a donc d'abord une visée pédagogique. De même, pour montrer que Yahvé a personnellement offert son territoire à chaque tribu, il indique déjà les villes et les régions qui leur reviennent et y consacre des listes interminables : Israël contemple ainsi sa terre dans ses moindres bourgs et hameaux, comme un explorateur inscrit sur une carte les étapes de sa découverte. L'énumération s'achève par la synthèse suivante :

> C'est ainsi que Yahvé donna aux Israélites tout le pays qu'il avait juré de donner à leurs pères. Ils en prirent possession et s'y établirent. Yahvé leur procura la tranquillité sur toutes leurs frontières, tout comme il l'avait juré à leurs pères et, de tous leurs ennemis, aucun ne réussit à tenir devant eux. Tous leurs ennemis, Yahvé les livra entre leurs mains. De toutes les promesses que Yahvé avait faites à la maison d'Israël, aucune ne manqua son effet : tout se réalisa (21, 43-45).

La grande assemblée de Sichem

Devenu vieux, Josué convoque tous les Israélites et leur recommande la pratique de la Loi de Moïse, particulièrement l'attachement au seul Yahvé, leur guide. Ils doivent bien entendu éviter de se lier aux Cananéens. Josué brandit même la menace de l'exil :

> De même que toute promesse faite par Yahvé votre Dieu en votre faveur s'est réalisée pour vous, de même Yahvé réalisera contre vous toutes ses menaces, jusqu'à vous chasser de ce bon sol que Yahvé votre Dieu vous a donné (23, 15).

Une autre tradition rapporte (chapitre 24) que Josué convoque toutes les tribus à Sichem en vue du renouvellement de l'alliance. Ce rassemblement pourrait bien correspondre aux réunions qui avaient lieu dans cet ancien sanctuaire en certaines circonstances, peut-être pour resserrer les liens entre les tribus avant de partir en campagne quand l'une d'elles était attaquée. Josué rappelle d'abord tous les bienfaits de Yahvé depuis l'appel d'Abraham jusqu'à la conquête de la Terre promise. Puis il presse Israël de renouveler son choix en faveur de Dieu :

> « Et maintenant, craignez Yahvé et servez-le dans la perfection en toute sincérité ; éloignez les dieux que servirent vos pères au-delà du Fleuve et en Égypte, et servez Yahvé. S'il ne vous paraît pas bon de servir Yahvé, choisissez aujourd'hui qui vous voulez servir, soit les dieux que servaient vos pères au-delà du Fleuve, soit les Dieux des Amorites dont vous habitez maintenant le pays. Quant à moi et ma famille, nous servirons Yahvé. »
>
> Le peuple répondit : « Loin de nous d'abandonner Yahvé pour servir d'autres dieux ! Yahvé notre Dieu est celui qui nous a fait monter, nous et nos pères, du pays d'Égypte, de la maison de servitude. [...] Nous aussi, nous servirons Yahvé, car c'est lui notre Dieu. »
>
> Alors Josué dit au peuple : « Vous ne pouvez pas servir Yahvé car il est un Dieu saint, un Dieu jaloux, qui ne tolérera pas vos transgressions ni vos péchés. [...] »
>
> Le peuple répondit à Josué : « Non ! c'est Yahvé que nous servirons. » [...] – « Alors, écartez les dieux de l'étranger qui sont au milieu de vous et inclinez votre cœur vers Yahvé, Dieu d'Israël. » [...]
>
> Le peuple dit à Josué : « C'est Yahvé notre Dieu que nous servirons, c'est à sa voix que nous obéirons. »

> Ce jour-là, Josué conclut une alliance pour le peuple ; il lui fixa un statut et un droit à Sichem. Josué écrivit ces paroles dans le livre de la Loi de Dieu. Il prit ensuite une grosse pierre et la dressa là, sous le chêne qui est dans le sanctuaire de Yahvé. Josué dit alors à tout le peuple : « Voici, cette pierre sera un témoin contre nous parce qu'elle a entendu toutes paroles que Yahvé nous a adressées ; elle sera un témoin contre vous pour vous empêcher de renier votre Dieu. » Puis Josué renvoya le peuple, chacun dans son héritage (24, 14-28).

Le livre de Josué s'achève sur la mort de Josué à l'âge vénérable de cent dix ans. Il personnifie le serviteur fidèle de Dieu qui a su conduire Israël dans la fidélité à la Loi, à l'imitation de son maître Moïse. Avec quelques exagérations d'ailleurs, le texte note :

> Israël servit Yahvé pendant toute la vie de Josué et toute la vie des anciens qui survécurent à Josué et qui avaient connu toute l'œuvre que Yahvé avait accomplie en faveur d'Israël (24, 31).

Le temps de Josué fut donc lui aussi un temps exemplaire, comme celui des années passées à Cadès après la disparition de la génération pécheresse du veau d'or, celle qui vécut en Égypte. Israël a conquis Canaan avec l'aide de Yahvé et grâce à sa fidélité à la Loi (malgré quelques errements !). Malheureusement, la génération suivante, la première qui naît en Canaan, ne manifeste pas la même fidélité en Yahvé. Le livre des Juges s'emploie à la dépeindre.

Les juges sauvent Israël infidèle (le livre des Juges)

Le livre des Juges couvre la période qui va de l'installation en Canaan vers 1200 à l'instauration de la royauté vers 1040. Mais les informations historiques que l'on peut en retirer sont minimes. Le texte contient en réalité des récits plus ou moins légendaires et plus ou moins développés. Très brefs (quelques lignes) ou très circonstanciés, ils rapportent des hauts faits accomplis par douze personnages que la Bible appelle juges ou parfois sauveurs. Il ne s'agit pas de juges au sens que nous attribuons à ce terme, puisqu'ils n'exercent pas la justice. Le mot hébreu est synonyme de chef, bien que leur autorité varie selon les cas. Quant au mot « sauveurs », il ne signifie pas que ces personnages sauvent Israël dans sa totalité ; ils libèrent simplement leur tribu d'un danger provenant d'un ennemi local, puis ils disparaissent de la scène. Par ailleurs, le chiffre douze possède une valeur symbolique ; il signifie que leur action concerne tous les Israélites sans exception, même si certains clans ne sont pas directement concernés par leurs prouesses.

Si les interventions se succèdent dans l'ouvrage, elles ne se succèdent pas dans le temps ; mises bout à bout, elles s'étaleraient sur plus de quatre cents ans, ce qui est impossible ! Cependant, même si elles sont minimes, les informations sur cette époque sont précieuses, car elles confirment ce que sous-entendait le livre de Josué : l'implantation en Canaan se révéla longue et difficile. À plusieurs reprises, l'existence des clans et des tribus fut menacée. Contrairement, en effet, à ce qu'avance le livre de Josué et à ce qu'aurait exigé la loi de l'anathème, les Cananéens, loin d'avoir été exterminés, restèrent fortement implantés derrière les remparts de leurs villes forteresses.

Les Juges, ou Sauveurs, furent en réalité des auteurs de coups de main d'importance variable. La tradition conserva le souvenir de leurs exploits, et le récit fut mis au service de l'enseignement religieux que voulait donner le livre. La « leçon » spirituelle de l'ouvrage comporte quatre étapes identiques pour chaque juge : Israël pèche en violant l'alliance ; Yahvé le châtie à l'aide d'un oppresseur ; Israël se repent de sa faute ; fidèle à son alliance, Dieu lui envoie un sauveur, un « juge », pour le libérer. Malheureusement, Israël pèche de nouveau et le cycle recommence comme une vis sans fin :

> Les enfants d'Israël firent ce qui est mal aux yeux de Yahvé et ils servirent les Baals. Ils délaissèrent Yahvé, le Dieu de leurs pères, qui les avait fait sortir du pays d'Égypte, et ils suivirent d'autres dieux parmi ceux des peuples d'alentour. Ils se prosternèrent devant eux, ils irritèrent Yahvé, ils délaissèrent Yahvé pour servir Baal et les Astartés. Alors la colère de Yahvé s'enflamma contre Israël. Il les abandonna à des pillards qui les dépouillèrent, il les livra aux ennemis. [...] Il les réduisit ainsi à une extrême détresse. Alors Yahvé leur suscita des Juges qui les sauvèrent de la main de ceux qui les pillaient. Mais même leurs

> juges, ils ne les écoutaient pas, ils se prostituèrent à d'autres dieux, et ils se prosternèrent devant eux. [...] Lorsque Yahvé leur suscitait des juges, Yahvé était avec le juge et il les sauvait de la main de leurs ennemis tant que vivait le juge, car Yahvé se laissait émouvoir par leurs gémissements devant leurs persécuteurs et leurs oppresseurs. Mais le juge mort, ils recommençaient à se pervertir encore plus que leurs pères... (2, 11-19).

Le temps des Juges aurait donc été, dans l'ensemble, une époque d'infidélités, excepté bien sûr les périodes auxquelles intervinrent ces héros. Ceux-ci auraient même été davantage que de simples libérateurs protégeant Israël de la juste colère de Yahvé. Mais cette théologie, si elle est rappelée de temps en temps, n'est pas toujours la motivation essentielle des exploits. En effet, dans ces récits épiques et populaires, voire légendaires, la foi en Yahvé des juges n'est pas forcément explicitée. Leurs mœurs sont parfois douteuses et même contraires aux exigences morales contenues dans la Loi. Ce décalage entre la réalité et la doctrine montre à l'évidence que ces récits, avant d'être intégrés dans le livre des Juges, existèrent pour eux-mêmes. Cependant, tels qu'ils sont relatés, ils soulignent avec force la responsabilité de l'homme dans une histoire qui reste conduite par Dieu. Nous nous limitons à quelques-uns de ces juges-sauveurs parmi les plus célèbres.

Débora

Après la présentation de trois juges dont l'action est peu développée (Otniel, Éhud, Shamgar), voici que les tribus du Nord sont menacées par Yabîn, le roi de Haçor (une ville pourtant détruite par Josué !), dont le chef des armées, Sisera, commande une troupe de neuf cents chars de fer. Une prophétesse du nom de Débora convoque un fils d'Israël, Baraq, et lui enjoint de rassembler les hommes des tribus de Zabulon et de Nephtali. Baraq est réticent devant cet ordre donné par une femme, et Débora accepte de l'accompagner sur le mont Tabor, où il réunit dix mille combattants. Sisera et ses chars attaquent. Mais Yahvé sème la panique dans ses rangs et les soldats ennemis sont décimés jusqu'au dernier. Sisera s'enfuit à pied et cherche refuge dans la tente de Héber le Qénite, un clan allié du roi de Haçor. La femme de ce Qénite, Yaël, accueille Sisera, le nourrit et le cache sous une couverture. La fin du récit est terrible :

Yaël prit un piquet de la tente, saisit un marteau dans sa main et, s'approchant de lui doucement, elle lui enfonça dans la tempe le piquet, qui se planta en terre. Il dormait, profondément épuisé de fatigue, et il mourut. Et voici que Baraq survint, poursuivant Sisera. Yaël sortit au-devant de lui : « Viens, lui dit-elle ; et je te ferai voir l'homme que tu cherches. » Il entra chez elle : Sisera gisait mort, le piquet dans la tête (4, 21-23).

Débora et Baraq entonnent alors un chant dans lequel nous pouvons entrevoir ce que fut la poésie d'Israël à ses débuts. En voici quelques extraits :

« Puisqu'en Israël des guerriers ont dénoué leur chevelure,
puisque le peuple s'est offert librement,
bénissez Yahvé !
Écoutez, rois ! Prêtez l'oreille, princes !
Moi, pour Yahvé, moi, je chanterai.
Je célébrerai Yahvé, Dieu d'Israël...
Les villages étaient morts en Israël,
ils étaient morts, jusqu'à ton lever, ô Débora,
jusqu'à ton lever, mère en Israël ! [...]
Zabulon est un peuple qui a bravé la mort,
ainsi que Nephtali, sur les hauteurs du pays.
Les rois sont venus, ils se sont rangés en bataille,
alors les rois de Canaan ont combattu
à Tanak, aux eaux de Megiddo,
mais ils n'ont pas ramassé d'argent en butin.
Du haut des cieux les étoiles ont combattu,
de leurs chemins, elles ont combattu Sisera...
Bénie entre les femmes soit Yaël,
entre les femmes qui habitent les tentes, bénie soit-elle !
Il demandait de l'eau, elle a donné du lait,
dans la coupe des nobles, elle a offert de la crème,
elle a tendu la main pour saisir le piquet,
la droite pour saisir le marteau des travailleurs.
Elle a frappé Sisera, elle lui a brisé la tête,
elle lui a percé et fracassé la tempe.
Entre ses pieds il s'est écroulé, il est tombé,

il s'est couché, à ses pieds il s'est écroulé,
il est tombé, il est tombé.
Où il s'est écroulé, là il est tombé, anéanti...
Ainsi périssent tous tes ennemis, Yahvé !
et ceux qui t'aiment, qu'ils soient comme le soleil
quand il se lève dans sa force ! (5, 1-31).

Il n'est sans doute pas anodin que, dans ce cas, le salut soit apporté par deux femmes, l'une qui est qualifiée de prophétesse, l'autre qui montre la bravoure d'un guerrier. En effet, les femmes jouent un rôle important dans l'histoire du peuple d'Israël. Les épouses des patriarches l'ont prouvé, d'autres vont le montrer, comme Ruth, Esther et Judith [9].

Gédéon et ses fils

L'ennemi qui accable cette fois Israël est Madiân, un peuple nomade venu du désert. Montés sur leurs chameaux, les innombrables Madianites ravagent le pays, emportant récoltes, bétail, laissant les Israélites dans le dénuement le plus total. Israël se plaint à son Dieu, qui lui répond par l'intermédiaire d'un prophète : vous ne m'avez pas écouté, vous avez préféré vous commettre avec les baals. Mais Dieu ne peut tolérer que son peuple soit harcelé. C'est alors qu'intervient Gédéon, le dernier fils de Yoash, membre du clan d'Abiézer, l'homme le plus pauvre de la tribu de Manassé. Un ange lui apparaît au lieu-dit Ophra, dans les collines situées à l'est de la plaine de Yizréel. Il lui déclare qu'il est le sauveur d'Israël et que Madiân ne peut résister à ses coups. Étant donné la simplicité de sa condition, le jeune homme ne croit pas à cette apparition, et moins encore à sa mission. Cependant, Yahvé lui prouve sa présence en embrasant un rocher sur lequel Gédéon a placé des offrandes, du pain sans levain et un chevreau. Yoash, son père, possède un autre autel mais consacré à Baal. La nuit, avec dix compagnons, Gédéon coupe le pieu sacré et, avec ce bois, pratique l'holocauste d'un veau gras en l'honneur de Yahvé.

---

9. Voir notamment cinquième partie : pour Ruth, chapitre 1, p. 576, pour Esther et Judith, chapitre 3, p. 636.

Mais Madiân vient encore piller la plaine de Yizréel. Ayant reçu le soutien du clan d'Abiézer, Gédéon convoque aussitôt les autres clans de Manassé : Asher, Zabulon et Nephtali. Il réclame un signe à Yahvé :

« Si vraiment tu veux délivrer Israël par ma main, comme tu l'as dit, voici que j'étends sur l'aire une toison de laine : s'il y a de la rosée seulement sur la toison et que le sol reste sec, alors je saurai que tu délivreras Israël par ma main, comme tu l'as dit. » Et il en fut ainsi. Gédéon se leva le lendemain de bon matin, il pressa la toison et, de la toison, il exprima la rosée, une pleine coupe d'eau. Gédéon dit encore à Dieu : « Ne t'irrite pas contre moi si je parle encore une fois. Permets que je fasse une dernière fois l'épreuve de la toison : qu'il n'y ait de sec que la seule toison et qu'il y ait de la rosée sur tout le sol. » Et Dieu fit ainsi en cette nuit-là. La toison seule resta sèche et il y eut de la rosée sur tout le sol (6, 36-40).

Gédéon s'apprête à attaquer le camp madianite. Mais Yahvé lui fait comprendre que son armée est trop nombreuse. La tribu risque de s'attribuer la victoire alors que Dieu ne peut qu'en être l'unique artisan. Lors d'une première sélection, Gédéon demande aux peureux de partir et se défait de vingt-deux mille hommes. Il en reste cependant dix mille, ce qui est encore trop selon Yahvé. Pour la seconde sélection, Gédéon recourt à une sorte de tirage au sort : il fait boire ses soldats à une rivière, écarte ceux qui s'agenouillent pour se désaltérer en utilisant leurs mains, et retient ceux qui se servent de leur langue en lapant à la manière d'un chien. Il divise les trois cents guerriers choisis en trois groupes et leur remet des cors et des cruches vides contenant des torches allumées. La nuit, lorsque la troupe arrive au camp de Madiân, Gédéon donne le signal ; les guerriers poussent le cri convenu : « Pour Yahvé et pour Gédéon ! » Les cors retentissent, les cruches sont brisées, les torches brandies dans l'obscurité. Saisis d'épouvante, les Madianites cherchent à s'échapper tandis que Yahvé les force à se massacrer entre eux. Gédéon poursuit les fuyards jusqu'au Jourdain, où il les extermine ainsi que leurs chefs, Oreb et Zéeb.

La victoire de Gédéon révèle de quelle manière Israël s'est acheminé vers la royauté, en découvrant l'avantage d'être dirigé par un chef. Mieux... un roi, mais un roi qui, par sa politique, montre que Yahvé est le véritable souverain d'Israël – une vérité qui devient encore plus évidente au retour de l'exil :

> Les gens d'Israël dirent de Gédéon : « Règne sur nous, toi, ton fils et ton petit-fils, puisque tu nous as sauvés de la main de Madiân. » Mais Gédéon leur répondit : « Ce n'est pas moi qui régnerai sur vous, ni mon fils non plus, car c'est Yahvé qui régnera sur vous » (8, 22-23).

La réponse est aussi belle que le héros est humble et fidèle à son Dieu. Celui qui portera le titre de roi ne sera que le prête-nom de Yahvé. Malheureusement, les monarques, même lorsqu'ils seront choisis par Yahvé, ne tiendront pas toujours compte de cette réalité. Le récit suivant préfigure ce qu'ils feront trop souvent en Juda ou en Samarie.

Une période de paix de quarante ans suit la défaite de Madiân. Gédéon meurt, laissant soixante-dix garçons qu'il a eus avec de nombreuses femmes et qui se comportent comme des princes.

Aussitôt après sa disparition, les Israélites cèdent aux cultes idolâtres. L'un des fils de Gédéon, Abimélek, refusant que le pouvoir soit partagé en soixante-dix parts, soudoie une bande de vauriens qui assassinent tous ses frères, à l'exception du cadet, Yotam, qui réussit à s'échapper. Rien ne s'oppose donc à ce que les anciens de la ville de Sichem, qu'il a ralliés à sa cause, le proclament roi. Mais, à peine est-il couronné que du haut du mont Garizim qui domine Sichem, Yotam adresse aux Sichémites une fable destinée à leur faire comprendre les dangers de la monarchie [10] :

> Un jour les arbres se mirent en chemin
> pour oindre un roi qui régnerait sur eux.
> Ils dirent à l'olivier : « Sois notre roi ! »
> L'olivier leur répondit :
> « Faudra-t-il que je renonce à mon huile,
> qui rend honneur aux dieux et aux hommes,
> pour aller me balancer au-dessus des arbres ? »
> Alors les arbres dirent au figuier :

10. Ce texte préfigure la littérature de Sagesse dans laquelle Israël a excellé plus tard (voir quatrième partie, chapitre 4, « Origine et développement du courant de sagesse », p. 538).

« Viens, toi, sois notre roi ! »
Le figuier leur répondit :
« Faudra-t-il que je renonce à ma douceur
et à mon excellent fruit,
pour aller me balancer au-dessus des arbres ? »
Les arbres dirent alors à la vigne :
« Viens, toi, sois notre roi ! »
La vigne leur répondit :
« Faudra-t-il que je renonce à mon vin,
qui réjouit les dieux et les hommes,
pour aller me balancer au-dessus des arbres ? »
Tous les arbres dirent alors au buisson d'épines :
« Viens, toi, sois notre roi ! »
Et le buisson d'épines répondit aux arbres :
« Si c'est de bonne foi que vous m'oignez pour régner sur vous,
venez vous abriter sous mon ombre.
Sinon un feu sortira du buisson d'épines
et il dévorera les cèdres du Liban ! » (9, 8-15).

Yotam critique sévèrement la royauté. Personne ne devrait accepter pareille fonction. Elle blesse comme les épines, dévore comme un feu ceux qui se placent sous son ombre. Effectivement, après trois ans de règne, Abimélek rencontre une opposition violente de la part d'ennemis, mais surtout de ses anciens alliés Sichémites. Car Yahvé a attisé ces discordes afin de le punir pour le crime perpétré contre ses propres frères. Le souverain est contraint de recourir à une répression de plus en plus violente afin de supprimer tous ses opposants. Mais un jour qu'il assiège une tour dans laquelle se sont réfugiés les habitants de la ville de Tébèç :

> Comme il s'approchait de la porte de la tour, une femme lui lança une meule sur la tête et lui brisa le crâne. Il appela aussitôt le jeune homme qui portait ses armes et lui dit : « Tire ton épée et tue-moi, pour qu'on ne dise pas de moi : "C'est une femme qui l'a tué." » Son écuyer le transperça et il mourut (9, 53-55).

Ainsi finissent les tyrans ! La leçon vaut pour tous les rois du monde, mais principalement pour ceux du royaume du Nord où se trouve Sichem, qui furent victimes à plusieurs reprises de sanglantes révolutions de palais.

Jephté (10, 6–12, 7)

Cet épisode se situe également au-delà du Jourdain, dans le pays de Galaad où s'est établie la tribu de Manassé, et qui jouxte le royaume d'Ammon. Depuis dix-huit ans, la région est régulièrement persécutée par les Ammonites, qui lancent des razzias contre les tribus de Benjamin, Juda et Éphraïm. Israël cherche un chef de guerre capable de vaincre cet ennemi exécré. Comme ce fut le cas lors des invasions précédentes, il en appelle à Yahvé. Mais Dieu, lassé de son inconstance, a perdu patience et laisse son peuple régler son sort lui-même ! Repentants, les Israélites suppriment les idoles étrangères et prient activement Yahvé, qui pardonne une fois de plus. Pour lutter contre les Ammonites, ils pensent à Jephté, Galaadite et brave guerrier. Mais cet homme a été écarté de toute responsabilité au sein de sa tribu, parce qu'il est le fils d'une prostituée. Les anciens vont néanmoins le chercher à Tob, où il s'est installé. Après une discussion serrée, il accepte sa mission, non sans avoir noté leur changement d'attitude à son égard.

Placé sous l'aile bienveillante de Yahvé, Jephté met les Ammonites en déroute. Malheureusement, il a fait auparavant un vœu imprudent : en cas de victoire, à son retour il sacrifierait en holocauste à Yahvé la première personne qui sortirait de sa maison et s'avancerait vers lui. Ce vœu attire sur lui un malheur épouvantable, dont la tradition a gardé un souvenir poignant. On y trouve un témoignage de la pratique des sacrifices humains, contre laquelle se sont élevés les prophètes Jérémie et Ézéchiel [11]. La dramatisation montre l'horreur que de tels sacrifices inspirent à Israël au retour de l'exil :

> Lorsque Jephté revint à Miçpé, voici que sa fille sortit à sa rencontre en dansant au son des tambourins. C'était son unique enfant. En dehors d'elle, il n'avait ni fils, ni fille. Dès qu'il l'eut aperçue, il déchira ses vêtements et s'écria : « Ah ! ma fille, vraiment tu m'accables ! Tu es de ceux qui font mon malheur ! Je me suis engagé, moi, devant Yahvé, et ne puis revenir en arrière. » Elle lui répondit : « Mon père, tu t'es engagé envers Yahvé, traite-moi selon le vœu que tu as prononcé, puisque Yahvé t'a accordé de te venger de tes ennemis, les Ammonites. »

11. Pour Jérémie, voir première partie, chapitre 4, « La cruche brisée », p. 116.

Puis elle dit à son père : « Que ceci me soit accordé ! Laissez-moi libre pendant deux mois. Je m'en irai errer sur les montagnes et, avec mes compagnes, je pleurerai ma virginité. » – « Va », lui dit-il, et il la laissa partir pour deux mois. Elle s'en alla donc, elle et ses compagnes, et elle pleura sa virginité sur les montagnes.

Les deux mois écoulés, elle revint vers son père et il accomplit sur elle le vœu qu'il avait prononcé. Elle n'avait pas connu d'homme. Et de là vient cette coutume en Israël : d'année en année les filles d'Israël s'en vont se lamenter quatre jours par an sur la fille de Jephté le Galaadit (11, 34-40).

Samson (13–16)

Avec les aventures du dernier juge, Samson, le combat se porte contre de nouveaux ennemis autrement plus puissants que les Amalécites ou les Madianites. Ce sont les Philistins, qui oppriment Israël depuis quarante ans. Cette nation, la dernière qui se soit installée dans la région [12], est formée d'une confédération de cinq villes : Gaza, Ashdod, Ascalon, Ekron et Gath. Samson va les affronter au cours d'escarmouches épiques, qui ne déstabiliseront pourtant pas ce peuple supérieurement armé. Saül sera tué avec ses fils au cours d'une bataille contre leur armée. David les soumettra, mais ne parviendra jamais à les assimiler [13].

Samson est l'archétype du héros populaire, robuste et sensuel, qui met sa force brutale au service de ses compatriotes, mais qui cède au charme féminin. Cependant, malgré ses défauts, ce personnage haut en couleur est un authentique élu de Dieu, comme l'illustre sa naissance. Car Yahvé le dote de cette force colossale qui lui permet de libérer son peuple. Les conteurs, pour vanter les exploits de leur champion, n'ont pas craint de faire appel à tous les ressorts utilisés dans les récits populaires : imagination, exagération, sexualité, suspens, rebondissements. Tous ces apports font de l'histoire de Samson la plus longue du livre des Juges.

---

12. Les Philistins se sont en effet implantés sur la côte de Canaan vers le XIIe siècle, après que les Égyptiens les eurent repoussés du delta du Nil (voir Prélude, p. 27).
13. Voir chapitre 2 : pour Saül, « Les morts tragiques de Saül et Jonathan », p. 389 ; pour David, entre autres, « David, roi à Jérusalem », p. 395.

Les parents de Samson, de la tribu de Dan, habitent la région de collines qui descend des montagnes de Judée jusqu'à la plaine côtière. Ces Israélites sont donc aux premières loges dans le combat qui oppose leur nation aux Philistins. Manoah, le père, n'a pas d'enfant car son épouse est stérile. Mais un jour, l'ange de Yahvé à l'aspect majestueux apparaît à cette femme. Il lui annonce qu'elle va concevoir un fils qui sera consacré à Yahvé dès sa naissance et qui commencera à libérer Israël des Philistins. Elle avertit son mari de cette nouvelle, et l'ange rend visite au couple. Manoah lui demande de quelle manière élever ce garçon. Il lui est répondu que son fils ne devra pas se raser la chevelure, il devra éviter le vin, les boissons fermentées et les aliments impurs [14]. Le maître de maison veut convier leur visiteur à un repas. Mais celui-ci décline l'invitation. Il lui conseille plutôt d'offrir un holocauste à Yahvé. Un chevreau est sacrifié :

> Comme la flamme montait, l'Ange de Yahvé monta dans cette flamme sous les yeux de Manoah et de sa femme et ils tombèrent la face contre terre (13, 20).

Manoah est épouvanté, parce qu'il est persuadé que Dieu fait périr ceux qui ont eu le malheur de le voir. Son épouse le rassure : Yahvé n'a pas l'intention de leur faire de mal, il se préoccupe avant tout de son peuple et les a choisis pour concevoir l'instrument du salut d'Israël. De fait, elle met au monde un garçon qu'elle nomme Samson et sur lequel descend bientôt l'Esprit de Dieu.

Devenu jeune homme, Samson se rend chez les Philistins et tombe amoureux d'une jeune Philistine. Par respect de la Loi, son père s'oppose à ce mariage qui lierait sa famille à des incirconcis. Mais son fils insiste : en réalité, Yahvé conduit l'affaire. Samson se rend chez la jeune femme. En chemin, il croise un lion qu'il déchiquette comme s'il s'agissait d'un simple chevreau. Après avoir parlé à sa promise, il rentre chez lui. À son retour en pays philistin, alors qu'il est décidé à l'épouser, il découvre qu'un essaim

---

14. Ce sont les comportements exigés de l'homme appelé *nazir*, c'est-à-dire « voué » à Dieu. Cette consécration avec les interdits qu'elle entraînait était primitivement un rite en vue de la guerre sainte. Elle était rarement donnée à vie.

d'abeilles a fait son miel dans la carcasse du fauve. Or, ce phénomène va le servir...

Un banquet de sept jours est donné en l'honneur du mariage. Les Philistins, voyant malgré tout en Samson un danger potentiel, lui adjoignent une « escorte » de trente jeunes hommes. Peu impressionné, l'Israélite leur propose une devinette : si ses gardes du corps parviennent à la résoudre avant la fin des festivités, il offrira à chacun de riches vêtements ; dans le cas contraire, ils devront s'acquitter du même présent :

> De celui qui mange est sorti ce qui se mange,
> et du fort est sorti le doux (14, 14).

Évidemment, les Philistins ne trouvent pas la clé de l'énigme. Trois jours après, ils menacent la jeune mariée de s'en prendre à sa famille si elle n'extorque pas la solution à Samson. Celui-ci résiste aux pleurs de sa femme, mais cède le sixième jour. Aussitôt, elle s'empresse de tout révéler aux trente jeunes Philistins : la douceur est au miel ce que la force est au lion.

Samson est furieux d'avoir été berné et de devoir remettre l'enjeu de son pari. Aussi, pour se procurer ces vêtements luxueux, il descend à Ashqelôn, une ville philistine. Il y tue trente jeunes gens dont il donne les dépouilles à ses vainqueurs, et retourne dans son pays.

Mais il aime toujours son épouse. Et, lorsqu'il revient chez elle, il apprend de la bouche de son beau-père qu'elle a été offerte à un Philistin. Le colosse prépare sa revanche. Il capture trois cents renards, les relie les uns aux autres par leurs queues et y fixe une torche. Il enflamme les torches et lâche les animaux dans les champs. Tout s'embrase : moissons, vignes et oliviers. Les Philistins réagissent en tuant sa femme et sa famille. Désormais, il n'a de cesse de se venger ; il leur inflige une défaite humiliante, que le conteur ne détaille pas, avant de se réfugier dans une grotte.

Les Philistins, décidés à répliquer, obligent les compatriotes de Samson à leur livrer le coupable. Celui-ci consent à être ficelé par deux cordes solides. Mais, dès qu'il se trouve en présence de ses ennemis, il est saisi par l'Esprit de Yahvé. Il brise ses liens aussi facilement que des brins de paille, saisit une mâchoire d'âne qui traîne près de lui et abat mille Philistins.

Après avoir séjourné à Gaza, Samson se rend dans la vallée de Soreq et tombe amoureux de Dalila qui, si elle n'est pas philistine, entretient de bonnes relations avec ce peuple. D'ailleurs, ils lui promettent mille cent sicles d'argent si elle parvient à lui extorquer le secret de sa force surnaturelle. Mais, à trois reprises, tandis qu'ils couchent ensemble, Samson l'oriente vers de fausses pistes :

> Je perdrais ma force si on me liait avec sept cordes d'arc fraîches. [...] si on me liait avec sept cordes neuves. [...] si tu tressais les sept tresses de ma chevelure avec la chaîne d'un tissu [...] (16, 6-14).

À chaque fois, Samson se défait de ces liens. Devant l'insistance de Dalila, il finit par révéler l'origine de sa robustesse :

> Dalila lui dit : « Comment peux-tu dire que tu m'aimes, alors que ton cœur n'est pas avec moi ? Voilà trois fois que tu te joues de moi et tu ne m'as pas fait connaître d'où vient que ta force est si grande. » Comme tous les jours elle le poussait à bout par ses instances et qu'elle le harcelait, il fut excédé à en mourir. Il lui ouvrit tout son cœur : « Le rasoir n'a jamais passé sur ma tête, lui dit-il, car je suis nazir de Dieu depuis le sein de ma mère. Si on me rasait, alors ma force se retirerait de moi, je perdrais ma vigueur et je deviendrais comme tous les hommes. » Dalila comprit alors qu'il lui avait ouvert tout son cœur, elle fit appeler les princes des Philistins et leur dit : « Venez cette fois, car il m'a ouvert tout son cœur. » Et les princes des Philistins vinrent chez elle, l'argent en main. Elle endormit Samson sur ses genoux, et elle appela un homme qui rasa les sept tresses de cheveux de sa tête. Alors il commença à perdre sa vigueur et sa force se retira de lui. Elle cria : « Les Philistins sur toi, Samson ! » S'éveillant de son sommeil il se dit : « J'en sortirai comme les autres fois et je me dégagerai. » Mais il ne savait pas que Yahvé s'était retiré de lui. Les Philistins se saisirent de lui, ils lui crevèrent les yeux et le firent descendre à Gaza. Ils l'enchaînèrent d'airain et il tournait la meule dans la prison (16, 15-22).

Samson croupit en prison pendant des mois. Mais ses geôliers ne se rendent pas compte que sa chevelure repousse. De temps en temps, il est exhibé dans le temple à l'occasion des fêtes de Dagôn, le dieu des Philistins. Il est contraint de jouer l'acrobate, comme un bateleur de foire :

> On fit venir Samson de la prison et il fit des jeux devant eux, puis on le plaça debout entre les colonnes. Samson dit alors au jeune garçon qui le menait

par la main : « Conduis-moi et fais-moi toucher les colonnes sur lesquelles repose l'édifice, que je m'y appuie. » Or l'édifice était rempli d'hommes et de femmes. Il y avait là tous les princes des Philistins et, sur la terrasse, environ trois mille hommes et femmes qui regardaient les jeux de Samson. Samson invoqua Yahvé et il s'écria : « Seigneur Yahvé, je t'en prie, souviens-toi de moi, donne-moi des forces encore cette fois, ô Dieu, et que d'un seul coup je me venge des Philistins pour mes deux yeux. » Et Samson tâta les deux colonnes du milieu sur lesquelles reposait l'édifice, il s'arc-bouta contre elles, contre l'une avec son bras droit, contre l'autre avec son bras gauche, et il s'écria : « Que je meure avec les Philistins ! » Il poussa de toutes ses forces et l'édifice s'écroula sur les princes et sur tout le peuple qui se trouvait là. Ceux qu'il fit mourir en mourant furent plus nombreux que ceux qu'il avait fait mourir pendant sa vie (16, 25-30).

Ainsi périt le dernier des juges, héros populaire dans la mémoire d'Israël. Mais ses exploits n'ont pas éliminé le péril mortel que constitue pour les Israélites l'implantation des Philistins sur la côte de Canaan. Ce danger oblige les tribus à se doter d'une nouvelle structure politique, la royauté. C'est cette évolution capitale que relatent les livres de Samuel et des Rois. Yahvé n'abandonne pas son peuple, il le conduit vers une nouvelle étape de son histoire.

2

Seconde période : naissance et mort de la royauté (1050-587)

Le livre des Juges s'achève sur une constatation désabusée qui résume bien la situation d'Israël à la fin de l'installation en Canaan :

> Les Israélites se dispersèrent alors pour regagner chacun sa tribu et son clan, et s'en retournèrent de là chacun dans son héritage.
>
> En ce temps-là il n'y avait pas de roi en Israël et chacun faisait ce qui lui semblait bon (21, 24-25).

Les tribus, revendiquant chacune son autonomie, se sont éparpillées. L'absence d'un pouvoir royal qui parviendrait à les unifier pour former un véritable peuple se fait cruellement sentir. Depuis le début de la conquête, ces tribus se sont contentées des liens très lâches d'une fédération juste capable de mobiliser des effectifs suffisants pour repousser un danger local. Mais au XIe siècle, Israël fait face à une menace autrement plus grave que celles dont les juges l'ont délivré : le peuple philistin. Samson vient déjà d'affronter ces adversaires redoutables. Mais ces épisodes n'ont été que des escarmouches impuissantes à détruire un ennemi qui sait se fédérer pour la guerre, car si les Philistins ne sont pas regroupés dans un royaume, leurs cinq cités s'unissent lors des campagnes militaires [1]. Après s'être installées le long de la plaine côtière de Canaan, leurs armées, grâce à leurs chars et leurs armes de fer, cherchent en effet à conquérir l'arrière-pays montagneux où, à la même époque, Israël multiplie ses implantations. Le choc est inévitable.

Face à ce péril d'un genre nouveau, le pouvoir charismatique d'un juge n'est plus suffisant. Pour résister, Israël doit, comme ses voisins Moab et Ammon, se doter d'un pouvoir central capable de rassembler les tribus. Ainsi, à partir de 1050, date à laquelle nous pouvons situer les premiers affrontements entre Philistins et Israélites, commence le processus d'instauration de la royauté. Deux personnages conduisent le mouvement : un homme charismatique, Samuel, qui peut être considéré comme le dernier et le plus grand des juges, et Saül, un homme de guerre. Mais la famille de ce dernier ne bénéficiera pas de l'hérédité de la charge. Après sa mort, survenue au cours d'un combat contre les Philistins en 1010, David installera définitivement la monarchie, qui subsistera jusqu'à la destruction de Jérusalem en 587.

Les livres de Samuel et des Rois

Les livres de Samuel [2] couvrent le ministère prophétique de Samuel, l'ascension et la déchéance de Saül et l'ensemble de la vie de David jusqu'à ses dernières années. La valeur historique des traditions qui y sont recueillies augmente à mesure que l'on progresse dans le temps : très anecdotiques en ce qui concerne Samuel et Saül, pour David elles peuvent déjà s'appuyer sur des documents rédigés par des scribes royaux. Néanmoins, même pour David, le rédacteur a étoffé la biographie de son héros à l'aide de récits souvent très prolixes, hérités de la tradition populaire. Parfois, il

---

1. Voir Prélude, p. 27.
2. Les livres de Samuel et des Rois ont été divisés chacun en deux parties par la traduction de la Septante, au IIIe siècle av. J. C., qui, par ailleurs, unit Samuel et Rois sous un seul titre : « Les Règnes. »

a disposé, pour le même événement, de plusieurs sources plus ou moins parallèles et difficiles à harmoniser.

Les deux livres des Rois s'ouvrent sur la succession de David, décrivent la splendeur du règne de Salomon, et principalement la construction du Temple. À partir du schisme de 931, ils présentent parallèlement l'histoire des deux royaumes et la succession des souverains jusqu'à la disparition de Samarie en 722, puis le destin de Juda jusqu'à la destruction de Jérusalem en 587 [3].

Pour mener à bien son travail, l'auteur de ces livres a utilisé des sources écrites. Bien qu'il en ait sûrement utilisé d'autres, il en mentionne certaines : les Annales des rois d'Israël (1 R 16, 26), les Annales des rois de Juda (1 R 14, 29). Salomon avait en effet créé une administration qui, comme toute administration, avait réuni et conservé des archives. Des scribes professionnels avaient établi la chronologie des monarques, consigné les exploits, les guerres, les constructions de monuments et de villes. En les combinant, le rédacteur a bâti une œuvre littéraire de grande valeur que les historiens grecs Hérodote et Thucydide n'auraient pas reniée. Ainsi, l'ordre des règnes à Samarie et Jérusalem est rapporté avec précision et intégré dans l'histoire des grands empires (Égypte, Assyrie, Babylone). Mais cet auteur a disposé aussi de traditions populaires dont il est plus difficile de mesurer l'historicité, par exemple celles qui se rapportent à la geste des prophètes Élie et Élisée [4].

Le but qu'ont recherché les concepteurs de cet ensemble littéraire – les livres de Samuel et des Rois – ne fut pas de reconstituer les événements dans leur matérialité, et encore moins d'entretenir la nostalgie du temps de la monarchie. Ils ont interprété le passé à la lumière de l'enseignement des

3. La seconde période de cette époque, de 750 à 587, a déjà été abordée dans la première partie de notre ouvrage, « Les prophètes annoncent la mort et la résurrection d'Israël » (voir p. 45). À partir de 750, en effet, l'Assyrie puis Babylone menacent Samarie et Juda, les prophètes mettent en garde ces deux royaumes contre le châtiment divin. Les écrits prophétiques permettent ainsi de suivre les événements de ces deux siècles, mais les livres des Rois les relatent d'une manière continue et directe, notamment la succession des souverains des deux royaumes.

4. Voir plus loin, « Deux grands serviteurs de Yahvé : Élie et Élisée », p. 419.

prophètes, et, à cette aune, le bilan est très négatif : les souverains avaient été, à leurs yeux, les principaux artisans de la catastrophe qui s'était abattue sur les Israélites. L'œuvre, dans son ensemble, a été vraisemblablement achevée après le retour de l'exil, alors que l'amertume, voire la colère, contre les rois était encore vive. De fait, dans ces ouvrages, aucun de ces rois n'est exempt de fautes graves dans sa fidélité à Yahvé. Seuls David et Salomon trouvent grâce auprès des auteurs, mais le jugement positif porté sur leur règne n'empêche pas de souligner les fautes morales de l'un et les compromissions idolâtriques de l'autre. Deux monarques de Juda, Ézéchias et Josias [5], sont également loués pour leur tentative de réforme, qu'ils n'ont cependant pas su mener à son terme. Malgré leur habileté politique, des souverains comme Jéroboam et Ozias, qui ont apporté une réelle prospérité économique à leur royaume, sont sévèrement condamnés [6]. Un ver rongeait l'arbre de la monarchie dès l'apparition des premiers bourgeons, et on peut même se demander si elle était voulue réellement par Dieu. Elle ne pouvait que pourrir et pourrir le peuple avec elle. Mais Israël ne pouvait pas mourir. D'ailleurs, les livres des Rois se terminent par un geste de faveur que le roi de Babylone accorde à son prisonnier, le roi de Juda Joiakîn...

L'instauration difficile de la royauté : Samuel et Saül (1040-1010) (premier livre de Samuel)

Le livre de Samuel [7] débute par l'annonce de la naissance de Samuel, l'un des personnages les plus importants de l'histoire d'Israël. La nation connaît alors la condition décrite à la fin du livre des Juges. Face à la menace philistine, les tribus sont incapables de s'unir. Cependant, l'unité

5. Voir première partie : pour Ézéchias, chapitre 2, « Sous le règne d'Ézéchias », p. 82 ; pour Josias, chapitre 3, p. 93.
6. Voir première partie, chapitre 1, p. 45.
7. Le premier livre de Samuel ne succède pas directement au livre des Juges dans les traductions qui ont suivi la Septante, comme la Bible de Jérusalem. La Septante a inséré ici le petit livre de Ruth (numéro 9) qui, dans la Bible hébraïque, est placé dans la troisième partie appelée les Écrits (voir cinquième partie, chapitre 1, p. 576).

perdue depuis l'installation en Canaan est symbolisée par l'arche d'alliance, le coffre qui a accompagné la marche pendant l'exode et dont il n'a plus été question depuis qu'elle a été portée en tête du cortège qui a traversé le Jourdain sous la conduite de Josué. A-t-elle trouvé place dans le sanctuaire de Silo ? C'est en tout cas dans cet ancien sanctuaire situé au centre d'Israël, à 18 km de Béthel et une trentaine de Jérusalem, qu'elle est vénérée quand commence le récit. Car voici que l'histoire, qui semblait s'être assoupie pendant l'époque des Juges, prend un nouvel élan. C'est aussi à Silo que se rencontrent Samuel et Saül, les deux protagonistes de cette étape décisive pour Israël.

Samuel, prophète et juge

Samuel est un « juge », c'est-à-dire un libérateur ; à l'occasion, il ira peut-être lui-même au combat. Il est aussi un voyant que l'on consulte pour connaître la conduite à tenir dans les grandes et petites affaires. Bien qu'il n'appartienne pas à la tribu de Lévi [8], il fait fonction de prêtre et offre des sacrifices. Il est également très proche de ces *nabis*, prophètes saisis à l'improviste par l'Esprit de Yahvé, qui les plonge dans des transes ponctuées de cris, de danses et de chants. Mais il est *nabi* surtout parce qu'en lui réside cet Esprit de Dieu dont il profère les oracles. Il inaugure la série de ces hommes qui interviendront auprès des rois, tels que Natân et Gad qui conseilleront David. C'est ainsi que Samuel interpelle Saül, d'abord pour lui révéler que Yahvé l'a désigné pour être le souverain de son peuple, ensuite pour lui donner l'onction royale. Mais il lui révèle aussi que Dieu a choisi David pour lui succéder...

Un récit édifiant narre la naissance merveilleuse de Samuel. Sa mère Anne est stérile, comme celle de Samson. Elle promet, si elle conçoit, d'offrir son enfant au service du Temple. Sa prière est exaucée. Respectant son serment, elle porte Samuel, dont le nom signifie « Dieu a entendu », auprès d'Éli, prêtre à Silo, sanctuaire alors très fréquenté. Éli est un homme

8. Voir première partie, chapitre 3, « Les prêtres », p. 100 ; deuxième partie, chapitre 2, « La libération de Moïse le libérateur », p. 220, et « La place du sacerdoce dans le peuple », p. 252.

de Dieu, mais ses deux fils, Hophni et Pinhas, sont des voyous, bien éloignés de la justice et de la foi qui animent leur père. Le récit de la vocation de Samuel est l'un des plus célèbres de cet ouvrage :

> Le jeune Samuel servait donc Yahvé en présence d'Éli ; en ce temps-là, il était rare que Yahvé parlât, les visions n'étaient pas fréquentes. Or, un jour, Éli était couché dans sa chambre – ses yeux commençaient de faiblir et il ne pouvait plus voir –, la lampe de Dieu n'était pas encore éteinte et Samuel était couché dans le sanctuaire de Yahvé, là où se trouvait l'arche de Dieu. Yahvé appela : « Samuel, Samuel ! » Il répondit : « Me voici ! » et il courut près d'Éli et dit : « Me voici, puisque tu m'as appelé. » – « Je ne t'ai pas appelé, dit Éli ; retourne te coucher. » Il alla se coucher. Yahvé recommença d'appeler : « Samuel, Samuel ! » Il se leva et alla près d'Éli et dit : « Me voici, puisque tu m'as appelé. » – « Je ne t'ai pas appelé, mon fils, dit Éli ; retourne te coucher. » Samuel ne connaissait pas encore Yahvé et la parole de Yahvé ne lui avait pas encore été révélée. Yahvé recommença d'appeler Samuel pour la troisième fois. Il se leva et alla auprès d'Éli et dit : « Me voici, puisque tu m'as appelé. » Alors Éli comprit que c'était Yahvé qui appelait l'enfant et il dit à Samuel : « Va te coucher et, si on t'appelle, tu diras : Parle, Yahvé, car ton serviteur écoute », et Samuel alla se coucher à sa place.
>
> Yahvé vint et se tint présent. Il appela comme les autres fois : « Samuel, Samuel ! » et Samuel répondit : « Parle, car ton serviteur écoute. » Yahvé dit à Samuel : « Je m'en vais faire en Israël une chose telle que les deux oreilles en tinteront à quiconque l'apprendra. En ce jour-là, j'accomplirai contre Éli tout ce que j'ai dit sur sa maison, du commencement à la fin. Tu lui annonceras que je condamne sa maison pour toujours ; parce qu'il a su que ses fils maudissaient Dieu et qu'il ne les a pas corrigés. C'est pourquoi – je le jure à la maison d'Éli – ni sacrifice ni offrande n'effaceront jamais la faute de la maison d'Éli. » Samuel reposa jusqu'au matin, puis il ouvrit les portes du temple de Yahvé. Samuel craignait de raconter la vision à Éli, mais Éli l'appela en disant : « Samuel, mon fils ! » et il répondit : « Me voici ! » Il demanda : « Quelle est la parole qu'il t'a dite ? Ne me cache rien ! Que Dieu te fasse ce mal et qu'il ajoute encore cet autre si tu me caches un mot de ce qu'il t'a dit. » Alors Samuel lui rapporta tout, il ne lui cacha rien. Éli dit : « Il est Yahvé ; qu'il fasse ce qui lui semble bon ! »
>
> Samuel grandit. Yahvé était avec lui et ne laissa rien tomber à terre de tout ce qu'il avait dit. Tout Israël sut, depuis Dan jusqu'à Bersabée, que Samuel était accrédité comme prophète de Yahvé (1 S 3, 1-20).

L'événement lamentable qui suit montre dans quel état de décrépitude se trouve alors Israël (4, 1–7, 17). Le sanctuaire de Silo abrite l'arche de Yahvé[9]. Lors d'une bataille contre les Philistins, les Israélites sont d'abord défaits. Ils décident alors de se rendre à Silo, d'y prendre l'arche et de la ramener à leur camp, certains que sa présence parmi eux leur permettra d'inverser le sort des armes. Les fils d'Éli font partie du cortège. Hélas ! les Philistins, malgré la crainte que leur inspire ce symbole du Dieu redoutable qui a jadis envoyé des plaies sur la grande Égypte, passent à l'attaque, s'emparent de l'arche et tuent trente mille soldats d'Israël, dont les fils d'Éli. À la nouvelle de ce désastre et de la disparition du meuble sacré, Éli chancelle, se brise le cou et meurt après un ministère de quarante ans.

Comble d'humiliation, les Philistins transportent l'arche dans le temple de leur dieu Dagôn, à Ashdod. Mais Yahvé renverse la statue de cette divinité païenne, qui se brise en morceaux ; il répand ensuite une maladie parmi les Ashdodites, qui se débarrassent aussitôt de l'arche. Celle-ci entame alors un périple : elle passe de Gat à Eqrôn, Gaza, Ashqelôn... Partout, elle provoque des ravages, accumule les calamités, entraîne la mort.

En désespoir de cause, les Philistins décident de restituer l'arche à Israël. Pour cela, ils attellent deux vaches sur un chariot et la conduisent jusqu'à Béth-Shémesh, une ville en territoire d'Israël située entre la mer et Jérusalem. Les habitants accueillent le convoi avec joie. Malheureusement, ils ne prennent pas les dispositions de pureté qui s'imposent quand on approche un symbole si sacré. Leur joie est de courte durée. Dieu les punit et l'arche, bien loin de les protéger, devient la cause de leurs misères. Ils cherchent alors à s'en débarrasser et la transfèrent à la cité proche de Qiryat-Yéarim, laquelle met un prêtre nommé Éléazar à son service – elle va y rester jusqu'à ce que David vienne la prendre[10].

Vingt années s'écoulent... À l'appel de Samuel, Israël se réunit au sanctuaire de Miçpa et promet de renoncer à tous les dieux étrangers (7, 5). Les Philistins, apprenant où se trouve leur ennemi, pensent l'écraser. Mais il est

---

9. Voir deuxième partie, « La construction de la Tente », p. 247.
10. Voir chapitre 3, « L'entrée de l'arche à Jérusalem », p. 396.

impossible de résister au peuple de Yahvé qui vient de renier son idolâtrie. Les Philistins sont vaincus.

Durant des années, Samuel « juge » Israël dans la paix, parcourant le pays de sanctuaire en sanctuaire. Hélas ! ce régime idéal ne peut durer : les fils de Samuel, Yoël l'aîné et Abiyya le cadet, qu'il institue juges, cèdent à la facilité des biens matériels et ne suivent pas la voie de leur père.

Samuel et Saül

Devant l'attitude de Yoël et Abiyya, les fils de Samuel, les anciens d'Israël viennent trouver le vieux prophète à Rama, où il réside, pour lui demander d'établir un roi capable de conduire Israël et de le juger (8, 4). Dans la situation menaçante que vit le peuple en raison de la fragilité de la fédération, la monarchie apparaît en effet comme nécessaire à la cohésion politique et religieuse. Yahvé est contrarié par cette requête qui semble signifier que son peuple le rejette.

Au moment de la rédaction, après le retour de l'exil, l'auteur a dressé son propre bilan de plusieurs siècles de royauté. Honnêtement, il montre des périodes d'ombre et de lumière. Mais, pour lui, la lumière n'a jamais été totalement pure, tandis que l'ombre s'est souvent épaissie et a laissé place aux ténèbres. Certes, il lui est difficile de déclarer que Yahvé n'a pas voulu la monarchie. Mais le choix divin était-il absolu ? Aussi place-t-il déjà dans la bouche de Samuel des paroles qui se terminent sur le silence définitif de Yahvé : celui de l'exil...

> Il dit : « Voici le droit du roi qui va régner sur vous. Il prendra vos fils et les affectera à sa charrerie et à ses chevaux et ils courront devant son char. Il les emploiera comme chefs de mille et comme chefs de cinquante ; il leur fera labourer son labour, moissonner sa moisson, fabriquer ses armes de guerre et les harnais de ses chars. Il prendra vos filles comme parfumeuses, cuisinières et boulangères. Il prendra vos champs, vos vignes et vos oliveraies les meilleures et les donnera à ses officiers. Sur vos cultures et vos vignes, il prélèvera la dîme et la donnera à ses eunuques et à ses officiers. Les meilleurs de vos serviteurs, de vos servantes et de vos bœufs, et vos ânes, il les prendra et les fera travailler pour lui. Il prélèvera la dîme sur vos troupeaux et vous-mêmes deviendrez ses esclaves. Ce jour-là, vous pousserez des cris à cause du

roi que vous vous serez choisi, mais Yahvé ne vous répondra pas, ce jour-là ! » (8, 4-18).

Mais le peuple insiste. Il veut un monarque, comme les autres peuples. Il convient donc avant tout de désigner celui qui sera à la hauteur de la tâche. Deux traditions différentes évoquent les circonstances de ce choix.

Selon la première (9–10, 16), populaire et pittoresque, Samuel a seul l'initiative. Rama, où il réside toujours, est dominée par un haut lieu sur lequel il officie en tant que « voyant ». Sa fonction consiste à répondre aux multiples interrogations qui préoccupent ceux qui le consultent. Un jour, un homme jeune et de belle stature, appartenant à la tribu de Benjamin, vient le voir pour s'enquérir des ânesses de son père qui se sont égarées. La veille, Samuel a reçu cette révélation de Yahvé :

> « Demain, à la même heure, je t'enverrai un homme du pays de Benjamin, et tu l'oindras comme chef de mon peuple Israël et il délivrera mon peuple de la main des Philistins » (9, 16).

Samuel accueille Saül, le tranquillise au sujet des animaux, qui ont été retrouvés, et lui offre un banquet sur le haut lieu. Saül s'étonne de tant de sollicitude alors qu'il fait partie de la plus petite des tribus d'Israël. Néanmoins, il accepte de passer la nuit à Rama. Le lendemain, à l'écart de tout regard indiscret pour que cette élection ne s'ébruite pas tout de suite (ce qui prépare la seconde tradition), Samuel verse sur sa tête une fiole d'huile en déclarant :

> Yahvé t'oint aujourd'hui comme chef de son peuple (10, 1).

Samuel tient à prouver à Saül par plusieurs indices que cette élection est réellement de nature divine. Ainsi lui prédit-il que, à l'entrée de Gibéa où le jeune homme habite, sa route croisera celle d'une bande de prophètes saisis par une transe sacrée et jouant des instruments de musique. En effet, Saül les rencontre et les rejoint dans leur transe : l'Esprit de Yahvé est désormais sur celui qui vient d'être oint ! Conformément à la prévision du « voyant », le Benjaminite devient un homme différent...

D'après la seconde tradition (10, 17-27), Saül est désigné par le sort. Malgré ses réticences à l'égard de la royauté, Samuel convoque le peuple d'Israël au sanctuaire de Miçpa et le répartit par tribus et par clans. De toutes les tribus, le sort désigne celle de Benjamin ; dans celle-ci le clan de Matri ; dans celui-ci Saül, fils de Qish. On découvre l'élu caché près des bagages :

> Il dépassait tout le peuple de la tête et des épaules (10, 23).

Saül est acclamé et Samuel présente au peuple « le droit du roi », qu'il écrit dans un livre exposé devant Yahvé. En réalité, les pouvoirs du souverain ne sont pas absolus, mais soumis au contrôle de Dieu, un contrôle qui sera exercé par les prophètes.

Au cours d'une première guerre, Saül attaque les Ammonites, dont le territoire s'étend de l'autre côté du Jourdain. Les Israélites de Galaad, qui vivent au milieu de ces ennemis, font appel à leurs compatriotes. Saül, qui continuait d'exercer son métier de paysan, convoque tous les hommes d'Israël. Ensemble, ils mettent les Ammonites en déroute.

Malgré ce premier succès, Samuel, selon l'auteur, n'a pas ratifié du fond du cœur le choix de la royauté par Israël. Il déclare une dernière fois :

> « Comprenez donc et voyez la grandeur du mal que vous avez commis aux yeux de Yahvé en demandant vous-mêmes un roi » (12, 17).

Pourtant, l'alliance demeure :

> « Si vous craignez Yahvé, si vous le servez, si vous écoutez sa voix, sans vous révolter contre ses ordres, si vous-mêmes et le roi qui règne sur vous, vous suivez Yahvé votre Dieu, c'est bien ! Mais si vous n'obéissez pas à Yahvé, si vous vous révoltez contre ses ordres, alors la main de Yahvé pèsera sur vous et sur votre roi » (12, 14-15).

Désormais, le roi et le peuple sont donc solidaires ; les fautes de l'un rejaillissent sur l'autre.

Les guerres de Saül

Les victoires de Saül sur les Philistins vont cependant prouver l'ambiguïté du choix de la monarchie. Le fils de Saül, Jonathan, tue un officier philistin. Aussitôt, l'armée ennemie se mobilise, le peuple d'Israël se rassemble autour de son nouveau roi au sanctuaire de Gilgal où l'on attend que Samuel offre l'holocauste. Ne le voyant pas venir, Saül prend l'initiative du sacrifice. Dès que Samuel arrive, cette usurpation suscite sa colère et sa malédiction :

> « Tu as agi comme un fou, tu n'as pas gardé le commandement de Yahvé. Yahvé voulait établir ta royauté pour toujours, mais elle ne tiendra pas. Il s'est cherché un homme selon son cœur » (13, 13-14).

Cet homme sera-t-il Jonathan ? On pourrait le croire, puisque Jonathan est l'artisan du succès contre les Philistins : confiant dans la puissance de Yahvé, accompagné seulement de son écuyer, il s'approche de l'avant-garde ennemie et massacre une vingtaine d'adversaires. Ce coup de main déclenche la terreur et la débandade dans le camp philistin. Les hommes de Saül n'ont alors qu'à parachever un triomphe amorcé sans eux (chapitre 14).

Saül commet alors une autre erreur : il demande à ses hommes de ne pas s'alimenter avant la victoire complète afin de montrer que seul Dieu insuffle la force qui permet de vaincre. Jonathan, qui est à la pointe du combat, n'a pas entendu cet interdit. Il mange un rayon de miel pour se sustenter. Saül l'apprend et veut punir son fils par la mort ; le peuple intercède en faveur de Jonathan et le sauve.

Mais Saül désobéit ensuite très gravement à un précepte de Yahvé. Samuel lui ordonne de venger un vieil affront que les Amalécites ont infligé à Israël lors de sa marche dans le désert vers Canaan [11] (chapitre 15). Il lui demande surtout de vouer à l'anathème gens et bétail, conformément à l'ordre de Yahvé. Or, Saül épargne le meilleur du troupeau ainsi que l'unique survivant de l'armée amalécite, Agag, le souverain. Saül tente de se justifier devant Samuel en prétextant que ces beaux animaux ont été épargnés en vue d'un holocauste en l'honneur de Yahvé. Samuel n'est pas dupe et prononce une violente malédiction contre le culte. Malédiction reprise par la plupart des prophètes :

> « Yahvé aime-t-il les holocaustes et les sacrifices autant que l'obéissance à sa parole ? Oui, l'obéissance vaut mieux que le sacrifice, la docilité que la graisse des béliers » (15, 22).

---

11. Voir deuxième partie, « Yahvé combat pour Israël », p. 237.

La condamnation contre Saül tombe :

> « Parce que tu as rejeté la parole de Yahvé, il t'a rejeté, tu n'es plus roi » (15, 23).

Sous les yeux de Saül, Samuel égorge de sa propre main le roi des Amalécites.

Saül, Jonathan et David

La condamnation qui frappe Saül est définitive ! Samuel est cependant loin de se réjouir du sort qui s'abat sur son protégé, avec lequel il vient de se brouiller à jamais. Celui qui fut l'intermédiaire de Dieu dans la désignation du premier roi d'Israël ne peut s'empêcher de céder à la tristesse et de pleurer Saül. Ses larmes sont tellement abondantes que Yahvé intervient. À quoi bon se répandre en sanglots ? N'est-ce pas Dieu qui vient de punir Saül ? Il lui demande d'oublier le passé et de remplir sa corne d'huile. Yahvé, en effet, vient de découvrir l'homme qui convient à la situation (15, 35–16, 1). Le processus de l'élection et de l'onction de David s'enclenche. De même que pour l'élection de Saül, plusieurs traditions ont été conservées.

Samuel oint David à Bethléem

Selon la première source, Yahvé envoie Samuel chez Jessé le Bethléémite. Car il a choisi son roi parmi les enfants de cet homme. Il invite Jessé et ses fils à un sacrifice :

> Lorsqu'ils arrivèrent et que Samuel aperçut Éliab, il se dit : « Sûrement, Yahvé a son oint devant lui ! » Mais Yahvé dit à Samuel : « Ne considère pas son apparence ni la hauteur de sa taille, car je l'ai écarté. Les vues de Dieu ne sont pas comme les vues de l'homme, car l'homme regarde à l'apparence, mais Yahvé regarde au cœur. » Jessé appela Abinadab et le fit passer devant Samuel, qui dit : « Ce n'est pas lui non plus que Yahvé a choisi. » Jessé fit passer Shamma, mais Samuel dit : « Ce n'est pas lui non plus que Yahvé a choisi. » Jessé fit ainsi passer ses sept fils devant Samuel, mais Samuel dit à Jessé : « Yahvé n'a choisi aucun de ceux-là. »
>
> Il demanda à Jessé : « En est-ce fini avec tes garçons ? » et celui-ci répondit : « Il reste encore le plus jeune, il est à garder le troupeau. » Alors Samuel dit

à Jessé : « Envoie-le chercher, car nous ne nous mettrons pas à table avant qu'il ne soit venu ici. » Jessé l'envoya chercher : il était roux, avec un beau regard et une belle tournure. Et Yahvé dit : « Va, donne-lui l'onction : c'est lui ! » Samuel prit la corne d'huile et l'oignit au milieu de ses frères. L'esprit de Yahvé fondit sur David à partir de ce jour-là et dans la suite. Quant à Samuel, il se mit en route et partit pour Rama (16, 1-13).

David musicien

Selon la deuxième tradition, Saül, privé de l'Esprit et hanté par un autre esprit mauvais, émanant également de Yahvé, demande à ses serviteurs de faire venir un musicien qui le distraira. L'un d'eux lui parle alors d'un fils de Jessé le Bethléémite. Il s'agit d'un musicien doué, un homme fort, joli garçon, bon combattant, beau parleur et qui bénéficie des attentions de Yahvé :

> Saül dépêcha donc des messagers à Jessé, avec cet ordre : « Envoie-moi ton fils David (qui est avec le troupeau). » Jessé prit cinq pains, une outre de vin, un chevreau et fit tout porter à Saül par son fils David.
>
> David arriva auprès de Saül et se mit à son service. Saül se prit d'une grande affection pour lui et David devint son écuyer. Saül envoya dire à Jessé : « Que David reste donc à mon service, car il a gagné ma bienveillance. » Ainsi, chaque fois que l'esprit de Dieu assaillait Saül, David prenait la cithare et il en jouait ; alors Saül se calmait, il allait mieux et le mauvais esprit s'écartait de lui (16, 14-23).

David tue Goliath (chapitre 17)

Le destin du jeune David est ici lié aux Philistins. Israël doit affronter ce peuple dans la vallée du Térébinthe. Mais, avant que les deux armées ne se précipitent l'une contre l'autre, un géant lourdement armé, mesurant six coudées et un empan, soit environ trois mètres, quitte les rangs philistins et se plante devant les Israélites. C'est Goliath, un champion originaire de Gat :

> « Choisissez-vous un homme et qu'il descende vers moi. S'il l'emporte en luttant avec moi et s'il m'abat, alors nous serons vos serviteurs, mais si je l'emporte sur lui et si je l'abats, alors vous deviendrez nos serviteurs et vous nous servirez » (8-9).

Un frisson de peur parcourt les lignes de l'armée d'Israël. Or, David est venu apporter des provisions à trois de ses frères qui vont combattre aux côtés de Saül, sur les consignes de son père, Jessé, qui désire prendre de leurs nouvelles. Lorsqu'il entend la bravade de Goliath, il confie à ceux qui l'entourent :

> « Qu'est-ce qu'on fera à celui qui abattra ce Philistin et qui écartera la honte d'Israël ? Qu'est-ce que ce Philistin incirconcis pour qu'il ait lancé un défi aux troupes du Dieu vivant ? » (26).

Sa réaction vient aux oreilles de Saül, qui le convoque. David propose alors d'affronter Goliath. Le roi lui fait remarquer qu'il n'est qu'un enfant : le Philistin, guerrier éprouvé, ne fera qu'une bouchée de lui. Pourtant, le fils de Jessé parvient à le convaincre et le monarque le revêt de sa tenue de soldat, d'un casque de bronze et d'une cuirasse :

> David prit son bâton en main, il se choisit dans le torrent cinq pierres bien lisses et les mit dans son sac de berger, sa giberne, puis, la fronde à la main, il marcha vers le Philistin. Le Philistin s'approcha de plus en plus près de David ; lorsqu'il le vit, il le méprisa car il était jeune – il était roux, avec une belle apparence. Le Philistin dit à David : « Suis-je un chien pour que tu viennes contre moi avec des bâtons ? » et le Philistin maudit David par ses dieux.
>
> Le Philistin dit à David : « Viens vers moi, que je donne ta chair aux oiseaux du ciel et aux bêtes des champs ! » Mais David répondit au Philistin : « Tu marches contre moi avec épée, lance et cimeterre, mais moi, je marche contre toi au nom de Yahvé Sabaot, le Dieu des troupes d'Israël que tu as défiées. Aujourd'hui, Yahvé te livrera en ma main, je t'abattrai, je te couperai la tête, je donnerai aujourd'hui même ton cadavre et les cadavres de l'armée philistine aux oiseaux du ciel et aux bêtes sauvages. »
>
> Dès que le Philistin s'avança et marcha au-devant de David, celui-ci sortit des lignes et courut à la rencontre du Philistin. Il mit la main dans son sac et en prit une pierre qu'il tira avec la fronde. Il atteignit le Philistin au front ; la pierre s'enfonça dans son front et il tomba la face contre terre. David courut et se tint debout sur le Philistin ; saisissant l'épée de celui-ci, il la tira du fourreau, il acheva le Philistin et, avec elle, il lui trancha la tête.
>
> Les Philistins, voyant que leur champion était mort, s'enfuirent. Les hommes d'Israël et de Juda se mirent en mouvement, poussèrent le cri de guerre

et poursuivirent les Philistins jusqu'aux approches de Gat et jusqu'aux portes d'Eqrôn (17, 40-52).

Dès que David est introduit à la cour, une amitié « très forte » le lie à Jonathan, le fils de Saül :

> Jonathan s'attacha à David et l'aima comme lui-même (18, 1).

Saül confie à David un détachement de soldats, qui fait merveille dans la lutte contre les Philistins. À son retour, les femmes lui font fête et chantent :

> Saül en a battu des milliers et David des myriades (18, 7).

Les errances de David

La jalousie s'installe alors dans le cœur du roi Saül et atteint rapidement son paroxysme. Le souverain cherche à transpercer David de sa lance, mais celui-ci esquive le coup fatal. David continue ensuite d'accumuler les victoires contre l'ennemi. Saül, toujours décidé à l'éliminer, feint de vouloir lui donner en mariage sa fille Mikal, qui s'est éprise du beau guerrier. En réalité, il n'en a pas l'intention, car il pose une condition impérative : pour prix de sa fiancée, David doit rapporter deux cents prépuces de Philistins, une épreuve dont il a bien entendu peu de chances de réchapper. Pourtant, le jeune homme remplit la part de son contrat et présente les trophées au souverain, qui, résigné, lui accorde la main de Mikal. Désormais, David a deux défenseurs à la cour : son ami Jonathan l'héritier et son épouse Mikal. L'un et l'autre vont être de précieux alliés. D'abord, Jonathan essaie de réconcilier son père et son ami :

> Que le roi ne pèche pas contre son serviteur David car ses hauts faits sont pour toi une excellente chose. Au péril de sa vie, il a battu le Philistin, et Yahvé a accompli une grande victoire pour tout Israël. Tu l'as vu et tu t'es réjoui. Pourquoi donc pécherais-tu en répandant le sang d'un innocent, en faisant mourir David sans motif ? (19, 4-5.)

Saül feint cette réconciliation, mais bientôt le mal s'empare à nouveau de lui. Pendant que David joue de la cithare devant lui, il tente encore de le clouer au mur avec sa lance. David évite l'arme et court se cacher. La nuit, le roi récidive en voulant assassiner son gendre dans son lit. Mikal aide alors David à fuir par la fenêtre, et parvient à apaiser la rage que sa trahison a suscitée chez son père.

Jonathan rejoint David dans sa cachette et les deux amis conviennent qu'il tentera une dernière fois de ramener Saül à la raison. Interrogé par Saül sur l'absence de David, Jonathan déclare que celui-ci procède à un sacrifice en famille, à Bethléem. Mais Saül n'est pas dupe. Sa colère monte et il manque de tuer son propre fils. Celui-ci avertit aussitôt David : la haine de son père ne s'est pas calmée. Et tous deux se séparent après s'être juré fidélité : Jonathan promet d'avertir David si Saül cherche à le tuer, David s'engage à ne pas porter la main sur la descendance de Jonathan [12].

Le livre de Samuel relate ensuite longuement la traque de Saül et les parades de David. La première étape conduit David et ses compagnons affamés dans le temple de Nob, à l'est de Jérusalem. Là, il demande à manger au prêtre Ahimélek qui lui tend du pain consacré :

> Car il n'y avait pas là d'autre pain que les pains d'oblation, ceux que l'on retire de la table de Yahvé pour y mettre du pain chaud, quand on le prend (21, 7).

Ahimélek offre à David l'épée de Goliath qu'il a suspendue dans le temple en ex-voto. Mais la présence de David est dénoncée. Saül fait venir le prêtre et ses assistants. Ahimélek a beau protester qu'il ignorait la disgrâce de David, le roi le fait exécuter avec sa famille et les autres prêtres, puis fait détruire le sanctuaire. Seul un fils d'Ahimélek, Ébyatar, s'échappe et avertit David du massacre : il deviendra son prêtre.

David quitte alors le territoire de la montagne de Judée, où les soldats de Saül risquent de le capturer. Il descend vers le sud, à la limite du pays philistin et du désert du Néguev :

12. Au retour de l'exil, chacun garde en effet le souvenir du grand David. Il est donc important de rappeler que ce souverain selon le cœur de Dieu n'a pas attenté à la vie de l'Oint de Yahvé. En revanche, Saül, sous la pression du mal qui l'habite désormais en permanence, va chercher à éliminer celui qui a pris place dans le dessein de Dieu.

> Ses frères et toute sa famille l'apprirent et descendirent l'y rejoindre. Tous les gens en détresse, tous ceux qui avaient des dettes, tous les mécontents se rassemblèrent autour de lui et il devint leur chef. Il y avait avec lui environ quatre cents hommes (22, 1-2).

Traqué par Saül, David est contraint de changer plusieurs fois de bivouac. Jonathan serait même venu le trouver dans l'un de ses repaires, à Horsha :

> Il encouragea David au nom de Dieu. Il lui dit : « Sois sans crainte, car la main de mon père Saül ne t'atteindra pas. C'est toi qui régneras sur Israël et moi je serai ton second ; mon père Saül lui-même le sait bien » (23, 17).

Mais des habitants de Ziph, ville située au sud d'Hébron, révèlent à Saül où se cache David, qui se sauve *in extremis* :

> Saül marchait d'un côté de la montagne ; David et ses hommes suivaient l'autre versant. David accélérait sa marche pour échapper à Saül. Celui-ci était sur le point d'atteindre et d'encercler David et ses hommes, quand un messager vint dire à Saül : « Viens vite, car les Philistins ont lancé un raid contre le pays. » Saül cessa donc de poursuivre David et marcha contre les Philistins (23, 26-28).

Par la suite, à deux reprises, sous des formes différentes mais pour souligner la fidélité de David à sa promesse de ne pas attenter à la vie de l'Oint de Yahvé, le livre de Samuel rapporte de quelle manière David épargne Saül alors que celui-ci se trouve à sa merci.

Le premier récit (24, 1-23) montre le roi dans une posture humiliante. Saül poursuit de nouveau David dans le Sud, près de Engaddi, au bord de la mer Morte. Il le serre même de très près, et David, avec quelques compagnons, est contraint de se cacher dans une grotte. Saül passe devant celle-ci, éprouve un besoin pressant et va s'accroupir à l'entrée, à portée de l'épée de David qui, approchant sans bruit, coupe un pan de son manteau. Le roi se relève et s'éloigne. Son gendre l'interpelle alors en lui montrant le morceau de son vêtement :

> « Tu vois que Yahvé t'avait livré entre mes mains, mais j'ai dit : je ne porterai pas la main sur l'Oint de Yahvé. Qu'il juge entre moi et toi » (24, 11).

Saül est bien obligé de reconnaître une telle magnanimité. Il doit en même temps se résigner à la réalité de l'élection de David :

> « Je le sais : tu seras le roi et la royauté sur Israël sera ferme entre tes mains. Jure-moi de ne pas faire disparaître le nom de ma famille » (24, 21).

David jure ! L'ouvrage mentionne alors incidemment la mort de Samuel et sa sépulture (25, 1).

Le second récit (26, 1-25) présente Saül dans une situation moins humiliante. Avec son armée, il pourchasse encore celui qu'il déteste. Une nuit, David et un compagnon, Abishaï, pénètrent dans son camp et se faufilent sous la tente où dort le souverain. Abishaï veut le transpercer avec la lance fichée à son chevet. David l'arrête dans son élan :

> « Il est interdit de porter la main sur l'Oint de Yahvé ; quand viendra l'heure de sa mort, Yahvé le frappera lui-même ou il mourra en combattant l'ennemi » (26, 9).

Ils s'emparent alors de l'arme et de la gourde d'eau et quittent le campement. Au matin, de loin, David interpelle Abner, l'aide de camp de Saül, et se moque de la manière dont il veille sur le monarque. Il ose même prévenir son persécuteur des mauvaises intentions de son entourage. Saül reconnaît son péché. David lui restitue sa lance en renouvelant son serment de ne pas attenter à sa vie. Une nouvelle fois, Saül exprime sa certitude de la réussite finale de David.

Par ces deux récits édifiants, l'auteur du livre souligne que David n'a pas conquis la royauté en versant le sang de Saül et de sa famille. Élu par Yahvé, alors que le cours des événements penchait irrésistiblement en sa faveur, David a choisi de se cacher dans le désert pour échapper à Saül, laissant à Dieu le choix des moyens et de l'heure pour sceller le destin des deux hommes. Mais ces textes laissent aussi entendre que David a mis à profit son séjour dans le Sud pour établir des contacts avec les membres de la tribu de Juda, dont le territoire jouxte le désert où il s'est réfugié : bientôt, ces contacts se révéleront fructueux.

Lors de cette errance, David s'est montré à la fois généreux et calculateur, comme l'indique un long passage situé entre les deux épisodes (25, 1-44).

La présence de David et de sa troupe n'est pas accueillie favorablement par tous les habitants du sud d'Israël. Pourtant, les compagnons de David ont bonne réputation, ils n'oppriment pas la population, d'une certaine façon ils la protègent contre des aventuriers moins délicats. En compensation, ils attendent quelque subsistance des riches propriétaires. Ils se rendent donc chez un nanti du pays dont le nom, Nabal, ne présage rien de bon puisqu'il signifie « vaurien » : effectivement, il renvoie les émissaires de David les mains vides. Celui-ci monte une expédition contre l'insolent. Mais la femme de Nabal, Abigayil, jolie et plus fine que son mari, vient à son insu au-devant de David avec des victuailles en abondance. Elle lui demande de pardonner à son époux, un imbécile, lui un homme de bien qui n'a jamais commis le mal et n'a jamais versé le sang. Qu'il épargne ce misérable et laisse la vengeance aux mains de Dieu. David la bénit de l'avoir détourné de ce meurtre. Il accepte les présents de la gracieuse Abigayil. Elle retourne affronter son idiot de mari, qu'elle trouve en train de banqueter avec des amis pour fêter la manière dont il a éconduit les envoyés de David. Le lendemain, quand il est dessoûlé, Abigayil lui révèle comment elle a traité avec David. Nabal s'étouffe de colère et meurt au bout de dix jours !

David apprend la nouvelle et envoie ses condoléances à la veuve en lui proposant de l'épouser, ce qu'elle accepte avec joie. Elle rejoint une première femme qui vivait avec lui dans son repaire, Ahinoam, originaire du Nord d'Israël, Mikal, la fille de Saül, ayant été donnée, dit-on, par son père à un autre homme appelé Palti. David ne s'est pas taché les mains de sang pour conquérir cette femme. Faudrait-il en conclure que c'est la fonction royale qui lui fera perdre tout sens moral devant la beauté incomparable de Bethsabée [13] ?

Les morts tragiques de Saül et de Jonathan

Tout en mettant l'accent sur les prouesses chevaleresques et la générosité de son héros, et surtout son obéissance aux dispositions de Celui qui conduit le destin de Saül et le sien au gré de sa volonté mystérieuse, le

13. Voir chapitre 3, « La faute et le châtiment », p. 398.

chroniqueur ne manque pas de relever l'ambiguïté de la situation dans laquelle se trouve David. La hargne haineuse de Saül l'oblige finalement à quitter son repaire pour chercher refuge... au pays des Philistins, les pires ennemis d'Israël, préfigurant ainsi les alliances que les rois concluront plus tard avec les Araméens, l'Égypte, l'Assyrie ou Babylone...

Avec ses hommes et leur famille, il parvient à Gat, où le roi Akish l'accueille et lui attribue une ville, Çiqlag. De là, David lance des razzias meurtrières vers le désert du Sud jusqu'à la frontière d'Égypte. Cependant, les Philistins décident d'attaquer Israël et Akish demande à David de lui servir de garde du corps dans la bataille.

Le souverain d'Israël, qui a massé ses troupes au mont Gelboé, près de la plaine de Yizréel, est pris d'épouvante à la vue de la puissance ennemie qui lui fait face, à Shumen. Samuel est mort, Yahvé reste muet, aussi décide-t-il de recourir à une nécromancienne qui pratique près de ses quartiers, à En-dor, au pied du mont Tabor, afin qu'elle interroge Samuel sur la conduite à tenir. Saül n'a donc pas expulsé tous les nécromanciens et les devins, bien que la Loi juive condamne particulièrement la consultation des morts. Quoi qu'il en soit, elle voit un spectre monter de terre, sous l'aspect d'un vieillard drapé dans un manteau. C'est Samuel ! Il répète la malédiction portée contre Saül :

> « Yahvé a arraché de ta main la royauté et l'a donnée à David parce que tu n'as pas satisfait l'ardeur de sa colère contre Amaleq » (28, 17).

La victoire sur les Amalécites fut l'occasion de la première désobéissance de Saül aux ordres de Yahvé [14]. Samuel ajoute :

> « Demain, toi et Israël vous partagerez la mort avec moi » (28, 19).

Le lendemain, les deux camps se rangent pour le combat. Comme prévu, David protège son suzerain avec ses hommes. Mais les princes philistins le reconnaissent et exigent qu'Akish renvoie cet Israélite qui risque de tourner ses armes contre eux. À regret, en raison de la fidélité irréprochable que

---

14. Voir plus haut, « Les guerres de Saül », p. 380.

David lui a toujours manifestée, Akish doit se séparer de son garde du corps. Son protégé exprime également un regret : ne pouvoir combattre avec les adversaires de Saül. Mais que serait-il arrivé si, dans la furie de la lutte, David avait porté la main sur l'Oint de Yahvé ? La méfiance des Philistins lui épargne ce crime. David s'éloigne du champ de bataille : ainsi ne pourra-t-on l'accuser de la mort de Saül.

Il rejoint sa ville de Çiqlag, qu'il découvre dévastée et incendiée, vidée de ses habitants emmenés en captivité, dont ses deux femmes, Ahinoam et Abigayil. Le prêtre Ébyatar consulte Yahvé, qui encourage David à poursuivre ces ennemis qui sont précisément ces Amalécites que Saül a ménagés autrefois pour son malheur. David fond avec rage contre leur camp, où l'on fait la fête après le pillage. Il massacre ceux qui ne peuvent s'enfuir, récupère ses épouses et les familles de ses soldats, partage le butin avec ces derniers, mais aussi avec les habitants des villes de Juda. Pour David, cette générosité est un acte politique habile : bientôt ces villes seront pour lui des alliées sûres. Ainsi se termine l'histoire de ce peuple nomade plus ou moins légendaire, les Amalécites, que Moïse n'avait pu vaincre totalement [15]. Pendant ce temps, à l'autre bout du pays, la vie du premier roi d'Israël s'achève dans le drame :

> Les Philistins combattaient contre Israël. Les Israélites s'enfuirent devant les Philistins. Des victimes tombèrent sur le mont Gelboé. Les Philistins serrèrent de près Saül et ses fils. Les Philistins frappèrent Jonathan, Abinadab et Malki-Shua, les fils de Saül. Le poids du combat se porta sur Saül. Les tireurs, hommes armés d'un arc, le surprirent et il trembla fort à la vue des tireurs. Alors Saül dit à son écuyer : « Tire ton épée et transperce-moi, de peur que ces incirconcis ne viennent et ne se jouent de moi. » Mais son écuyer ne voulut pas, car il était rempli d'effroi. Alors Saül prit son épée et se jeta sur elle. Voyant que Saül était mort, l'écuyer se jeta lui aussi sur son épée et mourut avec lui. Saül mourut ainsi que ses trois fils, son écuyer et aussi tous ses hommes, ce jour-là, tous ensemble (31, 1-6).

15. Voir deuxième partie, chapitre 2, « Yahvé combat pour Israël », p. 237.

Le lendemain, les Philistins, venus pour détrousser les morts, trouvent Saül et trois de ses quatre fils, dont Jonathan, qui gisent sur le mont Gelboé. Ils dépouillent Saül de ses armes et lui tranchent la tête, qu'ils font porter à la ronde dans le pays philistin. Cette parade macabre a un but :

> annoncer la bonne nouvelle dans la maison de leurs idoles et à leur temple. Ils déposèrent ses armes dans le temple ; quant à son corps, ils l'attachèrent au rempart de Bet-Shân (31, 8-13).

Ici débute le second livre de Samuel. David est dans son repaire de Çiqlag. Un messager vient lui annoncer le désastre et le décès de Saül et de ses fils. Croyant lui complaire, ce messager, qui se trouve être l'un des Amalécites abhorrés, se vante d'avoir tué lui-même Saül. Il a ramassé à terre la couronne du souverain et l'apporte à David. Celui-ci le fait aussitôt abattre. Le futur roi ne doit avoir participé de quelque manière que ce soit à la mort de Saül.

David peut alors entonner une complainte sur Saül et Jonathan :

> Montagnes de Gelboé,
> ni rosée ni pluie sur vous,
> campagnes traîtresses,
> puisque y fut déshonoré le bouclier des héros !
> Le bouclier de Saül n'était pas oint d'huile,
> mais du sang des blessés, de la graisse des guerriers ;
> l'arc de Jonathan jamais ne recula,
> ni l'épée de Saül ne revint inutile.
> Saül et Jonathan, aimés et charmants,
> dans la vie et dans la mort ne furent pas séparés.
> Plus que les aigles ils étaient rapides,
> plus que les lions ils étaient forts.
> Filles d'Israël, pleurez sur Saül,
> qui vous revêtait d'écarlate et de lin fin,
> qui accrochait des joyaux d'or
> à vos vêtements.
> Comment sont tombés les héros
> au milieu du combat ?
> Jonathan, par ta mort je suis navré,

j'ai le cœur serré à cause de toi, mon frère Jonathan.
Tu m'étais délicieusement cher,
ton amitié m'était plus merveilleuse
que l'amour des femmes.
Comment sont tombés les héros,
ont péri les armes de guerre ? » (2 S 1, 21-27).

Ce poème conclut l'histoire tragique de Saül et de ses enfants. Nulle part ailleurs dans la Bible ne s'exprime avec autant d'émotion la douleur devant la disparition d'un être aimé. David aimait-il Saül qui le persécuta ? En tout cas, aucun soupçon ne porta sur un quelconque complot que David aurait pu fomenter. Mais l'amour qu'il porta à Jonathan reste l'un des exemples les plus célèbres de la forte amitié qui peut exister entre des hommes que le cœur unit et que la raison d'État sépare. Cette amitié apporte un peu de chaleur à ce récit sur lequel pèse la folie de Saül appelé à assumer un destin qui le dépasse. Elle est aussi un pont entre deux époques.

Le temps de la splendeur : David et Salomon (1010-931)

L'histoire proprement dite d'Israël commence avec David et Salomon. Le règne de David peut être daté de 1010 à 970, celui de Salomon de 970 à 931. Ces années sont une période de prospérité pour Israël, qui connaît alors sa plus grande extension territoriale. Mais les livres des Rois portent pourtant un jugement critique sur ces quelque quatre-vingts ans. Et même sur David, que l'auteur des livres de Samuel appelle cependant le « serviteur de Yahvé ».

David, le serviteur de Yahvé

David, roi à Hébron (2 S 2–4)

Après la mort de Saül, David quitte son repaire de Çiqlag, en bordure du désert, et se rend avec sa famille et sa troupe au cœur du territoire de la tribu de Juda dont il fait partie, et avec laquelle il a tissé des liens quand il se cachait dans le désert[16]. Il s'installe dans la vieille cité d'Hébron, à environ quarante kilomètres au sud-ouest de Jérusalem. Là, les Judéens viennent l'oindre en tant que roi, et David règne sept ans depuis cette cité (2 S 2, 1-4).

Mais le second livre de Samuel, qui s'est ouvert sur le décès de Saül, ne dit rien de ses activités. À vrai dire, David semble rester passif devant les rivalités qui divisent les derniers membres de la dynastie de Saül. Le chroniqueur révèle seulement que le souverain n'y prend pas part et que, par conséquent, il n'a pas sur les mains de sang de la famille royale anéantie à Gelboé.

Cependant, Ishbaal est le seul des quatre fils de Saül qui ait réchappé au massacre lors de la bataille contre les Philistins. Au moment de la défaite, Abner, le chef de l'armée royale, a en effet réussi à le faire passer de l'autre côté du Jourdain et l'a institué roi de la Transjordanie et du nord d'Israël. En même temps, David établissait son autorité sur le Sud. Ainsi se profile le schisme qui déchirera le royaume de Salomon vers 931 !

Les deux territoires s'affrontent. Mais David est absent du combat, qui n'engage en réalité que les commandants des deux armées : Abner pour Ishbaal, Joab pour David. Lors de la bataille de Gabaôn, qui voit la défaite des Israélites du Nord, Abner tue en combat singulier Asahel, le frère de Joab. Même si, devant ces déchirements fratricides, les deux chefs se réconcilient, la guerre entre les deux pays frères se prolonge.

Tandis que le royaume du Sud se fortifie autour de David et de sa famille, le Nord est miné par un conflit de palais opposant Abner et Ishbaal à propos d'une femme. Abner trahit Ishbaal et propose à David de lui livrer le royaume. Au cours des tractations, David réussit à récupérer Mikal, sa première femme, la fille de Saül. Mais Joab poignarde Abner à l'insu de David. Celui-ci, une fois de plus, peut protester de son innocence à l'égard de la famille de Saül. Deux chefs de bande, pour s'attirer les faveurs de David, lui apportent la tête d'Ishbaal à Hébron. Afin de prouver qu'il n'est en rien responsable de la disparition du fils de Saül, David fait exécuter les

16. Voir plus haut, p. 385.

deux coupables. De la famille de Saül ne reste désormais qu'un enfant de Jonathan, Meribbaal [17], un jeune garçon estropié que le roi accueille dans sa maison et qu'il entoure de soins et d'affection.

David, roi à Jérusalem (chapitre 5)

Après la disparition totale de la dynastie de Saül, les tribus du Nord viennent à leur tour demander à David de devenir leur roi. Décidé à montrer qu'il entend régner sur l'ensemble des tribus d'Israël, il quitte Hébron et choisit habilement d'installer sa capitale à Jérusalem, une ville que détiennent encore les Jébuséens, des Cananéens [18]. Il s'empare lui-même, avec ses fidèles, de cette citadelle et y transporte ses multiples femmes et enfants. Les Philistins, inquiets de la puissance grandissante d'Israël, l'attaquent, mais David, après avoir consulté Yahvé, les bat à deux reprises et les poursuit jusqu'à la frontière.

Le livre de Samuel ne s'attarde pas beaucoup sur les guerres de David. À peine mentionne-t-il la conquête de Moab et d'Édom, et même celle des royaumes araméens dans le nord du pays jusqu'à Damas, qui paie tribut à David, du moins pendant un certain temps. Sans doute utilisa-t-il des chars pour cette conquête. Le royaume d'Israël connaît ainsi l'extension qui répond aux frontières idéales de la terre de la promesse, « de Bersabée à Dan, de la Mer occidentale au désert oriental ». Mais pour autant, même si David n'a pas les mains souillées du sang de la famille de Saül, le jugement porté sur ce monarque n'est pas exempt de reproches. L'auteur du livre de Samuel dresse le bilan du règne de David à la lumière de la théologie du Deutéronome qui, au retour de l'exil, a servi à juger toute l'histoire du peuple. Comme Israël, il a été élu et il est entré dans la terre que Dieu lui avait destinée. Puis il a bénéficié lui aussi d'une alliance et d'une promesse personnelle. Mais, à l'image du peuple, il a commis une faute grave (un adultère). Dieu l'a puni et il s'est repenti. Mais Yahvé n'a pas rompu l'alliance conclue et il a renouvelé l'assurance que l'un des descendants du

17. Ou Maphibaal, ou Mephiboshet.
18. Les fouilles ont montré qu'elle remontait au début du IIIe millénaire av. J. C.

roi siégerait toujours sur le trône de Jérusalem. La composition de ce schéma théologique explique que la Bible s'étende sur le début et la fin de ce règne et donne peu de renseignements sur l'activité proprement monarchique de David. Comme Israël, il est avant tout l'élu de Dieu et le serviteur de son dessein, malgré ses fautes.

L'entrée de l'arche à Jérusalem (chapitre 6)

L'arche de Yahvé, celle qui accompagna Israël durant l'Exode, a été abandonnée dans la ville de Qiryat-Yéarim après avoir été rendue par les Philistins [19]. David décide d'aller l'y chercher :

> David et toute la maison d'Israël dansaient devant Yahvé de toutes leurs forces en chantant au son des cithares, des harpes, des tambourins, des sistres et des cymbales (6, 5).

La première étape du voyage est plutôt de présage funeste, puisque l'un des accompagnateurs meurt parce qu'il a voulu toucher le meuble sacré. La deuxième, au contraire, est bénéfique, puisque Yahvé bénit la famille chez laquelle l'arche repose durant trois mois. Enfin, la troisième l'amène jusqu'à la capitale. L'atmosphère est à la liesse. David donne l'exemple :

> David dansait en tournoyant de toutes ses forces devant Yahvé et il avait ceint un pagne de lin (6, 14).

David introduit l'arche dans la tente qu'il a fait dresser pour elle près de son palais. Il y offre des holocaustes et des sacrifices de communion qu'il partage avec le peuple. Mais en même temps se déroule un drame qui clôt définitivement l'ère de Saül. Pendant que David dansait devant l'arche, son épouse Mikal, la fille de Saül, le regardait par la fenêtre. En le voyant sauter et tournoyer nu devant l'arche, elle l'a méprisé. À son retour, elle lui dit ironiquement :

> « Comme il s'est fait honneur aujourd'hui, le roi d'Israël, qui s'est découvert au regard des servantes, de ses serviteurs comme se découvrirait un homme de rien » (6, 20).

19. Voir chapitre précédent, « Samuel, prophète et juge », p. 375.

David proteste :

« Je danserai devant Yahvé et je m'abaisserai encore davantage. Je serai vil à tes yeux, mais auprès des servantes je serai en honneur » (6, 22).

La stérilité frappe Mikal : Saül n'aura pas de descendance ! Yahvé a accompli sa sentence. La dynastie de David, en revanche, se perpétue, comme le montre le récit qui suit.

L'alliance de Yahvé avec David et sa dynastie (chapitre 7)

Un jour, après qu'il a bâti son palais, David confie au prophète Natân un projet qu'il a conçu. Natân est en quelque sorte le prophète officiel de sa cour, comme il en existera auprès du roi dans les royaumes de Samarie et de Juda [20] :

« Vois ! J'habite une maison de cèdre et l'arche de Dieu habite sous la tente ! » (7, 2).

À cette proposition discrète de bâtir à Jérusalem un temple qui lui serait dédié, Yahvé répond par un oracle qui institue David en médiateur de l'alliance qui fut conclue autrefois. Depuis qu'il a conduit son peuple d'Égypte, Dieu réside sous une toile, car personne ne lui a proposé de lui construire un sanctuaire digne de ce nom. Il s'adresse à Natân, auquel il demande de rapporter ses propos à David, son serviteur :

« C'est moi qui t'ai pris au pâturage, derrière les brebis, pour être chef de mon peuple Israël. J'ai été avec toi partout où tu allais, j'ai supprimé devant toi tous tes ennemis. Je te donnerai un grand nom comme le nom des plus grands sur la terre. Je fixerai un lieu à mon peuple Israël, je l'y planterai, il demeurera en cette place, il ne sera plus ballotté et les méchants ne continueront pas à l'opprimer comme auparavant, depuis le temps où j'instituais des juges sur mon peuple Israël ; je te débarrasserai de tous tes ennemis. Yahvé t'annonce qu'il te fera une maison. Et quand tes jours seront accomplis et que tu seras couché avec tes pères, je maintiendrai après toi le lignage issu de tes entrailles et j'affermirai sa royauté. C'est lui qui construira une maison pour mon nom

20. Voir explication sur les prophètes, p. 33.

> et j'affermirai pour toujours son trône royal. Je serai pour lui un père et il sera pour moi un fils : s'il commet le mal, je le châtierai avec une verge d'homme et par les coups que donnent les humains. Mais ma faveur ne lui sera pas retirée comme je l'ai retirée à Saül, que j'ai écarté de devant toi. Ta maison et ta royauté subsisteront à jamais devant moi, ton trône sera affermi à jamais » (7, 5-16).

Le sens de cet oracle, certainement très ancien, est évident : ce n'est pas David qui va élever une demeure (le Temple) à Yahvé, mais Yahvé qui va bâtir une maison (une dynastie) pour David. Cette dynastie apparaît ainsi comme le garant de l'engagement indéfectible de Yahvé à l'égard d'Israël. Certes, de même qu'Israël a été châtié pour ses fautes, la dynastie davidique sera punie pour les siennes, et les événements futurs vont le montrer à plusieurs reprises. Mais l'alliance ne fera défaut ni à l'un ni à l'autre. Aux pires heures de son histoire, Israël, se fondant sur cet oracle, continuera d'espérer en la venue d'un descendant de David venu le sauver. L'Oint de Yahvé par excellence. Le Messie[21] !

La faute et le châtiment (chapitre 11)

Voici la deuxième étape de l'histoire de David, qui montre le parallélisme de la vie du roi et de celle de son peuple. Pendant que Moïse recevait les tables de l'alliance sur le Sinaï[22], Israël reniait son Dieu en adorant le veau d'or. De même, aussitôt après avoir reçu l'assurance de la pérennité de sa dynastie grâce à la protection divine, David répond à cette faveur par l'adultère et le meurtre. L'occasion de la faute est la guerre contre Ammon. Les Philistins sont pour le moment assoupis, mais, de l'autre côté du Jourdain, un petit royaume traditionnellement ennemi, Ammon, nargue Israël. À l'occasion de l'avènement d'un nouveau roi, Hanûn, David envoie une ambassade à la capitale, Rabba (l'actuelle Amman, en Jordanie), afin de lui présenter ses condoléances puisqu'il succède à son père qui vient de mourir. Mais l'entourage du souverain ammonite soupçonne que cette ambassade vient espionner. Les ambassadeurs sont appréhendés ou ridi-

21. Voir première partie, chapitre 2, « L'annonce de la naissance de l'Emmanuel », p. 77.
22. Voir deuxième partie, chapitre 2, « L'alliance sur le Sinaï », p. 242.

culisés ; on leur coupe la moitié de la barbe et les vêtements jusqu'aux fesses.

Afin de se prémunir contre la colère prévisible de David, Ammon appelle à l'aide de petits royaumes araméens situés au nord de la Transjordanie. Menacée d'encerclement, l'armée israélite, commandée par le général de David, Joab, triomphe facilement de la coalition. Une seconde ligue plus importante est défaite devant Hélam, une cité galaadite. Mais cette fois la victoire revient à David en personne, ce qui lui permet d'accentuer sa suzeraineté sur les royaumes araméens qui s'étendent jusqu'à Damas. Il reste à prendre Rabba, la capitale ammonite. C'est le but d'une troisième campagne. Cependant, David, au lieu de marcher à la tête de l'armée d'Israël, comme c'est le devoir du souverain, confie cette tâche à Joab et reste dans son palais de Jérusalem. Il commet alors une faute qui, depuis, ternit son prestige...

Un soir, David quitte son lit et va se promener sur la terrasse, lorsqu'il aperçoit une superbe femme en train de se baigner :

> David fit prendre des informations sur cette femme, et on répondit : « Mais c'est Bethsabée, fille d'Éliam et femme d'Urie le Hittite ! » Alors David envoya des émissaires et la fit chercher. Elle vint chez lui et il coucha avec elle, alors qu'elle venait de se purifier de ses règles. Puis elle retourna dans sa maison. La femme conçut et elle envoya dire à David : « Je suis enceinte ! »
>
> Alors David expédia un message à Joab : « Envoie-moi Urie le Hittite », et Joab envoya Urie à David. Lorsque Urie fut arrivé auprès de lui, David demanda comment allaient Joab et l'armée et la guerre. Puis David dit à Urie : « Descends à ta maison et lave-toi les pieds. » Urie sortit du palais, suivi d'un présent de la table royale. Mais Urie coucha à la porte du palais avec tous les gardes de son maître et ne descendit pas à sa maison.
>
> On en informa David : « Urie, lui dit-on, n'est pas descendu à sa maison. » David demanda à Urie : « N'arrives-tu pas de voyage ? Pourquoi n'es-tu pas descendu à ta maison ? » Urie répondit à David : « L'arche, Israël et Juda logent sous les huttes, mon maître Joab et la garde de Monseigneur campent en rase campagne, et moi j'irais à ma maison pour manger et boire et coucher avec ma femme ! Aussi vrai que Yahvé est vivant et que tu vis toi-même, je ne ferai pas une chose pareille ! » Alors David dit à Urie : « Reste encore aujourd'hui ici, et demain je te donnerai congé. » Urie resta donc à Jérusalem ce jour-là. Le

lendemain, David l'invita à manger et à boire en sa présence et il l'enivra. Le soir, Urie sortit et s'étendit sur sa couche avec les gardes de son maître, mais il ne descendit pas à sa maison.

Le matin suivant, David écrivit une lettre à Joab et la fit porter par Urie. Il écrivait dans la lettre : « Mettez Urie au plus fort de la mêlée et reculez derrière lui : qu'il soit frappé et qu'il meure. » Joab, qui bloquait la ville, plaça Urie à l'endroit où il savait que se trouvaient de vaillants guerriers. Les gens de la ville firent une sortie et attaquèrent Joab. Il y eut des tués dans l'armée, parmi les gardes de David, et Urie le Hittite mourut aussi.

Joab envoya à David un compte rendu de tous les détails du combat. [...] Le messager partit et, à son arrivée, il rapporta à David tout le message dont Joab l'avait chargé. [...] Alors David dit au messager : « Voici ce que tu diras à Joab : "Que cette affaire ne t'affecte pas : l'épée dévore tantôt celui-ci et tantôt celui-là. Force ton attaque contre la ville et détruis-la." Ainsi tu lui rendras courage» (11, 3-25).

Yahvé révèle à Natân le crime de David. Le prophète annonce le châtiment que le roi mérite pour cet adultère et ce meurtre. Pour cela, il recourt à une parabole. Deux hommes habitent la même ville. L'un, riche, est propriétaire d'un cheptel abondant et varié. L'autre, pauvre, ne possède qu'une seule chèvre qu'il élève au sein de sa famille, comme son propre enfant :

« Un hôte se présenta chez l'homme riche qui épargna de prendre sur son petit ou son gros bétail de quoi servir au voyageur arrivé chez lui. Il vola la brebis de l'homme pauvre et l'apprêta pour son visiteur. »

David entra en grande colère contre cet homme et dit à Natân : « Aussi vrai que Yahvé est vivant, l'homme qui a fait cela mériterait la mort ! Il remboursera la brebis au quadruple, pour avoir commis cette action et n'avoir pas eu de pitié. »

Natân dit alors à David : « Cet homme, c'est toi ! Ainsi parle Yahvé, Dieu d'Israël : Je t'ai oint comme roi d'Israël, je t'ai sauvé de la main de Saül, je t'ai livré la maison de ton maître, j'ai mis dans tes bras les femmes de ton maître, je t'ai donné la maison d'Israël et de Juda et, si ce n'est pas assez, j'ajouterai pour toi n'importe quoi. Pourquoi as-tu méprisé Yahvé et fait ce qui lui déplaît ? Tu as frappé par l'épée Urie le Hittite. Sa femme tu l'as prise pour ta femme, lui tu l'as fait périr par l'épée des Ammonites. Maintenant l'épée ne se détournera plus jamais de ta maison, parce que tu m'as méprisé et que tu as pris la femme d'Urie le Hittite pour qu'elle devienne ta femme. »

> David dit à Natân : « J'ai péché contre Yahvé ! » Alors Natân dit à David : « De son côté, Yahvé pardonne ta faute, tu ne mourras pas. Seulement, parce que tu as outragé Yahvé en cette affaire, l'enfant qui t'est né mourra. » Et Natân s'en alla chez lui (12, 1-15).

L'enfant meurt. Mais l'épreuve ne terrasse pas David. La promesse de Yahvé demeure et, pour David, elle se réalise dans la descendance de Bethsabée, la seule de ses nombreuses épouses qu'il aimera :

> David consola Bethsabée, sa femme. Il alla vers elle et coucha avec elle. Elle conçut et mit au monde un fils auquel elle donna le nom de Salomon. Yahvé l'aima et le fit savoir par le prophète Natân (12, 24-25).

Joab demande à David de prendre lui-même le commandement de son armée. Il dirige le dernier assaut contre Rabba, qui tombe enfin. Victorieux, il s'empare de la couronne et du joyau qui ornent le crâne de Milkom, le dieu ammonite, puis, de manière symbolique, place la pierre précieuse sur sa tête. Il ramène les habitants de Rabba à Jérusalem afin qu'ils travaillent aux constructions destinées à embellir sa capitale.

Absalom échoue dans son coup d'État (chapitre 13–23)

Une vingtaine d'années s'écoulent, sur lesquelles l'auteur n'a recueilli aucune tradition qui puisse conforter le jugement qu'il porte sur le côté positif ou négatif de la royauté. Durant cette période, David fait ce que font tous les rois de la terre : il guerroie, administre, bâtit, agrandit la dynastie en multipliant ses mariages avec des familles originaires des tribus du Nord comme du Sud. Ses six enfants, qu'il a eus de ses six épouses à Hébron, sont devenus de jeunes princes beaux et ardents. Ces descendants, serviront-ils le dessein de Yahvé, comme l'a fait leur père ? Ou bien chercheront-ils à conduire une politique d'alliance ou de conquête en fonction des circonstances et des intérêts du régime ?

Le début de la réponse est un inceste ! Parmi ses filles – les femmes sont un peu négligées, il faut en convenir, dans ces histoires de dynasties royales –, figure une très belle princesse nommée Tamar. Son demi-frère Amnon, l'aîné de David, tombe amoureux d'elle au point d'en devenir physiquement malade. Usant d'un stratagème, il parvient à faire entrer

Tamar dans son appartement. Malgré les résistances de la jeune fille, Amnon la viole. Mais le dégoût prenant le pas sur le désir assouvi, il se met à la haïr et la chasse de sa maison. Tamar trouve refuge chez son frère Absalom, troisième fils de David, qui, apprenant qu'elle vient d'être violée, jure de la venger. Quant au roi, bien que furieux, il préfère ignorer l'affaire. Amnon est son fils aîné, et il a toutes les chances de lui succéder...

Pendant deux ans, Absalom couve sa colère. Un jour, il invite tous les enfants de David à une fête qu'il organise dans sa propriété proche de Jérusalem. Amnon s'y rend également. Au cours du repas, les serviteurs profitent de l'ivresse générale et poignardent Amnon. Ainsi disparaît l'aîné de David. La compétition pour la succession royale est lancée. Le deuxième fils, Kiléab, ne semble pas avoir de prétentions. Vient ensuite Absalom, jeune, beau, chevaleresque, à la chevelure éclatante. Mais après ce meurtre sans pitié, le prince est contraint de se réfugier dans la famille de sa mère. Et trois ans passent...

Peu à peu, le chagrin de David s'estompe. De même, son ressentiment à l'égard d'Amnon diminue, au point qu'il pense avec affection à cet enfant criminel. Ce changement n'a pas échappé au général Joab, qui a un faible pour Absalom et intervient en sa faveur auprès du monarque. David consent à ce que son fils revienne à Jérusalem, mais refuse d'abord de le recevoir. Deux ans plus tard, grâce à une autre intervention de Joab, ils se réconcilient.

Absalom est de nouveau en selle pour la succession. Cette attente le rend impatient, car il veut devancer la mort du souverain et entame un travail de sape du pouvoir royal. Pour se rallier des suffrages à travers le pays, il intervient dans les affaires de justice, prenant parti contre son propre père. Il agit ainsi pendant quatre ans. Pensant avoir acquis assez de partisans parmi les tribus, il les convoque à Hébron, cette ville qui l'a vu naître, où David a régné pendant sept ans avant d'installer son trône à Jérusalem. Ses amis sont très nombreux et comptent même Ahitophel, prêtre et conseiller de David, qui apporte son soutien au jeune prétendant au trône.

À la nouvelle de la conjuration, David abandonne précipitamment Jérusalem, s'enfuit piteusement vers l'autre rive du Jourdain, avec sa famille, ses officiers, sa garde personnelle. Cède-t-il à la panique devant le danger ? Une telle réaction est impensable pour un roi aussi valeureux. Est-ce un repli tactique devant l'impossibilité de défendre Jérusalem ? Mais « même des aveugles et des boiteux sont capables de défendre Jérusalem », affirme un dicton. Selon l'auteur du livre de Samuel, David s'abandonne à la volonté de Yahvé qui couronne et détrône les souverains. Les événements montrent que Dieu a peut-être choisi réellement Absalom pour lui succéder comme il a choisi David pour remplacer Saül. David abandonne l'arche de Yahvé à Jérusalem et dix de ses concubines, laissant entendre qu'il fait confiance à Yahvé.

David fuit comme un pénitent, gravit le mont des Oliviers en pleurant, la tête voilée et les pieds nus. Cependant, il a laissé à Jérusalem un indicateur, Hushaï, qui lui communique les projets d'Absalom. Ahitophel pousse Absalom à violer les concubines royales afin de se rendre odieux aux yeux de son père et de manière à empêcher le peuple de revenir en arrière. Il lui conseille de lancer une patrouille à la poursuite de David avant que celui-ci ait pu se ressaisir. Mais Hushaï, habile espion, suggère plutôt de prendre le temps de rassembler l'ensemble des tribus afin d'écraser la petite armée de David. Ce contre-projet est adopté :

> Yahvé avait décidé de faire échouer le plan habile d'Ahitophel, afin d'amener le malheur sur Absalom (17, 14).

Ahitophel, dépité qu'Absalom ait choisi le plan d'Hushaï, rentre chez lui, à Gilo, et se donne la mort. David utilise ce répit pour organiser ses maigres troupes et franchir le Jourdain. La troupe d'Absalom, qui regroupe les représentants de toutes les tribus, se lance à sa poursuite et le rejoint à Mahanayim, ville de Transjordanie qui se dresse non loin du Yabboq, affluent du Jourdain. La disproportion des forces est flagrante, et l'armée du fils rebelle ne devrait faire qu'une bouchée des ennemis. Pourtant, malgré sa supériorité numérique, elle est rapidement écrasée et les rescapés s'éparpillent dans la forêt. Cette défaite manifeste que Yahvé n'a pas élu Absalom pour succéder à David. Absalom s'enfuit sur son mulet, mais sa chevelure se prend dans les branches d'un chêne tandis que la monture continue seule, le laissant suspendu dans cette position ridicule. Joab le tue de trois coups de lance. En apprenant la nouvelle, David monte dans sa chambre pleurer son fils. Joab lui en fait le reproche :

> « Tu aimes ceux qui te haïssent, tu hais ceux qui t'aiment, tes soldats ne sont rien pour toi ; si Absalom était vivant et nous tous morts, tu trouverais cela très bien » (19, 8).

David se ressaisit et reprend la route de Jérusalem. Les Israélites sont honteux d'avoir abandonné celui qui les a délivrés des Philistins, au profit d'Absalom aujourd'hui mort. La tribu de Juda est la première à se rallier au roi, puis tout le peuple se joint pour réinstaller David sur son trône. Mais la crise a montré la fragilité de l'unité d'Israël : ainsi les tribus du Nord ont-elles été les plus farouches défenseurs d'Absalom ; le royaume est déjà menacé d'éclatement.

L'auteur rapporte ensuite quelques faits concernant le règne de David. Il faut ici mentionner une sombre histoire (chapitre 24) qui termine le second livre de Samuel. Comme tous les souverains, David veut procéder au recensement de ses sujets, opération nécessaire pour lever l'impôt ou recruter les soldats. Or, Yahvé désapprouve cette initiative car elle laisse entendre que le peuple est la propriété du roi et que Yahvé n'est plus le Dieu des armées d'Israël. Cependant, David maintient sa décision et le recensement est effectué à travers tout le royaume[23]. Il prend alors conscience qu'il a péché gravement. Comment expier cette faute ? Gad, un prophète qui lui est attaché, comme Natân, lui propose alors de choisir entre trois fléaux : l'épée, la famine, la peste. David choisit la peste, qui doit sévir pendant trois jours, tuant aussitôt des milliers d'habitants (soixante-dix mille !). Devant une telle hécatombe, le roi intercède auprès de Yahvé afin qu'il épargne le peuple innocent. Il obtient que la calamité cesse, à condition d'ériger un autel et de sacrifier plusieurs bœufs en holocauste. La signification du récit n'est pas évidente : sans doute veut-il rappeler que les sacrifices peuvent écarter les catastrophes. Mais il est vraisemblable que David a réellement opéré un recensement de la population,

---

23. Soit 1,3 million d'habitants ! La démographie n'est visiblement pas un souci biblique.

mesure indispensable à la constitution d'un État véritable et d'une administration efficace (24, 1-15).

David choisit son successeur : Salomon

David est devenu très vieux. Pour souligner la décrépitude dans laquelle il est tombé, le premier livre des Rois, qui commence ici, décrit une scène devenue célèbre :

> On lui mit des couvertures sans qu'il pût se réchauffer. Alors ses serviteurs lui dirent : « Qu'on cherche pour Monseigneur le Roi une jeune fille qui assiste le Roi et qui le soigne : elle couchera sur son sein et cela tiendra chaud à Monseigneur le roi. » Ayant donc cherché une belle jeune fille dans tout le territoire d'Israël, on trouva Abishag de Shunem et on l'amena au roi. Cette jeune fille était extrêmement belle ; elle soigna le roi et le servit, mais il ne la connut pas (1, 1-4).

Cette impuissance dramatique illustre l'incapacité de la monarchie à élaborer un droit de succession concrétisant la promesse que Natân a transmise à David. Le charisme royal doit-il être reconnu et validé par le peuple, comme ce fut le cas pour Saül et David ? La fascination qu'a exercée Absalom a entraîné l'ensemble des Israélites dans une aventure lamentable, mais Yahvé n'a pas ratifié le prestige du prétendant. La monarchie devait-elle revenir au plus ancien des fils du roi ? Amnon étant mort, Absalom revendiqua le trône selon ce droit. Le troisième fils par l'âge est Adonias qui, bientôt, prétend lui aussi à la succession : Joab appuie ce jeune prince, de même que le prêtre Ébyatar. David laisse faire, comme il a laissé Absalom tenter de conquérir le pouvoir, abandonnant finalement à Yahvé le soin de choisir son Oint.

Bethsabée en profite alors pour intervenir (2 R 1, 16). David ne lui a-t-il pas promis que leur fils Salomon occuperait le trône ? Oui, mais à quel titre ? Salomon n'est après tout que le quatrième par ordre d'âge parmi les onze fils de David nés à Jérusalem (2 S 5, 13-15). Est-ce uniquement parce que cette femme est la seule que le roi ait vraiment aimée ? David donne en effet la préférence à cet enfant né de l'amour. Natân entérine et soutient ce choix, faisant ainsi de Salomon l'Oint de Yahvé.

Cette élection montre l'importance du rôle que tient Bethsabée, dont l'entrée dans la famille de David fut pourtant marquée par un crime. Malgré l'ombre qui plane sur son union avec David, elle prend ainsi sa place dans la liste des épouses des patriarches : Sara, qui imposa Isaac à Abraham en tant qu'unique héritier aux dépens d'Ismaël ; Rébecca, qui imposa Jacob à Isaac aux dépens d'Ésaü qui était pourtant l'aîné [24]. Les choix de Dieu restent imprévisibles, même quand il s'agit de la succession des rois.

Contrairement à l'accession au trône de David, qui s'est déroulée sans que l'Oint de Yahvé eût à verser le sang, Salomon doit assurer son règne par un fratricide. En effet, Adonias, se prévalant d'être le plus ancien des fils vivants de David, réunit ses partisans. Salomon n'intervient pas. Il laisse agir sa mère et Natân qui le font monter sur la mule de David et le conduisent à la source de Gihôn, au pied du rempart oriental de Jérusalem :

> Le prêtre Sadoq prit dans la tente la corne d'huile et oignit Salomon, on sonna du cor et tout le peuple cria : « Vive le roi Salomon ! » Puis tout le peuple monta à sa suite, et le peuple jouait de la flûte et manifestait une grande joie, avec des clameurs à fendre la terre (1 R 1, 38-40).

Pendant ce temps, Adonias rassemble ses alliés pour un banquet près d'une autre source qui jaillit plus bas dans la vallée du Cédron.

La distance entre les deux sources n'est pas grande. Adonias et ses fidèles sont alertés par les clameurs qui s'élèvent en l'honneur de Salomon. On vient leur expliquer que cette onction a été voulue par David. Salomon ayant donc été désigné par le roi, les conspirateurs se dispersent, terrorisés. Adonias se réfugie dans la tente où réside l'arche, se mettant ainsi sous la protection de Yahvé. Salomon lui fait savoir qu'il aura la vie sauve s'il respecte son autorité. Mais quelque temps plus tard, après la mort de David, Adonias exprime le désir d'épouser Abishag de Shunem, celle qui a reposé dans le sein du vieux roi pour le réchauffer. Salomon le fait mettre à mort. Apprenant cette fin tragique, Joab, le grand général de David, qui a été

---

24. Voir deuxième partie, chapitre 3, pour Sara, « Rivalité Isaac-Ismaël », p. 282 ; pour Rébecca, « Comment Jacob conquiert son droit d'aînesse », p. 294.

partisan d'Adonias, cherche aussi protection dans la tente près de l'arche. Mais le nouveau roi demande qu'on l'en sorte et le fait exécuter. Salomon n'a pas encore mérité le titre de « Pacifique » (1 R 1, 41–2, 35) !

Avant de mourir, David lui a prodigué ses dernières recommandations :

> « Je m'en vais par le chemin de tout le monde. Sois fort et montre-toi un homme ! Tu suivras les observances de Yahvé ton Dieu en marchant selon ses voies, en gardant ses lois, ses commandements, ses ordonnances et ses instructions, selon qu'il est écrit dans la loi de Moïse, afin de réussir en toutes tes œuvres et tous tes projets, pour que Yahvé accomplisse cette promesse qu'il m'a faite : "Si tes fils surveillent leur conduite en marchant loyalement devant moi, de tout leur cœur et de toute leur âme, tu ne manqueras jamais de quelqu'un sur le trône de David." » (1 R 2, 2-4).

Avant le décès de David, le second livre de Samuel cite encore de lui un oracle qui justifie aussi la renommée de poète que la tradition exaltera par la suite en lui attribuant la composition de nombreux psaumes [25]. Voici un extrait de ce cantique que David aurait composé pour remercier Yahvé de tous les bienfaits qu'il lui a accordés :

> Oracle de David, fils de Jessé,
> oracle de l'homme haut placé,
> de l'oint du Dieu de Jacob ;
> du chantre des cantiques d'Israël.
>
> L'esprit de Yahvé s'est exprimé par moi,
> sa parole est sur ma langue.
> Le Dieu de Jacob a parlé,
> le rocher d'Israël m'a dit :
>
> Qui gouverne les hommes avec justice
> et qui gouverne dans la crainte de Dieu
> est comme la lumière du matin au lever du soleil,
> faisant étinceler après la pluie le gazon de la terre.

---

25. Voir Prélude de la quatrième partie, p. 447.

> Oui, ma maison est stable auprès de Dieu :
> il a fait avec moi une alliance éternelle,
> réglée en tout et bien assurée ;
> ne fait-il pas germer tout mon salut et tout mon plaisir ?
>
> Mais les gens de Bélial sont tous comme l'épine du désert
> car on ne les prend pas avec la main :
> personne ne les touche,
> sinon avec du fer ou le bois d'une lance,
> et ils sont brûlés au feu (23, 1-7).

Salomon le Magnifique

L'auteur du livre des Rois a certainement eu connaissance d'une chronique assez développée du règne de Salomon. Écrite à la cour, elle devait vanter la magnificence du grand roi, le sage de l'Orient, le bâtisseur du Temple, le commerçant avisé. Mais si ces qualités furent réelles, elles ne suppriment pas aux yeux de ce chroniqueur les erreurs qui ternissent la période. Il tient à le signaler avant même de raconter ce qui fait le prestige de Salomon :

> Salomon devint le gendre de Pharaon, le roi d'Égypte ; il prit pour femme la fille de Pharaon et l'introduisit dans la cité de David en attendant d'avoir achevé de construire son palais, le temple de Yahvé et le rempart de Jérusalem. Le peuple sacrifiait sur les hauts lieux, car on n'avait pas encore bâti en ce temps-là une maison pour le nom de Yahvé. Salomon aima Yahvé : il se conduisait selon les préceptes de son père David ; seulement, il offrait des sacrifices et de l'encens sur les hauts lieux (3, 1-3).

Il n'est pas question de nier l'amour authentique que Salomon éprouve pour Yahvé. Mais l'auteur doit tout d'abord lui faire deux reproches. D'une part, il a épousé une fille de Pharaon : cette Égyptienne et plusieurs autres concubines introduiront les divinités de leur pays jusque dans le Temple, et ce lien avec l'Égypte inaugure une politique qui se révélera catastrophique pour Israël. D'autre part, il n'a pas détruit les hauts lieux, ces antiques sanctuaires cananéens disséminés à travers le pays et dans lesquels coexistent le culte de Yahvé et celui des baals ; Salomon aurait au moins dû les supprimer lorsque le Temple fut consacré.

Après avoir adressé ces deux reproches, le livre des Rois présente plusieurs récits où il exalte les grandeurs du règne : Salomon fut en même temps sage, bâtisseur, prêtre, marchand, mais il ne fut pas un soldat, à la différence de David. Salomon le Magnifique fut aussi Salomon le Pacifique !

Le sage

– *Le don de sagesse.* Au début de son règne, Salomon se rend au sanctuaire de Gabaôn – l'un de ceux qu'il aurait dû supprimer –, situé à quelques kilomètres au nord de Jérusalem. Yahvé lui apparaît une nuit en songe et lui demande ce qu'il souhaite. Le roi lui sait gré pour la bonté, l'indulgence et la protection qu'il lui a prodiguées ainsi qu'à son père, en échange de leur fidélité et de leur volonté de justice. Mais il a conscience que sa jeunesse peut être un frein à son pouvoir. Il ne possède pas encore la sagesse et l'expérience requises :

> « Maintenant, Yahvé mon Dieu, tu as établi roi ton serviteur à la place de mon père David, et moi, je suis un tout jeune homme, je ne sais pas agir en chef. Ton serviteur est au milieu du peuple que tu as élu, un peuple nombreux, si nombreux qu'on ne peut le compter ni le recenser. Donne à ton serviteur un cœur plein de jugement pour gouverner ton peuple, pour discerner entre le bien et le mal, car qui pourrait gouverner ton peuple, qui est si grand ? » (3, 4-9).

Sensible à cette requête, qui prouve l'humilité de son serviteur et le peu de cas qu'il fait de sa personne ou de ses biens devant l'importance de sa charge et de sa mission, Yahvé lui octroie cette sagesse :

> « Je fais ce que tu as dit : je te donne un cœur sage et intelligent comme personne ne l'a eu avant toi et comme personne ne l'aura après toi. Et même ce que tu n'as pas demandé, je te le donne aussi : une richesse et une gloire comme à personne parmi les rois. Et si tu suis mes voies, gardant mes lois et mes commandements comme a fait ton père David, je t'accorderai une longue vie » (3, 10-15).

Salomon se réveille, revient à Jérusalem, se rend auprès de l'arche d'alliance, offre des holocaustes et des sacrifices, ainsi qu'une fête à tous ses serviteurs.

– *La sagesse éprouvée : le jugement de Salomon.* Pour illustrer que Yahvé lui a accordé le don de la sagesse, le livre des Rois rapporte le célèbre jugement que le roi rend dans l'affaire opposant deux prostituées :

L'une des femmes dit : « S'il te plaît, Monseigneur ! Moi et cette femme nous habitons la même maison, et j'ai eu un enfant, alors qu'elle était dans la maison. Il est arrivé que, le troisième jour après ma délivrance, cette femme aussi a eu un enfant ; nous étions ensemble, il n'y avait pas d'étranger avec nous, rien que nous deux dans la maison. Or le fils de cette femme est mort une nuit parce qu'elle s'était couchée sur lui. Elle se leva au milieu de la nuit, prit mon fils d'à côté de moi pendant que ta servante dormait ; elle le mit sur son sein, et son fils mort elle le mit sur mon sein. Je me levai pour allaiter mon fils, et voici qu'il était mort ! Mais, au matin, je l'examinai, et voici que ce n'était pas mon fils que j'avais enfanté ! »

Alors l'autre femme dit : « Ce n'est pas vrai ! Mon fils est celui qui est vivant, et ton fils est celui qui est mort ! » et celle-là reprenait : « Ce n'est pas vrai ! Ton fils est celui qui est mort et mon fils est celui qui est vivant ! »

Elles se disputaient ainsi devant le roi, qui prononça : « Celle-ci dit : "Voici mon fils qui est vivant et c'est ton fils qui est mort !" et celle-là dit : "Ce n'est pas vrai ! Ton fils est celui qui est mort et mon fils est celui qui est vivant !" Apportez-moi une épée », ordonna le roi ; et on apporta l'épée devant le roi, qui dit : « Partagez l'enfant vivant en deux et donnez la moitié à l'une et la moitié à l'autre. »

Alors la femme dont le fils était vivant s'adressa au roi, car sa pitié s'était enflammée pour son fils, et elle dit : « S'il te plaît, Monseigneur ! Qu'on lui donne l'enfant vivant, qu'on ne le tue pas ! » mais celle-là disait : « Il ne sera ni à moi ni à toi, partagez ! »

Alors le roi prit la parole et dit : « Donnez l'enfant vivant à la première, ne le tuez pas. C'est elle la mère. » Tout Israël apprit le jugement qu'avait rendu le roi, et ils révérèrent le roi car ils virent qu'il y avait eu en lui une sagesse divine pour rendre la justice (1 R 3, 17-28).

Le bâtisseur

Pour Israël, la construction du Temple que David voulait ériger est la grande œuvre de Salomon. Elle lui a valu, quelles qu'aient été ses fautes ultérieures, une gloire éternelle.

Afin de se procurer les matériaux nécessaires, Salomon s'adresse à Hiram, roi de Tyr en Phénicie, qui fut un ami de David, les deux royaumes n'ayant aucun conflit de frontières. Il lui commande des arbres de la montagne du Liban, cèdres et cyprès, contre du blé et de l'huile. Les bûcherons de Hiram descendent par la mer les troncs, qui sont acheminés en radeaux puis hissés jusqu'à Jérusalem. Des carriers sont embauchés pour tailler les pierres tirées des montagnes proches de la capitale. Le chantier colossal est mené à bien en sept ans.

Le Temple se présente comme un bâtiment allongé de 20 m sur 10 m et de 10 m de haut. D'est en ouest, il comprend trois parties : le vestibule flanqué de deux colonnes de bronze *(oulam)* ; le Saint *(hékal)*, où se déroule le culte et où est disposé le chandelier à sept branches *(ménorah)*, la table des pains d'offrande et l'autel des parfums ; le Saint des Saints *(debir)*, salle cubique surélevée et séparée par une cloison de bois. Autour du Temple, un édifice de trois étages, composé de chambres basses, sert de dépôt. Devant le vestibule, l'autel est dressé pour les holocaustes, de grands bassins de bronze sont destinés aux ablutions. L'ensemble est entouré d'une enceinte qui sépare le Temple d'autres bâtiments et du palais royal. Une autre enceinte extérieure encercle à la fois le palais et le Temple, dont la réunion évoque la double charge du monarque : prêtre et roi.

Le livre des Rois rapporte les détails de la construction. Puis il raconte la célébration de la dédicace. Le premier acte liturgique consiste à transférer dans le Debir l'antique arche de Yahvé que David avait placée sous une tente, près de son palais. Elle contient les deux tables de pierre que Moïse y a déposées en descendant du Sinaï. Elle prend place entre les deux chérubins, sous leurs ailes déployées :

> Quand les prêtres [portant l'arche] sortirent du sanctuaire, la nuée remplit le Temple de Yahvé et les prêtres ne purent pas continuer leur fonction, à cause de la nuée : la Gloire de Yahvé remplissait le Temple de Yahvé ! Alors Salomon dit : « Yahvé a décidé d'habiter la nuée obscure. Oui, je t'ai construit une demeure princière, une résidence où tu habites pour toujours » (8, 10-13).

La Gloire de Yahvé, sa présence à la fois bénéfique et menaçante, symbolisée par la nuée lumineuse et obscure, accompagna Israël dans le désert.

Elle vient habiter le Temple de Jérusalem, dont elle fait sa demeure. Cette présence permanente, près du palais royal, marque aussi l'intégration de la dynastie davidique dans l'alliance. Mission prestigieuse, mais responsabilité écrasante pour la descendance de David. Elle aura à poursuivre le dessein de Yahvé, et non pas une politique à courte vue prônée par les courtisans et les faux prophètes.

Le roi-prêtre

Après la consécration du Temple, Salomon bénit le peuple d'Israël réuni devant le Temple et intercède en sa faveur. Il rappelle à Yahvé la promesse faite à son père :

> « Tu as tenu à ton serviteur David, mon père, la promesse que tu lui avais faite, et ce que tu avais dit de ta bouche, tu l'as accompli aujourd'hui de ta main. Et maintenant, Yahvé, Dieu d'Israël, tiens à ton serviteur David, mon père, la promesse que tu lui as faite, quand tu as dit : "Tu ne seras jamais dépourvu d'un descendant qui soit devant moi, assis sur le trône d'Israël, à condition que tes fils veillent à leur conduite et marchent devant moi comme tu as marché toi-même devant moi." Maintenant donc, Dieu d'Israël, que se vérifie la parole que tu as dite à ton serviteur David, mon père ! » (8, 24-26).

Mais Salomon entrevoit aussi la menace de l'exil si Israël est infidèle à Dieu. Cependant, même ce châtiment ne peut être le dernier acte de Yahvé :

> « Quand ils pécheront contre toi – car il n'y a aucun homme qui ne pèche –, quand tu seras irrité contre eux, que tu les livreras à l'ennemi et que leurs conquérants les emmèneront captifs dans un pays ennemi lointain ou proche, s'ils rentrent en eux-mêmes dans le pays où ils auront été déportés, s'ils se repentent et te supplient dans le pays de leurs conquérants en disant : "Nous avons péché, nous avons mal agi, nous nous sommes pervertis", s'ils reviennent à toi de tout leur cœur et de toute leur âme dans le pays des ennemis qui les auront déportés, et s'ils te prient tournés vers le pays que tu as donné à leurs pères, vers la ville que tu as choisie et le Temple que j'ai bâti pour ton Nom, écoute au ciel où tu résides, pardonne à ton peuple les péchés commis envers toi et toutes les rébellions dont ils furent coupables, fais-leur trouver grâce devant leurs conquérants, que ceux-ci aient pitié d'eux ; car ils sont ton peuple et ton héritage, ceux que tu as fait sortir d'Égypte, cette fournaise pour le fer » (8, 46-51).

Après avoir parlé comme l'aurait fait un prophète, Salomon et les fils d'Israël offrent des sacrifices et des holocaustes (vingt-deux mille bœufs et cent vingt mille moutons !). Pendant son règne, Salomon assume en effet la fonction de grand prêtre :

> Salomon offrait trois fois par an des holocaustes et des sacrifices de communion sur l'autel qu'il avait dressé à Yahvé et il faisait fumer devant Yahvé ses offrandes brûlées. Il maintenait le Temple en bon état (9, 25).

Une nouvelle fois, Yahvé apparaît à Salomon et menace de détruire le Temple si Israël est infidèle à son Dieu. Il chassera son peuple de la Terre promise, lui-même quittera le Temple. Les ruines du sanctuaire susciteront les moqueries des passants :

> « Ce Temple sublime, tous ceux qui le longeront seront stupéfaits ; ils siffleront et diront : "Pourquoi Yahvé a-t-il fait cela à ce pays et à ce Temple ?" et l'on répondra : "Parce qu'ils ont abandonné Yahvé leur Dieu qui avait fait sortir leurs pères du pays d'Égypte, qu'ils se sont attachés à d'autres dieux et qu'ils leur ont rendu hommage et culte, voilà pourquoi Yahvé leur a envoyé tous ces maux"» (9, 4-9).

Décidément, la richesse du Temple et les splendeurs du culte ne sont pas les soucis majeurs de Yahvé.

Le commerçant

Israël devient une puissance commerçante sous le règne de Salomon. Le roi arme en effet une flotte sur la mer Rouge, à Éçyôn-Gébèr, au fond du golfe d'Élat (Aqaba), non loin de la frontière avec Édom. Ses navires voguent jusqu'à Ophir, région située sans doute sur la côte d'Arabie, célèbre pour ses mines d'or. L'auteur énumère les innombrables objets luxueux en or et en ivoire que Salomon fait fabriquer (10, 14-25). Tous les trois ans, ses bateaux et ceux du roi Hiram de Tyr reviennent chargés d'or, de pierres précieuses, de bois rares destinés à fabriquer les instruments de musique. Il fait même venir des singes et des guenons ! Mais il ne faut pas oublier la construction des chars de combat, car, si Salomon ne conduit pas de guerre, il possède une armée puissante cantonnée dans des villes bien fortifiées.

La réputation de Salomon en sagesse et en richesses, dons de Yahvé, se répand dans tout l'Orient. Elle attire à Jérusalem la reine de Saba[26]. Cette visite est racontée à la manière d'un conte des *Mille et une nuits* :

> La reine de Saba apprit la renommée de Salomon et vint éprouver celui-ci par des énigmes. Elle arriva à Jérusalem avec une très grande suite, des chameaux chargés d'aromates, d'or en énorme quantité et de pierres précieuses. Quand elle fut arrivée auprès de Salomon, elle lui proposa tout ce qu'elle avait médité, mais Salomon l'éclaira sur toutes ses questions et aucune ne fut pour le roi un secret qu'il ne pût élucider. Lorsque la reine de Saba vit toute la sagesse de Salomon, le palais qu'il s'était construit, le menu de sa table, le placement de ses officiers, le service de ses gens et leur livrée, son service à boire, les holocaustes qu'il offrait au Temple de Yahvé, le cœur lui manqua et elle dit au roi : « Ce que j'ai entendu dire sur toi et ta sagesse dans mon pays était donc vrai ! Je n'ai pas voulu croire ce qu'on disait avant de venir et de voir de mes yeux, mais vraiment on ne m'en avait pas appris la moitié : tu surpasses en sagesse et en prospérité la renommée dont j'ai eu l'écho. Bienheureuses tes femmes, bienheureux tes serviteurs que voici, qui se tiennent continuellement devant toi et qui entendent ta sagesse ! Béni soit Yahvé ton Dieu qui t'a montré sa faveur en te plaçant sur le trône d'Israël ; c'est parce que Yahvé aime Israël pour toujours qu'il t'a établi roi, pour exercer le droit et la justice. » Elle donna au roi cent vingt talents d'or, une grande quantité d'aromates et des pierres précieuses ; la reine de Saba avait apporté au roi Salomon une abondance d'aromates telle qu'il n'en vint plus jamais la pareille. Quant au roi Salomon, il offrit à la reine de Saba tout ce dont elle manifesta l'envie, en plus des cadeaux qu'il lui fit avec une munificence digne du roi Salomon. Puis elle s'en retourna et alla dans son pays, elle et ses serviteurs (10, 1-10).

Le péché et le châtiment

Mais le faste et la renommée de la cour de Jérusalem ont entraîné le cœur du roi à se détacher d'une foi absolue au seul Yahvé. Salomon pactise en effet avec les divinités païennes que vénèrent ses innombrables épouses,

---

26. Le royaume de Saba est le plus important des royaumes sud-arabiques. Sa prospérité, fondée sur le commerce des aromates, et notamment de l'encens, remonte au VIIe siècle, et le récit reflète sans doute cette époque où les relations entre Jérusalem et Saba étaient fréquentes.

lesquelles sont venues s'ajouter à l'Égyptienne qui, dès le début du règne, a amorcé cette dérive. Yahvé a pourtant averti son peuple d'un tel risque. Salomon âgé subit ainsi l'influence de ses sept cents épouses et trois cents concubines (!). Sa fidélité à Yahvé n'est plus totale :

> Le roi Salomon aima beaucoup de femmes étrangères – outre la fille de Pharaon – : des Moabites, des Ammonites, des Édomites, des Sidoniennes, des Hittites, de ces peuples dont Yahvé avait dit aux Israélites : « Vous n'irez pas chez eux et ils ne viendront pas chez vous ; sûrement ils détourneraient vos cœurs vers leurs dieux. » Mais Salomon s'attacha à elles par amour ; il eut sept cents épouses de rang princier et trois cents concubines. Quand Salomon fut vieux, ses femmes détournèrent son cœur vers d'autres dieux et son cœur ne fut plus tout entier à Yahvé son Dieu comme avait été celui de son père David. Salomon suivit Astarté, la divinité des Sidoniens, et Milkom, l'abomination des Ammonites. Il fit ce qui déplaît à Yahvé et il ne lui obéit pas parfaitement comme son père David. C'est alors que Salomon construisit un sanctuaire à Kemosh, l'abomination de Moab, sur la montagne à l'orient de Jérusalem, et à Milkom, l'abomination des Ammonites. Il en fit autant pour toutes ses femmes étrangères, qui offraient de l'encens et des sacrifices à leurs dieux (11, 1-8).

Yahvé prévient Salomon du châtiment qu'ont attiré ses fautes sur le royaume. Mais la punition ne sera pas appliquée de son vivant :

> « Parce que tu t'es comporté ainsi et que tu n'as pas observé mon alliance et les prescriptions que je t'avais faites, je vais sûrement t'arracher le royaume et le donner à l'un de tes serviteurs. Seulement je ne ferai pas cela durant ta vie, en considération de ton père David ; c'est de la main de ton fils que je l'arracherai. Encore ne lui arracherai-je pas tout le royaume : je laisserai une tribu à ton fils, en considération de mon serviteur David et de Jérusalem que j'ai choisie » (11, 11-13).

Comme le prophète Natân auprès de David, un autre messager de Dieu, Ahiyya de Silo, intervient pour communiquer à Salomon le décret de Yahvé. Dieu a décidé d'enlever à la dynastie davidique la plus grande partie du royaume, dix tribus sur douze. Au royaume de Jérusalem ne resteront que les tribus de Juda et de Benjamin. Il a choisi pour exercer cette royauté un Édomite, c'est-à-dire un ennemi invétéré d'Israël, qui rêve de venger son peuple des humiliations qu'Israël lui a infligées. Cet homme travaille comme contremaître dans les constructions de Salomon. Apprenant de la bouche du prophète l'élection par Yahvé de ce prétendant au trône, le roi veut le faire périr. Mais Jéroboam s'enfuit en Égypte, où l'accueille le pharaon Sheshonq, le premier pharaon dont le nom figure dans la Bible. Salomon meurt et son fils Roboam lui succède (11, 26-40).

Schisme et décadence : les deux royaumes

Roboam (931-913) monte sur le trône soit en vertu de son droit d'aînesse, soit parce qu'il a été choisi par le roi en personne. Sa mère n'est pas l'Égyptienne, cette première épouse que le livre des Rois a mentionnée (1 R 3, 1). On apprend incidemment qu'elle s'appelle Naama, qu'elle est ammonite, et par conséquent adepte du dieu Milkom, la divinité du royaume d'Ammon. Une telle mère ne peut évidemment rien présager de bon pour ce qui concerne la conduite de son fils. D'ailleurs, le livre, dès l'accession de Roboam, émet une condamnation – adressée à presque tous les rois de Juda et de Samarie :

> Roboam fit ce qui déplaît à Yahvé : il irrita sa jalousie plus que n'avaient fait ses pères avec tous les péchés qu'ils avaient commis, eux qui s'étaient construit des hauts lieux, avaient dressé des stèles et des pieux sacrés sur toute colline élevée et sous tout arbre verdoyant. Même il y eut des prostitués sacrés dans le pays. Il imita toutes les ignominies des nations que Yahvé avait chassées devant les Israélites (1 R 14, 22-24).

Comment s'étonner que le don de sagesse, que Salomon a demandé et reçu de Yahvé, fasse défaut à son fils ? La sottise de l'homme que Yahvé veut perdre se manifeste avec éclat. En effet, dès la mort de Salomon, les tribus du Nord se réunissent dans le sanctuaire de Sichem. Jéroboam, le proscrit, participe à l'assemblée. Ils demandent à Roboam d'alléger le poids des impôts et des corvées que son père a imposés. Le roi consulte les anciens, qui lui conseillent d'accepter. Mais il souhaite également l'avis de ses compagnons de jeunesse, qui le poussent à imposer au peuple un fardeau encore plus lourd. La réaction des tribus du Nord est cinglante :

« Quelle part d'héritage avons-nous avec David ? Nous n'avons pas d'héritage avec le fils de Jessé. À tes tentes, Israël ! Et maintenant pourvois à ta maison, David » (12, 16).

Ainsi s'opère le schisme entre le Nord et Juda, une unité que la fédération des douze tribus a préservée avec difficulté, et que David a pensé établir durablement autour de sa capitale Jérusalem.

Les dix tribus schismatiques nomment roi Jéroboam (931-910), qui choisit Sichem pour capitale. Afin d'empêcher ses sujets de se rendre à Jérusalem et d'adorer Yahvé dans le Temple, il bâtit deux sanctuaires, l'un dans le Sud, à Béthel, lieu saint qui garde le souvenir des patriarches[27], l'autre dans le Nord, à Dan. Dans l'un et l'autre, il dresse un « veau d'or », représentation visible de Yahvé sous la forme d'un taureau :

« Assez longtemps vous êtes montés à Jérusalem ! Israël, voici ton Dieu qui t'as fait monter du pays d'Égypte » (12, 28).

Jéroboam nomme aussi des prêtres qui lui sont dévoués, il monte lui-même à l'autel pour offrir des sacrifices. La condamnation de Yahvé lui est notifiée par un prophète, mais le roi du Nord ne se convertit pas et persiste en instituant comme prêtres des gens qui ne sont pas d'origine sacerdotale :

Il continua d'instituer prêtres des hauts lieux des gens pris du commun : à qui il le voulait il donnait l'investiture pour devenir prêtre des hauts lieux. Cette conduite fit tomber dans le péché la maison de Jéroboam et motiva sa ruine et son extermination de la face de la terre (13, 33-34).

Jéroboam n'est pas l'élu de Yahvé, sa dynastie ne peut prétendre occuper en permanence le trône de Samarie-Israël, dont la capitale devient bientôt Tirça, à une quinzaine de kilomètres de Sichem. Le prophète Ahiyya le lui fait savoir par la reine qui est venue lui rendre visite afin d'implorer la guérison de l'un de ses fils, Abiyya :

« Je ferai venir le malheur sur la maison de Jéroboam, j'exterminerai tous les mâles de la famille de Jéroboam » (14, 10).

---

27. Voir deuxième partie, chapitre 3, « Vocation et départ d'Abraham », p. 271 ; « Jacob, le père d'Israël », p. 291 ; « Le songe de Jacob », p. 296.

De fait, si Nadab, fils de Jéroboam, monte sur le trône en 910, il est assassiné un an plus tard par Basha, qui prend le pouvoir jusqu'en 886. Le fils de Basha, Éla, règne ensuite, avant d'être assassiné avec toute sa famille par un officier, un certain Zimri, détrôné à son tour au bout de huit jours par Omri (885-874). Celui-ci établit une dynastie un peu plus stable et transfère la capitale à Samarie. Son fils Achab (874-853) lui succède.

Durant ces années, il ne se passe rien de notable à Jérusalem. Sinon une incursion du pharaon Sheshonq, qui pille les trésors du Temple (1 R 14, 25-28), et des combats sporadiques avec le royaume frère du Nord, ce qui oblige Jérusalem à s'allier avec Damas. Pour s'informer davantage sur la marche du royaume, l'auteur conseille de consulter les *Annales des rois de Juda*, l'un des livres perdus qui lui ont servi de documentation. Il sait ce qu'il doit penser des deux premiers successeurs de Salomon, Roboam, qu'il a déjà dénoncé, et son fils Abiyyam (913-911), qui ne vaut pas mieux :

> Il imita les péchés que son père avait commis avant lui et son cœur ne fut pas tout entier à Yahvé son Dieu comme le cœur de son ancêtre David. Pourtant, en considération de David, Yahvé son Dieu lui donna une lampe [un successeur] à Jérusalem, en maintenant son fils après lui, et en épargnant Jérusalem (15, 3-4).

En effet, son fils Asa (911-870) connaît un règne de quarante ans. Le chroniqueur le juge même favorablement, tandis qu'il mentionne seulement le long règne de son successeur Josaphat :

> [Asa] fit ce qui est juste aux yeux de Yahvé, comme son ancêtre David. Il expulsa du pays les prostitués sacrés et supprima toutes les idoles que ses pères avaient faites. [...] Les hauts lieux ne disparurent pas ; pourtant, le cœur d'Asa fut tout entier à Yahvé pendant toute sa vie (15, 11-14).

Selon les computs des historiens modernes, cette période s'étend de 931 av. J. C., date de la mort de Salomon, à l'accession de la dynastie que fonde Omri dans le royaume du Nord en 885, soit un peu moins d'une cinquantaine d'années. À partir d'Omri, l'auteur du livre des Rois abandonne la chronique parallèle des rois de Juda et d'Israël pour porter longuement son attention sur les exploits des deux grands héros de la religion de Yahvé dans le royaume du Nord : Élie et Élisée[28]. Ces deux prophètes vont

28. Le cycle d'Élie occupe les chapitres 17 à 22 du premier livre et le chapitre 1 du second livre. Le cycle d'Élisée comprend les chapitres 2 à 15, mais à partir du

dominer l'histoire de Samarie-Israël jusqu'à ce que la dynastie de Omri soit destituée par Jéhu en 841. Soit un peu plus de quarante ans.

Deux grands serviteurs de Yahvé : Élie et Élisée (IXe siècle)

Les cycles d'Élie et d'Élisée correspondent à deux longs règnes en Juda : Asa (911-870) et Josaphat (870-848). Ces règnes prospères apparaissent comme la récompense de la fidélité que la dynastie davidique a témoignée à l'égard de Yahvé. L'auteur semble en effet favorable à ces deux souverains. Car Asa combat les cultes rendus à Baal. On peut seulement lui reprocher de n'avoir pas supprimé les petits sanctuaires locaux dédiés à Yahvé, sources de déviations syncrétistes, mesure que prendra le roi Josias, mais bien plus tard[29] (1 R 15, 9-24). Quant à Josaphat, son fils, il adopte un comportement identique :

> « Il suivit entièrement la conduite de son père Asa, sans dévier, faisant ce qui est juste au regard de Yahvé (1 R 22, 43).

L'attention du chroniqueur peut alors se concentrer sur les faits qui se déroulent en Israël à peu près dans le même laps de temps. Élie et Élisée vont être confrontés à un contexte religieux particulièrement dégradé. Omri (885-874), d'abord général en chef, s'est imposé après une série de meurtres et de soulèvements qui ont agité la cour. Il commence par doter son royaume d'une véritable capitale, Samarie[30]. Omri n'est pas du tout un fervent de Yahvé, il se comporte de manière encore plus déplorable que ses prédécesseurs :

---

chapitre 11, le récit intègre des événements qui concernent Juda, comme les méfaits de la reine Athalie.

29. Voir première partie, chapitre 3, « Lueur dans le crépuscule : la réforme de Josias (640-609) », p. 93.

30. Le nom de la capitale, Samarie, servira à désigner le royaume du Nord. On l'appelle aussi royaume d'Israël selon un autre nom du patriarche Jacob, auquel se rattachaient les tribus du Nord (voir deuxième partie, chapitre 3, « Jacob combat l'ange de Yahvé », p. 301).

> Il fit ce qui déplaît à Yahvé et fut pire que ses devanciers. Il imita en tout la conduite de Jéroboam et les péchés où il avait entraîné Israël, irritant Yahvé, Dieu d'Israël, par leurs vaines idoles (16, 26).

Son fils Achab (874-853) va encore plus loin :

> Il fit ce qui déplaît à Yahvé et fut pire que tous ses devanciers. La moindre chose fut qu'il imita les péchés de Jéroboam : il prit pour femme Jézabel, fille d'Ittobaal, roi des Sidoniens, et se mit à servir Baal et à se prosterner devant lui ; il lui dressa un autel dans le temple de Baal qu'il construisit à Samarie. Achab installa aussi le pieu sacré et fit encore d'autres offenses, irritant Yahvé, Dieu d'Israël, plus que tous les rois d'Israël qui avaient été avant lui (16, 30-33).

Ochozias (853-852), fils d'Achab, ne vaut pas mieux :

> Il fit ce qui déplaît à Yahvé et suivit la voie de son père et celle de sa mère (1 R 22, 53).

Toutefois, le dernier roi de la dynastie, Joram (852-841), est jugé moins sévèrement :

> Il fit ce qui déplaît à Yahvé ; non pas pourtant comme son père et sa mère, car il supprima la stèle de Baal que son père avait faite (2 R 3, 1).

Sur le plan international, le Proche-Orient est alors calme. En ce IXe siècle, l'Assyrie ne constitue pas encore un danger[31]. Si l'ogre gronde vers l'an 800, c'est à partir de 750 que sa puissance de mort se déchaîne, entraînant la ruine de Samarie en 722. Contrairement aux oracles que prononce Amos au VIIIe siècle, Élie et Élisée ne menacent pas Israël de destruction. Les ennemis du peuple élu ne sont pas encore les grands empires despotiques. Ce sont les adversaires locaux de toujours, notamment les Araméens de Damas. Les deux royaumes, Israël et Damas, revendiquent par exemple la possession de Ramot en Galaad, de l'autre côté du Jourdain. Mais ces affrontements sont à peine des escarmouches, et il est d'autant plus intéressant de noter comment les prophètes interviennent dans ces luttes au nom de Yahvé. Le livre des Rois, dont la visée est religieuse, ne

31. Voir Prélude, p. 23.

s'intéresse pas à la situation économique du pays, qui est alors relativement prospère. Les échanges commerciaux sont intenses avec les ports phéniciens. Ces accords vont se concrétiser par le mariage d'Achab avec Jézabel, fille du roi de Sidon et de Tyr.

Les interventions d'Élie et d'Élisée ont pour finalité de réveiller la foi en Yahvé dans un pays où elle est en passe d'être submergée par l'envahissement du culte des baals que prônent les religions phéniciennes. Ils remplissent ces missions tantôt en brandissant la menace d'un châtiment terrible, et à l'occasion en participant à des actions punitives ; tantôt en accomplissant des miracles en faveur des pauvres et même des étrangers ennemis, manifestant ainsi la bonté de Yahvé pour tous les hommes.

Afin de tracer ces portraits complexes et contrastés, l'auteur du livre des Rois a disposé de traditions qui exaltaient l'intervention des deux personnages. Apparemment, il y a inséré des récits qui racontaient les actions d'autres prophètes : on ne prête qu'aux riches ! Le mouvement prophétique, en effet, était particulièrement vivant au IXe siècle en Samarie ; il s'agissait du dernier bastion de Yahvé dans un pays convoité par les baals. Vivant en bandes, entrant souvent en transe, chantant et dansant en l'honneur de Yahvé, les prophètes n'hésitaient pas à attaquer les sanctuaires païens. Mais certains, plus modérés, à la foi plus approfondie, percevaient mieux l'enjeu religieux et politique du comportement royal. Ainsi ont émergé Élie et Élisée. Pour rapporter leur vie, le livre des Rois s'est servi de sources disparates, de provenances et d'époques diverses, impossibles à dater. L'auteur a parfois adapté une histoire portant sur l'un pour étoffer le portrait de l'autre (par exemple, les miracles d'Élisée accomplis aussi par Élie). Le résultat en est un canevas assez embrouillé dont le but consiste moins à raconter des événements politiquement importants qu'à montrer que Yahvé reste actif au milieu de son peuple, même s'il en a été chassé par les rois. Sa fidélité à l'alliance subsiste malgré le péché d'Israël.

Le cycle d'Élie

La grande sécheresse

Élie apparaît brusquement durant le règne du roi Achab (874-853), le roi le plus impie qu'ait connu le royaume d'Israël d'après le livre des Rois. Il est originaire de Tishbé, village du pays de Galaad, au-delà du Jourdain, une région que Damas et Israël se disputent. Un jour, Yahvé lui commande d'annoncer au souverain que, pour le punir, il va faire tomber une grande sécheresse sur son royaume. La calamité est si cruelle qu'Élie lui-même doit se réfugier à l'est du Jourdain, dans son pays d'origine. Au bord du torrent Kerit, des corbeaux lui apportent du pain à midi, et de la viande le soir. Mais le torrent se tarit. Yahvé demande au prophète de se rendre à Sarepta, près de Sidon, en Phénicie. Élie y prend pension chez une pauvre femme dont les ressources sont en train de s'épuiser en raison de la catastrophe. Il la presse pourtant de lui donner à manger et à boire. Et le miracle s'opère :

> La jarre de farine ne s'épuisa pas, la cruche d'huile ne se vida pas (17, 16).

Le fils de la veuve meurt d'une maladie foudroyante. Élie le couche sur son lit, s'étend sur lui, et l'enfant revient à la vie [32].

Cependant, la sécheresse persiste trois ans durant. Élie reçoit de Dieu l'ordre de se présenter devant Achab. Alors que le roi parcourt le pays avec son ministre Obadyahu, un authentique fidèle de Yahvé, à la recherche d'un peu d'herbe pour ses chevaux, il rencontre le prophète :

> Achab lui dit : « Te voilà, toi, le fléau d'Israël ! » Élie répondit : « Ce n'est pas moi qui suis le fléau d'Israël, mais c'est toi et ta famille, parce que vous avez abandonné Yahvé et que tu as suivi les baals. » (1 R 18, 16-18).

Le sacrifice du Carmel [33]

Élie prie Achab de rassembler tout Israël sur le mont Carmel, sans oublier les quatre cent cinquante prophètes dévolus à Baal qui mangent à

32. Deux miracles à peu près identiques sont racontés avec plus de détails encore dans le cycle d'Élisée (voir plus loin, « Quelques miracles d'Élisée », p. 430).
33. Ce récit témoigne de l'extrême menace qui pèse à l'époque d'Élie sur la religion de Yahvé. Seuls quelques prophètes de Dieu lui restent fidèles. La violence de l'affron-

la table de Jézabel, l'épouse du souverain. Car Baal possède aussi ses prophètes, ses défenseurs entretenus par la reine impie. Élie les affronte dans un combat grandiose, à un contre tous. Mais Yahvé lutte avec lui pour sa plus grande gloire :

> Élie s'approcha de tout le peuple et dit : « Jusqu'à quand clocherez-vous des deux jarrets ? Si Yahvé est Dieu, suivez-le ; si c'est Baal, suivez-le » (18, 21).

Déconcerté par cette alternative, le peuple se tait. Élie en profite pour rappeler qu'il est le prophète de Yahvé, le seul Dieu. Pour le prouver, il lance un défi à ses quatre cent cinquante contradicteurs. Ils vont prendre un taureau, le tuer, le dépecer et l'installer sur le bois prévu pour l'holocauste, mais sans allumer le feu. Élie va faire de même avec un autre taureau. Puis chacun des deux partis priera son dieu : Yahvé pour Élie, les baals pour les autres. Celui qui embrasera le bûcher sera le véritable Dieu d'Israël ! Pendant toute la matinée, les prêtres invoquent Baal en dansant et en s'inclinant devant l'autel. En vain, car le bûcher refuse de prendre feu :

> À midi, Élie se moqua d'eux et dit : « Criez plus fort, car c'est un dieu : il a des soucis ou des affaires, ou bien il est en voyage ; peut-être il dort et il se réveillera ! » Ils crièrent plus fort et ils se tailladèrent, selon leur coutume [34], avec des épées et des lances jusqu'à l'effusion du sang. Quand midi fut passé, ils se mirent à vaticiner jusqu'à l'heure de la présentation de l'offrande, mais il n'y eut aucune voix, ni réponse, ni signe d'attention (18, 27-29).

Élie entre alors en action. Il rassemble Israël et dresse à nouveau l'autel qui a été détruit pour être remplacé par celui de Baal. Il le bâtit en empilant douze pierres symbolisant les douze tribus d'Israël :

> Il construisit un autel au nom de Yahvé. Il fit un canal d'une contenance de deux boisseaux de semence autour de l'autel. Il disposa le bois, dépeça le taureau et le plaça sur le bois. Puis il dit : « Emplissez quatre jarres d'eau et versez-les sur l'holocauste et sur le bois », et ils firent ainsi ; il dit : « Doublez », et ils

---

tement montre que les forces en présence sont en effet disproportionnées : d'une part la puissance royale, d'autre part l'homme de Dieu et quelques inspirés, désarmés mais forts de l'assistance de Yahvé, le maître de la sécheresse et de la pluie.

34. Voir notice sur les prophètes, p. 33.

doublèrent ; il dit : « Triplez », et ils triplèrent. L'eau se répandit autour de l'autel et même le canal fut rempli d'eau. À l'heure où l'on présente l'offrande, Élie le prophète s'approcha et dit : « Yahvé, Dieu d'Abraham, d'Isaac et d'Israël, qu'on sache aujourd'hui que tu es Dieu en Israël, que je suis ton serviteur et que c'est par ton ordre que j'ai accompli toutes ces choses. Réponds-moi, Yahvé, réponds-moi, pour que ce peuple sache que c'est toi, Yahvé, qui es Dieu et qui convertis leur cœur ! » (18, 32-37).

Yahvé envoie le feu qui embrase le bûcher et le taureau :

Et le feu de Yahvé tomba et dévora l'holocauste et le bois, et il absorba l'eau qui était dans le canal. Tout le peuple le vit ; les gens tombèrent la face contre terre et dirent : « C'est Yahvé qui est Dieu ! C'est Yahvé qui est Dieu ! » Élie leur dit : « Saisissez les prophètes de Baal, que pas un d'eux n'échappe ! », et ils les saisirent. Élie les fit descendre près du torrent du Qishôn, et là il les égorgea (18, 38-40).

La terre d'Israël ayant été purifiée de la présence des baals, Yahvé peut accorder le bienfait de la pluie :

Élie dit à Achab : « Monte [au mont Carmel], mange et bois, car j'entends le grondement de la pluie. » Pendant qu'Achab montait pour manger et boire, Élie monta vers le sommet du Carmel, il se courba vers la terre et mit son visage entre ses genoux. Il dit à son serviteur : « Monte donc, et regarde du côté de la mer. » Il monta, regarda et dit : « Il n'y a rien du tout. » Élie reprit : « Retourne sept fois. » À la septième fois, le serviteur dit : « Voici un nuage, petit comme une main d'homme, qui monte de la mer. » Alors Élie dit : « Monte dire à Achab : Attelle et descends, pour que la pluie ne t'arrête pas. » Sur le coup, le ciel s'obscurcit de nuages et de tempête et il y eut une grosse pluie. Achab monta en char et partit pour Yizréel. La main de Yahvé fut sur Élie, il ceignit ses reins et courut devant Achab jusqu'à l'arrivée de Yizréel (1 R 18, 41-45).

Élie à l'Horeb (chapitre 19)

La reine Jézabel ne désarme pas pour autant ! Le massacre des prophètes l'ayant rendue furieuse, elle cherche à éliminer Élie, qui prend peur et s'enfuit vers l'Horeb (le Sinaï), comme s'il effectuait un pèlerinage sur la montagne sainte où Yahvé se manifesta jadis à Moïse et à Israël. À Bersabée, le prophète abandonne son serviteur et s'enfonce dans le désert. Au bout d'une journée de marche, n'en pouvant plus, préférant mourir que de continuer à endurer ses souffrances, il s'allonge et s'endort, remettant sa vie entre les mains de Yahvé :

> Mais voici qu'un ange le touche et lui dit : « Lève-toi et mange. » Il regarda et voici qu'il y avait à son chevet une galette cuite sur les pierres chauffées et une gourde d'eau. Il mangea et but, puis il se recoucha. Mais l'ange de Yahvé revint une seconde fois, le toucha et dit : « Lève-toi et mange, autrement le chemin sera trop long pour toi. » Il se leva, mangea et but, puis, soutenu par cette nourriture, il marcha quarante jours et quarante nuits jusqu'à la montagne de Dieu, l'Horeb (5-8).

Arrivé à la montagne, Élie se réfugie dans une grotte pour y passer la nuit. Yahvé s'adresse à lui et lui demande ce qu'il fait là :

> Il répondit : « Je suis rempli d'un zèle jaloux pour Yahvé Sabaot, parce que les enfants d'Israël ont abandonné ton alliance, qu'ils ont abattu tes autels et tué tes prophètes par l'épée. Je suis resté moi seul et ils cherchent à m'enlever la vie. » Il lui fut dit : « Sors et tiens-toi dans la montagne devant Yahvé » (10-11).

Yahvé se manifeste auprès d'Élie, comme il le fit avec Moïse. Mais il ne parle plus à travers l'ouragan, le tremblement de terre ou le feu :

> Et voici que Yahvé passa. Il y eut un grand ouragan, si fort qu'il fendait les montagnes et brisait les rochers, en avant de Yahvé, mais Yahvé n'était pas dans l'ouragan ; et après l'ouragan un tremblement de terre, mais Yahvé n'était pas dans le tremblement de terre ; et après le tremblement de terre un feu, mais Yahvé n'était pas dans le feu ; et après le feu, le bruit d'une brise légère (11-12).

Ce récit témoigne d'une nouvelle perception, au retour de l'exil, de la rencontre de Dieu et de l'homme. Désormais, Dieu ne parle plus seulement à travers la Loi gravée sur la pierre de l'Horeb (Sinaï), cette Loi est inscrite dans le cœur de l'homme, d'où elle l'invite avec douceur à répondre aux appels de Yahvé, comme l'a déjà annoncé Jérémie (31, 31-64) quelques années avant la destruction de Jérusalem. Mais Élie en reste à une conception du Dieu vengeur et jaloux. D'ailleurs, ne l'a-t-il pas appelé sous son nom guerrier, Sabaot ? À l'évidence, pour continuer son combat, Élie compte davantage sur la puissance de Yahvé que sur sa bonté !

> Dès qu'Élie l'entendit, il se voila le visage avec son manteau, il sortit et se tint à l'entrée de la grotte. Alors une voix lui parvint, qui dit : « Que fais-tu ici, Élie ? » Il répondit : « Je suis rempli d'un zèle jaloux pour Yahvé Sabaot, parce que les enfants d'Israël ont abandonné ton alliance, qu'ils ont abattu tes autels et tué tes prophètes par l'épée. Je suis resté moi seul, et ils cherchent à m'enlever la vie » (13-14).

La vigne de Nabot (chapitre 21)

Pendant ce temps, Achab continue à guerroyer contre le roi de Damas, Ben-Hadad II, pour la possession de Ramot, ville de Galaad en Transjordanie (« guerres araméennes » rapportées dans le chapitre 20). Par ailleurs, il pense à étendre sa propriété, plus précisément à agrandir son palais de Samarie. Mais il est gêné par une vigne qui jouxte son domaine personnel. Le propriétaire, Nabot, ne veut pas vendre l'héritage de ses pères. Contrarié, le souverain s'en ouvre à Jézabel, qui se moque de lui et prend l'affaire en main. Elle convoque les anciens et les notables de la ville et soudoie deux vauriens chargés d'accuser Nabot d'avoir maudit Dieu et le roi. Le malheureux est condamné et lapidé. Achab accapare la vigne, mais Élie, poussé à intervenir, l'y rejoint et le maudit :

> « Tu as assassiné, et de plus tu usurpes ! À l'endroit même où les chiens ont lapé le sang de Nabot, les chiens laperont ton sang aussi. [...] Je balayerai ta race, j'exterminerai les mâles de ta famille. [...] Les chiens dévoreront Jézabel dans le champ de Yizréel (19-24).

Le jugement du chroniqueur est terrible :

> Il n'y eut vraiment personne comme Achab pour agir en fourbe, faisant ce qui déplaît à Yahvé, parce que sa femme Jézabel l'avait séduit (25).

L'endurcissement d'Achab qui s'oppose à la Parole de Yahvé est-il définitif ? Non, car, en entendant la malédiction d'Élie, Achab lacère ses habits et son corps, cesse de manger et déambule comme un fantôme. Devant une attitude aussi déchirante, ce repentir qui marque le respect à son égard, Yahvé avertit Élie qu'il ne maudira pas Achab durant sa vie, mais que le sort s'abattra sur son fils (27-29) : de même, pour Salomon, Dieu avait différé la manifestation de sa colère.

La nouvelle guerre contre les Araméens : la mort d'Achab (chapitre 22)

Achab déclare de nouveau la guerre au roi de Damas qui a occupé la ville de Ramot en Galaad. Désireux de récupérer cette cité, il réussit à entraîner dans l'aventure le monarque de Juda, Josaphat. Mais celui-ci exige que Yahvé soit auparavant consulté. Une bande de (faux) prophètes interrogés affirment d'une seule voix que Dieu promet la victoire. Pourtant, Josaphat veut que l'on prenne l'avis d'un autre (vrai) prophète. Achab déclare qu'il connaît un tel homme, mais, dit-il, ce fervent de Yahvé annonce toujours le malheur (c'est-à-dire celui d'Achab !) : il s'appelle Michée et exerce en Juda[35]. Rentrés en transe, les prophètes poussent les souverains à partir à la conquête de Ramot. Quant à Michée, il prédit aussi le succès à Achab. Or, ce dernier, étonné de cet oracle pour une fois favorable, le presse de lui révéler la vérité :

> « Écoute la parole de Yahvé. J'ai vu Yahvé assis sur son trône, toute l'armée du ciel se tenait en sa présence, à sa droite et à sa gauche. Yahvé demanda : "Qui trompera Achab pour qu'il marche contre Ramot de Galaad et qu'il y succombe ?" Ils répondirent, celui-ci d'une manière, celui-là d'une autre. Alors l'Esprit s'avança et se tint devant Yahvé : "C'est moi, dit-il, qui le tromperai." Yahvé lui demanda : "Comment ?" Il répondit : "J'irai et me ferai esprit de mensonge dans la bouche de tous ses prophètes." Yahvé dit : "Tu le tromperas, tu réussiras. Va et fais ainsi." Voici donc que Yahvé a mis un esprit de mensonge dans la bouche de tous tes prophètes qui sont là, mais Yahvé a prononcé contre toi le malheur » (19-23).

Dieu introduit parfois le mensonge dans le cœur des hommes, mais que le malheur prévu se réalise ! Achab et Josaphat ignorent l'avertissement de Michée, qui est jeté en prison. Achab, pour déjouer le sort, se déguise en simple soldat, tandis que Josaphat reste en tenue royale. Les Araméens, qui ont ordre d'abattre uniquement le souverain de Samarie, découvrent rapidement que l'homme richement vêtu n'est pas celui qu'ils sont chargés

---

35. Ce prophète, inconnu par ailleurs dans la Bible, est un homonyme du prophète qui interviendra plus d'un siècle plus tard, à la même époque qu'Isaïe (voir première partie, chapitre 2, « Le prophète Michée », p. 74).

d'abattre. Une flèche tirée au hasard par un soldat araméen atteint alors Achab. Yahvé a vraiment voulu sa perte et le roi périt lamentablement, comme il le méritait :

> Achab dit à son charrier : « Tourne bride et fais-moi sortir de la mêlée, car je me sens mal. » Mais le combat devint plus violent ce jour-là, on soutint le roi debout sur son char en face des Araméens, et le soir il mourut, le sang de sa blessure coulait dans le fond du char. Au coucher du soleil, un cri se répandit dans le camp : « Chacun à sa ville et chacun à son pays ! Le roi est mort. » On alla à Samarie et on enterra le roi à Samarie. On lava à grande eau son char à l'étang de Samarie, les chiens lapèrent le sang et les prostituées s'y baignèrent, selon la parole que Yahvé avait dite (34-38).

L'accomplissement de la seconde partie de l'oracle, qui concerne Jézabel, est imminent.

Le règne éphémère du fils d'Achab : la dernière intervention d'Élie

Le fils d'Achab, Ochozias, est aussi impie que son père. Il ne règne que deux ans (853-852). Un jour, il tombe de son balcon et reste paralysé. Pour son malheur, il envoie consulter « le Baal des mouches », sobriquet que l'auteur emploie pour désigner Baal Zebub, « Baal le prince », vénéré à Éqrôn, en Philistie. Élie se porte à la rencontre des envoyés du roi et leur commande de retourner vers leur maître pour lui signifier la condamnation de Yahvé. Ils décrivent [36] le prophète comme :

> ... un homme avec un vêtement de poils et un pagne de peau autour des reins (2 R 1, 8).

À ce signalement, Ochozias reconnaît Élie. Il envoie un détachement de cinquante hommes pour se saisir de lui. Mais le prophète brandit contre eux le feu de Dieu et les extermine. Un deuxième détachement subit le même sort. Élie épargne le troisième et consent à affronter le roi en personne. Il renouvelle la condamnation que le souverain a méritée pour avoir consulté Baal :

36. Jean le Baptiste, le précurseur de Jésus, s'habillera de la même façon (Mc 1, 6).

« Tu ne descendras pas du lit où tu es monté » (2 R 1, 16).

Son frère Joram (852-841) règne à sa place. Il n'a plus à affronter Élie, mais son disciple Élisée.

Le cycle d'Élisée (second livre des Rois)

L'enlèvement d'Élie et l'investiture d'Élisée

Élie a rencontré Élisée à son retour de l'Horeb et a jeté son manteau sur le jeune homme, qui s'est mis à son service. Néanmoins, nous ne voyons jamais les deux prophètes ensemble avant leur séparation. Ce jour-là, après avoir parcouru le pays, ils parviennent au bord du Jourdain, face à Jéricho :

> Cinquante frères prophètes vinrent et s'arrêtèrent à distance, au loin, pendant que tous deux se tenaient au bord du Jourdain. Alors Élie prit son manteau, le roula et frappa les eaux, qui se divisèrent d'un côté et de l'autre, et tous deux traversèrent à pied sec. Dès qu'ils eurent passé, Élie dit à Élisée : « Demande : Que puis-je faire pour toi avant d'être enlevé d'auprès de toi ? » et Élisée répondit : « Que me revienne une double part de ton esprit ! » Élie reprit : « Tu demandes une chose difficile : si tu me vois pendant que je serai enlevé d'auprès de toi, cela t'arrivera ; sinon, cela n'arrivera pas. » Or, comme ils marchaient en conversant, voici qu'un char de feu et des chevaux de feu se mirent entre eux deux, et Élie monta au ciel dans le tourbillon. Élisée voyait et il criait : « Mon père ! Mon père ! Char d'Israël et son attelage ! » puis il ne le vit plus et, saisissant ses vêtements, il les déchira en deux. Il ramassa le manteau d'Élie, qui avait glissé, et revint se tenir sur la rive du Jourdain (2 R 2, 7-13).

Élie est donc enlevé et conduit auprès de Dieu sans passer par la mort. Élie réside auprès de Yahvé en attendant l'intervention de Dieu qui établira sa domination sur la terre dans les derniers temps [37]. Élisée ramasse le manteau de son maître, signe qu'il a reçu son esprit, c'est-à-dire l'Esprit de Yahvé, afin de poursuivre son action.

---

37. C'est pourquoi Israël attendit impatiemment le retour du prophète : les contemporains de Jean Baptiste virent en celui-ci Élie (Mt 16, 14).

Intervention dans la guerre contre Moab (chapitre 3)

Joram règne sur la Samarie. Or, son vassal Mésha, roi de Moab, refuse de continuer à lui payer tribut. Résolu à le châtier, Joram s'allie avec Juda et Édom. Les trois nations réunissent leurs forces au sud de la mer Morte, mais, avant d'attaquer, ils souhaitent consulter Élisée. Celui-ci consent à prononcer un oracle d'encouragement en raison de la présence du souverain de Juda – la dynastie davidique bénéficie encore des faveurs divines. Un torrent énorme, formé d'eaux aussi rouges que du sang, submerge Moab. Bernés, les Moabites croient que ce sang est celui de leurs assaillants. Ils s'approchent du camp ennemi mais sont massacrés, puis leurs villes, pillées. Pour susciter l'aide de son dieu Kemosh, Mésha lui offre alors son fils premier-né en sacrifice. Les Israélites, redoutant que Kemosh, satisfait par tant de générosité, intervienne pour protéger le roi moabite et son pays, s'enfuient chez eux, montrant ainsi leur peur des idoles. Ils manifestent surtout par là qu'ils n'ont aucune crainte de Yahvé.

Miracles d'Élisée

Plus encore qu'Élie, Élisée a laissé le souvenir d'un grand thaumaturge. Certains de ses miracles ont même été attribués à Élie. En les rapportant, l'auteur a voulu signifier que Yahvé continue à intervenir en faveur des fils d'Israël comme il l'a fait autrefois au cours des années de séjour dans le désert. Les bénéficiaires de ces prodiges sont ceux qui ont la préférence de Dieu, la veuve, l'orphelin, l'étranger [38].

– *Le miracle de l'huile.* Le récit du premier miracle présente une veuve criblée de dettes. Le prêteur sur gages menace de lui prendre ses enfants pour en faire des esclaves :

> Élisée lui dit : « Que puis-je faire pour toi ? Dis-moi, qu'as-tu à la maison ? » Elle répondit : « Ta servante n'a rien du tout à la maison, sauf un flacon d'huile. » Alors, il dit : « Va emprunter dehors des vases à tous tes voisins, des vases vides et pas trop peu ! Puis tu rentreras, tu fermeras la porte sur toi et sur tes fils et

38. Jésus donnera une signification identique aux miracles qu'il accomplit : ils manifestent la miséricorde de Dieu et prouvent qu'il est son envoyé (Lc 4, 18-19).

tu verseras l'huile dans tous ces vases, en les mettant de côté à mesure qu'ils seront pleins. » Elle le quitta et ferma la porte sur elle et sur ses fils – ceux-ci lui tendaient les vases et elle ne cessait de verser. Or, quand les vases furent pleins, elle dit à son fils : « Tends-moi encore un vase », mais il répondit : « Il n'y a plus de vase » ; alors l'huile cessa de couler. Elle alla rendre compte à l'homme de Dieu, qui dit : « Va vendre cette huile, tu rachèteras ton gage et tu vivras du reste, toi et tes fils » (4, 1-7).

– *Résurrection du fils de la Shunamite.* Élisée a pris pension chez une riche dame de Shunem, ville située au sud de la Galilée. On lui a préparé une petite chambre sur la terrasse. Cette dame n'a pas d'enfant, son mari est âgé. Élisée lui promet que l'année suivante, à la même époque, elle serrera un fils dans ses bras. De fait, l'enfant naît et grandit, mais, au temps de la moisson, alors qu'il rejoint son père dans les champs, il est victime d'une insolation et meurt. Élisée est alors sur le mont Carmel. La mère étend le cadavre sur la couche qu'a occupée le prophète, selle son âne, part à la recherche d'Élisée et le trouve. Elle lui reproche de lui avoir accordé un garçon et de le lui avoir enlevé. Élisée dépêche Géhazi, son serviteur, muni de son bâton pour qu'il le pose sur le front de l'enfant. Malheureusement, le petit ne se réveille pas. Le récit du miracle est célèbre :

Élisée arriva à la maison, là était l'enfant, mort et couché sur son propre lit. Il entra, ferma la porte sur eux deux et pria Yahvé. Puis il monta sur le lit, s'étendit sur l'enfant, mit sa bouche contre sa bouche, ses yeux contre ses yeux, ses mains contre ses mains, il se replia sur lui et la chair de l'enfant se réchauffa. Il se remit à marcher de long en large dans la maison, puis remonta et se replia sur lui, jusqu'à sept fois : alors l'enfant éternua et ouvrit les yeux. Il appela Géhazi et lui dit : « Fais venir cette bonne Shunamite. » Il l'appela. Lorsqu'elle arriva près de lui, il dit : « Prends ton fils. » Elle entra, tomba à ses pieds et se prosterna à terre, puis elle prit son fils et sortit (4, 32-37).

D'autres miracles sont racontés brièvement, certains pittoresques, d'autres inquiétants. Élisée assainit l'eau de la source polluée de Jéricho, mais il fait dévorer par deux ourses quarante-deux enfants qui se sont moqués de lui (2, 19-25). Il purifie la soupe empoisonnée d'une bande de prophètes en y versant de la farine (4, 38-41). Il multiplie des pains afin de nourrir une centaine de personnes (4, 42-44). Il fait remonter à la surface de l'eau une hache de fer qui était tombée dans le Jourdain (6, 1-7). Surtout, il guérit de la lèpre Naamân, le chef de l'armée du roi d'Aram, l'adversaire juré d'Israël. Mais ce miracle possède une signification particulière, puisque Naamân n'appartient pas au peuple d'Israël, mais au pays ennemi, Damas.

Élisée et l'ennemi araméen

Au IXe siècle, le pays d'Aram, dont la capitale est Damas, est l'ennemi farouche d'Israël. Les deux nations sont proches par la langue et par leurs origines. Leurs territoires sont voisins et d'égale superficie. David et Salomon ont fait du roi de Damas leur vassal, mais le schisme a affaibli Israël. Aussi Aram convoite-t-il notamment le territoire israélite de Galaad, au-delà du Jourdain. Il lance également de fréquentes razzias jusqu'aux portes de Samarie. Cependant, Aram a été parfois l'allié d'Israël, il le sera même contre Juda[39]. Cet arrière-fond historique rend compréhensible l'attitude d'Élisée, qui, de même qu'Élie, intervient dans les « guerres araméennes ».

– *Élisée guérit de la lèpre le général araméen (chapitre 5)*. Naamân, le général de l'armée araméenne, est atteint de la lèpre. Il possède à son service une petite servante israélite enlevée lors d'un raid en Samarie. Or, celle-ci affirme à sa maîtresse qu'Élisée peut guérir son époux. Naamân se confie au roi d'Aram, son maître, qui, par écrit, demande au souverain d'Israël de conduire son général chez le prophète. Élisée propose au lépreux de venir chez lui :

> Naamân arriva avec son attelage et son char et s'arrêta à la porte de la maison d'Élisée, et Élisée envoya un messager lui dire : « Va te baigner sept fois dans le Jourdain, ta chair redeviendra nette. » Naamân, irrité, s'en alla en disant : « Je m'étais dit : Sûrement il sortira et se présentera lui-même, puis il invoquera le nom de Yahvé son Dieu, il agitera la main sur l'endroit malade et délivrera la partie lépreuse. Est-ce que les fleuves de Damas, l'Abana et le Parpar, ne valent pas mieux que toutes les eaux d'Israël ? Ne pourrais-je pas m'y baigner

39. Voir première partie, chapitre 2, p. 75.

pour être purifié ? » Il tourna bride et partit en colère. Mais ses serviteurs s'approchèrent et s'adressèrent à lui en ces termes : « Mon Père ! Si le prophète t'avait prescrit quelque chose de difficile, ne l'aurais-tu pas fait ? Combien plus, lorsqu'il te dit : Baigne-toi et tu seras purifié » (5, 9-14).

Le général cède à l'argument, suit la prescription d'Élisée et recouvre la santé ! Puis, il va trouver le prophète et confesse que Yahvé est le seul Dieu unique sur la terre. Afin de le remercier, il propose un cadeau à Élisée, qui le refuse. Naamân, qui croit désormais en Yahvé, lui demande ensuite l'autorisation d'emmener en Aram un peu de la terre d'Israël :

> «... car ton serviteur n'offrira plus ni holocauste ni sacrifice à d'autres dieux qu'à Yahvé » (5, 17-19).

Guéri, Naamân abandonne le culte de Rimmôn, le dieu royal et national. Le fleuve sacré d'Israël, le Jourdain, l'a purifié de la lèpre, signe d'impiété. Devenu fidèle de Yahvé dans un pays idolâtre, il est contraint de continuer à fréquenter les temples païens, mais a pris la précaution d'emporter cette terre d'Israël, le pays de son Dieu, sur laquelle il peut bâtir un autel, à Damas [40].

– *Yahvé délivre Samarie de la famine (chapitre 7).* Cependant, Aram constitue toujours une menace mortelle pour la Samarie. Ben-Hadad II assiège la capitale, où la famine fait de nombreuses victimes. Mais Élisée vient annoncer au roi que Yahvé délivrera Samarie le jour suivant. Quatre habitants, lépreux et mourant de faim, décident d'aller quérir de la nourriture dans le camp ennemi. Ils y pénètrent la nuit et le trouvent désert, avec pour seule présence les montures à l'entrave. Ils entrent dans une tente, puis dans une autre, mangent et boivent. Ils décident alors d'avertir leur souverain dans son palais. Le roi se méfie. Est-ce une ruse destinée à attirer les assiégés hors de la cité ? C'est pourquoi il prend la précaution d'envoyer une petite escouade en reconnaissance. La troupe découvre, sur le chemin qui

---

40. Ce récit reflète le cas de païens qui découvrirent Yahvé après le retour de l'exil. Certains devinrent « prosélytes », c'est-à-dire qu'ils se convertirent au judaïsme en acceptant la circoncision. D'autres furent des « craignant Dieu » ; ils croyaient en ce Dieu unique sans pour autant s'intégrer entièrement au peuple juif.

mène au Jourdain, des vêtements et du matériel abandonnés si rapidement qu'il semble que la panique a gagné le camp araméen. Que s'est-il passé ?

Yahvé a tout simplement imité le vacarme d'une armée considérable. Leurrés, les Araméens ont cru qu'Israël avait fait appel aux Hittites et aux Égyptiens, ces peuples formidables qui, autrefois, avaient dominé le monde. Le soir même, les habitants de Samarie mangent à leur faim. L'histoire montre que Yahvé peut choisir de faire vivre ou de faire mourir son peuple.

– *Aram, instrument de la colère divine.* Élisée se rend à Damas – on ne sait pourquoi. Le roi Ben-Hadad II, gravement malade, apprenant que le prophète est en ville, envoie son officier Hazaël lui porter des présents afin qu'il intervienne pour le soigner. Mais Élisée sait que le souverain ne guérira pas et qu'Hazaël le remplacera sur le trône :

> Soudain les traits du prophète se figèrent, son regard devint fixe à l'extrême, et l'homme de Dieu pleura. Hazaël dit : « Pourquoi Monseigneur pleure-t-il ? » Élisée répondit : « C'est que je sais le mal que tu feras aux Israélites : tu mettras le feu à leurs places fortes, tu tueras par l'épée l'élite de leurs guerriers, tu écraseras leurs petits enfants. » Hazaël dit : « Mais qu'est ton serviteur ? Comment ce chien pourrait-il accomplir cette grande chose ? » Élisée répondit : « Dans une vision de Yahvé, je t'ai vu roi d'Aram » (8, 11-13).

Devenu roi, Hazaël opprime les Israélites (14, 22), mais la domination de Damas ne dure que le temps de son règne. Israël reprend les villes qui lui ont été enlevées (14, 22-25).

Joas (798-783) gouverne la Samarie et se révèle aussi impie que les autres monarques (2 R 13, 14). Pourtant, alors qu'Élisée est sur le point de mourir, Joas tient à venir le saluer. Il pleure son départ prochain, mais le prophète lui demande d'accomplir des gestes symboliques : tirer des flèches par la fenêtre, puis contre terre. Malheureusement, il n'en lance que trois, signe, selon Élisée, que sa victoire contre Aram ne sera pas totale.

Ainsi se terminent les cycles d'Élie et d'Élisée. Le rédacteur du livre des Rois, au retour de l'exil, présente ces personnages comme les champions capables de défendre la foi à une époque où elle était le plus menacée dans le royaume de Samarie. Pour leur permettre d'accomplir leur mission,

Yahvé les a revêtus de la puissance de son Esprit. Ils ont ainsi mené des combats terribles contre les baals, mais aussi contre les rois de Samarie et de Damas. Ils ont accompli des prodiges par lesquels se sont manifestées la puissance et la bonté divines. Cependant, leur action n'a pas arrêté la décadence inexorable de la religion, même si les difficultés de l'Assyrie et la faiblesse de Damas ont permis à la Samarie et à Juda de connaître une prospérité relative[41]. Élie et Élisée, de même qu'Amos et Osée quelques années plus tard, n'ont pu amener Israël à la conversion et écarter le châtiment de Yahvé.

Épilogue : vers la mort inexorable d'Israël et de Juda (841-587)

Les interventions d'Élie et d'Élisée en Samarie n'ont pas été suivies d'effets. Omri (885-874) a favorisé le culte des baals. Son fils Achab (874-853), encouragé par son épouse Jézabel, a résisté à l'action d'Élie. Élisée n'a pas eu plus d'influence auprès des successeurs, Ochozias (853) et son frère Joram (852-841), qu'il a pourtant consolé sur son lit de mort. Mais Élisée envoie secrètement un disciple pour donner l'onction royale à Jéhu, qui s'installe sur le trône de Samarie en 841. Jéhu va remplir la première partie de la mission qui lui a été assignée, mais pas la seconde...

Odeur de mort à Samarie

Quand il est oint, Jéhu est officier de Joram. Il défend la ville de Ramot en Galaad contre les tentatives de reconquête de Ben-Hadad II. Son rôle est clair :

> « Tu frapperas la maison d'Achab, ton maître, et je vengerai le sang de mes serviteurs les prophètes et de tous les serviteurs de Yahvé sur Jézabel et toute la famille d'Achab. [...] Quant à Jézabel, les chiens la dévoreront dans le champ de Yizréel ; personne ne l'enterrera » (2 R 9, 7-10).

41. Voir Prélude, p. 18.

Les compagnons de Jéhu ratifient ce choix et l'acclament. Aussitôt, il part concrétiser l'ordre de Yahvé. Au même moment, Joram reçoit, dans son palais de la ville de Yizréel, le roi de Juda, Ochozias (841), ce qui montre qu'à cette époque les deux royaumes ont passé alliance entre eux. Accompagné de son invité, Joram vient à la rencontre de Jéhu, qui rejette ses salutations de paix :

> « Comment ! La paix, tant que durent les prostitutions de ta mère Jézabel et ses nombreux sortilèges » (9, 22).

Joram découvre la trahison et s'enfuit. Jéhu bande son arc et atteint l'impie, sa cible, entre les épaules. La flèche traverse le cœur de Joram, qui s'affaisse sur son char. Le cadavre est ensuite jeté dans la vigne de Nabot, cette terre pour laquelle son père Achab et sa mère Jézabel ont assassiné ce pauvre de Yahvé[42]. Ochozias, quant à lui, s'est échappé, mais une autre flèche le frappe aussi sur son char. Il meurt à Megiddo[43], une ville qui commande l'accès ouest de la plaine de Yizréel. Sa dépouille est transportée à Jérusalem.

L'exécution de Jézabel est l'étape suivante. Apprenant que Jéhu arrive, elle se fait belle et le guette depuis sa fenêtre :

> Elle se farda les yeux, s'orna la tête, se mit à la fenêtre et, lorsque Jéhu franchit la porte, elle dit : « Cela va-t-il bien, assassin de son maître ? » Deux ou trois eunuques étaient avec elle. Jéhu leur dit : « Jetez-la en bas. » Ils la jetèrent en bas, son sang éclaboussa le mur, les chevaux lui passèrent sur le corps. Jéhu mangea et but, puis il ordonna : « Occupez-vous de cette maudite et donnez-lui la sépulture, car elle est fille de roi. » On alla pour l'ensevelir, mais on ne trouva d'elle que le crâne, les pieds et les mains. On revint en informer Jéhu : « C'est l'accomplissement de la parole d'Élie : dans le champ de Yizréel, les chiens dévoreront la chair de Jézabel » (9, 30-37).

Jéhu n'oublie pas qu'il a reçu mission d'exterminer toute la famille royale de Samarie. Il fait décapiter soixante-dix personnes :

---

42. Voir plus haut, p. 426.
43. C'est ici que le roi Josias trouvera la mort (voir première partie, chapitre 3, « La réforme avortée et la fin de Josias », p. 106.

Il ne laisse échapper aucun des descendants d'Achab, tous ses grands, ses familiers, ses prêtres ; il n'en laissa échapper aucun (10, 11).

De même, il exécute quarante-deux princes judéens venus saluer le roi et la reine défunte. Pour épurer le passé corrompu de la dynastie dissoute, il renouvelle le massacre d'Élie contre les prophètes de Baal. Il convoque tous les prophètes, tous les prêtres, et tous les fidèles du dieu dans le temple de Baal. Il simule un holocauste à Baal et ordonne à quatre-vingts de ses gardes et de ses écuyers de massacrer l'assistance :

Ils les passèrent tous au fil de l'épée et arrivèrent jusqu'au sanctuaire du temple de Baal. Ils enlevèrent le pieu sacré du temple de Baal et le brûlèrent. Ils démolirent la stèle de Baal, ils démolirent aussi le temple de Baal et en firent un cloaque, ce qu'il est resté jusqu'à maintenant (10, 25-27).

Yahvé exprime à Jéhu sa satisfaction. Le sol d'Israël est purifié. L'auteur est cependant obligé de constater que le roi de Samarie ne supprime pas les veaux d'or des temples de Béthel et de Dan. Dans l'ensemble, Jéhu perpétue les péchés de ses prédécesseurs. Parce qu'il a effectué la première partie de sa mission, il demeure sur le trône ; parce qu'il n'a pas supprimé les deux temples royaux, la quatrième génération de sa dynastie sera renversée, comme l'a été celle d'Omri. Mais Yahvé amorce dès maintenant son châtiment contre la Samarie. Il permet au roi de Damas de conquérir toute la rive orientale du Jourdain, depuis Galaad et Bashân jusqu'au torrent de l'Arnon au sud. Mais il ne l'autorise pas à la ruiner car :

... il n'a pas encore décidé d'anéantir, d'effacer le nom d'Israël de dessous le ciel (14, 27).

L'histoire des années suivantes est entrecoupée de petites victoires et de petites défaites de Jéhu et de ses descendants : Joachaz (814-798), Joas (798-783), Jéroboam II (783-743). Ce dernier, malgré un long règne prospère, ne trouve pas grâce non plus aux yeux de l'auteur [44]. Comme Yahvé l'a annoncé, le quatrième descendant de Jéhu, Zacharie, est tué par un prétendant, lui-même assassiné un mois plus tard par un certain Menahem.

---

44. Voir première partie, chapitre 1, p. 46.

Pour la première fois apparaît sérieusement la menace de l'Assyrie, l'instrument de Dieu :

« De son temps, Pul, roi d'Assyrie[45], envahit le pays. Menahem donna à Pul mille talents d'argent pour qu'il le soutînt et qu'il affermît le pouvoir royal entre ses mains. Menahem préleva cette somme sur Israël, sur tous les notables pour la donner au roi d'Assyrie, à raison de cinquante sicles d'argent par tête. Alors le roi d'Assyrie s'en retourna et ne resta pas là dans le pays (15, 19-20).

L'action se déroule en 737. Le souverain d'Assyrie ne s'éloigne que pour un temps. En 732, il soumet Damas. En 722, il prend et détruit Samarie, puis en déporte les habitants.

Contamination de Juda et mort d'Athalie

Pendant les années 841 à 743, que se passe-t-il en Juda ? Ochozias, en visite à Samarie, ayant été tué par Jéhu, sa mère, Athalie, prend le pouvoir. Athalie (841-835), fille d'Achab et de Jézabel, a été mariée à Joram, un roi qui s'est souvent allié à celui de Samarie afin de le soutenir dans ses guerres contre les Araméens. Athalie est la digne fille de Jézabel, et Racine l'a immortalisée dans une tragédie écrite à partir du récit de la Bible. Lorsqu'elle apprend la mort de son fils Ochozias, elle fait assassiner tous les descendants qui peuvent prétendre au trône.

Mais sa fille Yehosheba parvient à échapper au massacre et à sauver son jeune cousin Joas. Réfugiés dans le Temple, ils y restent cachés pendant six ans sous la protection du prêtre Yehoyada :

La septième année, Yehoyada envoya chercher des gardes et les fit venir auprès de lui, dans le Temple de Yahvé. Il conclut un pacte avec eux, leur fit prêter serment et leur montra le fils du roi. [...]

Les gardes firent tout ce que leur avait ordonné le prêtre Yehoyada. Ils prirent chacun leurs hommes, la garde descendante du jour du sabbat en même temps que la garde montante du jour du sabbat, et vinrent auprès du prêtre Yehoyada. Le prêtre donna aux gardes les lances et les boucliers du roi David, qui étaient dans le Temple de Yahvé. Les gardes se rangèrent, leurs armes à la

45. Pul est le nom babylonien que se donna Téglat-Phalasar III quand il prit Babylone en 729.

main, depuis l'angle sud jusqu'à l'angle nord du Temple, entourant l'autel et le Temple. Alors Yehoyada fit sortir le fils du roi, lui imposa le diadème et le document de l'alliance et lui donna l'onction royale. On battit des mains et on cria : « Vive le roi ! »

Entendant la clameur populaire, Athalie se rendit vers le peuple au Temple de Yahvé. Quand elle vit le roi debout sur l'estrade, selon l'usage, les chefs et les trompettes près du roi, tout le peuple du pays exultant de joie et sonnant de la trompette, Athalie déchira ses vêtements et cria : « Trahison ! Trahison ! » Alors le prêtre Yehoyada donna un ordre aux commandants de la troupe : « Faites-la sortir entre les rangs, leur dit-il, et si quelqu'un la suit, qu'on le passe au fil de l'épée » ; car le prêtre s'était dit : « Il ne faut pas qu'elle soit tuée dans le Temple de Yahvé. » Ils mirent la main sur elle et, quand elle arriva au palais royal par l'Entrée des Chevaux, là elle fut mise à mort (11, 1-16).

Juda étant purifié de l'impie, Yehoyada tente de réformer le royaume :

Yehoyada conclut entre Yahvé, le roi et le peuple l'alliance par laquelle celui-ci s'obligeait à être le peuple de Yahvé ; de même entre le roi et le peuple. Tout le peuple se rendit ensuite au temple de Baal et le démolit ; on brisa de belle façon ses autels et ses images et on tua Mattân, prêtre de Baal, devant les autels (11, 17-18).

Joas (835-796) applique l'enseignement qu'il a reçu de son protecteur Yehoyada. Il active notamment la remise en état du Temple laissé à l'abandon pendant les règnes précédents, et surtout les six ans de pouvoir d'Athalie. Mais il ne réalise pas la réforme capable de restaurer réellement la foi en Dieu, c'est-à-dire la suppression autoritaire des sanctuaires existant dans les villes et les campagnes et dans lesquels le culte de Yahvé cohabite avec celui des idoles. De plus, Joas n'est pas un grand chef militaire : plutôt que d'affronter le roi de Damas qui menace Jérusalem, il préfère lui payer tribut. Au bout de quarante ans de règne, il est assassiné par ses officiers.

Or, contrairement à Samarie, où chaque révolution de palais amène une nouvelle dynastie sur le trône, à Jérusalem, conformément à la prophétie de Natân qui a annoncé la pérennité de la dynastie davidique, le fils de Joas, Amasias (796-781), succède à son père. Rien ne change du point de vue religieux ; le syncrétisme entre le culte de Yahvé et celui des idoles continue. Sur le plan militaire, Amasias remporte une petite victoire sur Édom. Le succès l'enivre et il déclare la guerre au royaume du Nord, on ne sait sous quel prétexte. Amasias est vaincu et fait prisonnier. Joas, qui gouverne alors la Samarie, s'empare de Jérusalem (la date exacte est inconnue), rafle le trésor du Temple et retourne à sa capitale. Amasias vit encore plusieurs années avant d'être assassiné, comme son père. Son fils Ozias (782-740) connaît en revanche un long règne de paix et de prospérité en même temps que Jéroboam II au Nord[46].

C'est au cours de ces deux longs règnes qu'interviennent Amos et Osée dans le royaume du Nord, le plus menacé par l'Assyrie. De fait, Samarie est prise en 722, la réalisation des malédictions des prophètes est mentionnée en une seule phrase par le livre des Rois (17, 5). Le chroniqueur continue alors la succession des rois de Juda. Il décrit plus longuement les règnes d'Ézéchias et de Josias, qui essaient sans beaucoup de succès de réformer le royaume. Puis il rapporte brièvement la marche inexorable de Jérusalem vers sa ruine. Le roi est envoyé en exil. Cependant, le rédacteur termine son récit en mentionnant que l'empereur de Babylone fait grâce au dernier souverain de Juda, Joiakîn, et l'invite à partager sa table : nous pouvons y lire comme un présage que l'histoire d'Israël ne s'arrêtera pas avec la catastrophe qui vient de s'abattre.

Mais, nous l'avons vu dans la première partie de notre ouvrage, à partir de 740 notre connaissance de l'histoire d'Israël s'appuie aussi sur les écrits prophétiques. Ces textes ne viennent pas seulement confirmer, compléter ou contredire les informations contenues dans le livre des Rois. L'interprétation qu'ils donnent de cette histoire sert à expliquer les cinq siècles de royauté qui se sont achevés tragiquement. Selon leur enseignement, s'ils s'étaient comportés en vrais guides de la Torah, la Loi, et, surtout, s'ils avaient purifié le pays des sanctuaires consacrés aux baals, les rois auraient assuré la protection du peuple contre la menace des grands empires. Mais, pour les prophètes et les livres des Rois, qui reprennent cet enseignement, Dieu n'a pas abandonné son peuple, l'alliance de Yahvé avec Israël demeure et subsistera toujours. La preuve réside dans cette communauté d'exilés qui, au creux de l'épreuve, renouvelle sa foi. Elle s'apprête à affronter une nouvelle étape du destin d'Israël : celle du retour en Terre promise.

46. Voir première partie, chapitre 1, p. 46.

Quatrième partie

Israël communauté sainte (515-400)

Prélude

Au retour de l'exil, en 538, Israël constitue une communauté centrée autour de Jérusalem et de son Temple, sur le territoire minuscule que l'empire perse lui a laissé, où il ne jouit d'aucune indépendance politique. Pourtant, au cours des siècles suivants, il connaît la plus grande fécondité spirituelle et littéraire de son histoire ! En effet, durant cette période, Israël organise la vision qu'il a de son passé au travers du Pentateuque [1] et des livres historiques [2]. Il met en forme les traditions orales et écrites qui éclairent les temps anciens depuis son entrée en Canaan jusqu'à la destruction de Jérusalem. Ces traditions sont collectées, assemblées, retravaillées et même réintégrées, parce qu'elles doivent servir à expliquer certaines croyances ou à justifier certaines pratiques, ou encore à se prémunir de fautes contraires à l'alliance, celles qui ont précisément conduit Israël à la

1. Voir deuxième partie, Prélude, p. 196.
2. Voir troisième partie, Prélude, p. 341.

catastrophe. Ce chantier vise donc à fortifier et approfondir la foi en Yahvé et à inciter les Judéens à se conformer aux lois élaborées dans le creuset de l'exil, en se préservant des dangers de contaminations religieuse et morale toujours menaçantes. Enfin, suprême caution, cette législation est placée sous l'autorité de Moïse, l'homme de Dieu par excellence, celui que louent les dernières lignes du Deutéronome [3] :

> Il ne s'est plus levé en Israël de prophète pareil à Moïse, lui que Yahvé connaissait face à face (34, 10).

Par l'intermédiaire de ce guide, Dieu, disent les auteurs bibliques, a exprimé d'une manière insurpassable sa volonté sur les Israélites. C'est en poursuivant l'idéal très exigeant de pureté que lui montra Moïse, en vivant en communauté sainte auprès du Temple, qu'Israël peut réaliser sa vocation de peuple élu voué à la louange divine, et mériter d'occuper définitivement la Terre promise. Mais les conditions rêvées durant l'exil ne se sont pas concrétisées lors du retour [4]. Non seulement les Israélites ne jouissent d'aucune indépendance politique, mais le culte est contrôlé par les autorités civiles. Pire, à l'intérieur de Jérusalem, les fidèles de Yahvé sont harcelés par une population qui refuse de se soumettre à la Loi de Moïsc. Les frictions, voire les persécutions [5], empêchent la mise en place des institutions nécessaires au déroulement d'une vie religieuse conforme aux préceptes de la Loi. Néanmoins, en 515, la consécration du Temple est une étape majeure : Israël possède désormais un lieu où adresser un culte à son Dieu. Les différents codes moraux, rituels, sociaux règlent l'existence individuelle et collective. Apparemment, celle-ci se déroule ensuite sans drame et la province de Judée [6] bénéficie du calme qui règne alors dans l'empire perse, jusqu'en 400, lorsque les premiers soubresauts se font sentir avec

---

3. Voir deuxième partie, chapitre 2, « La mort de Moïse », p. 260.
4. Voir première partie, chapitre 6, « Les humbles recommencements », p. 158.
5. Voir le Deutéro-Isaïe, p. 184.
6. Yehudah en hébreu, qui deviendra ioudaia en grec, Judée en français selon la désignation qui nous est familière. De là découlera le mot juif, signifiant « de Judée ».

la révolte de l'Égypte. À partir de cette date, elle entre progressivement dans la tourmente qui bouleversera une nouvelle fois le Proche-Orient...

Nos connaissances sur la vie interne de la communauté durant ces années 515-400 sont assez restreintes. Aucun livre historique, comme ceux de Samuel ou des Rois [7], n'en rend compte. Seuls les livres d'Esdras et de Néhémie [8], qui relatent les visites à Jérusalem de deux envoyés de l'empereur perse, permettent d'en avoir indirectement un aperçu. Ces visites se situent à la fin de cette période, mais, à partir du récit qui en est fait, nous pouvons saisir la situation religieuse et politique des juifs (chapitre 1). Nous utiliserons ensuite les législations cultuelles contenues dans le Lévitique, censées remonter au temps du désert, pour connaître la pratique cultuelle et éthique de la communauté telle qu'elle fut mise en pratique alors par la classe sacerdotale (chapitre 2).

D'autres ouvrages sont édités au cours de ce siècle ; au retour de l'exil, les cinq parties de la Torah, et donc le Lévitique, reçoivent peu à peu leur forme définitive. À ces textes essentiels, il convient d'ajouter le livre des Psaumes (chapitre 3), un ensemble de poèmes liturgiques qui va devenir rapidement le recueil officiel de la prière en Israël. Quelques-uns de ces psaumes ont été composés avant la déportation à Babylone, d'autres ont été écrits après 400, mais la quasi-totalité évoque plutôt les circonstances matérielles et spirituelles d'Israël pendant la période perse. Enfin, témoins de la réflexion religieuse de ces temps troublés, le livre de Job, œuvre d'un auteur unique, et deux recueils de textes, le livre des Proverbes et le Cantique des cantiques, peuvent être datés de l'époque perse (chapitre 4).

7. Voir troisième partie, chapitre 2, p. 372.
8. Voir plus loin, p. 457.

1

La Judée dans l'empire perse : Les missions de Néhémie et Esdras

En 515, l'empire perse a atteint sa plus grande dimension. Il est encore plus vaste que ne le furent les empires assyrien et babylonien. À l'est, il s'étend jusqu'à l'Indus et la mer Caspienne, englobant les actuels Pakistan, Afghanistan, Iran. Ce dernier territoire, point de départ de la puissance perse, reste le cœur de l'empire avec ses trois capitales, Ecbatane, Suse et Persépolis. Au centre, la Mésopotamie, la région la plus riche, se prolonge par la Syrie et la Palestine. À l'ouest, les Perses gouvernent l'Égypte, toute l'Asie Mineure et, au-delà du Bosphore, la Thrace où ils atteignent la Macédoine et la Grèce, laquelle sera la première à résister aux Perses. En effet, les victoires grecques, même peu importantes du point de vue militaire, sur terre à Marathon (490) et sur mer à Salamine (480), marqueront l'arrêt de l'expansion perse.

Le nouveau contexte politique de la Judée (Abdias)

Darius (522-486), ou peut-être Xerxès Ier (486-464), partage l'empire en vingt « satrapies ». La Palestine et la Syrie forment la cinquième, la Transeuphratène, dont la capitale est (sans doute) Damas. Elle est située entre la quatrième appelée Assyrie et la sixième, l'Égypte. Comme toutes les satrapies, la Transeuphratène est divisée en provinces assez petites dirigées chacune par un gouverneur, nommé évidemment par le pouvoir central. La région située entre la Méditerranée et le Jourdain comprend du nord au sud : la Galilée, où habitent alors peu de juifs ; Dor, qui longe la mer depuis le Carmel ; Ashdod, qui correspond au territoire de l'ancienne confédération philistine. Au centre s'étend comme autrefois la Samarie, dont la frontière méridionale est à moins d'une journée de route de Jérusalem. Au sud de la Judée commence l'ancien Édom [1]. Au-delà du Jourdain, on retrouve les provinces constituées par deux autres anciens royaumes, Moab et Ammon. Plus au sud débute l'immense désert arabique, dont une tribu sera connue bientôt sous le nom de Nabatéens et dont la capitale sera Pétra.

Une attention particulière doit être portée dès maintenant à Édom et à la Samarie. En 587, Édom a profité de la disparition du royaume de Jérusalem pour occuper la partie méridionale de celui-ci, annexant des grandes villes comme Hébron et Lakish, amenant ses frontières jusqu'aux portes de Bethléem. Vers cette époque, le prophète Abdias, dont l'œuvre est la plus courte de la Bible (vingt et un versets), a stigmatisé le comportement barbare [2] de ce peuple qui a profité du malheur de Juda pour le piller. Il a annoncé aussi le châtiment de Yahvé tombant sur Édom le fratricide, qui a participé avec Babylone au pillage de Jérusalem :

---

1. La transcription grecque du nom Édom donnera le nom Idumée, sous lequel ce pays sera connu par le Nouveau Testament.
2. N'oublions pas, en effet, que selon la tradition biblique Édom est le fils d'Ésaü, le frère de Jacob (voir deuxième partie, chapitre 3, « Les patriarches dans l'enseignement des prophètes », p. 264). Il représente l'ennemi par excellence d'Israël, à tel point que dans la littérature juive au tournant de notre ère ce nom est devenu le nom générique de tout ennemi d'Israël, notamment de Rome.

> Pour le carnage, pour la violence exercée contre Jacob ton frère, la honte te couvrira et tu disparaîtras à jamais. Quand tu te tenais à l'écart, le jour où des étrangers emmenaient ses richesses, où des barbares franchissaient sa porte et jetaient le sort sur Jérusalem, toi tu étais comme l'un d'eux. Ne te délecte pas à la vue de ton frère au jour de son malheur ! Ne fais pas des fils de Juda le sujet de ta joie au jour de leur ruine ! Ne tiens pas des propos insolents au jour de l'angoisse ! Ne franchis pas la porte de mon peuple au jour de sa détresse ! Ne te délecte pas, toi aussi, de la vue de ses maux au jour de sa détresse ! Ne te poste pas aux carrefours pour exterminer ses fuyards ! Ne livre point ses survivants au jour de l'angoisse ! Car il est proche, le jour de Yahvé, contre tous les Peuples ! Comme tu as fait, il te sera fait : tes actes te retomberont sur la tête (Ab 10-15).

De son côté, Samarie occupe un territoire bordé au nord par la Galilée et à l'ouest par la région côtière attribuée à Sidon. Au sud, elle a dû laisser à la Judée le vieux sanctuaire de Béthel. Mais même ainsi diminuée, elle est plus étendue et plus riche que l'ancien royaume du Sud. Ses relations avec la Judée vont être particulièrement tendues. Elle se prévaut également de son statut de berceau de la religion de Yahvé, et accepte difficilement la suprématie religieuse que les anciens exilés attribuent à Jérusalem. Ces Judéens se recommandent d'un mandat reçu de l'empereur perse pour réformer l'antique religion d'Israël selon des principes forgés en exil, loin du pays [3]. L'opposition de la Samarie contre ces réformateurs, loin de capituler, va conduire jusqu'au schisme vers 300 [4].

---

3. Il est utile de rappeler que, selon le livre d'Esdras, les dirigeants de Samarie, de provenances diverses comme sa population, ont d'abord essayé de s'opposer à la reconstruction du Temple et des remparts de Jérusalem, puis ont été écartés des travaux de restauration quand ils ont voulu y participer (voir première partie, chapitre 6, « Les humbles recommencements », p. 158).
4. Voir cinquième partie, chapitre 2, p. 461.

La province de Judée

La province de Juda, ou de Judée, occupe au retour de l'exil un territoire bien centré autour de Jérusalem sur un rayon de vingt-cinq kilomètres environ. Cette zone montagneuse, aride sinon désertique, qui permet plus l'élevage de moutons et de chèvres que la culture de céréales, est parsemée de petites villes, de Béthel au nord à Bethléem au sud, de Béth Shémesh à l'ouest à Jéricho à l'est. La population est évaluée par les historiens à environ cinquante mille âmes. Elle comprend d'une part ceux qui sont restés dans le pays après 587 ou qui y ont été transférés par les vainqueurs, d'autre part les anciens exilés de Babylone. Jérusalem, la capitale de David, a cristallisé tous les espoirs des juifs exilés. Cette attente se fait encore plus forte au retour en Terre promise ; la beauté de la cité inspire dès lors de nombreux poèmes et suscite des pèlerinages depuis la Judée, mais aussi depuis des provinces proches et lointaines de l'empire, puisque, selon la législation officielle, les juifs ne peuvent offrir de sacrifices qu'au Temple. Les habitants de Jérusalem – quelque dix mille personnes selon les historiens – sont certainement composés en majorité de croyants acquis à la purification religieuse telle qu'elle a été élaborée à Babylone, notamment des membres de nombreuses familles sacerdotales de haute et basse classes. Le fonctionnement du Temple exige par ailleurs le concours de corps de métiers variés, maçons, charpentiers, tisserands, orfèvres, ceux-là qui précisément ont été visés par la première déportation de 597. La vraie source de richesse de la province reste le sanctuaire entretenu par les fidèles de Judée et de plus en plus par les juifs de la Diaspora de Mésopotamie ou d'Égypte.

Les archéologues discutent sur le périmètre de la ville : elle ne dépasse pas alors probablement l'espace qu'entourent les remparts démantelés par Nabuchodonosor en 587. Entre les deux populations, même à l'intérieur de la ville, les relations sont conflictuelles et souvent violentes, voire sanglantes. Les anciens habitants qui ont occupé les maisons et les propriétés des exilés dans l'ensemble de la Judée n'entendent pas être dépouillés de leurs biens. Ils supportent difficilement ces nouveaux arrivants qui veulent réformer la religion assez accommodante qu'ils pratiquent, en brandissant le décret de 538 signé par Cyrus [5]. Assez vite, un gouverneur de la province

5. Voir première partie, chapitre 6, « Les humbles recommencements », p. 158.

est nommé par l'empereur, pour empêcher cette communauté religieuse de développer des prétentions nationalistes. Sous le contrôle de l'autorité du gouverneur, le grand prêtre commande le corps des prêtres et des lévites : il est désigné par le pouvoir central et son influence est limitée. En tout cas, on ne voit pas que les responsables religieux de Jérusalem aient réussi à imposer à la population de la capitale la pratique minutieuse des préceptes de la Torah. Quand le fonctionnaire Néhémie et le prêtre Esdras viennent à Jérusalem pour accomplir la mission qu'ils ont reçue de l'empereur, ils découvrent l'un et l'autre, et à des dates différentes, que la capitale se trouve dans un piteux état, non seulement économique, mais aussi religieux.

L'une des grandes énigmes de la Bible

Les missions d'Esdras et de Néhémie sont rapportées par les livres appelés précisément Esdras et Néhémie[6]. Le livre d'Esdras s'ouvre sur le décret de Cyrus autorisant les juifs à rentrer dans leur pays et à reconstruire le Temple. Puis il raconte le retour des exilés, la reconstruction du Temple et la célébration de la Pâque dans le nouveau sanctuaire (chapitres 1 à 6). Enfin, il relate la mission d'inspection du prêtre Esdras. Celui-ci accompagne une nouvelle caravane d'exilés jusqu'à Jérusalem ; il y découvre que même des prêtres et des lévites, désobéissant à la Torah, ont épousé des étrangères et les oblige à répudier ces femmes (chapitres 7 à 10). Le livre de Néhémie aborde ensuite la mission du laïc Néhémie chargé par l'empereur de relever les murs de Jérusalem, ce qu'il accomplit malgré de vives oppositions de la part d'habitants de Samarie. Esdras – qui réapparaît ici – peut alors proclamer solennellement la Torah ; le rempart est lui aussi restauré. La Ville sainte semble avoir trouvé la pureté qui lui convient, mais la fin du

6. Ces deux textes sont situés par la Bible hébraïque à la fin de l'ouvrage, entre le livre de Daniel et les livres des Chroniques, qui reprennent l'histoire des Rois (voir plus loin, p. 584) ; la Septante les place après les livres de Samuel, des Rois et des Chroniques, comme s'ils étaient la suite logique de ce grand ensemble qui rapporte l'histoire d'Israël depuis Saül jusqu'à l'exil. De fait, le livre d'Esdras s'ouvre sur le décret de Cyrus.

livre est marquée par une seconde visite que Néhémie doit effectuer à Jérusalem afin de supprimer deux nouveaux abus.

L'ensemble que forment ces deux ouvrages est l'une des plus grandes énigmes de la Bible. Beaucoup d'hypothèses ont été avancées pour résoudre les nombreuses difficultés qu'il contient, dont la principale est l'ordre chronologique des missions. Nous nous contenterons d'exposer la position la plus courante, sans entrer toutefois dans les détails. Il convient très vraisemblablement d'inverser l'ordre des livres de la Bible. Les historiens situeraient plus volontiers la mission de Néhémie en 445 sous le règne d'Artaxerxès Ier (465-423), c'est-à-dire soixante-dix ans après la consécration du Temple, celle d'Esdras en 398 sous Artaxerxès II (404-359). Mais, malgré ce décalage chronologique, ces deux textes sont précieux sur le plan historique. Ils se rapportent à des documents d'époque, le livre de Néhémie cite même un mémoire dans lequel Néhémie s'exprime à la première personne.

En réalité, ils sont la seule source dont nous disposions sur la vie à Jérusalem au retour de l'exil. Nous pouvons ainsi mesurer la précarité de la situation économique de beaucoup, les tensions entre les deux couches de population, les compromissions du haut clergé avec des familles païennes fortunées. Et, surtout, la difficulté que rencontrent les juifs fidèles à Yahvé pour se démarquer du paganisme ambiant afin de former une communauté se conformant aux exigences de la Loi. Car l'enseignement des prophètes et les projets élaborés par les exilés sont encore loin de façonner la foi et les pratiques dans le sens des enseignements de la Torah de Yahvé...

La mission de Néhémie (445)

Néhémie se présente comme un haut fonctionnaire juif à la cour impériale de Suse. Dans le mémoire où il s'exprime lui-même et qui introduit le livre, il rapporte que son frère qui réside à Jérusalem vient de lui signaler dans quel triste état se trouvent les remparts et les portes de sa ville. Cette dégradation n'est pas seulement due à la destruction de la cité par Nabuchodonosor un siècle auparavant. Sa cause immédiate est plus simple et brutale : les autorités locales s'opposent à tout ce qui pourrait redonner son prestige à l'ancienne capitale. Néhémie intervient auprès de l'empereur – qui serait donc selon l'hypothèse adoptée Artaxerxès Ier – et obtient d'être nommés gouverneur de la province de Judée pour un temps donné. Il part aussitôt à Jérusalem et parvient à mobiliser les Judéens pour qu'ils travaillent à la reconstruction des remparts et des portes. Trois fonctionnaires locaux nommés par lui, Sânballat de Samarie, l'Ammonite Tobiyya et l'Arabe Géshem, contrecarrent cette restauration : ils l'accusent d'avoir des prétentions monarchiques, et mobilisent une troupe afin d'arrêter le chantier. Les ouvriers de Néhémie doivent se diviser en deux groupes, les uns assemblant les pierres, les autres surveillant l'arrivée de l'ennemi.

Finalement, le rempart est achevé et Néhémie veille à ce qu'une population plus nombreuse s'installe à l'intérieur de la ville, notamment des prêtres et des lévites, soit un dixième des Judéens. Il se préoccupe aussi de l'injustice sociale qui règne dans le pays : pour payer leurs dettes et ne pas mourir de faim, des juifs ont dû vendre leurs biens et monnayer leur esclavage ou celui de leurs femmes et de leurs filles. Il interpelle les grands, les magistrats et les prêtres pour qu'ils mettent fin à cette situation et décrètent une remise générale des dettes. À l'appel pressant de Néhémie, qui peut citer en ce domaine son intégrité exemplaire, cette remise est décidée.

Néhémie peut alors rentrer à Suse pour rendre compte de sa mission à l'empereur. Mais, apprenant que de nouveaux désordres agitent Jérusalem, il y revient pour une seconde mission racontée brièvement (chapitre 13). Les abus concernent cette fois le Temple et la pratique de la Loi. Le grand prêtre a donné hospitalité dans le Temple à l'Ammonite Tobiyya, un païen, ce qui est interdit : Néhémie l'en expulse. Les lévites ne reçoivent plus leur part des sacrifices ; le repos du sabbat n'est pas observé ; des juifs, et même l'un des fils du grand prêtre, épousent des païennes. Néhémie remet la communauté dans le droit chemin avant de retourner à Suse.

La mission d'Esdras, la proclamation de la Torah (398)

Quelque cinquante années plus tard, en 398, Esdras reçoit de l'empereur la mission de proclamer que la Loi juive devient officiellement la règle dans la province de Judée. Cette mission s'inscrit dans la politique de l'empire perse, qui reconnaît à chaque peuple la pratique de législations particulières. Mais cette reconnaissance est aussi dictée par des considérations stratégiques. Il s'agit de se concilier une région devenue un glacis militaire car, en 400, l'Égypte s'est rebellée contre la Perse et a instauré une nouvelle dynastie de pharaons.

Esdras est également fonctionnaire auprès de la cour impériale. Bien qu'il soit de famille sacerdotale, il est présenté surtout comme un scribe versé dans la connaissance de la Torah. La première mesure qu'il prend est la rupture des mariages mixtes contractés par des fils d'Israël, et même des prêtres, avec des femmes païennes. Le peuple juif, parce qu'il est un peuple saint, le peuple élu de Yahvé, doit vivre séparé des autres peuples et, dans ce but, élever autour de lui une barrière, la Torah, qui présente un ensemble de préceptes particuliers et en fait un peuple à part. Par l'obéissance à la Torah, Israël doit devenir une nation consacrée au culte exclusif de son Dieu. Cette purification douloureuse, mais nécessaire, qui consiste à renvoyer les épouses païennes, ayant été réalisée, les juifs peuvent s'engager à l'égard de la Torah. Esdras en proclame le texte au cours d'une assemblée solennelle :

> Quand arriva le septième mois, tout le peuple se rassembla comme un seul homme sur la place située devant la porte des Eaux. Ils dirent au scribe Esdras d'apporter le livre de la Loi de Moïse, que Yahvé avait prescrite à Israël. Alors le prêtre Esdras apporta la Loi devant l'assemblée, qui se composait des hommes, des femmes et de tous ceux qui avaient l'âge de la raison. C'était le premier jour du septième mois. Sur la place située devant la porte des Eaux, il lut dans le livre, depuis l'aube jusqu'à midi, en présence des hommes, des femmes et de ceux qui avaient l'âge de raison : tout le peuple tendait l'oreille au livre de la Loi.
>
> Le scribe Esdras se tenait sur une estrade de bois, construite pour la circonstance. [...] Esdras ouvrit le livre au regard de tout le peuple – car il dominait tout le peuple – et, quand il l'ouvrit, tout le peuple se mit debout. Alors Esdras bénit Yahvé le grand Dieu ; tout le peuple, mains levées, répondit : « Amen ! Amen ! », puis ils s'inclinèrent et se prosternèrent devant Yahvé, le visage contre terre. [...] Et Esdras lut dans le livre de la Loi de Dieu, traduisant et donnant le sens : ainsi l'on comprenait la lecture (Ne 8, 1-8).

Pour le rédacteur, cette assemblée solennelle renouvelle celle du Sinaï au cours de laquelle Moïse lut devant les Israélites la Loi que Yahvé lui avait révélée au sommet de la montagne avant la conclusion de l'alliance[7]. Jérusalem est désormais le nouveau Sinaï ; la Torah écrite, dont les juifs prennent connaissance grâce à Esdras, est assimilée à celle que révéla Moïse. Nous ne savons pas si Esdras proclama la totalité des cinq livres du Pentateuque qui, en 398, a vraisemblablement reçu sa forme définitive. Mais nous constatons que l'assistance ne comprend plus l'hébreu, la langue dans laquelle est rédigée cette Loi. Ils parlent de plus en plus l'araméen, devenu peu à peu la langue véhiculaire de l'empire perse après en avoir été la langue administrative, ce qui oblige Esdras à traduire[8]. La lecture se prolonge pendant sept jours au cours desquels Esdras demande que le remords, provoqué par la prise de conscience des infidélités aux exigences de la Torah, cède la place aux réjouissances. Dans la description du rédacteur, la fête correspond à celle des récoltes ou des Tentes célébrée au mois de septembre, la plus joyeuse des fêtes du calendrier liturgique[9]. On louait Yahvé pour les récoltes, mais on y commémorait aussi le séjour d'Israël au désert en habitant sous des huttes de branchage. À partir du Ier siècle avant notre ère, on y rappela également le don de la Torah au Sinaï, comme en témoigne la suite du récit :

> Alors Esdras dit à tout le peuple : « Ce jour est saint pour Yahvé, votre Dieu ! Ne soyez pas tristes, ne pleurez pas ! » Car tout le peuple pleurait en entendant les paroles de la Loi. Il leur dit encore : « Allez, mangez des viandes grasses, buvez des boissons douces et faites porter sa part à qui n'a rien de prêt. Car ce jour est saint pour notre Seigneur ! Ne vous affligez point : la joie de Yahvé est votre forteresse ! » Et tout le peuple s'en fut manger, boire, distribuer des parts et se livrer à grande liesse : car ils avaient compris les paroles qu'on leur avait communiquées.

---

7. Voir deuxième partie, chapitre 2, « La manifestation de Dieu et l'alliance », p. 242.
8. Cette traduction en araméen donnera naissance à partir du IIe siècle avant notre ère aux Targums, versions de la Bible hébraïque en araméen.
9. Voir plus loin, chapitre 2, p. 474.

Le deuxième jour, les chefs de famille de tout le peuple, les prêtres et les lévites se réunirent autour du scribe Esdras, pour scruter les paroles de la Loi. Ils trouvèrent écrit, dans la Loi que Yahvé avait prescrite par le ministère de Moïse, que les enfants d'Israël habiteront sous les huttes durant la fête du septième mois et qu'ils annonceront et feront publier dans toutes leurs villes et à Jérusalem : « Allez dans la montagne et rapportez des rameaux d'olivier, de pin, de myrte et d'autres arbres feuillus, pour faire des huttes, comme il est écrit. » Le peuple partit : ils rapportèrent des rameaux et se firent des huttes, chacun sur son toit, dans leurs cours, dans les parvis du Temple de Dieu, sur la place de la porte des Eaux, et sur celle de la porte d'Éphraïm. Toute l'assemblée, ceux qui étaient revenus de la captivité, construisit ainsi des huttes et y habita – les Israélites n'avaient rien fait de tel depuis les jours de Josué, fils de Nûn, jusqu'à ce jour. Et il y eut très grande liesse.

Esdras lut dans le livre de la Loi de Dieu chaque jour, du premier au dernier. Sept jours durant, on célébra la fête : le huitième, il y eut, comme prescrit, une réunion solennelle (Ne 8, 9-18).

Un peuple à part

La Torah donne les directives divines pour que le peuple juif vive désormais saintement, comme son Dieu est saint. Elle exige la séparation des nations païennes et, dans ce but, impose diverses prescriptions. Elle fait d'Israël un peuple à part, mais elle est source de joie pour ceux qui s'y conforment, comme le montre la fête des Tentes. Désormais, cette Loi règle le culte officiel ainsi que la vie religieuse de chaque fidèle, la vie sociale avec tout le réseau de relations que comporte l'existence, dans la famille, dans la cité, à l'égard des étrangers. La Torah permet ainsi aux juifs de former une communauté autonome, sur la terre des ancêtres ou dans la Diaspora lointaine, même si Israël ne jouit plus d'aucune indépendance politique. Elle est revêtue de l'autorité de Moïse, honoré comme le fondateur de la religion juive, porte-parole et interprète de la volonté de Yahvé. Esdras parvient aussi à faire accepter cette législation par les habitants de la province de Samarie. Après s'être opposés aux directives religieuses imposées par les juifs revenus de l'exil, contraints peut-être par l'administration perse où opéraient de nombreux juifs, ils acceptent les cinq livres du Pentateuque, comme en témoigne la traduction du Pentateuque dans leur langue, une forme dialectale de l'araméen. Ils en suivent les commandements, surtout la centralisation du culte à Yahvé dans le seul Temple de Jérusalem. Mais bientôt, pour des raisons obscures sur lesquelles nous n'avons pas d'informations précises, ils se rebellent contre la suprématie religieuse de Jérusalem et décident de construire leur propre sanctuaire sur le mont Garizim. Le schisme devient alors total et irréversible [10].

Mais en voulant protéger la communauté juive des dangers du paganisme, la réforme d'Esdras a enfermé la foi au Dieu unique dans les limites exiguës d'un seul groupe humain. Heureusement, à l'intérieur du judaïsme, des voix se font entendre pour ouvrir le message divin à l'ensemble de l'humanité.

10. Plusieurs passages du Nouveau Testament en témoignent, par exemple : « Les Juifs en effet n'ont pas de relations avec les Samaritains » (Jn 4, 8).

2

La vie de la communauté sainte : le livre du Lévitique

À partir de la mission d'Esdras, en 398, la législation du Pentateuque devient donc la norme de vie de la communauté juive. Elle intègre, nous l'avons vu, des codes très anciens comme le code de l'alliance que Josias utilisa pour sa réforme (Deutéronome), sans oublier les Dix Paroles qui contiennent l'essence de la religion d'Israël [1]. Mais, depuis la consécration du Temple en 515, le pouvoir sacerdotal devient de plus en plus prépondérant en imposant des règles qui répondent à ses exigences cultuelles et rituelles. En même temps qu'il rappelle avec force les grands principes éthiques de Yahvé, il élabore une législation minutieuse concernant les rituels dans le Temple et les règles de pureté que tous doivent suivre, prêtres ou peuple. Tout doit être parfaitement conforme aux conditions de sainteté que réclame Yahvé.

1. Pour Josias, voir première partie, chapitre 3, « Lueur dans le crépuscule : la réforme de Josias », p. 93. Pour les Dix Paroles, voir p. 101.

Cette législation constitue en son entier le livre du Lévitique, le quatrième livre du Pentateuque. Il contient des lois et des prescriptions, un rituel des sacrifices, un rituel d'investiture des prêtres, un catalogue de règles sur les choses pures et impures, un code appelé « la Loi de sainteté », un calendrier. Une partie de cette législation provient sans doute des usages de l'ancien Temple. Mais, telle qu'elle est présentée dans le Lévitique, elle reflète dans son ensemble les pratiques en vigueur à partir de la restauration du lieu en 515. Cependant, pour les prêtres rédacteurs du Lévitique, il est essentiel de persuader les juifs que tout cela a été transmis par Moïse lui-même. Aussi le Lévitique raconte-t-il comment elles furent observées et expérimentées par Israël au pied du Sinaï, dans la tente de Réunion, cette ébauche du Temple dont Moïse a reçu le plan de la bouche même de Dieu[2].

Les sacrifices (Lv 1–5)

À la description du sanctuaire que donne la fin du livre de l'Exode, succède, au début du Lévitique, le catalogue des sacrifices pratiqués dans le Temple. Toutes les religions offrent des sacrifices à leurs divinités, pour exprimer une allégeance, une demande ou une reconnaissance pour les biens nécessaires à l'existence. Mais la législation cultuelle en Israël en a distingué très nettement plusieurs sortes.

– *L'holocauste :* il est le sacrifice par excellence. La victime peut être soit du gros soit du petit bétail, voire un oiseau. L'offrant pose la main sur la tête de la victime, qui doit être un mâle sans défaut, les prêtres immolent la bête et versent son sang sur le pourtour de l'autel. Puis ils la dépècent et la font brûler entièrement sur l'autel, dont le feu est entretenu nuit et jour par les prêtres :

> Cet holocauste sera un mets consumé en parfum d'apaisement pour Yahvé (1, 9).

2. Voir Ex 35–40, deuxième partie, chapitre 2, p. 273.

– *L'offrande d'aliments :* elle se fait sous la forme de fleur de farine, ou de pâte cuite dont les prêtres font brûler une partie et partagent le reste (Lv 2).

– *Le sacrifice de communion :* l'animal est immolé, le sang versé autour de l'autel, les parties grasses brûlées par le feu, le reste de la chair réparti entre les prêtres et l'offrant (Lv 3).

– *Le sacrifice pour le péché :* il concerne surtout les péchés commis par inadvertance ou dans un état d'impureté. On immole la victime, son sang est versé sur le pourtour de l'autel, une partie est brûlée, le reste est consommé par les prêtres (Lv 4–5).

– *Le sang :* il joue un grand rôle dans les sacrifices. Le sang n'est pas symbole de souffrance ou de mort, mais au contraire de vie. La victime est saignée entièrement parce qu'il ne doit rester aucune goutte de sang dans la chair :

> Oui, la vie de la chair est dans le sang. Ce sang, je vous l'ai donné, moi, pour faire sur l'autel le rite d'expiation pour vos vies ; car c'est le sang qui expie pour une vie (17, 11).

En tant que don de Dieu et symbole même de la vie, le sang est à la fois signe de don total et moyen de communion, c'est pourquoi il est versé en partie sur l'autel représentant Dieu, en partie sur la terre où vit l'homme. C'est à propos de l'utilisation du sang dans les sacrifices que le Lévitique rappelle un peu plus loin que Dieu interdit absolument de consommer le sang [3], comme cela a été stipulé entre Dieu et Noé dans l'alliance conclue après le Déluge (Gn 9, 4) :

> Tout homme de la maison d'Israël ou tout étranger résidant parmi vous qui consommera du sang, n'importe quel sang, je me tournerai contre celui-là qui aura consommé ce sang, et je le retrancherai du milieu de son peuple (17, 10).

3. Voir deuxième partie, chapitre 4, « L'alliance de Dieu : il n'y aura plus de déluge », p. 333.

Les prêtres

Le Lévitique indique ensuite le rôle du prêtre dans les différents sacrifices (Lv 6–7). Au sujet de l'holocauste, il est prescrit :

> Le feu qui sur l'autel consume l'holocauste ne s'éteindra pas. Chaque matin le prêtre l'alimentera de bois. Il y disposera l'holocauste et y fera fumer les graisses des sacrifices de communion. Un feu perpétuel brûlera sur l'autel sans s'éteindre (6, 5).

Ce feu est le signe de la prière perpétuelle qu'Israël adresse à Yahvé [4]. Le Lévitique rapporte un peu plus loin comment Aaron fut institué grand prêtre par Moïse :

> Moïse fit approcher Aaron et ses fils et les lava dans l'eau. Il lui mit la tunique, lui passa la ceinture, le revêtit du manteau et plaça sur lui l'éphod [5] et l'y attacha. Il lui imposa le pectoral, où il mit l'Urim et le Tummim [6]. Sur la tête il lui mit le turban, et sur le devant du turban la fleur d'or ; c'est le signe de la sainte consécration tel que Yahvé le prescrivit à Moïse. Moïse prit alors l'huile d'onction [...]. Il versa l'huile d'onction sur la tête d'Aaron, et l'oignit pour le consacrer (8, 6-9).

Aaron offre alors des sacrifices pour le péché, l'holocauste et le sacrifice de communion. Il entre ensuite dans la Tente du Rendez-vous avec Moïse. Puis ils en sortent tous deux pour bénir le peuple (Lv 9-10).

Moïse, le législateur qui transmet la Parole de Dieu, la Torah, Aaron, son frère, revêtu de la dignité de grand prêtre, le seul habilité à pénétrer dans le Saint des Saints, la partie la plus sacrée du Temple, apparaissent ainsi, au travers du livre du Lévitique et d'autres écrits, comme les deux colonnes de

---

4. L'extinction de ce feu par Antiochus IV Épiphane marquera le sommet de la persécution religieuse menée par ce tyran : mais un prêtre réussira à cacher une flamme, qui sera entretenue durant cette épreuve (voir les Maccabées, cinquième partie, chapitre 3, « Sous la domination des Séleucides », p. 616).
5. Bande d'étoffe tissée d'or, de lin et de laine multicolore, portée sur la tunique et le manteau.
6. Objets qui servaient primitivement à consulter la divinité en tirant au sort.

la communauté d'Israël, ce qu'ils sont réellement depuis la disparition de la royauté. Du seuil de la Tente de la Réunion qui, dans le Lévitique, préfigure le Temple de Jérusalem, ils bénissent le peuple, lui transmettent l'assurance de la protection divine s'il reste fidèle à la Torah dans la pratique du culte. Plus loin (Lv 21), le Lévitique précise des règles plus strictes en matière de pureté rituelle, mais demande au peuple de reconnaître le caractère de sainteté dont est revêtu le prêtre chargé de les appliquer :

> Tu le traiteras comme un être saint car il offre la nourriture de ton Dieu. Il sera pour toi un être saint car je suis saint, moi Yahvé qui vous sanctifie (21, 8).

Règles sur le pur et l'impur

Le Lévitique dresse une liste plus étendue que celle déjà contenue dans le Deutéronome [7]. Toutes les religions connaissent des interdits qui expriment et accentuent le sens du sacré et les craintes, sinon les terreurs, qu'il doit susciter. Notre époque aurait tendance à voir dans ces règles une mesure sanitaire, mais, pour la plupart d'entre elles, aucune explication rationnelle n'est valable. Ces tabous se perdent dans la nuit des temps et ont eu tendance à se multiplier. En les plaçant sous l'autorité de Moïse, le judaïsme les a figés, empêchant suppressions et ajouts. Ainsi a-t-il contribué puissamment à empêcher l'assimilation d'Israël avec les peuples païens. Mais ces mesures ont aussi une portée authentiquement religieuse. Elles obligent l'ensemble de la communauté et chaque fidèle à placer tous les moments de son existence et tous ses actes sous le regard de Yahvé. Leurs manquements n'ont pas en soi de dimension religieuse ou morale : ils n'offensent pas Dieu, ils ne font pas tort non plus au prochain. Néanmoins, ces préceptes, aussi incompréhensibles soient-ils, sont des points de repère visibles qui marquent l'attachement du juif à son Dieu et à son peuple.

Certains de ces interdits témoignent d'anciennes pratiques magiques : ne pas cuire le chevreau dans le lait de sa mère, ne pas porter de tatouages,

7. Voir première partie, chapitre 3, « La réforme avortée et la fin de Josias », p. 97.

ne pas accoupler deux bêtes d'espèces différentes... Les plus nombreux et les plus célèbres concernent les aliments. Le plus important est l'interdit du sang mentionné d'innombrables fois. À titre indicatif, examinons la démarche des auteurs de la Torah portant sur les animaux qui vivent sur la terre :

> Voici, entre tous les animaux terrestres, les bêtes que vous pourrez manger. Tout animal qui a le sabot fourchu, fendu en deux ongles, et qui rumine, vous pourrez le manger. Voici seulement, parmi ceux qui ruminent ou qui ont le sabot fourchu, les espèces que vous ne pourrez manger. Vous tiendrez pour impur le chameau parce que, bien que ruminant, il n'a pas le sabot fourchu ; vous tiendrez pour impur le daman parce que, bien que ruminant, il n'a pas le sabot fourchu ; vous tiendrez pour impur le lièvre parce que, bien que ruminant, il n'a pas le sabot fourchu ; vous tiendrez pour impur le porc parce que, tout en ayant le sabot fourchu, fendu en deux ongles, il ne rumine pas. Vous ne mangerez pas de leur chair ni ne toucherez à leur cadavre, vous les tiendrez pour impurs (Lv 11, 1-8).

Suivent les listes des animaux aquatiques, des oiseaux, des insectes permis et défendus. La Loi finalement ne justifie pas ces tabous. Elle indique cependant clairement la finalité du commandement relatif aux bestioles qui rampent sur la terre et qui sont particulièrement prohibées :

> Ne vous rendez pas vous-mêmes immondes avec toutes ces bestioles grouillantes, ne vous contaminez pas avec elles et ne soyez pas contaminés par elles. Car c'est moi, Yahvé, qui suis votre Dieu. Vous vous êtes sanctifiés et vous êtes devenus saints car je suis saint ; ne vous rendez donc pas impurs avec toutes ces bestioles qui rampent sur la terre (Lv 11, 43-44).

Les sources d'impureté

Ces interdits n'ont aucune portée morale. Quelques-uns sont plus en rapport avec le sacré, le rituel, le culte. Ainsi, les deux exemples énoncés ci-après rendent impossible la participation au culte.

– *Les relations sexuelles :* le chapitre 12 indique les règles de purification pour la femme qui vient d'accoucher. La mère est impure pendant quarante jours après avoir enfanté un garçon, soixante-six jours si c'est une fille ; pour recouvrer sa pureté, elle doit apporter en sacrifice un agneau et un pigeon ou une tourterelle. Le mari ne peut approcher son épouse quand elle a ses règles. Le chapitre 15 envisage d'autres sources d'impureté sexuelle pour l'homme (perte séminale naturelle ou causée par la maladie) et pour la femme (écoulement de sang lors des menstruations).

– *La lèpre (Lv 13–14) :* cette maladie particulièrement redoutable est souvent considérée comme un châtiment divin [8]. Les prêtres sont chargés de son diagnostic à partir d'un certain nombre d'indices. Le malade doit signaler son état pour éviter la contagion :

> Le lépreux portera ses vêtements déchirés et ses cheveux dénoués ; il se couvrira la moustache et il criera « impur » et, étant impur, il demeurera à part : sa demeure sera hors du camp (Lv 13, 45-46).

La législation prévoit des lieux réservés aux lépreux, établis à l'écart des villes et des villages. C'est au prêtre aussi qu'il revient de constater la guérison du malade et d'offrir un sacrifice.

Le code de sainteté (Lv 17–19)

Plusieurs des dispositions législatives du Lévitique, comme nous l'avons vu, concernent l'exercice du culte dans le Temple et la fonction des prêtres. Sous leur formalisme apparent, elles expriment l'idéal de perfection morale et de pureté rituelle auquel est appelé Israël pour témoigner de la sainteté de son Dieu. Cette recherche de sainteté est exprimée dans le « code de sainteté », un recueil de préceptes variés, donné sans aucun plan et provenant de diverses époques. Dieu est le Saint, le pur, le tout-autre, le juste, qui commande au peuple qu'il a choisi une manière de vivre conforme à ce qu'il est lui-même. C'est pourquoi la communauté juive doit se préserver de toutes les impuretés dont se rendent coupables les nations païennes. En

8. Voir notamment Ozias, première partie, p. 47 ; deuxième partie, chapitre 2, « Élisée guérit de la lèpre le général araméen », p. 432.

même temps, Israël étant une nation à part, les juifs doivent être solidaires les uns des autres parce qu'ils sont tous frères.

Le code de sainteté rappelle (Lv 17) d'abord l'interdiction d'offrir des sacrifices en dehors de la Tente de la Réunion, interdiction qui préfigure la condamnation de tous les sanctuaires en dehors de celui de Jérusalem. Puis il aborde le cas du sang (17, 10), rapporté plus haut, avant de dresser (Lv 18) une liste de relations sexuelles défendues, les rapports incestueux dont il détaille plusieurs cas. Il y ajoute la condamnation des rapports homosexuels, des rapports avec des bêtes, auxquels il joint les sacrifices d'enfants. Ces mêmes interdictions sont développées encore au chapitre 20, assorties cette fois de lourdes condamnations pouvant aller jusqu'à la mort. À l'évidence, la Torah se substitue de plus en plus à la loi royale ! La gravité des peines montre la volonté des prêtres de protéger Israël des mœurs païennes en préservant notamment la cellule familiale : en effet, au retour de l'exil, le couple monogame devient le fondement de la communauté.

Par toutes leurs pratiques impures, conclut le code de sainteté, les Cananéens ont souillé leur pays et ont attiré sur ses habitants la colère divine. Leur anéantissement a permis à Israël de s'installer et de demeurer sur cette terre, mais sous condition qu'il en respecte lui-même la sainteté. Malheureusement, laisse entendre le Lévitique, Israël a commis les mêmes fautes que les Cananéens ; c'est pourquoi il a été chassé de ce pays et reste sous la menace d'une nouvelle expulsion.

Au milieu de ces condamnations, le chapitre 19 présente un ensemble d'ordonnances qui ont plus particulièrement donné son nom à ce code. Il rappelle des commandements du Décalogue [9] mais en soulignant que le comportement de l'homme doit viser à imiter la sainteté de Dieu et l'amour qu'il éprouve pour les plus pauvres. Dieu demande à Moïse de s'adresser à Israël :

> Tu leur diras : Soyez saints, car moi, Yahvé, votre Dieu, je suis saint. Chacun de vous craindra sa mère et son père. Et vous garderez mes sabbats. Je suis

9. Voir première partie, chapitre 3, « La réforme avortée et la fin de Josias », p. 101.

Yahvé votre Dieu. Ne vous tournez pas vers les idoles et ne vous faites pas fondre des dieux de métal. Je suis Yahvé votre Dieu. [...]

Lorsque vous récolterez la moisson de votre pays, vous ne moissonnerez pas jusqu'à l'extrême bout du champ. Tu ne glaneras pas ta moisson, tu ne grappilleras pas ta vigne, et tu ne ramasseras pas les fruits tombés dans ton verger. Tu les abandonneras au pauvre et à l'étranger. Je suis Yahvé votre Dieu. [...]

Vous ne commettrez point d'injustice en jugeant. Tu ne feras pas acception de personnes avec le pauvre ni ne te laisseras éblouir par le grand : c'est selon la justice que tu jugeras ton compatriote. Tu n'iras pas diffamer les tiens et tu ne mettras pas en cause le sang de ton prochain. Je suis Yahvé. Tu n'auras pas dans ton cœur de haine pour ton frère (19, 2-17).

Soudain, au milieu de ces précisions morales et rituelles, le Lévitique énonce le commandement le plus sublime qui ait été donné pour fonder les relations de l'homme avec son semblable :

Tu aimeras ton prochain comme toi-même. Je suis Yahvé (19, 18).

On pourrait objecter que ce précepte vise l'amour de l'Israélite à l'égard de son compatriote, mais, soudain, le code de sainteté ajoute, allant à rebours de toute la codification visant à la séparation entre juifs et non-juifs :

Si un étranger réside avec vous dans votre pays, vous ne le molesterez pas. L'étranger qui réside avec vous sera pour vous comme un compatriote et tu l'aimeras comme toi-même, car vous avez été étrangers au pays d'Égypte. Je suis Yahvé votre Dieu (19, 33).

Ainsi l'étranger, celui qui n'appartient pas au peuple de Yahvé, doit être considéré comme un égal. Dieu l'ordonne parce qu'il sait, lui le créateur de toutes les races, que, au-delà des différences ethniques et religieuses, tous les hommes sont frères !

Les fêtes (chapitre 23)

La vie de la communauté est rythmée par les grandes fêtes liturgiques qui, tous les ans, à des dates précises, permettent de se rassembler pour célébrer Yahvé. Avant d'énumérer ces fêtes, le Lévitique rappelle que l'existence du juif est d'abord réglée par le sabbat hebdomadaire :

> Pendant six jours, on travaillera, mais le septième jour sera jour de repos complet, jour de sainte convocation, où vous ne ferez aucun travail. Où que vous habitiez, c'est un sabbat pour Yahvé (23, 3).

Les fêtes du printemps

– La fête des Azymes (Pâque)

La fête des Azymes et de l'offrande de la première gerbe est la première fête de l'année. Sa date varie en fonction de la maturité de l'orge, la première céréale récoltée. Pour l'époque, elle correspond à la fête de l'agneau pascal selon le rituel donné dans le livre de l'Exode [10]. Mais le rituel du Lévitique ne parle pas de la consommation de l'agneau pascal. La fête n'est pas mise en relation avec la sortie d'Égypte, elle est purement agricole. On mentionne seulement l'obligation d'offrir « l'holocauste d'un agneau d'un an sans défaut » (23, 12) : le culte dans le Temple l'emporte sur l'aspect familial visible dans le rituel de l'ancienne célébration nomade. Plus tard viendra l'obligation d'immoler l'agneau pascal dans le Temple avant de le consommer en famille (23, 5-14).

– La fête des Semaines (Pentecôte)

Cinquante jours après l'offrande de la première gerbe d'orge, les paysans viennent présenter « une nouvelle oblation » de farine de blé et de pains, en action de grâces pour la récolte du blé, qui a lieu à cette époque. Le rituel établi par les prêtres demande bien évidemment qu'on y joigne des sacrifices de taureaux, de béliers, d'agneaux destinés à l'expiation des péchés (23, 15-22).

Les fêtes du septième mois (23, 23-44)

Le septième mois, *tishri* en hébreu (à cheval sur septembre et octobre), est le mois sacré, celui qui contient les fêtes les plus solennelles selon les prêtres. Le premier jour de ce mois, jour de la nouvelle lune, est un jour de repos. Sans doute s'agit-il là d'une survivance de traditions paysannes, la vie rurale se réglant sur les phases de la lune [11].

---

10. Voir deuxième partie, chapitre 2, « L'institution de la fête de Pâque », p. 229.
11. Après la destruction du Temple en 70 de notre ère, ce premier jour deviendra explicitement le « Premier de l'An » *(rosh ha shannah)*. Il prendra alors de l'importance dans le judaïsme et le Talmud lui consacrera un traité.

– Le jour des Expiations (Yom Kippour[12]*)*

Cette fête est célébrée « le dixième jour du septième mois », c'est-à-dire en septembre-octobre. Elle apparaît tardivement dans le calendrier, après le retour de l'exil, mais elle est devenue la fête la plus importante dans le judaïsme et le demeure. Son caractère est grave : Israël implore l'expiation de ses péchés, on ne travaille pas, on jeûne totalement depuis le soir jusqu'au soir suivant. Expier revient à se « purifier », rendre de nouveau possibles les relations entre Dieu et le peuple, parce que Yahvé accorde son pardon au pécheur qui le lui demande. Si le Lévitique présente ici cette fête (23, 26-32), il en a déjà expliqué le rituel spécifique au chapitre 16, après la description des impuretés qui peuvent souiller l'individu ou le Temple.

La liturgie est particulièrement solennelle. Le grand prêtre arbore des vêtements de lin blanc, signe de pureté et de dépouillement, et non ceux brodés d'or et ornés de pierres précieuses. Il offre d'abord un taureau en sacrifice pour le péché. Il pénètre derrière le rideau qui, dans le Temple, sépare le Saint du Saint des Saints. Il porte dans ses mains le sang de la victime et un encensoir rempli de charbons ardents, recouvre d'un nuage d'encens le propitiatoire, plaque d'or au-dessus de laquelle se trouvent les chérubins d'or[13], et l'asperge sept fois avec ce sang.

Deux boucs sont choisis au sort, l'un pour Yahvé, l'autre pour Azazel, un démon qui est censé habiter le désert. Le premier est offert également en sacrifice pour le péché, et le grand prêtre renouvelle les gestes effectués pour le taureau.

Alors se déroule une autre cérémonie, d'un esprit différent du sacrifice. Le grand prêtre appose ses mains sur l'animal vivant et « confesse sur lui toutes les fautes des Israélites, toutes leurs transgressions et tous leurs péchés » (16, 1). Le bouc est ensuite conduit par un homme dans le désert où réside Azazel – le désert de Juda commence aux portes de Jérusalem –, emportant avec lui tous les manquements d'Israël. C'est pourquoi cette cérémonie est connue sous le nom de sacrifice du bouc émissaire ; en substance, celui que l'on charge des fautes des autres. Il est vraisemblable

12. En hébreu, *kipper* signifie « expier », et *yom*, « jour ».
13. Voir deuxième partie, chapitre 2, « La construction de la Tente », p. 247.

qu'elle soit issue d'une pratique magique cananéenne. Malgré cette provenance, les prêtres l'ont conservée, sans doute parce qu'elle signifiait bien l'état de pureté radicale que le peuple devait rechercher en se délivrant des erreurs de l'année écoulée.

Nous pouvons la rapprocher d'un autre rite du même genre, également archaïque, l'immolation de la vache rousse. Il est mentionné dans le livre des Nombres, qui en situe l'origine au cours du séjour d'Israël dans le Sinaï. Mais il est plus probable que ce rite de purification, qui ne suit pas les règles de sacrifices, provienne aussi de la religion cananéenne. Nous ne savons pas s'il fut réellement pratiqué dans le Temple. Yahvé demande à Moïse :

> Qu'ils t'amènent une vache rousse sans défaut ni tare, et qui n'ait pas porté le joug. Vous la donnerez à Éléazar le prêtre [fils d'Aaron]. On la mènera hors du camp et on l'immolera devant lui. Puis Éléazar le prêtre prendra sur son doigt un peu du sang de la victime, et de ce sang il fera sept aspersions dans la direction de l'entrée de la Tente du Rendez-vous. On brûlera alors la vache sous ses yeux ; on en brûlera la peau, la chair, le sang, ainsi que la fiente. Le prêtre prendra ensuite du bois de cèdre, de l'hysope et du rouge de cochenille, et les jettera dans le feu où se consume la vache. [...] Celui qui aura brûlé la vache recueillera les cendres de la vache et les déposera, hors du camp, en un lieu pur. Elles resteront à l'usage rituel de la communauté des Israélites pour faire l'eau lustrale (Nb 19, 1-11).

– La fête des récoltes (Tentes [14]*)*

Huit jours après Yom Kippour a lieu la célébration la plus festive de la liturgie, la fête où l'on vient rendre grâces à Dieu pour tous les fruits de

14. Parce qu'il est demandé à Israël d'habiter sous des huttes de branchage pendant sept jours (ce qui était normal pendant le temps des vendanges), la fête a été appelée « fête des huttes », puis « fête des tentes » parce qu'elle fut raccordée avec le séjour d'Israël sous des tentes pendant les quarante ans du désert, comme le sacrifice de l'agneau fut mis en relation avec la sortie d'Égypte (voir première partie, chapitre 3, « Les trois grandes fêtes : Pâque, Semaines, Tentes », p. 98). Le livre de Néhémie a déjà décrit la célébration de cette fête après la lecture de la Torah (Ne 8, 14-17) ; voir chapitre 1, p. 457.

la récolte de l'année, principalement pour le raisin, dont les vendanges s'achèvent à ce moment :

> Le quinzième jour du septième mois, lorsque vous aurez récolté les produits du pays, vous célébrerez la fête de Yahvé pendant sept jours. Le premier et le huitième jour, il y aura jour de repos. Le premier jour, vous prendrez de beaux fruits, des rameaux de palmiers, des branches d'arbres touffus et de saules, et vous vous réjouirez pendant sept jours en présence de Yahvé votre Dieu. Vous célébrerez ainsi une fête pour Yahvé sept jours par an. Vous habiterez sept jours dans des huttes. Tous les citoyens d'Israël habiteront sous des huttes, afin que vos descendants sachent que j'ai fait habiter sous des huttes les Israélites quand je les ai fait sortir du pays d'Égypte (Lv 23, 39-43).

L'année du Jubilé

Le judaïsme cherche aussi à rythmer le temps à long terme pour le consacrer totalement à Dieu. C'est pourquoi le Lévitique indique que, tous les sept ans, la terre doit bénéficier d'un repos sabbatique d'une année de jachère pendant laquelle le paysan n'ensemence ni ne moissonne, tandis que « le sabbat même de la terre vous nourrira » (25, 2-7). Par cette pratique, il enseigne ainsi que ce n'est pas seulement son travail qui fait vivre l'agriculteur : la terre est un don de Dieu qui s'est engagé à l'installer sur le sol qu'il lui a offert. Par ailleurs, tous les quarante-neuf ans, sept fois sept années, est célébrée une année de Jubilé – ainsi nommée parce qu'elle s'ouvre au son de la trompe ou *yobél*. Non seulement la terre connaît ce repos sabbatique, mais tous les esclaves doivent être affranchis, car les enfants d'Israël sont avant tout les serviteurs de Yahvé. Chacun doit aussi pouvoir récupérer son patrimoine qu'il a reçu de ses ancêtres, s'il a dû s'en dessaisir pour dette ou pour une autre raison, car c'est Dieu qui a donné à chacun sa part (25, 8-55).

En conclusion

Le Lévitique rappelle que, si Israël accomplit fidèlement les prescriptions que Moïse lui transmet, Yahvé lui accordera de riches récoltes et lui procurera la paix :

> J'établirai ma demeure au milieu de vous et je ne vous rejetterai pas. Je vivrai au milieu de vous, je serai pour vous un Dieu et vous serez pour moi un peuple (26, 11-12).

Sinon, d'innombrables fléaux s'abattront sur eux et, pour finir, Yahvé les mènera en exil vers le pays de leurs ennemis :

> Mais alors leur cœur incirconcis s'humiliera, alors ils expieront leurs fautes... Quand ils seront dans le pays de leurs ennemis, je ne les rejetterai pas et ne les prendrai pas en dégoût au point d'en finir avec eux et de rompre mon alliance avec eux, car je suis Yahvé leur Dieu (26, 41-44).

Le Lévitique invite ainsi la communauté d'Israël à prendre conscience de la présence au milieu d'elle du Dieu Saint. Yahvé est revenu de Babylone, où il a séjourné parmi les siens. Maintenant, il habite de nouveau dans ce Temple rebâti qui constitue le cœur du pays et de Jérusalem, où Israël peut le rencontrer. Les lois du culte sont désormais bien établies, les prêtres ont appris à pratiquer les différents sacrifices, ils connaissent les règles de pureté rituelle qui leur permettent de s'approcher de la demeure sainte. Les fidèles aussi connaissent les permissions et les interdictions qui font des juifs un peuple à part, un peuple saint, consacré au culte du seul véritable Dieu. Israël a appris comment sanctifier son existence, par la célébration du sabbat d'abord, puis par les grandes solennités qui le convoquent au Temple pour y sacrifier à son Dieu. Cette communauté sait qu'elle doit être solidaire, chacun aimant son prochain comme soi-même, même l'étranger qui vit en son sein.

3

Les Psaumes : la prière de la communauté sainte

Comment se manifestait la piété des juifs à l'égard de Dieu lors des grandes cérémonies du Temple et de la célébration des fêtes liturgiques qui rythmaient l'année et les saisons ? Nous ne le savons pas. Sans doute la foule était-elle appelée à exprimer sa participation au culte par le moyen d'acclamations telles que « Alléluia » (« Louez Ya(hvé) »), Hosannah (« Donne le salut »), ou « Yahvé malak » (« Yahvé est roi »), ou encore des refrains lancés par les prêtres et repris par les participants : « Rendez grâce à Yahvé. Il est bon. Éternel est son amour ! » Les prêtres disposaient certainement de formulaires de prières différents selon les sacrifices ou les occasions. Malheureusement, ils n'ont pas été conservés. Ils ont disparu avec la destruction du Temple en 70 de notre ère. En revanche, nous possédons dans la Bible un important recueil de poèmes qui témoigne de la prière communautaire et personnelle d'Israël au retour de l'exil. Appelé le livre des Psaumes, il ouvre la troisième partie de la Bible hébraïque, les Écrits (Ketubim), qui vient après la Loi (Torah) et les Prophètes (Nebiim). Le psautier est le cœur de la Bible [1] ;

1. Le genre des psaumes était très connu en Israël, et nous en trouvons près d'une cinquantaine épars dans d'autres livres de la Bible (voir notamment deuxième partie,

il a modelé l'âme d'Israël ; il a aussi inspiré Jésus puisqu'il est le livre le plus cité par le Nouveau Testament.

Le mot « psaume » vient d'un mot grec, *psalmos*, qui désigne un air joué sur un instrument à corde, le psaltérion. En hébreu, les prières qui composent le psautier sont appelés *tehillim*, mot qui signifie « louanges » et qui caractérise la tonalité générale du livre bien qu'il ne comprenne pas seulement des louanges, mais aussi des supplications, des lamentations et d'autres expressions de la prière. Composé de cent cinquante psaumes, ce recueil est divisé d'une manière artificielle en cinq livrets, sans doute en référence aux cinq livres de la Torah et pour en répéter la construction.

Il est impossible de relater précisément l'histoire de sa constitution qui, semble-t-il, fut achevée au cours du IIIe siècle [2]. Aujourd'hui, les spécialistes estiment que la quasi-totalité des textes remontent aux siècles qui suivirent le retour de l'exil, bien qu'il soit impossible de leur attribuer une date précise et que certains intègrent des fragments de prières plus anciennes. Plusieurs, en effet, sont manifestement composites, reprenant des éléments laissés épars dans la mémoire et provenant d'époques indéterminées.

Leurs auteurs sont également inconnus. En effet, il est impossible de donner foi à l'attribution de plusieurs à David ou à des chantres, indiquée au début de plusieurs d'entre eux, car aussi bien la théologie que le voca-

---

chapitre 1, « Le miracle du passage de la mer Rouge », p. 231). À Qumrân aussi ont été découverts des manuscrits de psaumes propres à la communauté essénienne qui y vivait. Enfin, l'évangile de Luc met des psaumes dans la bouche de Marie (1, 46-55) et de Zacharie (1, 67-79).

2. La Bible hébraïque compte cent cinquante psaumes. La version grecque présente les psaumes 9 et 10 sous le même numéro 9 – et avec raison car il s'agit d'un psaume dont chaque verset commence par une des lettres de l'alphabet, présentation dont le texte hébreu n'a pas tenu compte. Du coup, la numérotation de la Septante (suivie par la traduction latine de la Vulgate et les livres liturgiques) présente malencontreusement un décalage par rapport à l'hébreu, d'où, dans les éditions des psaumes, auprès du chiffre de l'hébreu, un autre chiffre inférieur d'une unité mentionné entre parenthèses (psaume en grec et dans les livres de la liturgie catholique). Le décalage est rattrapé au psaume 147 (version hébraïque), qui rassemble les psaumes 146-147 (version grecque).

bulaire appartiennent à l'époque post-exilique. Il semble plus judicieux d'attribuer les psaumes à des lettrés de Jérusalem au retour de l'exil. À l'occasion, ces hommes, experts dans les subtilités des rythmes de la poésie hébraïque, aimaient aussi recourir à des archaïsmes. Leur style est parfois tellement concis qu'il rend difficile le travail des traducteurs. Dans l'ensemble, les psalmistes n'appartenaient pas au milieu sacerdotal, bien que la nostalgie du Temple et la joie de s'y rendre pour rencontrer Yahvé soient de temps en temps signifiées.

Sans doute la plupart des psaumes ont-ils eu pour lieu de rédaction et de diffusion la réunion de personnes à la foi profonde dans les villes de Judée, surtout à Jérusalem, ou la Diaspora. On y écoutait et méditait les prophètes, et aussi les livres de la Torah. On y chantait les *tehillim* que l'un d'eux avait composés à partir de sa propre expérience. Dans les sentiments exprimés, beaucoup reconnaissaient ce qu'ils avaient éprouvé. On reprenait et adaptait des poèmes plus anciens. On s'accompagnait d'instruments de musique, cithares, flûtes et tambourins, qui accentuaient les rythmes de la poésie hébraïque. Dans ces groupes, nous pouvons voir l'amorce des synagogues, à la fois bâtiments et assemblées, dans lesquelles les juifs se réunissent pour célébrer le sabbat et entendre la Torah, pour louer Yahvé, et aussi pour discuter des affaires temporelles et religieuses de la communauté.

Le reflet de la vie de la communauté

Plusieurs psaumes expriment la joie que ressentent les fidèles de Yahvé à monter au Temple et à y participer au culte. Malgré l'absence d'indépendance politique, les textes n'évoquent guère la nostalgie de la royauté : à peine le recueil intègre-t-il quelques aspirations à la venue d'un roi idéal, mais on n'y entend pas s'exprimer une forte fièvre messianique. Les fidèles souffrent d'un autre regret : le pays est dirigé par des fonctionnaires ou des notables non perses, des « gens du pays » – pour reprendre la formule du livre d'Esdras [3] – qui ne se préoccupent pas d'appliquer les exigences de la

3. Voir première partie, chapitre 6, « Les humbles recommencements », p. 158.

Torah, ni à Jérusalem ni dans la province. Ils vivent même dans un climat de persécution, et laissent entendre leurs plaintes devant l'injustice dont ils sont les victimes. Dans ces souffrances, ils voient la punition de leurs fautes – car personne n'est totalement pur devant Dieu –, en demandent le pardon à Yahvé, s'engagent à méditer et à mettre en pratique les préceptes de la Torah, dont ils font l'éloge. Ils ont le sentiment de revivre la douleur de leurs ancêtres esclaves en Égypte, se rappellent les merveilles et les prodiges que Yahvé accomplit en leur faveur ; ils attendent que Dieu renouvelle ses hauts faits d'autrefois, qu'il les délivre de l'humiliation, car ils n'ont plus de roi pour se mettre à la tête des armées d'Israël. Ils proclament que Dieu est le souverain non seulement de son peuple, mais de l'univers dont ils chantent la création. Tels sont les principaux thèmes contenus dans le psautier.

De nombreuses classifications d'après les genres littéraires utilisés ont été proposées pour mettre de l'ordre dans ce recueil disparate. Elles sont d'autant plus insatisfaisantes qu'à l'intérieur du même psaume nous trouvons parfois des genres différents. Nous ne pouvons donner ici qu'un choix très limité. Nous les avons rangés selon quelques thèmes.

Prières d'affligés et de persécutés

Ce thème est le plus développé. L'importance des supplications personnelles et collectives s'explique par la situation sociale de la communauté. Elle est composée pour l'essentiel de petites gens. Ils se plaignent d'être dominés par des nantis qui les oppriment, extorquent leurs biens, leur font même subir des sévices physiques. Ces privilégiés persécuteurs ne se soucient pas de pratiquer les exigences de justice et de pureté enseignées par la Torah. Les qualificatifs qui les désignent sont explicites : pécheurs, méchants, railleurs, oppresseurs, menteurs, impies, malfaisants, hommes de ruse et de sang, criminels, arrogants... Parmi eux, beaucoup sont des païens, des idolâtres, des étrangers originaires de nations ennemies traditionnelles d'Israël (Damas, Édom, Moab) qui collaborent avec la puissance occupante pour accabler les fidèles de Yahvé. Ils s'enrichissent grâce à des procédés malhonnêtes, se moquent de Dieu, tourmentent parfois jusqu'à la torture et la mort les fidèles de Yahvé, parce qu'ils condamnent leur conduite perverse.

À l'opposé, ces hommes pieux sont pauvres, humbles, innocents, miséreux, malheureux, orphelins, justes, droits... Ils composent ce qu'on a appelé « les pauvres de Yahvé » (*anawim* en hébreu). Ce sont eux qui expriment leurs souffrances dans ces psaumes de supplication. Ils n'ont personne pour défendre leurs intérêts devant les tribunaux, et ne peuvent s'adresser qu'à Yahvé, en qui ils mettent toute leur confiance. Leur haine, leur soif de vengeance contre leurs persécuteurs prennent parfois l'accent de malédictions d'une violence qui peut étonner dans des prières où l'on chante en même temps la miséricorde de Yahvé pour les pécheurs.

Mais les psalmistes ne souffrent pas seulement des divisions entre fidèles de Yahvé et impies. Des tensions existent aussi entre ces fidèles eux-mêmes. La pratique scrupuleuse de la Torah conduit certains à la misère dans cette société fondée sur l'injustice. Des esprits plus modérés s'écartent de ces « fous » de Yahvé. On parle aussi de renégats qui ont abandonné leur foi et adorent les idoles. Des liens d'amitié se brisent et la douleur est ressentie d'autant plus vivement que les relations au sein de ce groupe minoritaire, soutenues par une piété intense, créent une véritable fraternité. Certains sont atteints de graves maladies. Et, comme pour Job [4], ces maladies, signes possibles d'impureté, suscitent dans leur entourage des interrogations ou des accusations. La vertu de ceux qui s'affichent comme des modèles de la fidélité à la Torah est-elle authentique ? Ils implorent leur guérison à la fois pour être soulagés de leurs maux et être réintégrés dans la communauté comme de vrais croyants.

Psaume 9-10. « Pourquoi, Seigneur, es-tu si loin ? »

Ce psaume reflète bien la dure condition du peuple juif au retour de l'exil. Le fidèle rend grâces à Yahvé qui a délivré Israël, mais voici que la communauté de Sion est en butte à des adversaires arrogants, des païens,

4. Voir chapitre 4, « Job : le problème du mal », p. 516.

qui exploitent les pauvres de Yahvé. Le fidèle implore Dieu, qui semble se cacher et laisser l'ennemi triompher. Mais il est aussi certain que Dieu rendra justice aux siens[5] :

De tout mon cœur, Yahvé, je rendrai grâce,
je dirai tes innombrables merveilles ;
pour toi, j'exulterai, je danserai,
je fêterai ton nom, Dieu Très-Haut.

Mes ennemis ont battu en retraite,
devant ta face, ils s'écroulent et périssent.
Tu as plaidé mon droit et ma cause,
tu as siégé, tu as jugé avec justice.

Tu menaces les nations, tu fais périr les méchants,
à tout jamais tu effaces leur nom.
L'ennemi est achevé, ruiné pour toujours,
tu as rasé des villes, leur souvenir a péri.

Mais il siège, Yahvé, à jamais,
pour juger, il affermit son trône ;
il juge le monde avec justice
et gouverne les peuples avec droiture.

Qu'il soit la forteresse de l'opprimé,
sa forteresse aux heures d'angoisse :
ils s'appuieront sur toi, ceux qui connaissent ton nom ;
jamais tu n'abandonnes, Yahvé, ceux qui te cherchent.

Fêtez Yahvé qui siège dans Sion,
annoncez parmi les peuples ses exploits !
Attentif au sang versé, il se rappelle,
il n'oublie pas le cri des malheureux.

Pitié pour moi, Yahvé, vois le mal que m'ont fait mes adversaires,
toi qui m'arraches aux portes de la mort ;
et je dirai tes innombrables louanges aux portes de Sion,
je danserai de joie pour ta victoire.

---

5. Ce psaume est divisé en deux parties dans la Bible hébraïque.

Ils sont tombés, les païens, dans la fosse qu'ils creusaient ;
aux filets qu'ils ont tendus, leurs pieds se sont pris.
Yahvé s'est fait connaître : il a rendu le jugement,
il prend les méchants à leur piège.

Que les méchants retournent chez les morts,
toutes les nations qui oublient le vrai Dieu !
Mais le pauvre n'est pas oublié pour toujours :
jamais ne périt l'espoir des malheureux.

Lève-toi, Yahvé : qu'un mortel ne soit pas le plus fort,
que les nations soient jugées devant ta face !
Frappe-les d'épouvante, Yahvé :
que les nations se reconnaissent mortelles !

Pourquoi, Yahvé, es-tu si loin ?
Pourquoi te cacher aux jours d'angoisse ?
L'impie, dans son orgueil, poursuit les malheureux :
ils se font prendre aux ruses qu'il invente.

L'impie se glorifie du désir de son âme,
l'arrogant blasphème, il brave Yahvé ;
plein de suffisance, l'impie ne cherche plus :
« Dieu n'est rien », voilà toute la ruse.

À tout moment, ce qu'il fait réussit ;
tes sentences le dominent de très haut.
(Tous ses adversaires, il les méprise.)
Il s'est dit : « Rien ne peut m'ébranler,
je suis pour longtemps à l'abri du malheur. »

Sa bouche qui maudit n'est que fraude et violence,
sa langue, mensonge et blessure.
Il se tient à l'affût près des villages,
il se cache pour tuer l'innocent.

Des yeux, il épie le faible,
il se cache à l'affût, comme un lion dans son fourré ;
il se tient à l'affût pour surprendre le pauvre,
il attire le pauvre, il le reprend dans son filet.

Il se baisse, il se tapit ;
de tout son poids, il tombe sur le faible.
Il dit en lui-même : « Dieu oublie !
Il couvre sa face, jamais il ne verra ! »

Lève-toi, Yahvé ! Dieu, étends la main !
N'oublie pas le pauvre !
Pourquoi l'impie brave-t-il le Seigneur
en lui disant : « Viendras-tu me chercher ? »

Mais tu as vu : tu regardes le mal et la souffrance,
tu les prends dans ta main ;
sur toi repose le faible,
c'est toi qui viens en aide à l'orphelin.

Brise le bras de l'impie, du méchant ;
alors tu chercheras son impiété sans la trouver.
À tout jamais, le Seigneur est roi :
les païens ont péri sur sa terre.

Tu entends, Yahvé, le désir des pauvres,
tu rassures leur cœur, tu les écoutes.
Que justice soit rendue à l'orphelin,
qu'il n'y ait plus d'opprimé,
et que tremble le mortel, né de la terre !

Psaume 22 (21). « Pourquoi m'as-tu abandonné ? »

Le juste a connu les affres de la mort sous les attaques violentes de ses ennemis qui l'ont blessé dans son corps et dans son âme[6]. Mais, dans une conclusion qui a été ajoutée à une autre époque, il peut rendre grâces à Dieu pour sa libération, amorce du salut qu'il apportera un jour à toutes les nations :

Mon Dieu, mon Dieu, pourquoi m'as-tu abandonné ?
Le salut est loin de moi, loin des mots que je rugis.

---

6. La description de ces souffrances servira aux évangiles à décrire celles de Jésus sur la croix : l'abandon apparent du juste par Dieu – « Pourquoi m'as-tu abandonné ? » –, le mépris des passants, le partage des habits.

Mon Dieu, j'appelle tout le jour, et tu ne réponds pas ;
même la nuit, je n'ai pas de repos.

Toi, pourtant, tu es saint,
toi qui habites les louanges d'Israël !
C'est en toi que nos pères espéraient,
ils espéraient et tu les délivrais.
Quand ils criaient vers toi, ils échappaient ;
en toi ils espéraient et n'étaient pas déçus.

Et moi, je suis un ver, pas un homme,
raillé par les gens, rejeté par le peuple.
Tous ceux qui me voient me bafouent,
ils ricanent et hochent la tête :
« Il comptait sur Yahvé : qu'il le délivre !
Qu'il le sauve, puisqu'il est son ami ! »

C'est toi qui m'as tiré du ventre de ma mère,
qui m'as mis en sûreté entre ses bras.
À toi je fus confié dès ma naissance ;
dès le ventre de ma mère, tu es mon Dieu.

Ne sois pas loin : l'angoisse est proche,
je n'ai personne pour m'aider.
Des fauves nombreux me cernent,
des taureaux de Basan m'encerclent.
Des lions qui déchirent et rugissent
ouvrent leur gueule contre moi.

Je suis comme l'eau qui se répand,
tous mes membres se disloquent.
Mon cœur est comme la cire,
il fond au milieu de mes entrailles.
Ma vigueur a séché comme l'argile,
ma langue colle à mon palais.
Tu me mènes à la poussière de la mort.

Oui, des chiens me cernent,
une bande de vauriens m'entoure.
Ils me percent les mains et les pieds ;
je peux compter tous mes os.

Ces gens me voient, ils me regardent.
Ils partagent entre eux mes habits
et tirent au sort mon vêtement.

Mais toi, Yahvé, ne sois pas loin :
Ô ma force, viens vite à mon aide !
Préserve ma vie de l'épée,
arrache-moi aux griffes du chien ;
sauve-moi de la gueule du lion
et de la corne des buffles.

Tu m'as répondu !
Et je proclame ton nom devant mes frères,
je te loue en pleine assemblée.

Vous qui le craignez, louez Yahvé,
glorifiez-le, vous tous, descendants de Jacob,
vous tous, redoutez-le, descendants d'Israël.

Car il n'a pas rejeté,
il n'a pas réprouvé le malheureux dans sa misère ;
il ne s'est pas voilé la face devant lui,
mais il entend sa plainte.

Tu seras ma louange dans la grande assemblée ;
devant ceux qui te craignent, je tiendrai mes promesses.
Les pauvres mangeront : ils seront rassasiés ;
ils loueront Yahvé, ceux qui le cherchent :
« À vous, toujours, la vie et la joie ! »

La terre entière se souviendra et reviendra vers Yahvé,
chaque famille de nations se prosternera devant lui :
« Oui, à Yahvé la royauté,
le pouvoir sur les nations ! »

Tous ceux qui festoyaient s'inclinent ;
promis à la mort, ils plient en sa présence.

Et moi, je vis pour lui : ma descendance le servira ;
on annoncera le Seigneur aux générations à venir.
On proclamera sa justice au peuple qui va naître :
Voilà son œuvre !

Psaume 55 (54). « J'ai hâte d'avoir un abri »

Le psalmiste signifie son amertume devant la corruption qui souille la Ville sainte et dont il est aussi victime. Même ses amis, familiers comme lui du Temple, l'ont trahi. Il aspire à trouver la paix dans quelque endroit désert ; mais il est sûr aussi que Dieu n'abandonne jamais le juste :

Mon Dieu, écoute ma prière, n'écarte pas ma demande.
Exauce-moi, je t'en prie, réponds-moi ; inquiet, je me plains.

Je suis troublé par les cris de l'ennemi et les injures des méchants ;
ils me chargent de crimes, pleins de rage, ils m'accusent.

Mon cœur se tord en moi, la peur de la mort tombe sur moi ;
crainte et tremblement me pénètrent, un frisson me saisit.

Alors, j'ai dit : « Qui me donnera des ailes de colombe ? Je volerais en lieu sûr ;
loin, très loin, je m'enfuirais pour chercher asile au désert. »

J'ai hâte d'avoir un abri contre ce grand vent de tempête !
Divise-les, Seigneur, mets la confusion dans leur langage !

Car je vois dans la ville discorde et violence :
de jour et de nuit, elles tournent en haut de ses remparts.

Au-dedans, crimes et malheurs ; au-dedans, c'est la ruine :
fraude et brutalité ne quittent plus ses rues.

Si l'insulte me venait d'un ennemi, je pourrais l'endurer ;
si mon rival s'élevait contre moi, je pourrais me dérober.

Mais toi, un homme de mon rang, mon familier, mon intime !
Que notre entente était bonne, quand nous allions d'un même pas dans la maison de Dieu.

Que la mort les surprenne, qu'ils descendent vivants dans l'abîme,
car le mal habite leurs demeures, il est au milieu d'eux.

Pour moi, je crie vers Dieu ; Yahvé me sauvera.
Le soir et le matin et à midi, je me plains, je suis inquiet.

Et Dieu a entendu ma voix, m'apporte la paix.
Il me délivre dans le combat que je menais ; ils étaient une foule autour de moi.

Que Dieu entende et qu'il réponde, lui qui règne dès l'origine,
à ceux-là qui ne changent pas, et ne craignent pas Dieu.

Un traître a porté la main sur ses amis, profané son alliance :
il montre un visage séduisant, mais son cœur fait la guerre ;
sa parole est plus suave qu'un parfum, mais elle est un poignard.

Décharge ton fardeau sur Yahvé : il prendra soin de toi.
Jamais il ne permettra que le juste s'écroule.

Et toi, Dieu, tu les précipites au fond de la tombe,
ces hommes qui tuent et qui mentent.
Ils s'en iront dans la force de l'âge ; moi, je m'appuie sur toi ! »

Psaume 69 (68). « Dans ton grand amour, Dieu, réponds-moi »

Le psalmiste a été tourné en dérision et opprimé par ses compatriotes, ses frères, à cause de sa fidélité à Yahvé. Il est près de sombrer dans le désespoir. Dieu lui-même reste silencieux. De son cœur jaillissent de violentes malédictions contre ses persécuteurs. Pourtant, sa foi reste forte : Dieu ne peut délaisser les pauvres de Yahvé [7] :

Sauve-moi, mon Dieu,
les eaux montent jusqu'à ma gorge !

J'enfonce dans la vase du gouffre, rien qui me retienne ;
je descends dans l'abîme des eaux, le flot m'engloutit.

Je m'épuise à crier, ma gorge brûle.
Mes yeux se sont usés d'attendre mon Dieu.

Plus abondants que les cheveux de ma tête, ceux qui m'en veulent sans raison ;
ils sont nombreux, mes détracteurs, à me haïr injustement.

Moi qui n'ai rien volé, que devrai-je rendre ?
Dieu, tu connais ma folie, mes fautes sont à nu devant toi.

Qu'ils n'aient pas honte pour moi, ceux qui t'espèrent, Seigneur, Dieu de l'univers ;
qu'ils ne rougissent pas de moi, ceux qui te cherchent, Dieu d'Israël !

---

7. Ce psaume a servi aux évangiles à montrer l'angoisse et l'espérance de Jésus au cours de sa Passion.

C'est pour toi que j'endure l'insulte,
que la honte me couvre le visage ;
je suis un étranger pour mes frères,
un inconnu pour les fils de ma mère.
L'amour de ta maison m'a perdu ;
on t'insulte, et l'insulte retombe sur moi.

Si je pleure et m'impose un jeûne,
je reçois des insultes ;
si je revêts un habit de pénitence,
je deviens la fable des gens :
on parle de moi sur les places,
les buveurs de vin me chansonnent. [...]

À mon pain, ils ont mêlé du poison ;
quand j'avais soif, ils m'ont donné du vinaigre.
Que leur table devienne un piège,
un guet-apens pour leurs convives !
Que leurs yeux aveuglés ne voient plus,
qu'à tout instant les reins leur manquent !

Déverse sur eux ta fureur,
que le feu de ta colère les saisisse,
que leur camp devienne un désert,
que nul n'habite sous leurs tentes ! [...]

Confiance en Dieu qui est proche

Les inquiétudes, les tourments poussent le fidèle à mettre sa confiance en Dieu seul. Dans sa prière, il découvre combien Yahvé, qui peut apparaître terrible dans ses justes châtiments et même dans la manière dont il traite les siens, est en réalité proche de celui qui l'invoque.

Psaume 16 (15). « Tu es le lot de mon cœur »

Alors que d'autres courent vers des idoles, le psalmiste découvre avec joie que Dieu est son partage, sa coupe, sa part d'héritage, ses délices, son seul bonheur. Son union à Dieu est si intense qu'il aspire à une vie sans fin avec lui, au-delà de la mort [8] :

Garde-moi, mon Dieu,
j'ai fait de toi mon refuge.
J'ai dit à Yahvé : « Tu es mon Dieu !
je n'ai pas d'autre bonheur que toi. »

Toutes les idoles du pays,
ces dieux que j'aimais,
ne cessent d'étendre leurs ravages,
et l'on se rue à leur suite.
Je n'irai pas leur offrir le sang des sacrifices ;
leur nom ne viendra pas sur mes lèvres !

Yahvé, mon partage et ma coupe :
de toi dépend mon sort.
La part qui me revient fait mes délices ;
j'ai même le plus bel héritage !

Je bénis Yahvé qui me conseille :
même la nuit mon cœur m'avertit.
Je garde le Seigneur devant moi sans relâche ;
il est à ma droite : je suis inébranlable.

Mon cœur exulte, mon âme est en fête,
ma chair elle-même repose en confiance :
tu ne peux m'abandonner à la mort
ni laisser ton ami voir la corruption.

Tu m'apprends le chemin de la vie :
devant ta face, débordement de joie !
À ta droite, éternité de délices !

---

8. C'est par le désir de telles âmes ferventes que la mort ne rompe pas leur relation d'amour avec Dieu qu'a grandi en Israël l'espérance de la résurrection, qui ne deviendra explicite qu'au temps des Maccabées (voir cinquième partie, chapitre 3, p. 620).

Psaume 23 (22). « Le Seigneur est mon berger »

L'image du berger et de son troupeau évoque la sollicitude de Yahvé pour ses fidèles. Il les comble, les protège, les conduit au bercail, qui est l'image du Temple[9] :

Le Seigneur est mon berger : je ne manque de rien.
Sur des prés d'herbe fraîche, il me fait reposer.

Il me mène vers les eaux tranquilles et me fait revivre ;
il me conduit par le juste chemin pour l'honneur de son nom.

Si je traverse les ravins de la mort, je ne crains aucun mal,
car tu es avec moi, ton bâton me guide et me rassure.

Tu prépares la table pour moi devant mes ennemis ;
tu répands le parfum sur ma tête, ma coupe est débordante.

Grâce et bonheur m'accompagnent tous les jours de ma vie ;
j'habiterai la maison du Seigneur pour la durée de mes jours.

Psaume 42 (41). « Mon âme a soif de toi »

Exilé loin du Temple, ce fidèle voudrait s'abreuver de nouveau de la présence de Yahvé, « comme un cerf à la source d'eau vive ». Mais si son corps est éloigné du sanctuaire, son cœur est plein de l'amour de Dieu, jour et nuit :

Comme un cerf altéré cherche l'eau vive,
ainsi mon âme te cherche, toi, mon Dieu.

Mon âme a soif de Yahvé, le Dieu vivant ;
quand pourrai-je m'avancer, paraître face à Dieu ?

Je n'ai d'autre pain que mes larmes, le jour, la nuit,
moi qui chaque jour entends dire : « Où est-il, ton Dieu ? »

---

9. Cette comparaison, déjà utilisée par les prophètes (voir notamment première partie, chapitre 5, « Les grands responsables : les bergers d'Israël », p. 147), sera reprise par Jésus dans l'allégorie du Bon Pasteur (Jn 10).

Je me souviens, et mon âme déborde,
en ce temps-là, je franchissais les portails !

Je conduisais vers la maison de mon Dieu la multitude en fête,
parmi les cris de joie et les actions de grâce.

Pourquoi te désoler, ô mon âme, et gémir sur moi ?
Espère en Yahvé ! De nouveau je rendrai grâce : il est mon sauveur et mon Dieu !

Si mon âme se désole, je me souviens de toi,
depuis les terres du Jourdain et de l'Hermon, depuis mon humble montagne.

L'abîme appelant l'abîme à la voix de tes cataractes,
la masse de tes flots et de tes vagues a passé sur moi.

Au long du jour, le Seigneur m'envoie son amour ;
et la nuit, son chant est avec moi, prière au Dieu de ma vie.

Je dirai à Dieu, mon rocher : « Pourquoi m'oublies-tu ?
Pourquoi vais-je assombri, pressé par l'ennemi ? »

Outragé par mes adversaires, je suis meurtri jusqu'aux os,
moi qui chaque jour entends dire : « Où est-il, ton Dieu ? »

Pourquoi te désoler, ô mon âme, et gémir sur moi ?
Espère en Yahvé ! De nouveau je rendrai grâce : il est mon Sauveur et mon Dieu !

Psaume 103 (102). « Dieu d'amour et de tendresse »

Ce psaume est le chant de l'amour par excellence, de la tendresse de Dieu qui ne peut se comparer qu'à l'affection d'un père toujours prêt à pardonner les fautes de son enfant, cet être si fragile, promis à la mort, alors que lui demeure éternellement dans les cieux :

Bénis Yahvé, ô mon âme,
bénis son nom très saint, tout mon être !
Bénis Yahvé, ô mon âme,
n'oublie aucun de ses bienfaits !

Car il pardonne toutes tes offenses
et te guérit de toute maladie ;
il réclame ta vie à la tombe

et te couronne d'amour et de tendresse ;
il comble de biens tes vieux jours :
tu renouvelles, comme l'aigle, ta jeunesse.

Yahvé fait œuvre de justice,
il défend le droit des opprimés.
Il révèle ses desseins à Moïse,
aux enfants d'Israël ses hauts faits.

Yahvé est tendresse et pitié,
lent à la colère et plein d'amour ;
il n'est pas pour toujours en procès,
ne maintient pas sans fin ses reproches ;
il n'agit pas envers nous selon nos fautes,
ne nous rend pas selon nos offenses.

Comme le ciel domine la terre,
fort est son amour pour qui le craint ;
aussi loin qu'est l'orient de l'occident,
il met loin de nous nos péchés ;
comme la tendresse du père pour ses fils,
la tendresse de Yahvé pour qui le craint !

Il sait de quoi nous sommes pétris,
il se souvient que nous sommes poussière.
L'homme ! ses jours sont comme l'herbe ;
comme la fleur des champs, il fleurit :
dès que souffle le vent, il n'est plus,
même la place où il était l'ignore.

Mais l'amour du Seigneur, sur ceux qui le craignent,
est de toujours à toujours,
et sa justice pour les enfants de leurs enfants,
pour ceux qui gardent son alliance
et se souviennent d'accomplir ses volontés. [...]

Psaume 139 (138). « Tu me scrutes, Seigneur, et tu sais »

Ce texte, qui aborde la relation personnelle avec Dieu, plonge en pleine mystique juive. Le cœur humain est transparent au regard de Dieu, qui en saisit tous les replis depuis la naissance jusqu'à la fin. Le croyant s'abandonne à cette connaissance parfaite et prie pour qu'elle serve à le conduire sur le chemin de la fidélité à la Loi, car elle est à l'opposé de celle des impies qui voudraient l'en faire dévier.

Tu me scrutes, Yahvé, et tu sais !
Tu sais quand je m'assois, quand je me lève,
de très loin, tu pénètres mes pensées.

Que je marche ou me repose, tu le vois,
tous mes chemins te sont familiers.
Avant qu'un mot ne parvienne à mes lèvres,
déjà, Yahvé, tu le sais.

Tu me devances et me poursuis, tu m'enserres,
tu as mis la main sur moi.
Savoir prodigieux qui me dépasse,
hauteur que je ne puis atteindre !

Où donc aller, loin de ton souffle ?
où m'enfuir, loin de ta face ?
je gravis les cieux : tu es là ;
je descends chez les morts : te voici.

Je prends les ailes de l'aurore
et me pose au-delà des mers :
même là, ta main me conduit,
ta main droite me saisit.

J'avais dit : « Les ténèbres m'écrasent ! »
mais la nuit devient lumière autour de moi.
Même la ténèbre pour toi n'est pas ténèbre
et la nuit comme le jour est lumière !

C'est toi qui as créé mes reins,
qui m'as tissé dans le sein de ma mère.
Je reconnais devant toi le prodige, l'être étonnant que je suis :
étonnantes sont tes œuvres, toute mon âme le sait.

Mes os n'étaient pas cachés pour toi
quand j'étais façonné dans le secret, modelé aux entrailles de la terre.

J'étais encore inachevé, tu me voyais ;
sur ton livre, tous mes jours étaient inscrits, recensés avant qu'un seul ne soit !

Que tes pensées sont pour moi difficiles,
Dieu, que leur somme est imposante !
Je les compte : plus nombreuses que le sable !
Je m'éveille, je suis encore avec toi. [...]

La condition de l'homme

Le psautier chante à plusieurs reprises la grandeur de l'homme, dont le livre de la Genèse dit qu'il est créé à l'image et à la ressemblance de Dieu [10]. Mais les psalmistes n'oublient pas que cet homme est pécheur depuis sa naissance et condamné à retourner à la poussière.

Psaume 8. « Qu'est-ce que l'homme pour que tu penses à lui ? »

Cet hymne chante la splendeur de Dieu, reflétée dans la beauté de sa création, et la grandeur de l'homme, auquel Yahvé a confié la maîtrise sur toutes ses œuvres :

Yahvé, notre Dieu,
qu'il est grand ton nom
par toute la terre !

Jusqu'aux cieux, ta splendeur est chantée
par la bouche des enfants, des tout-petits :
rempart que tu opposes à l'adversaire,
où l'ennemi se brise en sa révolte.

À voir ton ciel, ouvrage de tes doigts,
la lune et les étoiles que tu fixas,
qu'est-ce que l'homme pour que tu penses à lui,
le fils d'un homme, que tu en prennes souci ?

---

10. Voir deuxième partie, chapitre 4, « La création du monde en sept jours », p. 317.

Tu l'as voulu un peu moindre qu'un dieu,
le couronnant de gloire et d'honneur ;
tu l'établis sur les œuvres de tes mains,
tu mets toute chose à ses pieds :

les troupeaux de bœufs et de brebis,
et même les bêtes sauvages,
les oiseaux du ciel et les poissons de la mer,
tout ce qui va son chemin dans les eaux.

Yahvé, notre Dieu,
qu'il est grand ton nom
par toute la terre ! »

Psaume 51 (50). « Enlève tous mes péchés »

Cet homme a une conscience profonde de son péché et il implore la pitié de Dieu (d'où le nom sous lequel ce psaume est connu, *Miserere*, « prends pitié »). Ce péché ne consiste pas seulement en des actes contraires à la Loi et qu'il a conscience d'avoir commis, mais, plus profondément, il est inhérent à une condition qui affecte tout son être depuis sa naissance et qui le rend pécheur de par sa nature humaine. C'est pourquoi il implore Dieu de le purifier et le restaurer par le don de son Esprit, un Esprit de sainteté et de pureté grâce auquel ses actes seront désormais conformes au désir de Yahvé et contribueront à édifier la communauté des fidèles. Plus que les sacrifices, Dieu aime un cœur plein de repentir et d'humilité :

Pitié pour moi, mon Dieu, dans ton amour,
selon ta grande miséricorde, efface mon péché.
Lave-moi tout entier de ma faute,
purifie-moi de mon offense.

Oui, je connais mon péché,
ma faute est toujours devant moi.
Contre toi, et toi seul, j'ai péché,
ce qui est mal à tes yeux, je l'ai fait.

Ainsi, tu peux parler et montrer ta justice,
être juge et montrer ta victoire.

Moi, je suis né dans la faute,
j'étais pécheur dès le sein de ma mère.

Mais tu veux au fond de moi la vérité ;
dans le secret, tu m'apprends la sagesse.
Purifie-moi avec l'hysope, et je serai pur ;
lave-moi et je serai blanc, plus que la neige.

Fais que j'entende les chants et la fête :
ils danseront, les os que tu broyais.
Détourne ta face de mes fautes,
enlève tous mes péchés.

Crée en moi un cœur pur, ô mon Dieu,
renouvelle et raffermis au fond de moi mon esprit.
Ne me chasse pas loin de ta face,
ne me reprends pas ton esprit saint.

Rends-moi la joie d'être sauvé ;
que l'esprit généreux me soutienne.
Aux pécheurs, j'enseignerai tes chemins ;
vers toi, reviendront les égarés.

Libère-moi du sang versé, Dieu, mon Dieu sauveur,
et ma langue acclamera ta justice.
Seigneur, ouvre mes lèvres,
et ma bouche annoncera ta louange.

Si j'offre un sacrifice, tu n'en veux pas,
tu n'acceptes pas d'holocauste.
Le sacrifice qui plaît à Dieu, c'est un esprit brisé ;
tu ne repousses pas, ô mon Dieu, un cœur brisé et broyé.

Accorde à Sion le bonheur,
relève les murs de Jérusalem.
Alors tu accepteras de justes sacrifices, oblations et holocaustes ;
alors on offrira des taureaux sur ton autel.

Psaume 130 (129). « Des profondeurs je crie vers toi »

Du fond de sa misère et de son péché, l'homme crie son attente d'une parole de pardon et d'amour de la part de Dieu. Ce psaume est utilisé dans la liturgie des défunts – c'est le *De Profundis* – parce qu'il suggère l'espérance d'une autre vie malgré la souffrance présente de la perte d'un être cher :

> Des profondeurs je crie vers toi, Yahvé, Seigneur, écoute mon appel !
> Que ton oreille se fasse attentive au cri de ma prière !
>
> Si tu retiens les fautes, Yahvé, Seigneur, qui subsistera ?
> Mais près de toi se trouve le pardon pour que l'homme te craigne.
>
> J'espère Yahvé de toute mon âme ;
> je l'espère, et j'attends sa parole.
>
> Mon âme attend le Seigneur plus qu'un veilleur ne guette l'aurore.
> Plus qu'un veilleur ne guette l'aurore, attends Yahvé, Israël.
>
> Oui, près de Yahvé est l'amour ; près de lui abonde le rachat.
> C'est lui qui rachètera Israël de toutes ses fautes.

La Loi de Dieu, chemin du juste

La Torah, la Loi, est l'essence même de la révélation divine. Par elle, Yahvé dévoile sa sainteté, crée le monde, indique à l'homme sa route dans la vie publique et privée. Il n'est donc pas étonnant que plusieurs psaumes chantent la Torah. Le psaume 119 (118) consacre même cent soixante-seize vers à la glorifier en répétant inlassablement : « Heureux, impeccables en leur voie, ceux qui marchent dans la Loi de Yahvé ! » (verset 1).

Psaume 1. « Les deux voies »

L'homme doit choisir entre la société des impies et celle des justes qui obéissent à la Loi de Yahvé. Un jour le malheur frappera les uns tandis que Yahvé veillera sur les siens :

> Heureux est l'homme qui n'entre pas au conseil des méchants,
> qui ne suit pas le chemin des pécheurs,
> ne siège pas avec ceux qui ricanent,
> mais se plaît dans la loi du Seigneur
> et murmure sa loi jour et nuit !

Il est comme un arbre planté près d'un ruisseau,
qui donne du fruit en son temps,
et jamais son feuillage ne meurt ;
tout ce qu'il entreprend réussira,
tel n'est pas le sort des méchants.

Mais ils sont comme la paille balayée par le vent :
au jugement, les méchants ne se lèveront pas
ni les pécheurs, au rassemblement des justes.
Le Seigneur connaît le chemin des justes,
mais le chemin des méchants se perdra.

Psaume 19b (18b). « La Loi de Dieu est parfaite »

La voie de l'homme est tracée par la Loi qui contient l'ensemble des préceptes que Yahvé a enseignés à Israël et qui se résument dans la foi au Dieu unique et dans l'amour du prochain. La fidélité à cette Loi conduit à une attitude juste devant Dieu. La première partie de ce psaume célèbre Yahvé créateur du soleil. La seconde fait l'éloge de la Torah :

La loi de Yahvé est parfaite, qui redonne vie ;
la charte du Seigneur est sûre, qui rend sages les simples.

Les préceptes de Yahvé sont droits, ils réjouissent le cœur ;
le commandement du Seigneur est limpide, il clarifie le regard.

La crainte qu'il inspire est pure, elle est là pour toujours ;
les décisions de Yahvé sont justes et vraiment équitables :

plus désirables que l'or, qu'une masse d'or fin,
plus savoureuses que le miel qui coule des rayons.

Aussi ton serviteur en est illuminé ; à les garder, il trouve son profit.
Qui peut discerner ses erreurs ? Purifie-moi de celles qui m'échappent.

Préserve aussi ton serviteur de l'orgueil, qu'il n'ait sur moi aucune emprise.
Alors je serai sans reproche, pur d'un grand péché.

Accueille les paroles de ma bouche, le murmure de mon cœur ;
qu'ils parviennent devant toi, Yahvé, mon rocher, mon défenseur !

Méditations sur l'histoire d'Israël

L'histoire étant au cœur de la foi, plusieurs psaumes reprennent le déroulement de cette histoire, et reviennent notamment sur le plus fondamental des hauts faits de Yahvé en faveur d'Israël, la libération d'Égypte, l'Alliance au Sinaï, le séjour au désert [11]. Certains évoquent longuement les péripéties de l'événement pour rendre grâces à Dieu, mais aussi pour rappeler les péchés commis au cours de ces quarante ans dans le désert ou pour se plaindre de l'indifférence apparente de Yahvé. De rares psaumes, qui figurent d'ailleurs parmi les plus célèbres, font allusion à l'espérance de la venue d'un roi Messie [12] : l'occupation perse ne laisse pas beaucoup de place au rêve messianique !

Psaume 2. « Tu es mon fils, aujourd'hui je t'ai engendré »

Ce psaume – composé après l'exil – annonce la venue du Messie à la fin des temps. Dieu l'enverra pour délivrer Israël de toutes les nations qui rejettent la domination qu'il exerce sur elles. Pour exprimer la mission confiée au Messie, on lui applique la vieille formule d'intronisation des rois d'Israël, utilisée aussi dans les autres royaumes du Proche-Orient : « Aujourd'hui je t'ai engendré. » En ce jour, le nouveau roi est adopté comme fils par la divinité. Dans le même sens, le prophète Natân avait déclaré à David au sujet de son fils à venir : « Je serai pour lui un père et il sera pour moi un fils [13]. »

Pourquoi ce tumulte des nations,
ce vain murmure des peuples ?
Les rois de la terre se dressent,
les grands se liguent entre eux
contre Yahvé et son Messie :

---

11. Voir respectivement deuxième partie, chapitre 2, « La libération du peuple », p. 224 ; « Au désert du Sinaï : l'alliance », p. 233 ; « Quarante ans dans le désert », p. 246.
12. Voir notamment Isaïe, première partie, chapitre 2, « L'annonce de la naissance de l'Emmanuel », p. 77.
13. Voir troisième partie, chapitre 2, « L'alliance de Yahvé avec David et sa famille », p. 397.

« Faisons sauter nos chaînes,
rejetons ces entraves ! »

Celui qui règne dans les cieux s'en amuse,
le Seigneur les tourne en dérision ;
puis il leur parle avec fureur et sa colère les épouvante :
« Moi, j'ai sacré mon roi
sur Sion, ma sainte montagne. »

Je proclame le décret de Yahvé !

Il m'a dit : « Tu es mon fils ;
moi aujourd'hui je t'ai engendré.
Demande, et je te donne en héritage les nations,
pour domaine la terre tout entière.
Tu les détruiras de ton sceptre de fer,
tu les briseras comme un vase de potier. »

Maintenant, rois, comprenez,
reprenez-vous, juges de la terre.
Servez le Seigneur avec crainte,
rendez-lui votre hommage en tremblant.
Qu'il s'irrite et vous êtes perdus :
soudain sa colère éclatera.

Heureux qui trouve en lui son refuge !

Psaume 77 (76). « Je me souviens des exploits du Seigneur »

Au plus profond des épreuves de son histoire, quand Yahvé semble l'abandonner, Israël se rappelle la libération de l'esclavage de l'Égypte et l'Exode sous la direction de Moïse et d'Aaron. Dans le souvenir de cet exploit divin, il puise la confiance que son Dieu ne le délaisse pas malgré les souffrances qui pèsent sur lui :

Vers Dieu, je crie mon appel !
Je crie vers Dieu : qu'il m'entende !

Au jour de la détresse, je cherche le Seigneur ;
la nuit, je tends les mains sans relâche,
mon âme refuse le réconfort.

Je me souviens de Dieu, je me plains,
je médite et mon esprit défaille.
Tu refuses à mes yeux le sommeil ;
je me trouble, incapable de parler.

Je pense aux jours d'autrefois,
aux années de jadis ;
la nuit, je me souviens de mon chant,
je médite en mon cœur, et mon esprit s'interroge.

Le Seigneur ne fera-t-il que rejeter,
ne sera-t-il jamais plus favorable ?
Son amour a-t-il donc disparu ?
S'est-elle éteinte, d'âge en âge, la parole ?

Dieu oublierait-il d'avoir pitié,
dans sa colère a-t-il fermé ses entrailles ?
J'ai dit : « Une chose me fait mal,
la droite du Très-Haut a changé. »

Je me souviens des exploits du Seigneur,
je rappelle ta merveille de jadis ;
je me redis tous tes hauts faits,
sur tes exploits je médite.

Dieu, la sainteté est ton chemin !
Quel Dieu est grand comme Dieu ?

Tu es le Dieu qui accomplis la merveille,
qui fais connaître chez les peuples ta force,
tu rachetas ton peuple avec puissance,
les descendants de Jacob et de Joseph.

Les eaux, en te voyant, Seigneur,
les eaux, en te voyant, tremblèrent,
l'abîme lui-même a frémi.

Les nuages déversèrent leurs eaux,
les nuées donnèrent de la voix,
la foudre frappait de toute part.

Au roulement de ta voix qui tonnait,
tes éclairs illuminèrent le monde,
la terre s'agita et frémit.

Par la mer passait ton chemin,
tes sentiers, par les eaux profondes ;
et nul n'en connaît la trace.

Tu as conduit comme un troupeau ton peuple
par la main de Moïse et d'Aaron.

Psaume 110 (109). « Roi et prêtre à jamais »

Comme le psaume 2, celui-ci présente l'intronisation du roi Messie, déclaré ici roi et prêtre à l'image de Melchisédech, qui fut aussi roi et prêtre de Salem [14], c'est-à-dire Jérusalem (Gn 14). Yahvé soutiendra son élu dans les combats futurs qu'il devra mener contre les nations qui refusent le règne de Dieu et il lui donnera la victoire finale. La tradition juive et chrétienne a lu dans ce psaume l'une des allusions les plus explicites à l'espérance messianique :

Oracle de Yahvé à mon Seigneur : « Siège à ma droite,
et je ferai de tes ennemis le marchepied de ton trône. »

De Sion, Yahvé te présente le sceptre de ta force :
« Domine jusqu'au cœur de l'ennemi. »

Le jour où paraît ta puissance, tu es prince, éblouissant de sainteté :
« Comme la rosée qui naît de l'aurore, je t'ai engendré. »

Yahvé l'a juré dans un serment irrévocable :
« Tu es prêtre à jamais selon l'ordre du roi Melchisédech. »

À ta droite se tient Yahvé :
il brise les rois au jour de sa colère.
Il juge les nations : les cadavres s'entassent ;
il brise les chefs, loin sur la terre.

Au torrent il s'abreuve en chemin,
c'est pourquoi il redresse la tête.

---

14. Voir deuxième partie, chapitre 3, « Abraham dans la tourmente des peuples », p. 274.

Chants en l'honneur de Jérusalem

Au retour de l'exil, la terre d'Israël se réduit à la petite province de Judée. Jérusalem et son Temple deviennent le cœur du peuple élu pour les juifs du pays mais aussi pour ceux de la Diaspora. La capitale est même le centre du monde, parce qu'elle est le lieu de la résidence de Yahvé, le seul maître de l'univers [15].

Psaume 48 (47). « La montagne de Sion, c'est le pôle du monde »

Les informations que contient ce psaume montrent qu'il a été écrit à la fin de l'empire perse. La protection miraculeuse de Jérusalem au milieu des conflits qui ravagent la région à la fin de la domination perse, la beauté de ses remparts et de ses tours sont le gage de la permanence de la protection de Yahvé sur le peuple qui y habite :

Il est grand, le Seigneur, hautement loué, dans la ville de notre Dieu,
sa sainte montagne, altière et belle, joie de toute la terre.

La montagne de Sion, c'est le pôle du monde, la cité du grand roi ;
Dieu se révèle, en ses palais, vraie citadelle.

Voici que des rois s'étaient ligués, ils avançaient tous ensemble ;
ils ont vu, et soudain stupéfaits, pris de panique, ils ont fui.

Et voilà qu'un tremblement les saisit : douleurs de femme qui accouche ;
un vent qui souffle du désert a brisé les vaisseaux de Tarsis.

Nous l'avions entendu, nous l'avons vu dans la ville du Seigneur, Dieu de l'univers,
dans la ville de Dieu, notre Dieu, qui l'affermira pour toujours.

Dieu, nous revivons ton amour au milieu de ton peuple.
Ta louange, comme ton nom, couvre l'étendue de la terre.

Ta main droite qui donne la victoire réjouit la montagne de Sion ;
les villes de Juda exultent devant tes jugements.

---

15. Plusieurs chapitres dans la troisième partie d'Isaïe, écrits également après le retour de l'exil, ont aussi chanté la gloire de Jérusalem (voir cinquième partie, chapitre 1, p. 566).

Longez les remparts de Sion, comptez ses tours ;
que vos cœurs s'éprennent de ses murs : contemplez ses palais.

Et vous direz aux âges qui viendront : « Ce Dieu est notre Dieu,
pour toujours et à jamais, notre guide pour les siècles. »

Psaume 87 (86). « En Sion tout homme est né »

Au regard visionnaire du psalmiste, Jérusalem-Sion n'est plus seulement la mère du peuple d'Israël, elle devient la mère de tous les peuples de la Terre, et même de ses pires ennemis passés ou présents (Philistie, Égypte, Éthiopie c'est-à-dire Qush...). Toute l'humanité est ainsi conviée à venir y adorer le seul vrai Dieu, Yahvé :

Elle est fondée sur les montagnes saintes.

Yahvé aime les portes de Sion
plus que toutes les demeures de Jacob.

Pour ta gloire on parle de toi, ville de Dieu !
« Je cite l'Égypte et Babylone entre celles qui me connaissent.

Voyez Tyr, la Philistie, l'Éthiopie, chacune est née là-bas. »
Mais on appelle Sion : « Ma mère ! » car en elle, tout homme est né.

C'est lui, le Très-Haut, qui la maintient.

Au registre des peuples, Yahvé écrit : « Chacun est né là-bas. »
Tous ensemble ils dansent, et ils chantent : « En toi, toutes nos sources ! »

Psaume 122 (121). « Appelez le bonheur sur Jérusalem »

Apercevant les murs de Jérusalem, le pèlerin laisse éclater sa joie d'entrer dans la maison de Yahvé, où il va aussi rencontrer ses frères :

Quelle joie quand on m'a dit :
« Nous irons à la maison de Yahvé ! »

Maintenant notre marche prend fin
devant tes portes, Jérusalem !
Jérusalem, te voici dans tes murs :
ville où tout ensemble ne fait qu'un !

C'est là que montent les tribus, les tribus de Yahvé,
là qu'Israël doit rendre grâces au nom de Yahvé.
C'est là le siège du droit,
le siège de la maison de David.

Appelez le bonheur sur Jérusalem :
« Paix à ceux qui t'aiment !
Que la paix règne dans tes murs,
le bonheur dans tes palais ! »

À cause de mes frères et de mes proches,
je dirai : « Paix sur toi ! »
À cause de la maison de Yahvé notre Dieu,
je désire ton bien.

Louanges au roi Yahvé

Rappelons qu'en hébreu psautier se dit *tehillim*, qui signifie louanges. De fait, beaucoup de psaumes sont consacrés en partie ou totalement à la louange. Ils chantent la royauté de Yahvé – « Yahvé est roi ! » « Yahvé *malak* » – mais aussi sa miséricorde.

Psaume 96 (95). « Chantez Yahvé, terre entière »

Le psalmiste invite toutes les nations à s'unir à la voix d'Israël pour chanter le Dieu unique, celui qui a créé l'univers, qui dirige l'histoire des peuples et qui va maintenant juger le monde :

Chantez à Yahvé un chant nouveau,
chantez à Yahvé, terre entière,
chantez à Yahvé et bénissez son nom !

De jour en jour, proclamez son salut,
racontez à tous les peuples sa gloire,
à toutes les nations ses merveilles !

Il est grand, Yahvé, hautement loué,
redoutable au-dessus de tous les dieux :
néant, tous les dieux des nations !

Lui, Yahvé, a fait les cieux :
devant lui, splendeur et majesté,
dans son sanctuaire, puissance et beauté.

Rendez à Yahvé, familles des peuples,
rendez à Yahvé la gloire et la puissance,
rendez à Yahvé la gloire de son nom.

Apportez votre offrande, entrez dans ses parvis,
adorez Yahvé, éblouissant de sainteté :
tremblez devant lui, terre entière.

Allez dire aux nations : « Yahvé est roi ! »
Le monde, inébranlable, tient bon.
Il gouverne les peuples avec droiture.

Joie au ciel ! Exulte la terre !
Les masses de la mer mugissent,
la campagne tout entière est en fête.

Les arbres des forêts dansent de joie
devant la face de Yahvé, car il vient,
car il vient pour juger la terre.

Il jugera le monde avec justice,
et les peuples selon sa vérité !

Psaume 118 (117). « Béni soit celui qui vient au nom de Yahvé ! »

Sans doute composé dans le cadre de la fête des Tentes [16], ce texte accompagne une procession vers le Temple. Le représentant de la communauté après l'exil, peut-être à l'époque de Néhémie [17], rend grâces à Yahvé pour avoir délivré son peuple par fidélité à l'alliance. À cette évocation, les prêtres rendent aussi grâces au Seigneur et l'on entre dans le sanctuaire en chantant [18].

---

16. Voir chapitre 2, p. 474.
17. Voir chapitre 1, p. 456.
18. Ce psaume a été beaucoup utilisé par le Nouveau Testament, car l'Église y lisait l'annonce de l'entrée de Jésus à Jérusalem au jour des Rameaux, son rejet par le peuple d'Israël (dans la parabole des vignerons homicides [Mt 21, 42], Jésus se comparera à « la pierre rejetée par les bâtisseurs devenue pierre d'angle »), son entrée dans le Temple du ciel au jour de sa résurrection, jour de fête par excellence pour les chrétiens.

Alléluia !
Rendez grâces à Yahvé : Il est bon ! Éternel est son amour !

Oui, que le dise Israël : éternel est son amour !
Que le dise la maison d'Aaron : éternel est son amour !
Qu'ils le disent, ceux qui craignent Yahvé : éternel est son amour !

Dans mon angoisse j'ai crié vers Yahvé,
et lui m'a exaucé, mis au large.
Yahvé est pour moi, je ne crains pas ;
que pourrait un homme contre moi ?
Yahvé est avec moi pour me défendre,
et moi, je braverai mes ennemis.

Mieux vaut s'appuyer sur Yahvé que de compter sur les hommes ;
mieux vaut s'appuyer sur Yahvé que de compter sur les puissants !

Toutes les nations m'ont encerclé :
au nom de Yahvé, je les détruis !
Elles m'ont cerné, encerclé :
au nom de Yahvé, je les détruis !
Elles m'ont cerné comme des guêpes
– ce n'était qu'un feu de ronces –,
au nom du Seigneur, je les détruis !

On m'a poussé, bousculé pour m'abattre ;
mais Yahvé m'a défendu.
Ma force et mon chant, c'est Yahvé ;
il est pour moi le salut.

Clameurs de joie et de victoire
sous les tentes des justes :
« Le bras de Yahvé est fort, le bras de Yahvé se lève,
le bras de Yahvé est fort ! »

Non, je ne mourrai pas, je vivrai
pour annoncer les actions de Yahvé :
il m'a frappé, Yahvé, il m'a frappé,
mais sans me livrer à la mort.

Ouvrez-moi les portes de justice :
j'entrerai, je rendrai grâces à Yahvé.
« C'est ici la porte de Yahvé
qu'ils entrent, les justes ! »
Je te rends grâces car tu m'as exaucé :
tu es pour moi le salut.

La pierre qu'ont rejetée les bâtisseurs
est devenu la pierre d'angle :
c'est là l'œuvre de Yahvé,
la merveille devant nos yeux.
Voici le jour que fit Yahvé,
qu'il soit pour nous jour de fête et de joie !

Donne, Yahvé, donne le salut !
Donne, Yahvé, donne la victoire !

Béni soit au nom de Yahvé celui qui vient,
De la maison de Yahvé, nous vous bénissons !

Dieu, Yahvé, nous illumine.
Rameaux en main, formez vos cortèges jusqu'auprès de l'autel.
Tu es mon Dieu, je te rends grâces,
mon Dieu je t'exalte !
Rendez grâces à Yahvé : Il est bon !
Éternel est son amour !

Psaume 145 (144). « Yahvé est tendresse et pitié »

Ce psaume, sans doute l'un des plus récents du psautier, est comme un florilège des mots et des tournures employés dans les chants d'action de grâces et de louanges : royauté, puissance, majesté, mais aussi tendresse et pitié, justice mais aussi pardon... [19]

Je t'exalterai, mon Dieu, mon Roi,
je bénirai ton nom toujours et à jamais !

---

19. Beaucoup de paroles de Jésus s'en sont inspirées.

Chaque jour je te bénirai,
je louerai ton nom toujours et à jamais.
Il est grand, Yahvé, hautement loué ;
à sa grandeur, il n'est pas de limite.

D'âge en âge, on vantera tes œuvres,
on proclamera tes exploits.
Je redirai le récit de tes merveilles,
ton éclat, ta gloire et ta splendeur.

On dira ta force redoutable ;
je raconterai ta grandeur.
On rappellera tes immenses bontés ;
tous acclameront ta justice.

Yahvé est tendresse et pitié,
lent à la colère et plein d'amour ;
la bonté de Yahvé est pour tous,
sa tendresse, pour toutes ses œuvres.

Que tes œuvres, Yahvé, te rendent grâces
et que tes fidèles te bénissent !
Ils diront la gloire de ton règne,
ils parleront de tes exploits,

annonçant aux hommes tes exploits,
la gloire et l'éclat de ton règne :
ton règne, un règne éternel,
ton empire, pour les âges des âges.

Yahvé est vrai en tout ce qu'il dit,
fidèle en tout ce qu'il fait.
Yahvé soutient tous ceux qui tombent,
il redresse tous les accablés.

Les yeux sur toi, tous, ils espèrent :
tu leur donnes la nourriture au temps voulu ;
tu ouvres ta main :
tu rassasies avec bonté tout ce qui vit.

Yahvé est juste en toutes ses voies,
fidèle en tout ce qu'il fait.
Il est proche de ceux qui l'invoquent,
de tous ceux qui l'invoquent en vérité.

Il répond au désir de ceux qui le craignent ;
il écoute leur cri : il les sauve.
Yahvé gardera tous ceux qui l'aiment,
mais il détruira tous les impies.

Que ma bouche proclame les louanges de Yahvé !
Son nom très saint, que toute chair le bénisse toujours et à jamais !

Psaume 147. « Il envoie sa parole sur la terre »

Dans ce psaume, où se mêlent plusieurs thèmes, Israël est invité à louer Yahvé pour un double motif : les bienfaits de Dieu en faveur de Jérusalem, dont il a rebâti les murs et où il fait régner la paix, les merveilles de la Création que l'homme doit scruter pour y voir à l'œuvre la Parole vivante de Yahvé, qui est à l'origine de chacun des phénomènes qui s'y déroulent. Cette Parole qui transmet aussi la Torah à Israël :

Alléluia !

Quel bonheur de fêter notre Dieu,
quelle joie de lui chanter sa louange !

Yahvé rebâtit Jérusalem,
il rassemble les déportés d'Israël ;
il guérit les cœurs brisés,
il panse leurs blessures.
Il compte le nombre des étoiles,
il les appelle toutes par leurs noms.

Il est grand, il est fort, notre Maître,
son intelligence est sans mesure.
Yahvé soutient les humiliés,
et rabaisse jusqu'à terre les impies.

Entonnez pour Yahvé l'action de grâces,
jouez pour notre Dieu sur la cithare.

Il couvre le ciel de nuages,
il prépare la pluie sur la terre ;
il fait germer l'herbe sur les montagnes
et les plantes à l'usage des hommes ;
il donne aux troupeaux leur pâture,
aux petits du corbeau qui la réclament.

La force du cheval n'est pas ce qu'il aime,
ni la vigueur de l'homme, ce qui lui plaît ;
Yahvé se plaît avec ceux qui le craignent,
avec ceux qui espèrent son amour.

Glorifie Yahvé, Jérusalem !
célèbre ton Dieu, ô Sion !

Il a consolidé les barres de tes portes,
dans tes murs il a béni tes enfants ;
il fait régner la paix à tes frontières,
et d'un pain de froment te rassasie.

Il envoie sa parole sur la terre :
rapide, son verbe la parcourt.
Il étale une toison de neige,
il sème une poussière de givre.

Il jette à poignées des glaçons ;
devant ce froid, qui pourrait tenir ?
Il envoie sa parole : survient le dégel ;
il répand son souffle : les eaux coulent.

Il révèle sa parole à Jacob,
ses volontés et ses lois à Israël.
Pas un peuple qu'il ait ainsi traité ;
nul autre n'a connu ses volontés.

Alléluia !

Conclusion

Le psautier traduit l'âme d'Israël quand, dans la prière, il se met en présence de son Dieu. Il transmet sans contrainte les impressions qui agitent son cœur dans l'existence difficile qui est la sienne au retour de l'exil. La souffrance devant les injustices qui sont le lot quotidien de beaucoup dans un pays qui n'est plus tout à fait le leur, mais aussi l'espérance que Yahvé n'a pas oublié son peuple. L'homme se confie à lui en toute liberté, il se plaint du courroux de Yahvé. Les bienfaits reçus sont rappelés. Yahvé n'est pas pour son enfant une divinité lointaine. Il commande la marche de l'univers et des grands événements. Tout en étant loin, dans les cieux, il s'approche du psalmiste qui, alors, éprouve sa présence aimante. Tous deux entrent en dialogue, l'un et l'autre manifestant dans la sincérité absolue ce qui constitue la relation d'alliance dans laquelle ils sont impliqués, l'amour et le ressentiment, la joie et le regret, l'ardeur et la lassitude... Tous les sentiments s'expriment dans cette relation entre Dieu et l'homme qui, comme toute relation réelle, a pour cadre une terre et un peuple, des hommes et des femmes vivant dans des conditions concrètes.

4

Trois livres pour la communauté

Si, pendant les quelque trois siècles de l'occupation perse, Israël ne dispose d'aucune autonomie politique, il développe considérablement l'héritage spirituel qu'il a reçu du passé. Une grande activité littéraire caractérise cette époque, que l'on pourrait même considérer comme l'âge d'or de la littérature biblique. Nous avons vu que des scribes issus des milieux sacerdotaux de Jérusalem donnent alors leur forme définitive aux cinq livres de la Torah [1]. Mais ils rédigent eux-mêmes des textes qui reflètent la théologie caractéristique de leurs cercles, comme le livre du Lévitique. L'un des plus beaux témoignages de leur travail est la page somptueuse consacrée à la création du monde en sept jours qui ouvre la Torah [2]. Par ailleurs, des scribes issus d'autres cercles que le milieu sacerdotal composent cet ensemble de livres (Samuel et les Rois) qui rapportent l'histoire d'Israël depuis l'entrée des Hébreux en Canaan jusqu'à la destruction de Jérusalem par Nabuchodonosor en 587.

1. Voir deuxième partie, chapitre 1, « La construction littéraire du Pentateuque », p. 201.
2. Voir deuxième partie, chapitre 4, « La création du monde en sept jours », p. 315.

Enfin, la langue hébraïque atteint son épanouissement et développe les particularités qui la différencient des langues des pays voisins. Elle peut désormais être utilisée pour aborder tous les genres littéraires, le récit historique ou imaginaire dans lequel elle excelle, la poésie, le droit. Bien qu'elle ne dispose pas d'un éventail étendu de termes abstraits, elle sait également rendre compte de la réflexion de l'homme sur lui-même ou dans sa relation avec Dieu. Le cercle des gens qui savent recourir à l'écriture pour composer des textes courts ou de véritables ouvrages s'élargit progressivement. Depuis la disparition de la cour royale, ces cercles de lettrés constituent l'élite sociale et religieuse du peuple. Ils résident principalement à Jérusalem, auprès du Temple.

C'est d'eux que sortent pendant la période perse deux grandes œuvres où l'on peut découvrir la griffe de véritables auteurs. Dans la première, le livre de Job, un théologien anonyme doublé d'un grand poète affronte le problème du mal et le scandale de la souffrance de l'innocent. La seconde, les Proverbes, rassemble des réflexions sur la sagesse et un recueil de proverbes sur la conduite de la vie ; c'est en quelque sorte un manuel de formation à l'usage de la jeunesse. À cette époque appartient aussi le *Cantique des cantiques*, un recueil de chants d'amour qui a sans doute la même finalité que les Proverbes ; l'un vise l'éducation de la jeunesse, l'autre chante l'amour de l'homme et de la femme. Après la disparition de la royauté, la famille devient, en effet, le fondement de la communauté d'Israël.

Job, le problème du mal

« Pauvre comme Job », dit le dicton pour désigner un homme réduit à la misère extrême. De leur côté, plusieurs peintres ont représenté Job couché sur un « fumier ». Mais cette utilisation de l'histoire du personnage ne laisse pas deviner la profondeur théologique et spirituelle du livre biblique qui porte ce nom, et l'influence qu'il a exercée sur la conscience religieuse et morale de l'humanité par ses interrogations sur la présence du mal dans le monde. Ce long ouvrage, qui est aussi un chef-d'œuvre de la poésie hébraïque aborde en effet, d'une manière géniale et dramatique, le mystère du malheur innocent, de la souffrance scandaleuse du juste, de la victoire apparente du mal.

La composition du livre

Le livre de Job se présente sous la forme de longs dialogues en vers encadrés par un récit en prose. Selon ce dernier, Job est une sorte de patriarche vivant à une époque indéterminée dans un Orient fabuleux. Il est immensément riche, son épouse lui a donné de nombreux enfants, garçons et filles. Il craint Dieu et, selon l'enseignement de la morale traditionnelle, son bonheur est la rétribution de sa justice. Dieu, dans sa cour céleste, fait d'ailleurs son éloge devant le Satan [3], l'accusateur. Le Satan suggère alors à Dieu de plonger Job dans le malheur afin de vérifier si cet homme pieux va persévérer dans sa justice quand tous ses biens lui seront ôtés. Dieu accepte, les troupeaux de Job sont décimés, ses fils et filles écrasés par la chute de la maison où ils festoyaient, une sorte de lèpre affreuse ronge sa chair et ses os de la tête aux pieds. Malgré ces épreuves, Job garde sa foi en Dieu. À sa femme qui le pousse à maudire Dieu, Job répond :

> Si nous accueillons le bonheur comme un don de Dieu, comment ne pas accepter de même le malheur ! (2, 10).

En conclusion, le récit relate (42, 7-17) comment Dieu, pour le récompenser de cette fidélité, restaure Job dans une situation encore plus fastueuse que l'ancienne. Il engendre de nombreux fils et filles, qu'il connaîtra jusqu'à la quatrième génération.

Les dialogues en vers insérés dans ce récit en prose sont d'un esprit différent. Apprenant la tragédie qui vient de frapper Job, trois de ses amis lui rendent visite. En leur présence, il laisse éclater sa colère et va jusqu'à maudire le jour de sa naissance. Alors, ils prennent la parole à tour de rôle et Job répond à chacun d'eux. Nullement convaincu par leurs propos, il

3. Jusque-là, dans la Bible, *satan* signifie simplement « accusateur » ; ici, pour la première fois, il est accusateur devant Dieu. Dans les textes juifs du tournant de notre ère, et dans le Nouveau Testament, il devient un être autonome, la personnification du mal et la figure allégorique de la tentation.

reprend ses objurgations contre Dieu et le somme de répondre à ses questions sur le pourquoi du malheur qui l'atteint. Après un premier échange, deux autres cycles de discours donnent à Job et à ses contradicteurs la possibilité de reprendre les argumentations déjà échangées, mais sur un ton de plus en plus agressif. Après une digression contenant l'éloge de la sagesse (chapitre 28), intervient un quatrième visiteur, qui développe de nouveau le raisonnement des trois précédents (chapitres 32 à 37). À ce moment, Yahvé en personne prend la parole pour expliquer à Job son action dans le monde. Job exprime sa soumission à la volonté divine. Dieu intervient une seconde fois et Job redit son acceptation de l'épreuve qu'il subit, mettant ainsi fin au débat.

En raison de la différence d'atmosphère entre le récit et les dialogues, les historiens pensent que l'auteur a utilisé un vieux conte racontant l'histoire d'un patriarche du nom de Job. Ce conte édifiant lui aurait ainsi servi à illustrer l'adage selon lequel Dieu récompense les bons et punit les méchants, à exposer ses interrogations sur la souffrance de l'innocent et la justice réelle de Dieu. La fin heureuse lui aurait de plus permis de donner à ses questions une conclusion provisoire. Après ces discussions sur la présence du mal dans le monde, en effet, pour celui qui croit en Dieu, la restauration de Job dans sa richesse passée apparaît plutôt comme l'affirmation tragique et désabusée qu'il n'y a pas de réponse satisfaisante !

Mais les historiens pensent que l'auteur a également modifié ce récit primitif. Afin d'atténuer la vérité brutale selon laquelle Dieu serait la cause directe du malheur des innocents, dans la scène où Dieu et le Satan discutent, il aurait ajouté un élément capital : c'est le Satan qui demande à Dieu l'autorisation de soumettre Job à cette terrible peine. Grâce à ce procédé littéraire, Dieu n'apparaît pas comme la cause première du tourment de Job. Pourtant, le lecteur n'est pas dupe : la responsabilité de Dieu est engagée dans la tragédie qui frappe le juste. C'est sans doute aussi pour masquer cette interrogation scandaleuse sur Dieu que celui-ci est rarement appelé Yahvé, mais reçoit des dénominations archaïques, El, Éloah, et surtout Shaddaï, cette vieille désignation à la signification imprécise [4], comme si

4. Voir deuxième partie, chapitre 3, « La circoncision, signe de l'alliance », p. 276.

Yahvé, le Dieu d'Israël, ne devait pas être impliqué dans l'histoire de ce drame. Job, d'ailleurs, n'est pas juif, pas plus que ses contradicteurs. Le livre qui porte son nom prend ainsi une dimension universaliste. Tous les hommes sont concernés par le mystère du mal.

L'enseignement du livre

Le livre de Job témoigne d'une étape de la réflexion théologique de la Bible sur le problème du mal. Comme tous les peuples, Israël a connu et utilisé des dictons significatifs de la croyance collective : « Il n'a que ce qu'il mérite » ou, au contraire : « Il ne mérite pas cela. » Par de telles affirmations, l'homme exprime moins son expérience que son attente d'une justice transcendante qui récompense les bons et punit les mauvais. Mais il constate que pareille justice n'existe pas. La souffrance, la misère, la maladie, la mort ne frappent pas les hommes de façon équitable, comme on serait en droit de l'attendre de la part d'un juge impartial.

Les mythes anciens attribuaient ce caractère aléatoire de la justice aux relations fantaisistes qui existaient entre les dieux. C'est pourquoi la réflexion philosophique a tenté de donner une explication plus rationnelle de l'existence du mal dans le monde, sans y parvenir pleinement d'ailleurs. Ainsi, la philosophie grecque, à partir du VIe siècle, a distingué l'action de la cause première (Dieu), qui produit le bien, et celle des causes secondes (homme, nature), responsables du mal.

De son côté, la religion de Yahvé a cherché à apporter une réponse conforme à la nature de son Dieu. Dieu étant juste par définition, les psalmistes ont souvent répété que Yahvé punissait les impies et récompensait les justes, tout en expérimentant le contraire dans leur existence personnelle et nationale ! Dans un esprit très différent, un proverbe connu disait : « Les parents ont mangé des raisins verts, les dents des enfants en ont été agacées. » Une telle maxime laissait entendre que Dieu faisait payer les enfants pour les fautes de leurs parents. Où se trouvait donc la justice de Dieu ? À cette constatation désabusée, les prophètes Jérémie et Ézéchiel [5]

5. Voir première partie : Jérémie, chapitre 4, « Le livre de la consolation », p. 128 ; Ézéchiel, chapitre 5, « Responsabilité et rétribution individuelles », p. 148.

n'ont pas répondu par des considérations philosophiques. Ils ont voulu que le peuple oublie ce dicton car, en se contentant de constater la transmission aveugle du mal d'une génération à l'autre, l'adage poussait en réalité les hommes à la démission morale. Ils ont souhaité au contraire inculquer la responsabilité éthique de l'individu ou de chacune des générations.

Pour les prophètes, l'existence du mal avait en effet une cause : le péché. De là découlent les deux aspects de leur message. D'une part, le peuple dans son ensemble a désobéi à la Loi. Cette révolte a contraint Yahvé à le punir par l'exil, la souffrance et la mort. Qui donc est responsable du malheur d'Israël ? Le mal n'est pas une fatalité. Il s'agit des rois, des prêtres, du peuple dans son ensemble ; tout au long de l'histoire, tous et chacun à son niveau ont été infidèles à Yahvé. La victoire du mal en Israël a été le juste châtiment de ses fautes.

Mais, d'autre part, les prophètes ont constaté que leur enseignement sur la responsabilité collective allait à l'encontre de ce qu'ils voulaient inculquer par ailleurs : chacun était responsable de ses actes et devait en supporter les conséquences, comme l'a enseigné Ézéchiel. L'application de ce principe supposait que tous les Israélites avaient été infidèles à Yahvé et mérité la déportation. Or, cette généralisation s'est révélée fausse. La communauté a toujours connu en son sein des hommes justes, ne serait-ce que les prophètes eux-mêmes et leurs disciples. Pourtant, eux aussi ont été châtiés. Au cours des années d'exil, et maintenant à Jérusalem et en Judée, quelques-uns, le « petit reste » attendu par Isaïe [6] (6, 13), ont gardé leur fidélité à Yahvé au milieu de grandes difficultés, souvent au prix de souffrances physiques et spirituelles, parfois au prix de leur vie, comme le Serviteur de Yahvé [7]. La condition de la communauté, malgré son attachement à Yahvé, nous l'avons vu, est souvent douloureuse, elle apparaît d'autant plus injuste qu'elle est pour une grande partie due à une pratique minutieuse de la Loi. Plusieurs psaumes expriment d'ailleurs la plainte des fidèles devant cette épreuve inexplicable et contraire à la justice de Yahvé, pourtant chantée inlassablement [8].

6. Voir première partie, chapitre 2, « La vocation », p. 69.
7. Voir première partie, chapitre 7, « Les chants du Serviteur », p. 184.
8. Voir chapitre 3, p. 506.

La réflexion du livre de Job se situe à ce point de la réflexion d'Israël sur la présence du mal dans le monde. Il laisse s'exprimer longuement la doctrine traditionnelle par la bouche des contradicteurs du héros : l'impie est puni pour ses fautes, et seul le repentir peut lui rendre sa condition antérieure. Le bonheur du juste est la récompense de sa bonne conduite. Cependant, les intervenants le reconnaissent, tout homme est impur devant Dieu, c'est pourquoi le juste ou celui qui se prétend tel doit scruter sa vie pour débusquer la faute cachée, cause des tourments qui peuvent survenir dans son existence.

Job refuse ces explications. Il constate d'abord que des méchants sont comblés de bonheur sur cette terre, et que justes et impies descendent ensemble dans le schéol après leur mort pour y partager une même condition de vie au rabais. Ensuite, et surtout, sa conscience ne lui reproche rien ; au contraire, il reste persuadé de la justice de sa vie antérieure. Sous le poids du malheur qui l'accable, il pourrait, comme les poètes des psaumes, se soumettre avec amour aux épreuves envoyées par Dieu à ses serviteurs les plus fidèles. Job connaît aussi le discours sur la Sagesse mystérieuse et insondable de Dieu : l'intelligence de l'homme ne peut comprendre la manière dont Dieu conduit le monde. Mais il ne s'en satisfait pas non plus. Ce qu'il veut, c'est un face-à-face avec Dieu, au cours duquel il le contraindra à dire le pourquoi ultime du malheur innocent. Submergé par la douleur qui le pousse à maudire la vie, il se dresse contre ce Dieu qui l'écrase, et attend dans la révolte une parole explicative. Le livre de Job atteint là son sommet, décrivant avec une force inouïe le tragique de la condition humaine. À l'exemple de Job, l'homme est tiraillé entre l'acceptation et le rejet de ce Dieu qui se dit juste et aimant ; mais, par ailleurs, il ne peut pas ne pas considérer Dieu comme son bourreau et la source de sa souffrance.

Le livre de Job ne donne pas de réponse rationnelle satisfaisante à ce constat angoissé. Dans son discours final, Dieu renvoie l'homme à son mystère insondable, dont rendent compte en partie la splendeur et la complexité du cosmos. Cependant, si l'ouvrage ne répond pas à la question qu'il a posée, il a ouvert pour toujours le chemin de la quête de Dieu. Job est le modèle de tous ceux qui, depuis, osent affronter Dieu et son mystère. À la fin du débat, Dieu félicite Job d'avoir bien parlé de Lui, alors que ses propos sont proches du blasphème. Job, de son côté, se glorifie avec raison d'avoir vu Dieu, car il lui a parlé sans aucun intermédiaire, c'est-à-dire face à face. En conclusion : Dieu sera toujours au-delà des discours que l'homme prononcera sur Lui.

Les malheurs de Job

Le récit en prose commence par détailler l'immense fortune de Job en troupeaux, en serviteurs, en fils et en filles. Il habite Uç, en Orient. Tant de bonheur prouve que cet homme est un juste, puisqu'il est comblé des faveurs divines. Mais le Satan, qui remplit la fonction d'accusateur à la cour de Dieu, n'a pas de mal à trouver la faille de ce raisonnement :

> Un jour où les Fils de Dieu étaient venus se présenter devant Yahvé, le Satan (l'accusateur) aussi s'avançait parmi eux. Yahvé dit au Satan : « D'où viens-tu ? » – « De parcourir la terre, répondit-il, et de m'y promener. » Et Yahvé reprit : « As-tu remarqué mon serviteur Job ? Il n'a point son pareil sur la terre : c'est un homme intègre et droit, qui craint Dieu et s'écarte du mal ! » Et le Satan de répliquer à Yahvé : « Est-ce pour rien que Job craint Dieu ? Ne l'as-tu pas entouré d'une haie, ainsi que sa maison et ce qu'il possède alentour ? Tu as béni toutes ses entreprises, ses troupeaux pullulent dans le pays. Mais étends la main et touche à tout ce qu'il possède ; je gage qu'il te maudira en face ! [...] Évite seulement de porter la main sur lui » (1, 6-12).

Les malheurs fondent sur Job en un seul jour. Des brigands enlèvent ses bœufs et ses chameaux et tuent ses serviteurs. La foudre frappe ses brebis. La maison où festoyaient ses fils et ses filles s'écroule sur eux et les écrase :

> Alors Job se leva, déchira son vêtement et se rasa la tête. Puis, tombant sur le sol, il se prosterna et dit :
>
> « Nu, je suis sorti du sein maternel, nu, j'y retournerai. Yahvé a donné, Yahvé a repris : que le nom de Yahvé soit béni ! »
>
> En tout cela, Job ne pécha point et il n'imputa rien d'indigne à Dieu (1, 20-22).

Mais devant son échec, le Satan obtient de soumettre Job à une nouvelle épreuve, cette fois dans sa chair :

> « Peau pour peau ! Tout ce que l'homme possède, il le donne pour sa vie ! Mais étends la main ; touche à ses os et à sa chair, et je gage qu'il te maudira en

face ! » – « Soit ! dit Yahvé au Satan, il est en ton pouvoir, mais respecte pourtant sa vie. » Et le Satan sortit de devant Yahvé (2, 4-7).

Yahvé accepte. Il remet Job entre les mains du Satan à condition qu'il n'en meure pas :

Il frappa Job d'un ulcère malin, depuis la plante des pieds jusqu'au sommet de la tête. Job prit un tesson pour se gratter et il s'installa parmi les cendres. Alors sa femme lui dit : « Comment peux-tu persévérer dans ton intégrité ! Maudis donc Dieu et meurs ! » Job répliqua : « Tu parles comme une folle. Si nous accueillons le bonheur comme un don de Dieu, comment ne pas accepter de même le malheur ! » En tout cela, Job ne pécha point en paroles (2, 7-8).

Job est frappé d'une maladie horrible, chassé de sa demeure et rejeté sur une sorte de dépotoir au milieu des cendres, sur un « fumier » selon la tradition popularisée par les peintres. Ayant appris ses malheurs, trois amis de Job, Éliphaz de Témân, Bildad de Shuah et Çophar de Naama, viennent « le plaindre et le consoler ». De loin, ils ne le reconnaissent pas, tellement il a changé. Accablés de tristesse, ils restent prostrés près de lui durant sept jours et sept nuits.

Dialogue de Job et de ses visiteurs

Dès sa première intervention, Job laisse éclater sa colère. Il maudit le jour de sa naissance et regrette de ne pas être mort au sortir du sein de sa mère pour rejoindre aussitôt les occupants du shéol :

Périsse le jour qui me vit naître et la nuit qui a dit : « Un garçon a été conçu ! »

Ce jour-là, qu'il soit ténèbres, que Dieu, de là-haut, ne le réclame pas, que la lumière ne brille pas sur lui !

Que le revendiquent ténèbre et ombre épaisse, qu'une nuée s'installe sur lui, qu'une éclipse en fasse sa proie !

Oui, que l'obscurité le possède, qu'il ne s'ajoute pas aux jours de l'année, n'entre point dans le compte des mois !

Cette nuit-là, qu'elle soit stérile, qu'elle ignore les cris de joie ! [...]

Car elle n'a pas fermé sur moi la porte du ventre, pour cacher à mes yeux la souffrance.

Pourquoi ne suis-je pas mort au sortir du sein, n'ai-je péri aussitôt enfanté ?

Pourquoi s'est-il trouvé deux genoux pour m'accueillir, deux mamelles pour m'allaiter ?

Maintenant, je serais couché en paix, je dormirais d'un sommeil reposant, avec les rois et les grands ministres de la terre, qui se sont bâti des mausolées, ou avec les princes qui ont de l'or en abondance et de l'argent plein leurs tombes.

Ou bien, tel l'avorton caché, je n'aurais pas existé, comme les petits qui ne voient pas le jour.

Là prend fin l'agitation des méchants, là se reposent les épuisés.

Les captifs de même sont laissés tranquilles et n'entendent plus les cris du surveillant.

Là voisinent petits et grands et l'esclave est libéré de son maître (3, 1-19).

Éliphaz de Témân réplique le premier. Il lui rappelle les leçons qu'il donnait autrefois lui-même quand il déclarait que l'homme est puni pour ses fautes :

Si l'on t'adresse la parole, tu vas perdre la patience. Mais qui pourrait garder le silence !

Vois, tu faisais la leçon à beaucoup, tu rendais vigueur aux mains défaillantes ; tes propos redressaient l'homme qui chancelle, fortifiaient les genoux qui ploient.

Et maintenant, ton tour venu, tu perds patience ; atteint toi-même, te voilà tout bouleversé !

Ta piété n'est-elle pas ton assurance, ton espérance, n'est-ce pas une vie intègre ?

Souviens-toi : quel est l'innocent qui a péri ? Où donc des hommes droits sont-ils exterminés ?

Je l'ai bien vu : ceux qui labourent le malheur et sèment la souffrance, les moissonnent.

Sous l'haleine de Dieu ils périssent, au souffle de sa colère ils sont anéantis (4, 1-9).

Mais Éliphaz déclare qu'il faut aller plus loin que ce constat de la juste rétribution de Dieu. L'homme ne peut se considérer comme parfait en face de son créateur, il est forcément pécheur et doit accepter le châtiment pour ses fautes :

Un mortel est-il juste devant Dieu, en face de son Auteur, un homme serait-il pur ?

À ses serviteurs mêmes, Dieu ne fait pas confiance
et il convainc ses anges d'égarement (4, 17-18).

Oui, heureux l'homme que Dieu corrige ! Aussi, ne méprise pas la leçon de Shaddaï !

Lui qui blesse, puis panse la plaie, qui meurtrit, puis guérit de sa main,
six fois de l'angoisse il te délivrera, et une septième le mal t'épargnera (5, 17-19).

Job réplique à ce premier contradicteur que, malgré ses souffrances, il ne rejette pas la volonté divine :

Oh ! Si l'on pouvait percer mon affliction, mettre sur une balance tous mes maux ensemble !

Mais c'est plus lourd que le sable des mers, voilà pourquoi mes paroles bredouillent.

Les flèches de Shaddaï en moi sont plantées, mon humeur boit leur venin
et les terreurs de Dieu sont en ligne contre moi (6, 1-4).

Oh ! que se réalise donc ma prière, que Dieu réponde à mon attente !
Que Lui consente à m'écraser, qu'il dégage sa main et me supprime !
J'aurai du moins cette consolation, ce sursaut de joie en de cruelles souffrances,
de n'avoir pas renié les décrets du Saint (6, 8-10).

Job apostrophe alors ses amis en réaffirmant sa justice et la dureté de la condition humaine :

Allons, je vous en prie, tournez-vous vers moi, vous mentirais-je en face ?

Retournez-vous, je vous en prie, pas de fausseté ; retournez-vous car je reste dans mon droit.

Y a-t-il de la fausseté sur mes lèvres ? Mon palais ne sait-il plus discerner l'infortune ?

N'est-ce pas un temps de service qu'accomplit l'homme sur terre, n'y mène-t-il pas la vie d'un mercenaire ?

Tel l'esclave soupirant après l'ombre ou l'ouvrier tendu vers son salaire,
j'ai en partage des mois d'illusions, à mon compte des nuits de souffrance.
Étendu sur ma couche, je me dis : « À quand le jour ? » Sitôt levé : « Quand serai-je au soir ! »

Et des pensées folles m'obsèdent jusqu'au crépuscule. Vermines et croûtes couvrent ma chair, ma peau gerce et suppure.

Mes jours ont couru plus vite que la navette et disparu sans espoir.

Souviens-toi que ma vie n'est qu'un souffle, que mes yeux ne verront plus le bonheur !

Désormais, je serai invisible à tout regard, tes yeux seront sur moi et j'aurai disparu (6, 28–7, 8).

Job interpelle Dieu pour que sa colère se détourne du pauvre mortel qu'il est :

Qu'est-ce donc que l'homme pour en faire un si grand cas, pour fixer sur lui ton attention,

pour l'inspecter chaque matin, pour le scruter à tout instant ?

Cesseras-tu enfin de regarder, pour me laisser le temps d'avaler ma salive ?

Si j'ai péché, que t'ai-je fait, à toi, l'observateur attentif de l'homme ?

Pourquoi m'as-tu pris pour cible, pourquoi te suis-je à charge ?

Ne peux-tu tolérer mon offense, passer sur ma faute ?

Car bientôt je serai couché dans la poussière, tu me chercheras et je ne serai plus (7, 17-21).

Mais selon Bildad, le deuxième contradicteur, Job s'égare : il oublie que, quoi qu'il arrive, Dieu est juste :

Jusqu'à quand parleras-tu de la sorte, et tiendras-tu des propos semblables à un grand vent ?

Dieu peut-il fléchir le droit, Shaddaï fausser la justice ?

Si tes fils ont péché contre lui, il les a livrés au pouvoir de leur faute.

Quant à toi, si tu recherches Dieu, si tu implores Shaddaï, si tu es irréprochable et droit, dès maintenant il veillera sur toi et il restaurera ta place et ton droit.

Ta condition ancienne te paraîtra comme rien, si grand sera ton avenir (8, 2-7).

Job ne peut accepter une explication aussi simpliste de l'action divine ; la justice de Dieu n'est pas conforme aux critères du jugement humain :

En vérité, je sais bien qu'il en est ainsi : l'homme pourrait-il se justifier devant Dieu ?

> À celui qui se plaît à discuter avec lui, il ne répond même pas une fois sur mille.
>
> Parmi les plus sages et les plus robustes, qui donc lui tiendrait tête impunément ? (9, 1-5).
>
> Et moi, je voudrais me défendre, je choisirais mes arguments contre lui ?
>
> Même si je suis dans mon droit, je reste sans réponse ; c'est mon juge qu'il faudrait supplier. [...]
>
> Mais suis-je parfait ? je ne sais plus moi-même et je rejette ma vie.
>
> Car c'est tout un et j'ose dire : il fait périr de même l'homme intègre et le méchant (9, 14-22).

Il interpelle à nouveau celui qui est son créateur et qui connaît donc de quoi l'homme est pétri :

> Puisque la vie m'est en dégoût, je veux donner libre cours à ma plainte,
> je veux parler dans l'amertume de mon âme.
>
> Je dirai à Dieu : Ne me condamne pas, indique-moi pourquoi tu me prends à partie.
>
> Est-ce bien, pour toi, de me faire violence, de rejeter l'œuvre de tes mains et de favoriser les desseins des méchants ?
>
> Aurais-tu des yeux de chair et ta manière de voir serait-elle celle des hommes ?
>
> Ton existence est-elle celle des mortels, tes jours passent-ils comme les jours de l'homme ?
>
> Toi qui recherches ma faute, et fais une enquête sur mon péché,
> tu sais bien que je ne suis pas coupable et que nul ne peut me tirer de tes mains !
>
> Tes mains m'ont façonné, créé ; puis, te ravisant, tu voudrais me détruire !
>
> Souviens-toi : tu m'as fait comme on pétrit l'argile et tu me renverras à la poussière.
>
> Ne m'as-tu pas coulé comme du lait et fait cailler comme du laitage,
> vêtu de peau et de chair, tissé en os et en nerfs ?
>
> Puis tu m'as gratifié de la vie, et tu veillais avec sollicitude sur mon souffle.
>
> Mais tu gardais une arrière-pensée ; je sais que tu te réservais
> de me surveiller si je pèche et de ne pas m'innocenter de mes fautes.
>
> Suis-je coupable, malheur à moi ! suis-je dans mon droit, je n'ose lever la tête, moi saturé d'outrages, ivre de peines ! [...]

Oh ! Pourquoi m'as-tu fait sortir du sein ? J'aurais péri alors : nul œil ne m'aurait vu, je serais comme n'ayant pas été, du ventre on m'aurait porté à la tombe (10, 1-22).

Çophar, le troisième ami, revient à la doctrine traditionnelle : si Job est frappé par le malheur et la maladie, c'est parce qu'il a péché contre Dieu :

Tu as dit : « Ma conduite est pure, je suis irréprochable à tes yeux. »
Si seulement Dieu voulait parler, ouvrir les lèvres à cause de toi,
s'il te dévoilait les secrets de la Sagesse, qui déconcertent toute sagacité,
tu saurais que Dieu te demande compte de ta faute (11, 4-6).

Si tu redresses tes pensées et tends tes paumes vers lui,
si tu répudies le mal dont tu serais responsable et ne laisses pas l'injustice habiter sous tes tentes,
tu lèveras un front pur, tu seras ferme et sans crainte.
Ta souffrance, tu n'y songeras plus, tu t'en souviendras comme d'eaux écoulées.
Alors débutera une existence plus radieuse que le midi et l'obscurité même sera comme le matin (11, 13-17).

Job ne peut admettre cette théorie. Il veut défendre sa justice au tribunal de Dieu :

J'en sais, moi, autant que vous, je ne vous en cède en rien.
Mais c'est à Shaddaï que je parle, que je veux présenter mes griefs (13, 2-3).

« Voici : je vais procéder en justice, conscient d'être dans mon droit.
Qui veut plaider contre moi ? D'avance, j'accepte d'être réduit au silence et de périr !
Fais-moi seulement deux concessions, alors je ne me cacherai pas loin de ta face :
Écarte ta main qui pèse sur moi et ne m'épouvante plus par ta terreur.
Puis engage le débat et je répondrai ; ou plutôt je parlerai et tu répliqueras.
Combien de fautes et de péchés ai-je commis ? Dis-moi quelle a été ma transgression, mon péché ? (13, 18-24).

Pourtant, Job est plein de crainte devant Dieu, qui a fait de lui un être voué à la mort :

L'homme, né de la femme, a la vie courte, mais des tourments à satiété.
Pareil à la fleur, il éclôt puis se fane, il fuit comme l'ombre sans arrêt.
Et sur cet être tu gardes les yeux ouverts, tu l'amènes en jugement devant toi !
Mais qui donc extraira le pur de l'impur ? Personne !
Puisque ses jours sont comptés, que le nombre de ses mois dépend de toi,
que tu lui fixes un terme infranchissable,
détourne de lui tes yeux et laisse-le, tel un mercenaire, finir sa journée (14, 1-6).

Oh ! Si tu m'abritais dans le shéol, si tu m'y cachais, tant que dure ta colère,
si tu me fixais un délai, pour te souvenir ensuite de moi :
– car une fois mort, peut-on revivre ? – tous les jours de mon service j'attendrais, jusqu'à ce que vienne ma relève.
Tu appellerais et je te répondrais ; tu voudrais revoir l'œuvre de tes mains.
Tandis que maintenant tu comptes tous mes pas, tu n'observerais plus mon péché,
tu scellerais ma transgression dans un sachet et tu couvrirais ma faute (14, 13-17).

Éliphaz, le premier intervenant, reprend la parole pour réaffirmer la culpabilité de l'homme face à la sainteté de Dieu :

Comment l'homme serait-il pur, resterait-il juste, l'enfant de la femme ?
À ses Saints mêmes Dieu ne fait pas confiance, et les Cieux ne sont pas purs à ses yeux.
Combien moins cet être abominable et corrompu, l'homme qui boit l'iniquité comme l'eau ! (15, 14-16).

Oui, l'engeance de l'impie est stérile, un feu dévore la tente de l'homme vénal.
Qui conçoit la souffrance engendre le malheur et prépare en soi un fruit de déception (15, 34-35).

Job est de plus en plus exaspéré par ce genre d'explications. Il souhaite la venue d'un défenseur qui fera valoir son innocence devant Dieu :

Que de fois ai-je entendu de tels propos, et quels pénibles consolateurs vous faites ! (16, 2).
Je vivais tranquille quand il m'a fait chanceler, saisi par la nuque pour me briser.

Il a fait de moi sa cible : il me cerne de ses traits, transperce mes reins sans pitié et répand à terre mon fiel.

Il ouvre en moi brèche sur brèche, fonce sur moi tel un guerrier.

J'ai cousu un sac sur ma peau, jeté mon front dans la poussière.

Mon visage est rougi par les larmes et l'ombre couvre mes paupières.

Pourtant point de violence dans mes mains et ma prière est pure.

Ô terre, ne couvre point mon sang, et que mon cri monte sans arrêt.

Dès maintenant, j'ai dans les cieux un témoin, là-haut se tient mon défenseur.

Interprète de mes pensées auprès de Dieu, devant qui coulent mes larmes,

qu'il plaide la cause d'un homme aux prises avec Dieu, comme un mortel défend son semblable.

Car mes années de vie sont comptées, et je m'en vais par le chemin sans retour (16, 12-22).

Le désir de la mort le submerge :

Mon espoir c'est d'habiter le shéol, d'étendre ma couche dans les ténèbres.

Je crie au sépulcre : « Tu es mon père ! », à la vermine : « C'est toi ma mère et ma sœur ! »

Où donc est-elle, mon espérance ? et mon bonheur, qui l'aperçoit ?

Vont-ils descendre à mes côtés au shéol, sombrer de même dans la poussière ? (17, 13-16).

Bildad affirme que le souvenir des méchants disparaît :

Son souvenir disparaît du pays, son nom s'efface dans la contrée.

Poussé de la lumière aux ténèbres, il se voit banni de la terre.

Il n'a ni lignée ni postérité parmi son peuple, aucun survivant en ses lieux de séjour (18, 17-19).

Job ne peut pas oublier la gravité de sa condition actuelle et il en appelle à la pitié de ses amis :

Si j'appelle mon serviteur, il ne répond pas, quand de ma bouche je l'implore.

Mon haleine répugne à ma femme, ma puanteur à mes propres frères (19, 16-17).

Mes os sont collés à ma chair ; ah ! si je pouvais m'en tirer avec la peau de mes dents !

> Pitié, pitié pour moi, vous mes amis ! car c'est la main de Dieu qui m'a frappé.
>
> Pourquoi vous acharner sur moi comme Dieu lui-même sans vous rassasier de ma chair ?
>
> Oh ! je voudrais qu'on écrive mes paroles, qu'elles soient gravées en une inscription, avec un ciseau de fer et du plomb, sculptées dans le roc pour toujours (19, 20-24).

Il attend l'intervention de son défenseur qui, en définitive, ne peut être que Dieu. Il est persuadé qu'un jour il verra Dieu : ainsi dans l'âme de Job naît le désir de rencontrer Dieu au-delà de la mort :

> Je sais, moi, que mon Défenseur est vivant, que Lui, le dernier, se lèvera sur la poussière.
>
> Une fois qu'ils m'auront arraché cette peau qui est mienne, hors de ma chair, je verrai Dieu.
>
> Celui que je verrai sera pour moi, celui que mes yeux regarderont ne sera pas un étranger (19, 25-27).

Çophar reste fidèle à la théorie de la disparition du méchant :

> Ne sais-tu pas que, de tout temps, depuis que l'homme fut mis sur terre,
>
> l'allégresse du méchant est brève et la joie de l'impie ne dure qu'un instant ?
>
> Même si sa taille s'élevait jusqu'aux cieux, si sa tête touchait la nue,
>
> comme un fantôme il disparaît à jamais, et ceux qui le voyaient disent : « Où est-il ? » (20, 4-7).

Job constate au contraire que les méchants sont épargnés et prospèrent jusqu'à leur mort :

> Pourquoi les méchants restent-ils en vie, vieillissent-ils et accroissent-ils leur puissance ?
>
> Leur postérité devant eux s'affermit et leurs rejetons sous leurs yeux subsistent.
>
> La paix de leurs maisons n'a rien à craindre, les rigueurs de Dieu les épargnent (21, 7-9).
>
> Au jour du désastre, le méchant est épargné, au jour de la fureur, il est mis à l'abri.
>
> Et qui donc lui reproche en face sa conduite, et lui rend ce qu'il a fait ?

Il est emporté au cimetière, où l'on veille sur son tertre.

Les mottes du ravin lui sont douces, et, derrière lui, toute la population défile» (21, 30-33).

Éliphaz engage Job à se réconcilier avec Dieu :

Serait-ce à cause de ta piété qu'il te corrige et qu'il entre en jugement avec toi ?

N'est-ce pas plutôt pour ta grande méchanceté, pour tes fautes illimitées ? (22, 4-5).

Allons ! réconcilie-toi avec lui et fais la paix : ainsi ton bonheur te sera rendu (22, 21).

Job persiste à défier Dieu, ce Dieu à la fois invisible et présent, auquel il est resté fidèle :

Oh ! Si je savais comment l'atteindre, parvenir jusqu'à sa demeure,

j'ouvrirais un procès devant lui, ma bouche serait pleine de griefs.

Je connaîtrais les termes de sa réponse, attentif à ce qu'il me dirait.

Jetterait-il toute sa force dans ce débat avec moi ? Non, il lui suffirait de me prêter attention.

Il reconnaîtrait dans son adversaire un homme droit, et je triompherais de mon juge.

Si je vais vers l'orient, il est absent ; vers l'occident, je ne l'aperçois pas.

Quand il agit au nord, je ne sais pas, s'il se tourne au midi, je ne le vois pas.

Et pourtant la voie qui est mienne, il la connaît ! Qu'il me passe au creuset : or pur j'en sortirai !

Mon pied s'est attaché à ses pas, j'ai gardé sa voie sans dévier ;

je n'ai pas négligé le commandement de ses lèvres, j'ai abrité dans mon sein les paroles de sa bouche.

Mais lui décide, qui le fera changer ? Ce qu'il a projeté, il l'accomplit.

Il exécutera donc ma sentence, comme tant d'autres de ses décrets !

C'est pourquoi devant lui je suis terrifié ; plus j'y songe, plus il me fait peur.

Dieu a brisé mon courage, Shaddaï me remplit d'effroi.

Car je n'ai pas été anéanti devant les ténèbres, mais il a recouvert ma face d'obscurité (23, 3-17).

Bildad rappelle la toute-puissance de Dieu et la faiblesse de l'homme :

C'est un souverain redoutable, celui qui fait régner la paix dans ses hauteurs.
Peut-on dénombrer ses troupes ? Contre qui ne surgit pas son éclair ?
Et l'homme se croirait juste devant Dieu, il serait pur, l'enfant de la femme ?
La lune même est sans éclat, les étoiles ne sont pas pures à ses yeux.
Combien moins l'homme, cette vermine, un fils d'homme, ce vermisseau ? (25, 2-6).

Job réfute une dernière fois l'explication de ses amis. Il évoque avec nostalgie son bonheur d'antan, il décrit l'immensité de sa souffrance et proteste de la justice de sa conduite. Son discours est interrompu par un long éloge de la sagesse (chapitre 28), qui annonce le contenu du livre des Proverbes que nous verrons plus loin :

Bien loin de vous donner raison, jusqu'à mon dernier souffle, je maintiendrai mon innocence.

Je tiens à ma justice et ne lâche pas ; ma conscience ne me reproche aucun de mes jours (27, 5-6).

Qui me fera revivre les mois d'antan, ces jours où Dieu veillait sur moi,
où sa lampe brillait sur ma tête et sa lumière me guidait dans les ténèbres ! (29, 2-3).

Autrefois, la sagesse de Job était reconnue par tous ses concitoyens :

Si je sortais vers la porte de la ville, si j'installais mon siège sur la place,
à ma vue, les jeunes gens se retiraient, les vieillards se mettaient debout.
Les notables arrêtaient leurs discours et mettaient la main sur leur bouche (29, 7-9).

À m'entendre on me félicitait, à me voir on me rendait témoignage.
Car je délivrais le pauvre en détresse et l'orphelin privé d'appui.
La bénédiction du mourant se posait sur moi et je rendais la joie au cœur de la veuve.
J'avais revêtu la justice comme un vêtement, j'avais le droit pour manteau et turban.
J'étais les yeux des aveugles, les pieds du boiteux.
C'était moi le père des pauvres ; la cause d'un inconnu, je l'examinais (29, 16-17).

> Et maintenant je suis la risée des gens qui sont plus jeunes que moi,
> et dont les pères étaient trop vils à mes yeux pour les mêler aux chiens de mon troupeau (30, 1-2).

Une dernière fois, Job proclame sa justice :

> Et maintenant, la vie en moi s'écroule, les jours d'affliction m'ont saisi ;
> la nuit, le mal perce mes os et mes rongeurs ne dorment pas (30, 16-17).
>
> Je crie vers Toi et tu ne réponds pas ; je me présente sans que tu me remarques.
> Tu es devenu cruel à mon égard, ta main vigoureuse sur moi s'acharne (30, 20-21).
>
> Ai-je été insensible aux besoins des faibles, laissé languir les yeux de la veuve ?
> Ai-je mangé seul mon morceau de pain, sans que l'orphelin en ait mangé ?
> Alors que Dieu, dès mon enfance m'a élevé comme un père, guidé depuis le sein maternel !
> Ai-je vu un miséreux sans vêtements, un pauvre sans couverture,
> sans que leurs reins m'aient béni, que la toison de mes agneaux les ait réchauffés ?
> Ai-je agité la main contre un orphelin, me sachant soutenu à la Porte ? (31, 16-21).

Intervient alors le quatrième personnage, Élihu, qui se présente comme un jeune homme. Il prend longuement la parole pour critiquer la faiblesse du raisonnement des contradicteurs de Job. Mais c'est pour adopter à son tour l'argumentation traditionnelle portant sur le mystère de la Sagesse de Dieu (chapitres 35 à 37).

Le discours de Dieu

Élihu est interrompu brutalement. Dieu parle dans la tempête, comme il le fit autrefois au Sinaï au milieu des tonnerres et des éclairs. Il conteste à Job le droit de parler, car l'homme ignore comment le monde a été créé :

> Yahvé répondit à Job du sein de la tempête et dit : Quel est celui-là qui obscurcit mes plans par des propos dénués de sens ? Ceins tes reins comme un brave : je vais t'interroger et tu m'instruiras. Où étais-tu quand je fondai la

terre ? Parle, si ton savoir est éclairé. Qui en fixa les mesures, le saurais-tu, ou qui tendit sur elle le cordeau ? Sur quel appui s'enfoncent ses socles ? Qui posa sa pierre angulaire, parmi le concert joyeux des étoiles du matin et les acclamations unanimes des Fils de Dieu ? Qui enferma la mer à deux battants, quand elle sortit du sein, bondissante ; quand je mis sur elle une nuée pour vêtement et fis des nuages sombres ses langes ; quand je découpai pour elle sa limite et plaçai portes et verrou ? « Tu n'iras pas plus loin, lui dis-je, ici se brisera l'orgueil de tes flots ! » (38, 2-11).

Et Dieu multiplie les questions :

> As-tu une fois dans ta vie commandé au matin ? [...] Es-tu parvenu jusqu'aux dépôts de neige ? [...] Qui perce un canal pour l'averse ? [...] Connais-tu les lois des cieux ? [...]
>
> Chasses-tu pour la lionne une proie ? [...] Le bœuf sauvage voudra-t-il te servir ? [...]
>
> Donnes-tu au cheval sa bravoure ? (38, 12–39, 19).

Dieu somme Job :

> L'adversaire de Shaddaï a-t-il à critiquer ? Le censeur de Dieu va-t-il répondre ? (40, 2).

Job doit reconnaître son ignorance et promet de se taire désormais :

> J'ai parlé à la légère : que te répliquerai-je ? Je mettrai plutôt ma main sur ma bouche.
>
> J'ai parlé une fois, je ne répondrai plus ; deux fois, je n'ajouterai rien (40, 4-5).

Mais une seconde fois, Yahvé s'adresse à Job du sein de la tempête :

> Ceins tes reins comme un brave : je vais t'interroger et tu m'instruiras.
>
> Veux-tu vraiment casser mon jugement, me condamner pour assurer ton droit ?
>
> As-tu donc un bras comme celui de Dieu, ta voix peut-elle tonner pareillement ? » (40, 7-9).

Afin de prouver sa puissance créatrice, Yahvé fait la description de l'hippopotame et du crocodile, appelés de noms à caractère mythologique, Béhémoth et Léviathan. Voici la description de l'hippopotame :

> Mais regarde donc Béhémoth, ma créature, tout comme toi ! Il se nourrit d'herbe comme le bœuf.
> Vois, sa force réside dans ses reins, sa vigueur dans les muscles de son ventre.
> Il raidit sa queue comme un cèdre, les nerfs des cuisses s'entrelacent.
> Ses os sont des tubes d'airain, sa carcasse comme du fer forgé (40, 15-18).

Devant cette évocation, Job est obligé de se soumettre, car il a pris conscience du mystère de Dieu, comme s'il lui avait été donné le privilège inouï de voir Dieu :

> Je sais que tu es tout-puissant : ce que tu conçois, tu peux le réaliser.
> Qui est celui-là qui voile tes plans, par des propos dénués de sens ?
> Je ne te connaissais que par ouï-dire, mais maintenant mes yeux t'ont vu.
> Aussi je me rétracte et m'afflige sur la poussière et la cendre (42, 1-6).

Un épilogue en prose apporte au livre une conclusion dans la ligne doctrinale de l'introduction. Yahvé loue les propos de Job et condamne ceux de ses contradicteurs :

> Vous n'avez pas parlé de moi avec droiture comme l'a fait mon serviteur Job (42, 7).

En récompense de la fidélité de Job dans l'épreuve, Dieu lui accorde le double de tout ce qu'il avait perdu en troupeaux et en enfants. Le juste meurt cent quarante années plus tard, « chargé d'ans et rassasié de jours ».

La leçon de Job

Cet heureux dénouement réaffirme donc la doctrine traditionnelle : la justice divine récompense la vertu de l'homme. Mais la restauration inattendue à Job de ses biens ne peut faire oublier les accusations de Job, même si Dieu déclare qu'il a parlé de lui avec « droiture ». De fait, nous pouvons dire que ses propos sont « droits », au sens où Job exprime, dans un affrontement direct et en toute franchise, deux vérités absolues mais inconciliables pour l'intelligence humaine. D'une part, Dieu a créé le monde avec puissance et intelligence, il dirige le destin de l'homme, qu'il a façonné depuis sa naissance jusqu'à sa mort. D'autre part, ce Dieu, sans motif compréhensible, impose la souffrance et la mort à cet être qu'il a créé, même s'il est innocent. Tant qu'il est épargné par la souffrance, comme le sont les visiteurs de Job, l'homme peut échafauder des théories dont l'esprit se satisfait apparemment. Mais elles s'écroulent quand il est confronté à la souffrance et à la mort injustes. Cette condition, faite par le créateur, devient alors scandaleuse. Elle conduit au rejet de ce Dieu inexplicablement cruel. Telle est bien l'expérience de Job, qui voit pourtant ses biens restitués.

Mais la réflexion des sages d'Israël ne se résignera pas à ce constat désabusé. Dans les psaumes, des hommes aussi justes, soumis à la maladie, persécutés, s'en remettent en toute confiance à la miséricorde et à la bonté divines. Certains de ces psalmistes, à l'époque où le livre de Job est écrit, commencent à espérer que Dieu les prendra auprès de lui après la vie de souffrances qu'ils ont connue ici-bas. Face à Dieu, l'homme exprime tour à tour la colère et la confiance[9] !

Le livre des Proverbes : l'éducation de la jeunesse

Le livre des Proverbes appartient à ce qu'on appelle les livres de sagesse, ou sapientiaux. Le courant de Sagesse représente une tradition fortement attestée dans la littérature d'Israël et dont les origines remontent sans doute au début de son existence. Nous avons déjà rencontré son influence dans quelques-uns des psaumes. Mais ce courant est représenté plus particulièrement par quatre livres : Proverbes, Qohélet (ou Ecclésiaste), le Siracide (ou Ecclésiastique)[10], tous trois écrits ou en tout cas achevés en Judée après le retour de l'exil, et un autre livre rédigé à Alexandrie directement en grec peu d'années avant notre ère et qui porte le nom de « livre de la Sagesse »[11].

9. Jésus se situe dans cette lignée spirituelle. Avant de rendre son dernier souffle sur la croix, il déclare : « Père, en tes mains je remets mon esprit » (Lc 23, 46). Mais il lance aussi un cri qui ressemble à celui de Job, et qui est emprunté à la prière d'un psalmiste (22, 1, voir chapitre 3, p. 484) : « Mon Dieu, mon Dieu, pourquoi m'as-tu abandonné ? » (Mt 27, 46).
10. Pour Qohéleth et le Siracide, voir cinquième partie, chapitre 2, p. 590 et 594.
11. Voir Épilogue, p. 650.

Le plus ancien est le livre des Proverbes. Cependant, avant de le parcourir, il importe de se familiariser avec la notion de Sagesse *(Hochmah)* qui, parallèlement à l'enseignement des prophètes, a inspiré la recherche spirituelle en Israël.

Origine et développement du courant de Sagesse

La recherche de la sagesse est commune à toutes les cultures, car l'homme cherche partout et toujours à se comporter avec intelligence et prudence. Cette quête comporte d'abord l'observation du monde et des hommes ; elle vise ensuite à établir des règles de conduite personnelle et sociale qui permettent la vie en société. Depuis la nuit des temps, ces principes, ainsi élaborés au cours des siècles par la réflexion et l'expérience, ont été résumés dans des formules concises et faciles à retenir que l'on appelle aphorismes, adages, proverbes.

Toutes les littératures du monde, et notamment celles de l'ancien Orient, de l'Égypte à la Mésopotamie, en ont constitué de nombreux recueils. Mais ce genre littéraire fut particulièrement développé en Israël. Peut-être parce que la religion de Yahvé comporte une dimension éthique fondamentale, ce qui exige un examen très attentif des comportements humains. Et aussi sans doute parce que, ayant été créé à l'image et à la ressemblance de Dieu, l'homme doit chercher en tout à se conformer à l'intelligence et à la sagesse que Dieu manifeste dans la conduite du monde.

Les sages d'Israël aimaient eux aussi recourir à des sentences concises, souvent imagées, que l'on appelle en hébreu *mashal* [12]. Le *mashal* est formé, le plus souvent, de deux éléments, ou de deux séries d'éléments, qui peuvent être parallèles l'un à l'autre, symétriques, antithétiques ou complémentaires. Nous découvrirons plus loin des exemples de ces diverses formes. Mais les sages ne se sont pas contentés de composer et de juxtaposer des *mashals* à la formulation lapidaire, ils ont inventé des techniques plus « sophistiquées ». Ainsi le « proverbe numérique », qui dit un chiffre pour le

---

12. C'est ce mot qui sert à désigner, dans la Bible hébraïque, le livre que la traduction latine Vulgate désigne sous le nom de « livre des Proverbes ».

surenchérir aussitôt (« trois et même quatre [13] »). Ils ont composé aussi des paraboles, des énigmes. Ils furent également très habiles dans l'art de « ciseler » des scènes ou des portraits. Tous ces genres sont présents dans le livre des Proverbes.

Le travail de sagesse commence par l'observation des mœurs, puis il analyse les ressorts des comportements des hommes et des femmes, jeunes et vieux, riches et pauvres. Il dévoile les forces en action, l'intelligence ou la sottise, la prudence ou la témérité, l'amour et la haine. Il en montre les conséquences, bonheur ou malheur, et enseigne l'attitude à avoir en toutes circonstances. Mais le discours du sage en Israël ne s'arrête pas à tracer des lignes de conduite individuelles ou collectives. Le sage est un membre du peuple de l'alliance, sa réflexion est inspirée explicitement ou implicitement par la Parole que Dieu adresse à l'homme depuis la révélation du Sinaï. Pour lui, il n'y a pas de séparation totale entre la Torah, la Loi, et le discours de l'être empreint d'une véritable sagesse et dont la vie est consacrée aussi à l'étude de la Torah. Sa doctrine est ainsi comme le reflet de la Sagesse de Dieu contenue dans sa Parole. Quelques-uns ont même eu l'intuition que la Sagesse, comme la Loi, pourrait subsister de toute éternité en Dieu, comme une entité indépendante, presque une personne autonome [14].

Composition et contenu du livre des Proverbes

Le livre des Proverbes se présente sous le titre général : « Proverbes de Salomon, fils de David, roi d'Israël. » Par ailleurs, une indication supplémentaire attribue à Salomon les deux grands recueils des *mashals* qui composent la plus grande partie du livre (chapitres 10 à 22 ; 25 à 30). Le livre cite aussi des *mashals* de sages nommés Agur (30, 1-14) et Lemuel (chapitre 31). Il contient même un autre recueil anonyme (22, 17–23, 14) qui, curieusement, présente quelque ressemblance avec un livre égyptien,

---

13. Voir plus loin, Pr 30, 18-19, p. 548.
14. Voir Pr 8, 22 ; Si 24, 8-9. Ce genre de spéculation sur la Sagesse et la Parole est présent dans l'affirmation qui ouvre l'évangile de Jean : « Au commencement était la Parole et la Parole était auprès de Dieu » (1, 1-14).

l'*Enseignement d'Aménémopé*, qui date peut-être des environs de 1400 av. J. C. L'attribution à Salomon de la plus grande partie de l'ouvrage s'explique par la réputation de sagesse que la tradition a accordée à ce roi [15]. Ce patronage vise aussi à souligner le caractère traditionnel de ce genre en Israël et, peut-être, à valoriser l'enseignement des sages par rapport à celui des prophètes. Mais il est impossible d'attribuer une date à ces *mashals*. Ils ont été modelés au fil des siècles, puis rassemblés dans ces recueils intégrés ensuite dans le livre des Proverbes.

Ces recueils sont précédés par un ensemble d'un genre différent (chapitres 1 à 9), qui comporte des poèmes sur la Sagesse et des conseils adressés par un père à son fils prêt à entrer dans la vie adulte. Il l'interpelle à plusieurs reprises pour lui expliquer comment la Sagesse doit guider son existence. Il aborde les réalités fondamentales (mais dans un beau désordre) : les relations au sein de la famille, le respect du père et de la mère, surtout quand ils sont âgés, et même l'utilité des châtiments corporels. Les fréquentations du jeune homme : les mauvais compagnons qui entraînent à la violence et au vol, les femmes adultères qui aguichent les jeunes gens au coin des rues. Les relations avec les riches, les pauvres, les serviteurs, et donc le comportement à l'égard de l'argent et de la richesse. Il est question aussi, mais peu, de la soumission à l'autorité royale – on devine que l'autorité civile appartient alors au gouverneur perse. Plus généralement, il faut mettre le jeune homme en garde contre les sots, les niais, les insolents, les orgueilleux, les violents, les dévoyés, les méchants, sans oublier les paresseux, tous ces gens que l'on croise chaque jour dans une ville. Ils risquent de vous détourner du droit chemin, qui est la justice, la droiture, la diligence, la prudence, le respect du pauvre, l'intelligence et la réflexion. Le contexte social sous-jacent n'est pas différent de celui que l'on pressent dans beaucoup de psaumes, celui de la ville de Jérusalem où se côtoient et s'affrontent deux populations, l'une fidèle à la Loi de Yahvé, l'autre contaminée par la mentalité païenne.

15. Voir troisième partie, chapitre 2, « Le sage », p. 409.

Ces conseils pratiques sont assortis, dans ces chapitres 1 à 9, de considérations qui montrent comment cet enseignement moral a son fondement dans la crainte de Yahvé, c'est-à-dire l'obéissance respectueuse aux exigences de la Loi, car la crainte de Yahvé est le principe de la Sagesse, dit le livre des Proverbes.

Qu'est-ce donc que la Sagesse ? La Sagesse, pour l'homme, commence par la recherche de la conformité de son agir avec la volonté de Dieu. Mais cette volonté divine ne se définit pas d'abord par une multiplicité de commandements, ni même par une diversité de valeurs. Le sage est appelé à remonter jusqu'à la source des vertus que lui demandent de pratiquer ses parents et ses éducateurs : la Sagesse même de Dieu. En définitive, il faut, en effet, considérer la Sagesse comme une sorte d'énergie venant de Dieu. Elle invite les hommes à coopérer à son œuvre en devenant eux-mêmes des sages. De là découlent ces réflexions, ces analyses, ces conseils et ces mises en garde parfois prosaïques. Les plus terre à terre ne prennent leur signification que par rapport à l'invitation fondamentale d'entrer en communion avec la Sagesse divine elle-même.

Invitation à devenir disciple de la Sagesse (chapitres 1 à 9)

Les neuf premiers chapitres du livre des Proverbes révèlent le véritable but de sa rédaction : l'éducation de la jeunesse. Le père s'adresse à son fils, il veut lui transmettre ce qu'il a lui-même reçu. Les maîtres mots de son enseignement sont : sagesse, instruction, raison, intelligence, science, réflexion. Les vertus à mettre en pratique sont : crainte de Yahvé, respect des parents, fidélité, justice, équité, droiture, amitié, loyauté, prudence et discernement. Le père met en garde son fils notamment contre deux dangers : les mauvais garçons et les femmes dévoyées. Les mauvais garçons sont les méchants, les voleurs, les meurtriers, les mêmes dont parlent les psaumes. La femme à éviter est, plus que la prostituée, la femme adultère, particulièrement dangereuse, appelée ici la « femme étrangère », celle qui a déjà un mari. Le remède contre ses tentations, c'est la fidélité à la femme de sa jeunesse.

Les parents, premiers éducateurs

Les premiers sages que le jeune doit écouter sont le père et la mère, laquelle prend à l'époque perse une place prépondérante dans la famille juive. Ils le préviennent contre les mauvaises fréquentations :

> Écoute, mon fils, l'instruction de ton père, ne méprise pas l'enseignement de ta mère : c'est une couronne de grâce pour ta tête, des colliers pour ton cou.
>
> Mon fils, si des pécheurs veulent te séduire, n'y va pas ! (1, 8-9).

L'appel de la Sagesse

Plutôt que les conseils des vauriens qui courent dans les rues, le jeune doit prêter l'oreille à la Sagesse, qui parle par les sages assis aux portes de la ville :

> La Sagesse crie par les rues, sur les places elle élève la voix ;
>
> à l'angle des carrefours elle appelle ; près des portes, dans la ville, elle prononce son discours :
>
> « Jusqu'à quand, ô niais, aimerez-vous la niaiserie, et les railleurs se plairont-ils à la raillerie ? et les sots haïront-ils le savoir ?
>
> Convertissez-vous à mon exhortation : pour vous je vais épancher mon cœur et vous faire connaître mes paroles » (1, 20-23).

Le jeune homme doit accueillir toutes les instructions de la Sagesse, et même les châtiments que Yahvé pourrait lui infliger, car il veut le conduire à cet arbre de vie que Dieu fit pousser pour Adam et Ève dans le Paradis [16] :

> Mon fils, n'oublie pas mon enseignement, et que ton cœur garde mes préceptes, car ils augmenteront la durée de tes jours, tes années de vie et ton bien-être.
>
> Que piété et fidélité ne te quittent ! Fixe-les à ton cou, inscris-les sur la tablette de ton cœur.
>
> Tu trouveras ainsi faveur et réussite aux regards de Dieu et des hommes (3, 1-4).

16. Voir deuxième partie, chapitre 4, p. 324.

Ne méprise pas, mon fils, la correction de Yahvé, et ne prends pas mal sa réprimande, car Yahvé reprend celui qu'il aime, comme un père le fils qu'il chérit.

Heureux l'homme qui a trouvé la sagesse, l'homme qui acquiert l'intelligence ! (3, 11-13).

Ses chemins sont chemins de délices, tous ses sentiers, de bonheur.

C'est un arbre de vie pour qui la saisit, et qui la tient devient heureux.

Yahvé, par la Sagesse, a fondé la terre, il a établi les cieux par l'intelligence (3, 17-19).

Les deux voies

Deux voies se présentent au jeune homme, celle du sage, celle du méchant :

Saisis la discipline, ne la lâche pas, garde-la, c'est ta vie.

Ne suis pas le sentier des méchants, ne t'élance pas sur le chemin des mauvais.

Évite-le, n'y passe pas, détourne tes pas, passe outre.

Car ils ne s'endorment pas qu'ils n'aient fait le mal, le sommeil leur manque s'ils n'ont fait trébucher quelqu'un ;

car ils mangent un pain de méchanceté et boivent le vin des violents (4, 13-17).

Le danger de la femme dévergondée

Il faut se méfier des avances des femmes mariées dont le mari est absent :

Ne prête pas attention à la femme perverse,

car les lèvres de l'étrangère distillent le miel, et plus onctueux que l'huile est son palais ; mais à la fin elle est amère comme l'absinthe, aiguisée comme une épée à deux tranchants (5, 2-4).

Et maintenant, fils, écoutez-moi, ne vous écartez pas des paroles de ma bouche : loin d'elle, passe ton chemin, n'approche pas de l'entrée de sa maison, de peur qu'elle ne livre ton honneur à autrui, tes années à un homme impitoyable (5, 7-9).

Au contraire, le jeune homme doit chercher le bonheur auprès de sa jolie épouse :

Trouve la joie dans la femme de ta jeunesse :

biche aimable, gracieuse gazelle !

En tout temps que ses seins t'enivrent, sois toujours épris de son amour !

Pourquoi, mon fils, te laisser égarer par une étrangère et embrasser le sein d'une inconnue ?

Car les yeux de Yahvé observent les chemins de l'homme et surveillent tous ses sentiers (5, 19-21).

La paresse

Autre danger grave pour le jeune homme, la paresse quand il est l'heure de se lever :

Va voir la fourmi, paresseux ! observe ses mœurs et deviens sage :

elle qui n'a ni magistrat, ni surveillant, ni chef,

durant l'été elle assure sa provende et amasse au temps de la moisson sa nourriture.

Jusqu'à quand, paresseux, resteras-tu couché ? Quand te lèveras-tu de ton sommeil ?

Un peu dormir, un peu s'assoupir, un peu croiser les bras en s'allongeant,

et, tel un rôdeur, viendra l'indigence, et la disette comme un mendiant » (6, 6-11).

La venue de la Sagesse parmi les hommes

La Sagesse n'est pas de l'homme, elle appartient à Dieu. Son existence est antérieure à tout, car elle préside mystérieusement à la Création en tant qu'architecte ; elle veille aussi sur la marche de la nature, les vivants et les astres. Elle n'est pas cantonnée dans les lointains du firmament, elle aime vivre au milieu des hommes, elle circule sur les places publiques, appelant les hommes à écouter sa voix. Car la Sagesse est l'intelligence, elle dit la vérité de Dieu et de l'homme, elle indique le chemin juste, elle permet à la société de fonctionner harmonieusement parce que les hommes vivent alors en conformité avec la Sagesse divine.

Et voici que la Sagesse en personne entre en scène, descendant du ciel vers les hommes pour les inviter à partager ses faveurs :

La Sagesse n'appelle-t-elle pas ? L'Intelligence n'élève-t-elle pas la voix ?

Au sommet des hauteurs qui dominent la route, au croisement des chemins, elle se poste ;

près des portes à l'entrée de la cité, sur les voies d'accès, elle s'écrie :
« Humains ! c'est vous que j'appelle, ma voix s'adresse aux enfants des hommes.
Simples, apprenez le savoir-faire, sots, devenez raisonnables » (8, 1-5).

« Moi, la Sagesse, j'habite avec le savoir-faire, je possède la science de la réflexion.
Je hais l'orgueil et l'arrogance, la mauvaise conduite et la bouche torse.
À moi appartiennent le conseil et la prudence, je suis l'entendement, à moi la puissance.
Par moi règnent les rois et les nobles décrètent le droit ;
par moi gouvernent les princes, et les grands, les juges légitimes.
J'aime ceux qui m'aiment, qui me cherche avec empressement me trouve » (8, 12-17).

« Yahvé m'a créée, prémices de son œuvre, avant ses œuvres les plus anciennes.
Dès l'éternité, je fus établie, dès le principe, avant l'origine de la terre.
Quand les abîmes n'étaient pas là, je fus enfantée, quand n'étaient pas les sources aux eaux abondantes.
Avant que fussent implantées les montagnes, avant les collines je fus enfantée ;
avant qu'il eût fait la terre et la campagne, et les premiers éléments du monde.
Quand il affermit les cieux, j'étais là, quand il traça un cercle à la surface de l'abîme,
quand il assigna son terme à la mer, – et les eaux n'en franchiront pas le bord, – quand il traça les fondements de la terre,
j'étais à ses côtés comme le maître d'œuvre, je faisais ses délices jour après jour,
m'ébattant tout le temps en sa présence,
m'ébattant sur la surface de la terre et trouvant mes délices parmi les enfants des hommes » (8, 22-31).

Malheureusement, la Sagesse n'est pas seule à parcourir la ville pour inviter au banquet qu'elle a préparé. Du pas de sa porte, la Folie exhorte aussi les hommes à la suivre :

La Sagesse a bâti sa maison, elle a taillé ses sept colonnes,
elle a abattu ses bêtes, préparé son vin, elle a aussi dressé sa table.
Elle a dépêché ses servantes et proclamé sur les buttes, en haut de la cité :
« Qui est simple ? Qu'il passe par ici ! » À l'homme insensé elle dit :
« Venez, mangez de mon pain, buvez du vin que j'ai préparé !
Quittez la niaiserie et vous vivrez, marchez droit dans la voie de l'intelligence » (9, 1-6).

Dame Folie est impulsive, niaise et ne connaissant rien !
Elle s'assied à la porte de sa maison, sur un trône en haut de la cité,
pour appeler les passants, ceux qui vont droit leur chemin !
« Qui est simple ? Qu'il fasse un détour par ici ! » À l'homme insensé elle dit :
« Les eaux dérobées sont douces et savoureux le pain du mystère ! »
Or il ignore qu'il y a là des ombres et que ses invités vont aux vallées du shéol (9, 13-18).

Les grands recueils de proverbes de Salomon

Après ces considérations plus abstraites, le livre présente sans transition les recueils de proverbes attribués à Salomon et à d'autres sages (chapitres 10 à 31). Il est difficile de faire un choix parmi les quelque six cents proverbes qui les composent. Leur lecture est fastidieuse parce qu'ils ne suivent aucun ordre. Ils n'obéissent à aucun plan, et les mêmes sujets sont abordés plusieurs fois. Citons quelques-uns parmi les plus célèbres des deux recueils de Salomon :

Le fils sage réjouit son père, le fils sot chagrine sa mère (10, 1).

Trésors mal acquis ne profitent pas, mais la justice délivre de la mort (10, 2).

La crainte de Yahvé prolonge les jours, les années du méchant seront abrégées (10, 27).

La balance fausse est une abomination pour Yahvé, mais le poids juste a sa valeur (11, 1).

Un anneau d'or au groin d'un pourceau, une femme belle mais dépourvue de sens (11, 22).

Le juste connaît les besoins de ses bêtes, mais les entrailles du méchant sont cruelles (12, 10).

Abomination pour Yahvé : des lèvres menteuses ; il aime ceux qui pratiquent la vérité (12, 22).

Qui chemine avec les sages devient sage, qui hante les sots devient mauvais (13, 20).

Qui épargne la baguette hait son fils, qui l'aime prodigue la correction (13, 24).

La crainte de Yahvé est source de vie, pour éviter les pièges de la mort (14, 27).

Opprimer le faible, c'est outrager son Créateur ; c'est l'honorer que d'être bon pour les malheureux (14, 31).

Le sacrifice des méchants est une abomination pour Yahvé, mais la prière des hommes droits fait ses délices (15, 8).

Mieux vaut une portion de légumes avec l'affection qu'un bœuf gras avec la haine (15, 17).

Abomination pour les rois : commettre le mal, car sur la justice le trône est établi (16, 12).

L'appétit du travailleur travaille pour lui, car sa bouche le presse (16, 26).

La fournaise pour l'argent, le fourneau pour l'or, pour éprouver les cœurs : Yahvé (17, 3).

C'est libérer les eaux qu'entamer une querelle ; avant que n'éclate le procès, désiste-toi (17, 14).

Une tour forte : le nom de Yahvé, le juste y accourt et il est hors d'atteinte (18, 10).

Trouver une femme, c'est trouver le bonheur, c'est obtenir une faveur de Yahvé (18, 22).

La richesse multiplie les amis, mais de son ami le pauvre est privé (19, 4).

Le paresseux plonge la main dans le plat, mais ne peut même pas la ramener à sa bouche (19, 24).

Raillerie dans le vin ! Insolence dans la boisson ! Qui s'y égare n'est pas sage (20, 1).

La fierté des jeunes gens, c'est leur vigueur, la parure des vieillards, c'est leur tête chenue (20, 29).

Pratiquer la justice et le droit vaut, pour Yahvé, mieux que le sacrifice (21, 3).

Le sacrifice des méchants est une abomination, surtout s'ils l'offrent avec malice (21, 27).

Riche et pauvre se rencontrent, Yahvé les a faits tous les deux (22, 2).

L'homme bienveillant sera béni, car il donne de son pain au pauvre (22, 9).

Dans la maison du prochain, fais-toi rare, de crainte que, fatigué de toi, il ne te prenne en grippe (25, 17).

Mieux vaut habiter à l'angle d'un toit que faire maison commune avec une femme querelleuse (25, 24).

Une ronce pousse dans la main d'un ivrogne comme un proverbe dans la bouche d'un sot (26, 9).

La porte tourne sur ses gonds, et sur son lit le paresseux (26, 14).

Qu'autrui fasse ton éloge, mais non ta propre bouche, un étranger, mais non tes lèvres (27, 2).

Comme l'eau donne le reflet du visage, ainsi le cœur de l'homme pour l'homme (27, 19).

Les méchants ne comprennent pas le droit, ceux qui cherchent Yahvé comprennent tout (28, 5).

Qui se conduit honnêtement sera sauf ; qui, tortueux, suit deux voies, tombera dans l'une d'elles (28, 18).

Le juste connaît la cause des faibles, le méchant n'a pas l'intelligence de la connaître (29, 7).

Beaucoup recherchent la faveur du chef ; mais de Yahvé vient le droit de chacun (29, 26).

Les sages n'étaient pas habiles seulement à composer ces adages concis aux deux membres de phrase parallèles. Pour élargir le champ d'observation, ils proposaient une ouverture à des chiffres plus grands. En voici deux exemples :

Il est trois choses qui me dépassent et quatre que je ne connais pas : le chemin de l'aigle dans les cieux, le chemin du serpent sur le rocher, le chemin du vaisseau en haute mer, le chemin de l'homme chez la jeune femme (30, 18-19).

Il est quatre êtres minuscules sur la terre, mais sages entre les sages : les fourmis, peuple chétif, mais qui, en été, assure sa provende ; les damans, peuple sans vigueur, mais qui gîtent dans les rochers ; chez les sauterelles point de roi, mais elles marchent toutes en bon ordre ; le lézard que l'on capture à la main, mais qui hante les palais du roi (30, 24-28).

La femme juive idéale

Le livre des Proverbes s'achève par un poème « alphabétique » dont chaque vers commence par l'une des lettres de l'alphabet hébreu selon l'ordre de l'abécédaire [17]. Traditionnellement désigné sous le titre de

---

17. Voir aussi les psaumes, chapitre 3, p. 481 ; première partie, chapitre 4, « Chants de douleur sur Jérusalem dévastée », p. 132.

« l'éloge de la femme forte », ce portrait évoque plutôt « la femme de valeur » ou « la parfaite maîtresse de maison ». Il décrit l'idéal de la femme juive, épouse aimée, mère comblée par la réussite de ses enfants, régnant sans partage sur sa vaste maisonnée, et dont la conduite est inspirée par la crainte de Yahvé :

Aleph Une maîtresse femme, qui la trouvera ?
Elle a bien plus de prix que les perles !
Bèt En elle se confie le cœur de son mari,
il ne manque pas d'en tirer profit.
Gimel Elle fait son bonheur et non son malheur,
tous les jours de sa vie.
Dalèt Elle cherche laine et lin,
et travaille d'une main allègre.
Hé Elle est pareille à des vaisseaux marchands
de loin, elle amène ses vivres.
Vav Il fait encore nuit qu'elle se lève, distribuant à sa maisonnée
la nourriture, et des ordres à ses servantes.
Zaïn A-t-elle en vue un champ, elle l'acquiert ;
du produit de ses mains, elle plante une vigne.
Hèt Elle ceint vigoureusement ses reins
et déploie la force de ses bras.
Tèt Elle sait que ses affaires vont bien,
de la nuit, sa lampe ne s'éteint.
Yod Elle met la main à la quenouille,
ses doigts prennent le fuseau.
Kaph Elle étend les mains vers le pauvre,
elle tend les bras aux malheureux.
Lamed Elle ne redoute pas la neige pour sa maison,
car toute sa maisonnée porte double vêtement.
Nun Aux portes de la ville son mari est connu,
il siège parmi les anciens du pays.
Samek Elle tisse des étoffes et les vend,
au marchand elle livre une ceinture.
Aïn Force et dignité forment son vêtement,
elle rit au jour à venir.

Phé Avec sagesse elle ouvre la bouche,
sur sa langue : une doctrine de piété.
Tsadé De sa maisonnée, elle surveille le va-et-vient,
elle ne mange pas le pain de l'oisiveté.
Qoph Ses fils se lèvent pour la proclamer bienheureuse,
son mari pour faire son éloge :
Resh Nombre de femmes ont accompli des exploits,
mais toi tu les surpasses toutes.
Shin Tromperie que la grâce ! Vanité, la beauté !
La femme qui craint Yahvé, voilà celle qu'il faut louer !
Tav Accordez-lui le produit de ses mains,
et qu'aux portes ses œuvres fassent son éloge ! (31, 1-31).

Ainsi se termine le livre des Proverbes. La réussite de la femme juive est éclatante parce que l'épouse se laisse conduire en chacun de ses actes par la crainte de Yahvé. Mais cette unité qui soude tous les membres de cette famille repose également sur un amour profond entre les époux. Il n'est pas déplacé de lire dans ce climat l'éloge de l'amour que chante le Cantique des cantiques.

Le Cantique des cantiques

Pour souligner la beauté de ce livre, les juifs l'ont appelé « le Cantique des cantiques », c'est-à-dire le plus beau des chants. Il contient plusieurs poèmes qui se présentent sous la forme tantôt de monologues, tantôt de dialogues entre un jeune homme et une jeune fille, et entre lesquels intervient un chœur, comme dans les tragédies antiques. Ces poèmes sont empreints d'une atmosphère à la fois de fraîcheur juvénile et de désir brûlant, de poursuites inquiètes et de rencontres passionnées. Le langage est celui de la poésie orientale avec ses images de fleurs, de parfums, de bijoux, de métaux précieux servant à suggérer la beauté de la fiancée, surnommée la « Sulamite », et du fiancé, identifié à Salomon.

Quel amour chantent ces poèmes ? La discussion fut déjà très vive avant notre ère quand les rabbins se demandèrent si l'on pouvait intégrer parmi les livres sacrés un poème aux accents érotiques si forts. Visent-ils l'amour réciproque de Yahvé et d'Israël, ou chantent-ils l'amour entre un jeune homme et une jeune femme ? Les deux interprétations ont été soutenues dans la tradition juive et la tradition chrétienne. Il est certain que le Cantique fut admis par les juifs parmi les livres inspirés parce qu'ils y lisaient l'histoire des relations entre Dieu et son peuple. Osée, et d'autres prophètes après lui, avaient dépeint ces relations sous l'image du mariage conclu entre Yahvé et son épouse Israël [18]. Mais les prophètes avaient présenté aussi Israël comme une jeune enfant abandonnée, puis une fiancée volage, enfin une femme infidèle et adultère.

Le Cantique décrit au contraire l'amour violent et réciproque de jeunes amoureux dont la passion est totalement partagée. C'est pourquoi il est préférable de le lire d'abord sous l'angle de l'amour entre l'homme et la femme. La constitution de ce recueil s'explique même assez bien à l'époque perse, quand la communauté juive reposait sur la solidité de la cellule familiale, composée du couple monogame fondé sur un amour réciproque. C'était l'époque où l'on donnait en exemple les grands couples des patriarches, Abraham et Sara, puis les autres, et où la réflexion théologique aboutit aux vérités définitives : « Homme et femme il les créa » (Gn 1, 27) ; « C'est pourquoi l'homme quitte son père et sa mère et s'attache à sa femme, et ils deviennent une seule chair » (Gn 2, 23). L'amour que chante le Cantique n'apparaît pas orienté vers la procréation, sa valeur réside en lui-même, dans cette passion partagée qui s'exprime à travers les manifestations de la relation sexuelle, découverte de la beauté des corps, baisers, caresses, union sexuelle dans la plénitude du bonheur.

Ces poèmes peuvent aussi être interprétés comme l'image du sentiment puissant qui existe entre Yahvé et Israël, reprenant en cela l'audace d'Osée. Aux heures les plus ténébreuses de l'infidélité du peuple à son Dieu, Lui était resté fidèle à l'alliance conclue au temps de la jeunesse de leur amour. Le retour en Terre promise prouva que cet attachement était intact. Mais au sein de cette communauté sainte qui vivait désormais à Jérusalem,

---

18. Pour Osée, voir première partie, chapitre 1, « Osée : Yahvé, l'époux d'Israël », p. 57.

beaucoup brûlaient d'une passion ardente à l'égard de Yahvé, répondant de toutes leurs forces aux prévenances de leur Dieu. Quelle image pouvait le mieux signifier cet amour, si ce n'était la puissance de l'attirance entre l'homme et la femme ? Le Cantique le résume parfaitement :

> L'amour est fort comme la mort, les grandes eaux ne peuvent l'éteindre [19] (8, 6).

Prélude

La bien-aimée laisse éclater son désir :

> Qu'il me baise des baisers de sa bouche. Tes amours sont plus délicieuses que le vin ; l'arôme de tes parfums est exquis ; ton nom est une huile qui s'épanche, c'est pourquoi les jeunes filles t'aiment (1, 1-3).

Premier poème

La fiancée a parcouru le désert, sa peau est brûlée de soleil. Elle a abandonné la vie paisible près des siens. Elle court inlassablement vers son amant, qu'elle imagine sous les traits d'un berger :

> « Je suis noire et pourtant belle, filles de Jérusalem,
> comme les tentes de Qédar,
> comme les pavillons de Salma.
> Ne prenez pas garde à mon teint basané ;
> c'est le soleil qui m'a brûlée.
> Les fils de ma mère se sont emportés contre moi,
> ils m'ont mise à garder les vignes.
> Ma vigne à moi, je ne l'avais pas gardée !
>
> Dis-moi donc, toi que mon cœur aime :
> où mèneras-tu paître le troupeau,
> où le mettras-tu au repos, à l'heure de midi ?
> pour que je n'erre plus en vagabonde,
> après les troupeaux de tes compagnons.

---

19. Le Cantique, lu dans cette perspective qui marie l'alliance et l'union entre l'homme et la femme, prépare la définition de Dieu que donnera la première épître de Jean : « Dieu est Amour » (4, 8).

Le chœur

Si tu l'ignores, ô la plus belle des femmes,
suis les traces du troupeau,
et mène paître tes chevreaux
près de la demeure des bergers.

Le fiancé

De son côté, il rêve de la rencontrer :

À ma cavale, attelée au char de Pharaon,
je te compare, ma bien-aimée.
Tes joues sont belles, entre les pendeloques,
et ton cou parmi les colliers.
Nous te ferons des pendants d'or
et des globules d'argent.

Duo

Les deux amants se sont rencontrés et amorcent un dialogue passionné dans lequel apparaissent des comparaisons évoquant la terre d'Israël : En-Gaddi (ou Engaddi), une oasis au bord de la mer Morte ; Saron, la plaine côtière à la fertilité proverbiale :

– Tandis que le roi est en son enclos,
mon nard donne son parfum.
Mon bien-aimé est un sachet de myrrhe,
qui repose entre mes seins.
Mon bien-aimé est une grappe de cypre,
dans les vignes d'En-Gaddi.

– Que tu es belle, ma bien-aimée,
que tu es belle !
Tes yeux sont des colombes.

– Que tu es beau, mon bien-aimé,
combien délicieux !
Notre lit n'est que verdure.

– Les poutres de notre maison sont de cèdre,
nos lambris de cyprès.

– Je suis le narcisse de Saron,
le lis des vallées.

– Comme le lis entre les chardons,
telle ma bien-aimée entre les jeunes femmes.

– Comme le pommier parmi les arbres d'un verger,
ainsi mon bien-aimé parmi les jeunes hommes.
À son ombre désirée je me suis assise,
et son fruit est doux à mon palais.
Il m'a menée au cellier,
et la bannière qu'il dresse sur moi, c'est l'amour.
Soutenez-moi avec des gâteaux de raisin,
ranimez-moi avec des pommes,
car je suis malade d'amour.
Son bras gauche est sous ma tête
et sa droite m'étreint.

La fiancée s'est assoupie et le jeune homme invite le chœur des jeunes filles à faire silence :

– Je vous en conjure,
filles de Jérusalem,
par les gazelles, par les biches des champs,
n'éveillez pas mon amour,
avant l'heure de son bon plaisir (1, 5–2, 7).

Troisième poème

Le fiancé prend plaisir à détailler la beauté de sa bien-aimée. Il la compare aux fleurs, aux fruits, aux parfums de l'Orient. En lui grandit le désir :

Que tu es belle, ma bien-aimée,
que tu es belle !
Tes yeux sont des colombes,
derrière ton voile ;
tes cheveux comme un troupeau de chèvres,
ondulant sur les pentes du mont Galaad.

Tes dents, un troupeau de brebis à tondre
qui remontent du bain.
Chacune a sa jumelle
et nulle n'en est privée.
Tes lèvres, un fil d'écarlate,
et tes discours sont ravissants.
Tes joues, des moitiés de grenade,
derrière ton voile.
Ton cou, la tour de David,
bâtie par assises.
Mille rondaches y sont suspendues,
tous les boucliers des preux.
Tes deux seins, deux faons,
jumeaux d'une gazelle,
qui paissent parmi les lis.

Avant que souffle la brise du jour
et que s'enfuient les ombres,
j'irai à la montagne de myrrhe,
à la colline de l'encens.

Tu es toute belle, ma bien-aimée,
et sans tache aucune. [...]
Tu me fais perdre le sens,
ma sœur, ô fiancée,
tu me fais perdre le sens !
par un seul de tes regards,
par un anneau de ton collier.
Que ton amour a de charmes,
ma sœur, ô fiancée.
Que ton amour est délicieux, plus que le vin !
Et l'arôme de tes parfums,
plus que tous les baumes !
Tes lèvres, ô fiancée,
distillent le miel vierge.
Le miel et le lait sont sous ta langue,
et le parfum de tes vêtements
est comme le parfum du Liban. [...]

La bien-aimée appelle le souffle de la passion que vient combler l'étreinte amoureuse :

> Lève-toi, aquilon,
> accours, autan !
> Soufflez sur mon jardin,
> qu'il distille ses aromates !
> Que mon bien-aimé entre dans son jardin,
> et qu'il goûte les fruits délicieux !
>
> J'entre dans mon jardin,
> ma sœur, ô fiancée,
> je récolte ma myrrhe et mon baume,
> je mange mon miel et mon rayon,
> je bois mon vin et mon lait.
> Mangez, amis, buvez,
> enivrez-vous, mes bien-aimés ! (4, 1–5, 1).

Épilogue

La bien-aimée s'adresse une dernière fois à son amant pour exprimer la force irrésistible de l'amour. Il est impossible de lui échapper, pas plus qu'on ne peut échapper à la mort et au shéol. L'amour a la force de Yahvé et, comme Yahvé, il est capable de tout submerger :

> Pose-moi comme un sceau sur ton cœur,
> comme un sceau sur ton bras.
> Car l'amour est fort comme la Mort,
> la passion inflexible comme le shéol.
> Ses traits sont comme des traits de feu,
> une flamme de Yahvé.
> Les grandes eaux ne pourront éteindre l'amour,
> ni les fleuves le submerger.
> Qui offrirait toutes les richesses de sa maison pour acheter l'amour, ne recueillerait que mépris (8, 6-7).

Conclusion : vers de nouvelles épreuves

La passion amoureuse qui enflamme le Cantique des cantiques est à l'image de la fidélité intransigeante de l'élite de la communauté sainte à son Dieu après le retour de l'exil. Celui-ci, comme un creuset, a brûlé les scories qui empêchaient autrefois l'épanouissement de la foi héritée des ancêtres. La réflexion des hommes les plus lucides a permis de dresser un bilan des siècles passés, de dégager les raisons de la catastrophe, mais plus encore de jeter les bases d'un nouveau départ pour que la foi soit réellement et à jamais le ferment d'Israël. Pendant la plus grande partie de la domination perse, Israël a disposé de la tranquillité politique nécessaire à ce travail d'approfondissement. Le pouvoir lui a aussi donné la possibilité de mettre sur pied de nouvelles institutions sociales et religieuses adaptées à la condition d'un peuple privé de toute autonomie politique. La Torah a doté ce projet d'une assise juridique et les responsables de la communauté ont réussi à l'imposer à tous. Plusieurs autres ouvrages, qui entrent peu à peu dans la composition de la Bible, ont rassemblé souvenirs, réflexions, prières pour nourrir et approfondir cette foi.

Grâce à cette législation et à ces apports spirituels, la communauté dispose désormais d'un soutien doctrinal assez fort pour ne plus courir le risque de se dissoudre dans les religions environnantes. Sans le savoir, elle doit en effet se préparer à affronter les tempêtes que des changements politiques vont bientôt créer au Proche-Orient. De fait, l'empire perse, après une époque d'expansion triomphante, affronte à son tour la révolte des vassaux et les attaques de ses ennemis de l'extérieur. Israël, une fois encore entraîné dans la tourmente, va devoir mettre à l'épreuve la solidité de cette religion qu'il a peu à peu édifiée, quelles que soient les conditions politiques.

Cinquième partie

Israël-Juda dans la tourmente (400-63)

Prélude

Les premières secousses de la tourmente qui va s'abattre sur la Judée se font sentir vers 400, quand l'Égypte réussit à se libérer de l'emprise perse et à rétablir de nouvelles dynasties pharaoniques. Dès lors, le pays de la Bible redevient le glacis que traversent et investissent les armées chargées de surveiller l'Égypte, comme l'ont fait autrefois celles de l'Assyrie et de Babylone, même si, pendant près d'un siècle, il reste un petit État théocratique englobé dans le vaste empire. Les livres bibliques que l'on peut attribuer à cette première période (chapitre 1), très rares d'ailleurs, portent attention aux grands mouvements du monde, intérêt qui s'exprime dans la création d'une littérature apocalyptique. Ils s'interrogent aussi sur l'universalité du Dieu d'Israël au-delà des frontières de son peuple (Ruth et Jonas).

En 333, Alexandre le Grand envahit la Syrie, entre en Égypte en 332, fonde Alexandrie en 331. Par sa victoire d'Arbèles, il met fin à l'hégémonie perse. Le statut politique de la Judée change ; elle est intégrée à l'Égypte, qui échoit à la dynastie égyptienne des Lagides (Ptolémées) après que les généraux d'Alexandre se sont partagé son empire. Désormais, son destin n'est plus conduit par des envahisseurs orientaux qui partagent la même culture, mais par une puissance occidentale qui lui impose la culture hellénistique, une philosophie différente, d'autres conceptions religieuses, une autre langue (le grec). À son corps défendant, Israël doit affronter cet environnement nouveau. Si l'on en juge d'après les livres bibliques de cette deuxième période (chapitre 2), la communauté juive se préserve de cette agitation par l'ironie (Qohélet), par la défense de la tradition (Siracide, Tobie), par une nouvelle interprétation de l'histoire des rois d'Israël (Chroniques).

Mais en 200, les Séleucides de Syrie, descendants eux aussi d'un général d'Alexandre, l'emportent sur les Lagides d'Égypte et incluent la Judée dans leur royaume. Pendant les premières décennies, la Judée garde son statut théocratique jusqu'à ce qu'Antiochus IV Épiphane déclenche en 167 la persécution contre la religion juive. La famille des Maccabées prend la tête de la révolte, libère le pays et accapare le pouvoir politique et sacerdotal. Rome intervient ensuite, le général Pompée prend Jérusalem en 63, date qui peut être considérée comme un tournant décisif de l'histoire juive. En 37, Rome installe Hérode à Jérusalem. La crise devient alors de plus en plus aiguë et atteint son paroxysme avec la révolte juive de 67 ap. J. C. et la destruction de Jérusalem en 70. Sur cette troisième période troublée (chapitre 3), les livres des Maccabées rapportent la révolte et les combats de cette famille jusqu'à leur installation au pouvoir. Le livre de Daniel explique le sens religieux de la crise de cette époque en la replaçant dans le déroulement des grands empires et dans l'arrivée prochaine des derniers temps. Deux romans historiques qui ont des femmes pour héroïnes, Esther et Judith, suggèrent que le salut d'Israël réside moins dans la force des armes que dans la foi en Yahvé.

Mais la production littéraire juive ne s'arrête pas avec ces deux livres, qui sont les deux derniers de la Bible hébraïque. Elle se multiplie, comme nous le verrons dans l'épilogue, avec l'apparition de courants judaïques divers. L'Église chrétienne produira très rapidement à son tour des œuvres littéraires nombreuses et variées.

1

Première période : la Judée et la fin de l'empire perse (400-331)

En 398, deux années après le début de la révolte égyptienne, la mission d'Esdras a eu pour conséquence d'accorder un statut religieux particulier à Juda, qui se trouve ainsi intégré à l'empire perse tout en jouissant de droits spécifiques [1]. Nous pouvons penser que ce statut d'État quasi théocratique s'explique par la volonté du Roi des rois de se constituer un allié sûr face à l'Égypte, dont les volontés d'indépendance sont de plus en plus marquées. L'avenir montre que le rêve de la communauté sainte, qui a pensé pouvoir vivre autour de son Temple à l'abri des grands bouleversements, n'est qu'un leurre. Le peuple d'Israël va lui aussi être saisi dans la tourmente générale.

1. Voir quatrième partie, chapitre 1, « La mission d'Esdras, la proclamation de la Torah », p. 457.

L'évolution de la situation politique

La puissance des Perses réside dans un mélange de force militaire dictatoriale, de centralisation administrative efficace et d'habileté à conserver aux pays conquis un semblant d'autonomie. Mais les empires les plus puissants et les plus tolérants ne peuvent jamais contenir la volonté d'indépendance des nations.

Affrontement avec la Grèce

Les premiers à se rebeller sont les cités grecques d'Ionie en Asie Mineure, en 498. Quatre ans plus tard, elles sont reprises et rasées par l'empereur Darius Ier (521-486). Athènes commence alors à s'inquiéter, d'autant que ces envahisseurs poursuivent leur avancée en Attique. Heureusement, les Athéniens parviennent à enrayer leur progression à Marathon (490), lors de ce que l'on appelle la première guerre médique[2]. Pendant une dizaine d'années, les deux ennemis se renforcent, Athènes se dotant notamment d'une flotte. Au printemps 480, les Perses attaquent (deuxième guerre médique), remportent une première victoire au défilé des Thermopyles et s'emparent d'Athènes, qui est détruite. Mais ils connaissent une sévère défaite navale à Salamine, en septembre 480, et terrestre à Platées, la même année. Après cette catastrophe, le Roi des rois Xerxès Ier (486-465) se replie. D'autres affrontements ont lieu au cours des années suivantes, mais l'armée perse ne reviendra plus sur le sol grec. Les cités hellénistiques d'Asie Mineure, bien que cernées, continuent à se développer et à s'insurger régulièrement.

Difficultés avec l'Égypte

Sous le règne d'Artaxerxès Ier (465-423), la Perse connaît ses premières difficultés en Égypte, d'autant que les Égyptiens font appel aux Grecs. Mais cette coalition limitée au Delta échoue, la flotte athénienne est vaincue.

---

2. Les Grecs identifient les Perses aux Mèdes. Pour les Mèdes, voir première partie, chapitre 6, « L'empire perse au service de Yahvé », p. 155.

Après plusieurs tentatives, l'Égypte parvient néanmoins à reconquérir son indépendance et établit les XXVIIIe à XXXe dynasties (400-341). Les Perses y restaurent leur autorité en 341 jusqu'à l'arrivée d'Alexandre, qui sera accueilli comme un libérateur. Ce contexte explique que la Perse ait cherché en Juda un allié sûr, alors que ses troupes, qui surveillaient l'Égypte, avaient établi leur camp dans la plaine, près de Gaza, ville de l'ancienne Philistie.

Il est d'ailleurs probable que des soldats juifs aient servi dans cette armée. Des découvertes archéologiques ont montré, en effet, qu'à cette époque une colonie de militaires juifs et leur famille vivaient en Égypte depuis peut-être deux siècles, dans l'île d'Éléphantine, à la hauteur de la première cataracte du Nil, sur la frontière méridionale. Des manuscrits araméens découverts sur ce site et ailleurs en Égypte en ont laissé le souvenir. Ces militaires élevèrent un temple à leur Dieu nommé Yaho (une ancienne graphie de Yahvé), des prêtres y offraient des sacrifices, on célébrait la Pâque et le sabbat, mais des textes montrent aussi que d'autres divinités étaient honorées. En 410, le temple fut détruit par une rébellion et les colons écrivirent au gouverneur perse de Jérusalem afin de rebâtir ce sanctuaire pourtant contraire à la législation juive de la centralisation du culte. L'autorisation leur fut accordée, mais assortie d'une interdiction d'y procéder à des sacrifices. Cette histoire prouve en tout cas l'attachement des juifs à leur Dieu national Yahvé, même loin de la Terre promise, ainsi que la difficulté pour les autorités religieuses de Jérusalem de contrôler la pureté de la foi en dehors des frontières du pays.

La littérature biblique de cette période

Comment distinguer les livres de la Bible écrits à cette époque alors qu'ils ne comportent aucune date et peu d'allusions à la situation politique de ce temps ? Dans l'ensemble, les chercheurs arrivent à un certain consensus en se fondant notamment sur la théologie qui s'exprime dans ces textes et sur la pureté de la langue, l'hébreu qui n'est pas encore contaminé par l'araméen. La situation religieuse perdure après la proclamation de la Torah par Esdras, quand la Loi devient la constitution politico-religieuse d'Israël. Le pouvoir est partagé entre le représentant du Roi des rois et le grand prêtre. Voici les ouvrages qui, selon toute vraisemblance, furent alors élaborés :

– les chapitres 55 à 66 d'Isaïe, qui constituent un recueil d'oracles prophétiques attribués généralement à un même auteur ;

– quelques textes représentant les débuts de la littérature apocalyptique : ainsi, le livre de Joël et plusieurs poèmes intégrés aussi dans le livre d'Isaïe, le vieux prophète du VIIIe siècle ;

– deux petits ouvrages (Ruth et Jonas) qui abordent un problème désormais crucial pour le judaïsme : l'ouverture de la religion de Yahvé aux païens.

Isaïe 56–66 : Jérusalem capitale de l'univers

Il est utile de rappeler que le livre d'Isaïe contient les oracles du prophète du VIIIe siècle (Proto-Isaïe, 1–39), puis ceux d'un prophète anonyme dont le ministère a accompagné le retour de l'exil jusqu'à sa mort violente à Jérusalem (Deutéro-Isaïe, 40–55)[3]. Mais dans sa dernière partie (chapitres 56 à 66), il contient un ensemble assez homogène d'écrits postérieurs à ce dernier, que les spécialistes attribuent à un auteur également anonyme qu'ils nomment le Trito-Isaïe (« troisième » Isaïe). La situation de Jérusalem et de Juda y apparaît encore très précaire. Les villes sont en ruine. Ceux qui sont revenus de l'exil sont peu nombreux, ceux qui sont restés là-bas sont encore considérés comme des captifs. Les responsables ne se préoccupent pas réellement de leur peuple, des cultes idolâtriques polluent encore la Ville sainte, le sabbat n'est pas pratiqué.

La vocation du prophète

C'est dans ce climat qu'un homme est appelé par Dieu pour s'adresser à ce peuple encore traumatisé. Pour remplir sa mission, il est investi par l'Esprit de Dieu :

> L'Esprit du Seigneur Yahvé est sur moi,

3. Voir première partie : pour Isaïe, chapitre 2, p. 68 ; pour le Deutéro-Isaïe, chapitre 7, p. 167.

car Yahvé m'a donné l'onction ;
il m'a envoyé porter la nouvelle aux pauvres,
panser les cœurs meurtris,
annoncer aux captifs la libération
et aux prisonniers la délivrance,
proclamer une année de grâce de la part de Yahvé
et un jour de vengeance pour notre Dieu,
pour consoler tous les affligés (61, 1-2).

Le message de cet envoyé de Dieu s'adresse en priorité aux juifs les plus malheureux. Il leur annonce la venue d'une ère nouvelle qui verra la fin de leurs souffrances [4].

La gloire de Jérusalem

Le prophète reprend les reproches et les appels à la conversion de ses prédécesseurs, mais sa prédication se caractérise surtout par des visions de la gloire future de Jérusalem qui attirera vers elle les païens, évoqués par des pays de l'Arabie d'où provenaient épices et encens :

Debout ! Resplendis ! car voici ta lumière,
et sur toi se lève la gloire de Yahvé.
Tandis que les ténèbres s'étendent sur la terre,
et l'obscurité sur les peuples,
sur toi se lève Yahvé, et sa gloire sur toi paraît.
Les nations marcheront à ta lumière
et les rois à ta clarté naissante.
Lève les yeux aux alentours et regarde :
tous sont rassemblés, ils viennent à toi.
Tes fils viennent de loin,
et tes filles sont portées sur la hanche.
Alors tu verras et seras radieuse,
ton cœur tressaillira et se dilatera,
car les richesses de la mer afflueront vers toi,
et les trésors des nations viendront vers toi.

---

4. Jésus (Lc 4, 17-22) se servira de ce texte pour expliquer sa mission auprès des exclus.

Des multitudes de chameaux te couvriront,
des jeunes bêtes de Madiân et d'Épha ;
tous viendront de Saba, apportant l'or et l'encens
et proclamant les louanges de Yahvé (60, 1-6).

Après la punition, voici venir des jours glorieux pour Jérusalem :

Les fils de l'étranger rebâtiront tes remparts,
et leurs rois te serviront.
Car dans ma colère je t'avais frappée,
mais dans ma bienveillance j'ai eu pitié de toi.
Tes portes seront toujours ouvertes,
ni le jour ni la nuit on ne les fermera,
pour qu'on apporte chez toi les richesses des nations
et qu'on introduise leurs rois (60, 10-11).

Jérusalem sera illuminée par Dieu lui-même et non plus par les astres :

Tu n'auras plus le soleil comme lumière, le jour ;
la clarté de la lune ne t'illuminera plus :
Yahvé sera pour toi une lumière éternelle,
et ton Dieu sera ta splendeur (60, 20)[5].

Tu seras une couronne de splendeur dans la main de Yahvé,
un turban royal dans la main de ton Dieu.
On ne te dira plus : « Délaissée »,
et de ta terre on ne dira plus : « Désolation »,
mais on t'appellera : « Mon plaisir est en elle »,
et ta terre : « Épousée ».
Car Yahvé trouvera en toi son plaisir
et ta terre sera épousée.
Comme un jeune homme épouse une vierge,
ton bâtisseur t'épousera.
Et c'est la joie de l'époux au sujet de l'épouse
que ton Dieu éprouvera à ton sujet (62, 3-5).

5. Selon l'Apocalypse du Nouveau Testament (21, 23), la nouvelle Jérusalem sera éclairée par le flambeau de l'Agneau, c'est-à-dire par le Christ.

Pour l'auteur de ce poème, le reste du monde disparaît dans la pensée de Dieu au profit de la seule ville de Sion-Jérusalem, qui devient le lieu du rassemblement des juifs exilés.

La conversion des païens

En réaction contre ce particularisme, un poème en prose, sans doute inséré postérieurement dans le Trito-Isaïe, annonce que des hommes de toutes les nations (énumérées d'après les dénominations utilisées dans la Genèse) viendront adorer Yahvé dans son Temple et participer à son culte, à l'égal des juifs :

> Je viendrai rassembler toutes les nations et toutes les langues, et elles viendront voir ma gloire. Je mettrai chez elles un signe et j'enverrai de leurs survivants vers les nations : vers Tarsis, Put, Lud, Méshek, Tubal et Yavân, vers les îles éloignées qui n'ont pas entendu parler de moi, et qui n'ont pas vu ma gloire. Ils feront connaître ma gloire aux nations, et de toutes nations ils ramèneront tous vos frères en offrande à Yahvé, sur des chevaux, en char, en litière, sur des mulets et des chameaux, à ma montagne sainte, Jérusalem, dit Yahvé, comme les Israélites apportent les offrandes dans des vases purs. Et de certains d'entre eux je ferai des prêtres, des lévites, dit Yahvé [6] (66, 18-21).

La joie eschatologique

Après une période de troubles et de conflits, viendra la paix définitive de l'ère messianique. Parce que les fautes de l'humanité et d'Israël en particulier ont perverti la Création telle que Dieu la désirait, Dieu va réaliser une nouvelle Création – le même mot *bara'* que dans le premier récit de la Genèse est employé [7]. Elle supprimera la souffrance et reculera l'heure de la mort. Jérusalem deviendra le centre du monde nouveau dans lequel Yahvé trouvera son bonheur, elle attirera tous les peuples :

---

6. Aux ve et ive siècles, le thème de la conversion des païens commence à recevoir des développements importants, comme le montre le livre de Jonas (voir plus loin, p. 578), même si la plupart des autres écrits de cette époque, à l'image de la législation du Pentateuque, manifestent plutôt la volonté d'établir des barrières morales et religieuses infranchissables autour d'Israël.
7. Voir deuxième partie, chapitre 4, p. 317.

> Car voici que je vais créer des cieux nouveaux et une terre nouvelle, on ne se souviendra plus du passé, il ne reviendra plus à l'esprit. Mais soyez pleins d'allégresse et exultez éternellement de ce que moi, je vais créer : car voici que je vais faire de Jérusalem une exultation et de son peuple une allégresse. J'exulterai en Jérusalem, en mon peuple je serai plein d'allégresse, et l'on n'y entendra plus retentir les pleurs et les cris. Là, plus de nouveau-né qui ne vive que quelques jours, ni de vieillard qui n'accomplisse son temps ; car le plus jeune mourra à l'âge de cent ans, c'est à cent ans que le pécheur sera maudit (65, 17-20).

Le prophète invite tous les hommes à accourir à Jérusalem pour y connaître la paix et la joie :

> Réjouissez-vous avec Jérusalem, exultez en elle,
> vous tous qui l'aimez, soyez avec elle dans l'allégresse,
> vous tous qui avez pris le deuil sur elle,
> afin que vous soyez allaités
> et rassasiés par son sein consolateur,
> afin que vous suciez avec délices sa mamelle plantureuse.
> Car ainsi parle Yahvé :
> Voici que je fais couler vers elle la paix comme un fleuve,
> et comme un torrent débordant, la gloire des nations.
> Vous serez allaités, on vous portera sur la hanche,
> on vous caressera en vous tenant sur les genoux.
> Comme celui que sa mère console, moi aussi, je vous consolerai,
> à Jérusalem, vous serez consolés.
> À cette vue votre cœur sera dans la joie,
> et vos membres reprendront vigueur comme l'herbe ;
> la main de Yahvé se fera connaître à ses serviteurs
> et sa colère à ses ennemis (66, 10-14).

Ainsi, malgré le désenchantement et la déception du retour de l'exil, que l'on a espéré comme une restauration magnifique d'un passé idéalisé, le prophète continue à annoncer un avenir de félicité absolue ; un temps de relation affectueuse avec Yahvé, quand l'enfant se blottit dans les bras de sa mère.

Naissance des apocalypses

Les annonces de bonheur du Trito-Isaïe ne peuvent masquer l'incertitude qui pèse sur Israël. Des conflits entre les grandes puissances menacent la paix précaire que connaît Juda. Des « visionnaires » remplacent alors les prophètes ; ils aperçoivent dans un avenir proche une énorme conflagration, le cosmos lui-même sera ébranlé. Ce sera « le Jour de Yahvé », Jour de ténèbres et de châtiment pour les royaumes qui se sont révoltés contre lui, Jour de renaissance définitive pour Israël et pour tous ceux qui le reconnaissent. Afin de décrire cet avenir, ces voyants font appel aux images de tremblements de terre, d'orages ou encore de nuées, que les prophètes ont utilisées pour dépeindre le Jour de Yahvé (Amos) ou la Gloire de Yahvé (Ézéchiel)[8]. Ils élaborent des compositions littéraires de plus en plus développées et complexes, que l'on classe sous le nom d'apocalypses. Le sens premier du mot est « révélation » ; celle-ci concerne l'avenir sous son double aspect, bonheur et malheur. Le visionnaire déclare que, dans un avenir immédiat, un bouleversement cosmique purifiera l'humanité. Alors Dieu interviendra personnellement avec tous les signes de sa puissance pour restaurer toutes choses en vue d'une paix définitive. Ces premières apocalypses, de dimensions encore modestes, ont été écrites vers la fin de l'époque perse. Elles vont se multiplier et prendre la dimension de véritables livres au tournant de notre ère[9] avant d'aboutir vers la fin du Ier siècle à la rédaction du chef-d'œuvre du genre, appelé précisément l'Apocalypse, qui conclut le Nouveau Testament.

Le prophète Joël – Le Jour de Yahvé arrive

Un recueil d'oracles écrits dans ce contexte est attribué à Joël. Par son style, il appartient au genre apocalyptique[10]. Reprenant un thème d'Amos, la venue du Jour de Yahvé, Joël annonce l'arrivée d'une armée terrible,

---

8. Voir première partie : pour Amos, chapitre 1, p. 54 ; pour Ézéchiel, chapitre 5, p. 137.
9. Voir Épilogue, p. 139.
10. La Bible le présente parmi les prophètes entre Amos et Osée, mais, du point de vue chronologique, il se situe mieux à la fin de l'époque perse, quand l'empire commence à être secoué par des révoltes dont les contrecoups menacent Juda et Jérusalem.

qu'il compare à une invasion de sauterelles ravageant tout sur son passage. Mais cette épreuve marquera aussi la venue des derniers temps et du grand rassemblement des nations du monde autour de Jérusalem pour un jugement général : toutes seront jugées, juives ou non juives [11].

Jérusalem est invitée à se préparer au Jour de Yahvé. L'immense armée est si redoutable qu'elle ébranle les astres eux-mêmes :

> Devant lui la terre frémit, les cieux tremblent !
> le soleil et la lune s'assombrissent,
> les étoiles perdent leur éclat !
> Yahvé fait entendre sa voix à la tête de ses troupes !
> Car ses bataillons sont sans nombre,
> car il est puissant, l'exécuteur de ses ordres,
> car il est grand le Jour de Yahvé, très redoutable
> – et qui peut l'affronter ? (2, 10-11).

Cette approche du malheur doit être considérée surtout comme une invitation au jeûne, à la prière et à la conversion, des plus vieux comme des plus jeunes. Car, une fois de plus, Yahvé est prêt à pardonner les péchés de son peuple si celui-ci se convertit :

> Mais encore à présent – oracle de Yahvé –,
> revenez à moi de tout votre cœur,
> dans le jeûne, les pleurs et les cris de deuil.
> Déchirez votre cœur, et non vos vêtements,
> revenez à Yahvé, votre Dieu, car il est tendresse et pitié,
> lent à la colère et riche en grâce, et il a regret du mal.
> Qui sait, s'il revenait ? (2, 12-14).

Le Jour de Yahvé n'est pas seulement destruction et châtiment. À ceux qui ont échappé à la punition, Dieu accordera son Esprit en abondance, signe de son amour pour son peuple fidèle [12] :

---

11. Le livre de Joël est à la fois centré sur Jérusalem et universaliste.
12. Ce texte sera mentionné par Pierre dans son discours aux habitants de Jérusalem après la descente de l'Esprit saint sur les apôtres au jour de la Pentecôte, pour expliquer que les disciples sont remplis par l'Esprit et parlent en langues étrangères (Ac 2, 16- 22).

Après cela je répandrai mon Esprit sur toute chair.
Vos fils et vos filles prophétiseront,
vos anciens auront des songes, vos jeunes gens, des visions.
Même sur les esclaves, hommes et femmes,
en ces jours-là, je répandrai mon Esprit.
Je produirai des signes dans le ciel et sur la terre,
sang, feu, colonnes de fumée !
Le soleil se changera en ténèbres, la lune en sang,
avant que vienne le Jour de Yahvé, grand et redoutable !
Tous ceux qui invoqueront le nom de Yahvé seront sauvés,
car sur le mont Sion il y aura des rescapés,
comme l'a dit Yahvé,
et à Jérusalem des survivants que Dieu appelle (3, 1-5).

Au Jour de Yahvé, toutes les nations se réuniront au même endroit pour y subir le jugement divin. D'après Joël, il a lieu près de Jérusalem, dans une vallée [13]. Après avoir rétabli définitivement Jérusalem, Yahvé convoque tous les peuples qui ont persécuté Israël :

Car en ces jours-là, en ce temps-là,
quand je rétablirai Juda et Jérusalem,
je rassemblerai toutes les nations,
je les ferai descendre à la vallée de Josaphat ;
là j'entrerai en jugement avec elles au sujet d'Israël,
mon peuple et mon héritage.
Car ils l'ont dispersé parmi les nations
et ils ont partagé mon pays (4, 1-2).

Yahvé rugit de Sion, de Jérusalem il fait entendre sa voix ;
les cieux et la terre tremblent !
Mais Yahvé sera pour son peuple un refuge,
une forteresse pour les fils d'Israël !
Vous saurez alors que je suis Yahvé votre Dieu,

13. Ce texte a inspiré la tradition judéo-chrétienne qui situe le Jugement dernier dans la vallée de Josaphat (« Dieu juge » en hébreu), entre le mont des Oliviers et le Temple.

qui habite à Sion, ma montagne sainte !
Jérusalem sera un lieu saint, les étrangers n'y passeront plus ! (4, 16-17).

Ainsi, Joël appelle le peuple de Jérusalem et de Judée à la conversion dans l'attente de la venue de Yahvé. Parfois, son regard se restreint aux limites de la Ville sainte et même du Temple. Pourtant, la puissance de Yahvé met en branle tous les peuples et le cosmos.

Les apocalypses d'Isaïe (Is 24–27 et 34–35)

La même atmosphère apocalyptique imprègne deux ensembles insérés dans la première partie du livre d'Isaïe, le Proto-Isaïe [14] – les chercheurs les situent à la fin de l'époque perse. À l'aide d'images impressionnantes, le visionnaire annonce la calamité que Yahvé fera descendre sur la Terre pour anéantir tous les rois qui s'opposeront à lui :

Dévastée, dévastée sera la terre,
elle sera pillée, pillée,
car Yahvé a prononcé cette parole.
La terre est en deuil, elle dépérit,
le monde s'étiole,
il dépérit, l'élite du peuple de la terre s'étiole.
La terre est profanée sous les pieds de ses habitants,
car ils ont transgressé les lois, violé le décret,
rompu l'alliance éternelle.
C'est pourquoi la malédiction a dévoré la terre,
et ses habitants en subissent la peine ;
c'est pourquoi les habitants de la terre ont été consumés,
il ne reste que peu d'hommes (24, 3-6).

Mais, pour les siens, Yahvé prépare sur la montagne de Jérusalem un immense festin qui inaugure son règne sur la terre [15] :

---

14. Voir première partie, chapitre 2, p. 67.
15. Cette image, qui dépeint la plénitude de bonheur de la fin des temps, sera utilisée par Jésus dans plusieurs paraboles, comme le festin des noces (Mt 22, 1-14).

> Yahvé Sabaot prépare pour tous les peuples,
> sur cette montagne, un festin de viandes grasses,
> un festin de bons vins, de viandes moelleuses, de vins clarifiés.
> Il a détruit sur cette montagne
> le voile qui voilait tous les peuples
> et le tissu tendu sur toutes les nations ;
> il a fait disparaître la mort à jamais.
> Le Seigneur Yahvé a essuyé les pleurs sur les visages,
> il ôtera l'opprobre de son peuple sur toute la terre,
> car Yahvé a parlé. Et on dira en ce jour-là :
> Voyez, c'est notre Dieu,
> en lui nous espérions pour qu'il nous sauve,
> c'est Yahvé, nous espérions en lui.
> Exultons, réjouissons-nous du salut qu'il nous a donné (25, 6-9).

Du second ensemble apocalyptique, il faut retenir la description de la joie messianique qui envahit tout Israël :

> Que soient pleins d'allégresse désert et terre aride,
> que la steppe exulte et fleurisse ;
> comme l'asphodèle qu'elle fleurisse,
> qu'elle exulte de joie et pousse des cris,
> la gloire du Liban lui a été donnée,
> la splendeur du Carmel et de Saron (35, 1-2).

Cette joie messianique redonnera vigueur à tous ceux qui souffrent [16] :

> Fortifiez les mains affaiblies,
> affermissez les genoux qui chancellent.
> Dites aux cœurs défaillants :
> « Soyez forts, ne craignez pas ; voici votre Dieu.
> C'est la vengeance qui vient, la rétribution divine.
> C'est lui qui vient nous sauver. »
> Alors se dessilleront les yeux des aveugles,
> et les oreilles des sourds s'ouvriront.

---

16. Jésus utilisera cette prophétie pour expliquer ses miracles en faveur des aveugles, des sourds, des boiteux (Lc, 4, 18).

Alors le boiteux bondira comme un cerf,
et la langue du muet criera sa joie (35, 4-6).

L'ère messianique apportera la paix dans le cosmos, comme l'avait déjà promis Isaïe [17] (11, 6-9), et le retour de tous les dispersés :

Les eaux jailliront dans le désert
et les torrents dans la steppe.
La terre brûlée deviendra un marécage,
et le pays de la soif, des eaux jaillissantes ;
dans les repaires où gîtaient les chacals,
on verra des enclos de roseaux et de papyrus.
Il y aura là une chaussée et un chemin,
on l'appellera la voie sacrée ;
l'impur n'y passera pas et les insensés ne l'emprunteront pas.
Il n'y aura pas de lion et les bêtes féroces n'y monteront pas,
mais les rachetés y marcheront.
Ceux qu'a libérés Yahvé reviendront,
ils arriveront à Sion criant de joie,
portant avec eux une joie éternelle.
La joie et l'allégresse les accompagneront,
la douleur et les plaintes cesseront (35, 6-10).

Ainsi, dans cette époque d'incertitude, les visionnaires alternent images de bonheur et de malheur, perspectives de salut ouvertes sur toutes les nations ou restreintes au peuple d'Israël.

Ruth et Jonas : Yahvé et les païens

Ruth : une étrangère, aïeule du Messie

Le livre de Ruth [18] est une « nouvelle », un court récit qui raconte une histoire pour susciter la réflexion du lecteur en piquant son intérêt. En

17. Voir première partie, chapitre 2, « L'annonce de la naissance de l'Emmanuel », p. 77.
18. Le livre de Ruth est placé, dans la Septante, entre le livre des Juges et ceux de Samuel. Ruth a été présentée comme l'une des aïeules du roi David. La Bible hébraïque le place entre les Proverbes et le Cantique, ce qui montre qu'on ne lui attribuait guère de valeur historique. En France, le récit a été popularisé par le poème de Victor Hugo, *Booz endormi* (*La légende des siècles*).

une centaine de lignes, Ruth veut faire réfléchir les juifs sur le rôle que pourraient jouer les païens dans le dessein de Yahvé en faveur de son peuple. L'interrogation sous-jacente est donc plutôt celle du IVe siècle.

Noémi est une veuve de Bethléem. Une famine la pousse, elle et ses deux fils Mahlôn et Kilyôn, à s'établir au pays de Moab. Ses enfants y épousent deux jeunes femmes moabites, Orpa et Ruth. Mais ils meurent au bout d'une dizaine d'années et Noémi décide de rentrer à Bethléem. L'une de ses belles-filles, Ruth, prend le parti de la suivre malgré les objections qui lui sont faites. Lorsqu'elles sont arrivées à Bethléem, Ruth va ramasser des épis dans les champs moissonnés. Elle glane ainsi sur la parcelle d'un certain Booz, qui demande à ses ouvriers de ne pas chasser cette étrangère. Il a en effet eu connaissance de son attitude bienveillante, elle qui n'a pas hésité à quitter sa terre natale et sa famille pour accompagner Noémi. Yahvé doit donc la récompenser. Mieux, Booz l'autorise à manger avec ses ouvriers et s'arrange pour qu'elle puisse récolter une bonne quantité d'orge. Ruth rentre chez sa belle-mère et partage avec elle les céréales. Noémi s'enquiert aussitôt du nom de ce paysan généreux. « Booz », lui répond sa bru. Or, confie Noémi, cet homme bon est un proche parent qui a sur elle droit de rachat [19]. (Le récit passe sans transition à l'épisode suivant.) De plus, elle souhaite son bonheur, c'est-à-dire la voir se marier, et ce Booz semble convenir, puisque la loi lui permet de prendre la jeune femme pour épouse.

Ruth, sur sa suggestion, se glisse la nuit auprès de Booz, qui dort sur son aire à battre, pour veiller sur son grain. À son réveil, il la découvre à ses pieds : elle lui fait aussitôt part des droits qu'il a sur elle. Mais il lui objecte qu'il existe un autre parent encore plus proche dont les droits priment par conséquent sur les siens. Heureusement, devant les sages réunis à la porte de la ville [20], ce parent déclare qu'il renonce à sa prérogative. Booz épouse Ruth. De leur union naît Obed, qui a un enfant, Jessé, le père de David...

19. C'est-à-dire le droit, et même le devoir, de racheter leur terre et d'épouser la veuve de son parent afin de lui susciter une postérité. Ce droit, appelé « loi du lévirat », est issu de la législation du Pentateuque (Dt 25, 5).

20. Dans les temps ancestraux, les vieux, c'est-à-dire les sages, se réunissaient toujours à la porte de la ville.

La clé du récit se trouve dans la conclusion : David, le saint roi dont la descendance porte l'espérance d'Israël, est né d'une union interdite par la Loi, car un juif ne peut pas épouser une païenne, et surtout pas une Moabite, cette race maudite fruit d'un inceste[21]. Malgré tout, comment douter que Booz soit un juif fervent ? Comme l'exige la Loi, il a permis à cette étrangère de glaner dans son champ ; il a exercé envers elle son devoir de rachat pour susciter une descendance à la veuve de son parent. Par ailleurs, cette Moabite a veillé avec amour sur sa belle-mère juive, allant jusqu'à quitter sa patrie : elle est le modèle de la prosélyte digne d'appartenir à Israël et même de devenir la mère du Messie, la mère du roi parfait des temps futurs[22]. Quant à Noémi, elle est l'exemple de la femme juive qui, de sa modeste place de femme, discrètement, conduit en réalité la marche des événements...

Jonas : pour une religion sans frontières

Comme Ruth, Jonas est un conte, une « nouvelle » où se mêlent le fantastique et l'humour. Son message enseigne que Yahvé est aussi le Dieu des païens et même de ceux qui furent ses pires ennemis, les Ninivites, les habitants de Ninive, l'une des capitales des Assyriens. La Bible hébraïque place Jonas parmi les prophètes. En réalité, cet ouvrage diffère totalement des prophètes, puisqu'il ne contient pas d'oracles, mais l'aventure d'un homme qui, précisément, ne veut pas accepter la vocation prophétique...

Dieu, qui a eu vent de la méchanceté des Ninivites, demande à Jonas de se rendre à Ninive pour y prêcher la repentance afin que la colère divine ne s'abatte pas sur la ville. Cet ordre, qui fait de lui un prophète, ne lui plaît guère. Au lieu de se diriger vers l'Orient, Jonas part donc en sens opposé, vers l'Occident. Il descend au port de Joppé sur la Méditerranée et s'embarque sur un bateau en partance pour Tarsis, en Espagne. Survient une tempête épouvantable. Pour éviter de sombrer, les marins délestent le bateau. Ils découvrent alors Jonas qui dort au fond de la cale. Il leur avoue

21. Voir deuxième partie, chapitre 3, « L'inceste des filles de Lot », p. 281.
22. Matthieu intégrera Ruth dans la généalogie de Jésus (Mt 1, 5).

qu'il fuit un ordre de son Dieu. Afin d'apaiser la colère de ce Dieu qui peut déclencher pareille tempête, ils jettent Jonas par-dessus bord. Aussitôt, la mer s'apaise. Mais un gros poisson convoqué par Yahvé avale Jonas et, au bout de trois jours et de trois nuits, le régurgite sur la plage à son point d'embarquement, au port de Joppé.

Jonas prend à contrecœur le chemin de Ninive, une cité gigantesque qu'il faut trois jours pour traverser. Il commence à prêcher la pénitence aux habitants, qui, à sa grande stupeur, prêtent une oreille attentive à son message. Tous, du plus petit au plus grand, du roi au dernier des esclaves, se mettent à jeûner et à supplier Yahvé de pardonner leurs fautes et d'épargner leur vie.

Devant cette conversion, qui évite aux Ninivites abhorrés un châtiment mille fois mérité, et qui permet à Yahvé de pardonner encore, Jonas est révolté. Il quitte la ville en boudant et va se coucher à l'ombre d'un ricin, arbuste à grandes feuilles palmées. Mais, durant la nuit, Yahvé fait mourir le ricin, symbole de la protection que Dieu accorde à l'homme. À l'aube, Jonas ne trouve plus l'ombre des feuilles pour l'abriter du soleil, et il maudit l'arbre. Yahvé lui reproche alors de se préoccuper de la mort d'un arbre et de lui interdire à lui, Dieu, de se préoccuper du sort de ces cent vingt mille Ninivites qui, à cause de leurs péchés, couraient à une mort certaine !

Le livret de Jonas conteste une conception trop nationaliste et trop moraliste de Dieu. Les pires ennemis d'Israël ont la possibilité de bénéficier eux aussi de la miséricorde divine. Yahvé est désormais non seulement le Dieu des juifs, mais aussi de tous les peuples, y compris des persécuteurs d'Israël. La religion juive est appelée à s'ouvrir au monde entier. Elle va y être contrainte par l'évolution de l'histoire. De fait, la conquête de l'empire perse par Alexandre le Grand va obliger les juifs à affronter la civilisation hellénistique, qui a la prétention de s'adresser à toutes les nations.

2

Deuxième période : conquête d'Alexandre et montée de l'hellénisme (331-167)

L'hellénisme se répand sur le pourtour de la Méditerranée à partir de 334, grâce aux conquêtes d'Alexandre. Il s'agit d'un mode de vie essentiellement urbain, car seule la cité grecque peut fournir le cadre nécessaire à son épanouissement : des rues droites et larges, des maisons spacieuses et confortables, de vastes places publiques où se réunit l'assemblée du peuple. Chaque cité jouit d'une certaine indépendance administrative et commerciale. On y trouve des théâtres et des gymnases, où l'on entretient aussi bien le corps que l'esprit ; des temples dévolus aux divinités officielles, mais aussi à celles d'autres pays et particulièrement de l'Orient. Cette civilisation, en effet, est tolérante et ouverte aux nouveaux courants. La philosophie est celle des grands auteurs : Platon, Aristote et leurs disciples, propagée par des écoles qui privilégient le travail de la raison et de l'observation. Le grec fait progressivement reculer les langues locales du Proche-Orient, même les plus répandues comme l'araméen, la langue véhiculaire de l'empire perse.

La dynastie des Ptolémées

Le père d'Alexandre le Grand, Philippe (382-336), roi de Macédoine, réussit à s'imposer à l'ensemble des cités et des royaumes de la Grèce territoriale. Après sa mort, en 336, son fils Alexandre reçoit le pouvoir. En 334, il attaque la Perse, libère les cités hellénistiques de la côte méditerranéenne et conquiert l'ensemble de l'Asie Mineure. Il descend le long du littoral jusqu'en Égypte, qu'il envahit en 332 et où il fonde Alexandrie en janvier 331 – une tradition juive rapporte qu'il serait passé vers 332 à Jérusalem en revenant d'Égypte. Il conduit ensuite ses armées vers le cœur de l'empire perse, la Babylonie d'abord puis la Perse proprement dite, jusqu'en Asie centrale et même jusqu'à l'Indus, qu'il atteint en 325. Il meurt au cours de son retour, sans doute de malaria, en 323 à Babylone.

Quand son royaume est divisé entre ses généraux, Juda est englobé dans le royaume des Ptolémées, ou Lagides, qui comprend l'Égypte et la Palestine jusqu'à Damas (la Cœlée-Syrie), et dont la capitale est Alexandrie – les Séleucides, de leur côté, règnent sur l'Asie Mineure et la Mésopotamie, et leur capitale est Antioche. Alexandrie, bâtie en bordure de la partie occidentale du delta du Nil autour de son port éclairé par son phare légendaire, devient la plus prestigieuse des cités hellénistiques. Elle attire les savants de tous les pays méditerranéens grâce à sa bibliothèque, la plus fournie de l'époque en manuscrits. La dynastie des Ptolémées-Lagides entretient une cour brillante, raffinée, tolérante envers les religions. Elle exerce son autorité sur toute l'Égypte, de la Nubie à l'Euphrate, où elle côtoie l'immense royaume des Séleucides.

Le roi Ptolémée Ier occupe Jérusalem en 320 et déporte des juifs à Alexandrie afin de peupler la nouvelle ville, inaugurant la forte implantation juive qui compose bientôt le quart de la population alexandrine. L'ancien district perse de Juda est intégré au royaume des Ptolémées-Lagides d'Égypte jusqu'en l'an 200. Il lui paie tribut, mais il est relativement prospère et les relations avec les souverains d'Alexandrie ne sont pas perturbées par des conflits marquants. Une ancienne famille d'émigrés, associée au sacerdoce de Jérusalem, les Tobiades, se bâtit même une fortune colossale en tant que collecteur d'impôts pour le compte des Ptolémées et exerce quasiment le pouvoir politique sur Juda. Cependant, il est inévitable que des frictions naissent entre cette famille très intégrée à la cour, qui voudrait faire de Jérusalem une cité hellénistique, et le grand prêtre de la Ville sainte, qui entend exercer sur le peuple une autorité théocratique. Pour les responsables du Temple, la Torah de Moïse doit s'imposer à tous dans la vie civile et religieuse, conformément à la loi promue par Esdras [1], et Israël doit vivre en « communauté sainte » autour du sanctuaire de Yahvé.

C'est à cette époque, vers 250, que des juifs d'Alexandrie traduisent en grec la première partie de la Bible, la Torah. Cette traduction, appelée la Septante, est rendue nécessaire pour cette Diaspora qui ne parle plus ni l'hébreu ni l'araméen, mais elle a été demandée aussi par les autorités politiques, car la Torah est reconnue par les Ptolémées comme la législation officielle de la communauté juive. Au cours des siècles suivants, les autres livres de la Bible vont être aussi traduits pour répondre aux besoins des juifs d'Égypte qui, de plus en plus, ne parlent et ne comprennent que le grec. Mais on devine que l'intégration de Juda dans ce royaume marqué par la culture hellénistique ne peut manquer d'avoir influencé progressivement les mentalités des juifs résidant en Judée. Cependant, les Syriens qui conquièrent le pouvoir sur la Palestine vont imposer de force cette culture à la Judée, provoquant la révolte du peuple juif sous la conduite des Maccabées.

La littérature biblique

De 333 aux combats des Maccabées en 167, les chercheurs datent quatre livres bibliques. Deux ont été écrits et conservés en hébreu (Chroniques et Qohélet), mais dans une langue où apparaissent des mots araméens. Deux autres ne sont connus qu'en grec, bien que l'on soupçonne qu'ils aient d'abord été écrits en hébreu (Siracide et Tobit).

1. Voir quatrième partie, chapitre 1, p. 457.

Les livres des Chroniques : une autre interprétation de l'histoire des rois d'Israël

L'interprétation de l'histoire des rois d'Israël telle qu'elle a été donnée par les livres de Samuel et des Rois [2] est-elle la seule possible ? La politique désastreuse des monarques, qui a conduit le pays à la ruine, oblitère-t-elle totalement cette longue période de cinq siècles au point que l'on ne devrait en retenir que les péchés du peuple et surtout des souverains ? C'est contre cette présentation de l'histoire que réagit l'auteur anonyme des livres des Chroniques, dont la rédaction est située par l'ensemble des historiens à la fin de la période perse ou au début de l'époque hellénistique, donc vers 330.

Cet auteur connaît les événements rapportés par le Pentateuque depuis la création du monde jusqu'à l'installation d'Israël. Mais il n'en rapporte pas le détail. Pour évoquer ces millénaires qui précèdent la naissance d'Israël et les siècles qui suivent la vocation d'Abraham, il condense tout ce temps dans une série de généalogies (chapitres 1 à 9) assez fastidieuses pour nous mais qui avaient, pour l'époque, l'intérêt de souligner la constance de l'action de Dieu sur Israël et sur les États voisins. Nous reconnaissons là aussi l'intérêt des milieux sacerdotaux pour les classifications, le rattachement des hommes et des peuples à des origines bien précises afin d'éviter des mélanges de « races » souvent sources d'impuretés rituelles, de déviations morales et religieuses.

En réalité, pour l'auteur, la véritable histoire commence (chapitre 11) avec la prise de Jérusalem par David en 1000, où il établit sa capitale et, surtout, choisit d'installer le Temple. En effet, c'est l'action des souverains en faveur ou au détriment du Temple qui importe dans cet ouvrage. Aussi, parfois à l'opposé des écrits de ses prédécesseurs, privilégie-t-il certains monarques, essentiellement David et plus encore Salomon, Josaphat, Ézéchias, Josias [3]. Évidemment, il souligne les interventions des rois pour

2. Voir troisième partie, chapitre 2, p. 371.
3. Voir première partie : pour Ézéchias, chapitre 2, p. 82 ; pour Josias, chapitre 3, p. 93. Voir troisième partie, chapitre 2, pour David, p. 393 ; pour Salomon, p. 408 ; pour Josaphat, p. 418.

favoriser le culte dans le Temple et passe sous silence certains événements, notamment les activités guerrières et les longs récits pittoresques des épisodes rapportés par les livres de Samuel et des Rois[4].

De même, et pour la même raison, en ce qui concerne l'histoire du royaume de Samarie, il ne garde que ce qui est strictement nécessaire à son propos, omettant les hauts faits d'Élie et d'Élisée[5]. Son interprétation de l'histoire explique que, si certains rois ont commis des fautes graves, d'autres (Salomon, Josaphat, Ézéchias, Josias) peuvent être considérés comme grands parce qu'ils ont institué, préservé et même organisé le culte du Dieu d'Israël dans sa demeure. La justification de ces souverains se comprend dans le contexte du retour de l'exil. À cette époque, le Temple constitue le seul garant de l'existence du peuple, puisque la royauté a disparu, sans doute pour toujours selon l'auteur. En tout cas, les espérances d'une restauration de la monarchie, et même de la venue d'un messie, n'entrent guère dans ses perspectives.

Nous ne reprendrons pas l'ensemble de son œuvre, nous nous contenterons de résumer les récits qu'il consacre à David et à Salomon, en soulignant ses vues personnelles les plus significatives.

L'histoire événementielle, après les longues généalogies qui vont d'Adam à David, commence tragiquement par la mort de Saül, auquel l'auteur reproche d'avoir consulté une nécromancienne, la Loi juive interdisant la consultation des morts. Il écarte tout ce qui concerne la jeunesse de David et ses démêlés avec Saül. Aussitôt après la disparition de Saül et de ses fils, « tout Israël », selon une expression chère à ce rédacteur qui répugne à parler de divisions, reconnaît David en tant que roi à Hébron. Le premier acte de David est de conquérir Jérusalem grâce à ses braves. Avec l'assentiment général, il décide aussitôt de faire entrer dans la ville « l'arche de Dieu qui porte le nom de Yahvé siégeant sur les chérubins », laquelle se trouvait à Qiryat-Yéarim après sa capture et sa restitution par les Philistins, comme le raconte le livre de Samuel[6]. La tentative échoue, les prêtres

4. Voir troisième partie, chapitre 2, p. 371.
5. Voir troisième partie, chapitre 2, p. 419.
6. Voir troisième partie, chapitre 2, « L'entrée de l'arche à Jérusalem », p. 396.

n'ayant pas été convoqués. David s'installe à Jérusalem, y bâtit un palais et, après avoir consulté Dieu, mène quelques combats contre les Philistins. Ensuite, il cherche à Jérusalem un lieu pour l'arche et y dresse une tente destinée à l'abriter. Cette fois, il organise le cortège avec des prêtres, des lévites – qui n'existaient pas à cette époque, il s'agit donc d'un anachronisme –, des chantres, des portiers – ces différents ordres qui fonctionnent dans le Temple de Jérusalem depuis le retour de l'exil. L'arche est déposée au centre de la tente et le culte peut commencer.

David communique au prophète Natân son désir d'édifier un temple en l'honneur de Yahvé. Mais Dieu lui fait savoir que c'est lui-même qui construira à David une maison, c'est-à-dire une descendance, et que c'est le fils de David qui construira la demeure de Yahvé. La mission du souverain est de mener des campagnes guerrières contre les voisins ennemis, les Ammonites, les Araméens, les Philistins, afin de pacifier la Terre promise. L'auteur tait l'adultère de David avec Bethsabée, qui se déroule au cours de la guerre contre les Ammonites. En revanche, il considère que le recensement de la population [7] qu'ordonne David est une grande faute : seul Yahvé a le droit de compter un à un les membres de son peuple. Ce recensement a été effectué à l'instigation de Satan – qui, à partir du retour de l'exil, endosse le rôle de responsable individuel du mal dans le monde. Aussi, Yahvé punit David en demandant à Satan de faire venir la peste sur le pays. Pour arrêter cette calamité, David doit ériger un autel sur l'aire à battre le blé d'un certain Ornân. Le roi achète ce terrain à prix d'or, y dresse l'autel, y offre des holocaustes qui apaisent la colère divine. Yahvé lui révèle alors qu'à cet endroit devront être réalisés :

> la maison de Yahvé et le lieu de l'autel pour les holocaustes d'Israël (1 Ch 22, 1).

Pourquoi David ne peut-il bâtir lui-même le Temple ? Aux yeux de l'auteur, c'est moins à cause de ses fautes que parce qu'il fut un homme de guerres et qu'il versa beaucoup de sang. Pourtant, grâce à ses victoires, il apporta au peuple la paix dont profita ensuite son fils Salomon, nom qui en

7. Voir troisième partie, chapitre 2, p. 404.

hébreu signifie précisément « le Pacifique ». Néanmoins, David est encouragé par Dieu à rassembler en grandes quantités les matériaux nécessaires à la construction, les bois, les pierres, les métaux précieux. Il en trace même le plan dans ses moindres détails. Son jeune fils n'a plus qu'à mener le projet à son terme.

En réalité, David est surtout chargé de l'organisation des officiants du culte. Les prêtres, fils d'Aaron, qui peuvent entrer dans le Temple, les lévites qui les assistent dans la préparation des offrandes et dans les assemblées de prières, les chantres qui soutiennent le chant avec leurs lyres, cithares et cymbales, les portiers qui contrôlent les entrées, et d'autres fonctions encore.

David adresse alors à Yahvé une ultime action de grâces pour tous ses bienfaits. Puis, après un grand repas sacrificiel, le peuple entier ratifie le choix du souverain : Salomon sera le roi de toutes les tribus d'Israël, qui lui seront soumises. Après quarante ans de règne, David peut mourir sans avoir connu les conflits que ses enfants se livrent pour sa succession, ni les infirmités du grand âge :

> David mourut dans une heureuse vieillesse, rassasié de jours, de richesses et de gloire, et Salomon, son fils, régna à sa place (1 Ch 29, 28).

Le second livre des Chroniques débute avec l'accession au trône de Salomon. Il gouverne le pays durant quarante années fastueuses, aucune ombre n'obscurcit cette période. À peine est-il mentionné qu'il épouse une fille de Pharaon. La première phrase donne le ton :

> Yahvé, son Dieu, fut avec lui et il l'éleva très haut (2 Ch 1, 1).

Le premier soin du roi est de se rendre à Gabaôn, un sanctuaire qui abrite encore la Tente de la Réunion qui servit au désert et dans laquelle se trouvait l'arche d'alliance installée à Jérusalem par David. Dieu lui apparaît et promet de lui accorder tout ce qu'il souhaite. Salomon exprime son désir de recevoir la sagesse et le savoir qui lui permettront de bien régner. Dieu lui répond qu'il lui offre en plus richesse, trésors et gloire. Le monarque entame alors la construction du Temple, fait appel à Hiram, roi de Tyr, pour qu'il lui envoie un spécialiste capable de travailler les matériaux nécessaires (or, argent, bronze, fer) et de couper des bois précieux (cèdres, cyprès, santal) qui arrivent par mer jusqu'à Jaffa et qui sont acheminés à Jérusalem.

Le chantier terminé, Salomon convoque Israël afin de faire monter l'arche depuis la cité de David jusqu'au Temple. Les prêtres et les lévites la portent et la déposent dans le Saint des Saints, sous les ailes déployées des chérubins. Alors la maison de Yahvé se remplit de la nuée. Salomon rend grâces à Dieu pour tout ce qu'il a fait en faveur des Israélites et de David :

> À présent, Dieu d'Israël, garde en faveur de David, mon père, la parole que tu lui as dite : « Quelqu'un des tiens ne manquera jamais de siéger devant moi sur le trône d'Israël, pourvu que tes fils veillent sur leur conduite en marchant selon ma Loi, comme tu as marché devant moi. » À présent, Dieu d'Israël, que se vérifie la parole que tu as dite à ton serviteur David ! (8, 16-17).

Salomon intercède auprès de Dieu pour qu'il veille sur Israël, si le peuple est en proie au malheur, s'il part en guerre, surtout s'il a péché et qu'il est envoyé en exil en châtiment de ses fautes. En réponse, le feu descend des cieux, dévore l'holocauste et les sacrifices. Alors, la Gloire de Yahvé remplit le Temple. La fête de la dédicace dure huit jours. Salomon, joyeux et le cœur content, renvoie le peuple « à ses tentes », c'est-à-dire « chez eux ».

Yahvé apparaît au roi une seconde fois. Il lui renouvelle la promesse faite à David de maintenir sa descendance sur son trône. Mais il menace : si les Israélites se prosternent devant d'autres dieux, il les arrachera à cette terre et détruira le Temple.

Désormais, Salomon peut se consacrer à la fortification et à l'agrandissement des villes du royaume. Il reçoit la visite de la reine de Saba venue rendre hommage à sa sagesse et à sa richesse. De fait, Israël se couvre d'or, d'ivoire. Ses bateaux sillonnent les mers et ramènent des trésors du monde entier :

> Il devient le plus grand de tous les rois de la terre par la richesse et la sagesse. Tous les rois de la terre cherchent à voir Salomon afin d'écouter la sagesse que Dieu avait mise dans son cœur (9, 22-23).

Le schisme qui, en 931, divise Israël en deux royaumes n'est pas pour le Chroniste la conséquence des erreurs de Salomon, mais le résultat de la volonté divine. Le royaume du Nord, voué au culte du veau de Béthel, ne l'intéresse guère et il n'est pas fait mention de la destruction de Samarie. Seul compte Juda, avec Jérusalem et son Temple, symboles de l'Israël selon le cœur de Yahvé. Alors que les livres de Samuel et des Rois ont jugé les rois d'après leur piété, mais aussi d'après leur politique et leurs alliances, l'action des souverains est ici mesurée uniquement à partir de leur attachement au Temple, et leurs infidélités à la pureté du culte sont immédiatement châtiées.

Parmi ces personnages émerge la figure d'Ézéchias [8] qui, après le règne de l'impie Achaz, purifie Jérusalem et Juda de toutes les idoles, restaure le culte du Temple dans toute sa splendeur, organise la célébration de la Pâque. De plus, face à l'armée du roi Sennachérib qui vient assiéger Jérusalem, il s'en remet totalement à Dieu, selon l'enseignement du prophète Isaïe, et ne fait pas appel à l'aide d'autres pays. Son descendant Josias [9] mérite aussi l'estime de l'auteur, mais le pays sombre ensuite dans la corruption. Les prêtres souillent le Temple en imitant l'idolâtrie des nations païennes, ils n'écoutent pas les avertissements des prophètes, jusqu'à ce que la fureur de Yahvé atteigne un point de non-retour. Aussi leur envoie-t-il le roi des Chaldéens (autre nom des Babyloniens), qui pille les trésors du Temple, incendie la maison de Dieu, déporte ceux qui n'ont pas été tués et les réduit en esclavage jusqu'à l'avènement des Perses :

> Ainsi fut accomplie la parole de Yahvé transmise par la bouche de Jérémie : « Jusqu'à ce que le pays ait accompli ses sabbats, qu'il ait pratiqué le sabbat pendant tous ses jours de désolation, pour un total de soixante-dix ans » (2 Ch 36, 21).

L'épreuve de l'exil est une longue période de pénitence, de renoncement au péché. Au terme de cette épreuve, Cyrus donne l'autorisation de reconstruire le Temple et d'y restaurer le culte. Les livres des Chroniques

---

8. Voir première partie, chapitre 2, « Sous le règne d'Ézéchias », p. 82.
9. Voir première partie, chapitre 3, p. 93.

se terminent sur cette perspective. Certes, la royauté n'est pas restaurée, malgré la promesse faite à David que sa dynastie occuperait toujours le trône à Jérusalem. Mais le culte de Yahvé est à nouveau assuré dans le Temple, véritable garantie de la protection de Yahvé sur Israël.

Le livre de Qohélet ou l'Ecclésiaste : l'humanisme lucide

Bien qu'attribué à la même période, le livre de Qohélet est différent des Chroniques. Le second est préoccupé d'abord par le culte dans le Temple, le premier est angoissé par la condition et le destin de l'homme. L'auteur se présente comme :

> Qohélet, fils de David, roi à Jérusalem (1, 1).

Qohélet signifie en hébreu « membre de l'assemblée », c'est-à-dire fils d'Israël [10]. Il se dit fils de David pour signifier que sa sagesse, comme celle de Salomon, est le fruit d'une longue expérience nationale et personnelle, car il a vérifié la justesse de ses paroles en observant la vie en général et en réfléchissant sur l'existence. Mais personne ne peut être dupe de cette attribution à Salomon. L'ouvrage est écrit dans un hébreu entaché d'expressions araméennes, ce qui permet de l'attribuer au plus tôt au IVe siècle avant notre ère.

Le judaïsme a hésité à l'introduire dans la liste des livres officiels en raison de son origine tardive, mais plus encore de son contenu très différent des autres livres de sagesse, comme les Proverbes [11] et l'Ecclésiastique abordé plus loin [12]. Autant, en effet, ceux-ci font preuve d'optimisme, autant Qohélet porte un regard pessimiste et désabusé sur l'homme et sur le monde. Rien n'échappe à sa critique : le bonheur, le travail, les richesses, la vie... Tout est vanité *(hebel)*, dit-il au début et à la fin, c'est-à-dire tout est absurde.

---

10. De là vient le titre donné par les Septante, l'Ecclésiaste, c'est-à-dire membre de l'*ecclesia*, « assemblée » en grec.
11. Voir quatrième partie, p. 537.
12. Voir p. 594.

Dieu serait-il à ranger parmi ces vanités, ces absurdités ? Qohélet s'en garde, mais il a remarqué que, dans ce monde où il constate que tout est relatif, Dieu, qu'il ne nomme jamais Yahvé, est pour le moins imprévisible autant qu'incompréhensible dans sa manière de conduire les hommes et l'univers. La vie aboutit inexorablement à la mort, que l'on soit riche ou pauvre, juste ou impie. L'histoire n'est qu'une suite de recommencements dans le cercle d'un horizon bouché qui ne s'ouvre pas sur la réalisation du salut, comme l'ont enseigné les prophètes. Pourtant, pour l'auteur, Dieu existe. Selon Qohélet, il est même le seul être stable qui perdure dans ce monde où tout change et se répète. Certes, l'homme ne peut comprendre ce monde irrationnel, cependant il doit accueillir la Création comme un don de Dieu fait précisément à l'homme.

Ainsi, Qohélet enseigne un humanisme de la lucidité sur la condition humaine. Il défend aussi la croyance en une divinité dont on ne peut douter, mais dont l'action reste impénétrable pour l'esprit humain. Peut-être est-il en cela le fils d'une époque, celle de l'arrivée de l'hellénisme, vers 330, lorsque Israël, privé d'avenir politique, se sent ballotté au milieu des tumultes qui le dépassent et qu'il subit. Son Dieu, qui vit en osmose avec lui depuis des siècles, semble s'être retiré dans les lointains de son ciel, mais on ne peut conclure de son silence qu'il n'existe pas. Les propos de Qohélet ont une résonance moderne !

Prologue

En une phrase, Qohélet donne la tonalité de son livre :

> Vanité des vanités, dit Qohélet ; vanité des vanités, tout est vanité. Quel profit trouve l'homme à toute la peine qu'il prend sous le soleil ? (1, 1-3).

Rien de nouveau sous le soleil

L'homme est emporté dans le tourbillon qui entraîne le cosmos dans une ronde sans fin. Le progrès n'est pas possible, puisque toute époque ne fait que répéter ce qui a déjà existé :

> Un âge va, un âge vient, mais la terre tient toujours. Le soleil se lève, le soleil se couche, il se hâte vers son lieu et c'est là qu'il se lève. Le vent part au midi, tourne au nord, il tourne, tourne et va, et sur son parcours retourne le

vent. Tous les fleuves coulent vers la mer et la mer n'est pas remplie. Vers l'endroit où coulent les fleuves, c'est par là qu'ils continueront de couler. Toute parole est lassante ! Personne ne peut dire que l'œil n'est pas rassasié de voir, et l'oreille saturée par ce qu'elle a entendu. Ce qui fut, cela sera, ce qui s'est fait se refera, et il n'y a rien de nouveau sous le soleil (1, 4-9).

Un temps pour chaque chose

Apparemment, le travail de l'homme est inutile, puisqu'il faut sans cesse réaliser le contraire de ce qu'on vient de faire. Mais c'est là le destin de l'homme sur cette terre où tout se répète, car demain il faudra reprendre à nouveau l'œuvre qui a été détruite la veille :

Il y a un moment pour tout et un temps pour toute chose sous le ciel.

Un temps pour enfanter, et un temps pour mourir ; un temps pour planter, et un temps pour arracher le plant.

Un temps pour tuer, et un temps pour guérir ; un temps pour détruire, et un temps pour bâtir.

Un temps pour pleurer, et un temps pour rire ; un temps pour gémir, et un temps pour danser.

Un temps pour lancer des pierres, et un temps pour en ramasser ; un temps pour embrasser, et un temps pour s'abstenir d'embrassements.

Un temps pour chercher, et un temps pour perdre ; un temps pour garder, et un temps pour jeter.

Un temps pour déchirer, et un temps pour coudre ; un temps pour se taire, et un temps pour parler.

Un temps pour aimer, et un temps pour haïr ; un temps pour la guerre, et un temps pour la paix.

Quel profit celui qui travaille trouve-t-il à la peine qu'il prend ? (3, 1-9).

Se conformer à l'action de Dieu

Qohélet livre sa conception de la relation de la divinité avec l'homme. La volonté de Dieu sur l'homme est incompréhensible, mais c'est dans l'accomplissement de son humble destin que celui-ci comprend ce que Dieu attend de lui :

Je regarde la tâche que Dieu donne aux enfants des hommes : tout ce qu'il fait convient en son temps. Il a mis dans leur cœur l'ensemble du temps, mais sans que l'homme puisse saisir ce que Dieu fait, du commencement à la fin. Et je sais qu'il n'y a pas de bonheur pour l'homme, sinon dans le plaisir et le bien-être durant sa vie. Et si un homme mange, boit et trouve le bonheur dans son travail, cela est un don de Dieu. Je sais que tout ce que Dieu fait sera pour toujours. À cela il n'y a rien à ajouter, de cela il n'y a rien à retrancher, et Dieu fait en sorte qu'on le craigne (3, 10-14).

Tout nu il est né, tout nu il mourra

Les fruits de son dur travail ne sont pas assurés à l'homme et il serait en droit de se plaindre. Mais le travail est un bonheur en soi, avec les joies de la vie quotidienne :

Il est un tort criant que je vois sous le soleil : la richesse gardée par son possesseur à son propre détriment. Il perd cette richesse dans une mauvaise affaire, il met au monde un fils, il n'a plus rien en main. Comme il était sorti du sein de sa mère, tout nu, il s'en retournera comme il était venu. De son travail il n'a rien retiré qui lui reste en main. Cela aussi est un tort criant qu'il s'en aille comme il était venu : Quel profit reste-t-il d'avoir travaillé pour le vent ? Et puis tous ses jours se passent dans l'obscurité, le deuil, les chagrins nombreux, la maladie et l'irritation. Voici ce que j'ai vu : le bonheur qui convient à l'homme, c'est de manger et de boire, et de trouver le bonheur dans tout le travail qu'il accomplit sous le soleil, tout au long des jours de la vie que Dieu lui donne, car c'est là sa part (5, 12-17).

Un chien vivant vaut mieux qu'un lion mort

La vie est le meilleur bien que l'homme puisse recevoir, et il faut en profiter d'autant plus que la mort est le sort commun des justes et des méchants :

Tous ont un même sort, le juste et le méchant, le bon et le mauvais, le pur et l'impur ; celui qui sacrifie et celui qui ne sacrifie pas ; le bon est comme le pécheur, celui qui prête serment comme celui qui craint de prêter serment. C'est un mal, parmi tout ce qui se fait sous le soleil, qu'il y ait un même sort pour tous. Et le cœur des hommes est plein de méchanceté, la sottise est dans leur cœur durant leur vie et leur fin est chez les morts. Mais il y a de l'espoir pour celui qui fait partie des vivants, et un chien vivant vaut mieux qu'un lion mort. Les vivants savent au moins qu'ils mourront, mais les morts ne savent rien du tout. Il n'y a plus pour eux de salaire, puisque leur souvenir est oublié (9, 2-5).

La poussière retourne à la terre

Qohélet s'adresse à l'adolescent pour qu'il prenne en main le destin que son créateur lui a préparé. Le livre se termine par cette évocation suggestive de la vieillesse comparée à la vie qui s'éteint peu à peu le soir. La comparaison se prolonge dans des évocations symboliques du retour de l'homme vers la poussière dont il est sorti :

> Souviens-toi de ton Créateur aux jours de ton adolescence, avant que viennent les jours mauvais et qu'arrivent les années dont tu diras : « Je ne les aime pas » ; avant que s'obscurcissent le soleil et la lumière, la lune et les étoiles, et que reviennent les nuages après la pluie ; au jour où tremblent les gardiens de la maison, où se courbent les hommes vigoureux, où les femmes, l'une après l'autre, cessent de moudre, où l'obscurité gagne celles qui regardent par la fenêtre. Quand la porte est fermée sur la rue, quand tombe la voix du moulin, quand on se lève à la voix de l'oiseau, quand se taisent toutes les chansons. Quand on redoute la montée et qu'on a des frayeurs en chemin. Et l'amandier est en fleur, et la sauterelle est pesante, et la câpre perd son goût. Tandis que l'homme s'en va vers sa maison d'éternité et les pleureurs tournent déjà dans la rue. Avant que lâche le fil d'argent, que la coupe d'or se brise, que la jarre se casse à la fontaine, que la poulie se rompe au puits, et que la poussière retourne à la terre comme elle en est venue, et le souffle à Dieu qui l'a donné. Vanité des vanités, dit Qohélet, tout est vanité (12, 1-8).

Le livre du Siracide ou l'Ecclésiastique : l'éloge de la tradition

Le livre de Jésus Ben Sira appartient lui aussi au courant de sagesse si prisé en Israël[13]. Contemporain de Qohélet, il s'en distingue profondé-

---

13. Voir quatrième partie, chapitre 4, « Le livre des Proverbes », p. 537. Le nom de l'auteur, Jésus Ben Sira, est connu grâce à l'introduction que rédigea son petit-fils pour la traduction en grec qu'il en fit quelque cinquante ans après la rédaction afin de le diffuser auprès de ceux qui ne connaissaient pas l'hébreu. C'est d'ailleurs cette traduction grecque que nous connaissons et qui figure dans la version des Septante, l'ouvrage n'ayant pas été admis dans la Bible hébraïque : mais plusieurs fragments de l'ouvrage en hébreu ont été découverts, notamment à Qumrân. Le Siracide a été adopté par les Églises chrétiennes sous le nom d'Ecclésiastique, peu plaisant à l'oreille, et au sens un peu péjoratif (professionnel de la religion). Pourtant, il a exercé une grande influence dans l'élaboration de la morale des chrétiens.

ment : autant Qohélet est critique en tout, autant le Siracide apparaît attaché à la tradition de son peuple, qu'il veut valoriser sous tous ses aspects.

Ben Sira appartient à la bourgeoisie de Jérusalem. Homme d'expérience et grand voyageur, il est également influent auprès des milieux sacerdotaux qui dirigent la Ville sainte, surtout depuis la période hellénistique. À travers son texte, l'un des plus longs de la Bible, il veut transmettre, peut-être aux élèves d'une école qu'il a fondée, la quintessence de l'enseignement traditionnel des sages d'Israël. Il écrit apparemment dans un contexte de prospérité économique et de tranquillité religieuse. L'atmosphère que reflète son œuvre est encore celle d'un temps de paix. Elle ne laisse pas deviner les bouleversements que connaîtra bientôt la région, quand, à partir de 200, les Séleucides font peser sur Juda et Jérusalem leur oppression économique et religieuse. Peut-être veut-il précisément affermir les esprits de ses disciples en leur inculquant les valeurs ancestrales, religieuses et culturelles, qui seules peuvent permettre à la communauté sainte de subsister et même de se fortifier dans l'épreuve.

Pour Ben Sira, Israël a reçu en héritage la seule richesse qui compte, la Sagesse divine, qui a établi sa demeure à Sion et qu'il personnifie dans l'un des plus beaux textes de la Bible. Cette Sagesse s'exprime à travers la Torah, qui est la révélation de Dieu. L'homme peut la saisir à travers la Création. Ben Sira contemple la grandeur et la Sagesse de Dieu dans l'œuvre divine, et plus particulièrement dans la vie des grands personnages d'Israël depuis Abraham jusqu'à Néhémie, patriarches, rois, prêtres, prophètes. Il les présente en de magnifiques portraits qui constituent la première histoire complète du peuple élu. Au cœur de ce message retentit l'invitation à la crainte de Dieu, qui n'est cependant pas la peur devant le jugement futur puisque Ben Sira ne croit pas à une survie après la mort. Dieu a instauré entre lui et son peuple une relation d'amour qui doit conduire Israël à la pratique de la Torah.

Pour autant, Ben Sira n'est pas un légaliste. La Torah, qu'il identifie à la Sagesse, est une lumière qui jaillit de Dieu et qui éclaire toute l'existence du peuple et de chacun des juifs pour en faire une communauté, celle des croyants au Dieu unique, dont le devoir est de se préserver des contaminations du syncrétisme. Au cœur de la Torah figure le culte offert à Dieu dans le Temple, dont l'auteur magnifie la splendeur par une description superbe du grand prêtre dans l'exercice de ses fonctions. Mais l'esprit de la Torah doit aussi animer la vie quotidienne des membres de la communauté et Ben Sira en décrit beaucoup d'aspects. D'abord la vie de la famille, fondement de cette communauté : l'honneur dû aux parents, le couple où le mari est le maître, le choix judicieux d'une épouse, les esclaves, le choix des amis, l'attitude à l'égard des pauvres, la tempérance... Bref, la sagesse doit inspirer chaque circonstance de l'existence. En tout, Ben Sira se manifeste comme un traditionaliste soucieux de préserver les valeurs enseignées par la Torah, expression parfaite de la Sagesse divine.

Les racines de la sagesse

La sagesse n'est pas le fruit de la réflexion et de l'expérience, elle vient de Dieu, qui la donne aux hommes :

> Avant toutes choses fut créée la sagesse,
> l'intelligence prudente vient des temps les plus lointains.
> La racine de la sagesse, à qui fut-elle révélée ?
> Ses ressources, qui les connaît ?
> Il n'y a qu'un être sage, très redoutable
> quand il siège sur son trône, c'est le Seigneur.
> C'est lui qui l'a créée, vue et dénombrée,
> qui l'a répandue sur toutes ses œuvres,
> en toute chair selon sa largesse,
> et qui l'a distribuée à ceux qui l'aiment (1, 4-10).

La crainte de Dieu, commencement de la sagesse

Cette crainte n'est pas de la peur, mais du respect et de l'amour, comme celle d'un père qui veut le bonheur de son enfant :

> Le principe de la sagesse, c'est de craindre le Seigneur ;
> en même temps que les fidèles,
> elle est créée dans le sein maternel.
> Parmi les hommes, elle s'est fait un nid, fondation éternelle,
> et à leur race, elle s'attachera fidèlement (1, 14-15).

La conversion nécessaire

Le pécheur ne doit pas se leurrer : si Dieu est miséricordieux, sa colère peut survenir pour châtier. Il est donc impératif de se convertir aux préceptes divins pour éviter le châtiment :

> Ne dis pas : « J'ai péché ! et rien ne m'est arrivé »
> car le Seigneur sait attendre.
> Ne sois pas si assuré du pardon
> que tu entasses péché sur péché.
> Ne dis pas : « Sa miséricorde est grande,
> il me pardonnera la multitude de mes péchés ! »
> car il y a chez lui pitié et colère
> et son courroux s'abat sur les pécheurs (5, 4-6).

La liberté de l'homme

Le Seigneur a le péché en horreur et ne peut être à l'origine du mal. L'homme reste pleinement maître de sa destinée ; il a le choix entre la vie et la mort, comme le montre l'histoire d'Adam et Ève[14] :

> C'est lui qui au commencement a fait l'homme
> et il l'a laissé à son propre conseil.
> Si tu le veux, tu garderas les commandements
> pour rester fidèle à son bon plaisir.
> Devant toi il a mis le feu et l'eau,
> selon ton désir étends la main.
> Devant les hommes sont la vie et la mort,
> à leur gré l'une ou l'autre leur est donnée (15, 14-18).

Le jugement de Dieu

L'homme ne peut échapper au regard divin. Les phénomènes de la nature montrent que Dieu intervient partout :

> Ne dis pas : « Je me cacherai pour échapper au Seigneur ;
> là-haut qui se souviendra de moi ?
> Au milieu de la foule je ne serai pas reconnu,

14. Voir deuxième partie, chapitre 4, p. 324.

qui suis-je dans la création immense ? »
Voici : le ciel, le plus haut des cieux,
l'abîme et la terre sont ébranlés lors de sa visite (16, 19-21).

Invitation à la pénitence

La réconciliation avec Dieu par la pénitence est urgente, car il n'y a pas de vie dans le shéol, donc aucune possibilité de louer Dieu :

Reviens vers le Très-Haut, détourne-toi de l'injustice
et hais vigoureusement l'iniquité.
Car qui louera le Très-Haut dans le shéol,
si les vivants ne lui rendent gloire ?
La louange est inconnue des morts
comme de ceux qui ne sont pas,
celui qui a vie et santé glorifie le Seigneur.
Qu'elle est grande la miséricorde du Seigneur,
son indulgence vers ceux qui se tournent vers lui !
Car l'homme ne peut tout avoir,
puisque le fils d'homme n'est pas immortel.
Quoi de plus lumineux que le soleil ? pourtant il disparaît (17, 26-31).

La Sagesse existe depuis toujours auprès de Dieu

La Sagesse se présente comme une personne et raconte son origine et son histoire. Elle vient de Dieu, elle a collaboré à la Création, elle s'est installée au sein du peuple élu, elle a organisé le culte dans le Temple. À bon droit, elle peut s'identifier à la Torah, qui exprime le dessein que Dieu prévoit pour son peuple et l'univers :

La Sagesse fait son propre éloge,
au milieu de son peuple elle montre sa fierté.
Dans l'assemblée du Très-Haut elle ouvre la bouche,
devant la Puissance elle montre sa fierté.
« Je suis issue de la bouche du Très-Haut
et comme une vapeur j'ai couvert la terre.
J'ai habité dans les cieux
et mon trône était une colonne de nuée.

Seule j'ai fait le tour du cercle des cieux,
j'ai parcouru la profondeur des abîmes.
Dans les flots de la mer, sur toute la terre,
chez tous les peuples et toutes les nations, j'ai régné.
Parmi eux tous j'ai cherché le repos,
j'ai cherché en quel territoire m'installer.
Alors le créateur de l'univers m'a donné un ordre,
celui qui m'a créée m'a fait dresser ma tente.
Il m'a dit : "Installe-toi en Jacob,
entre dans l'héritage d'Israël."
Avant les siècles, dès le commencement il m'a créée,
éternellement je subsisterai.
Dans la Tente sainte, en sa présence, j'ai officié ;
c'est ainsi qu'en Sion je me suis établie,
et que dans la cité bien-aimée j'ai trouvé mon repos,
qu'en Jérusalem j'exerce mon pouvoir.
Je me suis enracinée chez un peuple plein de gloire,
dans le domaine du Seigneur, en son patrimoine.
J'y ai grandi comme le cèdre du Liban » (24, 1-13) [15].

L'auteur ajoute une conclusion à son poème, qui identifie explicitement la Sagesse divine à la Loi, ou Torah, révélée à Israël :

Tout cela n'est autre que le livre de l'alliance du Dieu Très-Haut, la Loi promulguée par Moïse, laissée en héritage aux assemblées de Jacob (24, 23).

La religion sincère

Ben Sira aime la liturgie du Temple, mais la vraie religion impose aussi un comportement moral, notamment à l'égard des pauvres, comme l'ont enseigné les prophètes :

15. En cette présence éternelle de la Sagesse auprès de Dieu, la foi chrétienne verra l'annonce de l'existence du Verbe, Fils de Dieu, auprès de son Père, comme l'exprimera le prologue de Jean : « Au commencement était le Verbe, et le Verbe était avec Dieu, et le Verbe était Dieu. il était au commencement avec Dieu. Tout fut par lui, et sans lui rien ne fut » (1, 1-3).

Offrir en sacrifice un bien mal acquis, c'est se moquer,
les dons des méchants ne sont pas agréables.
Le Très-Haut n'agrée pas les offrandes des impies,
ce n'est pas pour l'abondance des victimes qu'il pardonne les péchés.
C'est immoler le fils en présence de son père
que d'offrir un sacrifice avec les biens des pauvres.
Une maigre nourriture, c'est la vie des pauvres,
les en priver, c'est commettre un meurtre.
C'est tuer son prochain que de lui ôter la subsistance,
c'est répandre le sang que de priver le salarié de son dû (34, 18-22).

La Sagesse dans la vie quotidienne

– *Devoirs envers les parents.* La famille est la cellule de base de la communauté ; le respect des parents, l'un des commandements de Dieu, en est le fondement (Ex 20, 12) :

Celui qui honore son père trouvera de la joie dans ses enfants,
au jour de sa prière il sera exaucé.
Celui qui glorifie son père verra de longs jours,
celui qui obéit au Seigneur donne satisfaction à sa mère.
Il sert ses parents comme son Seigneur (3, 5-6).

– *L'obligation de l'aumône.* Celui qui se fait attentif à la misère de son prochain s'attire la bienveillance du Seigneur :

L'eau éteint les flammes, l'aumône remet les péchés.
Qui répond par des bienfaits prépare l'avenir,
au jour de sa chute il trouvera un soutien (3, 30-31).

Éloge de l'amitié

L'amitié nouée dans une crainte commune de Dieu crée une unité qui permet de surmonter les épreuves :

Un ami fidèle est un baume de vie,
le trouveront ceux qui craignent le Seigneur.
Qui craint le Seigneur se fait de vrais amis,
car tel on est, tel est l'ami qu'on a (6, 15-17).

Le bon gouvernement

Ben Sira juge avec lucidité gouvernants et gouvernés et enseigne les responsabilités des uns et des autres :

Le sage gouvernant tient son peuple dans la discipline
et l'autorité d'un homme sensé est bien établie.
Tel le gouvernant et tels ses subordonnés ;
tel celui qui régit la ville et tels les habitants.
Un roi sans instruction est la ruine de son peuple,
une ville doit sa prospérité à l'intelligence des chefs.
Aux mains du Seigneur est le gouvernement du monde ;
il suscite au bon moment le chef qui convient (10, 1-4).

Les richesses passent avec la vie

Ben Sira ne connaît pas encore l'espérance de la vie éternelle et c'est dans l'horizon de son existence de mortel que l'homme doit accueillir avec joie les biens que Dieu lui accorde ici-bas :

Mon fils, si tu as de quoi, traite-toi bien,
et présente au Seigneur les offrandes qu'il demande.
N'oublie pas que la mort ne tardera pas
et que le pacte du shéol ne t'a pas été révélé.
Avant de mourir fais du bien à tes amis
et selon tes moyens sois libéral.
Ne te refuse pas le bonheur présent,
ne laisse rien échapper d'un légitime désir (14, 11-14).

La mauvaise et la bonne épouse

Ben Sira oppose deux types d'épouse. La mauvaise épouse cause la ruine de la famille par sa méchanceté, comme Ève autrefois (Gn 3) a entraîné l'humanité à la mort [16] :

C'est par la femme que le péché a commencé
et c'est à cause d'elle que tous nous mourons.

16. Voir deuxième partie, chapitre 4, p. 325.

Ne donne pas à l'eau un passage,
ni à la femme méchante la liberté de parler.
Si elle n'obéit pas au doigt et à l'œil, sépare-toi d'elle (25, 24-26).

La bonne épouse illumine le foyer par sa grâce :

Comme le soleil levant sur les montagnes du Seigneur,
ainsi le charme d'une jolie femme dans une maison bien tenue.
Une lumière brillant sur un lampadaire sacré,
ainsi la beauté d'un visage sur un corps bien planté.
Des colonnes d'or sur une base d'argent,
ainsi de belles jambes sur des talons solides (26, 16-18).

L'éducation des enfants

Ben Sira préconise les rudes méthodes d'éducation de l'époque afin que les enfants restent attachés aux traditions familiales :

Un cheval mal dressé devient rétif,
un enfant laissé à lui-même devient mal élevé.
Cajole ton enfant, il te terrorisera,
joue avec lui, il te fera pleurer.
Ne ris pas avec lui, si tu ne veux pas pleurer avec lui,
tu finiras par grincer des dents.
Ne lui laisse pas de liberté pendant sa jeunesse,
et ne ferme pas les yeux sur ses sottises (30, 8-11).

Les ancêtres d'Israël

L'auteur présente une suite de portraits des grands hommes de l'histoire d'Israël en se fondant sur les traditions contenues dans la Torah. En voici deux.

– *Abraham*

Abraham, ancêtre célèbre d'une multitude de nations,
nul ne lui fut égal en gloire.
Il observa la Loi du Très-Haut et fit une alliance avec lui.
Dans sa chair il établit cette alliance
et au jour de l'épreuve il fut trouvé fidèle.
C'est pourquoi Dieu lui promit par serment

de bénir toutes les nations en sa descendance,
de le multiplier comme la poussière de la terre
et d'exalter sa postérité comme les étoiles,
de leur donner le pays en héritage, d'une mer à l'autre,
depuis le Fleuve jusqu'aux extrémités de la terre (44, 19-21).

– *Moïse*

Il fit sortir de lui [Jacob] un homme de bien
qui trouva faveur aux yeux de tout le monde,
bien-aimé de Dieu et des hommes, Moïse,
dont la mémoire est en bénédiction.
Il lui accorda une gloire égale à celle des saints
et le rendit puissant pour la terreur des ennemis.
Par la parole de Moïse il fit cesser les prodiges
et il le glorifia en présence des rois ;
il lui donna les commandements pour son peuple
et lui fit voir quelque chose de sa gloire.
Dans la fidélité et la douceur il le sanctifia,
il le choisit parmi tous les vivants ;
il lui fit entendre sa voix
et l'introduisit dans les ténèbres ;
il lui donna face à face les commandements,
une loi de vie et d'intelligence,
pour enseigner à Jacob les prescriptions
et ses décrets à Israël (45, 1-5).

La magnificence du grand prêtre Simon

La série des portraits d'ancêtres se prolonge par l'éloge du grand prêtre Simon, mort vers 195, que l'auteur semble avoir connu dans sa jeunesse. Après avoir rappelé ce qu'il a fait pour embellir la ville et le Temple, Ben Sira décrit sa magnificence quand il officiait, en présence du peuple entier, le jour de la fête du Grand Pardon [17] (Lv 16) :

Qu'il était magnifique, entouré de son peuple,
quand il sortait de derrière le voile,

17. Voir quatrième partie, « La vie de la communauté sainte », p. 473.

comme l'étoile du matin au milieu des nuages,
comme la lune en son plein,
comme le soleil resplendissant sur le Temple du Très-Haut (50, 5-7).

« Quand il prenait sa robe d'apparat
et se revêtait de ses superbes ornements,
quand il gravissait l'autel sacré
et remplissait de gloire l'enceinte du sanctuaire ;
quand il recevait des mains des prêtres
les portions du sacrifice,
lui-même debout près du foyer de l'autel,
entouré d'une couronne de frères [...].
Alors les fils d'Aaron poussaient des cris,
sonnaient de leurs trompettes de métal massif
et faisaient entendre un son puissant,
comme un mémorial devant le Très-Haut.
Alors, soudain, avec ensemble,
le peuple tombait la face contre terre :
ils adoraient leur Seigneur, le Tout-Puissant.
Les chantres aussi faisaient entendre leurs louanges,
et tout ce bruit formait une douce mélodie.
Et tout le peuple suppliait le Seigneur Très-Haut,
adressait des prières au Miséricordieux,
jusqu'à ce que fût terminé le service du Seigneur,
achevée la cérémonie.
Alors il descendait et élevait les mains
vers toute l'assemblée des fils d'Israël,
pour donner à haute voix la bénédiction du Seigneur
et avoir l'honneur de prononcer son nom.
Alors, pour la deuxième fois, le peuple se prosternait
pour recevoir la bénédiction du Très-Haut (50, 11-21).

La magnificence des cérémonies du Temple explique la souffrance qu'Israël éprouvera bientôt quand la maison de Yahvé sera profanée et le culte interrompu par Antiochus IV Épiphane en 164. Mais, pour quelques années encore, quand Ben Sira écrit son livre, Juda vit en paix et peut pratiquer la Torah, dont l'auteur veut enseigner les préceptes aux jeunes générations. Cependant, la Loi ne s'adresse pas seulement aux juifs vivant dans le pays de Yahvé. Dans la Diaspora aussi, c'est-à-dire les communautés juives dispersées à travers l'empire perse et demain dans le monde grec et romain, elle doit être respectée malgré les difficultés et même les persécutions. L'histoire de deux héros, Tobit et Tobie, l'illustre : leur fidélité leur vaut la bienveillance divine.

Le livre de Tobie et Tobit : Dieu est bienveillant, même pour les gens de la Diaspora

Tobit le père et Tobie le fils sont les deux héros de ce roman écrit en araméen ou en hébreu vers l'an 200 [18]. L'auteur situe l'action en un temps indéterminé, après la prise de Samarie (722 av. J. C.). L'aventure se déroule entre Ninive, l'ancienne capitale de l'Assyrie, où vit Tobit, et, plus à l'Orient, Ecbatane et Rhagès en Médie (la Perse), où se rend Tobie. Les péripéties veulent montrer que Dieu manifeste sa bienveillance, même dans les pays de la Diaspora, aux juifs qui demeurent respectueux des principes de la Loi. Bien qu'il ait pu être écrit en Palestine, en Égypte ou en Mésopotamie, ce texte permet de connaître la vie des communautés juives dispersées à travers les grandes villes au IIe siècle avant notre ère. Implantés depuis 587, ces juifs ont prospéré surtout dans le commerce, et, malgré des périodes de défaveur, sont en général estimés dans les cours royales. Ces communautés entretiennent des relations fréquentes, leurs membres s'entraident, les mariages se font entre enfants d'Israël, au sein de la parenté la plus proche possible. Elles se distinguent de la population autochtone par la foi au Dieu des Pères qui châtie Israël s'il pèche, ou lui prodigue une grande miséricorde s'il se montre fidèle.

Cette bienveillance se manifeste par la grande proximité que Yahvé entretient avec les siens. Elle se concrétise ici par la descente de l'ange

18. Le livre n'a pas été retenu par la Bible hébraïque, mais il figure dans la version des Septante. Il n'est d'ailleurs connu dans son entier que par sa traduction grecque sous deux formes, mais plusieurs fragments en hébreu et en araméen ont été découverts dans une grotte de Qumrân. Beaucoup de Bibles protestantes n'acceptaient pas cet ouvrage jusqu'à récemment.

Raphaël d'auprès de Dieu, pour guérir Sarra et Tobit en réponse à leurs prières. Les membres de la Diaspora ne pouvant offrir des offrandes au Temple de Jérusalem, leur attachement à la religion d'Israël s'exprime donc par la pratique de la Torah, le refus des aliments impurs, le jeûne, l'aumône. Les juifs résidant dans la même ville entretiennent entre eux des liens réguliers et leur communauté est en relation avec d'autres compatriotes vivant dans des contrées lointaines. Les familles séparées, même par de longues distances, ne se perdent pas de vue. Car la famille est l'institution fondamentale du judaïsme dans la Diaspora, elle est fondée sur l'amour mutuel des époux dans le cadre du mariage monogame, l'affection des enfants, la conservation du patrimoine qui amène à marier les enfants parmi la parenté proche. On leur apprend la piété pour le véritable Dieu, le respect des parents, mais aussi l'aumône envers les pauvres et le soin des morts, l'obligation de gagner sa vie à la sueur de son front dans le pays où l'on réside, où l'on peut en général mener une existence heureuse, en paix avec les autorités, dans le respect de la Torah.

Le livre de Tobie (c'est ainsi que cet ouvrage est désigné traditionnellement) reflète cette atmosphère des communautés de la Diaspora. En véritable romancier, l'auteur multiplie les péripéties, ménage le suspens jusqu'au dénouement. Mais son imagination créatrice n'oublie jamais de suggérer la leçon édifiante que son lecteur doit retenir. Au début du récit, Tobit raconte son histoire à la première personne, puis il cède bientôt la parole à un narrateur.

L'installation d'un exilé dans la Diaspora

Tobit est arrivé en exil à Ninive il y a bien des années, après la conquête par les Assyriens du royaume de Samarie, dont il est originaire. Il s'y établit avec sa femme Anna, qui lui donne un fils, Tobie. Autrefois, quand il vivait en terre d'Israël (mais cela ferait des siècles !), il était fidèle à l'égard des obligations du culte dans le Temple de Jérusalem. En exil, il se conforme scrupuleusement aux interdits alimentaires édictés par la Torah et fait l'aumône à ses frères miséreux. Aussi Dieu lui a-t-il fait gagner la faveur du roi et il est devenu un riche marchand, et même une sorte de ministre du Commerce, que les affaires conduisent jusqu'à Rhagès dans la lointaine

Médie, où il possède des entrepôts. Malheureusement, les aléas de la politique lui ferment ces marchés. Les persécutions que subissent alors les fils d'Israël ne le détournent pas de son devoir d'ensevelir les cadavres des exécutés, au risque de sa vie. Ce courage vaut à Tobit de connaître la défaveur royale, sa femme et son fils lui sont enlevés pendant un temps. Mais, grâce à son neveu Ahikar, toujours bien en cour, il retrouve l'estime du souverain.

Un jour qu'il mange en famille, il envoie Tobie inviter un pauvre à sa table. Son fils lui apprend que, devant sa maison, gît le cadavre d'un Israélite qui vient d'être assassiné. Interrompant son repas, Tobit sort pour ensevelir le corps du malheureux, comme le prescrit la Loi. Mais, apparemment, il en est mal récompensé par Dieu, car pendant qu'il fait la sieste à l'ombre d'un mur, un oiseau laisse tomber sa fiente sur son œil, le rendant aveugle. Son épouse doit prendre le métier de fileuse comme une simple ouvrière et, ainsi que naguère la femme de Job [19], elle ne manque pas de se moquer de l'obéissance de son mari à la Loi, puisque ce respect ne lui vaut guère les bonnes grâces divines. Tobit se lamente auprès de Dieu et, au contraire de Job, confesse son péché et son appartenance à un peuple pécheur – car l'homme n'est jamais totalement pur devant la sainteté de Dieu. Il en vient à souhaiter la mort :

> « Je veux être délivré de la terre
> et redevenir terre.
> Car la mort vaut mieux pour moi que la vie » (2, 6).

Une femme possédée par le démon

Au même moment, à des semaines de marche de Ninive, à Ecbatane, en Médie, une juive nommée Sarra prie aussi le Seigneur de la délivrer de la terrible malédiction qui pèse sur elle. Sept fois elle a été mariée, et chaque fois, le soir des noces, un démon nommé Asmodée a tué son mari. Un jour, sa servante l'insulte, l'accusant d'être coupable de ces assassinats. Sarra, décidée à se pendre pour en finir avec cette malédiction, monte dans la chambre de son père et prie :

19. Voir quatrième partie, chapitre 4, « Job : le problème du mal », p. 516.

« J'ai perdu sept maris,
pourquoi devrai-je vivre encore ? » (2, 15).

Le Seigneur écoute les prières du vieux Tobit et de la jeune Sarra, et décide d'envoyer l'ange Raphaël pour les guérir.

La décision du voyage

Dans sa situation misérable, Tobit se rappelle qu'il a laissé en dépôt de l'argent chez un certain Gabaël, à Rhagès, en Médie. Il en informe son fils Tobie et lui demande de partir là-bas pour recouvrer son bien. Mais, auparavant, il lui prodigue des recommandations morales qui lui serviront pour le voyage et pour toute sa vie (le respect des parents et particulièrement de sa mère, le devoir de l'aumône, le mariage avec une fille d'Israël et non avec une étrangère, le recours au conseil des sages, la nécessaire reconnaissance des bienfaits du Seigneur).

Tobit lui indique que Gabaël et lui ont échangé leurs signatures sur un billet dont chacun conserve une moitié, et lui confie la sienne. Il lui conseille de se trouver un compagnon de confiance pour un périple aussi long et dangereux. Tobie, en sortant de la maison, rencontre un jeune homme, Azarias (en réalité, il s'agit de l'ange Raphaël), qui a fait plusieurs fois le chemin vers la Médie. Tobie le présente à son père, qui découvre même qu'ils sont parents ! Ils conviennent d'un salaire journalier et Azarias s'engage à ramener Tobie auprès de sa famille. Les deux jeunes gens prennent la route, suivis du chien de la maisonnée. Le premier soir, ils campent au bord du Tigre. Tobie veut se baigner, lorsqu'un gros poisson saute sur lui et cherche à lui mordre le pied. Azarias-Raphaël lui commande de saisir ce poisson et de le tirer sur la rive. Ils le font frire, après avoir pris soin de réserver le fiel, le cœur et le foie. Raphaël, constatant que Tobie est intrigué, lui explique que l'odeur du cœur et du foie grillés écarte les démons, et que le fiel sert d'onguent pour les yeux.

Les risques de l'amour fou

Après de longs jours de marche, les deux compagnons arrivent en vue d'Ecbatane, en Médie. Raphaël indique à Tobie qu'ils logeront le soir même chez un certain Ragouël, un parent de son père Tobit. Cet homme a une fille unique sur laquelle Tobie peut même faire valoir ses droits pour l'épouser, comme le stipule la Loi de Moïse [20]. Aussi Raphaël se propose-t-il d'intercéder auprès de Ragouël si cette perspective enchante Tobie. Il lui fait un portrait flatteur de la jeune fille : sérieuse, courageuse, gentille et adorée par son père. Mais Tobie a entendu parler de cette parente, il sait qu'elle a eu sept maris et que, chaque fois, le soir des noces, un démon les a tués dès qu'ils voulaient s'approcher d'elle. Raphaël lui rappelle alors le conseil de son père de prendre épouse dans sa famille et lui indique que l'odeur du foie et du cœur du poisson cuits à la braise fera fuir le démon, si, avant de s'unir, Sarra et lui invoquent Dieu.

Il n'en faut pas plus pour que Tobie tombe amoureux, au point de ne plus pouvoir détacher son cœur de sa possible promise. En arrivant à Ecbatane, il prie Raphaël de le conduire directement chez Ragouël qui, au premier coup d'œil, découvre la ressemblance entre Tobie et son père. On prépare une fête, on tue un mouton, on se met à table. Aussitôt, Tobie demande à Raphaël d'intervenir auprès de Ragouël pour qu'il lui donne sa fille. Ragouël reconnaît que le jeune homme a des droits à faire valoir sur Sarra, mais il lui explique franchement ce qui est arrivé aux sept prétendants. Tobie ne veut rien entendre, il souhaite que le mariage soit conclu sur-le-champ. Ragouël, contraint de contenter ce désir fou en vertu de la coutume, lui accorde la main de Sarra :

> « Je te la confie, c'est la Loi et la décision écrite dans le livre de Moïse qui te l'attribuent pour femme. Prends-la, emmène-la chez ton père en bonne conscience » (7, 11).

Le contrat de mariage est rédigé en bonne et due forme. Après le festin, Tobie est conduit dans la chambre nuptiale avec son épouse. Quand la porte se referme sur eux, il sort de son sac le cœur et le foie du poisson et les fait griller. Comme prévu, Asmodée, incommodé par l'odeur, s'enfuit jusqu'en Égypte, où l'ange Raphaël le poursuit et le ligote définitivement ! Puis Tobie et Sarra se mettent en prière selon la recommandation de Raphaël :

20. Voir plus haut, chapitre 1, « Ruth : une étrangère, aïeule du Messie », p. 576.

« Tu es béni, Dieu de nos pères,
et ton Nom est béni
dans tous les siècles des siècles.
C'est toi qui as créé Adam,
c'est toi qui as créé Ève sa femme
pour être son secours et son appui,
et la race humaine est née de ces deux-là » (8, 5-6).

« Et ils dirent de concert : « Amen ! Amen ! » Et ils se couchèrent pour la nuit (8, 8).

Mais Ragouël n'est pas rassuré pour autant. Par précaution, il demande à ses serviteurs de creuser une tombe pour enterrer Tobie en cachette. Une servante, dépêchée pour jeter un coup d'œil dans la chambre, trouve les nouveaux époux dormant d'un profond sommeil. Ragouël fait combler la fosse avant le petit jour.

La guérison du vieux père

Les fêtes de la noce peuvent commencer. Mais Tobie n'oublie pas le but de son voyage : récupérer l'argent que son père a laissé en dépôt chez Gabaël, à Rhagès. Il y dépêche Raphaël muni du reçu. Gabaël ne fait aucune difficulté pour lui remettre l'argent. Bien mieux, apprenant que Tobie fête ses noces, il se met en route avec Raphaël pour y participer et bénir le fils de son ami.

À Ninive, Tobit et Anna trouvent le temps long, leur fils devrait être de retour. Anna le voit déjà mort, Tobit cherche à la tranquilliser. Aucune parole ne la rassure et, toute la journée, elle surveille la route par laquelle son enfant est parti. Quand les réjouissances sont terminées, Ragouël consent à laisser partir les deux époux avec la moitié de ses biens, en attendant de leur donner l'autre moitié à sa mort. Tobie bénit le Seigneur du ciel et de la terre et Roi de l'univers. Tobie, Sarra et Raphaël, suivis du chien qui les a accompagnés, prennent la direction de Ninive. Leur silhouette est encore bien floue à l'horizon lorsque Anna reconnaît son fils. Le vieux Tobit réussit en trébuchant à venir au-devant de lui, jusqu'à l'entrée de la cour. Tobie lui rend compte du succès de sa démarche auprès de Gabaël.

Il prend ensuite le fiel du poisson et l'applique sur les yeux de son père. Il ôte une petite peau au coin des yeux du malade, qui tombe à son cou et s'écrie :

> « Je te vois, mon fils, lumière de mes yeux ! » Et il bénit Dieu « parce qu'il m'avait frappé, et qu'il a eu pitié de moi » (11, 14).

« Ne vous lassez pas de remercier le Seigneur »

Cependant, Sarra est restée à l'entrée de Ninive. Le vieux Tobit part à sa rencontre et, à le voir marcher sans guide, les Ninivites sont émerveillés. Il bénit sa belle-fille et lui souhaite la bienvenue. Et la fête bat son plein. Reste à régler le salaire du compagnon. Le père et le fils conviennent que la moitié de ce qu'ils ont rapporté n'est pas un salaire suffisant. Mais Raphaël refuse toute rémunération, demandant de rendre grâces plutôt au Seigneur :

> « Bénissez et chantez son Nom. Faites connaître à tous les hommes les actions de Dieu comme elles le méritent et ne vous lassez pas de le remercier. Il convient de garder le secret du roi, tandis qu'il convient de révéler et de publier les œuvres de Dieu » (12, 6-7).

Il leur recommande aussi de pratiquer l'aumône :

> « Mieux vaut la prière avec le jeûne, et l'aumône avec la justice, que la richesse avec l'iniquité » (12, 8).

Raphaël leur révèle alors sa véritable identité :

> « Je suis Raphaël, l'un des sept Anges qui se tiennent toujours prêts à pénétrer auprès de la Gloire du Seigneur » (12, 15).

Dieu l'a envoyé guérir Tobit et Sarra en réponse à leurs prières et au respect de Tobit pour les morts. Tobit et Tobie sont remplis d'effroi, mais l'ange les rassure :

> « Ne craignez pas, bénissez Dieu. Je vais remonter à Celui qui m'a envoyé. Écrivez tout ce qui est arrivé » (12, 20).

Et il disparaît à leurs yeux. Tobit prononce alors un hymne d'action de grâces :

« Béni soit Dieu qui vit à jamais. Célébrez-le en face des nations, car s'il vous a dispersés parmi les nations, c'est là qu'il vous a montré sa grandeur. Pour moi, je le célèbre sur ma terre d'exil, qu'on le célèbre à Jérusalem, qu'en elle son Temple soit rebâti dans la joie. Les portes de Jérusalem seront bâties de saphir et d'émeraude. Les rues de Jérusalem seront pavées de rubis et de pierres d'Ophir. Toutes les maisons diront : Alléluia ! Béni soit le Dieu d'Israël » (chapitre 13).

Cinquante ans plus tard, Tobit meurt comblé de jours et de biens après avoir continué à pratiquer l'aumône et à louer Dieu pour sa miséricorde.

Conclusion

Les quatre ouvrages bibliques écrits à cette époque, Chroniques, Qohélet, Siracide, Tobie, témoignent chacun, en fonction de leur genre littéraire, de l'affermissement de la religion juive autour de deux institutions fondamentales, le Temple et la Torah. Les Chroniques montrent que quelques rois restés fidèles à la religion dans les siècles de ténèbres ont veillé à préserver la sainteté de la maison de Dieu contre l'envahissement des cultes cananéens. Ben Sira célèbre la splendeur de la maison de Yahvé et la liturgie qui s'y déroule sous la direction du grand prêtre. Mais il témoigne encore plus de la seconde institution, la Torah, expression de la Sagesse éternelle de Dieu. C'est en la pratiquant en toutes circonstances que le peuple juif accomplit sa vocation de peuple élu. Ce respect s'impose à tous les enfants d'Israël, jeunes ou vieux, femmes ou hommes, qu'ils habitent la terre d'Israël ou qu'ils vivent loin de leur patrie, dans la Diaspora, comme l'illustre le livre de Tobie. La Loi est une obligation et la source de la bénédiction divine. Dieu semble ainsi garantir à son peuple fidèle une paix et une prospérité permanentes. Mais Qohélet vient rappeler qu'il n'y a rien de stable dans ce monde, tout est changeant dans l'histoire des hommes et des nations. Les juifs ne peuvent échapper à de nouvelles épreuves qui, une fois encore, vont éprouver la solidité de leur foi en Dieu.

3

Troisième période : la révolte contre l'impérialisme hellénistique (167-63)

Depuis 320, sous la domination des Ptolémées-Lagides, la Judée connaît des années relativement paisibles, les combats entre Lagides d'Alexandrie et Séleucides d'Antioche pour la possession ou la conservation de la Syrie se déroulant plus au nord. La Judée collabore d'autant plus facilement avec les autorités d'Alexandrie que près d'un quart des habitants de la grande cité hellénistique sont juifs.

Sous la domination des Séleucides (200-142)

Lorsque les Séleucides prennent le pouvoir sur la Judée à partir de 200, ils entretiennent d'abord de bons rapports avec les instances juives. Puis, estimant que certaines autorités religieuses s'opposent à l'hellénisation du pays, ils destituent Onias III, le grand prêtre en exercice, et le remplacent par Jason son frère, un homme favorable à l'hellénisme, qui commence à transformer Jérusalem en véritable cité grecque. Puis le roi Séleucide Antiochus IV, dit Épiphane (175-163), impose un autre grand prêtre, Ménélas, encore plus acquis à l'hellénisme, mais qui n'appartient pas à la caste héréditaire des grands prêtres. Cette nomination crée une interruption sacrilège dans la succession des « fils de Sadoq » (qui remonterait à David), et un schisme entre les familles hellénisées et l'ensemble du peuple resté attaché aux lignées sacerdotales légitimes. Les grands prêtres destitués successivement et Ménélas se livrent des combats sanglants. Onias III est assassiné, Jason s'enfuit avec ses partisans après avoir pillé la ville. Antiochus IV Épiphane intervient, mais sa principale préoccupation est financière : il a besoin d'argent pour continuer ses guerres contre l'Égypte et il pille le Temple. En 167, il intervient une seconde fois pour protéger les partisans de l'hellénisation du pays contre les « pieux », qui entendent que la Torah reste la constitution de la Judée. Il interdit le culte juif et dédie le Temple de Jérusalem à Zeus Olympien.

Cette profanation déclenche en 164 une violente révolte des juifs sous la conduite d'un prêtre, Mattathias. Après la mort de celui-ci, la même année, son fils Judas, dit Maccabée, prend la tête du mouvement de résistance, reconquiert et purifie le Temple. Après sa disparition, ses frères Jonathan (160-143) et Simon (143-134) continuent successivement l'œuvre de reconquête nationale. De 142 à 63, le peuple juif recouvre même une indépendance politique, qu'il n'a pas connue depuis 587. Simon est assassiné en 134 et son fils Jean Hyrcan lui succède (134-104). Le fils de ce dernier, Aristobule Ier, se donne le titre de roi en 103. À partir de cette date, la dynastie issue des Maccabées, appelée aussi Hasmonéenne d'après le nom d'un ancêtre, cumule le pouvoir royal et la fonction de grand prêtre, établissant ainsi une sorte de théocratie. Mais des dissensions sanglantes surgissent au sein de la famille. Rome met fin à ces troubles qui risquent de perturber la région, où son pouvoir s'implante peu à peu. Elle envoie le général Pompée et ses légions s'emparer de Jérusalem, mettant ainsi fin à l'indépendance de la Judée en 63 av. J. C.

Aucun livre biblique ne nous donne un récit continu de l'histoire du peuple juif depuis l'arrivée d'Alexandre au Proche-Orient jusqu'à la conquête de Jérusalem par Pompée. Nous sommes renseignés avant tout par l'historien juif Flavius Josèphe (30-100) et son livre *Les antiquités juives* [1].

---

1. Cet ouvrage raconte l'histoire du peuple juif depuis la création du monde jusqu'au début de la grande insurrection contre Rome en 66 ap. J. C. Voir conclusion de cette cinquième partie, p. 646.

Il s'étend longuement (livres 12 à 20) sur cette période, qu'il reconstitue à partir de sources qui ne nous sont pas parvenues. Quand il n'est pas impliqué lui-même dans les événements, son œuvre apparaît digne de foi du point de vue historique. Ses deux autres œuvres, *La guerre juive* et son autobiographie, sont beaucoup plus sujettes à caution, Flavius Josèphe ayant d'abord participé activement à la révolte contre les Romains avant de devenir leur collaborateur...

Dans la Bible, les deux livres des Maccabées [2] rejoignent en partie les renseignements que transmet Flavius Josèphe. Le premier, rédigé sans doute en hébreu au début du Ier siècle et aussitôt traduit en grec, rapporte la période qui va de l'accession au trône d'Antiochus IV Épiphane en 175 à l'arrivée au pouvoir de Jean Hyrcan après l'assassinat de son père Simon. Le second, écrit en hébreu et résumé sensiblement à la même époque, reprend en partie les mêmes faits, mais sous des perspectives différentes, et ne s'intéresse qu'aux années 180 à 161. Nous donnons ici un résumé du premier et quelques extraits importants du second.

Le premier livre des Maccabées

L'épopée de la famille des Maccabées

À sa mort, l'immense empire de l'orgueilleux Alexandre est partagé entre ses officiers, qui « multiplieront les maux sur la terre », dit d'emblée le livre des Maccabées. Parmi eux surgit un « rejeton impie » (Antiochus IV Épiphane), avec lequel pactisent beaucoup de juifs, qui finissent par adopter les mœurs païennes des Grecs. Antiochus s'empare de tous les objets précieux du Temple de Jérusalem. Deux ans plus tard, il revient, massacre des habitants, pille la ville, bâtit à l'intérieur une puissante citadelle, l'Akra

2. Le canon juif n'a pas retenu ces deux ouvrages. Ils sont considérés comme deutérocanoniques par la tradition chrétienne, c'est-à-dire canoniques au deuxième degré ; ils ne figurent pas dans la Bible des protestants, mais ne sont pas rejetés complètement par ceux-ci. Ils sont intégrés dans les Bibles de l'Église catholique, qui les lit dans la liturgie sous le titre de livres des « Martyrs d'Israël ».

(« citadelle », en grec), dans laquelle il place une forte garnison qui y demeure en permanence. Il oblige tous les sujets de son royaume, même en Judée, à se conformer aux prescriptions royales, en sacrifiant aux idoles, en renonçant aux sabbats, aux fêtes et à la circoncision. Dans le Temple, on construit l'abomination de la désolation, un autel dédié à Zeus qui se substitue à celui des holocaustes. Antiochus fait brûler les livres de la Loi, exécuter les femmes qui circoncisent leurs enfants. Plusieurs juifs acceptent de mourir plutôt que de profaner l'alliance sainte (chapitre 1). Alors se lève le prêtre Mattathias...

Avec ses cinq fils, il quitte Jérusalem souillée et humiliée et se retire à Modîn, dans la montagne. Les envoyés d'Antiochus, chargés d'imposer le reniement à la religion juive, l'y retrouvent et veulent le contraindre à louer les dieux païens. Mattathias refuse fièrement, mais un juif s'approche de l'autel pour sacrifier à une divinité païenne, et Mattathias, pris d'une juste colère, l'égorge sur l'autel ainsi que l'officier du roi. « Que tous ceux qui ont le zèle de la Loi me suivent », crie-t-il, et il s'enfuit dans des retraites cachées de la montagne avec ses fils, suivi par de nombreux juifs épris aussi de justice et d'équité. Les troupes royales se lancent aussitôt à leur poursuite et se préparent à les attaquer. C'est sabbat, et quelques juifs préfèrent se faire tuer plutôt que de violer ce rite en combattant. Mais Mattathias décrète que, désormais, ils se défendront même ce jour-là. Le groupe des Assidéens [3] se joint à eux et ils peuvent commencer à purifier Israël des païens et des juifs traîtres.

Judas le Maccabée

Cependant, les jours de Mattathias sont comptés. Après avoir encore encouragé ses fils à s'en tenir fermement à la Loi, il nomme l'un d'eux, Judas, chef de l'armée des révoltés. De fait, Judas, dont le surnom est « Maccabée », que l'on a interprété comme dérivant du mot hébreu signifiant « marteau », et qui désigne désormais toute la famille, défait d'abord

3. Les « hommes pieux » en hébreu, groupe qui donnera plus tard naissance aux pharisiens et aux esséniens.

un fort contingent de Samaritains, ces frères renégats. Puis il doit affronter les soldats du roi de Syrie. La petite troupe de Judas est épouvantée devant la puissance de l'adversaire, mais il les galvanise en leur rappelant que :

> ... la victoire au combat ne tient pas à l'importance de l'armée mais à la force qui vient du ciel (3, 19).

Et il écrase ces redoutables ennemis !

Cependant, Antiochus IV Épiphane, voulant combler à nouveau ses coffres, ordonne à son général Lysias de mater la rébellion de Judée. Lysias envoie une armée colossale sous la conduite de deux généraux, Gorgias et Nikanor. Les juifs se préparent au combat par le jeûne et la prière. Gorgias part de nuit avec un détachement pour les surprendre dans leur retranchement, mais Judas est averti de son arrivée. Avec sa petite troupe, il fond sur le camp ennemi, qui n'a pas le temps de se préparer, et les met en déroute. La formation de Gorgias, constatant la défaite, s'enfuit à son tour, laissant toutes ses richesses aux mains d'Israël. Les juifs louent et bénissent le Ciel, car il est bon et son amour est éternel.

L'année suivante, Lysias en personne, à la tête d'un fort détachement, vient combattre la rébellion, mais il subit aussi un revers sévère. Judas décide alors de purifier le sanctuaire de Jérusalem. Les rebelles détruisent l'autel dédié à Zeus, rebâtissent celui des holocaustes et fêtent la dédicace en décembre 164 [4]. Judas fortifie Sion, mais ne peut pas prendre l'Akra, la forteresse bâtie sur la hauteur de Jérusalem.

Le roi Antiochus IV Épiphane meurt à ce moment, alors qu'il est en campagne en Perse. Son très jeune fils Antiochus V (164-162) lui succède à l'âge de neuf ans. Judas veut profiter des troubles que provoque toute succession pour prendre l'Akra, mais n'y parvient pas. Cependant cette tentative déclenche la colère du nouveau souverain, qui lève une armée immense que viennent appuyer trente-deux éléphants. Le rapport de force est trop en défaveur des juifs, qui rompent le contact. Au cours de cette bataille a lieu l'épisode fameux d'Éléazar qui :

4. L'événement est encore célébré dans la liturgie juive.

> ... se précipite avec audace vers la bête au milieu de la phalange, tuant à droite et à gauche ; il se glissa sous l'éléphant et par en dessous lui porta un coup mortel : il s'écroula sur Éléazar, qui mourut sur place (6, 45).

Antiochus V ne cherche pas à profiter de sa victoire, mais au contraire accorde aux juifs la liberté religieuse. Malheureusement, il est éliminé par son cousin Démétrius Ier (161-150), qui se débarrasse au passage du général Lysias. Judas reprend la lutte, mais il est tué au cours d'un combat. Pour remplacer Judas, les résistants choisissent comme guide et comme chef, Jonathan, son frère.

Jonathan et Simon grands prêtres

La période qui suit la mort de Judas, et qui occupe les chapitres 9 à 19 du premier livre des Maccabées, est une période de grande confusion politique dans la région. Mais la famille des Maccabées va profiter des rivalités entre le roi de Syrie et ses généraux à Antioche pour asseoir son pouvoir politique et militaire en Judée. Jonathan (160-143) reconstitue l'armée juive. Les factions qui divisent le royaume de Syrie recherchent son appui militaire et lui promettent la fonction de grand prêtre. Cette nomination est en dehors de leur pouvoir et, de son côté, Jonathan n'a pas le droit de l'assumer car, bien que de famille sacerdotale, il n'appartient pas à la caste héréditaire des grands prêtres. Ainsi se prépare la crise qui va amener la terrible tragédie : certains contestent, en effet, la légitimité des Hasmonéens à assumer une telle fonction religieuse, d'autres refusent que le pouvoir religieux absorbe le pouvoir politique. Jonathan accepte cependant cette charge de la main du roi de Syrie, car Démétrius II a besoin du soutien des troupes juives. Il accorde aussi à Jonathan des privilèges fiscaux et même de nouveaux territoires situés au-delà de la Judée.

Mais un général syrien, Tryphon, qui veut s'emparer du pouvoir, tend une embuscade à Jonathan et le fait prisonnier. Simon (143-134), le frère de Jonathan, lui succède. Il n'arrive pas à délivrer son frère, qui est tué. Démétrius II élève Simon à la dignité à la fois de grand prêtre et d'ethnarque (gouverneur de province) des juifs. Il reprend la possession de la totalité de Jérusalem et bâtit un palais à la place de la citadelle (Akra). Le pays de

Juda connaît alors une période de paix et de prospérité. Le nouveau roi de Syrie, Antiochus VII, prend ombrage de la puissance de Juda, mais son armée est battue par celle des fils de Simon. Malheureusement, Simon est assassiné par le gouverneur de Jéricho. Son fils, connu sous le nom de Jean Hyrcan, lui succède en tant que grand prêtre et ethnarque en 134. C'est sur cette information que s'achève le premier livre des Maccabées.

Grâce à son habileté militaire et politique, la famille de Mattathias le révolté a réussi à établir dans la ville de David une dynastie qui réunit en un seul homme le pouvoir politique et religieux, conférant au peuple juif une indépendance qu'il n'avait pas connue depuis 587. Elle gardera ce pouvoir jusqu'à l'arrivée des Romains, qui le donneront à Hérode en 37 avant notre ère. Mais toute cette période, depuis l'accession au pouvoir de Jean Hyrcan, ne nous est connue que par l'historien juif Flavius Josèphe [5].

Le second livre des Maccabées

Nous l'avons dit plus haut, le second livre des Maccabées ne continue pas le premier, il porte sur les premières années de la révolte des Maccabées et s'arrête avant la mort de Judas. Il présente des perspectives particulières, il insiste sur l'importance du Temple et le témoignage des martyrs. Deux épisodes célèbres, notamment, ne sont relatés que dans cet ouvrage : le châtiment d'Héliodore dans le Temple [6], et le martyre des sept frères.

Le châtiment d'Héliodore (chapitre 3)

L'événement se situe durant le règne du prédécesseur d'Antiochus IV Épiphane, Séleucus IV. Sous le gouvernement de celui-ci, un juif, un certain Simon, administrateur du Temple, révèle à Apollonius, un général de Séleucus IV, que le Temple contient un trésor fabuleux dont il est facile

5. Voir Épilogue, p. 646, et plus haut, p. 614.
6. La scène est représentée par Raphaël dans une fresque du Vatican.

de s'emparer. Apollonius en informe le roi, qui dépêche son Premier ministre Héliodore à Jérusalem. Héliodore interroge le grand prêtre Onias sur la réalité de ce trésor. On lui répond qu'il n'est pas si important et n'appartient pas au Temple ; il s'agit d'un dépôt des veuves et des orphelins et de la riche famille des Tobiades. Redoutant la voracité d'Héliodore, tous les habitants de Jérusalem se mettent en prière et jeûnent. Mais Héliodore, malgré les supplications du grand prêtre, pénètre dans le Trésor.

Soudain le « Souverain des Esprits » lui apparaît sous la forme d'un cavalier monté sur un cheval qui agresse Héliodore de ses sabots avant, tandis que deux jeunes gens lui assènent des grêles de coups. Héliodore tombe à terre et doit être sorti sur une civière. La foule se met à rendre grâces à Dieu, les officiers d'Héliodore supplient Onias d'intercéder auprès de Dieu pour la santé de leur maître. Pendant qu'Onias offre un sacrifice pour sa guérison, les deux jeunes gens apparaissent de nouveau à Héliodore et lui disent d'aller témoigner auprès du roi de la grande force de Dieu. Ce qu'il fait à son retour, recommandant ironiquement au souverain de choisir la prochaine fois pour une telle mission son pire ennemi !

Le martyre des sept frères et de leur mère (chapitre 7)

Le second livre des Maccabées détaille longuement les persécutions dont sont victimes les juifs sous Antiochus IV Épiphane, qui veut les forcer à renoncer aux pratiques de la Torah. Beaucoup préfèrent la mort à l'apostasie. L'auteur cite d'abord Éléazar (6, 18-31), un docteur de la Loi qui choisit de mourir plutôt que de faire même semblant de manger du porc afin d'avoir la vie sauve. Puis il raconte le martyre d'une famille dont les réponses contiennent des avancées théologiques importantes pour la tradition judéo-chrétienne, notamment sur la résurrection et la Création...

Sept frères sont arrêtés avec leur mère et contraints à manger du porc. Le premier est horriblement torturé, puis placé sur un gril, sous les yeux de sa mère et de ses frères, qui l'exhortent à mourir courageusement. Alors qu'il est martyrisé, le deuxième confesse sa foi en la résurrection en déclarant au souverain :

> Scélérat que tu es, tu nous exclus de la vie présente, mais le Roi du monde, parce que nous serons morts pour ses lois, nous ressuscitera pour une vie éternelle.

Les autres témoignent également de leur foi en la résurrection, ainsi que de leur certitude que Dieu n'a pas abandonné son peuple, mais lui inflige cette épreuve en châtiment de ses péchés. La mère a encouragé chacun de ses enfants à la fidélité à la Loi de Dieu en leur disant :

> Je ne sais comment vous avez apparu dans mes entrailles ; ce n'est pas moi qui vous ai gratifiés de l'esprit de la vie ; ce n'est pas moi qui ai organisé les éléments qui composent chacun de vous. Aussi bien le Créateur du monde, qui a formé le genre humain et qui est à l'origine de toute chose, vous rendra-t-il dans sa miséricorde et l'esprit et la vie, parce que vous vous méprisez maintenant vous-mêmes pour l'amour de ses lois.

Reste le plus jeune. Le roi demande à la mère de le supplier de renier sa foi, mais elle exhorte son fils :

> Je t'en conjure, mon enfant, regarde le ciel et la terre et vois tout ce qui est en eux, et sache que Dieu les a faits de rien et que la race des hommes est faite de la même manière. Ne crains pas ce bourreau, mais, te montrant digne de tes frères, accepte la mort, afin que je te retrouve avec eux dans la miséricorde.

À son tour, le cadet affirme son refus de désobéir à la Loi, annonçant au monarque que Dieu le punira pour ses méfaits, lui le plus infect des hommes. Il est encore plus torturé que ses frères :

> Ainsi trépassa le jeune homme, sans s'être souillé, et avec une parfaite confiance dans le Seigneur. Enfin la mère mourut la dernière, après ses fils.

Le martyre témoigne qu'il vaut mieux perdre la vie plutôt que de transgresser la Torah. Par ailleurs, ce récit montre que l'acceptation du martyre repose sur la foi en une autre vie après la mort, ce qui constitue une grande nouveauté dans le credo d'Israël, puisqu'une telle résurrection était jusqu'alors impensable. Le livre de Daniel développe cette doctrine.

Le livre de Daniel : Dieu conduit l'histoire

La date de la rédaction du livre de Daniel est connue avec précision : octobre 164, quelques semaines après la purification du Temple par Judas Maccabée [7]. L'auteur, anonyme, donne un cadre imaginaire à son ouvrage, le temps qui suit la prise de Jérusalem par Nabuchodonosor. Les récits de la première partie (chapitres 1 à 6) se passent sous son règne, puis sous celui de son fils Balthazar, enfin de Darius le Mède, un roi fictif supposé succéder à la dynastie babylonienne. Ils narrent les aventures de quatre jeunes juifs fidèles à Yahvé, Daniel et ses compagnons, Ananias, Misaël et Azarias. Tous quatre sont condamnés à mort à cause de leur refus d'adorer les idoles, mais Dieu les protège miraculeusement. Bien mieux, à Daniel est accordé le don d'interpréter les visions et les songes que Dieu donne aux monarques, pour les avertir du châtiment qui les menace. Comme Joseph dans le livre de la Genèse [8], le jeune homme confond la sagesse des devins païens et accède à un poste important à la cour.

La seconde partie du livre est composée de visions que reçoit Daniel (chapitres 7 à 12) sous les règnes de Balthazar et de Cyrus. Elles concernent l'histoire des quatre dynasties qui se seraient succédé depuis la prise de Jérusalem en 587 : Chaldéens (Babyloniens), Mèdes (dont l'empire n'a jamais occupé cette région), Perses, Grecs (l'empire d'Alexandre). Pour les successeurs d'Alexandre, il détaille avec une grande exactitude historique les péripéties des conflits entre Lagides d'Égypte et Séleucides d'Antioche jusqu'à la restauration du Temple en 164. Cet événement constitue le dernier

---

7. Voir plus haut, p. 617. Cet ouvrage est donc l'un des plus récents de la Bible, ce qui explique que la Bible hébraïque ait hésité à l'intégrer parmi les textes canoniques. Contrairement à la version des Septante, pour laquelle Daniel fait partie des quatre grands prophètes (avec Isaïe, Jérémie, Ézéchiel), pour la Bible hébraïque il est compté parmi les « Écrits » et placé après Esther. De fait, le livre ne ressemble en rien à un recueil d'oracles prophétiques, mais il n'est pas facile de définir son genre littéraire, parce qu'il est composé dans sa première partie de récits édifiants qui ont pour héros Daniel et ses trois compagnons, et dans sa seconde partie de visions apocalyptiques dont Daniel est le seul à bénéficier.
8. Voir deuxième partie, chapitre 3, « Joseph interprète les songes de Pharaon », p. 309.

point historique de la vision, mais le voyant, guidé par l'ange de Dieu, peut prolonger son regard sur le mystère des temps à venir.

Le rédacteur final a certainement utilisé des sources antérieures, dont une écrite en araméen (chapitres 2 à 7). Cet homme appartient à un cercle de croyants respectueux de la Loi, il a pu approuver la révolte des Maccabées sans toutefois y participer. Pour lui, il est d'abord nécessaire de pratiquer scrupuleusement la Torah, même au risque de perdre la vie, comme le font Daniel et ses compagnons. C'est Dieu qui conduit l'Histoire, les empires croissent, mais un jour ils disparaissent quand Dieu décide de punir leur orgueil. Le peuple juif, lui, même s'il est persécuté pour sa foi, ne peut disparaître s'il reste fidèle à son Dieu au milieu des nations idolâtres.

Les aventures de Daniel et de ses compagnons

Parmi ses captifs juifs, Nabuchodonosor, celui-là qui a pillé le Temple de Jérusalem, demande qu'on lui choisisse quatre beaux jeunes gens. Or, ceux-ci pratiquent les lois alimentaires du judaïsme et rejettent les plats préparés pour la cour. Mais voici que, après un temps de probation, ils sont trouvés plus vigoureux que les autres jeunes. Ainsi commencent les aventures de Daniel et de ses amis (chapitre 1).

La statue à la tête d'or et aux pieds d'argile

Nabuchodonosor a un songe qui le trouble fortement. Les devins qu'il convoque ne peuvent interpréter ce rêve. Daniel, considéré à la cour comme un devin, est également appelé. Il explique que les matériaux de la statue que le roi a vue symbolisent la succession des grands empires du monde, Chaldéens, Mèdes, Perses et Grecs, avant que vienne le Règne de Dieu en personne :

> Prenant la parole, le roi dit à Daniel : « Es-tu capable de me faire connaître quel fut mon songe et ce qu'il signifie ? » Daniel répondit en présence du roi : « Le secret que le roi demande, ni sages, ni magiciens, ni devins, ni astrologues ne pourraient le révéler au roi. Mais il est dans le ciel un Dieu qui révèle les mystères, et il fait connaître au roi Nabuchodonosor ce qui doit arriver à la fin des jours [...].

Ô roi, tu regardais ; et voici une haute statue. Cette statue était gigantesque et d'un éclat extrême ; elle se dressait devant toi, et son aspect était terrifiant. Cette statue avait la tête d'or pur, la poitrine et les bras d'argent, le ventre et les cuisses de bronze, les jambes de fer, les pieds pour moitié de fer et pour moitié de céramique.

Tu regardais, lorsqu'une pierre se détacha de la montagne sans que personne eût mis la main et, frappant la statue sur ses pieds de fer et de céramique, elle les mit en pièces. Alors furent mis en pièces du même coup le fer, l'argile, le bronze, l'argent et l'or : ils devinrent comme la balle sur les aires en été ; le vent les emporta et l'on n'en trouva plus trace. Quant à la pierre qui avait frappé la statue, elle devint une grande montagne qui remplit toute la terre. Tel est le songe ; et son interprétation, nous allons la dire en présence du roi.

Toi-même, ô roi, roi des rois à qui le Dieu du ciel a accordé royauté, force, puissance et majesté, – et en quelque lieu que demeurent les hommes, les bêtes sauvages et les oiseaux du ciel, il les a remis entre tes mains et t'a donné pouvoir sur eux, – c'est toi qui es la tête d'or.

Après toi viendra un autre royaume moindre que le tien ; puis un troisième royaume, de bronze celui-là, qui dominera toute la terre. Puis il y aura un quatrième royaume, dur comme le fer : de même que le fer met en pièces et brise tout, il mettra en pièces et broiera la terre entière. Quant aux pieds et aux doigts que tu as vus, en partie de céramique et en partie de fer, c'est qu'il s'agit d'un royaume divisé [...].

Or, au temps de ces rois-là, le Dieu du ciel instaurera un royaume qui ne sera jamais détruit et dont la royauté ne sera pas laissée à un autre peuple. Il mettra en pièces et anéantira tous les royaumes, mais lui-même subsistera à jamais : ainsi as-tu vu une pierre se détacher de la montagne sans que personne y eût mis la main et broyer la céramique, le fer, l'airain, l'argent et l'or. Le Grand Dieu a fait connaître au roi ce qui doit arriver par la suite. Sûr est le songe, et son interprétation digne de foi. »

Alors le roi Nabuchodonosor tomba sur le visage et rendit hommage à Daniel ; il ordonna de lui offrir une oblation et un sacrifice d'agréable odeur. Et le roi, s'adressant à Daniel, lui dit : « En vérité, votre Dieu est le Dieu des dieux, le maître des rois et le révélateur des mystères, puisque tu as été capable de me révéler ce mystère-là ! » (2, 31-47).

Les devins païens ont été incapables d'interpréter le songe, car Dieu seul est maître de l'histoire et connaît les secrets de l'avenir. Les quatre empires païens symbolisés ici par les matériaux différents peuvent sembler puissants ; ils sont en réalité fragiles et promis à une disparition rapide. À l'imitation de Nabuchodonosor, ils seront obligés de confesser que le Dieu des juifs est le seul vrai Dieu.

L'adoration de la statue d'or : les trois jeunes gens dans la fournaise

Nabuchodonosor fabrique une immense statue d'or et un héraut fait savoir qu'au moment où les instruments de musique sonneront, tous devront l'adorer sous peine d'être jetés dans un feu ardent – allusion à Antiochus IV Épiphane, qui fit périr les juifs qui refusèrent d'adorer les statues païennes. Quand les instruments retentissent, tous les sujets du royaume se prosternent, sauf les juifs. Ananias, Misaël et Azarias (Daniel est absent) sont dénoncés au roi, qui les convoque :

> « Si vous n'adorez pas sur l'heure, vous serez jetés dans une fournaise de feu ardent. » Ils répondirent : « Le Dieu que nous servons peut nous délivrer de ta main, et s'il ne nous délivre pas nous préférons mourir qu'adorer cette statue. »

Ils sont donc précipités dans la fournaise, où ils se mettent à chanter un cantique :

> « Béni sois-tu, Seigneur, Dieu de nos pères, béni sois-tu, exalté éternellement ! Béni sois-tu dans le temple de ta sainte gloire, chanté, glorifié, exalté éternellement. [...] Vous toutes, œuvres du Seigneur, bénissez le Seigneur : chantez-le, exaltez-le éternellement ! »

Et le cantique appelle tous les éléments de la création à louer le Seigneur, anges, eaux du ciel, soleil et lune, tous les animaux de la terre, du ciel, de la mer, et les enfants des hommes, tous ceux qui craignent Dieu, car éternel est son amour.

Au matin, Nabuchodonosor découvre avec stupeur que les trois jeunes gens sont indemnes et il les fait sortir de la fournaise, reconnaissant qu'aucun autre Dieu que celui des juifs n'est capable de sauver un homme de cette manière (chapitre 3).

La folie de Nabuchodonosor

Le souverain raconte qu'il a vu en songe un arbre immense, mais qu'un ange est venu, criant de l'abattre. Daniel, appelé comme devin, déclare que cet arbre puissant est le roi, qui sera « chassé d'entre les hommes ». Ce songe lui est envoyé pour qu'il se convertisse et fasse pénitence. Mais Nabuchodonosor ne tient pas compte de cet avertissement et il est métamorphosé en animal moitié bœuf moitié oiseau. Alors, il confesse le Très-Haut, l'intelligence lui revient, et il est rétabli dans sa royauté (chapitre 4).

Le festin de Balthazar

Balthazar, fils imaginaire de Nabuchodonosor, organise un banquet avec ses ministres, ses femmes, ses concubines, et il a envie de boire dans les vases sacrés que son père a volés au Temple lors du sac de Jérusalem. Soudain, il voit les doigts d'une main qui écrit sur le plâtre du mur. Effrayé, il appelle ses devins, mais ils ne peuvent déchiffrer l'écriture ni l'interpréter. Heureusement, la reine a entendu parler d'un homme en qui réside l'esprit des dieux et que Nabuchodonosor a honoré pour ses dons d'interprétation des songes. On fait venir Daniel, qui rappelle à Balthazar comment son père a été métamorphosé en bête jusqu'à ce qu'il ait reconnu le Dieu qui place qui lui plaît à la tête des royaumes. Ce message écrit sur le mur annonce le châtiment qu'il a mérité pour avoir profané les vases du Temple. Il révèle le sens des trois mots inscrits sur le mur : *Mené*, Dieu a compté ton règne et y a mis fin ; *Teqel*, tu as été pesé dans la balance et trouvé insuffisant ; *Parsîn*, ton royaume a été divisé et donné aux Mèdes et aux Perses. Le soir, Balthazar est assassiné (chapitre 5).

Daniel dans la fosse aux lions

Daniel est nommé satrape (gouverneur de province de l'empire perse) par Darius le Mède et sa sagesse est si grande que l'empereur veut le promouvoir au rang de Premier ministre. Les autres satrapes en sont jaloux et, ne trouvant à lui reprocher ni négligence ni manquement, dénoncent sa foi en son Dieu. Ils suggèrent au souverain de porter un décret qui oblige tous ses sujets à l'adorer lui seul, sous peine d'être jetés aux lions. Daniel est surpris en train de prier son Dieu, tourné vers Jérusalem, comme il le fait trois fois par jour. Il est dénoncé à Darius, qui tente de le sauver mais qui doit se résigner à le livrer en pâture aux fauves. Le lendemain matin, il constate que Daniel est vivant. Daniel lui déclare :

> « Mon Dieu a envoyé son ange, il a fermé la gueule des lions et ils ne m'ont pas fait de mal, parce que j'ai été trouvé innocent devant lui. » On fit sortir Daniel de la fosse, et on y précipita ceux qui l'avaient accusé et ils furent broyés par les lions avant d'avoir atteint le fond. Alors Darius confessa le vrai Dieu : « Il est le Dieu vivant, il perdure à jamais, son royaume ne sera pas détruit » (chapitre 6).

Les visions de Daniel

Les quatre animaux et le fils d'homme

C'est maintenant au tour de Daniel d'avoir des songes et des visions qu'un ange vient lui expliquer. Au cours du premier songe, il voit surgir de la mer démontée un lion, un ours, une panthère effrayants qui l'emportent successivement, et enfin une créature qui ne ressemble à aucun animal connu, « une bête terrible, effrayante et forte extrêmement » qui porte dix cornes. Et voici qu'une nouvelle corne grandit sur la tête de la bête sans nom qui arrache trois de ces cornes et se met à proférer des menaces terribles. Mais le regard du visionnaire est détourné du jaillissement des bêtes du sein de la mer, synonyme pour la Bible du monde du mal, et attiré par une nouvelle vision qui, elle, se déroule dans le ciel. Il voit un ancien (un vieillard), au vêtement blanc comme neige, aux cheveux brillants comme la laine purifiée, s'asseoir sur un trône de feu, entouré de milliers de serviteurs. On apporte alors le livre sur lequel tous les événements du monde sont consignés et le jugement commence. La fureur des premières bêtes est stoppée, la dernière tuée.

Dans le ciel se déroule maintenant une autre scène grandiose : voici, « venant sur les nuées du ciel, comme un Fils d'homme » qui s'avance vers l'Ancien et reçoit de lui une royauté éternelle sur toutes les nations :

> À lui fut conféré empire, honneur et royaume, et tous peuples, nations et langues le servirent. Son empire est un empire éternel, qui ne passera point, et son royaume ne sera point détruit (7, 14).

Daniel ne comprend pas le sens de cette vision, mais l'un des êtres célestes qui servent l'Ancien vient lui en donner l'interprétation. Ces quatre bêtes sont les quatre empires qui se sont succédé (selon le livre : Chaldéens, Mèdes, Perses, Grecs). Mais ce qui intéresse le visionnaire est de connaître la signification de la quatrième bête aux dents de fer et aux griffes de bronze qui broie et dévore tout sur son passage, dix cornes implantées sur son front. Voici l'interprétation qu'en reçoit Daniel :

> La quatrième bête sera un quatrième royaume sur la terre, différent de tous les royaumes. [...] Mais le tribunal siégera et la domination lui sera ôtée, détruite et réduite à néant jusqu'à la fin. Et le royaume et l'empire et les grandeurs des royaumes sous tous les cieux seront donnés au peuple des saints du Très-Haut (7, 27).

La quatrième bête représente donc l'empire d'Alexandre divisé entre ses généraux (les cornes). Parmi les descendants de ceux-ci, plus cruels les uns que les autres, apparaît en dernier lieu le roi Antiochus IV Épiphane, qui persécute les juifs et leur impose la religion païenne. Mais cette domination est provisoire, car l'Ancien, c'est-à-dire le Dieu qui commande les siècles, va lui ôter sa royauté, qu'il donnera à « un Fils d'homme » : celui-ci est interprété comme le symbole du peuple juif, ce qui signifie que le peuple du Dieu d'Israël, loin d'être supprimé par la persécution, rayonnera sur toutes les nations.

Le titre de Fils d'homme fut souvent utilisé par les prophètes comme un simple synonyme d'« homme ». Ici, il désigne le peuple juif qualifié de peuple des saints du Très-Haut. Dans la tradition juive ultérieure, il va indiquer un être personnalisé, le Messie céleste qui sera l'instrument de Dieu dans l'établissement de son règne sur le monde[9].

9. Voir Épilogue, p. 654. Jésus aura souvent recours à ce titre pour annoncer sa participation à l'œuvre du jugement à la fin des temps. Mais il associera aussi ce titre à l'annonce de sa mort, laissant entendre par là qu'il devra passer par l'épreuve de la croix pour accéder à cette dignité de Fils de l'homme (voir notre ouvrage : *Jésus, l'histoire vraie*, Bayard Éditions).

Vision du bélier et du bouc

Ensuite, Daniel voit un bélier à deux cornes qui symbolisent, selon ce qu'en dit l'ange de Dieu, les royaumes des Mèdes et des Perses. Puis surgit un bouc doté d'une corne puissante. Il se précipite sur le bélier et le tue, mort dans laquelle il faut lire la victoire d'Alexandre sur l'empire perse. Mais la corne se brise, et à sa place poussent quatre cornes, c'est-à-dire les quatre généraux d'Alexandre qui se partagent son empire. Parmi ces quatre cornes, l'une grandit démesurément et fait la guerre contre Dieu lui-même ; elle supprime les sacrifices dans le Temple et y établit le culte impie. Encore une fois, il s'agit d'Antiochus IV Épiphane, le tyran. Daniel reçoit sa vision au moment où la perversité du souverain est à son comble, mais l'ange lui révèle que, bientôt, dans un avenir indéterminé, la puissance de l'impie sera brisée (chapitre 8).

Les soixante-dix septénaires d'années

Il ne s'agit pas précisément d'une vision, mais d'un message mystérieux que Daniel reçoit tandis qu'il prie. Il confesse à Dieu les péchés de son peuple qui ont entraîné la destruction du Temple et il implore la miséricorde divine. L'ange Gabriel vient alors lui révéler l'avenir en des paroles mystérieuses. De fait, elles sont obscures. Daniel reprend un oracle de Jérémie qui évoquait la destruction de l'empire babylonien dans soixante-dix ans[10], mais son texte est difficile à comprendre, car il fait à la fois mention de la profanation du Temple et de sa purification (chapitre 9).

La grande vision finale

Quelques années plus tard, sous Cyrus roi de Perse, Daniel bénéficie d'une nouvelle vision. Tandis qu'il fait pénitence et pleure sur la destruction de Jérusalem, un être céleste s'approche de lui et lui apprend dans les détails l'histoire de l'Orient ancien, depuis les Perses jusqu'à la persécution d'Antiochus IV Épiphane. L'auteur connaît toutes les péripéties de cette

10. Voir première partie, chapitre 4, « Le cœur de Yahvé accompagne les exilés », p. 120.

époque troublée, les guerres, les alliances, les meurtres. Il utilise certainement un document écrit comme celui dont disposent les auteurs des livres des Maccabées. L'Ange – son nom n'est pas précisé – annonce la cessation du sacrifice perpétuel, la construction de la statue abominable, l'apostasie de certains, la résistance et la fidélité des sages qui préfèrent mourir afin d'être « affinés, purifiés et blanchis ». Mais les années de l'impie sont comptées. Un temps, il apparaît comme le plus grand monarque au monde, mais des troubles aux frontières de l'Orient et du nord de son empire l'obligent à se rendre là-bas, où il termine sa vie sans que personne ne lui porte secours.

La fin de l'impie ne préfigure pas la reprise du cours ordinaire des événements, car l'époque du tyran sacrilège a en réalité inauguré le conflit titanesque entre Dieu et la puissance du mal. Le visionnaire, éclairé cette fois par Michel, « qui se tient auprès des fils de ton peuple », donc celui qui est préposé à la protection d'Israël, reçoit révélation de ce que sera ce temps : « Un temps d'angoisse comme il n'en exista jamais », mais qui épargnera en Israël les justes qui « sont inscrits dans le livre de vie ». Même les morts s'éveilleront, déclare Michel dans un oracle qui rejoint la doctrine de la résurrection des morts enseignée par le second livre des Maccabées :

> Beaucoup de ceux qui dorment dans le sol poussiéreux se réveilleront, ceux-ci pour la vie éternelle, ceux-là pour l'opprobre, l'horreur éternelle (12, 2).

Les justes, ceux qui sont restés fidèles malgré les persécutions, ressuscitent pour la vie, les impies sont privés de la vie éternelle. Daniel voudrait savoir à quelle époque se réaliseront ces choses inouïes. Un homme vêtu de lin (symbole de pureté) lui répond :

> Pour un temps, des temps et un demi-temps : lorsque la force du peuple saint sera entièrement brisée, toutes ces choses s'achèveront (12, 7).

Daniel ne comprend pas et insiste auprès du messager. Il lui est répondu d'une manière aussi mystérieuse :

> À partir du temps où cessera le sacrifice perpétuel et où sera placée l'abomination de la désolation : mille deux cent quatre-vingt-dix jours (12, 11).

L'explication indique donc un temps relativement court (trois ans et demi, la moitié de sept) pour la fin de l'épreuve à partir du moment où le

Temple a été profané. Le livre de Daniel veut donc encourager les juifs à garder patience et confiance dans l'adversité : le tyran s'est éloigné, il va bientôt mourir, la délivrance approche (chapitre 12) !

Autres histoires édifiantes sur Daniel

La version grecque du livre contient d'autres histoires édifiantes, qui ont encore Daniel pour héros. Manifestement, on aimait raconter ce genre de courts récits sur lesquels on pouvait broder [11]. Les personnages sont de jeunes juifs fidèles à leur foi et récompensés par des faveurs divines et même royales.

Suzanne et les vieillards

À Babylone vit une femme juive, Suzanne, très belle et craignant Dieu, dont le mari, Ioakim, est très riche. La communauté a choisi deux juges pour la diriger, deux vieillards qui rendent souvent des visites de convenance au couple. Tous deux s'entichent de Suzanne. Un après-midi d'été, alors qu'il fait très chaud, la femme va prendre un bain dans son jardin. Les deux vieillards qui la guettent profitent de l'absence des servantes pour se jeter sur elle, mais Suzanne se débat et se met à crier. Ils ameutent alors les servantes et leur disent qu'ils viennent de surprendre leur maîtresse avec un jeune homme qui s'est enfui à leur approche.

Le lendemain, Suzanne doit comparaître devant les deux juges en présence de son mari, de ses enfants, de toute la maisonnée. Les vieillards répètent leur accusation, prétendent qu'elle a refusé de livrer le nom de son amant. Comme ils sont juges, tout le monde les croit. Malgré ses protestations d'innocence, Suzanne est condamnée à mort. Alors qu'on l'emmène, un jeune homme, Daniel, se présente et accuse les deux comploteurs de faux témoignage. Il fait revenir tout le monde dans le jardin. Il interroge les deux accusateurs séparément, leur demandant sous quel arbre ils ont vu ensemble Suzanne et son amoureux : sous un acacia, dit le premier ; sous un tremble, dit le second. La preuve de leur mensonge et de

11. Le récit de la promotion de Joseph en Égypte relève du même genre littéraire (voir deuxième partie, chapitre 3, « L'histoire de Joseph », p. 307).

la vertu de Suzanne est patente, et les deux menteurs subissent la peine qu'ils voulaient infliger à Suzanne. À partir de ce jour, Daniel devient grand aux yeux du peuple (chapitre 13).

Combats de Daniel contre les idoles

Fidèle à son Dieu, Daniel vit à la cour de Babylone, près du roi Cyrus le Perse. Celui-ci lui demande pourquoi il n'adore pas Bel, le dieu de Babylone. Daniel répond qu'il n'honore pas les idoles faites de mains d'homme. Cyrus lui rétorque que Bel mange toutes les nuits les repas qu'on lui offre. Daniel s'esclaffe. Le souverain lui propose de mettre des scellés sur la porte pour le prouver. Mais Daniel sait que les prêtres et leur famille empruntent un passage secret dans le temple pour prendre la nourriture servie à l'idole. Il fait répandre de la cendre sur le sol. Le lendemain, la porte s'ouvre : les offrandes ont bien disparu, mais Daniel fait constater qu'une troupe nombreuse a piétiné la cendre pendant le banquet nocturne. Cyrus est obligé de reconnaître la supercherie des prêtres, et les fait exécuter !

À Babylone, on adore aussi un serpent, et le roi objecte à Daniel que ce dieu est bel et bien vivant. Daniel lui rétorque qu'il pourrait le tuer sans épée. Cyrus accepte le défi. Daniel confectionne des boulettes de crin et de poix, le serpent les avale et en crève. Les Babyloniens, furieux contre le monarque, menacent de le tuer avec sa famille s'il ne leur livre pas Daniel. Celui-ci est jeté dans une fosse aux lions. Il y reste six jours face à sept fauves féroces et affamés. Mais l'ange du Seigneur apparaît au prophète Habaquq [12] en Judée alors qu'il se prépare à manger, le saisit par les cheveux et le transporte dans la fosse avec son repas. Daniel le mange et rend grâces à Dieu tandis que l'ange ramène Habaquq chez lui. Le septième jour, Cyrus, constatant que Daniel est encore vivant, le fait sortir et jette à sa place ceux qui avaient voulu sa mort (chapitre 14) !

Le livre de Daniel exerça une grande influence sur le courant apocalyptique qui proliféra dans les années suivantes. De nombreux ouvrages [13]

12. Un ancien prophète portait aussi ce nom ; voir première partie, chapitre 3, « Le prophète Habaquq », p. 108.
13. Voir Épilogue, p. 653.

rapportant des visions extraordinaires peuplées d'animaux terrifiants et traversées de cataclysmes divers, parurent au cours du dernier siècle avant notre ère. Mais le judaïsme officiel, après la catastrophe de 70 ap. J. C., rejeta tous ces livres de style apocalyptique. Il fit une exception pour celui de Daniel, sans doute parce qu'il concilie les deux aspects fondamentaux du judaïsme : la foi en l'intervention de Dieu dans l'histoire, mais aussi la supériorité de la pratique de la Loi, notamment le jeûne et la prière, sur le maniement des armes. Esther et Judith sont animées du même esprit.

Deux exhortations à la Diaspora

La version des Septante contient deux petits textes écrits tous deux sous un pseudonyme, procédé fréquent dans la littérature juive au tournant de notre ère. Ils veulent indiquer aux juifs quel doit être leur comportement dans la Diaspora, même en cas de persécution.

Le livret de Baruch

Ce Baruch [14], dont le livret nous a été conservé, n'était pas le secrétaire de Jérémie [15], bien qu'il se présente comme vivant à l'époque de la prise de Jérusalem et raconte avoir rapporté à Jérusalem les objets du culte volés au Temple par Nabuchodonosor. De l'avis des historiens, le texte fut rédigé à partir de 164, dans l'atmosphère de tristesse qui accabla la communauté juive quand elle apprit la profanation du Temple et le saccage de Jérusalem par Antiochus IV Épiphane [16].

---

14. Au sortir d'un office du Vendredi saint au cours duquel un passage du prophète Baruch avait été chanté, Jean de la Fontaine demanda à Jean Racine : « Connaissez-vous Baruch ? C'était un beau génie ! » Cette phrase est devenue une sorte de proverbe sous-entendant : « Connaissez-vous un livre étrange ? »
15. Voir première partie, chapitre 3, p. 118.
16. Nous ne le connaissons que dans sa version grecque réalisée d'après un original hébreu. La version des Septante le place après les Lamentations de Jérémie (voir première partie, chapitre 3, « Chants de douleur sur Jérusalem dévastée », p. 132, avant la lettre dite de Jérémie citée plus loin.

Baruch recommande d'abord de prier pour Nabuchodonosor et son fils afin de trouver grâce à leurs yeux ! Israël doit se convaincre que les outrages et les désolations qui l'accablent sont la conséquence des péchés de ses ancêtres et de ses propres fautes, conformément aux avertissements de Moïse et des prophètes. Solidaire de la souffrance des siens, après avoir confessé le péché du peuple, Baruch, au nom de tous, implore la miséricorde du Seigneur. Dieu doit intervenir contre les persécuteurs pour la gloire de son nom, non à cause des mérites des pères et des rois d'Israël. Dieu veut que les juifs soient fidèles à la Loi, qu'ils obéissent aux autorités des pays dans lesquels ils résident. À ces conditions, il les fera revenir en Terre promise.

Baruch fait alors l'éloge de la Sagesse divine dans le prolongement des livres des Proverbes et du Siracide [17]. Aucune nation n'a connu cette Sagesse. Seul Dieu en a connaissance, et elle se manifeste à travers les œuvres de la Création. Dieu l'a révélée à Israël par la Torah. Baruch identifie la Sagesse qui est en Dieu et la Loi divine :

> Dieu a découvert le chemin qui mène à la science, et l'a indiqué à Jacob, son serviteur. Puis elle est apparue sur la terre, et elle a vécu parmi les hommes. La Sagesse, c'est le Livre des commandements de Dieu, c'est la Loi qui existe pour toujours ; ceux qui s'attachent à elle iront à la vie ; ceux qui l'abandonnent mourront. Reviens, Jacob, saisis-la, marche vers la clarté, à la rencontre de sa lumière. Ne cède pas à autrui ta gloire, à un peuple étranger tes privilèges. Heureux sommes-nous, Israël, car il nous est possible de connaître ce qui plaît à Dieu (3, 37–4, 4).

Au milieu du long exil qu'il subit, Israël doit garder au cœur le désir de revenir à Jérusalem. Baruch place dans la bouche de Jérusalem, mère d'Israël, une complainte sur son malheur et le malheur de ses enfants. Elle les encourage :

> Mes tendres enfants ont parcouru des chemins rocailleux, ils ont été enlevés comme du bétail ravi de force par les ennemis. Celui qui vous a infligé ces calamités vous apportera la joie éternelle, en même temps que votre salut (4, 26-29).

17. Pour les Proverbes, voir quatrième partie, chapitre 4, p. 537 ; pour le Siracide, voir plus haut, chapitre 2, p. 594.

Pour terminer, le prophète apostrophe Jérusalem comblée par le retour de ses enfants :

> Dieu te donnera ce nom pour toujours : « Paix de la justice » et « Gloire de la piété ». Debout, Jérusalem, place-toi sur la hauteur, et tourne ton regard vers l'Orient : vois tes enfants, rassemblés du levant au couchant ; ils sortirent de tes portes à pied, poussés par des ennemis, mais Dieu les fait revenir vers toi (5, 4-6).

Le devoir du juif de la Diaspora est de vivre autant que possible en paix avec les autorités des pays qui l'accueillent, de respecter la Loi et évidemment de rejeter les idoles, tout en gardant l'aspiration du retour du peuple élu à Jérusalem.

La lettre de Jérémie

Ce livret est présenté comme si le prophète Jérémie l'avait rédigé à l'intention des captifs de Babylone après la destruction de Jérusalem, afin de les mettre en garde contre le culte idolâtre. En réalité, il date des années qui ont suivi la profanation du Temple par Antiochus IV Épiphane.

Il s'agit de la diatribe la plus virulente contre les divinités païennes contenue dans la Bible : l'omniprésence des représentations des dieux et des déesses dans les villes hellénistiques explique la force de cette mise en garde. En voici les dernières lignes :

> Ces dieux ne peuvent ni maudire ni bénir les rois. Ils sont incapables de montrer aux nations des signes dans le ciel, de briller comme le soleil ou d'éclairer comme la lune. Les bêtes sauvages leur sont supérieures, elles qui peuvent, en fuyant vers un abri, se secourir elles-mêmes. Donc, en aucune façon, il ne nous apparaît que ce sont des dieux : aussi ne les craignez pas ! Comme un épouvantail dans un champ de concombres, qui ne protège rien, ainsi en est-il de leurs dieux plaqués d'or et d'argent. Ou encore, c'est au buisson d'épines dans un jardin, sur lequel se posent tous les oiseaux, encore à un cadavre jeté dans l'obscurité, qu'ils sont comparables leurs dieux de bois plaqués d'or et d'argent. À voir leur pourpre et leur éclat se gâter, vous comprendrez que ce ne sont pas des dieux. Finalement, ces objets seront dévorés et seront la honte du pays. Mieux vaut donc un homme juste qui n'a pas d'idoles : il sera à l'abri de la honte ! (65-72).

Deux héroïnes exemplaires : Esther et Judith

Parmi les livres écrits après la persécution d'Antiochus IV Épiphane et la résistance armée des Maccabées, figurent deux romans dont le héros principal est une femme. Il est paradoxal que, pour symboliser la résistance des juifs aux persécutions, on ait choisi ces deux figures féminines, Esther et Judith. Ces héroïnes, fruit de la création littéraire, prennent place dans la liste de celles qui ont marqué de leur empreinte l'histoire d'Israël : les épouses des patriarches, mais aussi Débora, et même Bethsabée, qui régit la succession de David.

Esther : Israël ne peut mourir

Le livre d'Esther [18] est un roman écrit peu après la persécution d'Antiochus IV Épiphane et la révolte des Maccabées. Il veut enseigner que le peuple juif ne peut mourir, grâce aux situations sociales importantes que des juifs ont acquises au sein des gouvernements qui dirigent le monde (Perse, Égypte, Rome...), et, surtout, à la fidélité à Yahvé. Voici le résumé du texte hébreu [19].

Sous le roi Assuérus – que l'on peut situer au ve siècle, mais la date de son règne importe peu –, l'empire perse atteint sa plus grande splendeur, soit cent vingt provinces depuis l'Inde jusqu'à la Nubie. Lors de sa venue dans sa capitale Suse, dans l'Iran actuel, Assuérus organise un banquet au cours duquel il veut déployer toutes les richesses de son royaume. De son côté, la reine Vasthi a organisé un autre banquet pour les femmes. Dans l'euphorie des réjouissances, le roi a envie de montrer sa belle épouse à ses courtisans. Mais elle refuse de se plier aux caprices de son époux. Fureur d'Assuérus et des ministres, qui craignent de découvrir dans cette rebuffade le début de l'émancipation des femmes à l'égard de leur mari. On décide de

---

18. Jean Racine a rendu célèbre le livre d'Esther par sa tragédie, représentée en 1689. De nombreux peintres se sont inspirés des scènes de cet ouvrage où se côtoient les splendeurs et les horreurs des cours orientales.
19. L'original hébreu, dans ses traductions en grec, a été enrichi par de nombreuses références religieuses.

destituer Vasthi et de publier un décret qui impose que tout homme soit maître chez soi et que les femmes entourent d'attentions leurs conjoints, du plus important au plus humble !

Pour remplacer Vasthi, les courtisans suggèrent à Assuérus de lancer à travers tout son royaume un concours de beauté auquel participeront les jeunes filles, vierges et belles. Mais pourquoi courir au loin ? À l'ombre du palais royal, à Suse, vit un juif nommé Mardochée, qui a adopté sa nièce, Esther, de belle prestance et d'agréable aspect. Esther, distinguée par l'eunuque, gardien des femmes du roi, est emmenée au palais, parée puis introduite dans le plus bel appartement du harem avec sept suivantes. Elle préfère ne pas révéler son identité juive, mais Mardochée veille discrètement sur elle depuis l'extérieur du palais. Pendant un an, les femmes ainsi distinguées reçoivent des soins et suivent un régime pour épanouir leur beauté. Au terme de cette année, elles peuvent être appelées au palais pour la nuit. Dès qu'il la voit, Assuérus tombe amoureux d'Esther, place sur sa tête le diadème royal et la fait reine. Pendant ce temps, Mardochée, qui continue à veiller sur elle depuis la porte du palais, surprend deux conspirateurs qui veulent attenter à la vie du roi. Il les dénonce à Esther, qui avertit le souverain. Les deux traîtres sont exécutés.

Assuérus nomme premier vizir un homme ambitieux et cruel, Aman. Tout le monde doit se prosterner devant lui, mais, quand il passe devant Mardochée pour entrer au palais, celui-ci s'y refuse. Il est dénoncé à Aman, qui n'ose cependant pas porter la main sur ce juif, car les juifs ont de l'importance dans la vie publique. Pourtant, Aman nourrit le projet d'exterminer tous les juifs du royaume. Il déclare à son monarque que ces gens ont des lois différentes et n'exécutent pas les décrets royaux. Assuérus envoie à toutes les autorités de toutes les provinces l'ordre muni de son sceau de massacrer, tuer et anéantir tous les juifs, jeunes et vieux, enfants et femmes, et de piller leurs biens.

Épouvantés, Mardochée et son peuple prient et font pénitence. Mardochée demande à Esther de se rendre auprès d'Assuérus pour intercéder en faveur des siens. Elle lui objecte que, si l'on n'est pas convoqué, l'on ne peut approcher du roi, sous peine de mort, à moins que, par faveur, il ne tende son sceptre. Mardochée lui réplique :

> Toi-même n'échapperas pas au décret. Peut-être as-tu été élevée à la royauté pour sauver ton peuple (4, 14).

Esther accepte d'intervenir, mais demande à tous les juifs de prier et de jeûner avec elle pendant trois jours. Au bout de ces trois jours, elle revêt ses habits royaux et pénètre dans la salle du trône, où siège Assuérus. Voyant son épouse, celui-ci lui tend son sceptre d'or. Astucieuse, Esther prétend l'inviter à un banquet qu'elle organise en son honneur et celui de son vizir. Les deux hommes s'y rendent. Le soir, à la fin du repas, le roi lui demande quelle est sa requête. Esther répond qu'elle veut le convier à un second banquet, toujours avec Aman, alors elle lui proposera cette requête. Aman est gonflé d'orgueil : il a été invité chez la reine et seul avec Assuérus ! Mais en sortant du palais, il aperçoit à la porte Mardochée, qui refuse de se lever à son passage. Il rentre chez lui et apprend à sa femme et à ses amis l'honneur qui lui a été fait, mais aussi l'affront de Mardochée. Ils lui conseillent de préparer un gibet et de recommander au roi d'y pendre l'insolent.

Pendant la nuit, Assuérus se rappelle qu'un certain Mardochée lui a sauvé la vie, mais qu'il ne l'a jamais récompensé. Le lendemain matin, Aman se présente de très bonne heure au palais pour extorquer au souverain le décret de mort. Toujours préoccupé par sa dette, Assuérus lui demande ce qu'il ferait s'il avait à honorer quelqu'un. Croyant qu'il s'agit de lui, Aman répond qu'il faudrait l'habiller d'un vêtement royal, le faire monter sur un cheval dans la rue principale de la ville en proclamant l'éloge du roi. Assuérus déclare qu'il désire honorer ainsi Mardochée, cet homme qui se tient constamment à la porte du palais, parce qu'il lui a évité la mort. Aman doit s'exécuter et faire chevaucher Mardochée à travers la cité. Humilié, il rentre chez lui et raconte ses malheurs. Les siens lui prédisent que, si Mardochée est vraiment juif, sa déchéance ne va pas tarder. Le soir, Aman doit se rendre au banquet d'Esther. À la fin de la réception, Assuérus prie la reine de lui révéler sa requête. Elle répond :

> Ma vie et celle de mon peuple que quelqu'un a décidé d'exterminer et d'anéantir (7, 3-4).

Le roi s'étonne : « Qui est cet homme ? » Elle répond : « Aman est cet homme. » Furieux, Assuérus se lève et court dans le jardin pour y reprendre ses esprits. Aman, constatant que son sort dépend d'Esther, se précipite sur le divan où elle se tient. Le roi entre et, voyant son vizir agrippé à son épouse, crie :

> Et en plus il veut violer la reine dans mon palais (7, 8).

Aussitôt on passe une cagoule sur la tête d'Aman et on le pend sur le gibet qu'il avait préparé pour Mardochée. Le roi offre à Esther les richesses du condamné et elle-même établit Mardochée régisseur de sa fortune. Surtout, Assuérus signe un décret annulant celui qui avait décidé la perte de tous les juifs. Il leur permet même d'avoir des milices pour défendre leurs vies et leurs biens. Mardochée, revêtu d'un habit royal de pourpre et de dentelle, est porté en triomphe à travers Suse, au milieu de la population en liesse.

Le jour prévu pour l'extermination, les juifs sont autorisés à prendre leur revanche contre leurs ennemis partout dans le royaume. Ils massacrent soixante-dix mille de ceux qui les détestent et même les dix fils d'Aman avec l'autorisation du roi. Le drame a lieu le 14 du mois d'Adar (à cheval sur mars et avril), et ce jour devient pour les juifs jour de joie, de banquet, de fête. Mardochée envoie une lettre aux juifs de toutes les provinces pour qu'ils célèbrent cette fête en s'échangeant des cadeaux, en pensant particulièrement aux pauvres. Cette fête est appelée Pourim[20], d'après le mot hébreu qui signifie « destins ». En ce jour, en effet, le destin d'Aman a changé : alors qu'il avait décidé d'anéantir le peuple juif, il a été pendu au gibet. Le destin du peuple élu aussi est transformé : de persécuté il devient puissant. Le sort de Mardochée est également modifié : de mendiant à la porte du palais, il devient le second du royaume, aimé de la multitude de ses frères, cherchant le bien de son peuple et se préoccupant du bonheur de ses compatriotes.

---

20. Le livre, très populaire dans le judaïsme, sert en effet de thème à la fête de Pourim (ou Purim) qui a lieu en mars, et dont la liturgie présente une allure de carnaval. En célébrant bruyamment le châtiment des persécuteurs, la communauté exorcise encore aujourd'hui sa peur et exprime sa confiance dans la survie du peuple malgré la reprise continuelle des « pogroms ». Il est d'ailleurs significatif que, dans ce livre, le nom de Dieu ne soit pas mentionné, et cela explique sans doute pourquoi la tradition a hésité à l'intégrer dans les livres sacrés officiels.

Nous pouvons nous étonner de voir le peuple juif célébrer en cette fête de Pourim l'extermination de soixante-dix mille partisans d'Aman et du persécuteur lui-même. La commémoration d'un carnage imaginaire en riposte à un nombre encore plus grand de massacres réellement subis a pour but d'évacuer dans des réjouissances le souvenir et la menace des persécutions qu'Israël a connues tout au long de son passé. Le livre d'Esther rappelle surtout au peuple juif que son salut est toujours le fruit d'une intervention miraculeuse de Dieu. Mais Dieu n'agit pas toujours directement, il se sert d'hommes, et même de femmes, qu'il suscite au bon moment et au bon endroit pour orienter la marche de l'histoire dans le sens qu'il entend.

Judith : la foi plus puissante que les armes

Comme celui d'Esther, le livre de Judith est un roman écrit aux alentours du Ier siècle avant notre ère, dans le même contexte historique, c'est-à-dire lors des années difficiles qui suivent la persécution d'Antiochus IV Épiphane. Il fut sans doute rédigé en hébreu, mais il ne nous est connu que dans sa traduction grecque, c'est pourquoi il n'est pas reconnu par le canon juif.

L'auteur, anonyme, situe l'intrigue dans un contexte complètement fictif. Nabuchodonosor n'a jamais été roi des Assyriens, comme le prétend l'ouvrage, et la ville de Béthulie, forteresse censée verrouiller l'accès vers Jérusalem, est inconnue. Pourtant, et bien que sortie de son imagination, cette histoire livre un message clair. Pour subsister face aux puissances païennes et aux menaces, Israël doit compter sur la foi en son Dieu et la fidélité à la Loi plus que sur les forces armées. Afin de symboliser ces valeurs essentielles, Judith risque sa vie et sauve son peuple en s'appuyant uniquement sur la puissance de la foi.

Nabuchodonosor, roi des Assyriens, est au faîte de sa puissance. Mais les peuples habitant l'Orient de son empire se révoltent et il somme ceux de l'Occident de lui fournir des soldats. Or, ces peuples occidentaux, de la Perse à l'Égypte, sans oublier la Samarie et la Judée, refusent tous avec mépris. Il réussit cependant à écraser les rébellions, puis se retourne vers ces pays qui ont désobéi à ses ordres. Il réunit une immense armée, cent vingt mille fantassins, douze mille cavaliers, qu'il place sous le commandement de son général Holopherne. La troupe se met en marche et ravage tout sur son passage, depuis Ninive jusqu'aux villes de la côte, Sidon et Tyr jusqu'à Ascalon, et à l'intérieur des terres, Damas et les terres d'Arabie et de Madiân. Toutes ces nations sont écrasées, se soumettent et adorent Nabuchodonosor comme un dieu.

L'immense armée parvient dans la plaine d'Esdrelon, face à la montagne escarpée de Judée sur laquelle s'élève plus au sud la Ville sainte de Jérusalem. À la demande du grand prêtre Ioakim, Israël dans son entier se prépare à la résistance en fortifiant les sommets. Il crie vers Dieu, jeûne, se couvre de cendres dans une ferveur unanime. Le Seigneur entend sa voix et regarde sa détresse.

L'accès à Jérusalem est verrouillé par la forteresse de Béthulie quasiment imprenable, car elle est accessible par un défilé très étroit. Holopherne, apprenant qu'Israël se prépare à la guerre, demande à des mercenaires originaires de la région, des Moabites et des Ammonites, quels sont ces gens qui osent ainsi le défier. Achior, le commandant des Ammonites, lui explique que ce peuple adore un Dieu qui l'a libéré autrefois de l'Égypte et lui a offert la terre qu'il occupe aujourd'hui. Ce Dieu le protège quand il lui est fidèle, il le punit quand il désobéit, comme il y a quelque temps quand Jérusalem et le Temple ont été détruits. Les mercenaires le préviennent : « Si jamais il manque à son Dieu, tu peux l'attaquer et tu le vaincras. Sinon, tu seras ridiculisé. »

Cette déclaration d'Achior provoque la colère d'Holopherne et de ses généraux. Ils renouvellent leurs menaces d'écraser Israël au nom de Nabuchodonosor, seigneur de toute la terre. Quant à Achior, l'avocat de ces ennemis insolents, il mérite d'être massacré en même temps que les habitants de Béthulie. Ils le lient et le déposent près de la source de la forteresse. Mais les défenseurs vont l'y recueillir et le présentent aux autorités, auxquelles il raconte les menaces d'Holopherne et répète ses propos concernant la protection qu'assure le Dieu d'Israël à ses fidèles. Les combattants le félicitent et l'accueillent parmi eux.

Holopherne décide de déployer son armée et de s'emparer de Béthulie. Mais les commandants des mercenaires lui conseillent d'enfermer plutôt les ennemis à l'intérieur des remparts et d'occuper uniquement les points d'eau afin de les assoiffer. Grâce à cette stratégie, il ne perdra aucun de ses soldats. Pendant trente-quatre jours, la ville est ainsi soumise à l'épreuve de la soif. L'eau des citernes s'épuise et le courage des résistants faiblit. Le doute s'empare d'eux : ne vaut-il pas mieux se rendre plutôt que de mourir de soif ? Ozias, le gouverneur, les conjure de tenir encore cinq jours, parce que Dieu va montrer sa miséricorde. Si, dans ce délai, aucun secours n'est arrivé, il se conformera à leurs désirs.

Or, à Béthulie habite une veuve au nom prédestiné, Judith, c'est-à-dire « la juive » en hébreu, dont le mari est mort d'une insolation pendant la moisson trois ans auparavant. Il lui a laissé de grands biens. Elle est très belle, mais elle a refusé toutes les propositions de mariage. Elle vit dans le jeûne et la prière, et aucun mauvais propos ne court sur son compte. Apprenant l'engagement d'Ozias de livrer la ville aux Assyriens si aucune solution n'est trouvée à la pénurie d'eau, elle lui demande de venir la trouver chez elle. Le gouverneur se présente avec deux anciens. Elle leur reproche d'avoir voulu tenter Dieu :

> Celui qui a pouvoir de nous sauver comme de nous châtier comme il l'a fait pour nos pères qui ont péri par la main des ennemis. Mais nous, nous sommes restés fidèles, nous n'avons pas servi d'autres dieux. Bien plus, notre ville est le dernier rempart qui protège le Temple et l'autel (8, 20).

Ozias lui réplique que le peuple n'a jamais douté de la sagesse de Judith et qu'elle doit prier Dieu d'envoyer la pluie pour remplir les citernes. Judith révèle alors qu'elle a un plan secret pour lequel elle réclame une totale liberté d'action. Elle se met en prière :

> Les Assyriens sont venus, dit-elle au Seigneur, confiants dans leurs armées formidables, alors que tu es le Seigneur qui brise les guerres. Abats leur force par ta colère, donne à ma main de veuve ta force, car tu es le Dieu des humbles, le secours des petits, le défenseur des faibles. Fais voir que toi seul veilles sur la race d'Israël (9, 7).

Après avoir ainsi prié, elle se dépouille de ses habits de veuve, se lave, se parfume, se pare de ses bijoux et de ses plus beaux atours. Elle prépare une outre de vin et une corbeille de provisions qu'elle confie à sa servante. Toutes deux s'avancent vers la porte de Béthulie. Ozias les laisse sortir. Elles marchent droit vers le poste des Assyriens, qui les arrêtent et leur demandent qui elles sont. Judith répond :

> Je quitte mes compatriotes parce que la ville va bientôt tomber entre vos mains. Je désire voir votre chef Holopherne et je lui révélerai un chemin secret qui lui permettra de prendre la ville sans coup férir (10, 12).

Les soldats assyriens conduisent Judith et sa servante à la tente d'Holopherne. Sur la route, la troupe et les officiers admirent la beauté de Judith :

> Qui mépriserait ce peuple qui a des femmes pareilles ! (10, 19).

On introduit Judith dans la tente d'Holopherne et elle se prosterne devant lui. Holopherne lui promet la vie sauve si elle parle franchement. Judith lui rappelle les paroles d'Achior, cet Ammonite qu'il a livré aux mains des habitants de Béthulie. Cet homme dit la vérité, le peuple juif ne peut être détruit quand il est fidèle à son Dieu. Mais précisément il est sur le point d'abandonner les lois que Dieu lui a ordonné de pratiquer. Sous la contrainte de la faim et de la soif, il se prépare à manger des animaux impurs, à cesser de payer au Temple les prémices du blé, les dîmes du vin et de l'huile. Les chefs de la ville viennent d'en envoyer notification aux prêtres de Jérusalem. Dès qu'ils auront enfreint les préceptes divins, Dieu les livrera à leur ennemi. Il suffit de patienter. Judith conclut :

> J'attendrai ici dans le camp et toutes les nuits je sortirai pour prier et Dieu me dira quand ils ont commis leurs péchés. Je t'en avertirai et tu prendras leur ville (11, 17).

Holopherne accepte :

> Tu es aussi sage que jolie. Si tu fais comme tu l'as dit, ton Dieu sera mon Dieu (11, 23).

Pendant trois jours, elle se rend la nuit dans le ravin de Béthulie, se purifie à la source, mange les provisions conformes à la Loi qu'elle a apportées de sa maison, puis revient au camp. Les soldats prennent l'habitude de la voir sortir tous les soirs avec son panier de victuailles. Le quatrième jour, Holopherne la convie à un banquet qu'il organise pour ses officiers. Elle revêt ses plus beaux habits et s'étend sur les tapis de la tente du général. Celui-ci, saisi d'un désir très fort de s'unir à elle, l'invite à manger. Lui aussi mange et boit plus que jamais. Quand il se fait tard, les officiers se retirent, laissant Holopherne et Judith seuls. Noyé dans le vin, Holopherne est vautré sur son lit. Judith prie :

> C'est maintenant le moment de prendre soin de ton peuple et de broyer tes ennemis par ma main (13, 4).

Elle saisit le cimeterre d'Holopherne, le décapite, prend la tête et la dépose dans la corbeille à provisions que tient sa servante. Toutes deux quittent le camp sous les yeux des sentinelles accoutumées à les voir passer à cette heure avec leur fardeau. Dès qu'elles se présentent devant les remparts de Béthulie, la porte s'ouvre. Devant les anciens accourus à l'annonce de ce retour incroyable, elle leur montre la tête d'Holopherne :

> Voici ce que le Seigneur a fait par la main d'une femme sans qu'elle soit souillée (13, 15).

Ozias bénit Dieu, avec le peuple tout entier. Judith leur propose de suspendre la tête au rempart et de simuler une attaque contre le camp ennemi. Mais aussi de faire venir Achior l'Ammonite pour qu'il voie cette tête. Achior croit en Dieu et se fait circoncire, rejoignant ainsi la maison d'Israël.

Quand les sentinelles assyriennes voient surgir les Israélites, elles déclenchent l'alarme. Soldats et officiers se préparent au combat. On va chercher Holopherne. Son serviteur, qui le croit encore couché avec Judith, pénètre dans la tente et découvre son corps décapité. À cette nouvelle, l'armée se débande. Les assiégés se lancent à leur poursuite, mais aussi les gens de Jérusalem, de Galilée, de Galaad. Ils font un carnage et pillent le camp.

Le grand prêtre Ioakim et le conseil des anciens viennent de Jérusalem à Béthulie pour féliciter Judith :

> Tu es la gloire de Jérusalem, la fierté d'Israël, l'orgueil de notre race ! (15, 19).

Toutes les femmes lui font fête, se coiffent de couronnes d'olivier et elle prend la tête de leur cortège. Les fils d'Israël en armes leur emboîtent le pas en chantant. Judith entonne un cantique de louange pour rendre grâces à Dieu qui « brise les guerres » par la main d'une femme, car qui craint le Seigneur est toujours fort.

Le cortège monte à Jérusalem et, après s'être purifiés, les juifs offrent leurs holocaustes. Judith fait don au Temple des trésors d'Holopherne qui lui ont été offerts. Elle reste trois mois à Jérusalem puis retourne à Béthulie, où elle vivra sans se remarier jusqu'à cent cinq ans, entourée de la vénération de tous. Elle sera enterrée auprès de son mari.

Affronté à un pouvoir totalitaire comme celui de Nabuchodonosor, Israël pourrait s'imaginer qu'il est capable de repousser le danger en mettant sur pied lui aussi une puissante armée. Le livre de Judith affirme au contraire que seule la foi peut sauver le peuple juif. Sans doute faut-il interpréter l'histoire de Judith comme une mise en garde adressée aux Hasmonéens et à leur armée. La puissance militaire de la Judée, symbolisée ici par la forteresse de Béthulie, ne sera pas le dernier bastion protecteur de Jérusalem. Israël doit mettre sa confiance en Dieu seul, sa force est dans la pratique de la Loi, la prière et le jeûne. Judith, la juive, par le seul éclat que lui donne sa foi, triomphe à elle seule d'une armée redoutable.

Conclusion

Depuis la profanation du Temple en 164, le peuple juif vit dans la hantise d'une nouvelle destruction du Lieu saint, comme celle que lui infligea Nabuchodonosor en 587. C'est pourquoi, dans le roman de Judith, c'est ce sinistre personnage qui envoie son armée redoutable assiéger Jérusalem. Face à ce danger – Babylone hier, les Séleucides d'Antioche aujourd'hui –, il n'est pas étonnant que la Judée ait cherché à se créer une force militaire aguerrie capable de défendre avec acharnement le réduit montagneux au milieu duquel se love le Temple de Yahvé. Comme l'a rapporté le livre des Maccabées, les fils de cette famille, Judas, Jonathan, Simon, ont successivement poursuivi ce but. Mais les anciens révoltés savent aussi profiter de l'affaiblissement de leur suzerain syrien pour mener une politique d'extension territoriale.

À partir de 142, la dynastie des Hasmonéens réunit dans la personne de son chef la dignité de grand prêtre et d'ethnarque. De plus, elle accentue sa politique d'expansion. Mais sur la suite des événements, nous ne sommes plus informés par un ouvrage de la Bible, mais par Flavius Josèphe dans son œuvre *La guerre juive* [21]. Les Hasmonéens annexent peu à peu la Samarie, la Galilée, la Philistie ; au sud, l'Idumée (anciennement Édom) ; plusieurs villes à l'est du Jourdain. Israël atteint ainsi la dimension des royaumes de David et Salomon. Les populations païennes de ces régions sont contraintes de pratiquer la circoncision et intégrées de force au judaïsme. Avec Jean Hyrcan (134-104) et Alexandre Jannée (103-76), la dynastie hasmonéenne parvient à son apogée. Mais le zèle pour la défense de la Loi divine, la Torah, est bien oublié, la dynastie adopte les mœurs des cours orientales de l'époque, marquées par le faste, la cruauté, les rivalités familiales. De fait, la famille se déchire bientôt et se dispute les deux pouvoirs, royal et sacerdotal. Les armées romaines conduites par le général Pompée, qui étaient installées en Syrie, profitent de ce climat de guerre civile pour occuper Jérusalem en 63 av. J. C. À partir de cette date, et jusqu'en 37, Rome exerce directement son autorité sur le pays. Elle en confie alors le gouvernement à Hérode le Grand, puis à ses fils jusqu'en 44 de notre ère, lorsque la Judée devient procuratorienne, c'est-à-dire soumise à l'autorité d'un procurateur, intendant d'une province de l'empire. Cette période se termine par la révolte juive de 66, qui aboutit en 70 à la destruction de Jérusalem et à la dispersion du peuple juif.

21. Flavius Josèphe (37-100 ap. J. C.), d'abord juif fervent fréquentant des groupes de recherche spirituelle, puis chef de résistance contre les Romains en Galilée en 66 de notre ère, devient ensuite leur collaborateur et est élevé à la dignité de citoyen romain par l'empereur. Dans *La guerre juive*, il raconte l'histoire de son peuple depuis l'instauration de la dynastie hasmonéenne jusqu'à la prise de Jérusalem en 70. Il a écrit aussi *Les antiquités juives*, qui rapportent l'histoire biblique depuis la création du monde jusqu'au début de la révolte juive en 66. Il veut faire connaître au public de langue grecque l'histoire et la religion du peuple juif, mais aussi entretenir en celui-ci l'espérance après l'épreuve qu'il vient de connaître.

L'histoire biblique proprement dite s'achève avec l'avènement de la dynastie hasmonéenne. Mais, comme nous l'avons vu, elle se prolonge sur le plan littéraire par la rédaction de plusieurs ouvrages, notamment les livres des Maccabées, ceux de Daniel, Esther, Judith. Ces textes témoignent de quelle manière le judaïsme, confronté depuis 332 av. J. C. à la culture hellénistique, a réagi avec force quand, en 167, la profanation du Temple lui a fait prendre conscience que ce pilier central, qui soutenait sa foi et l'existence du peuple lui-même depuis la disparition de la royauté, risquait à son tour de s'écrouler.

Heureusement, à l'ombre du Temple, le judaïsme avait bâti au fil des siècles un autre monument, la Bible. Il avait peu à peu rassemblé et organisé la mémoire séculaire d'Israël autour de vérités fondamentales. Son Dieu était le seul Dieu, Dieu ne pouvait abandonner son peuple. Au nom de cette foi, ce peuple, malgré sa faiblesse numérique, devait réclamer le droit à la vie en face des grands empires. Personne non plus ne pouvait lui interdire de défendre sa façon de vivre, même si elle allait à l'encontre des comportements en vigueur dans les États voisins. Il revendiquait d'abord l'exclusivité du culte à son Dieu, l'attachement préférentiel à lui-même et à son pays et, surtout, à sa capitale, Jérusalem. Encore au nom de la Loi divine, il adoptait des conduites dictées par sa foi et par la tradition. Il fallait ainsi continuer de pratiquer la circoncision – rite essentiel qui distinguait les juifs des autres nations –, au risque d'être considéré comme barbare, voire d'être mis à mort. La survie du peuple élu de Dieu était à ce prix, dans un attachement farouche à ces traditions particulières qui élevaient comme un mur autour d'Israël. Même si la dynastie hasmonéenne assurait une véritable indépendance au judaïsme, la religion d'Israël restait plutôt sur la défensive.

Cependant, certains juifs savaient aussi regarder au-dessus de ce mur élevé par les prêtres, pour contempler cet univers immense que Dieu avait créé. C'est lui qui conduisait l'histoire de tous les pays au milieu desquels la majorité de ses enfants était maintenant dispersée. Un jour certainement, ces contrées, elles aussi, reconnaîtraient comme leur Dieu celui qu'Israël était alors le seul à adorer.

Épilogue

La Bible, un livre jamais fermé

Israël, plus qu'aucun autre peuple, fut attentif à recueillir les traces de son passé pour constituer sa mémoire. Ce recours constant aux temps anciens était l'une des conséquences de la nature de la religion juive, laquelle reposait sur la foi en l'engagement de son Dieu dans les péripéties heureuses ou malheureuses de son existence. Israël confia très vite ses souvenirs à l'écriture. Il bénéficia pour cela de la découverte de l'alphabet en vingt-deux consonnes par les Phéniciens voisins. Ce support facilita la consignation de traditions récoltées au fil des siècles et les protégea contre les faiblesses de la seule mémorisation humaine. Il fit naître aussi de véritables écrivains experts dans l'utilisation de genres littéraires adaptés aux messages qu'il fallait transmettre.

Il serait bien entendu passionnant de connaître le premier texte qui fut rédigé. Est-ce l'un des poèmes épiques qui chantent les hauts faits de Yahvé, ou l'oracle d'un prophète, ou encore une chronique des victoires de David ? Nous l'ignorons. Mais, et ceci est en revanche certain, à partir du Xe siècle, Israël collecta des écrits pour former des livres. Il en élimina aussi certains parce que leur présence auprès de ceux qui étaient reconnus comme révélateurs de sa foi n'apparaissait pas opportune. La constitution définitive de la Bible, en effet, fut peut-être davantage le résultat de mises à l'écart guidées par l'intuition que d'options motivées par la raison. Cet ensemble resté ouvert fut un jour considéré comme le livre du judaïsme, sans que nous sachions exactement quand ni où. Mais nous ne savons pas non plus quelles autorités décidèrent de reconnaître uniquement ces livres que chacun et l'ensemble du peuple devaient désormais vénérer comme l'expression de la Parole de Dieu adressée à son peuple particulier.

Nous pouvons cependant avancer que, à l'époque des Hasmonéens, c'est-à-dire au Ier siècle avant notre ère, la liste officielle des livres de l'Écriture (ou canon) était déjà fixée pour l'essentiel. En premier lieu, la Torah, attribuée entièrement à la main de Moïse, qui constitue le bloc solide dans lequel est condensé l'essentiel de la religion juive. Ensuite les Prophètes, qui comprennent les livres historiques (Josué, Juges, Samuel, Rois), par lesquels Israël raconte l'action de Dieu en sa faveur depuis l'entrée en Canaan, puis les écrits des prophètes proprement dits (les trois grands – Isaïe, Jérémie, Ézéchiel – et les « petits »), qui montrent de quelle manière Dieu a éduqué son peuple. Viennent enfin les Écrits avec, au premier chef, le recueil des Psaumes et deux autres livres dont l'inspiration divine était reconnue de tous (Proverbes, Job). À cette période, on discutait encore pour savoir si d'autres pouvaient entrer dans cette liste officielle (Qohélet, Daniel, le Cantique, Esther).

Mais le travail de réflexion et d'écriture de la religion juive ne s'est pas arrêté avec ce choix des Écritures. Israël a continué à écrire des livres. Un guide de lecture de la Bible doit faire du moins entrevoir la diversité et la richesse de cette littérature nouvelle qui entendait se situer dans le prolongement des textes bibliques les plus anciens. Il convient par ailleurs de situer les livres du Nouveau Testament dans ce travail d'approfondissement de la foi au sein du judaïsme au tournant de notre ère : les livres écrits par l'Église chrétienne, en effet, se réfèrent à ceux reçus de la religion des ancêtres, dans la continuité et la nouveauté.

Le livre de la Sagesse de Salomon

Ce livre, placé sous le patronage du roi Salomon, le modèle du sage, a été écrit directement en grec par un écrivain juif d'Alexandrie, quelques années avant notre ère. L'auteur est lui-même imprégné de culture hellénistique, mais il veut prémunir ses compatriotes contre l'influence néfaste des mœurs environnantes et, surtout, contre la tentation de l'idolâtrie. Dans une première partie, il met en parallèle le sort du juste et celui de l'impie : après la mort, le juste est assuré de l'immortalité (nous avons ici l'affirmation la plus explicite de la Bible sur la vie après la mort). La deuxième partie contient l'éloge de la Sagesse, source de tous les biens. La troisième montre comment la Sagesse a conduit l'histoire du peuple juif au moment de sa sortie d'Égypte.

Dieu a créé l'homme pour l'immortalité

Les païens ont une éthique fondée sur la recherche de la jouissance immédiate, l'espoir d'une autre vie n'ayant aucun fondement selon eux. Pour l'auteur du livre de la Sagesse, au contraire, l'homme juste est promis à l'immortalité et Dieu châtiera les impies :

> Les impies se disent entre eux dans leurs faux calculs : « Courte et triste est notre vie ; il n'y a pas de remède lors de la fin de l'homme et on ne connaît personne qui soit revenu de l'Hadès. Nous sommes nés du hasard, après quoi nous serons comme si nous n'avions pas existé. [...] Venez donc et jouissons des biens présents, usons des créatures avec l'ardeur de la jeunesse. Enivrons-nous de vins de prix et de parfums, ne laissons point passer la fleur du printemps [...]. Opprimons le juste qui est pauvre, n'épargnons pas la veuve, soyons sans égards pour les cheveux blancs chargés d'années du vieillard. Que notre force soit la loi de la justice... Le juste nous reproche nos fautes contre la Loi. Il se flatte d'avoir la connaissance de Dieu et se nomme enfant du Seigneur. Il proclame heureux le sort final des justes et il se vante d'avoir Dieu pour père. Voyons si ses dires sont vrais, expérimentons ce qu'il en sera de sa fin. Car si le juste est fils de Dieu, il l'assistera et le délivrera des mains de ses adversaires [...] »
>
> Ainsi raisonnent-ils mais ils s'égarent, car leur malice les aveugle. Ils ignorent les secrets de Dieu, ils n'espèrent pas de rémunération pour la sainteté, ils ne croient pas à la récompense des âmes pures. Oui, Dieu a créé l'homme pour l'incorruptibilité, il en fait une image de sa propre nature. C'est par l'envie du diable que la mort est entrée dans le monde : ils en font l'expérience, ceux qui lui appartiennent ! [...] Les âmes des justes sont dans la main de Dieu et nul tourment ne les atteindra. Aux yeux des insensés ils ont paru mourir, leur départ a été tenu pour un malheur et leur voyage loin de nous pour un anéantissement, mais eux sont en paix. S'ils ont, aux yeux des hommes, subi des

châtiments, leur espérance était pleine d'immortalité ; pour une légère correction ils recevront de grands bienfaits. Dieu en effet les a mis à l'épreuve et il les a trouvés dignes de lui ; comme l'or au creuset il les a éprouvés, comme un parfait holocauste, il les a agréés (2, 1–3, 7).

Éloge de la Sagesse

Salomon s'adresse alors aux rois pour leur enseigner la Sagesse. Certes, il n'est comme eux qu'un homme, mais il a prié pour recevoir la Sagesse, et elle lui a été donnée. Il l'a préférée à tous les biens que l'on peut avoir sur terre, et si toutes ces richesses lui ont été accordées, c'est parce que la Sagesse est la mère de tout ce que l'on peut posséder. Salomon commence alors l'éloge de la Sagesse, qu'il assimile presque à une personne divine.

> En elle est, en effet, un esprit intelligent, saint, unique, multiple, subtil, mobile, pénétrant, sans souillure, clair, impassible, ami du bien, prompt, irrésistible, bienfaisant, ami des hommes, ferme, sûr, sans souci, qui peut tout, surveille tout, pénètre à travers tous les esprits, les intelligents, les purs, les plus subtils. Car plus que tout mouvement la Sagesse est mobile ; elle traverse et pénètre tout à cause de sa pureté. Elle est en effet un effluve de la puissance de Dieu, une émanation toute pure de la gloire du Tout-Puissant ; aussi rien de souillé ne s'introduit en elle. Car elle est un reflet de la lumière éternelle, un miroir sans tache de l'activité de Dieu, une image de sa bonté. Bien qu'étant seule, elle peut tout, demeurant en elle-même, elle renouvelle l'univers et, d'âge en âge, passant en des âmes saintes, elle en fait des amis de Dieu et des prophètes ; car Dieu n'aime que celui qui habite avec la Sagesse. Elle est en effet plus belle que le soleil, elle surpasse toutes les constellations, comparée à la lumière, elle l'emporte ; car celle-ci fait place à la nuit, mais contre la Sagesse le mal ne prévaut pas (8, 22-30).

Contre l'idolâtrie des Égyptiens

L'auteur, qui vit dans l'atmosphère polythéiste de l'Égypte, souligne dans une longue évocation de la libération d'Israël l'endurcissement des Égyptiens. Ces impies n'ont pas su découvrir l'action du seul vrai Dieu dans les prodiges qu'il a accomplis autrefois pour libérer son peuple de l'esclavage. Mais, ajoute-t-il, sans doute en pensant aux recherches des savants que les Ptolémées avaient fait venir à Alexandrie, c'est déjà à partir de la connaissance de la nature qu'ils auraient dû, au lieu d'adorer les créatures, conclure à l'existence de l'artisan qui les avait faites :

> Oui, vains par nature tous les hommes en qui se trouvait l'ignorance de Dieu, qui, en partant des biens visibles, n'ont pas été capables de connaître Celui-qui-est, et qui, en considérant les œuvres, n'ont pas reconnu l'Artisan. Mais c'est le feu, ou le vent, ou l'air rapide, ou la voûte étoilée, ou l'eau impétueuse, ou les luminaires du ciel, qu'ils ont considérés comme des dieux, gouverneurs du monde !
>
> Que, si charmés de leur beauté, ils les ont pris pour des dieux, qu'ils sachent combien leur Maître est supérieur, car c'est la source même de la beauté qui les a créés. Et si c'est leur puissance et leur activité qui les ont frappés, qu'ils en déduisent combien plus puissant est Celui qui les a formés, car la grandeur et la beauté des créatures font, par analogie, contempler leur Auteur.
>
> Ceux-ci toutefois ne méritent qu'un blâme léger ; peut-être en effet ne s'égarent-ils qu'en cherchant Dieu et en voulant le trouver : versés dans ses œuvres, ils les explorent et se laissent prendre aux apparences, tant ce qu'on voit est beauté ! Et pourtant, eux non plus ne sont point pardonnables : s'ils ont été capables d'acquérir assez de science pour pouvoir scruter le monde, comment n'en ont-ils pas plus tôt découvert le Maître ! (13, 1-9).

Les Pseudépigraphes

Le nom de Pseudépigraphes désigne plusieurs ouvrages écrits en Palestine en hébreu ou en araméen au cours des deux derniers siècles avant notre ère et qui n'ont pas été admis dans la liste officielle des Écritures, bien qu'ils aient été très répandus dans certains milieux religieux[1]. Plusieurs sont placés sous le patronage de héros bibliques, Adam, Abraham, Moïse, Élie. Parmi les plus connus, il faut citer le *Testament des Douze Patriarches*, le livre des *Jubilés*, qui découpe l'histoire primitive en périodes

1. Ces textes sont publiés en français dans la bibliothèque de la Pléiade (Gallimard), avec les textes de Qumrân abordés plus loin, sous le titre *Écrits intertestamentaires*.

de quarante-neuf ans, et surtout le *Livre d'Hénoch*[2]. Hénoch fut un patriarche d'avant le Déluge dont le livre de la Genèse dit qu'il a été enlevé au ciel :

> Hénoch marcha avec Dieu, puis il disparut car Dieu l'enleva (Gn 5, 24).

Il aurait transmis à son fils Mathusalem – l'homme qui aurait vécu le plus vieux, soit neuf cent soixante-neuf ans – des secrets cosmiques et eschatologiques (sur la fin des temps). Comme si, par cette disparition mystérieuse, Hénoch avait été initié directement aux mystères de Dieu, qu'il pouvait communiquer à des hommes inspirés.

La deuxième partie de l'ouvrage contient la présentation d'un être mystérieux, le Fils d'homme, qui s'inspire de la vision de Daniel[3]. Le voyant assiste au jugement des pécheurs et des justes qui est présidé par Dieu, représenté ici aussi comme un vieillard :

> J'ai vu Celui qui détient le principe des jours, sa tête est comme de la laine blanche, et avec Lui un autre, dont le visage avait une apparence humaine et débordait de grâce comme l'un des saints anges. J'ai interrogé sur ce Fils d'homme l'un des saints anges qui m'accompagnait et me montrait tous les secrets : « Qui est-il ? D'où vient-il ? Pourquoi accompagne-t-il le principe des jours ? » Il m'a répondu : « C'est le Fils de l'homme auquel appartient la justice, la justice qui a demeuré avec lui, et c'est lui qui révélera le trésor des mystères. Car c'est lui que le Seigneur des Esprits a élu et dont le lot a obtenu la victoire devant le Seigneur des Esprits, selon le droit, pour l'éternité. Ce Fils de l'homme que tu as vu fera lever les rois et les puissants de leurs couches, les forts de leurs sièges. Il dénouera les liens des forts et broiera les rois de leurs trônes et de leur royaume parce qu'ils ne l'exaltent pas, ne le glorifient pas et ne confessent pas d'où est venue leur royauté » (XLVI, 1-5).

Ce Fils d'homme préexiste auprès de Dieu, le Seigneur des Esprits :

2. Ce livre, composé en araméen, a été transmis en entier dans la Bible éthiopienne.
3. Voir cinquième partie, chapitre 2, « Les quatre animaux et le Fils d'homme », p. 628. Rappelons que Jésus utilisera cette figure pour annoncer sa participation à l'établissement du règne de Dieu sur le monde par le jugement de tous les hommes.

À cette heure ce Fils d'homme fut appelé auprès du Seigneur des Esprits, et son nom fut (prononcé) en présence du Principe des jours. Avant que soient créés le soleil et les signes, avant que les astres du ciel soient faits, son nom a été prononcé par-devant le Seigneur des Esprits. Il sera un bâton pour les justes, ils s'appuieront sur lui sans risque de trébucher. Il sera la lumière des nations, il sera l'espoir de ceux qui souffrent dans leur cœur. Devant lui s'inclineront et se prosterneront tous les habitants de l'aride. Ils glorifieront, béniront et chanteront le Seigneur des Esprits. C'est pour cela qu'il est devenu l'Élu et celui qui a été caché par-devant Lui avant la création du monde et jusqu'à l'avènement du Siècle. Mais la sagesse du Seigneur des Esprits l'a révélé aux saints et aux justes. Il a en effet préservé le lot des justes, parce qu'ils ont haï et méprisé ce siècle de violence et en ont haï toute l'œuvre et toutes les voies, au nom du Seigneur des Esprits. C'est par son nom qu'ils seront sauvés, et par sa volonté qu'il est devenu leur vie (XLVIII, 2-7) [4].

Les textes de Qumrân

La découverte en 1947 de nombreux manuscrits à Qumrân, sur le bord de la mer Morte, a élargi notre connaissance de la littérature juive du tournant de notre ère. Ces manuscrits provenaient d'une communauté dissidente du judaïsme officiel, les esséniens, dont certains membres se retiraient dans le désert pour des périodes plus ou moins longues de prière et de jeûne. Ils ont été cachés dans des grottes quand leur monastère fut détruit par les Romains avant la prise de Jérusalem. Outre des textes de la Bible – on y a trouvé des fragments de tous les livres sauf Esther –, ils contiennent des ouvrages propres aux esséniens.

Voici un passage de la Règle de la Communauté (Communauté de l'Alliance), qui indique les conditions d'entrée : le candidat est admis, après deux années de noviciat, à participer aux repas communs et à mettre ses biens au service des membres (appelés les Nombreux) :

---

4. Extraits de *Écrits intertestamentaires*, traduction André Caquot, coll. « Pléiade », Gallimard, p. 517.

Et quiconque, issu d'Israël, sera volontaire pour s'adjoindre au Conseil de la Communauté, l'homme qui est l'inspecteur à la tête des Nombreux l'examinera sur son intelligence et sur ses actes. Et, s'il est apte à la discipline, il l'introduira dans l'Alliance [la communauté] pour qu'il se convertisse à la vérité et qu'il se détourne de toute perversité, et il l'instruira de toutes les ordonnances de la Communauté. Et, ultérieurement, quand il viendra pour se présenter devant les Nombreux, ils délibéreront, eux tous, sur son cas ; et, selon que le sort prononcera, d'après la décision des Nombreux, il s'approchera ou s'éloignera.

Et, quand il s'approchera du Conseil de la Communauté, il ne touchera pas à la Purification des Nombreux avant qu'on ne l'ait examiné sur son esprit et sur ses actes, avant qu'il n'ait achevé une année entière. Et, en outre, qu'il ne mêle pas ses biens à ceux des Nombreux. Puis quand il aura achevé une année à l'intérieur de la Communauté, les Nombreux délibéreront sur son cas, selon son intelligence et ses actes en ce qui concerne la Loi ; et, si le sort prononce qu'il s'approche de la Société de la Communauté, d'après la décision des prêtres et de la majorité des membres de leur Alliance, on versera aussi ses biens et les revenus de son travail dans la main de l'homme qui est l'inspecteur des revenus des Nombreux ; mais on inscrira ceux-ci en compte à son crédit, sans le dépenser au profit des Nombreux. Il ne touchera pas au Banquet des Nombreux avant qu'il n'ait achevé une seconde année au milieu des membres de la Communauté.

Puis, quand il aura achevé la seconde année, on l'examinera : d'après la décision des Nombreux, et si le sort prononce qu'il s'approche de la Communauté, on l'inscrira régulièrement à son rang parmi ses frères pour ce qui a trait à la Loi et au droit et à la Purification et au mélange de ses biens ; et il pourra donner son avis à la Communauté, ainsi que sa sentence (6, 13-23) [5].

Les Sentences des Pères

Après la destruction de Jérusalem en 70 ap. J. C., l'assemblée de Jamnia jette les fondements du judaïsme tel qu'il est pratiqué encore aujourd'hui, c'est-à-dire la religion d'Israël sans la royauté ni le Temple, entièrement

5. Extrait de *Écrits intertestamentaires*, traduction André Dupont-Sommer, coll. « Pléiade », Gallimard, p. 27.

centrée sur la Torah. À partir de cette assemblée, les rabbins collectent ensuite les dires des commentateurs les plus autorisés de la Torah. Ces dires sont regroupés d'abord dans la Mishna (la Torah orale) au IIIe siècle, puis dans le Talmud (qui amplifie et précise les commentaires de la Mishna) à partir du VIe siècle. Dans la Mishna, nous trouvons un recueil célèbre, *Pirqé Abbot* (les Sentences des Pères), qui rassemble des sentences des rabbins les plus anciens, caractéristiques du rabbinisme au début de notre ère. Cette volonté de fonder tout enseignement sur celui d'un maître antérieur montre que le judaïsme entend se rattacher à une chaîne ininterrompue depuis Moïse. Voici quelques-unes de ces sentences glanées dans les *Pirqé Abbot* concernant l'étude et la pratique de la Torah :

> Moïse reçut la Torah au Sinaï et la transmit à Josué, ceux-ci aux prophètes, ceux-ci aux hommes de la grande synagogue, ceux-ci prononcèrent trois sentences : soyez circonspects dans l'administration de la justice ; établissez beaucoup de disciples ; et faites une haie à la Torah.
>
> Siméon le juste était un des survivants de la grande synagogue : le monde est établi sur trois choses : la Torah, le culte, les œuvres de charité...
>
> Rabbi disait : Quelle est la voie droite que tout homme doit choisir ? Tout ce qu'il est honorable de faire et dont les hommes lui feront honneur. Sois aussi attentif à un commandement léger qu'à un commandement supérieur, parce que tu ne sais pas quelle récompense sera donnée aux commandements. Tiens le même compte : pour une bonne action de son omission comme de sa récompense, pour une faute de sa rétribution comme de son omission. Considère bien trois choses et tu échapperas au péché : sache qu'au-dessus de toi il y a un œil qui voit, une oreille qui entend et que toutes tes actions sont inscrites en un livre.
>
> Rabban Gamaliel ben Rabbi Yuda le prince disait : Belle est l'étude de la Torah jointe aux mœurs, car s'appliquer aux deux fait que les péchés sont oubliés ; et posséder toute la Torah sans agir finit par la réduire à rien et à conduire au péché. [...] Rabbi Aqiba disait : Bien-aimé est l'homme puisqu'il a été créé à l'image ; et un amour supérieur consiste à lui manifester qu'il a été créé à l'image, suivant qu'il est dit (Gn 9, 6) : « Car à l'image de Dieu il a fait l'homme. » – Bien-aimés les Israélites puisqu'ils sont appelés les fils du Lieu (Dieu), suivant qu'il est dit (Dt 14, 1) : « Vous êtes les fils d'Adonaï votre Dieu. »

> Bien-aimés sont les Israélites puisqu'on leur a donné l'instrument (la Torah) par lequel a été créé le monde ; un amour supérieur consiste à leur manifester qu'on leur a donné l'instrument par lequel a été créé le monde, suivant qu'il est dit (Pr 4, 2) : « Car je vous ai donné un bon enseignement, ma Torah que vous ne devez pas abandonner[6]. »

L'enseignement de Jésus sur la Torah

Pendant la seconde moitié du Ier siècle de notre ère, l'Église chrétienne développe elle-même, à l'imitation du judaïsme, une intense production littéraire. Ses auteurs sont presque tous issus du peuple juif et se réfèrent explicitement ou implicitement à des textes de la Bible. Jésus lui-même entend se situer dans le prolongement du dessein de Dieu tel qu'il est énoncé dans cet ensemble que ses disciples appelleront bientôt l'Ancien Testament.

Par ses origines familiales, par sa religion, par sa langue, Jésus appartient au peuple juif. Il a été formé par la Bible, le seul livre qu'il ait connu et dont tout son enseignement est imprégné. Son Dieu est le Dieu d'Abraham, d'Isaac et de Jacob. Jésus témoigne avec force de la foi d'Israël à l'unicité de Dieu, comme le montre cette discussion avec un scribe :

> Un scribe lui demanda : « Quel est le premier de tous les commandements ? » Jésus lui fit cette réponse : « Voici le premier : "Écoute Israël : le Seigneur notre Dieu est l'unique Seigneur. Tu aimeras le Seigneur ton Dieu, de tout ton cœur, de toute ton âme, de tout ton esprit et de toute ta force." Voici le second : "Tu aimeras ton prochain comme toi-même." Il n'y a pas de commandement plus grand que ceux-là. » Le scribe reprit : « Fort bien, Maître, tu as raison de dire que Dieu est l'Unique et qu'il n'y en a pas d'autre que lui. L'aimer de tout son cœur, de toute son intelligence, de toute sa force, et aimer son prochain comme soi-même, vaut mieux que toutes les offrandes et tous les sacrifices. » Jésus, voyant qu'il avait fait une remarque judicieuse, lui dit : « Tu n'es pas loin du Royaume de Dieu » (Mt 12, 28-34).

---

6. Traduction Joseph Bonsirven, *Textes rabbiniques des deux premiers siècles chrétiens*, p. 4-12.

Pour Jésus, comme pour beaucoup de rabbins, le commandement de l'adoration du Dieu unique et celui de l'amour du prochain sont indissociables dans l'enseignement de la Torah. Mais Jésus se distingue d'eux dans la mise en pratique de certains préceptes particuliers, tels que le sabbat ou les règles de pureté rituelle, témoignant ainsi d'une interprétation personnelle de la Loi.

Ces différences d'interprétation vont prendre une grande importance au cours du Ier siècle, au fur et à mesure que l'Église chrétienne affirmera son autonomie par rapport au judaïsme. L'évangile de Matthieu, écrit vers l'an 80, à l'époque où, de leur côté, les rabbins à Jamnia codifient la pratique de la religion juive après la destruction du Temple, témoigne des tensions qui existent entre juifs et chrétiens, même d'origine juive, sur l'interprétation de la Torah. De fait, Matthieu écrit à l'intention de chrétiens pour beaucoup d'origine juive, alors que l'Église chrétienne se sépare irrémédiablement et douloureusement de la synagogue. À partir des paroles de Jésus, il leur explique quelle a été l'attitude de leur Maître au sujet de la Loi de Moïse et quelle doit être leur propre attitude.

> « Ne pensez pas que je suis venu abolir la Loi ou les prophètes : je ne suis pas venu abolir, mais accomplir. Amen, je vous le dis : Avant que le ciel et la terre disparaissent, pas une lettre, pas un seul petit trait ne disparaîtra de la Loi jusqu'à ce que tout se réalise. Donc, celui qui rejettera un seul de ces plus petits commandements, et qui enseignera aux hommes à faire ainsi, sera déclaré le plus petit dans le Royaume des cieux. Mais celui qui les observera et les enseignera sera déclaré grand dans le Royaume des cieux.
>
> Je vous le dis en effet : si votre justice ne surpasse pas celle des scribes et des pharisiens, vous n'entrerez pas dans le Royaume des cieux » (Mt 5, 17-20).

Pour Jésus, la Loi demeure et elle doit être respectée dans ses prescriptions minutieuses parce que celles-ci expriment la volonté de Dieu dans la vie concrète. Cependant, elle doit tout autant être « accomplie », c'est-à-dire que ses exigences doivent pleinement manifester la finalité qui se trouve en elle, et que révèle l'appel adressé désormais à l'homme de participer à la sainteté de Dieu. Jésus le dit en conclusion de son enseignement sur la pratique de la Loi :

« Vous serez parfaits comme votre Père céleste est parfait » (Mt 5, 47).

Comment cet « accomplissement » se concrétise-t-il pour les Dix Paroles qui constituent l'essence de la religion d'Israël ? Matthieu l'explicite pour six d'entre elles : le meurtre, l'adultère, le divorce, le serment, la vengeance, l'amour des ennemis. Pour chacun, Jésus cite un commandement donné par Moïse, puis il en livre son interprétation personnelle.

Citons trois de ces six situations humaines, l'adultère, le divorce, l'amour des ennemis :

> « Vous avez appris qu'il a été dit : "Tu ne commettras pas d'adultère." Eh bien moi, je vous dis : Tout homme qui regarde une femme et la désire, a déjà commis l'adultère avec elle dans son cœur. [...]
>
> Il a été dit encore : "Si quelqu'un renvoie sa femme, qu'il lui donne un acte de répudiation." Eh bien moi, je vous dis : Tout homme qui renvoie sa femme, sauf en cas d'union illégitime, la pousse à l'adultère ; et si quelqu'un épouse une femme renvoyée, il est adultère. [...]
>
> Vous avez appris qu'il a été dit : "Tu aimeras ton prochain et tu haïras ton ennemi." Eh bien moi, je vous dis : Aimez vos ennemis, et priez pour ceux qui vous persécutent, afin d'être les fils de votre Père qui est dans les cieux ; car il fait lever son soleil sur les méchants et sur les bons, et tomber la pluie sur les justes et les injustes. Si vous aimez ceux qui vous aiment, quelle récompense aurez-vous ? Les publicains eux-mêmes n'en font-ils pas autant ? Et si vous ne saluez que vos frères, que faites-vous d'extraordinaire ? Les païens n'en font-ils pas autant ? » (Mt 5, 27-47).

L'enseignement de l'Église se situe ainsi par rapport à celui du judaïsme, dont il est à la fois une continuité et un « accomplissement ». Se référant à l'alliance conclue entre Israël et Dieu sous la conduite de Moïse, les auteurs chrétiens, à la suite de Paul (2 Co 3, 14), dirent qu'elle était l'« ancienne alliance » (« alliance » se dit *berit* en hébreu, *diatéké* en grec). La traduction latine rendit plus tard ce mot « alliance » par *testamentum*, c'est-à-dire « testament », ce qui est assez maladroit, puisque ce mot évoque, en effet, la fin prochaine ou même la mort de celui qui dicte ses ultimes volontés. En revanche, le mot alliance fait plutôt référence à l'engagement entre des vivants, il inclut la durée et même l'approfondissement des liens entre les contractants. C'est cet approfondissement que l'Église veut indiquer en parlant de « nouvelle alliance », et non pas d'un nouveau testament par lequel Dieu, résiliant le premier, aurait exprimé par écrit des dispositions totalement novatrices. Bien au contraire, pour l'Église, la nouvelle alliance ne détruit pas la précédente, elle la poursuit. C'est pourquoi l'Église primitive, composée exclusivement de disciples issus du judaïsme, plaça ses propres textes à la suite de ceux qu'elle avait reçus de ses ancêtres et considère les deux recueils comme constitutifs de la Bible, le Livre, un seul et unique livre.

Mais, pour l'Église, la Bible n'était pas pour autant un livre fermé. Comme le judaïsme avait élaboré autrefois un recueil d'ouvrages dans lequel il reconnaissait l'expression de sa foi, elle a établi ce qu'elle appelle le Canon des Écritures, c'est-à-dire la liste officielle des ouvrages qu'elle qualifie d'inspirés, rédigés avec l'aide de l'Esprit saint. Cependant, de même que le judaïsme qui, à partir du tournant de notre ère, avait commenté inlassablement les écrits de la Bible, les Pères de l'Église ont étudié ceux qui étaient propres à leur foi, mais aussi ceux hérités du peuple d'Israël, et particulièrement les Psaumes, le livre qui leur semblait le mieux exprimer les liens entre l'Ancienne et la Nouvelle Alliance : n'ont-ils pas en effet constitué la prière essentielle de Jésus et de ses disciples ?

C'est aussi parce que la Bible est restée un livre ouvert que Mahomet, au début du VIIe siècle, y découvrit la révélation du monothéisme et les grandes figures de l'histoire du Salut depuis Adam et Abraham jusqu'à Jésus et Marie. La Bible reste ainsi pour plus de deux milliards d'hommes la source d'où continue à jaillir la révélation du Dieu unique.

L'Orient ancien

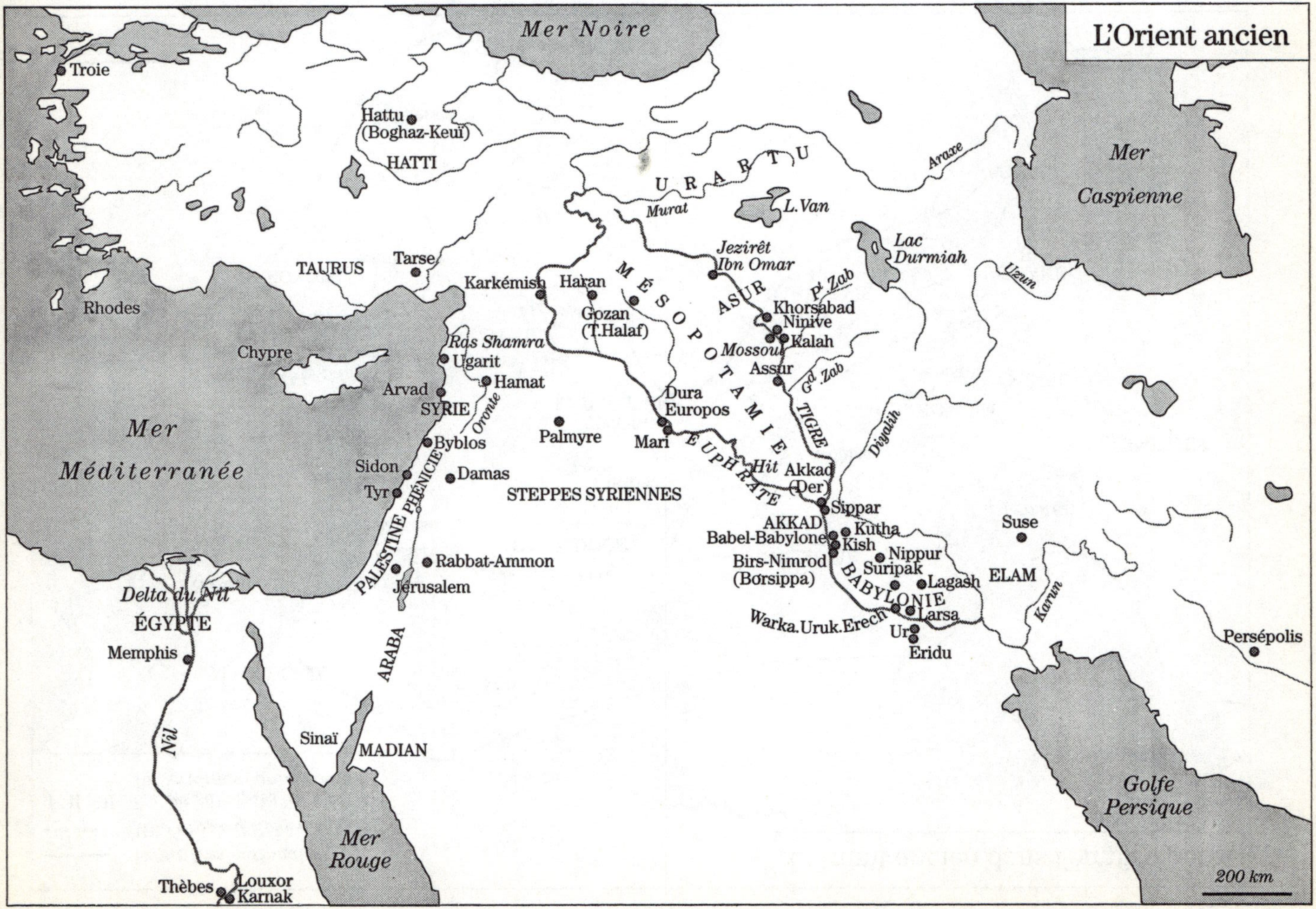

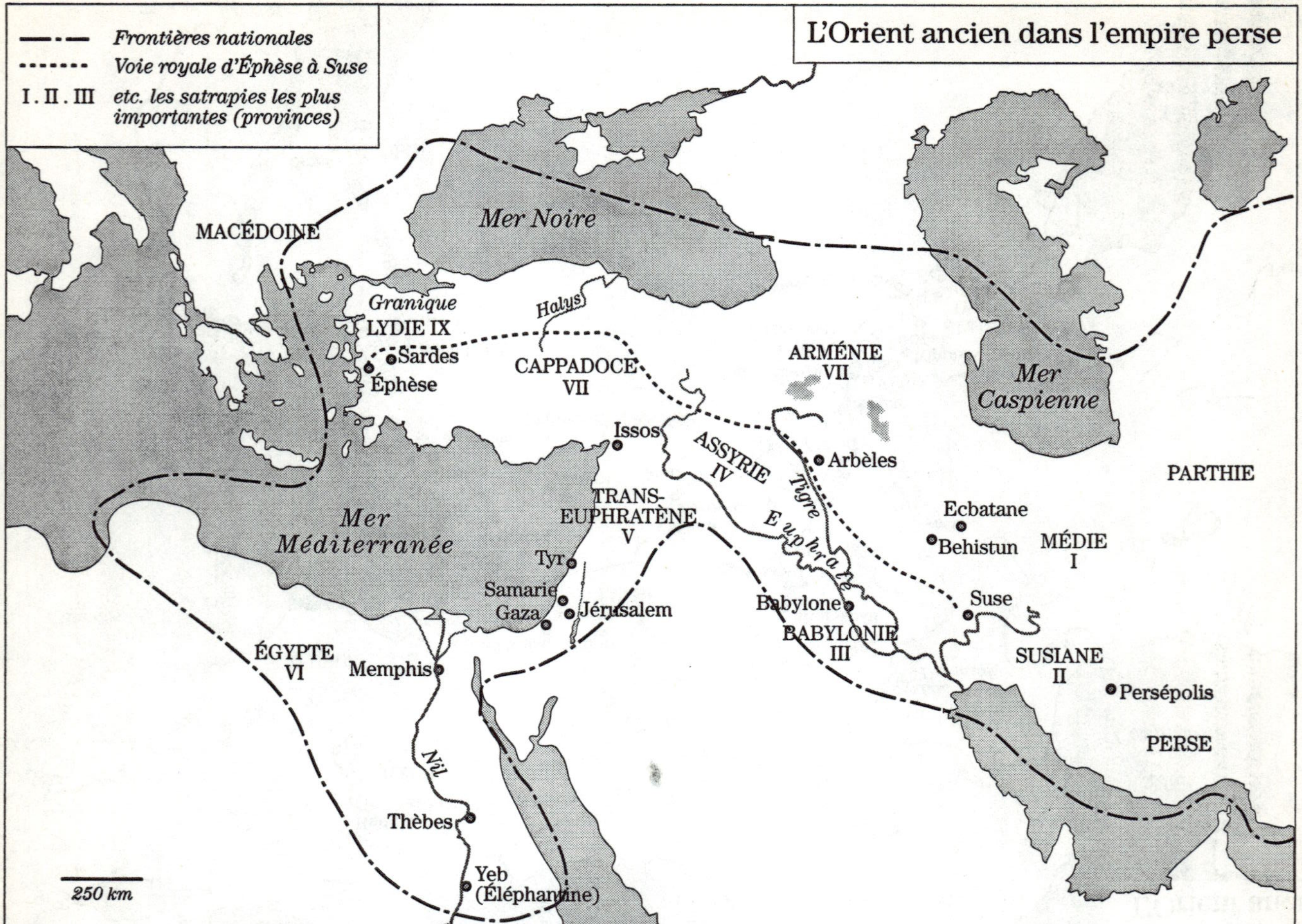

L'Orient ancien dans l'empire perse
Frontières nationales
Voie royale d'Éphèse à Suse
I . II . III etc. les satrapies les plus importantes (provinces)
MACÉDOINE
Mer Noire
Granique
LYDIE IX
Sardes
Éphèse
Halys
CAPPADOCE VII
ARMÉNIE VII
Mer Caspienne
Issos
ASSYRIE IV
Arbèles
Tigre
Euphrate
PARTHIE
Ecbatane
Behistun
MÉDIE I
TRANS-EUPHRATÈNE V
Mer Méditerranée
Tyr
Samarie
Gaza
Jérusalem
Babylone
BABYLONIE III
Suse
SUSIANE II
Persépolis
PERSE
ÉGYPTE VI
Memphis
Nil
Thèbes
Yeb (Éléphantine)
250 km

PARTIE SUD DE LA Ve SATRAPIE
(Transeuphratène)

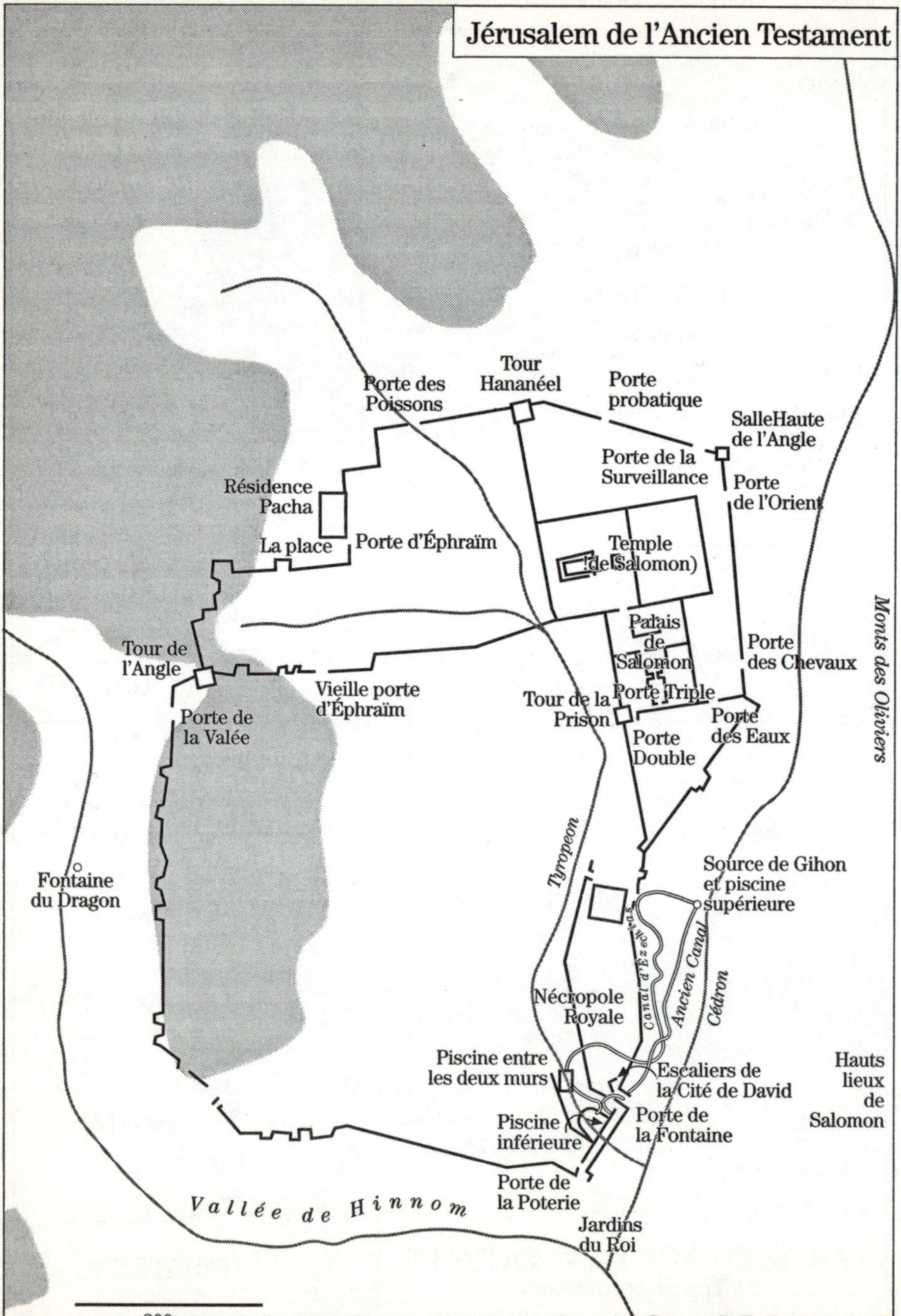
Jérusalem de l'Ancien Testament
Tour Hananéel
Porte des Poissons
Porte probatique
SalleHaute de l'Angle
Porte de la Surveillance
Porte de l'Orient
Résidence Pacha
La place
Porte d'Éphraïm
Temple (de Salomon)
Palais de Salomon
Tour de l'Angle
Vieille porte d'Éphraïm
Porte de la Valée
Porte des Chevaux
Porte Triple
Tour de la Prison
Porte des Eaux
Porte Double
Monts des Oliviers
Tyropeon
Source de Gihon et piscine supérieure
Fontaine du Dragon
Canal d'Ézéchias
Ancien Canal
Cédron
Nécropole Royale
Piscine entre les deux murs
Escaliers de la Cité de David
Hauts lieux de Salomon
Piscine inférieure
Porte de la Fontaine
Porte de la Poterie
Vallée de Hinnom
Jardins du Roi
300 m
Source du Foulon

Index des principaux noms bibliques

Index des citations bibliques

Ancien Testament

Nouveau Testament

Table des matières

PREMIÈRE PARTIE

Les prophètes annoncent la mort et la résurrection d'Israël (750-515)

DEUXIÈME PARTIE

Un peuple à la recherche de ses racines

TROISIÈME PARTIE

Heurs et malheurs : Israël explique son histoire (1220-587)

CINQUIÈME PARTIE

Israël-Juda dans la tourmente (400-63)

Cet ouvrage a été reproduit
et achevé d'imprimer sur Roto-Page
en mai 2000
par l'Imprimerie Floch – 53100 Mayenne
pour le compte de Bayard Éditions

Composition - Mise en pages
DV Arts Graphiques à Chartres

Imprimé en France
Dépôt légal : juin 2000.
N° d'éditeur : 2130.
N° d'imprimeur : 48704.

Sélectionnez, suivant vos besoins, et apprenez 15 à 20 abréviations par semaine à l'aide de gammes (répétition de l'abréviation sur une ligne ou deux). Incluez-les systématiquement dans un répertoire personnel et complétez-le à chaque apprentissage. Pour le reste, vous aviserez plus tard !

N'hésitez pas à regarder souvent votre répertoire de méthode pour y trouver les dérivés d'abréviations et les apprendre. Ils ont une « déclinaison » logique et ne poseront aucun problème de mémorisation. Bien évidemment, si votre créativité préfère une autre proposition de terminaison, laissez-la agir !

Faites systématiquement les exercices du chapitre que vous venez d'apprendre avant de passer au chapitre suivant.

Corrigez vos exercices et répétez les phrases (ou les mots) en gammes ou en dictées.

Nous vous rappelons que chaque exercice est fait en fonction du chapitre en cours. Aussi, si vous rencontrez une difficulté pour codifier votre mot en écriture simplifiée, deux solutions s'offrent à vous :

1. C'est une abréviation (vérifiez, c'est sûrement ça !).
2. Vous n'arrivez pas à écrire ce mot ? Appliquez la méthode :
   - que doit-on supprimer ?
   - que doit-on garder ?
   - que reste-t-il ?

Vous trouverez la réponse. Sinon, il vous reste toujours la possibilité de regarder la correction !

Ce travail effectué, vous maîtrisez suffisamment la méthode (sachez, qu'à ce stade, vous avez déjà dépassé votre vitesse initiale de prise de notes !) pour passer à un nouvel exercice : l'acquisition d'une plus grande vitesse ! Pour cela, une plateforme d'exercices audio est à votre disposition sur le site **www.meras-prisedenotes.com** afin de vous permettre un entraînement progressif à la rapidité, en fonction de votre objectif. Nous y reviendrons en fin de méthode.

Utilisez l'écriture simplifiée le plus souvent possible : liste de courses, messages téléphoniques...

Entraînez-vous également mentalement : traduisez les affiches publicitaires lorsque vous êtes en bus, par exemple. Agissez de même à la lecture de votre magazine préféré.

Introduction

Pourquoi MERAS® ?

Souvenons-nous... Qui dans sa vie estudiantine, professionnelle ou quotidienne, pour transcrire des informations et en garder une trace, n'a pas spontanément utilisé des abréviations (comme « rendez-vous » qui devient : RDV ou général : Gal) ou abrégé ses fins de mots ?

Seulement voilà ! Chacun allant de sa méthode – apprise le plus souvent de manière empirique – et toujours soucieux de prendre le maximum des idées évoquées, nous finissons par prendre en notes de manière approximative et peu « intelligente ».

Pourquoi ?

Tout simplement parce que la rapidité est un élément majeur dans l'acte de noter : notre vitesse d'élocution est d'environ 150 mots par minute et nous sommes capables de prendre en notes au maximum 30 à 40 mots sans méthodologie.

De plus, dans l'urgence, notre cerveau a du mal à trier le superflu de l'essentiel.

Ces deux constats sont à l'origine de la création de MERAS®. En effet, utiliser une méthode formalisée et éprouvée comme MERAS® permet de donner une véritable valeur ajoutée à ses techniques initiales et personnelles, et permet d'accroître son efficacité en doublant, voire triplant sa vitesse d'écriture. MERAS® permet en outre (vous allez le découvrir) de s'adapter à toutes les situations de prise de notes envisageables.

Ainsi l'objectif de la méthode est double : vous permettre de remplacer votre automatisme d'écriture de langue maternelle (acquis depuis le début de votre scolarité) et vous faire gagner en temps et en rapidité.

Vous pourrez, ensuite, et en fonction de l'objectif que vous aurez défini initialement, vous défaire du mot à mot avec liberté et aborder d'autres techniques, toutes aussi performantes : un étudiant utilisera plus facilement un style linéaire télégraphique ; un commercial préférera peut-être la méthode SPRI® ; un chef de projet, pourquoi pas la carte mentale (nommée également Global Map®) ; et un journaliste, la méthode des 7 points ou des 5 W.

Nous reviendrons sur ces techniques en fin d'ouvrage.

Combiner ces techniques et les utiliser comme des outils, sont gage de professionnalisme et d'efficacité.

Qu'est-ce que MERAS® ?

À la différence de la sténographie qui utilise des signes spécifiques et qui demande un apprentissage long et difficile, l'écriture simplifiée MERAS® est une technique basée sur le concept des lettres de l'alphabet, ce qui facilite son acquisition.

Les avantages de MERAS® ?

Décider d'apprendre une technique d'écriture abrégée ou simplifiée ressemble le plus souvent à un parcours du combattant. En effet, la plupart des stages sont inclus dans un cursus de formation d'assistanat et nécessitent un temps d'apprentissage souvent trop long.

Cet ouvrage, élaboré sous forme de guide, permet de contourner ces difficultés. Il propose un apprentissage structuré, rapide et ponctué de pauses récapitulatives. Les chapitres 1 à 9 proposent de faire facilement et de façon progressive l'apprentissage de la méthode MERAS®. Dans chaque leçon sera abordé un des points clés de la méthode. Vous trouverez également des listes d'abréviations à apprendre par cœur (que vous pourrez retrouver répertoriées par ordre alphabétique, avec leurs dérivés, en annexe 1) ainsi que des exercices d'application (sous forme de mots, de phrases ou de textes à traduire). Enfin, un résumé des points importants à retenir termine chacun de ces chapitres (1 à 9).

Une synthèse récapitulative ainsi que des entraînements supplémentaires vous sont ensuite proposés pour contrôler toutes vos connaissances sur l'ensemble de la méthode (chapitre 10).

Bien entendu, tous les corrigés des exercices sont à votre disposit en annexe 5.

Pour terminer, vous découvrirez d'autres techniques de prise de n que vous pourrez combiner avec MERAS®, et plus particulièremer Global Map®. En effet, combiner mots clés, images clés et écriture plifiée réactive notre mémoire et nous fait gagner un temps pré dans notre prise de notes.

Quelques abréviations thématiques (juridiques, médicales et mentaires) sont à votre disposition en annexe 3.

N'hésitez pas à créer votre propre glossaire d'abréviations, spé à votre métier, à l'aide d'images, de symboles, d'idéogrammes ou tres MERAS®.

Vous apprécierez particulièrement :

- la facilité d'apprentissage, car en 9 chapitres, vous maîtrisez technique de prise de notes aisément exploitable ;
- la rapidité de son utilisation et son opérationnalité immé car vous pourrez transcrire simultanément toute parole vitesse variable allant jusqu'à 100 mots/minute ;
- la confidentialité des écrits ;
- l'adaptabilité aux langues étrangères (dont l'alphabet est que au nôtre) vous trouverez au chapitre 11, la mé anglaise sous le nom de MERASA® (*Méthode d'Ecriture Abrégée et Simplifiée Anglaise*) et en annexe 4, l'adaptation gue espagnole ;
- la flexibilité et la créativité de la méthode.

Comment utiliser MERAS® ?

Tout d'abord, définissez votre objectif :

- Pour quelles raisons voulez-vous apprendre l'écriture
- À quoi cela va-t-il vous servir dans votre quotidien prof ou privé ?
- Avez-vous du temps à consacrer à cette méthode ?
- Avez-vous besoin de prendre en notes très rapideme

Puis, définissez votre plan de travail : quel(s) jour(s) pou sacrer dans la semaine à l'écriture simplifiée et tenez-vou ment à ce ou ces jours de travail.

Faites des fiches récapitulatives avec des exemples qui v pres. Cela facilitera votre mémorisation.

N'hésitez pas à inventer autant d'abréviations que vous le souhaitez, toujours dans l'objectif d'être plus efficace et plus rapide. N'oubliez pas de les inclure dans votre répertoire personnel.

De même, utilisez vos propres abréviations au détriment de celles que propose la méthode : des automatismes sont acquis, gardez-les !

Vous avez appris, il y a fort longtemps, une méthode de sténographie ou d'écriture abrégée que vous n'avez jamais utilisée ? Il y a de fortes chances pour qu'elle soit réactivée au moment où vous vous y attendez le moins ! Si votre relecture est toujours aussi efficace, laissez faire, vous trouverez vous-même votre équilibre.

Partez sans *a priori*, car cette méthode va bousculer vos automatismes ! Mais c'est au bénéfice de la performance et d'un gain de temps assuré.

Bon courage à tous !
Découvrons maintenant dans le détail la méthode MERAS®.

Principes généraux

Commençons maintenant notre apprentissage !
MERAS® est une méthode de prise de notes où l'on privilégie les sons entendus. Chaque syllabe est représentée par une lettre, et chaque mot de notre système d'écriture français, par un mot en écriture simplifiée.

Pour écrire vite, nous utiliserons directement les lettres de l'alphabet sans accent, ni signes de ponctuation et nous opérerons quelques suppressions sans altérer la lecture ou la relecture par les autres. Nous ne tiendrons compte ni des liaisons de la langue orale, ni de l'orthographe, ni de la grammaire.

Exemple

5 mots abrégés seront utilisés pour écrire cette phrase.

J'ai rendez-vous demain avec elle
1 2 3 4 5

Nous reproduirons une écriture basée sur la phonétique, donc dénuée d'orthographe et de grammaire. On aurait pu l'imaginer à la « mode » SMS en y incluant des abréviations officielles courantes :

« G rdv 2m1 av L »
1 2 3 4 5

Mais cette simplification ne pourra pas couvrir l'ensemble des mots de notre langue. De ce fait, la rapidité en sera altérée. C'est pour cette raison que l'écriture simplifiée a son intérêt.

Réactivons nos connaissances

Certains rappels des bases de notre langue sont indispensables à la bonne compréhension et à l'apprentissage de la méthode.

Définition d'une syllabe

C'est une unité phonétique regroupant consonnes et voyelles qui se prononcent d'une seule émission de voix.

La phonétique traditionnelle classe les phonèmes en voyelles, consonnes et semi-voyelles.

- veu/ve (2 syllabes)
- na/vi/re (3 syllabes)
- bou/le (2 syllabes)

Définition d'une voyelle

C'est un son du langage humain caractérisé par le passage de l'air. La plupart des voyelles utilisées sont sonores (à l'exception du « e » qui est la seule voyelle muette).

Elles sont prononcées avec la vibration des cordes vocales et se décomposent comme suit :

Les voyelles orales

- Les voyelles simples : *a, e, i, o, u, y* → ca/ba/ne (3 syllabes)
- Les voyelles composées : *ou, au, eau, eu* → pou/le (2 syllabes)
- Les voyelles complexes ou semi-voyelles :
  - diphtongues : *ia, io, iu, iai, ieu*... → cieux (1 syllabe)
  - fausses diphtongues : *ai, ei, oui, oi, ui*... → boi/re (2 syllabes)

En écriture simplifiée, les syllabes orales sont représentées uniquement par l'écriture de leur son consonne. On ne représentera donc jamais de voyelles à l'intérieur des mots.

Reprenons certains des exemples ci-dessus et écrivons-les en écriture simplifiée :

veu/ve : vv	na/vi/re : nvr
ca/ba/ne : cbn	pou/le : pl
boi/re : br	bou/le : bl

Lors de la relecture de votre écriture simplifiée, utilisez systématiquement le son neutre « e » (prononcez « eu » de « heure ») pour retrouver les voyelles supprimées : « veuv », « neuveur », « beul »...

Les voyelles complexes

- Les voyelles nasales sont toutes les voyelles vues précédemment, suivies de « n » ou « m ». Elles se prononcent avec le nez. C'est pour cette raison que nous les nommons « nasales » : *an, en, in, on, un, ian, ion, ain, oin*, etc. La leçon 3 leur est spécialement consacrée.

  a/bon/dan/ce (4 syllabes)

  bam/bin (2 syllabes)

- Les voyelles formant des sons dits « mouillés » : *y, ï, i* entre 2 voyelles, *ill, il*... se différencient des diphtongues, même si les sons entendus sont voisins, et représenteront une syllabe à part entière en écriture simplifiée. Vous verrez l'écriture de ces sons en leçon 2.

  ra/ta/tou/ille (4 syllabes)

  ra/yu/re (3 syllabes)

Définition d'un hiatus

Dans notre langue, nous rencontrons deux sortes de hiatus : le hiatus simple et le hiatus à son nasal (chapitre 6).

C'est la rencontre de deux voyelles simples ou d'une voyelle simple et une voyelle nasale, prononcées séparément.

Avec la prononciation d'un hiatus, nous pouvons entendre 2 sons émis et nous pouvons voir 2 mouvements de lèvres distincts.

a/é/rer thé/o/rie

Lé/on Chou/an

En écriture simplifiée, les syllabes complexes sont représentées par l'écriture de la consonne suivie du son complexe.

Nous représenterons donc systématiquement les voyelles nasales, les voyelles mouillées, les hiatus simples ou nasaux.

Bien évidemment, nous vous rappelons que nous verrons en détail l'écriture de ces sons lors des leçons qui leur sont consacrées.

Règles à suivre

Pour apprendre à jouer d'un instrument de musique, vous devez commencer par apprendre le solfège afin de déchiffrer des notes sur une partition. Chacune de ces notes correspond à un son et c'est l'association de ces sons qui donnera la musicalité du morceau.

De la même manière, vous devrez apprendre votre « alphabet MERAS® ». Chacune des lettres correspondra à un ou plusieurs sons phonétiques et c'est l'association de ces sons découpés en syllabes qui vous donnera votre prise de notes simplifiée.

Puis, comme pour un musicien, il vous faudra décider si vous souhaitez simplement jouer ou être un virtuose.

Sachez que plus vous vous entraînerez, plus vous maîtriserez la méthode et obtiendrez ainsi, la rapidité que vous souhaitez.

Le tout est d'être régulier dans son travail d'apprentissage et d'entraînement. C'est la règle de la réussite !

Ce qui disparaît

- **La ponctuation** usuelle est supprimée. Toutefois, si la ponctuation est indispensable dans la prise de notes, nous l'écrirons et nous l'encerclerons, afin de ne pas la confondre avec notre « alphabet MERAS® ».
- **L'apostrophe** (ou élision) n'est jamais représentée. L'article est joint au mot. Ainsi, « l'élève » s'écrira comme si son orthographe était la suivante : « lélève ».
- **Toutes les voyelles** à **l'intérieur** d'un mot (accents compris) sont supprimées. Nous les avons énoncées précédemment.

Exemple

Reprenons « l'élève ». Sa graphie sera représentée de la manière suivante :

llv

Lors de la relecture, utilisez le bruit des lettres consonnes (phonétique parlée) et non la prononciation de l'alphabet (exemple : « L » se prononcera « le » et non « el »).

Reprenons encore une fois notre exemple ci-dessus : l'élève : *llv* se prononce donc : « leuleuv ».

C'est le contexte de la phrase qui vous permettra de relire vos paronymes (mots de sens différents mais de formes relativement voisines, par exemple : collision et collusion) et d'en trouver le sens. N'oubliez pas que c'est VOUS qui prenez en notes et que vous connaissez votre contexte.

De même, n'oubliez pas qu'une prise de notes, quelle que soit la forme, se traduit et s'utilise dans un délai le plus court possible.

- Qu'elles soient voyelles ou consonnes, en début, en milieu ou en fin de mot, les **lettres muettes** ne sont jamais représentées.

> **Exemple**
>
> (h)ab(i)l(e) : *abl*
> ân(es) : *an*

- Pour simplifier la graphie, nous n'écrirons qu'**une seule des deux consonnes doubles** dans un mot.

> **Exemple**
>
> n(a)p(p)(e) : *np*
> r(ou)(s)s(e) : *rs*
> b(eu)(r)r(e) : *br*

- **Les tirets** sont supprimés, les mots sont joints (*sauf quand la relecture peut être altérée*).

> **Exemple**
>
> Arc-en-ciel = arcanciel

Rappelez-vous, ni orthographe, ni grammaire !

À ce propos, cela peut paraître déstabilisant pour certains d'entre vous, puisque nous nous basons sur un système d'écriture connu. Mais c'est ce qui fait de MERAS® sa simplicité d'apprentissage !

N'oubliez pas que nous appliquons une méthode... Nous écrivons donc différemment de notre écriture usuelle.

Afin d'éviter les écueils des fautes d'orthographe ou de grammaire lors de votre retranscription, il est conseillé de recourir au dictionnaire ou aux corrections automatiques de votre logiciel de traitement de texte.

- **Le « t » euphonique**, joint au pronom et au verbe par un tiret, est inutile pour le sens de la phrase, dans la langue française. Aussi le supprimerons-nous.

Exemple

Paul a-t-il des billes ? s'écrira : Paul a il des billes ?

- **Les majuscules**, de début de phrase ou de noms propres, sont supprimées. On soulignera toutefois, la dernière lettre du tracé pour indiquer qu'il s'agit d'un nom propre.

Exemple

V(ie)(n)n(e) : 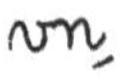
R(e)(n)n(es) : 

- **Nous allégerons** la graphie de certaines lettres : ainsi, par exemple, le « t » s'écrira sans sa barre pour le son « te », le « m » ne formera plus qu'un seul grand pont pour le son « me », le « j » sera sans point et fera le son « j(g)e ».

Attention
À bien différencier votre « t » de votre « l » en écriture simplifiée, ils pourraient être confondus.
À bien représenter la graphie de certaines lettres. En effet, nous utiliserons la calligraphie scripte ou bouclée, minuscule ou majuscule. Les sons seront différents (exemple : la lettre « s » s'utilisera sous diverses écritures et fera à chaque fois des sons différents).

Comme sur votre ordinateur, imaginez une icône « corbeille » dans laquelle nous jetons tout ce qu'en écriture usuelle nous ne voulons pas (énoncé ci-dessus). Parmi ce bric-à-brac de lettres et de signes, nous en piocherons quelques-uns afin de peaufiner l'alphabet MERAS®.

Ce qui est conservé

- Le hiatus.
- Les voyelles nasales : *on, an, en, in, ain, un, ein, ion, oin, ien...*
- Le « y » représente tous les sons dits « mouillés » : *aille, ille, eille, ouille, euille, ieille, ye, aye, eye, ï* et *i* compris entre 2 voyelles.
- Les voyelles au début et à la fin d'un mot.

Les quatre points énoncés ci-dessus seront, bien sûr, développés dans les chapitres correspondants.

Le surlignement

Une syllabe identique répétée ne formant qu'un seul mot ne s'écrira qu'une fois et nous surlignerons le tracé. Nous utiliserons également le surlignement pour les expressions françaises.

Exemple

tata : $\overline{ta}$

pas à pas *ou* papa : $\overline{pa}$

Attention

« Hippopotame » ou « cacao », par exemple, ne sont pas concernés, car la syllabe identique ne forme pas un mot unique. Pour l'écrire, nous appliquerons donc les règles de suppressions habituelles de l'écriture simplifiée.

L'expérience a prouvé qu'il est plus rapide d'opérer les suppressions que de surligner.

Les abréviations

Vous trouverez tout au long de cette méthode un certain nombre d'abréviations qui faciliteront votre prise de notes. Elles sont sous forme d'images ou de sons. Elles seront à apprendre par cœur. Mais n'oubliez pas cependant d'être sélectif dans votre apprentissage, toutes ne sont pas forcément pour vous !

Lorsqu'une abréviation est rattachée à un article, nous garderons toujours le radical de celle-ci. Si elle commence par une voyelle, nous ne la supprimerons pas. Ainsi, nous saurons qu'il s'agit bien d'une abréviation.

En revanche nous supprimerons toujours l'accent aigu (utilisé pour faire le son « é ») débutant une abréviation afin de ne pas le confondre avec un pluriel.

Exemple

avantage :  l'avantage : 

échantillon : 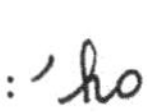 l'échantillon : 

Nous conserverons, sans changement, tous les sigles et les acronymes, la graphie de l'arithmétique pour les poids et mesures, la graphie du pourcentage. *(Toutefois, nous pourrons utiliser l'écriture abrégée si le procédé est plus rapide)*. Nous conserverons également le « h » de heure lorsqu'il s'agit d'un moment précis (exemple : 15 h 30).

Ces abréviations se « déclinent » avec logique. Nous vous rappelons que vous les trouverez avec leurs dérivés en annexe 1.

Pensez à combiner abréviations et mots pour gagner en rapidité, mais aussi en relecture.

Exemple

somnambule

indépendant

alter ego

Conseils pratiques

- Utilisez un stylo bille (gras de préférence, afin d'avoir une écriture plus fluide).
- Utilisez également des feuilles blanches (sans lignes), format 21 x 29,7 et pensez à les numéroter en haut à droite.
- Barrez d'un seul trait, le tracé erroné pour toute rectification.
- Espacez d'environ un espace et demi vos lignes afin de permettre les corrections et surtout pour que certains tracés ne chevauchent pas la ligne supérieure.
- Lors de votre entraînement pour acquérir de la rapidité, divisez d'un trait votre feuille en deux parties dans le sens de la longueur (format portrait). Remplissez le premier espace de gauche, puis celui de droite. Votre ligne d'écriture est plus courte, le levé de crayon moindre : vous gagnez encore en rapidité ! De même, plus vous écrirez petit, plus vous écrirez vite.
- N'hésitez pas à répéter plusieurs fois vos exercices corrigés, en écriture simplifiée. Les automatismes sont nécessaires à la parfaite connaissance de la méthode.

Trucs et astuces

Facilitez-vous la vie ! N'hésitez pas à utiliser tous les trucs et astuces que vous connaissez. En voici quelques-uns qui vous aideront :

- Si un sigle ou un acronyme vous est dicté dans son entité, écrivez-le en sigle et soulignez-le. En agissant de la sorte, vous savez, lors de sa traduction, qu'il faudra le transcrire dans son ensemble. Inversement, s'il est dicté en sigle, ne le soulignez pas. Il restera sigle lors de la retraduction.
- Le nom d'une ville est trop long à écrire et vous savez qu'il n'y aura aucun souci de relecture : encerclez la première lettre de ce nom propre.
- Pour certains mots, la phonétique est identique. Afin de vous relire sans problème, tenez compte de son écriture usuelle et jonglez entre phonétique et orthographe (exemple : panier s'écrira avec le son « ne » + « ié » et poignée s'écrira avec le son « gne » + « é »).
- Dans un souci de simplicité et de rapidité, l'emploi d'un tracé condensé est préféré (mais non obligatoire) au tracé simple (exemple : « tous les » se préférera en une seule graphie au lieu de deux).
- Utilisez également des moyens mnémotechniques pour retenir vos abréviations. Voici quelques exemples :
  - Partenaire :  (il faut être au moins 2 pour être partenaire, nous l'écrivons donc avec 2 jambes).
  - Personne :  (idéogramme japonais signifiant « personne ». Imaginez une petite tête au-dessus du symbole : cela ressemble à une personne qui marche).
  - Urbain :  (la barre au-dessus du « u » peut représenter la chape de pollution au-dessus d'une grande ville).
  - Observe :  (cela ressemble à un œil).
  - Libre :  (cela ressemble à un oiseau).
- Le signe « tildé » est utilisé principalement pour les abréviations commerciales.
  - Les lettres majuscules tildées sont utilisées pour les personnes.

Exemple

vendeur : $\tilde{V}$

acheteur : $\tilde{A}$

- Alors que nous utilisons les lettres minuscules tildées pour les noms communs, les adjectifs ou les verbes.

Exemple

vente : $\tilde{v}$

achat : $\tilde{a}$

- Inventez vos propres abréviations.

Exemple

Reprenons l'abréviation « personne » 

Nous pourrions imaginer :

– parents :  (il faut être 2 pour être parents)

– monoparentale :  (un seul parent)

– enfant :  (c'est une petite personne, l'idéogramme est donc plus petit)

Résumé du chapitre 1

- Nous supprimons :
  - la ponctuation ;
  - les apostrophes (l'article est joint au mot) ;
  - toutes les lettres muettes (consonnes ou la voyelle « e ») ;
  - toutes les voyelles simples, composées ou complexes à l'intérieur des mots et leurs accents ;
  - les doubles consonnes ;
  - les majuscules de début de mot ou de nom propre (on souligne la dernière graphie du tracé pour indiquer qu'il s'agit d'un nom propre) ;

– les tirets ;
– le « t » euphonique ;
– les parenthèses ;
– les accents.

• Nous allégeons :
  – Les graphies :
    – « t » s'écrira sans sa barre ;
    – « m » ne formera qu'un seul grand pont ;
    – « j » est sans point.
  – Les tracés condensés en tracés simples.

Attention à bien différencier votre « t » de votre « l » en écriture simplifiée ; ils pourraient être confondus lors de la relecture. Attention à l'écriture du « s ». Différentes graphies seront utilisées dans notre méthode.

• Nous gardons :
  – les voyelles de début et fin de mot ;
  – les voyelles nasales ;
  – la semi-voyelle « y » pour l'écriture des sons dits « mouillés » ;
  – le hiatus.

• Nous utilisons :
  – le surlignement uniquement pour un mot composé de deux syllabes identiques et pour certaines expressions françaises ;
  – les abréviations en toutes circonstances, et leur combinaison avec les mots afin de gagner en rapidité et faciliter la relecture ;
  – les sigles, les acronymes, la graphie de l'arithmétique, des poids et mesures et du pourcentage, le « h » de heure.

2

L'écriture des consonnes et des syllabes terminales

Les consonnes

Rappel

Pour la lecture des consonnes en écriture simplifiée, utilisez le bruit des lettres (phonétique parlée : « be », « de », « que »...) et non la prononciation de l'alphabet.

Utilisez, également, systématiquement le son neutre « e » (prononcez « eu » de « heure ») pour retrouver les voyelles supprimées.

Graphie	Dire	Sons	Exemples
b ou b	be	b + voyelle	robe : *rb* bord : *br*
Boire une bière dans* un bar. *br 1 br d 1 br*			
c	que	qu – k – c + a, u, o,	caduque : *cdc* couleur : *clr*
La cousine de Caroline. *l csn d crln*			

d	de	d + voyelle	dort : dr dune : dn
Je donne de la salade à Danièle. j dn d l sld a dnl			
f	fe	f + (voy) ph + (voy)	physique : fsc figure : fgr
Le face à face* de Philippe et* Fabienne. l fs d flp ' fbn			
g	gue	g + voyelle	gare : gr gag : gg
Le guépard court. l gpr cr			
g	gne	g + voyelle	règne : rg peigne : pg
Je soigne Diane. j sg dn			
h	che	h + voyelle	ruche : rh Chine : hn
La chevelure de Richard. l hvlr d rhr			

j	je sans point	j + voyelle ou g + e, i, y	javel : jvl rouge : rj
La jupe jaune de Jade. l jp jn d jd			
l	le	l + voyelle	lave : lv gélule : jll
Je lave la vaisselle avec Gilles. j lv l vsl av jl			
m	me	m + voyelle	mare : mr malheur : mlr
Maude mâche du caramel. md mh du crml			
n ou n	ne	n + voyelle	narine : nrn bonheur : bnr
De la neige sur un nénuphar. d l nj sr 1 nnfr			
p ou p	pe	p + voyelle	poche : ph dupe : dp
La panne de la machine de Pierre. l pn d l mhn d pr			

<table>
<tr><td>r
ou
R</td><td>re</td><td>r + voyelle</td><td>roche : rh
rare : rr</td></tr>
<tr><td colspan="4">Le renard a une couleur rousse.
l rnr a 1 clr rs</td></tr>
<tr><td>s
Attention à la graphie bouclée du « s »</td><td>se</td><td>s-ss-ç-c-z *
+ voyelle</td><td>rapace : rps
pesage : psj</td></tr>
<tr><td colspan="4">La gazelle dans* la savane.
l gsl d l svn</td></tr>
<tr><td>t</td><td>te
sans barre</td><td>t + voyelle</td><td>tête : tt
futile : ftl</td></tr>
<tr><td colspan="4">Une tomate toute rouge.
1 tmt tt rj</td></tr>
<tr><td>v
ou
V</td><td>ve</td><td>v ou w *
+ voyelle</td><td>ville : vl
kiwi * : cv·</td></tr>
<tr><td colspan="4">Une vedette de valeur.
1 vdt d vlr</td></tr>
<tr><td>x
ou
X</td><td>cse</td><td>x-xc-cc *
+
voyelle</td><td>accès * : ax'
fixe : fx</td></tr>
<tr><td colspan="4">Une rixe de boxeurs.
1 rx d bxr</td></tr>
</table>

* N'oubliez pas :

- « dans » : voir abréviation p. 26 ;
- le surlignement utilisé pour les expressions françaises ;
- « et » ainsi que « accès » : voir écriture des voyelles (chapitre 3) ;
- que le son « se » fait aussi le son « ze » comme dans « gazette » ;
- que « cse » fait également le son « cze » comme dans « xylophone » ;
- en ce qui concerne le son « we » : nous « francisons » l'écriture des mots étrangers en les prononçant « ve ». Ainsi « kiwi » se pensera et s'écrira « kivi ».

Remarque importante
Rappelez-vous ce qui a été énoncé précédemment sur les paronymes : le contexte et votre mémoire vous aident à retrouver avec exactitude le mot simplifié. Vous serez surpris par la facilité de relecture. Mais encore une fois, les notes doivent être traduites dans un délai le plus court possible.

Les syllabes terminales

Afin de gagner en rapidité, les syllabes terminales nous seront d'un grand secours.

Toutefois, si vous omettez de les utiliser, n'oubliez pas de reproduire tous les sons phonétiques entendus. Ainsi la relecture n'en sera jamais altérée.

Attention
Pour les finales *lité/lisé* et *lisation/litation*, le « L » est impérativement compris dans ces terminaisons.

Graphie	Dire	Sons	Exemples
	courbe simple	lité lisé (*uniquement en finale*)	civiliser (lité) :  fatalité : 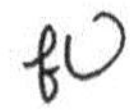
Un paralysé alité. 			
	double courbe	lisation litation (*uniquement en finale*)	habilitation : 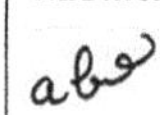 civilisation : 
Une bonne signalisation. 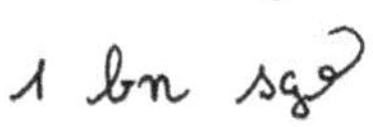			
	ing	ing (*uniquement en finale dans la méthode française*)	meeting : 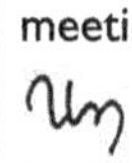 leasing : 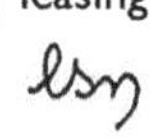
Faire du baby sitting*. 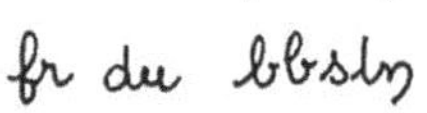			

* Parce qu'il n'y a aucun problème de relecture, nous pouvons nous permettre d'écrire d'une seule graphie cet anglicisme.

Attention
Pensez à bien appliquer vos leçons à l'aide des exercices. N'oubliez pas que des abréviations parsèment les phrases !

Abréviations basiques

Elles sont à apprendre par cœur.

Le/ la	l	Notre	n–
Les	l'	Votre	v–
Un(e)	1	Nous nous	n̄
Des	d'	Vous vous	v̄
Du	du	Lui	l·
Ma	m	Leur(s)	lr
Ta/tu/te	t	Avec	av
Sa/ce/se	s	Pour	p–
Mon	mo	Pour ainsi dire	p–ad
Ton	to	Par	pr
Son	so	Parce que	p–c
Mes	m'	Plusieurs	+r
Tes	t'	Pendant	p
Ces/ses	s'	Beaucoup	bp
Je/jour	j	C'est-à-dire	cad
Il(s)	)	Même	m̂
Elle(s)	(	Comme	ĉ
Nous	n	En effet	āf
Vous	v	Il y a	ya

Il y aura	yra	Auprès	.'
Depuis	↗	Dans	d
Au début (de)	.↗	Surtout	s°
À compter (de)	↗'	Peut(x)-être	p̂
À partir de	a↗	Malgré	V
Jusque	↘	Néanmoins	n̲
À travers	a\	Etc.	✓
Au travers	.\	Seulement	st
Au-dessus	.du	Non seulement	nst
Au-dessous	.do	Partout	p°
Ci-dessus	sdu	Pourtant	p$^{\bar{a}}$
Ci-dessous	sdo	Pas	p
Ci-contre	sQ	Ne pas/n'a pas/n'est pas	np
Ci-joint(e)	sj	Certain	s^{i}
Ci-inclus(e)	si	Certaine	s^{n}
Ci-après	sa'	Surplus	s+
Plutôt	+.	La plupart	l+
Aujourd'hui	j	Toujours	tj
Après	a'		

Abréviations mathématiques, scientifiques et dérivés

Elles sont à apprendre par cœur, mais sélectionnez-les suivant vos besoins.

Plus	+	Psychologue	Ψg
Moins	−	Hôpital	H
Plus ou moins	±	Implique	⟹
Positif	+f	N'implique pas	⇏
Négatif	−f	(Est) équivalent (e) à	⟺
De plus en plus	$\overline{+}$	Diamètre	∅
De moins en moins	$\overline{-}$	Inclus(e)	ι
Divise	:	N'est pas inclus(e)	ι̸
Multiple	×	Plus grand (que)	+>
Égal (e)	=	Plus petit (que)	+<
Différent(e)	≠	Supérieur(e)	>
Identique	≡	Inférieur(e)	<
Identité	≡'	Supérieur(e) ou égal(e)	≥
Appartient	∈	Inférieur(e) ou égal(e)	≤
N'appartient pas	∉	Environ	≃
Il/elle existe	∃	Somme	Σ
Il/elle n'existe pas	∄	Union	∪

Moyen (ne)	$\overline{m}$	Infini	∞
Réel	$\mathbb{R}$	Intègre	$\int$
À peu près équivalent(e)	$\rightsquigarrow$	Augmente	$\uparrow$
Précédent(e)	$\longleftarrow$	Baisse	$\downarrow$
Suivant(e)	$\longrightarrow$	Diminue	d$\downarrow$
Femme(s)	♀	Croissant(e)	⊏
Homme(s)	♂	Parallèle	//
Psychiatre	Ψ	Vertical(e)	|
Élément	é̸	Minimum	mn
Symbole	s̸	Maximum	mx
Cellule	¢	Mort, décès, disparaître	†
Énergie	ϟ	Interaction	$\longleftrightarrow$
Ensemble	E	Internet	@
Degré	d°	Intranet	ⓘ
Statistiques	Z	Extranet	ⓔ
Température	T°	Surfeur	Sr
Surface	S^2	Stagne	∿∿
Puissance	P^2	Numéro	n°
Calcul	$\overline{c}$	Analyse	∂
Nombre	nb	Pourcentage	%
Problème	pb	Itinéraire	⇆

Résumé du chapitre 2

- **Les consonnes**
  - leur écriture reste ce que nous connaissons déjà ;
  - leur lecture se prononce en utilisant la phonétique parlée (be, de, que…) ;
  - le son neutre « eu » (« eu » de « heure) est à utiliser systématiquement pour retrouver les voyelles supprimées à l'intérieur des mots ;
  - le son « se » fait également le son « ze » ;
  - le son « xe » fait également le son « xze » ;
  - l'utilisation de la forme scripte pour les lettres : « b », « d », « n », « p », « r », « v », et « x » est possible.

Exemple : b ou b, p ou p…

- **À noter**

Quelques lettres sont à remarquer :
  - le son « gne » est représenté par un « g » ouvert ;
  - « h » à lui seul représente le son « che » ;
  - « j » est sans point ;
  - « m » ne formera qu'un seul grand pont ;
  - « t » s'écrira sans sa barre ;
  - « w » sera systématiquement remplacé par « v ».

Rappel

  - Formez convenablement votre « l » afin de le différencier du « t ».
  - Attention à la graphie du « s » (« s » bouclé pour les sons « se » ou « ze »).

- **Les terminaisons**

Attention : pour les finales *lité/lisé* et *lisation/litation*, le « L » est impérativement compris dans ces terminaisons.

C'est à vous !

rsc	ricane :	caresse :
bière :	saigne :	charade :
bassine :	bobine :	sgr
nougatine :	collège :	rgl
chienne :	cygne :	bgr
pudding :	leasing :	natalité :
Jade :	luge :	polichinelle :
maquette :	miel :	lpca
rire :	caravaning :	signalisation :
sarriette :	tuile :	ax

Traduisez

1. La belle robe de Carine.

2. Le ridicule de Céline.

3. Je donne une caresse à Bob.

4. Sa cape vole au-dessus du carrosse.

5. La fatigue gagne Marine : elle dort sur une chaise.

6. d x csrl d l csn

7. De plus en plus de basilic sur la salade.

8. La cousine de Lionel dans la cuisine.

9. j cy l' dvr d pl

10. De délicieuses dorades.

3
L'écriture des voyelles, des chiffres, des jours, des mois et des points cardinaux

Les voyelles

Les voyelles se représentent uniquement en début et en fin de mot (exception faite de la lettre muette « e » qui ne se représente jamais).

La ponctuation et les accents ayant été supprimés, nous allons les réutiliser pour certains sons.

Graphie	Dire	Sons	Initiales	Finales
a	a	a, oi, oua, ia	âne : an hiatus : als	roi : ra allia : ala
e	e	eu, oeu, ieu	Eugénie : ejn' heureux : ere	milieu : lle vœu : ve
ʼ …………	aigu	é, er, et, ez, est, ai, hai, ei…	haine : ʼn héritage : ʼrlj	haie : ʼ bébé : bʼ
ˋ …………	grave	ié, ier, iet, iez, iai,…	hier : ˋr hiératique : ˋrlc	étudiait : ʼldˋ vaisselier : vslˋ

•	point du « i »	i, ui, oui	imagine : ·ɩjn iris : ·rs	puis : p· l'ouïe : l·
......•.....	point du « o »	o, au, eau, io...	orage : ·rj horreur : ·rr	roseau : rs· pot : p·
ɵ	o bouclé	ou, iou	ouvert : ɵvr houx : ɵ	genou : jnɵ joujou : $\overline{jɵ}$
u	u	u, iu (il) eut (il a) eu	utopie : utp· Uranus : urns	ému : 'ɩu cousu : csu

La semi-voyelle « y » (un cas à part)

Elle sert à écrire tous les sons dits mouillés « ille » : *ï, ille, ye*... ainsi que « i » compris entre deux voyelles et se place partout dans le mot. Rappelez-vous que ce son représente une syllabe à part entière.

Exemple

maille : ɩy naïade : myd

rouille : ry payeur : pyr

soleil : sly théière : lyr

Les chiffres restent à l'identique et pourront se « décliner »

premier : 1^{r} second : 2nd seconde : 2de secondaire : 2^{r}

troisième : 3e quatrièmement : 4^{t}

primo : 1. quinquennal(e) : 5^{l}

dernier* : 0^{r} dernière : 0e terminal (e) : 0^{l}

mille : M millier : M^{r} million : $\overline{M}$ milliard : $\overline{\overline{M}}$

trimestre : 3S semestre : 6S

* Moyen mnémotechnique : les « derniers » de la classe ont souvent la note : zéro. C'est donc ce chiffre qui est retenu pour toutes les « déclinaisons ».

Les jours

lundi : $\underline{l}$ mardi : $\underline{r}$ mercredi : $\underline{\dot{r}}$ jeudi : $\underline{j}$

vendredi : $\underline{v}$ samedi : $\underline{s}$ dimanche : $\underline{d}$

N'oubliez pas de souligner les graphies. Nous différencions « mardi » de « mercredi » en ajoutant le point du « i » à la graphie de « mercredi ».

Les mois

Les mois s'écrivent avec les chiffres correspondant aux mois.
1er janvier 2000 s'écrira : 1/1/00
mais 1er janvier 1900 s'écrira : 1/1/1900

Les points cardinaux

Nord : N̲ Sud : S̲ Est : E̲ Ouest : O̲

Orient : O̲r̲ Occident : O̲x̲

Pensez à toujours les souligner.

Abréviations générales

Elles sont à apprendre par cœur, mais sélectionnez-les suivant vos besoins.

Dans tous les cas	tca	D'un côté	└'
En tout cas	ātca	D'un autre côté	┐'
Tout de même	tdm̂	De tous côtés	└┐'
De tout temps	dttā	D'une part	└
En même temps	m̂tā	D'autre part	┐
En ce moment	āmt	De part et d'autre	└┐
Tout de suite	tsu	Au fur et à mesure	W

Tous les jours	tlj	Quelque(s)	qq
De toutes sortes	dts	Quelquefois	qqxa
Toutefois	txa	Quelconque	qqc
Tout à fait	tf'	Quelque chose	qqch
Tout au bout	tbo	Quel(le)que(il/elle)soit	∀
Tout à l'heure	tlr	Quoi qu'il en soit	c∀
Tout le monde	tl⊖	Immédiat(e)	i
Tout à coup	tco	Important(e)	⊥
Tout au plus	t+	Risque(s) et péril(s)	rep
Tout au moins	t–	Indispensable	idz
Tout à côté	tct'	Maintenant	mā
Pur et simple	pes	Grand	g^{d}
Essentiel(le)	e✓	Grande	g^{de}
Exclusif	e→f	Extraordinaire	X
Perpétuel(le)	Ⓟ	Général(e)	G
Initial(e)	ⓘ	Équilibre	⇝
Confidentiel(le)	qf^{le}	Récapitule	rcp
Définitif(ve)	df	Rapide	–/–
Perspective	p→	Rapidement	–//–
		Le plus rapidement possible	–///–

Résumé du chapitre 3

- **Les voyelles**
  - Elles ne se représentent jamais à l'intérieur des mots.
  - Elles s'écrivent uniquement en début et fin de mot.
  - La muette « e » ne se représente jamais.
  - La semi-voyelle « y » est utilisée pour tous les sons dits « mouillés » et représente une syllabe à part entière.
- **Les chiffres, jours, mois et points cardinaux**
  - Les chiffres restent à l'identique et se « déclinent ».
  - Les jours et les points cardinaux sont toujours soulignés.
  - Les mois s'écrivent avec leur chiffre correspondant.

C'est à vous !

Œdipe :	Isabelle :	hippie :
halo :	ubiquité :	caillou :
ouate :	écaille :	peureux :
hcla	pâtissier :	hier :
serrurier :	usr	coléreux :
hippopotame :	pieu :	royaume :
payer :	pied :	obus :
bijou :	hasard :	hâter :
curieux :	Sioux :	fyl'

Traduisez

1. Camille a étudié ce dossier malgré ce lourd soleil et cette chaleur moite.

2. Ce camaïeu de rouge est magnifique.

3. j va l sly ryy' du llu o j s· as·

4. lna ' 'lu pr s snr. lgfc

5. Ce bijou unique appartient à Emma.

6. Le pillage de lundi dernier ne sera jamais élucidé.

7. 1 sr· cr sr l cybl·

8. La rouille souille ce tabouret de fer sur lequel j'ai posé la théière.

9. Le hibou est un oiseau de nuit.

10. Madeleine a mis dans son panier une poignée de cerises.

4
L'écriture des voyelles nasales

Où qu'elles se trouvent dans un mot, les voyelles nasales se représentent systématiquement.

Attention à prononcer à haute voix les sons nasaux. En effet, certains sons s'écrivent à l'identique mais se prononcent différemment. L'on trouvera une graphie d'écriture usuelle identique pour « science » ou « italien », par exemple, mais les sons nasaux sont bien distincts.

Graphie	Sons	Initiales	Intérieures	Finales
ā	an en ia (e)n	emballer : ābl' angine : ājn ïambe : āb	chance : hās méfiance : lfās science : sās	champ : hā enfant : āfā étudiant : 'ldā
o	on	honteux : ole onduler : odl'	colombe : clob annonce : anos	pantalon : pālo melon : lo

o	ion	**Mot unique** ion : o	*Pas de son nasal « ion » mais des diphtongues* *(ex : lionne, pionne…).* **Exceptions *** lionceau : los. *Nous utiliserons le son nasal « on ».* triomphe : Y *(Abréviation)*	avion : av° occupions : ·cp° champion : hāp°
o̲ .... o̲l .... o̲' .... o̲t	**Nasale uniquement finale** sion(ne)* ssion (ne) tion (ne) ption (ne) xion (ne) ction (ne) *Rappel : « se » fait aussi « ze »* **Les dérivés de « s(t)ion »** tionnel(le) tionner tionnement tionnément			illusion : ·lo̲ session : so̲ correction : cro̲ connexion : cno̲ fonction/ fonctionne : fo o̲ passion/ passionne : po̲ relationnel : rlo̲l ponctionner : po o̲' rationnement : ro̲t

ºlt	tionnellement			passionnel-lement : pºlt
ºr	tionnaire (neur)			actionnaire : aºr collectionneur : clºr
ºā	tionnant (e)			passionnant : pºā
ºs	tionniste			intervention-niste** : Ivāºs
º3	tionnisme etc.			illusionnisme** : ·lº3
ı	in a (e) in un	invention : ıvāº impôt : ıp. insouciance : ıssās	lingot : lıg. minceur : mısr Vincent : vısā	moulin : mlı poussin : psı daim : dı
i	ien ouin oin uin	ointe : il	lointain : lili suinter : sil' chien-loup : hilo	point : pi soin : si maintien : mli Italien : ·Ili

* Le mot familier « pioncer » fait partie des exceptions. Nous utiliserons le son nasal simple « on » en graphie intérieure.

** Polysyllabique (chapitre 9) et syllabes consécutives (chapitre 7).

Abréviations générales

Elles sont à apprendre par cœur, mais sélectionnez-les suivant vos besoins.

Journée	jn'	Urbain	ū
Origine	ȯ	Culture	ɦ
Utile	u̇	Minitel	2T
Excel(le)	$\bar{\bar{e}}$	Télématique	T2c
Excellent(e)	$\bar{e}$	Télémarketing	T2—
Médecin	ɀ	Télévision	TV
Question(ne)	?	Média	ℳ
Pourquoi	?a	Multimédia	M
Habitude	h̃	Ordinateur	Ø˙
Présent(e)	p̊	Social(e)	$\bar{S}$
Cherche	h—	Sécurité	$\bar{\bar{S}}$
Développe	dvp	Sécurité sociale	$\overline{SS}$
Europe	€p	Complet(e)	q↓
Règle	R/	Supplément	s↗
Régularité	R/l'	Participe	p̃
Patrimoine	Pa	Merci	$\bar{2}$
Proportion(ne)	÷	Politique	π

Circonstance	𝒞	Procédure	P̄
Gouvernement	gvt	Nation	N°
Raison	r̊	Régime	Ṙ
État	É	Juge	J
Pouvoir	P̲	Démocratie	D˙
Avocat	ā	Ministre	S̶
Tribunal	T̃	Instruction	ī̄°
Parlement(e)	π	Procuration	p̄̄°
Droit(e)	△	Exécution	⊣°
Citoyen	ĉ̂	Conclusion	⟶»

Résumé du chapitre 4

- **Les voyelles nasales**
  - Elles sont systématiquement représentées, où qu'elles se trouvent dans le mot.
  - Prononcez les mots à haute voix avant de les écrire, afin de reproduire la voyelle nasale adéquate.
  - La terminale « tion » (peu importe son écriture) est utilisée également pour « tionne » et se « décline » pour tous les groupes terminaux dérivés de ce son.

Attention

Nous trouverons trois mots (l'un étant devenu une abréviation = triomphe) dans notre langue française dont le son « ion » est intérieur. Pour simplifier notre prise de notes, nous utiliserons alors le son nasal « on » en remplacement.

C'est à vous !

āha	monticule :	pensionnat :
enceinte :	pingouin :	collégien :
galion :	foin :	sondage :
singe :	Indien :	coing :
chanson :	pendule :	mondain :
campagne :	apparence :	consonne :
soudain :	science :	āsā
mélancolie :	calepin :	pointue :
coincer :	jonquille :	alāla

Traduisez

1. lr d l lolg 'vvfā 'lifsā p l' āfā

2. Les étudiants sont venus la semaine dernière de loin, la plupart par avion, pour la nouvelle session.

3. Jean soutient que notre réunion de mercredi était redondante avec celle de lundi dernier.

4. Ces Indiens viennent de Pondichéry.

5. Depuis le mois de Janvier, Jacqueline a débuté l'étude de l'Italien.

6. Les scientifiques se rendent au Gabon pour se pencher sur des problèmes importants de température en augmentation.

7. Nous faisons un premier point rassurant sur le fonctionnement de cette nouvelle orientation marketing.

8. s ysi ' 'dfā

9. Il convient de dire à Laurent que l'audience de vendredi se déroulera dans une ambiance de plus en plus tendue !

5

L'écriture du son « *man* »

En syllabe **seule et finale**, le son « *man* » (*mand, ment, man, m'en…*) s'écrit avec un « t » avec sa barre : 
Rappelons-nous que la graphie du « t » sans sa barre fait le son « te ».

Exemples

moment : 

allemand : 

elle ment : 

aimant : 

méchamment : 

doucement : 

Maman ne ment jamais.

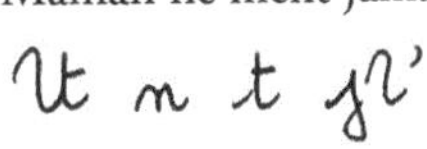

En syllabe **initiale et intérieure**, nous utiliserons le « t » avec sa barre, pour faire le son « *mante* » : (*me(a)nta, me(a)nti, me(a)nto, me(a)ntu, me(a)nté, me(a)nteu…*).
Il faudra donc penser que, dans ces deux cas, le « t » avec sa barre ne fait pas le son « *man* » mais « *mante* » et qu'il y a une liaison entre le « t » et la voyelle sonore qui suit.

Attention
Nous ne devrons en aucun cas ajouter un « t sans sa barre » (faisant le son « *te* ») derrière le « t » avec sa barre (faisant le son « *mante* »). Nous aurions alors reproduit deux sons « *te* ».

Exemples

mentale : tl — mentholé : tl'

romantique : rtc — démentir : dtr

alimentaire : altr — pimenter : pt'

Ce menteur s'est lamenté.

s tr s' lt'

Dans tous les autres cas (en syllabe initiale et intérieure), le son « *ma(e)n* » s'écrira avec la voyelle nasale « *an(en)* » précédé de la lettre « m ».

Exemples

mensonge : lãsoj

mangue : lãg

menthe[1] : lãl

Abréviations commerciales

Elles sont à apprendre par cœur, mais sélectionnez-les suivant vos besoins.

Partenaire	ꟼP	Entretien	ε
Rendez-vous	RV	Entretien téléphonique	εT
Compagnie	Cie	Appel	ap
Société	sté	Offre	õ

1. La voyelle « e » étant muette, nous ne pouvons la reproduire. Nous sommes donc dans l'impossibilité d'utiliser le « t » avec sa barre seul (nous aurions écrit : « men »), ni d'ajouter un « e » (nous aurions écrit : « meuteu »).

Entreprise	ε_	Appel téléphonique	aͲ
Entrepreneur	εr	Appel d'offres	aõ
Industrie	i	Communication	ĉ°
Établissement	els	Communication téléphonique	ĉͲ
Affaire	Ȧ	Télécommunication	Tĉ°
Produit	э—	Commerce	C^s
Service	s—	Commercial(e)	C^l
Savoir-faire	SF	Commerce extérieur	CEx
Marché(er)	Mk'	Commerce international (aux)	CI
Hypermarché	yMk'	Commerce électronique	Cė
Supermarché	SMk'	Courrier électronique/ email	ėm
Téléphone	Ͳ	Personne	ʎ
Conversation	q°	Président(e)	Pd
Conversation téléphonique	qͲ	Artisan	ă
Secrétaire	ŝ	Apprenti	å
Assistant (e)	Â	Alternance	ã
Interprète	Ip	Salaire	s̃

Responsable	rzo	Emploi	—e—
Hiérarchie	Ħ	Standard	s̊
Directeur	D	Business	$
Directeur Général	DG	Main-d'œuvre	MO
Candidat(e)	λ̃	Concurrence	C̊s

Résumé du chapitre 5

- Nous utilisons le « t » avec sa barre pour le son « *ma(e)n* » :
  - – en syllabe seule ;
  - – en syllabe finale.
- Nous utilisons le « t » avec sa barre pour le son « *ma(e)nt* » + liaisons avec la voyelle sonore qui suit (son : *m(a)enta, m(a)enti, m(a)ento…*) :
  - – en syllabe initiale ;
  - – en syllabe intérieure.
- Dans tous les autres cas, le son « *ma(e)n* » s'écrira avec la voyelle nasale précédée de la lettre « m ».

C'est à vous !

filament :	diamant :	str'
manteau :	diamantaire :	' fcst
apparemment :	lgt	commentaire :
docilement :	mentor :	lgct
rudimentaire :	jnrst	pansement :
jument :	démantibuler :	écoulement :
élégamment :	régiment :	lt'
intelligemment :	mentalité :	pimenter :

Traduisez

1. Cet été, j'ai lu un roman allemand et cela a alimenté toutes mes soirées.

2. J'adore ce liquide mentholé et j'en bois abondamment.

3. Assurément cette personne ment en racontant le vol du mendiant chez ce diamantaire.

4. Il donne généreusement à Nicole le manteau de sa sœur.

5. 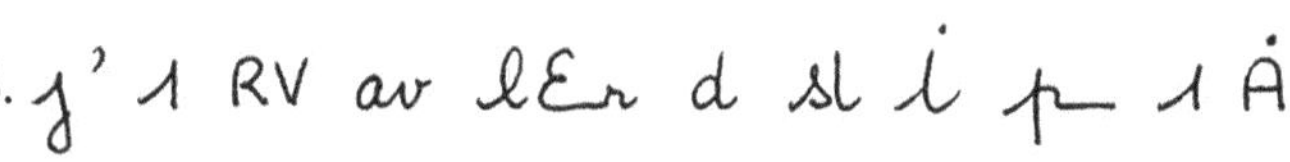

6. Pas de commentaires sur l'élaboration de ce dossier faite par cette nouvelle secrétaire engagée récemment.

7. 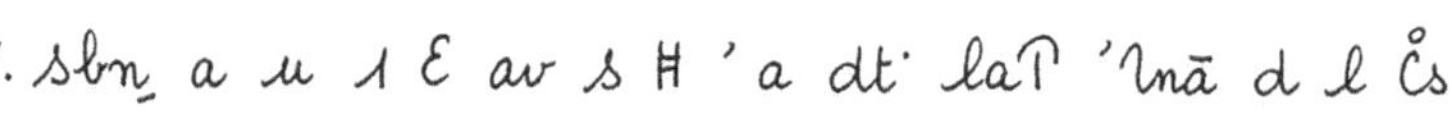

8. 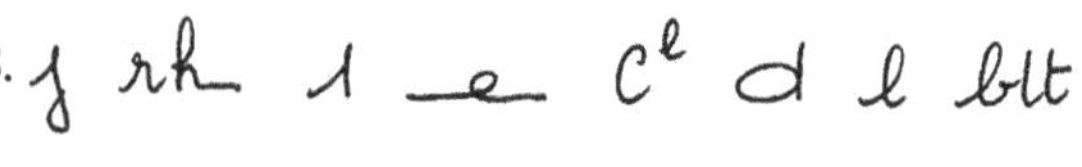

9. Beaucoup d'épices donnent un raffinement à ce bœuf pimenté.

10. 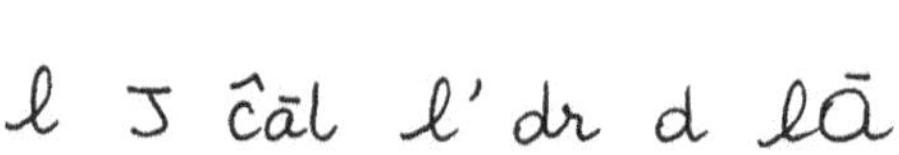

6
L'écriture du hiatus (simple et nasal)

Comme nous l'avons expliqué précédemment dans nos principes généraux, un hiatus est la rencontre de deux voyelles simples ou d'une voyelle simple et d'une voyelle nasale, appartenant à des syllabes différentes et prononcées séparément.

Il se différencie de la diphtongue (ia, io, iu...) par son émission de voix et un mouvement de lèvres qui se font en deux temps.

Exemple

Lierre = diphtongue : une seule émission de voix et un seul mouvement de lèvres.
Linéaire = hiatus : deux émissions de voix et deux mouvements de lèvres.

Où qu'il se trouve dans un mot, le hiatus simple ou nasal s'écrira.

Hiatus simple		
Initial	**Intérieur**	**Final**
Nous écrirons les deux voyelles simples entendues. *Exemple* : oasis : . ass	Nous remplacerons le hiatus entendu (peu importe lequel) par la lettre « e » *Exemple* : paysage : pesj	Nous écrirons les deux voyelles simples entendues. *Exemple* : météo : u:

éolienne : '.ln ahuri : aur'	véhicule : vecl Noël : nel	cacao : cca. paréo : pr'.
Hiatus nasal		
Nous écrirons les deux voyelles (simple et nasale) entendues. *Exemple* : éhonté : 'ol' *Nous trouvons très peu de hiatus nasaux en début de mot dans notre langue.*	Nous remplacerons le hiatus nasal par la voyelle nasale entendue. *Exemple* : échéance : 'hās Léonce : los déambuler : dābl' réinsérer : rusr'	Nous écrirons les deux voyelles (simple et nasale) entendues. *Exemple* : Napoléon : npl'o Chouan : hoā Phocéen : fs'i

Abréviations commerciales

Elles sont à apprendre par cœur, mais sélectionnez-les suivant vos besoins.

Achat	ã	Transitaire	T̃
Vente/vend(e)	ṽ	Escompte	ẽ
Livre	l̃	Administration	A°
Livraison	l̃so	Expérience	z̃
Distribue	d̃	Échantillon	'ho
Fabrique	f̃	Stratégie	S↗·
Représente	r̃	Transport	T↗

Collabore	k̃	Intermédiaire	Ĩ
Transiter	ĩ'	Réclame	r↗
Commande	c̃	Affranchissement	aFt
Client	C̃	Condition(s)	q
Fournisseur	F̃	Conditions habituelles	qh
Représentant	R̃	Conditions d'achat	qã
Distributeur	D̃	Conditions générales	qG
Collaborateur	K̃	Conditions habituelles de vente	qhṽ
Vendeur	Ṽ	Madame	Me
Acheteur	Ã	Mesdames	Mes
Livreur	L̃	Mademoiselle	Ml
Bordereau	b—	Mesdemoiselles	Mls
Consommation	qΣ°	Monsieur	M
Article	a_l	Messieurs	Ms
Photocopie	Φ˙	Bénéfice(s)	β
Séance	Ŝ	Chiffre d'affaires	CA
Objectif	o⃗	Indemnité(s)	idM
Réception	r°	Résultat	rsa
Accusé de réception	ar°	Travail	w

Résumé du chapitre 6

- **Le hiatus** :
  - est la rencontre de deux voyelles orales, ou d'une voyelle orale et d'une voyelle nasale, se prononçant séparément ;
  - sera impérativement représenté où qu'il se trouve dans un mot.

• En syllabe initiale, comme en syllabe finale, nous représenterons le hiatus dans son entité, soit les deux voyelles entendues, qu'elles soient orales ou nasales.

• En syllabe intérieure, nous remplacerons le hiatus simple par la lettre « e », peu importe les voyelles rencontrées et nous remplacerons le hiatus nasal par la voyelle nasale entendue.

C'est à vous !

aérien :	ahuri :	annuaire :
caméléon :	coïncidence :	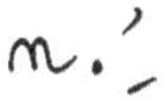
poésie :	météo :	annuel :
dehors :	cohérence :	
Léon :	réhabilité :	
océan :	suant :	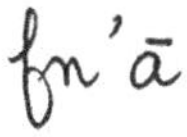
néon :	néant :	Pharaon :

Traduisez

1. À l'audience, nous allons convenir de l'échéance à donner à cette affaire.

2. Devant ce paysage chaotique, nous étions ébahis et anéantis.

3. j l' d lesn sr l jno d jel

4. j' ps' 1 c̃ d pr'. lesi a lo F̃

5. J'ai acheté en leasing mon dernier véhicule.

6. Dans la cohue du marché, Zoé écoute les doléances de Johanna.

7. Les télécommunications nous envoient chaque année un annuaire téléphonique.

8. Ce travail demande une certaine déontologie.

9. L'idéal pour Noémie serait d'aller à Noël à Haïti voir son amie Léa.

7
L'écriture des consonnes consécutives

Dans notre langue, certains sons sont représentés par ce que l'on appelle des syllabes combinées. Ce sont des sons formés de consonnes consécutives : *ct, ps, bv, sn, pt, bt, sc* (dialecte, psaume, subvention, snack, risque....)

Trois règles sont à retenir concernant leur écriture abrégée.

• **Règle I**

Quand deux consonnes, autres que R et L, sont consécutives, nous supprimons toujours la première de ces deux consonnes.

De même, si trois consonnes sont consécutives (et il n'y en aura que trois au maximum en langue française), nous appliquerons cette règle : d'abord nous nous occupons des deux premières (nous supprimons donc la première de ces deux consonnes) puis des deux restantes (nous appliquons de même). En fait, nous nous apercevons que nous gardons toujours la dernière de ces consonnes.

Au moment de votre prise de notes, opérez dans votre esprit la suppression de ces consonnes et prononcez le mot tel que vous l'écrirez.

Si vous devez écrire « risque », par exemple, pensez immédiatement : « rique ». Ainsi vous faciliterez l'écriture et la rapidité.

Cela peut vous sembler fastidieux, mais cela concerne un nombre restreint de mots que nous finissons par mémoriser comme des abréviations.

Il est cependant important d'opérer ses suppressions car rappelons-nous que chaque lettre reproduite se relit.

Si nous voulons écrire par exemple « dialecte », nous sommes bien obligés de supprimer la consonne « c » précédant le « t », sinon nous aurions écrit « délicate ».

Bien sûr, nous pouvons compter sur notre mémoire et sur le contexte. Mais, après une réunion de plusieurs heures, notre mémoire sera-t-elle toujours aussi fiable face à une graphie mal reproduite ?

Nous pourrons en revanche faire confiance à notre méthode en appliquant ses règles.

Si toutefois le mot est récurrent dans votre prise de notes et qu'il vous semble trop difficile à reproduire, faites appel à votre créativité et inventez votre abréviation.

Exemple

casque : cc	risque : rc
dictée : dl'	détecter : dll'
obscure : . cr	atmosphère : a1fr
snack : nc	dialecte : dll
rapt : rl	subvention : svā°

- **Règle 2**

Nous ne supprimerons jamais l'une des deux consonnes lorsque l'une d'entre elles est un « R » ou un « L ». Nous le verrons dans la leçon suivante.

- **Règle 3**

Certaines de ces syllabes consécutives sont récurrentes dans la langue française. Pour cette raison, nous les avons répertoriées et listées dans le tableau qui suit (elles sont au nombre de quatre). Grâce à elles, vous écrirez plus rapidement et relirez plus facilement vos notes.

Graphies	Dire	Sons	Exemples
s	ste petit « s » script	st( ) ou xt( )	stade : sd textile : lsl
Une styliste studieuse. 1 sls sds			
S	stre grand « s » script	str ( )	strophe : Sf astrale : aSl
Un sinistre astronaute. 1 snS aSnl			
ʒ	sme	sm ( )	cynisme : snʒ osmose : .ʒs
Cette personne a de l'asthme. sl ʌ a d lʒ			
z	spe petit « z » script	sp( ) ou xp( )	sport : zr expose : 'zs
Il fait du spiritisme. ɔ f' du zrlʒ			

Abréviations commerciales

Elles sont à apprendre par cœur, mais sélectionnez-les suivant vos besoins.

Urgent(e)	u—	Expertise	’zrs
Document	dt	Institut	İI
Intérêt	J	Technique	^
Réserver	ṙ’	Investir	ṙr
Usine	ũ	Par rapport	#
Programme	pg	Activité	ä
Avantage	ag	Ingénieur	Ĩ
Nécessite	ne	Import(e)	⊥
Nécessaire	ner	Export(e)	’z—
Carte bancaire	CBr	Point de vue	v̇u
Carte bleue	CB	Point d’honneur	ḣ
Chèque bancaire	hBr	Point de vente	ṽ
Compte bancaire	cpBr	Point de départ	dṗr
Finance(s)	ƒ	Mis(e) au point	’is
Conseil	C^Y	Après-midi	AM
Valeur ajoutée	VA	Formation	F°
Curriculum Vitae	CV	Formation professionnelle	FP

Information	iF°	Économie	é
Informatique	iFc	Traite	T
Véritable	v	Traitement de texte	TTx
Principe	P	Référence(s)	ref
Demande	dd	Promotion	p⁷
Micro	µ	Expédier	'z'
Divers(es)	d°	Capital(e)	K
Proximité	px	Exploit(e)	z°
Caractère	x	Ultérieure	uD
Partie	P̄	Vitamine	V
Opération	O°	Tenir compte	tncp

Résumé du chapitre 7

Il est important d'opérer la suppression de la première de deux consonnes lorsqu'elles sont consécutives (rappelons-nous qu'en écriture simplifiée chaque lettre reproduite se relit) sauf :

- pour quatre sons récurrents dans notre langue, pour lesquels nous avons une graphie spécifique :

  st –xt ( ) s
  str ( ) S
  sm ( ) 3
  sp – xp ( ) z

- quand l'une des deux consonnes est un « R » ou un « L » (chapitre 8).

C'est à vous !

affecter :	strident :	dsb
discuter :	whisky :	Muscadet :
spécialiser :	acte :	spasme :
Stéphane :	sez	estropié :
pessimisme :	posthume :	stalactite :
parachutisme :	austral :	astral :
optimal :	smoking :	laxisme :
despotisme :	expirer :	afx·
zr	espérance :	suspect :

Traduisez

1. J'aime les spécialités méridionales.

2. Esther s'est luxé le poignet.

3. 

4. 

5. Estelle a de l'asthme : elle a du mal à faire un jogging.

6. À l'école, Xavier fait une dictée tous les samedis matin.

7. Astrid est une spécialiste de la civilisation égyptienne.

8. J'adore l'odeur du musc.

9. L'astragale est un petit os du pied.

8
L'écriture des syllabes consécutives avec R et L

Nous avons vu dans le chapitre précédent comment écrire :

- les consonnes consécutives s(x)t – str – s(x)p – sm (ce qui facilite notre prise de notes et notre relecture) ;
- les consonnes consécutives (autres que les quatre graphies précédentes) avec la suppression de la première des deux consonnes.

Il nous reste à apprendre comment écrire des consonnes consécutives dont l'une est un « R » ou un « L ».

En effet, notre langue étant basée sur ces syllabes dites « liquides », leur suppression entraînerait une relecture quasiment impossible. Comment pourrions-nous différencier les mots : « broche » de « roche », « plan » de « lent », par exemple ou encore « barder » de « bouder » ?

Aucune suppression n'est envisageable et leurs graphies restent donc impératives.

- **La lettre « R »**

Nous représentons la lettre « R » par un trait horizontal. Nous aurons le petit trait horizontal du « R » lorsque ce dernier se trouve juste après une consonne. Nous obtenons un son court qui racle la gorge.

Exemple

broder : 

acrobate : 

sucre : 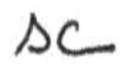

Nous aurons le grand trait horizontal du « R » lorsque ce dernier se trouve suivi d'une consonne. Nous avons cette fois un son plus long et plus doux. Il s'enfonce dans notre gorge.

Exemple

barder : 

carnaval : 

herbe : 

- **La lettre « L »**

Nous représentons la lettre « L » par un trait oblique. Nous aurons le petit trait oblique du « L » lorsque ce dernier se trouve juste après une consonne. Nous obtenons un son court qui claque contre notre palais.

Exemple

plume : 

classer : 

boucle : 

Nous aurons le grand trait oblique du « L » lorsque ce dernier se trouve suivi d'une consonne. Là encore le son est plus long et rond. Notre langue s'enroule dans notre palais.

Exemple

palme : 

culminant : 

alpiniste : 

Nous écrirons successivement les tracés des syllabes consécutives complexes lorsqu'ils se suivent. Nous appliquons ce que nous venons de voir précédemment. Nous nous occupons d'abord du premier son complexe rencontré, puis du second.

Exemple

clergé : 

névralgie : 

clarté : 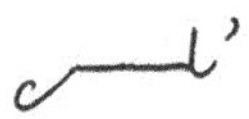

Nous avons un nombre de mots peu important dans notre langue ayant des tracés consécutifs.

Remarque importante

Vous ne pourrez jamais rencontrer un grand trait du « R » ou du « L » en fin de mot. En effet, cette graphie n'est envisageable que pour l'écriture de « R » ou « L » suivie d'une consonne sonore.

Aussi, derrière ce grand trait, la consonne doit être impérativement écrite.

Rappelez-vous que nous n'écrivons que ce que nous entendons.

Exemple

écart : 

écarte : 

écrite : 

Abréviations des formules de politesse et courriers d'entreprise

Elles sont à apprendre par cœur, mais sélectionnez-les suivant vos besoins.

Je vous prie	jvp	Vous prie d'agréer	vpg
Nous vous prions	nvp	Vous prie de croire	vpc
Je vous prie d'agréer	jvg	Vous prie de trouver	vpL
Nous vous prions d'agréer	nvg	Vous prie de recevoir	vpr
Je vous prie de croire	jvc	Je vous confirme	jvco
Nous vous prions de croire	nvc	Meilleures salutations	ns°
Je vous prie de recevoir	jvr	Salutations respectueuses	s°rz
Nous vous prions de recevoir	nvr	Salutations distinguées	s°ds
Je vous prie de trouver	jvL	Sincères salutations	sis°
Nous vous prions de trouver	nvL	Sincèrement vôtre	siv
Veuillez agréer	vg	Vos bien dévoués	vbd
Veuillez croire	vc	Cordiales salutations	cQs°
Veuillez trouver	vL	Cordialement	cQt
Veuillez recevoir	vr	Entièrement à vos ordres	EQ
Veuillez faire parvenir	v↷	Sentiments distingués	sālds

Dans les meilleurs délais	∩↗	Sentiments respectueux	sālrz
Dans les plus brefs délais	∩	Sentiments les meilleurs	sāl∩↗
J'ai reçu	jsu	Meilleur	∩↗
J'ai bien reçu	jbsu	Meilleurs sentiments	∩sāl
Plaisir	pv	Meilleures conditions	∩q
J'ai le plaisir	jpv	Dans le cadre (de)	⊡
J'ai eu le plaisir	jupv	À la suite de	as~
Nous aurons le plaisir	nRpv	Ainsi de suite	is~
Pièce(s) jointe(s)	PJ	Par retour de courrier	✓

Résumé du chapitre 8

- **Les consonnes consécutives avec « R »**
  - Immédiatement après une consonne, nous écrirons un petit trait horizontal représentant le « R ». Nous obtenons des sons courts qui raclent la gorge tels que : *br, cr, tr*…
  - Lorsque « R » est immédiatement suivi d'une consonne, nous l'écrirons d'un grand trait horizontal. Nous obtenons alors des sons longs tels que : *ar(b), er(c), ur(t)*…
- **Les consonnes consécutives avec « L »**
  - Immédiatement après une consonne, nous écrirons un petit trait oblique représentant le « L ». Nous obtenons des sons courts qui claquent contre notre palais, tels que : *bl, cl, pl*…
  - Lorsque le « L » est immédiatement suivi d'une consonne, nous l'écrirons d'un grand trait oblique. Nous obtenons alors des sons longs, tels que : *al(b), ul(m), ol(g/f)*…
- **Les tracés se succèdent** lorsque les consonnes consécutives avec « R » et « L » se suivent.

C'est à vous !

Brontosaure :	désarmer :	
Clémentine :	Gargantua :	citrouille :
Olga :	pleurnicher :	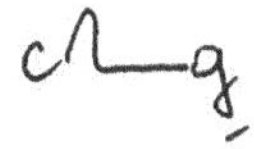
souffrir :	bouclier :	horloge :
brouillard :	bronze :	poltron :
frange :	aigle :	soupçonnable :
souffle :	brillante :	
embryon :	escadrille :	

Traduisez

1. Un séisme est très fréquemment une catastrophe absolue pour le pays qui le subit.

2. Au fur et à mesure que nous avançons dans cette méthode, nous nous apercevons que nous pouvons écrire presque tous les mots.

3. J'ai brodé un drap pendant toute une nuit et je l'ai rangé dans ton armoire.

4. En Bretagne, les dolmens sont très bien conservés.

5. 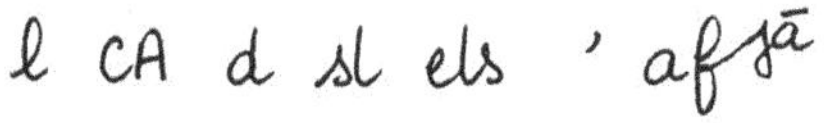

6. 

7. Aline avait de longs cils qui lui donnaient l'air brillant et alerte.

8. Mathilde était peut-être d'origine anglaise, mais elle se sentait vraiment Irlandaise.

9 L'écriture des polysyllabiques

Les polysyllabiques vous feront gagner un temps précieux puisqu'elles servent à transcrire plusieurs syllabes en un seul tracé.

Toutefois, si vous avez omis de les utiliser mais que vous reproduisez tous les sons phonétiques entendus, la relecture n'en sera jamais altérée. Seule la rapidité en souffrira.

Déterminez donc votre réel besoin pour l'apprentissage de celles-ci.

Graphies	Dire	Sons	Exemples
	A majuscule	autr( ) alt( )r altr( )	autrui :  altéré :  altruisme : 

Cette Autrichienne se désaltère.

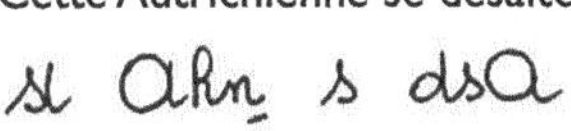

C	C majuscule	circ ( ) circon ( )	circuit : C· Zircon : C
Afficher une circulaire. afh' 1 Clr			
ė	E pointé	electr ( )	électrique : ėc électrolyse : ėls
Du matériel électrique. du ml ėc			
ε	E epsilon	e(a)nt ( ) r ou e(a)ntr ( )	centre : sε entourage : εg
Une bonne entrecôte. 1 bn εcl			
^	circonflexe	etr ( ) ou et ( ) r	étrennes : ^n paraître : pr^
Elle est étourdie. C' ^d·			

<table>
<tr><td>X</td><td>X majuscule</td><td>ext ( ) r
extr ( )</td><td>extorquer :
Xc'
extrême :
Xr</td></tr>
<tr><td colspan="4">Un extrait de livre.
1 X' d l̃</td></tr>
<tr><td>G</td><td>gre - fe</td><td>gr ( ) f ( )
gr ( ) ph( )</td><td>graphique :
Gc
agrafe :
aG</td></tr>
<tr><td colspan="4">Le chat possède des griffes.
l ha psd d' G</td></tr>
<tr><td>H</td><td>H majuscule</td><td>ort ( )
hort ( )
orth ( )</td><td>aorte :
aH
ortie :
H·</td></tr>
<tr><td colspan="4">Un centre d'orthophonie.
1 sɛ dHfn·</td></tr>
<tr><td>I</td><td>I majuscule</td><td>int ( ) r ( )
intr ( )</td><td>intervalle :
Ivl
intrus :
Iu</td></tr>
<tr><td colspan="4">Interdire la circulation.
Idr l Cl°</td></tr>
</table>

<table>
<tr><td>⊥</td><td>I majuscule</td><td>imp ( ) r
impr ( )</td><td>impropre :
⊥p
impure :
⊥</td></tr>
<tr><td colspan="4">Une orthographe imparfaite.
1 Hg ⊥fl</td></tr>
<tr><td>m</td><td>me
3 jambes</td><td>m ( ) tr( )
ou
m ( ) t ( ) r</td><td>maîtrise :
ms
matière/moteur :
m</td></tr>
<tr><td colspan="4">Une maîtresse d'école maternelle.
1 ms dcl mnl</td></tr>
<tr><td>O</td><td>O majuscule
script</td><td>oto
auto</td><td>autographe :
Og
moto :
2O</td></tr>
<tr><td colspan="4">Des automobiles sur l'autoroute.
d' Ombl sr lOrl</td></tr>
<tr><td>Q</td><td>O majuscule
queue</td><td>ord ( ) r ( )
ordr ( )
ord ( )</td><td>ordure :
Q
mordre :
2Q
corde :
cQ</td></tr>
<tr><td colspan="4">Une horde de chiens passe.
1 Q d hi ps</td></tr>
</table>

<table>
<tr><td>O</td><td>O majuscule bouclé</td><td>outr ( )</td><td>outré : O'
loutre : lO</td></tr>
<tr><td colspan="4">Une corde entoure la poutre.
1 cQ ε l pO</td></tr>
<tr><td>Q</td><td>Q majuscule script</td><td>contr ( )
ou
cont ( ) r ( )</td><td>contrat : Qa
comptoir : Q</td></tr>
<tr><td colspan="4">Il est contrarié.
ɔ' Qr^{i}</td></tr>
<tr><td>R</td><td>R majuscule</td><td>r ( ) p ( ) r ( )
r ( ) pr ( )</td><td>rapport : R
reproche : Rh</td></tr>
<tr><td colspan="4">Réparer l'automobile.
R' lOtbl</td></tr>
<tr><td>S</td><td>S majuscule bouclé</td><td>s ( ) p ( ) r ( )
s ( ) pr ( )</td><td>soupière : S
s'approcher : Sh'</td></tr>
<tr><td colspan="4">Supporter son caractère superficiel.
St' so x Sfsl</td></tr>
</table>

T	T majuscule	Télé	téléguider : Tgd' téléphérique : Tfrc
Une télévision avec sa télécommande. 1 TV av s Tc̃			
/	tere	t ( ) r ( )	auditoire : •d/ torero : /r•
Thérèse joue au tarot avec Thierry. /s jo • /• av /'			

Les polysyllabes sont systématiquement utilisées dans les corrections de tous les exercices.

Attention

Afin de faciliter la graphie, les abréviations et les noms communs se terminant en « teur » et faisant leur féminin en « trice » s'écriront : /s

Exemple

instituteur : i̇l/

institutrice : i̇l/s

aviateur : av/

aviatrice : av/s

Abréviations générales

Elles sont à apprendre par cœur, mais sélectionnez-les suivant vos besoins.

Prise de contact	p-qt	Rue	r
Prise de contact téléphonique	p-qtT̂	Boulevard	bd
Protège	S	Avenue	avn
Exercice	'xcs	Arrondissement	aR
Exemple	ex	Square	sq
Excuse	'cs	Faubourg	fg
Exact(e)	exa	Département	dpt
Sensible	≈	Rez-de-chaussée	rdc
Conscient(e)	₵	Pédagogie	P·
Libre	V	Possible	pb
Organe	θ	Architecte	At
Exception	γ	Norme(s)	Nb
Idem	i̊	Public(que)	pu
Correspond(e)	cz	Publicité	pub
Concerne	qn	Logiciel	L
En ce qui me concerne	ālqn	Certificat	c̿
Réciproque	cb	Profond(e)	p

Hauteur →	ħ	Triomphe →	Y
Horizon	—	Enseigne	←
Chemin de fer	═	Articuler	d'
Photographie	φ	Conséquent(e)(ce)	qā
Vague	ϑ	Oblige	ō
Monde	⊖	Semble	√
Planète	⊜	Semblable	√=
Peuple	pp	Oppose	ô
Population	pp°	Danger	⚠
Propriétaire	pp̂	Attention	!
Faveur	f↗	Intention	i!
Voyage	ϑ⃗	Disponible	dz.
Hôtel	h⃗	Individu	idu
Week end	WE	Particulier	pk'
France	Fs	Mention(ne)	t°
Système	sᒉ	Compte rendu	CR
Observation	⊙	Philosophie	φ·
Paradoxe	‡	Interrogation	?°
République française	RF		

Résumé du chapitre 9

- Les polysyllabiques vous feront gagner un temps précieux puisqu'elles représentent plusieurs syllabes en un seul tracé. Toutefois, pour certaines d'entre elles, leur utilisation concerne un nombre restreint de mots.
- Une utilisation sélective est donc conseillée. Déterminez votre réel besoin dans leur apprentissage en fonction de votre usage professionnel ou autre.
- Les terminales en « teur » faisant leur féminin en « trice » (abréviations ou noms communs) s'écriront avec la polysyllabique « t()r() » suivi d'un « s » en terminaison de graphisme.

C'est à vous !

entraîne :	fenêtre :	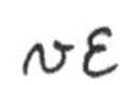
adultère :	entorse :	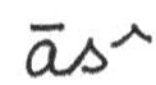
entourage :		s'éterniser :
circulatoire :	extraire :	orthographe :
haltérophilie :	imperméabilisé :	intérieur :
électroménager :	outrepasser :	tirelire :
matériel :	contremaître :	ordinaire :
graphologie :	répertoire :	

Traduisez

1. Un circuit électrique important.

2. J'ai passé un contrat avec un autre garage pour faire contrôler et réparer l'automobile de papa.

3. Pour s'extirper de la salle, Caroline passe par la fenêtre étroite de la boutique de Karine.

4. Ma conversation téléphonique s'est éternisée avec ce candidat sur l'étude de son graphique.

5. Avec ce matériel électrique, j'entoure rapidement le périmètre de la mare.

6. Les automobilistes passaient outre les ordres de la police sur l'autoroute.

7. Myriam a un surplus de devoirs ordonné par sa maîtresse d'école.

8. v/m l' d l md sr s vād

9. Thérèse soupire de contrariété : elle cherche désespérément une rivière pour se désaltérer.

10
Synthèse et entraînement

Ce que vous devez retenir

- **Suppressions**
  - la ponctuation ;
  - les apostrophes ;
  - les lettres muettes (consonnes ou la voyelle « e ») ;
  - toutes les voyelles orales (simples, composées ou complexes) à l'intérieur des mots et leurs accents ;
  - les doubles consonnes ;
  - les majuscules de début de mot ou de nom propre (on souligne la dernière lettre d'un nom propre) ;
  - les tirets ;
  - le « t » euphonique ;
  - les parenthèses.
- **À retenir**
  - une syllabe identique formant un seul mot ne s'écrit qu'une fois et se surligne ;
  - la graphie des sigles, des acronymes, des poids et mesures, du pourcentage est conservée.

- **Les voyelles**
  - ne s'utilisent qu'au début et à la fin des mots ;
  - la semi-voyelle « y » représentant tous les sons « mouillés » s'écrira partout dans le mot.
- **Les voyelles nasales**
  - les voyelles nasales s'écriront toutes obligatoirement.
- **Le son « *man/mant* + voyelle sonore »**
  - le « t » avec sa barre est utilisé seul et en fin de mot pour le son « *man* » ;
  - en initial et à l'intérieur du mot, il est utilisé pour faire le son « *mante* ». Il doit impérativement y avoir une liaison entre le « t » et la voyelle sonore qui suit ;
  - dans les autres cas, nous utilisons la consonne « m » suivie du son nasal « *a(e)n* ».
- **Le hiatus**
  - s'écrira en entier au début et à la fin d'un mot, et sera remplacé par un « e » à l'intérieur, pour le hiatus simple ;
  - s'écrira en entier au début et à la fin d'un mot, et sera remplacé par le son nasal entendu à l'intérieur pour le hiatus nasal.
- **Syllabes liquides « R » et « L »**
  - Lorsque « R » ou « L » sont précédés d'une consonne, les traits seront toujours courts.
  - Lorsque « R » ou « L » sont suivis d'une consonne sonore, les traits seront toujours longs.
  - Lorsque les syllabes liquides se suivent, les tracés se succèdent.
- **Consonnes consécutives**

Quand 2 consonnes sont consécutives, nous supprimons toujours la première sauf lorsqu'il s'agit des 4 consécutives : s(x)t, s(x)p, str(), sm(), (pour lesquelles des graphies spécifiques sont à utiliser), et des consécutives avec les liquides « R » et « L ».

- **Les abréviations**

Lorsque nous devons joindre un article à une abréviation, nous garderons toujours le radical de l'abréviation. Nous n'opérerons donc aucune suppression de voyelle intérieure, exception faite des apostrophes. En effet, celle-ci est supprimée afin de ne pas la confondre avec un pluriel.

Exemple

L'article : 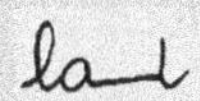 L'échantillon : 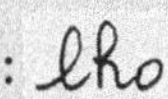

- **Les diverses possibilités d'écriture simplifiée pour un mot**

Un même mot pourra se codifier de diverses façons. Gardez celle qui est venue par automatisme.

Exemple : peinture

- avec l'utilisation du son « intr/int()r » (nous pourrons relire également « peintre ») : 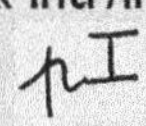
- avec l'utilisation de « p » suivi de la nasale « in » et de la syllabe consécutive « t()r() » : 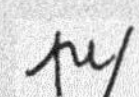

En revanche l'association du son « int()r » et du son « t()r() » n'est pas possible. Vous représenteriez deux fois le son « t()r() ».
Si vous omettez d'utiliser des polysyllabiques, vérifiez que toute la phonétique du mot est bien représentée. Vous perdrez en rapidité mais peu en qualité de relecture. Déterminez votre besoin réel dans l'apprentissage de celles-ci.

- **La finale « trice »**

Les abréviations et les noms communs se terminant en « teur » et faisant leur féminin en « trice » s'écrivent : 

Tableau récapitulatif des tracés

Consonnes		Voyelles simples		Sons nasaux	
b	b	a, oi ia…	a	an-ia(e)n	ā
c, k, qu	c	i, ui, oui…	……·……	on	o
d	d	o, io…	….•….	ion	……°……
f, ph	f	u, iu…	u	*Exception pour le mot « lionceau » ainsi que pour le mot familier « pioncer » : Utilisation du son « on » à l'intérieur.*	
gn, ni + voy	g	é, ai…	……´……		
g, gu	g	ié, iai…	……˘……		
ch	h	eu, ieu…	e		
j, g (e,i, y)	j	ou, iou…	ơ		
l	l				
m	ɿ				
n	n				
p	p	***La semi-voyelle***		*triomphe : abréviation*	
r	r	y, ill, ï	y	in, un...	ı
s, z, ç, c + e,i,y	s			ien,uin…	i
t	t				
v, w	v				
x, xc,cs,cc	x				

Groupe de sons consonnes		Consonnes consécutives		Hiatus
m ( ) tr ( ) m ( ) t ( ) r ( )	m	st, xt	s	En initial et en final, on écrit tout ce que l'on entend.
t ( ) r ( )	/	str ( )	S	Dans le corps des mots Simple : e
trice	ƅ	sp, xp	z	Nasal : ā o ı i
		sm	ʒ	

Liquides	Majuscules	Terminales
R	autr ( ) alt ( ) r altr ( ) — a	sion (ne) ssion (ne) zion… tion… xion… ption… ction… — o̲
– petit trait horizontal quand précédé d'une consonne	circ ( ) circon ( ) — C	
– grand trait horizontal quand suivi d'une consonne	contr ( ) cont ( ) r — Q	
	electr ( ) — ė	(c) tionner — o̲'
	ent ( ) r entr ( ) — ε	(c) tionnaire (c) tionneur — o̲ r
L	et ( ) r etr ( ) — ^	(c) tionnement — o̲ t
– petit trait oblique quand précédé d'une consonne	ext ( ) r extr ( ) — X	(c) tionnant (e) — o̲ ā
	gr ( ) f –ph — g	(c) tionnel le) — o̲ l
– grand trait oblique quand suivi d'une consonne	ort ( ) hort ( ) orth ( ) — H	(c) tionnellement — o̲ lt
	int ( ) r ( ) intr ( ) — I	lité lisé —)
	imp( )r impr ( ) — ⊥	lisation litation — g
R et L	oto auto — O	ing — ŋ
– Les tracés se succèdent lorsque les syllabes consécutives complexes se suivent.	ord ( ) r ordr ( ) ord ( ) — Ø	***Seules et terminales***
	outr ( ) — θ	ma (e) n (t) — t
	r ( ) p ( ) r ( ) r ( ) pr ( ) — R	***Initiales et intérieures***
	s ( ) p ( ) r ( ) s ( ) pr ( ) — S	ma (e) nt ( ) — t
	télé — T	

Entraînez-vous !

Stratifié	Illettrisme
Plagiste	Spéléologue
Stupide	Stroboscope
Affligeant	Stationnaire
Stigmate	Séisme
Moustique	Spartiate
Palestine	Structure
Tornade	Cendre
Constellation	Calfeutrer
Spectacle	Crudités
Islande	Éclaboussure
Abasourdir	Flegme
Charcutier	Soupçonnable
Agréable	Glaïeul

Contremaître	Extrémité
Goinfrer	Électronique
Oléagineux	Ortolan
Ambidextre	Sucre
Huître	Contrordre
Orchestre	Ahaner
Préau	Absolument
Traître	Paléontologue
Discuter	Chouans
Moutarde	Paraître
Éternité	Géographie
Entorse	Anéantissement
Accordéon	Pointure
Éternuer	Paréo
Prêtre	Scolopendre

Entraînez-vous avec des phrases !

Traduisez puis reproduisez ces phrases en dictée de plus en plus rapidement. (Voir les corrigés en annexe 5)

1. Cette secrétaire recherche rapidement les statistiques faites sur l'analyse des ventes de cette entreprise, pour faire une meilleure offre, dans les plus brefs délais.

2. L'énergie de cette personne est importante et nécessaire à notre établissement.

3. Eléonore a l'habitude, depuis cette semaine, d'être présente uniquement l'après-midi dans son usine.

4. Ce styliste s'apprête à faire ce costume pour cet astronaute.

5. Le torero est stupide car il attire le taureau vers Peter terrifié.

6. Nous avons fait une dictée pour maîtriser parfaitement cette méthode et nous entraîner à la vitesse.

7. Lilian fait un shampoing tonifiant, avant d'enduire d'un masque aux plantes la chevelure abondante de sa cliente.

8. Un journaliste se renseigne sur Internet sur le traitement du nickel à Nouméa afin de vérifier que les éléments en sa possession sont cohérents.

9. Le manque d'informations et de communication nuit au bon fonctionnement de cette entreprise.

1. Nous nous tiendrons fermement à la rampe pour ne pas glisser sur les escaliers verglacés.

2. Qu'importe le tohu-bohu que provoque le projet de fusion de cette société : les salariés recevront une participation et un intéressement aux résultats.

3. Outre sa chevelure de couleur anthracite, Sylvie possédait des yeux peu ordinaires.

4. L'osmose qui existe entre ces deux êtres est extraordinaire.

5. Christian mange des écrevisses et des huîtres dans une petite gargote des bords de Marne.

6. L'analyse des fossiles a révélé quatre grandes phases d'extinction, la plus connue étant la disparition des dinosaures.

7. L'alimentation de la planète ne repose que sur une dizaine de plantes. Parmi elles, le riz.

8. Lundi dernier, nous avons entendu à la radio que la Russie du Nord était entièrement recouverte de neige.

9. « Il est nécessaire de connaître l'utilisation de ce produit chimique », disait le professeur à ses étudiants, « sinon l'explosion est garantie ! »

10. Cet homme enturbanné est un extraordinaire musicien venu d'une contrée lointaine.

11. Bruno fait des crises d'asthme en cas de stress intense.

Entraînez-vous avec des textes !

Traduisez ces cinq textes et agissez de la même manière qu'avec les phrases de récapitulation générale. Reproduisez ces textes en dictée de plus en plus rapidement. (Voir les corrigés en annexe 5)

LES SOCIÉTÉS DE LEASING

Depuis un certain temps se multiplie un type nouveau de sociétés : les sociétés de leasing.

Auprès de ces établissements, tout industriel ou commerçant peut se procurer en « location », le matériel de ses besoins dont il aura l'usage et non la propriété, c'est-à-dire, sans avoir à réaliser les immobilisations financières qui s'imposent pour une acquisition.

Les locations sont conclues pour une durée d'un minimum de deux ans, variant selon la politique commerciale des sociétés de location ou le matériel loué.

À l'expiration du contrat, le matériel sera en principe restitué par le locataire, mais rien n'empêche celui-ci de se porter alors acquéreur du dit matériel, à un prix avantageux, calculé en fonction de la durée d'utilisation, de l'amortissement et de l'usure.

Les entreprises peuvent trouver un intérêt à louer un matériel pour lequel les innovations techniques sont fréquentes.

Si théoriquement tout matériel peut être loué, en pratique, la location est encore limitée à un nombre restreint d'équipements standards.

LE PLUS ANCIEN CAFÉ DU MONDE

En 1686, un gentilhomme de Palerme du nom de Francesco Procopio installa rue des Fossés Saint-Germain, à Paris, son débit de café, d'où le nom de « Café Procope ».

Son établissement devint rapidement le lieu de réunion des plus beaux esprits en raison de l'excellence de ses boissons et de ses sorbets mais aussi de son cadre agréable et du voisinage de l'Ancienne Comédie Française.

Ainsi, le premier café littéraire du monde était né, et pendant plus de deux siècles, tout ce qui portait un nom, ou qui espérait en porter un, dans le monde des lettres, des arts et de la politique, fréquenta le Café Procope.

De La Fontaine à Anatole France, en passant par Voltaire, Rousseau, Beaumarchais, Balzac, Hugo, Verlaine et tant d'autres, la liste des « habitués » du Procope est celle des grands noms de la littérature française.

Au XVIIIe siècle, les idées libérales y prirent leur essor. Pendant la Révolution, Robespierre, Danton et Marat s'y réunissaient, et l'on dit même que le lieutenant Bonaparte y laissa son chapeau en gage !

Juste après-guerre, on y croisait Jean-Paul Sartre et Simone de Beauvoir qui conversaient autour d'une tasse de thé.

Picasso et Dali y ont fait quelques haltes lors de courts séjours à Paris.

Aujourd'hui, le Procope, fidèle aux grandes ombres de son histoire, s'apprête à accueillir des gloires nouvelles.

OBJECTION !

Sur les routes bretonnes, un été, des inscriptions sur les murs laissaient apparaître cette formule simple et claire : non au GATT !

Un même élan entraîne l'agriculture et la culture, la fourche et le stylo.

Le GATT est une vaste négociation commerciale où tout se mêle : le cinéma et la télévision y sont traités au même plan que les transports maritimes.

Nous devons obtenir une clause d'exception qui reconnaisse que notre culture européenne n'est pas un produit.

La culture n'est pas une marchandise comme les autres et ne doit pas être traitée comme telle.

Il serait bon que « Les incorruptibles » gardent un charme exotique et ne deviennent pas notre série culte.

Le cinéma américain, Charlie Chaplin et d'autres, nous ont donné des joies infinies, mais n'oublions pas que Bunuel et Fellini nous en ont donné d'autres.

Claude BRULÉ
Extrait du *Journal de la SACD 1994*

LES AMISHS VIVENT TOUJOURS COMME EN 1693

Ils n'étaient que 5000 au début de notre siècle, ils sont aujourd'hui près de 125 000. Ils habitent l'Est des États-Unis et leur langue officielle est un dialecte allemand. Ils ne possèdent ni automobile, ni télévision, ni appareil électrique.

La communauté protestante amish a fêté en 1993 ses 300 ans et vit toujours comme à l'époque de sa création.

En 1693, Jacob Amman (d'où le nom « amish ») crée sa propre Église en Alsace. Très rapidement, les Amishs seront victimes de persécutions. Ils émigrent alors aux États-Unis vers 1850 et s'installent dans le comté de Lancaster où l'on trouve aujourd'hui encore la plus forte concentration.

Les persécutions des anabaptistes, dont ils sont issus, sont à l'origine de leur isolement du monde moderne. Celui-ci est aussi le meilleur moyen pour garder l'intégrité de leur communauté.

En effet, le mot « monde » symbolise pour eux, la guerre, le vice, la drogue, les suicides, le terrorisme, etc.

Ils refusent ce « monde » mauvais, mais avec lequel ils composent tout de même, en utilisant prudemment les progrès dont ils ne peuvent se passer.

Traduisez ce texte

1 sn ā ıd

l 2so vi d dlāp' l cāpg ıdn ⊃ f. dr c l'
p· o 'l' γt abodl sl an'

d s p'· Lācl ' ācr 'gr' d' C· /sc Ld°l l'
ft rs ' l' sgg hāl sl b· d sl Uvr 2sre

p– arv'. vlj 1 rl a 'l' coSL ya qq an'
l vlj ' 'sl' 2' Ldm̂ 'cp' l. cl . rbn' 'lésl'
ābl l' ṽl/ o pe vr d' fc xclr c· dcr ll l' 2so

d' pll fy vl' l'. ry h–j' d bjo ' l n' p–s' d1
pil dr' s Dj vr lcl c· ĉās L' 1. l 2lu acopg'
pr d jn g–so
lAH ll' 'lv dv g–d' l' Lp. d l' hā

. lā d Lbu . lā d vlj ≠ c· s ds pr lr
ct/ l clr du vl d' ♀ l b–dr· d' cv–/ l
F d' bjo o llādu d' llej sr l' cr

2' p° lo Lv sl ⊥° d–2n· ' d dsr

MERASA® : la prise de notes en anglais

Dans un souci de cohérence, de continuité et surtout de simplicité, la **M**éthode d'**É**criture **R**apide **A**brégée **S**implifiée **A**nglaise (MERASA®) reprend la majorité des principes de la méthode française.

Mais attention, cette adaptation ne prétend pas représenter fidèlement la langue anglaise, d'autant que, suivant les régions, un même mot se prononce différemment.

Il était difficile de respecter la représentation phonique exacte d'un mot tout en tenant compte de votre maîtrise de la méthode française et de la sensibilité auditive de chacun.

Nous avons donc retenu, avec cette adaptation, ce qui nous semblait le plus simple à l'apprentissage, le plus rationnel et surtout le plus lisible sans hésitations.

N'hésitez pas cependant, à consulter votre dictionnaire bilingue ou de phonétique (*English pronouncing dictionary* de Daniel Jones) afin de connaître la prononciation exacte de certains mots.

Vous trouverez à la fin de ce chapitre, un répertoire regroupant les abréviations anglaises, qui vous aidera, comme en français, à gagner en rapidité. Bien entendu, ce répertoire est complémentaire au répertoire français puisqu'une majorité d'abréviations sont communes aux deux langues de par leur sens et/ou leur prononciation.

De même que pour la méthode française, vous trouverez sur la plateforme du site **www.meras-prisedenotes.com**, des exercices d'entraînement audio pour acquérir progressivement de la vitesse en anglais.

Ce qui disparaît, à l'instar de la méthode française :

– la ponctuation ;

– les apostrophes (pour l'anglais, il s'agit du cas possessif) ;

– les lettres muettes (consonnes ou voyelles) ;
– les voyelles intérieures ;
– les consonnes doubles ;
– les tirets de liaison ;
– les majuscules, de début de phrase ou de noms propres. On soulignera la dernière lettre du tracé pour un nom propre.

Remarque importante
Rappelons que, **comme en français**, à chaque mot correspond un tracé.

Nous conserverons :
Le surlignement :

one by one : $\overline{1}$ step by step : $\overline{sp}$

Tous les sigles et acronymes, la graphie de l'arithmétique pour les poids et mesures et la graphie du pourcentage.

Certaines abréviations françaises restent à l'identique dans la version anglaise.

Découvrons maintenant les similitudes, les particularités et les différences entre nos deux méthodes.

- **Les consonnes :**

Elles restent à l'identique. Cependant, de nouvelles apparaissent, liées aux sons particuliers de la langue anglaise.

Graphie	Dire	Sons	Exemples	
j	je	j	measure : mjr	leisure : ljr
τ	the	th ()	thin : τn	this : τs
υ	we	w(h) ()	wave : υυ	wheel : υl

- **Les terminaisons :** lity, lisation ou lization restent équivalentes à celles de la méthode française.

Exemple
fidelity : fd civilization : sv ability : ab

- **La graphie du son « ing »**, forme du gérondif, s'utilisera également pour la forme du progressif ainsi que pour les sons **« ung, ang et ong »**.

Exemple

Kingdom : cŋdl sung : sŋ young : yŋ
dinghy : dŋ shopping : hpŋ bang : bŋ

- **Les voyelles** de début et fin de mot : la langue anglaise possède une plus vaste étendue de sonorités pour les voyelles et diphtongues.

Graphie	Son	Exemple
a	a	abuse : abs banana : bnna
...•...	i, e, ee, ea, ey	image : •y key : c• sea : s•
.../...	a, e, ay, ai, ei	age : ′j café : cf′ way : v′
....•....	o, ow, a, oa, au, aw, io	obese : .bs sow : s. awful : .fl audio : .d. oak : .c radio : rd.
ə	ea, i, u, a	earn : ə–n irk : ə–c urn : ə–n
ơ	u, ue, o, oe, ew, oo	tattoo : ttơ shoe : hơ issue : •hơ
ι	i, ie, uy	eye : ι pie : pι buy : bι
ι̊	oy, oi	boy : bι̊ oil : ι̊l decoy : dcι̊
ŏ	ow	owl : ŏl now : nŏ

ĕ	ea, ier, eer, ear, ere, ia	idea : idĕ	beer : bĕ	pier : pĕ
		ear : ĕ	maria : mrĕ	appear : apĕ

- **La semi-voyelle « y »** représentant tous les sons « ye + voyelle », sera utilisée en anglais **au début et en milieu de mot.**

Exemple

yoke : yc yacht : yt

year : yĕ royal : ryl

Elle pourra également s'utiliser pour des mots ne s'écrivant pas avec un « y » mais se prononçant comme tel

Exemple

euphoria : yfrĕ

- **Les voyelles nasales :**

Bien que la nasalité n'existe pas en anglais, nous avons fait appel à des graphies spécifiques pour exprimer les sons composés de voyelles suivies de « n » ou « m » afin de faciliter notre prise de notes et notre relecture.

Une graphie « passe-partout » sera utilisée pour tous les sons dits "nasaux ».

Graphie	Son	Exemple		
n̄	an/am, en/em, un/um, oun, on/om, ain, ein, oin, own, oun, oon ...	empire : n̄pr	unpaid : n̄pd	bond : bn̄d
		paint : pn̄t	lunch : ln̄h	

Mais pour faciliter votre prise de notes et surtout pour que votre relecture soit affinée, d'autres graphies sont à votre service.

Ainsi vous pourrez mieux différencier par exemple :

« joint » de « gent » ou « find » de « found »

Graphie	Son	Exemple
ū	own, oon	own : ū moonlight : nūll cartoon : c—lū
ō	own, oun	town : lō account : acōl sound : sōd
ī	oin	join : jī coin : cī point : pī
í	in, ign	align : alí mind : níd signing : síŋ
...°......	ion	champion : hn̄p° onion : • n°
°̲	tion, cion, xion, sion, ction, ption, stion, ssion	action : a°̲ education : ´dc°̲ omission : . n°̲
		suspicion : sz°̲ fashion : f°̲
°̲r• °̲t °̲l °̲s	Les dérivés (uniquement en final) tionary, tionnement, sionate, sionist	functionary : fn̄ °̲r• functional : fn̄ °̲l functioning : fn̄ °̲ŋ functionality : fn̄ °̲ɔ passionate : p°̲l illusionist : •l°̲s dictionary : d°̲r•

☼ **Remarque importante**

Pour les sons « in/im », en début de mot, nous utiliserons l'abréviation « – » pour gagner en rapidité et simplicité d'écriture

Exemple

impatient : –phn̄l insight : –sl impose : –ps

En fin de mot, par simplicité encore, nous pourrons utiliser la consonne « n » ou « m » plutôt que la graphie de la nasale.

Ainsi, par exemple, London pourra s'écrire de deux manières :

– avec la nasale ln̄dn̄

– avec le « n » ln̄dn

ou encore :

lesson : lsn̄ / lsn citizen : slsn̄ / slsn suzan : ssn̄ / ssn

- **Diphtongues, triphtongues et hiatus**

Les voyelles, en général, se prononcent de façon stable et d'une seule émission de voix : ce sont des **monophtongues.**

En plus des hiatus (communs à nos deux langues), nous rencontrerons des diphtongues et des triphtongues dans la langue anglaise. Comment les distinguer et se relire parfaitement ?

La diphtongue, (du grec *diphthoggos* : double son) est un son voyelle constitué de deux éléments vocaliques dans une même syllabe. Elle se prononce comme une ligne brisée, très légèrement en deux temps.

Par exemple, dans le mot « aerosol », les voyelles « ae » se prononcent légèrement en deux temps en anglais, alors qu'en français la rupture est plus nette. En français nous sommes en présence d'un hiatus, alors qu'en anglais c'est une diphtongue !

Ce que nous appelons « diphtongue » en français est la juxtaposition de deux voyelles dont l'une est un « i ». Elle se prononce d'une seule émission de voix : ia, io, iu… Ce qui revient à dire que nous n'avons pas réellement de diphtongues en langue française !

Nous partirons donc du principe (pour ne froisser personne !) que hiatus français et diphtongue anglaise sont cousins proches. Lorsque, en prononciation anglaise, la diphtongue est fluide, la règle de base s'appliquera (représentation des sons en début et fin de mot, suppression à l'intérieur, *cf.* tableau des voyelles) et lorsque la diphtongue se prononce en deux temps, elle se représentera comme un hiatus. Ainsi, suivant les prononciations différentes de chacun, la méthode sera adaptable et simple d'utilisation.

La triphtongue (n'existe pas en français, à l'exception peut-être de « miaou » qui a peu de chances de se trouver dans votre prise de notes et que nous considérerons comme un hiatus !) est un son voyelle constitué de trois éléments vocaliques dans une même syllabe. De la même manière, elle se prononce très légèrement en trois temps.

Le hiatus, rappelons-le, est la juxtaposition de deux voyelles prononcées séparément avec deux émissions de voix distinctes. Il en existe peu en anglais.

Toujours dans un souci de simplicité et de cohérence avec la méthode française, nous vous proposons de représenter ces particularités de la langue anglaise de la façon suivante :

Dénomination	Initial	Intérieur	Final
Diphtongues perçues en deux temps	Nous écrirons les deux voyelles simples ou nasales rencontrées. aerial : a'rl	Nous remplacerons la diphtongue intérieure par la lettre « e » ou le son nasal rencontré. theory : Ter˙ meander : Mñd	Nous écrirons les 2 voyelles simples ou nasales rencontrées. area : ar'a rodeo : rd'. neon : n'ñ
Triphtongues	Pour différencier la triphtongue de la diphtongue, nous ajouterons un accent tonique sur la voyelle ou la nasale. iodine : ·́dn iambic : ñ́bc	Nous ajouterons un accent tonique sur la lettre « e » intérieure ou la nasale. dialogue : délg science : sñ́s	Nous ajouterons un accent tonique sur la voyelle ou la nasale. lion : l ó
Hiatus	Nous écrirons les 2 voyelles rencontrées.	Nous remplacerons le hiatus intérieur par la lettre « e » cooperate : ceprl vehicle : vec/	Nous écrirons les 2 voyelles rencontrées.

- **Les chiffres**, restent à l'identique et pourront se décliner

Exemple

first	1^s	second	2^d	third	3^d
fourth	4^t	primary	1˙	secondary	2˙
Mais					
thousand	t^d	million	$\bar{m}$	billion	$\bar{B}$

- **Les heures :** nous distinguons le matin de l'après-midi comme il est d'usage :

3 am　　　　3 pm

Nous utiliserons le « h » de « hour » ou les deux points pour un moment précis :

15h30　　　　15:30

- **Les jours :**

monday : $\underline{m}$	tuesday : $\underline{l}$	wednesday : $\underline{\bar{v}}$
thursday : $\underline{t}$	friday : $\underline{f}$	
saturday : $\underline{s}$	sunday : $\underline{sn}$	

- **Les mois** s'écrivent comme en français avec les chiffres correspondants aux mois. Month s'écrira : m^t
- **Les points cardinaux :**

north : $\underline{N}$	south : $\underline{S}$	east : $\underline{E}$	west : $\underline{W}$
northern : $\underline{Nn}$	southern : $\underline{Sn}$	eastern : $\underline{En}$	western : $\underline{Wn}$
orient : $\underline{On}$	occident : $\underline{Ox}$		

- **Le son « ment » :** en anglais le « t » se prononce *(mant, mint, meat)*. Nous utiliserons alors notre graphie du « t barré », seule, en initiale, à l'intérieur et en fin de mot

Exemple

mint : t	mental : tl
mantelpiece : $t/^{ps}$	regiment : rgt

Remarque importante

Pour les mots comportant une terminaison en « ment » précédée directement d'une consonne *(ou d'une voyelle muette)*, nous garderons cette consonne et nous l'écrirons suivie du « t barré », afin de faciliter la relecture.

Exemple

shipment : hpt pavement : pvt commitment : ĉlt

Dans tous les autres cas, et comme en français, le son « ma(e)n » s'écrira avec le son nasal « an » (en) précédé de la lettre « m »

Exemple

mango : mñg. mend : mñd

- **Les consonnes consécutives :**

Comme dans la méthode française, la règle des consonnes consécutives (**règle 1**, suppression de la 1re des consonnes) reste inchangée, mais, en anglais, nous opérons une petite amélioration **en début de mot**.

En effet, en début de mot, la succession de deux consonnes est si fréquente en anglais que la suppression systématique de la première consonne rendrait le déchiffrage du mot difficile.

Aussi, lorsque 2 consonnes consécutives **en début de mot se prononcent**, on fera précéder la consonne restante d'un petit trait oblique, et ceci, quelle que soit la consonne supprimée :

Exemple

scone : /cn	snack : /nc	swim : /vm
dwell : /vl	twin : /vn	sweat : /vt

Comme dans la méthode française, nous ne supprimerons jamais l'une des 2 consonnes lorsque l'une d'entre elles est un « R » ou un « L » ***(règle 2)***.

dress : ds	tree : t'	bread : b-d
armory : a—mr'	board : b—d	dark : d—c
place : ps	clown : cō	blemish : b-mh
salt : s-t	gold : g-d	album : a-bm
little : lt	invisible : -vsb	vehicle : vec

Remarque importante

Nous attirons votre attention sur **une particularité** concernant les consonnes consécutives avec « L », qui nous permettra de gagner en simplicité d'écriture et de relecture :

Le **« L »** dans la syllabe **« alk »** disparaît, puisqu'il ne se prononce pas :

> **Exemple**
>
> walk :    talk : 

Comme dans la méthode française, la règle des suppressions ne s'applique pas non plus pour le groupe des graphies particulières récurrentes : st/xt, str, sp/xp, sm (***règle 3***).

> **Exemple**
>
> staff :    stream :    explosion : 
>
> speak : 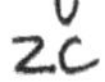   smoke :    fatalism : 

Une nouvelle lettre rejoint ce groupe en langue anglaise.
«  » pour le son « ft(), qui sera notre 5e graphie

> **Exemple**
>
> lift :    softness : 

- **Le suffixe « er »** précédé d'une consonne est représenté avec un long trait horizontal qui la prolonge.

> **Exemple**
>
> butter : 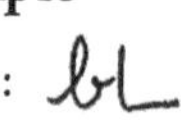   ladder :    laser : 
>
> singer : 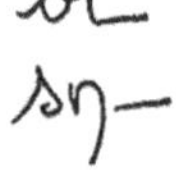   clever : 

- **Les terminaisons en « oor », « ure », « our »** sont représentées par la graphie du son voyelle « oo » prolongé d'un long trait horizontal.

> **Exemple**
>
> poor/pour :    sure : 

- **Le « h » aspiré :**

Le « h » aspiré est représenté par le signe « _ » placé sous la voyelle qui le suit.

Exemple

hot :  heap :  heavy : 

- **La transcription de « NK » :**

Le « nk » sera transcrit par le tracé  et est valable pour tous les sons ink, onk, un(c)k.

Exemple

funk :  sunk :  pink : 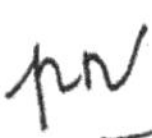

stank/stink :  monkey :  thinking : 

- **La représentation du « s » en fin de mot :**
  - **La marque du pluriel :**

À l'inverse de la méthode française, il est nécessaire de reconnaître le pluriel en anglais car il se prononce. Il sera représenté par un petit point en dessous de la dernière graphie.

Exemple

- après une voyelle sonore ou une diphtongue :

potatoes :  guys :  ladies : 

- après une consonne :

books :  chips :  pants : 

- après une voyelle muette :

bones :  knives :  lessons : 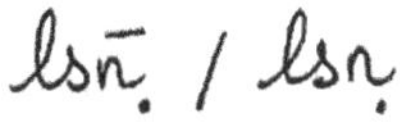

  - **La marque des verbes** à la 3e personne du singulier conjugués au présent simple.

Exemple

he speaks :  she talks : 

- **Le cas possessif :**

Il sera représenté par un « s » barré

Exemple

tom's mother : 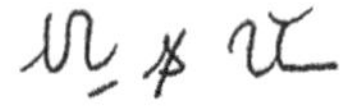 the boy's toys : 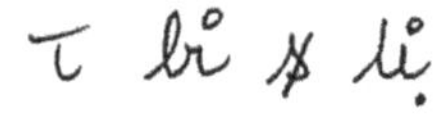

- **La marque du passé :**

Pour transcrire la terminaison « ed », de certains participes passés et adjectifs, nous utiliserons le tracé suivant :

Exemple

suggested :  liked : 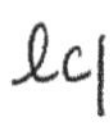

carried :  booked : 

- **Les grandes syllabes** restent à l'identiques et trois nouvelles lettres font leur entrée :

– Pour le son « **over** », graphié «  »

Exemple

oversee :  overcome : 

– pour le son « **sub** », graphié «  »

Exemple

subject :  subscription : 

– pour le son « **under** », graphié «  »

Exemple

understand : 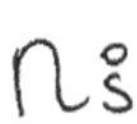 undertake : 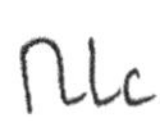

Good luck !

Ce que vous devez retenir

- **Les consonnes** restent à l'identique, 3 nouvelles apparaissent.
- **Le son « ing »** s'utilise également pour « ung, ang, ong ».
- **Les sons voyelles** sont plus diversifiés qu'en français :
  - le « y » s'utilise uniquement en début et milieu de mot ;
  - intégration d'une voyelle nasale « passe partout » et/ou d'autres sons nasaux pour affiner la prise de notes.
- **Diphtongue** (en 2 temps) **et hiatus** se représentent de la même manière.
- **Triphtongue**, ajout d'un accent tonique sur la voyelle ou la nasale représentée.
- **Le son « ment »** s'utilise partout dans le mot :
  - pour les terminaisons en « ment » précédées d'une consonne (ou d'une voyelle muette), écriture de la consonne suivie du « t barré ».
- **Les consonnes consécutives :** règle générale inchangée. Amélioration de la Règle 1 en début de mot : la consonne restante est précédée d'un petit trait oblique, et ceci, quelle que soit la consonne supprimée.
  - la règle 2 reste inchangée. Intégration du son « ft » ;
  - une particularité pour la syllabe « alk », le « **L** » disparaît.
- **Le suffixe « er »** précédé d'une consonne est représenté avec un long trait horizontal.
- Pour indiquer le **« h aspiré »** on souligne la voyelle qui le suit.
- Un point sous la dernière graphie représente **le pluriel** et les **verbes à la 3ᵉpersonne du singulier** (présent simple).
- Un « s » barré **représente le cas possessif.**
- Un trait vertical **indique la marque du passé** (ed).
- **Les grandes syllabes** restent à l'identiques. Intégration de 3 nouvelles lettres.

Consonnes	
b	b
c, k, q, ck	c
d	d
f, ph, gh	f
g, gu	g
ch, sh	h
j	j
(d)g	j
l	l
m	ɾ
n	n
p	p
r	r
s, z, c+e,i	s
t	t
th()	τ
v	v
w (h)	ʊ
x,cs,cc	×

Voyelles et diphtongues

Voyelles simples

a	a
a, e, ay, ai, ei	……´……
i, e, ee, ea, ey	……•……
o, ow, aw, a, oa, au, io	……•……
a, ea, i, u	ə
oe, ew, oo	θ
i, ie, uy,	ı
oy, oi	i̊
ow	ŏ
ear, ea, ier, eer, ere, ia	ĕ

Positionnement d'un accent tonique sur la graphie nasale pour reconnaître un « i » accentué

Sons nasaux

Voyelles nasales

an, en, un, on, oun, ain, oin, (ou m)…	n̄
own, oon	ū
own, oun	ō
oin	ı̄
in, im,	……‾……
ign	í
ion	……°……
sion, ssion, tion, ption, xion, ction	……°̲……

Hiatus

En initial et en final, on écrit tout ce que l'on entend (idem méthode française).

Dans le corps des mots, on remplace le hiatus simple par « e » et le hiatus nasal par le son nasal simple entendu

Consonnes

« alk » : suppression du « L »

« our, oor, ure" prolongement du « ou » par un grand trait du « R »

Suffixe « er » : grand trait du « r »

« R » non prononcé, prolongement de la graphie sonore par un petit trait horizontal

Semi-voyelle

Son « ye », en début et à l'intérieur de mot

Y

Marque du Pluriel + 3e personne singulier présent

Un petit point en dessous de la dernière graphie écrite

« h » aspiré

souligné sous la voyelle qui le suit pour le représenter

Possessif

Est représenté par un « s » barré s̸

Liquides	Majuscules	Terminales
R – petit trait horizontal quand précédé d'une consonne – grand trait horizontal quand suivi d'une consonne **L** – petit trait oblique quand précédé d'une consonne – grand trait oblique quand suivi d'une consonne	alt ( ) r altr ( ) — a circ ( ) circon ( ) circum — C co(u)ntr ( ) co(u)nt ( ) r — Q electr ( ) — ė ent ( ) r entr ( ) — ε et ( ) r etr ( ) — ^ ext ( ) r extr ( ) — X gr ( ) f — g ort ( ) hort ( ) orth ( ) — H int ( ) r ( ) intr ( ) — I imp( )r impr ( ) — ⊥ m()tr() m()t()r() — m oto auto — O ord ( ) r ordr ( ) ord ( ) — Q over ( ) — θ r ( ) p ( ) r ( ) r ( ) pr ( ) — R sub () — S s ( ) p ( ) r ( ) s ( ) pr ( ) — S télé — T t()r() — / under — n	Dérivés « tion » (c) tioning — o ŋ (c) tionary — o r (c) tional — o l sionate — o l sionist — o s etc. lity lisation litation
Consonnes consécutives		**Marque du passé**
Règle inchangée quand 2 consonnes sont consécutives sauf pour : ft — f st, xt — s str — S sp, xp — z sm — ʒ et sauf en début de mot, la suppression de la 1e consonne est modifiée et remplacée par un petit trait oblique lorsque les consonnes se prononcent		ed — | **Transcription de ng / nk** ng — ŋ nk — N **Le son MENT** ma (e)(i) nt — t Dans les autres cas : m + son nasal — m̄

C'est à vous !

Money :	Oratory :	Tissue :
Bang :	Sanction :	Kind :
Pound :	Rehabilitation :	Cereal :
Swedish :	Twist :	Spending :
Pearl :	Pretty :	Glamour :
Heroes :	Helped :	Pebble :
Drank :	Trust :	Detect :
Bees :	Believe :	Overtime :
Inspect :	Shine :	Toasting :

Traduisez

1. She takes Spanish lessons.

2. He sleeps in my bedroom.

3. You should see James's car.

4. I will stop to visit all the churches in town.

5. He thinks about his next trip to Europe.

6. Smoking is dangerous for your health.

7. He carried heavy bags full of books.

8. Thank you for your kind enquiry regarding accommodation.

9. Every month, manufacturers made massive investissments in machinery and equipment.

10. All passengers are required to check that their passports are in order.

11. When I lived in Paris, I used to buy tickets to take the metro every day.

12. Elizabeth and Michael will travel to the Bahamas next September.

13. We would be very grateful if you could send us your new price-list.

14. The latest mosaics' collection features many gorgeous additions.

15. I hope you are well and that I shall have the pleasure of seeing you again very soon.

16. When they heard this house was coming up for sale they knew that it was where they wanted to live.

17. We regret that the air conditioning devices you ordered will not be available until the end of July.

18. He is most grateful to you for the help you gave him and he sincerely hopes he will be able to meet you when you next come over for a visit.

19. She has to work 3 months' notice before starting with this new company.

20. I am unable to carry these very heavy bags to the airport and need you to help me.

12

MERAS® et les autres techniques

MERAS® peut désormais remplacer votre écriture usuelle. Comme nous l'avions vu au début de l'ouvrage, afin de donner de la pertinence à vos notes, vous pouvez, si vous le désirez, combiner d'autres techniques avec l'écriture simplifiée : vous gagnerez ainsi en espace utilisé sur la feuille, donc en temps et en efficacité.

Pour cela, un esprit de synthèse est indispensable afin de distinguer l'essentiel de l'accessoire et différentes méthodes (style télégraphique, tableaux synoptiques, méthode systémique, méthodes normées – SPRI®, méthode des 7 points...– et Global Map®) sont à votre disposition pour vous aider dans votre prise de notes.

Le principe des mots clés ou phrases clés est bien entendu de rigueur. Ces différentes techniques s'utiliseront en fonction de l'objectif que vous vous serez donné. Pour cela, définissez-le en répondant aux trois questions fondamentales :

- Pour quoi (faire) ? Il est important, en effet, de définir dans quel but on prend des notes.
- Comment ? On identifie l'itinéraire (donc les techniques) que l'on empruntera pour arriver à notre but.
- (Pour) qui ? *In fine*, à qui seront adressées ces notes ?

Votre objectif est le moteur de votre prise de notes. Il vous permettra d'arriver à destination. Même si vous décidez d'emprunter d'autres routes (différentes techniques ou méthodes) pour l'atteindre, il doit rester clair et précis à votre esprit.

Les techniques ou méthodes utilisées ne sont que des instruments qui servent votre objectif. Ils sont là en fonction des résultats que vous souhaitez obtenir. L'artiste utilise le pinceau, par exemple, mais lors de l'exposition de son œuvre, on n'aura totalement oublié l'outil qui a servi à la réaliser !

Noter intelligemment, c'est choisir ce que l'on doit écrire dans ce que l'on entend. Pour cela, il faut écouter, comprendre, analyser et enfin sélectionner les informations importantes. Bien écrire, c'est tout simplement, bien penser.

À titre d'exemple, vous trouverez ci-après quelques outils s'appuyant sur divers supports techniques traités spécialement dans des ouvrages référencés dans la bibliographie finale.

Le style télégraphique

Quand nous envoyons un télégramme, chaque mot a un coût. Il faut donc aller à l'essentiel. Et l'essentiel, c'est le juste équilibre entre concision et fidélité. C'est un style à adopter en priorité. Le combiner avec MERAS® et d'autres techniques est un gage de rapidité et d'efficacité.

Tout en restituant l'idée énoncée, il est important de se défaire du mot à mot (en dehors de certaines prises de notes qui l'exigent, bien entendu). Pour cela – et vous devez le considérer comme un postulat de base – supprimez les redondances (redites d'informations) ainsi que les déterminants usuels (articles définis, indéfinis, adjectifs démonstratifs et possessifs, pronoms, auxiliaires – être et avoir) et enfin certaines expressions comme « il y a, qui... », par exemple.

En un mot, supprimez tous les mots-outils grammaticaux qui n'ajoutent rien au sens et à la bonne compréhension de nos notes.

Gardez le sujet (ce dont on parle) et le prédicat (ce qui est dit à propos du sujet) en identifiant les mots-clés (porteurs d'informations utiles), et en utilisant des verbes d'action ou des noms communs « pleins ».

Notez également les liens logiques (en utilisant des symboles ou des abréviations) qui sont nécessaires pour savoir si l'auteur ou l'orateur développe, déduit, compare ou conclut (« donc, finalement, en résumé... » marquent, dans ce cas, la conclusion, alors que « ensuite, et, par ailleurs, de même... » marquent une chronologie et développent une idée).

Les tableaux synoptiques

La prise de notes est fragmentée par colonnes. Différents thèmes sont développés et sont déclinés sous plusieurs champs logiques.

Exemple 1

Tableaux synoptiques (voir les ouvrages de Michelle Fayet cités en bibliographie p. 176).

Tableau réceptif – collecte d'informations

Plan : thèmes abordés	Idées forces	Informations d'appui
Structure du plan adopté par l'orateur/ le rédacteur	Insérer les idées forces à retenir en priorité	Noter ici les dates, noms, chiffres, pourcentages, exemples, anecdotes, commentaires…

Tableau actif – prise de notes en réunion

Ordre du jour	Synthèse des débats (*contexte-suggestions-décisions*)	Suite à donner
Titres de l'ordre du jour ou thème du point abordé en l'absence d'ordre du jour	Reformulation du contexte – problèmes – besoins – bilans – propositions émises – décisions prises	Actions à mener Noms des responsables Dates butoirs

Ordre du jour	Pour information	Suite à donner
	– décisions	– actions à entreprendre

Type « décisions difficiles à prendre »

Ordre du jour	Synthèse des débats	Décisions prises	Actions à mener

Type « boîte à idées »

Ordre du jour	Synthèse des débats	Propositions	Décisions/ Actions

Type « respect des impératifs du cahier des charges »

Ordre du jour	Informations	Actions	Responsables des actions avant le

Type « réunion d'avancement de projet »

Plan	Points de vue/ Idées à dire	Intervenants	Notes

Type « visioconférence »

Société/filiale	Intervenant 1	Intervenant 2	Intervenant 3

Type « procès-verbal » pour mettre en valeur les opinions de chacun

Ordre du jour	Partici-pants	Contenu des débats	Proposi-tions	Décisions/ Actions

Type « recueil de données en fonction des besoins – (réclamations suite à un problème) »

Qui	Quoi	Où	Quand
Commentaires/ observations		Fait/ A faire	

Type « feuille de service (convocation de comédiens pour tournage audiovisuel) »

Scènes	Effets (jour/nuit)	Décor	Action	Rôles	Tps de tournage prévu	HMC*	PAT*	Fin de tournage

* Habillage Maquillage Coiffure
* Prêt A Tourner

Exemple 2 : méthode aspects/points de vue

Ce tableau de croisement permet de mettre en relation divers aspects (juridique, technique…) d'une question ou d'une situation avec les différents points de vue des participants.

Points de vue / Aspects	Mr X	Mme Y	Mr Z
Juridique			
Technique			
Commercial			
Économique			

Exemple 3 : quelques tableaux simples

Laissez votre sens créatif agir et créez plusieurs matrices de tableaux en fonction de votre objectif, de vos besoins, des situations et de vos informations. Vous aurez ainsi, une diversité « d'outils tableaux » à votre disposition. Voici quelques exemples :

Prise de notes	Commentaires personnels

Questions	Réponses

Noms	Pour	Contre
Mr X		

Questions	Réponses Mr X	Réponses Mme Y

Questions posées	Réponses retenues

Quoi	Quand	Comment

La méthode systémique

Pratiquement irréalisable d'un premier jet, ce schéma structuré par figures géométriques et autour d'une idée ou d'un thème principal, permet de synthétiser et de mettre en rapport les idées essentielles entre elles. Les mots-clés sont notés à l'intérieur de chacune des figures.

Grâce à cette méthode (proche de l'organigramme que nous connaissons), l'ensemble du texte est visualisé, mais nécessite cependant l'établissement d'une légende afin d'être compris de tous. Cette méthode nécessite également d'être extrêmement attentif aux sens des subordinations qui nous permettent d'établir un fléchage logique.

Avec cette technique, un chef de projet, par exemple, fera une synthèse de son sujet, qu'il exposera à ses collaborateurs. Il pourra noter au fur et à mesure, dans chacune des figures concernées, les informations qu'il mettra en relation.

En brainstorming, cette méthode s'avère également particulièrement efficace.

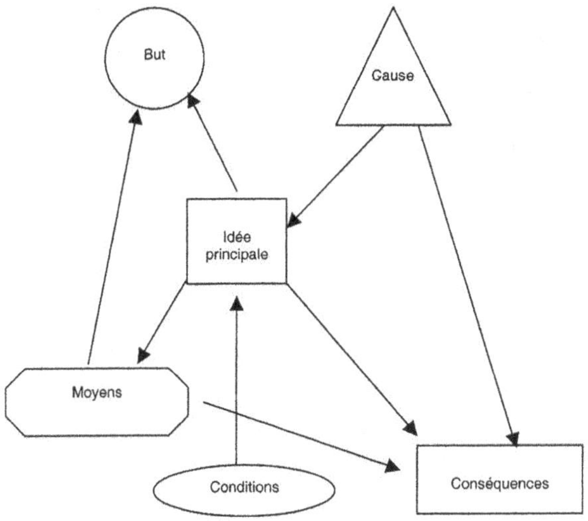

Les méthodes normées

Les méthodes normées sont des outils d'analyse et de synthèse, établis pour répondre à des questions précises. Ce sont des schémas pré-établis qui nous aident à recueillir des informations dont la classification est immédiate.

- Principalement utilisée par les commerciaux, la méthode SPRI® de Louis Timbal-Duclaux est efficace pour passer d'un problème à sa résolution. Elle peut également être utile pour la rédaction de rapports.

Sujet	
S = situation On constate les faits *Quelle situation a-t-on analysée ?*	P = problème On pose le problème *Quel problème est soulevé ?*
R = résolution On cherche les différentes solutions pour résoudre le problème *Quelle résolution propose-t-on ?*	I = information La solution trouvée, on définit la meilleure façon de la mettre en pratique *Quelle information doit-on mettre en place ?*

On peut imaginer un tableau de résolution de problème sous une autre forme :

Problème	Plan d'action		
	Résolution	Responsable	Date

- En étoile ou en grille, la méthode des 7 points est, elle, principalement utilisée par les journalistes et permet de faire le tour d'une question ou d'un sujet, en utilisant le questionnement QQCCOQP (Qui – Quoi – Comment – Combien – Où – Quand – Pourquoi).

Qui	personnes concernées
Quoi	sources
Comment	manières
Combien	mesures
Où	lieux
Quand	localisation dans le temps
Pourquoi	raisons et buts

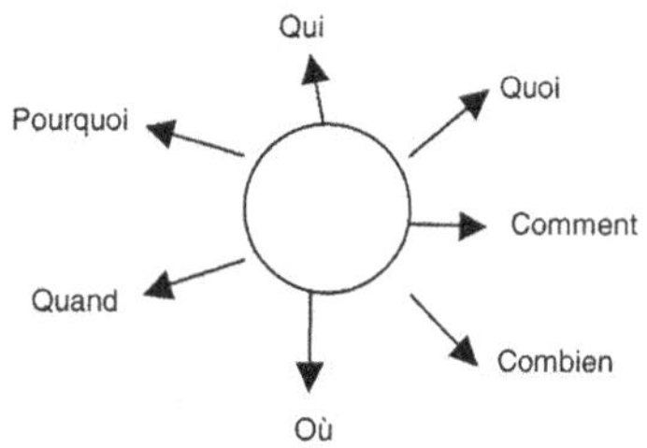

- Les journalistes réduisent, la plupart du temps, leur questionnement à la méthode des 5 W. Elle permet de développer une information vis-à-vis du public en répondant en priorité aux 5 questions suivantes :
  - *Who* (Qui)
  - *What* (Quoi)
  - *When* (Quand)
  - *Where* (Où)
  - *Why* (Pourquoi)

Tous les médias fonctionnent de manière similaire lors de la présentation d'un sujet. Si une question n'est pas traitée, l'édifice sera bancal. Cette technique peut s'avérer très utile dans de nombreuses situations professionnelles.

- La fiche d'appel téléphonique est un exemple simple de méthode normée. Elle nous aide à être sélectif, précis et concis dans notre prise de notes. L'utilisation du style télégraphique est impérative.

Destiné à :	Pris par :	
Date :	Heure d'appel :	
Appel de M. :	Société :	
❑ A téléphoné		
❑ Est passé		
❑ Demande que vous le rappeliez	N° Tel	Heure :
❑ Vous rappellera	Date :	Heure :
MESSAGE		

Elle peut également exister sous forme de tableau :

Date	Nom du contact	Message	Suite à donner

Le Global Map® ou Mind Map®

Aristote a eu, le premier, l'idée du classement mental par catégories de genres et d'espèces. Mais le concept tel qu'on le connaît aujourd'hui, a été formalisé par le pédagogue anglais, Tony BUZAN, dans les années 1970, sous le nom de Mind Map® (il en a déposé le nom et la marque).

Le Global Map® (nom et marque déposés par Meras-Network) ou Mind Map® est un véritable outil, utilisé aujourd'hui dans les écoles (apprentissage, prise de notes ou révision de cours...), les administrations et les entreprises (gestion de projets ou de temps, conception de plans, résolution de problèmes, prise de notes en réunion, brainstorming, prise de décisions, management...) et ceci dans le monde entier.

Sous ses consonances anglophones, se cache un arbre à idées très ingénieux qui permet de tirer le meilleur parti de notre pensée dans tous les domaines de notre vie (privée ou professionnelle).

C'est une représentation visuelle externe de ce qui se passe dans notre tête et qui nous permet une grande liberté intellectuelle.

Chacun d'entre nous a une représentation personnelle, plus ou moins graphique ou verbale, de la situation évoquée par un discours ou un texte. On pourrait comparer cette technique au principe du « web » d'Internet. Nous recherchons une information avec un mot clé, celui-ci nous amène vers une somme infinie de possibilités et de liens.

Ainsi, à partir d'un thème principal inscrit en centre de page (format paysage), les informations sont immédiatement organisées par groupes, grâce au principe des ramifications. Ce principe apporte une liberté totale et permet d'avoir une écoute active et réactive.

Toutes les informations sont représentées de façon visuelle avec l'utilisation de mots clé ou phrases clé.

Prendre des notes de façon heuristique nous oblige d'abord à comprendre ce que nous percevons, pour enfin le structurer en fonction de notre objectif.

Contrairement à d'autres méthodes de prise de notes, le Global Map® permet de noter des idées provenant de différentes directions.

En effet, l'organisation à base de branches permet de passer de l'une à l'autre au gré des informations reçues et des réflexions de chacun. On peut revenir sur un sujet déjà abordé en y ajoutant une branche complémentaire.

Les prises de notes classiques « au kilomètre » et chronologiques (dont il ne reste finalement que 10 % après votre relecture), la peur de l'oubli d'une information essentielle, ne sont plus d'actualité avec cette technique ! Vous gagnerez en temps (comptez pratiquement une réduction de 50 % par rapport aux méthodes classiques), en efficacité, en structure et en opérationnalité.

Les notes deviennent plus précises et permettent une mémorisation globale.

Comment procéder ?

- Notez le thème principal au centre de votre page (format paysage, rappelons-le).
- Commencez la ramification en lui donnant un sens d'écriture (en haut à droite, puis tourner dans le sens des aiguilles d'une montre. Les gauchers, quant à eux, commenceront en haut à gauche mais tourneront autour du thème central de la même manière que les droitiers).
- Un 1er niveau de branches correspond aux idées principales.
- Un 2e niveau aux idées secondaires, etc.
- Reliez les lignes entre elles.

Exemple d'un Global Map® de préparation de réunion avec le logiciel MindJet® :

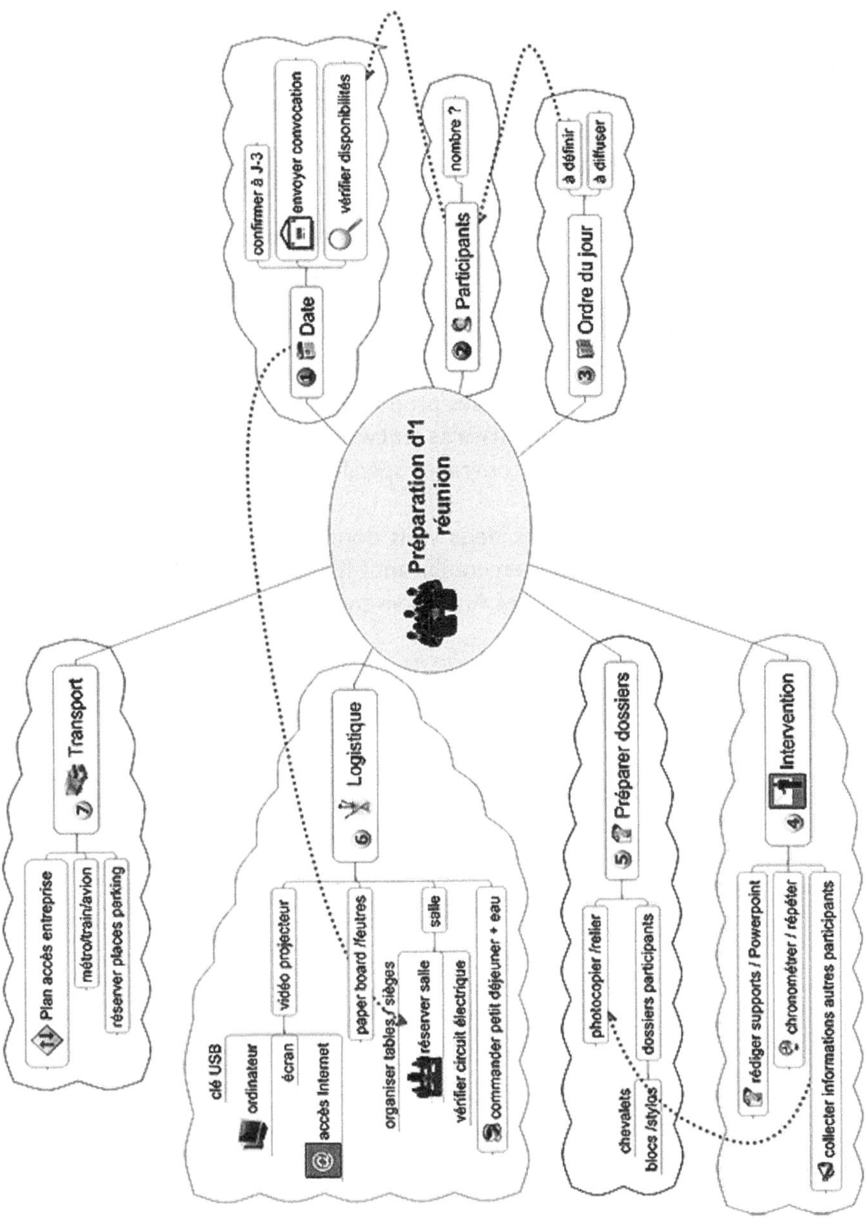

- Utilisez des mots clés (plus évocateurs et mémorisables) ou des phrases clés, ainsi que des images ou des idéogrammes.
- Limitez la longueur des branches à celles des mots.
- Écrivez horizontalement et sur la ligne.
- N'hésitez pas à hiérarchiser, numéroter, entourer d'une bulle, les idées pour les regrouper et à utiliser des couleurs afin de stimuler votre imagination.

Le Global Map® s'utilise manuellement ou informatiquement avec un logiciel spécifique.

Votre originalité et votre force sera d'associer Global Map® et méthode MERAS® ou MERASA®. Cette combinaison est, à coup sur, un couplé gagnant !

Afin d'approfondir l'utilisation du Global Map® et le maîtriser parfaitement, nous vous recommandons de suivre des formations spécifiques (*cf.* nos ateliers inter entreprises proposés sur le site :

www.meras-network.com

ou vous reporter à des ouvrages spécifiques tels que ceux de Tony Buzan (*cf.* bibliographie).

Par l'exemple ci-dessous, nous vous donnons un autre aperçu de ce que vous pouvez obtenir en combinant MERAS® et GLOBAL MAP®.

Reprenons le texte : « Les Amishs vivent toujours comme en 1693 ».

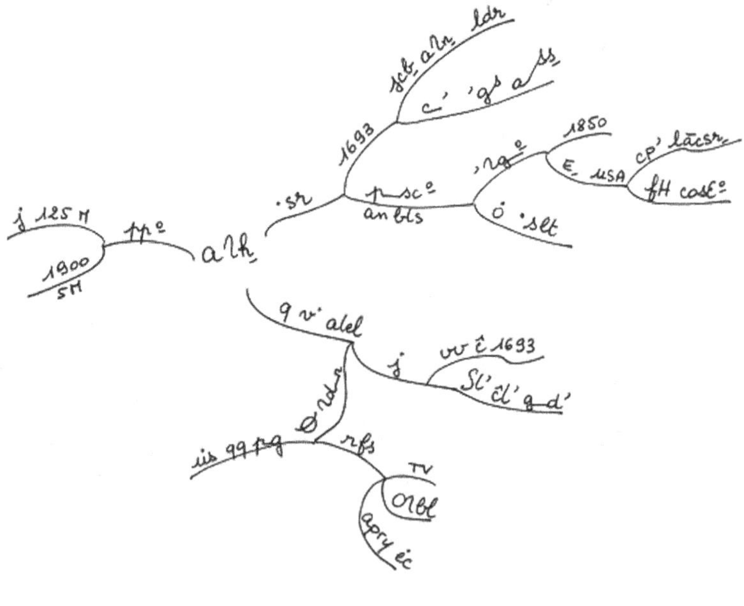

Après avoir pris connaissance du texte, nous réorganisons nos idées, afin de nous approprier l'information, en tenant compte des idées de l'auteur.

En parcourant cette carte mentale, vous réactivez votre mémoire et vos connaissances sur le sujet, et vous vous apercevez, alors, que vous pouvez, grâce à ces quelques mots clé, parler des Amishs à votre entourage !

Combiner toutes ces diverses techniques avec MERAS® vous sera extrêmement utile lors de réunions, cours, conférences ou autres situations nécessitant une gestion d'informations facilitée.

Vous obtiendrez alors un triple résultat :

- sélection d'informations ;
- organisation d'idées ;
- rapidité d'écriture.

La figure ci-après offre une vision globale, synthétique et récapitulative des principes et règles de la méthode MERAS®.

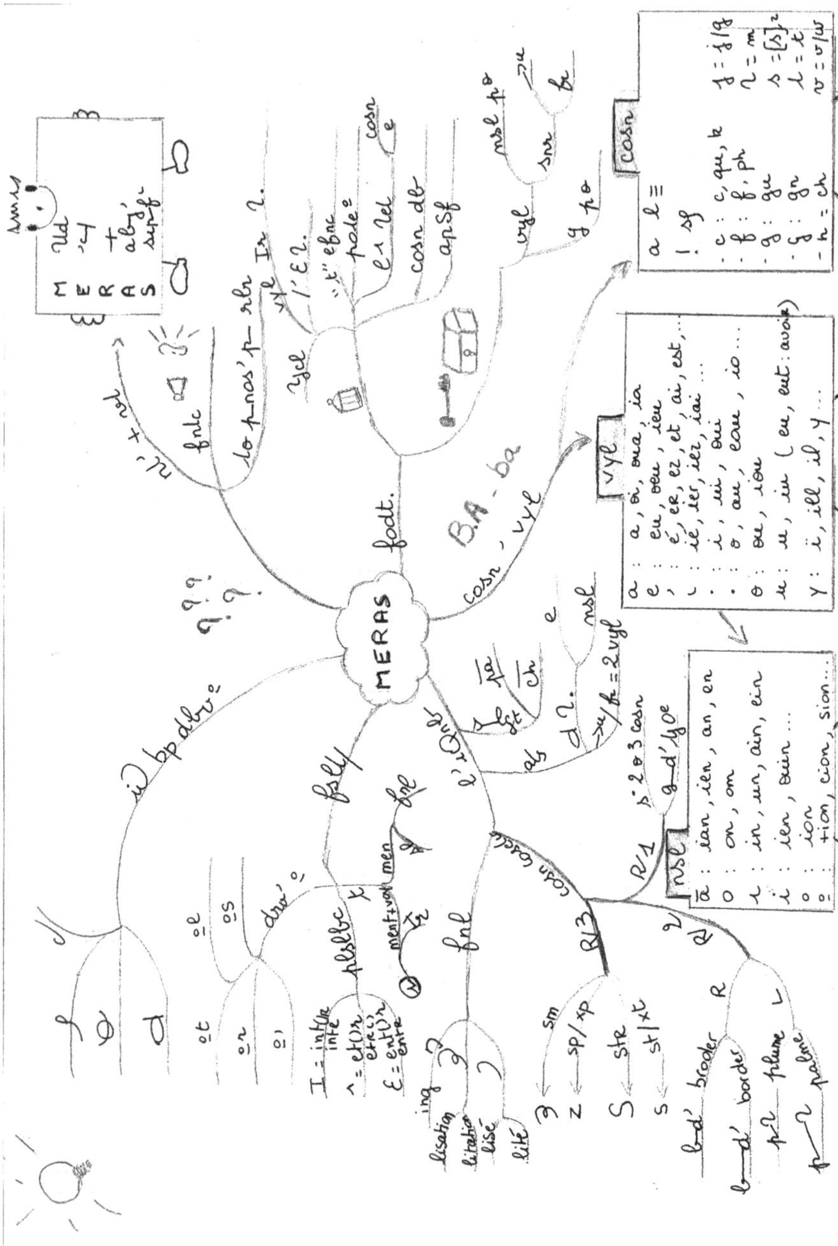
MERAS
BA-ba
vyl
cosn
nsl

Conclusion

Vous venez de terminer l'apprentissage de MERAS®. Bravo !
Rappelez-vous notre musicien ! Maintenant vous connaissez le solfège, vous savez lire votre partition et vous commencez à jouer d'un instrument. Pour devenir un véritable musicien, voire un virtuose, vous devez vous entraîner ! Souvenez-vous de vos sept ans et de l'apprentissage de la lecture et de l'écriture !

Cet apprentissage n'a pu s'effectuer sans une pratique assidue et des exercices pour l'appliquer. Avec un entraînement audio répété, vous serez sûr d'obtenir une prise de notes efficace et opérationnelle, et vous éviterez le « blocage » intellectuel.

N'oubliez pas d'inclure progressivement d'autres techniques (tableaux synoptiques pour commencer et le Global Map®) en fonction des situations que vous rencontrerez, de vos besoins et de votre objectif.

Comment acquérir une vitesse et un automatisme d'écriture MERAS® ?

Avant toute chose, traduisez l'ensemble des exercices et textes proposés dans cet ouvrage afin d'acquérir une certaine aisance.

Passez ensuite aux supports écrits de votre choix. Faites un essai : prenez en notes un texte et laissez-vous une journée avant de le relire. Si la relecture est parfaite, aucun doute : vous maîtrisez maintenant la technique MERAS® !

Si, en revanche, vous avez du mal à vous relire : vérifiez alors si les graphies utilisées correspondent à l'application de la méthode et contrôlez vos connaissances en vous reportant aux chapitres d'explication.

MERAS® maîtrisée, commencez alors l'entraînement audio.

MERAS® a pensé à vous et vous facilite la tâche en vous proposant des entraînements de diverses vitesses (accompagnés de leur correction), en fichiers à télécharger gratuitement en français et en anglais sur son site :

www.meras-prisedenotes.com

Reprenez les consignes décrites en début d'ouvrage (conseils pratiques) et sur l'introduction des fichiers de téléchargement. Lors de vos premières prises audio, il vous arrivera de « bloquer » sur la graphie d'un ou plusieurs mots. Laissez un blanc et continuez sans jamais vous décourager. Vous devez vous obliger à ne plus utiliser votre automatisme de réflexion, mais privilégier votre automatisme de reproduction de sons.

Au début, vous aurez l'impression de régresser par rapport à votre prise de notes habituelle. Rappelez-vous : vous ne pouviez dépasser 30 à 40 mots/minute sans méthodologie. Soyez indulgent avec vous-même ! Rome ne s'est pas bâtie en un jour ! Laissez-vous le temps d'acquérir les automatismes de la méthode. Et cela se fera très vite, vous en serez surpris !

Vérifiez votre écriture simplifiée grâce à la correction de ces exercices audio, et n'hésitez pas à faire des gammes d'abréviations oubliées et de mots rectifiés. Reproduisez vos textes jusqu'à ressentir une parfaite aisance dans votre prise de notes. Vous commencerez alors à apercevoir ce que doit être l'automatisme du crayon.

L'aisance acquise grâce à l'entraînement des textes audio, augmentez la difficulté en choisissant des supports différents : TV (journal télévisé, reportages...), radio, chansons, petite réunion...

Délimitez toujours votre temps d'entraînement (20 minutes par jour minimum), puis augmentez-le progressivement, toujours en fonction de votre objectif. Ne vous découragez pas et soyez rigoureux. Les résultats seront au rendez-vous !

C'est à vous de jouer maintenant !

Annexes

Annexe

Répertoire en français

Vous trouverez dans ce répertoire toutes les abréviations vues au cours de l'apprentissage de cette méthode ainsi que leurs dérivés. La liste est non exhaustive.

Nous vous rappelons que le son est privilégié, aussi tout est possible au niveau de l'orthographe, la grammaire ou le pluriel.

Exemples

(nous) rechercherons
(ils) rechercheront

(vous) conditionnez
(des articles) conditionnés
(ils) conditionnaient
(il) conditionnait
conditionner
conditionner (des articles)…

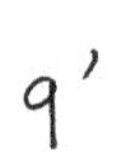

(une) affaire
(des) affaires

A		Appartenance	Єs
Accusé de réception	ar°	N'appartient pas	Є̸
J'accuse réception	jar°	Appel	ap
Nous accusons réception	mar°	Appel d'offres	aõ
Achat	ã	Appel téléphonique	aT
Acheter	ã'	Appeler	ap'
Acheteur	Ã	Appellation	ap°
À compter (de)	↗'	À peu près équivalent(e)/ égal(e)	~>
Activité	ä	Apprenti	å
Addition(ne) ou Plus	+	Apprentissage	åj
Additionner	+'	Après	a'
Administre	A	D'après	da'
Administrer	A'	Après-midi	AM
Administration	A°	Architecte	At
Administratif	Af	Architecture	At/
Administrative	Av	Arrondissement	aR
Affaire	Ȧ	Article	a⊥
Affairer	Ȧ'	L'article	la⊥
Affranchissement	aFt	Articule	q
Affranchi	aF·	Articulation	q°
Alternance	ã	Articuler	q'
À la suite (de)	as—	Artisan(e)	ă
Ainsi de suite	is—	Artisanal(e)	ăl
Analyse	∂	Artisanat	ăa
Analyser	∂'	Assistant(e)	Â
Analytique	∂c	Assistanat	Âa
À partir (de)	a↗	Attention	!
Appartient	Є	Attentionné	!'
Appartiennent	Єn		

À travers	a\	Avenue	avn
Au travers	.\	Avocat (e)	ā
Traverser	\s'	B	
Au début (de)	.↗	Baisse	↓
Le début (de)	l↗	Baisser	↓'
Début	↗u	Beaucoup	bp
Au-dessus	.du	Bénéfice	β
Au-dessous	.do	Bénéficia	βa
Au fur et à mesure	W	Bénéficier	β'
Augmente	↑	Bénéficiera	βra
Augmentation	↑º	Bordereau	b—
Augmenter	↑'	Bordereau de commande	b—c̃
Aujourd'hui	j	Bordereau de livraison	b—l̃
D'aujourd'hui	dj	Boulevard	bd
Auprès	.'	Budget	β̆
Qu'auprès	c.'	Budgétaire	β̆/
Avantage	aj	Budgétiser	β̆'
Avantageux	aje	Business	$
Avantageusement	ajt	Business ma(e)n	$♂
J'ai l'avantage	jaj	Business woma(e)n	$♀
Nous avons l'avantage	naj	C	
D'avantage/ Davantage	daj	Cadre	□
L'avantage	laj	Calcul(e)	c̄
Désavantage	dsaj	Calculer	c̄'
Avec	av	Calculette	c̄l
D'avec	dav	Calculatrice	c̄b
Qu'avec	cav	Incalculable	ic̄

Candidat(e)	λ̃	Ci-après	sa'
Candidature	λ̃/	Ci-contre	sQ
Capital(e)	K	Ci-dessous	sdo
Capitaliser	Kℓ	Ci-dessus	sdu
Capitalisation	Kϑ	Ci inclus(e)	si
Caractère	x	Ci-joint	sj
Caractériser	x'	Citoyen	ĉ
Caractéristique	xc	Citoyenne	ĉn
Carte bancaire	CBr	Circonstance	C
Chèque bancaire	hBr	Circonstanciel(le)	C^e
Compte bancaire	cpBr	Client	C̃
Carte bleue	CB̸	Cliente	C̃l
Bleu(e)	B̸	Clientèle	C̃ℓ
Cellule	¢	Collabore	k̃
Cellulaire	¢r	Collaborer	k̃'
Certain	s^i	Collaboration	k̃°
Certaine	s^n	Collaborateur	K̃
Certainement	s^t	Collaboratrice	K̃s
Certificat	c̿	Commande	c̃
Certifier	c̿'	Commander	c̃'
C'est-à-dire	cad	Commandement	c̃t
Chiffre d'affaires	CA	Commandant(e)	c̃ā
Chemin de fer	═	Recommander	rc̃'
Cherche	h	Recommandation	rc̃°
Chercher	h'	Comme	ĉ
Recherche	rh	Commun	ĉu
Rechercher	rh'	Commune	ĉn

Communauté	$\hat{c}l'$	Concerne	qn
Communauté européenne	CE	Concerner	qn'
Communauté économique européenne	CEE	Concernant	qnā
Commerce	c^{s}	En ce qui concerne	āqn
Commercer	$c^{s'}$	En ce qui me concerne	ā1qn
Commerçant(e)	$c^{ā}$	En ce qui vous concerne	āvqn
Commercial(e)	c^{l}	Conclusion	→≫
Commercialiser	c)	Concurrence	C̊s
Commercialisation	c∂	Condition(ne)	q
Commercialement	c^{t}	Conditionner	q'
Commerce électronique	Cė	Conditionnement	q^{t}
Commerce extérieur	CEx	Conditions d'achats	$q^{ã}$
Commerce international	CI	Conditions commerciales	$q^{c^{l}}$
Communique	ĉ	Conditions de vente	$q^{ṽ}$
Communiquer	ĉ'	Conditions générales	q^{G}
Communication	$\hat{c}^{o}$	Conditions habituelles	$q^{h̃}$
Télécommunication	$T\hat{c}^{o}$	Cond. gén. de vente	$q^{Gṽ}$
Com. téléphonique	ĉT	Cond. hab. de vente	$q^{hṽ}$
Compagnie	c^{ie}	Cond. de livraison	$q^{l̃}$
Complet(e)	q↓	Cond. de paiement	q^{pt}
Complément	$q↓^{t}$	Confident(e)	qf
Complémentaire	$q↓^{r}$	Confidentiel(le)	qf^{l}
Complémentarité	$q↓^{l'}$	Confidentialité	qf)
Compléter	q↓'	Confirmer	co
Complètement	$q↓^{lt}$	Je vous confirme	jvco
Compte rendu	CR	Conscient(e)	₵
		Conscience	₵s

Consciemment	Ct	Correspondance	czs
Consciencieux(se)	Ce	Culture	ħ
Inconscient(e)	iC	Agriculture	aħ
Conseil	CY	Agriculteur	aħ/
Conseiller	CY'	Agricole	aħl
Conseil d'administration	CA°	Cultiver	ħ'
Conseil régional	Cr	Inculte	ħ̸
Conseil général	CG	Curriculum Vitae	CV
Conséquent(e)(ce)	qā	Croissance	[s
Considère	qsr	Croissant(e)	[
Considération	qsr°	Accroît(re)	a[
Consomme	qƐ	Accroissement	a[t
Consommer	qƐ'		
Consommation	qƐ°	**D**	
Consommateur	qƐ/	Dans	d
Consommatrice	qƐ/s	Dans le cadre (de)	⊡
Contester	qs'	Dans les plus brefs délais	_∩_
Incontestable	iqs	Dans tous les cas	lca
Conversation	q°	En tout cas	ālca
Conversation téléphonique	qT	Dangereux(se)	⚠e
Converser	q°'	Danger	⚠
Cordial(e)	cQ	D'autre part	¬
Cordialement	cQt	Définitif(ve)	df
Cordialement vôtre	cQv	Définition	df°
Cordiales salutations	cQs°	Degré	d°
Correspond(e)	cz	Demande	dd
Correspondre	czr	Demander	dd'

Démocrate	D	Direction	Dº
Démocratie	D·	Direction générale	DºG
Démocratiser	D'	Direct(e)	Dl
De part et d'autre	ч	Dirige	Dg
Depuis	↗	Dirigeant(e)	Dā
Département	dpt	Distribue	d̃
Départemental(e)	dptl	Distribuer	d̃'
Dernier	O'	Distribution	d̃º
Dernière	O^e	Distributeur	D̃
Dernièrement	O^t	Distributrice	D̃s
De tous côtés	ч'	Disparaître/ mort/ décès	†
De toutes sortes	dls	Disponible	dz.
De tout temps	dllā	Disponibilité	dz)
Développe	dvp	Disposition	dzº
Développer	dvp'	Distinguer/distingue	ds
Développement	dvpt	Distinction	dsº
Diamètre	∅	Divers(es)	d̊
Diamétralement	∅t	Diversifier	d̊'
Différent(e)	≠	Divise	:
Différence	≠s	Diviser	:'
Différemment	≠t	Division	:º
Dimanche	d̲	Document(e)	dt
Diminue	d↓	Documenter	dt'
Diminuer	d↓'	Documentation	dtº
Diminution	d↓º	Documentaire	dtr
Directeur	D	Documentaliste	dts
Directeur général	DG	Du	du

D'un autre côté	¬'	Énergétique	ϟlc
D'un côté	└'	En même temps	m̂lā
D'une part	└	Enseigne	€
Droit(e)	Δ	Enseigner	€'
Droiture	Δ/	Enseignant(e)	€ā
E		Enseignement	€t
Échantillon	'ho	Renseigne	r€
Échantillonnage	'hoy	Renseignement	r€t
Économe	ér	Ensemble	E
Économie	é	Entièrement à vos ordres	ƐQ
Économique	ēc	Entièrement dévoué	Ɛd
Économiquement	ēt	Entièrement dévoués à vos ordres	ƐdQ
Égal(e)	=	Entreprise	Ɛ_
Égaux	=.	Entrepreneur	Ɛ_r
Égalité(lisé)	=)	Entretien	Ɛ
Égalisation	=ʒ	Entretien téléphonique	ƐT
Également	=t	Environ(ne)	≃
Elle(s)	(	Environnement	≃t
Élément	ȼ	Équilibre	cs
Élémentaire	ȼr	Équilibrer	cs'
Emploi	_e_	Déséquilibre	dscs
Employer	_e`	Escompte	ẽ
Employeur	_er	Essentiel(le)	e/
En effet	āf	Essentiellement	e/t
En ce moment	ā Mt	(Est) équivalent(e) (à)	⟸⟹
Énergie	ϟ	Établissement	els
Énergique	ϟc		

État	É	Exécute	⊣
États membres	ÉM	Exécution	⊣º
Etc…	c/	Exemple	ex
Euro	€	Exemplaire	exr
Europe	€p	Exemplarité	exr'
Européen	€i	Exercice/exerce	'xs
Européenne	€n	Exercer	'xs'
Exact(e)	exa	(Il, elle) Existe	∃
Exactement	ext	Exister	∃'
Exactitude	exd	Existence	∃s
Inexacte	· exa	N'existe	n∃
Exception	γ	(Il, elle) n'existe pas	∄
Exceptionnel(le)	γl	(il, elle) n'existe plus	∄+
Exceptionnellement	γt	Expédier	'2ⁱ
Excuse	'cs	Expédition	'2º
Excuser	'cs'	Expéditeur	'2/
Excel(le)	ē̄	Expéditrice	'2/s
Excellent(e)	ē	Expérience	2̃
Excellence	ēs	Expérimenter	2̃'
Excellemment	ēt	Expertise	'2rs
Exclu(e)	e>	Exploit(e)	2̊
Exclure	e>r	Exploitant(e)	2̊ā
Exclusif	e>f	Exploitation	2̊º
Exclusive	e>v	Exploiter	2̊'
Exclusivement	e>t	Export(e)	'2_
Exclusion	e>º	Exporter	'2_'
Exclusivité	e>'	Exportation	'2_º

Exportateur	’2/	Fournisseur	F̃
Extranet	@	Fournir	F̃r
Extraordinaire	X	Fourniture	F̃/
Extraordinairement	Xt	France	Fs
F		Français	Fs’
Fabrique	f̃	Franc	F̲
Fabrication	f̃°	G	
Fabriquer	f̃’	Général(e)	G
Fabriquant(e)	f̃ā	Généralement	Gt
Faubourg	fg	Généralité(lisé)	G~
Faveur	f>	Généralisation	G~~
Favorable	f>b	Généraux	G.
Femme	♀	Gouvernement	gvt
Finance	f	Gouverner	gv’
Financier	f’	Grand	g^{d}
Financière	fr	Grande	g^{de}
Financement	ft	H	
Financièrement	frt	Habituel(le)	h̃l
Fois	xa	Habituer	h̃’
Forme	F	Habitude	h̃
Formation	F°	Hauteur	h
Formation professionnelle	FP	Hiérarchie	Ħ
Formation en alternance	F ã	Hiérarchique	Ħc
Information	iF°	Hiérarchisation	Ħ°
Informer	iF’	Homme	σ>
Informateur	iF/	Horizon	——
Informaticien	iFi	Horizontal(e)	——l
Informatique	iFc		

Hôpital	H	Important(e)	⊥
Hospitalité(lisé)	H)	Importance	⊥s
Hôtel	$\vec{h}$	Inclus(e)	i
I		Inclure	ir
Idem	i°	Inclusion	i°
Identique	≡	N'est pas inclus(e)	ɨ
Identité	≡'	Indemnité	idn
Identifier	≡L	Indemniser	idn'
Identification	≡°	Indemnisation	idn°
Il(s)	)	Indispensable	idz
Il y a	ya	Individu	idu
Il y avait	yv'	Individuel(le)	idl
Il y aura	yra	Individuellement	idt
Il y eut	yu	Individualité(lisé)	id)
Il n'y a pas	yap	Individualisme	idʒ
Il n'y aurait pas	yrp	Industrie	i
Il n'y aura pas	yrap	Industriel(le)	il
Immédiat(e)	i	Industrialiser	i)
Immédiatement	it	Industrialisation	iϑ
Implique	⇒	Inférieur(e)	<
N'implique pas	⇏	Inférieur(e) ou égal(e)	≤
Implication	⇒°	Infini	∞
Import(e)	⊥	Infinité	∞'
Importer	⊥'	Infiniment	∞t
Importation	⊥°	Ingénieur	I
Importateur	⊥/	Ingénieux	Ie
Importatrice	⊥s	Ingénieuse	Is

Ingénieusement
Initial(e)
Initialement
Institut
Instituteur
Institutrice
Institution
Instituer
Instruire
Instruction
Intention
Intentionné
Intentionnel(le)
Interaction
Interactivité
Interactif
Interactive
Intérêt
Intéresser
Intéressement
Intéressant(e)
Internet
Internaute
Intranet
Intranaute
Intermédiaire

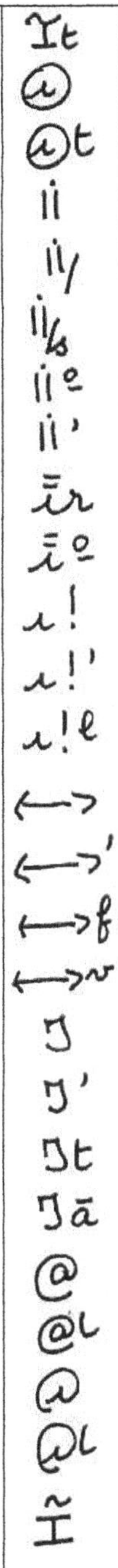

Interprète
Interprétation
Interrogation
Interroger
Interrogatoire
International(e) Internationaux
Intègre
Intégrer
Intégralité
Intégration
Itinéraire
Investir
Investissement
Investisseur
Investit

J

Je – jour
Journée
Journal
Journaliste
Journalisme
Jeudi
Je vous prie
Je vous prie d'agréer
Je vous prie de croire
Je vous prie de recevoir

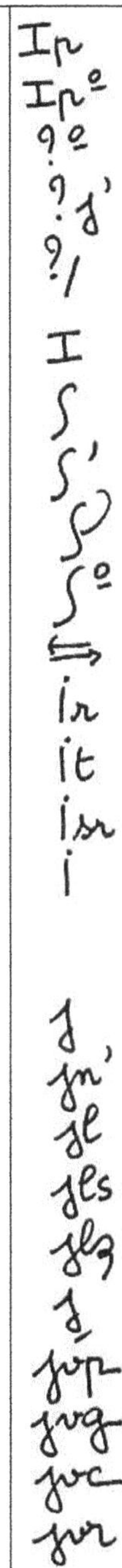

Je vous prie de trouver	jvL	Logiciel	L
Juge	J	Logistique	Lc
Juridique	Jc	Lundi	l̲
Jurisprudence	Jz	M	
Justice	Js	Madame	Me
Justifier	J'	Mesdames	Mes
Justificatif	Jf	Mademoiselle	Ml
Jusque	↘	Mesdemoiselles	Mls
Jusque-là	↘l	Main d'œuvre	MO
Jusqu'à	↘a	Maintenant	Mnā
Jusqu'au(x)	↘.	Malgré	MV
Jusqu'en	↘ā	Marche	Mk
L		Marcher	Mk'
La - le	l	Marchand(e)	Mkā
La plupart	l+	Marchandise	Mks
Les	l'	Merchandising	Mkŋ
Libre	V	Hypermarché	YMk'
Libérer	V'	Supermarché	SMk'
Liberté	Vt'	Mardi	M̲
Libéral(e)	Ve	Marketing	M_
Libéralité (lisé)	Vↄ	Marketing direct	M_D
Libéralisme	Vʒ	Maximum	Mx
Livraison	l̃so	Médecin	Z
Livrer	l̃'	Médecine	Zn
Livreur	L̃	Médicament	Zt
Livre	l̃	Médical(e)	Zl

Média	M
Médiatique	Mc
Médiateur	M/
Médiation	M°
Médiathèque	Mlc
Médiatisation	Ms°
Meilleures	v↗
Améliorer	av↗'
Amélioration	av↗°
Meilleures conditions	vq
Meilleurs délais (dans les)	_v↗
Meilleures salutations	vs°
Meilleurs sentiments	vsāl
Même	m̂
Tout de même	tdm̂
Mention(ne)	t°
Mentionner	t°'
Merci	v̄
Remercie	rv̄
Remerciement(s)	rv̄t
Remercier	rv̄ˡ
Mercredi	v̇
Micro	/u
Micro-ordinateur	/uQ·
Minimum	vn
Ministre	S
Ministère	Sr
Ministériel(le)	Sl

Minitel	vT
Mis(e) au point	v̇s
Moins	–
De moins en moins	$\frac{-}{-}$
Moindre	-d
Amoindrir	a-d
Monde	⊖
Mondial(e)	⊖l
Monsieur	v
Messieurs	vs
Moyen(ne)	m̄
Multimédia	M
Multiple	x
Multiplier	xˡ
Multiplie	x·
Multiplication	x°
Multitude	xd
N	
Nation	N°
National(e)	Nl
Nationalité (lisé)	Nv
Nationalisation	Ns
Néanmoins	m̲
Nécessite	ne
Nécessité	ne'
Nécessaire	ner
Nécessairement	net

Négatif	-f
Négative	-v
Négation	-°
Norme	nb
Normalité (lisé)	nv
Normalement	nt
Nous	n
Notre	n_
Nous ne/ ne nous	n n
Nous nous	n̄
Nous vous	nv
Ns vs confirmons	nvco
Ns vs prions	nvp
Ns vs prions d'agréer	nvg
Ns vs prions de croire	nvc
Ns vs prions de recevoir	nvr
Ns vs prions de trouver	nvt
Nombre	nb
Nombreux	nbe
Nombreuse(s)	nbs
Dénombrer	dnb'
Innombrable	·nb
Numéro	n°
Numérotation	n°°
O	
Oblige	ō
Obliger	ō'

Obligatoire	ō/
Objectif (ve)	ō→
Objectivité	ō→'
Objection	ō→°
Observe	⊙
Observation	⊙°
Observer	⊙'
Offre	õ
Ordinateur	⊘·
Opération	O°
Opérationnel(le)	O°ℓ
Oppose	ô
Opposer	ô'
Opposition	ô°
Organe	θ
Organisateur	θ/
Organisatrice	θbs
Organisation	θ°
Organisme	θg
Organigramme	θq
Organise	θs
Origine	ȯ
Originaire	ȯr
Originale	ȯl
Originalité	ȯ∂

P

Paradoxe	‡
Paradoxalement	‡t
Parallèle	//
Parallélisme	//3
Parce que	pc
Parlement(e)	π
Parlementaire	πr
Parlementer	π'
Par rapport	#
Par retour de courrier	√
Partenaire	|P
Partenariat	|Pa
Participe	p̃
Participant(e)	p̃ā
Participation	p̃°
Parti(e)	P̿
Particulier	pk'
Particulière	pkr
Particularité	pkl'
Partout	p^θ
Pas	p
N'a pas/n'est pas/ne pas	np
Ce n'est pas	snp
N'est-ce-pas	nsp
Patrimoine	Pa

Pédagogie	℘·
Pédagogique	℘c
Pédagogiquement	℘t
Pendant	ʃ
Cependant	sʃ
Perpétuel(le)	Ꝓ
Perpétuellement	Ꝓt
Perspective	p→
Personne	ʎ
Personnel(le)	ʎl
Personnalité (lisé)	ʎo
Personnalisation	ʎe
Impersonnel(le)	iʎl
Peuple	pp
Population	pp°
Peut(x) être / Peut-être	p̂
Philosophe	φ
Philosophie	φ·
Photocopie	Φ·
Photocopier	Φ'
Photographie	Φ
Photographe	Φg
Pièce(s) jointe(s)	PJ
Plaisir	p
J'ai le plaisir	jp
J'ai eu le plaisir	jup
Nous avons le plaisir	np

Nous avons eu le plaisir	nup√	Pour	p
Nous aurons le plaisir	nRp√	Pour ainsi dire	pad
Planète	⊜	Pourtant	pā
Plus ou addition	+	Pourquoi	?a
De plus en plus	$\overline{+}$	Pouvoir	P̲
Plus ou moins	±	Précédent(e)	←
Plusieurs	+r	Présent(e)	p°
Plus grand(e) (que)	+>	Présenter	p°'
Plus petit(e) (que)	+<	Présentation	p°°
Plutôt	+.	Présence	p°s
Point de départ	dṗr	Président(e)	Pd̲
Point de vente	v̇	Présidentiel(le)	Pd̲l
Point de vue	vu̇	Président de la République	PdR̲
Point d'honneur	ḣ	Principe	P
Honneur/ honore	h	Principal(e)	Pl
Honorifique	hc	Principaux	P.
Honorable	hb	Principalement	Pt
J'ai l'honneur	jh	Prise de commande	pc̃
Nous avons l'honneur	nh	Prise de contact	pql
Politique	π	Prise de contact téléphonique	pqlT
Politiser	π'	Problème	pb
Politiquement	πt	Problématique	pbc
Positif	+f	Procédure	P̄
Positive	+v	Procéder	P̄'
Possible	pb	Procédurier	P̄`
Possibilité	pb)	Procès	P̄s'
Impossible	ipb	Processus	P̄ss
Impossibilité	ipb)	Processeur	P̄sr

Procurer	p̿'	Proportion(ne)	÷
Procuration	p̿º	Proportionné	÷'
Procureur	p̿r	Proportionnel(le)	÷l
Produit(e)	∋	Proportionnellement	÷t
Produire	∋r	Disproportionné	d÷'
Producteur	∋/	Propriétaire	p̂p
Productrice	∋/s	Propriété	p̂p'
Productif	∋f	Proximité	px
Productive	∋v	Protège	S
Production	∋º	Protéger	S'
Productivité	∋'	Protection	Sº
Professionnel(le)	pºl	Protectorat	Sa
Professeur	pf	Psychiatre	Ψ
Profond(e)	p	Psychiatrie	Ψ·
Profondeur	pr	Psychologue	Ψg
Approfondir	ap	Psychologie	Ψg·
Programme	pg	Public(que)	pu
Programmer	pg'	Publiquement	put
Progrès	p-g	Publication	puº
Progresser	p-g'	Publicité	pub
Progression	p-gº	Publicitaire	pu/
Progressif	p-gf	Publier	pu`
Progressivement	p-gt	Puissance/puissant(e)	p²
Promotion	p⁊	Pur et simple	pes
Promotionnel(le)	p⁊l	Purement et simplement	pest
Promouvoir	p⁊r		

Q		Réciproque	↻
Quelque(s)	qq	Réciprocité	c↻'
Quelqu'un	qq1	Réciproquement	c↻t
Quelque chose	qqch	Réclame	r↗
Quelconque	qqc	Réclamation	r↗°
Quelquefois	qqxa	Reçu	su
Quel(le)(s) que soi(en)t Quel qu'il(elle)(s) soi(en)t	∀	J'ai reçu	jsu
Quoi qu'il en soit	c∀	J'ai bien reçu	jbsu
Question	?	Nous avons reçu	nsu
Questionner	?'	Nous avons bien reçu	nbsu
Questionnaire	?r	Réel(le)	ℝ
R		Réalité (lisé)	ℝ)
Raison	r̊	Réalisation	ℝ∂
Raisonnable	r̊b	Réalisateur	ℝ/
Rapide	—+—	Réalisatrice	ℝls
Rapidité	—+—'	Réellement	ℝt
Rapidement	—//—	Référence	ref
Le plus rapidement possible	—///—	Référencer	ref'
Récapitule	rcp	Référentiel(le)	refl
Récapituler	rcp'	Régime	Ṙ
Récapitulation	rcp°	Règle	R/
Réception	r°	Règlement	Rt
Réceptionner	r°'	Réglementation	Rt°
Réceptionniste	r°s	Réglementaire	Rtr
Réceptif	r°f	Régulier	R/l
Réceptive	r°v	Régulière	R/r
		Régularité	R/rl'

Régulariser	Rrs'	Salutations respectueuses	s°rz
Régularisation	Rrs°	Sincères salutations	sis°
Régulièrement	Rrt	Samedi	s̲
Rendez-vous	RV	Savoir-faire	SF
Représentant(e)	R̃	Séance	ŝ
Représenter	r̃'	Sécurité	S̄
Représentation	r̃°	Sécurité sociale	S̄S̄
Responsable	rzo	Semble	√
Responsabilité (lisé)	rzo∂	Ressemble	r√
Irresponsable	·rzo	Semblable	√=
République française	RF̲	Vraisemblable	v√
Réserver	ṙ'	Vraisemblablement	v√t
Réservation	ṙ°	Invraisemblance	i√s
Résultat	rsa	Secrétaire	Ŝ
Résulte	rs/	Secrétariat	Ŝa
Résulter	rs/'	Sensible	≈
Rez-de-chaussée	rdc	Sensiblement	≈t
Risque(s) et péril(s)	rep	Sensibilité (lisé)	≈∂
Rue	r	Sentiment(s)	sāl
S		Sentiments dévoués	sāld
		Sentiments distingués	sālds
Sa – çà – se – ce	s	Sentiments les meilleurs	sāll
Salaire	s̃	Sentiments respectueux	sālr
Salarié(s)	s̃'	Sentimental(e)	sāll
Salutations	s°	Seulement	st
Salutations distinguées	s°ds	Non seulement	nst

Surfeur	Ⓢr	Stratégique	S↗c
Surfer	Ⓢ'	Suivant(e)	→
Service	s—	Supérieur(e)	>
Servi	s—̇	Supérieur(e) ou égal(e)	≥
Serviable	s—b	Supplément	s↗
Sincère(s)	si	Supplémentaire	s↗r
Sincèrement vôtre	sw	Suppléant(e)	s↗ā
Société	sle	Suppléer	s↗'
Sociétaire	sle/	Surface	S²
Social(e)	s̄	Surplus	s+
Sociaux	s̄.	Surtout	s°
Socialiste	s̄s	Symbole	$
Socialisme	s̄g	Symboliser	$'
Somme	Σ	Symbolique	$c
Sommer (t)	Σ'	Système	s2
Sommation	Σ°	Systématique	s2c
Square	sq	Systématiquement	s2t
Stagne	m	T	
Stagnation	m°		
Stagner	m'	Technique	Λ
Statistiques	Z	Techniquement	Λt
Standard	s̊	Technicité	Λ'
Standardiste	s̊s	Technicien	Λi
Stand	s̊d	Technicienne	Λn
Stratège	S↗	Technologie	Λġ
Stratégie	S↗˙	Technologique	Λgc

Télématique	Tlc	Tout le monde	llθ
Télémarketing	Tl—	Toujours	lj
Télévision	TV	Tout de suite	lsu
Téléviser	TV'	Tous les jours	llj
Télévisuel(le)	TVl	Toutefois	lxa
Télévidéo	TV'.	Traite	T
Téléphone	Ƭ	Traitement	Tt
Téléphoner	Ƭ'	Traiter	T'
Téléphonique	Ƭc	Traitement de textes	TTx
Température	T°	Transitaire	T̃
Tempérament	T^{ot}	Transiter	T̃'
Tempérer	$T^{o'}$	Transite	T̃
Temporaire	T^{or}	Transport	T^{7}
Tenir compte	lncp	Transporteur	T^{7r}
Terminal(e)	O^{l}	Transporter	$T^{7'}$
Terminaux	On.	Travail	w
Terminer	On'	Travailler	w'
Tout au bout	lbo	Travailleur	wr
Tout à côté	lcl'	Travailleuse	ws
Tout à coup	lco	Travaux	w.
Tout à fait	lf'	Tribunal	T͠
Tout à l'heure	lhr	Tribunaux	T͠.
Tout au moins	l–	Triomphe	Ƴ
Tout au plus	l+	Tu – te – ta	l

U	
Ultérieure	ũ
Ultérieurement	ũt
Union	U
Unique	Uc
Uniquement	Ut
Unitaire	U/
Unité	Ul'
Unir	Ur
Uni(s)	U·
Uniforme	UF
Uniformité	UFl'
Univers	Uvr
Universel(le)	Uvl
Université	Usl'
Réunion	rU
Réunifier	rU'
Réunir	rUr
Urgent(e)	u—
Urgence	u—s
Urbain(e)	ū
Urbanisme	ūz
Urbaniste	ūs
Usine	ũ
Utile	u̇
Utilité (lisé)	u̇l'
Utilisation	u̇ϑ
Utilisateur	u̇s/
Utilitaire	u̇/
Inutile	·u̇
Inutilisable	·u̇b

V	
Valeur ajoutée	VA
Vague	ϑ
Vaguement	ϑt
Vendredi	V̲
Vente/vend	Ṽ
Vendeur	Ṽ
Vendre	Ṽr
Véritable	v—
Véritablement	vt
Vertical(e)	|
Verticalement	|t
Veuillez agréer	vg
Veuillez croire	vc
Veuillez faire parvenir	v↘
Veuillez me faire parvenir	v↗↘

Veuillez nous faire parvenir..	vn↘	Vous prie de croire..............	vpc
Veuillez recevoir	vr	Vous prie de recevoir..........	vpr
Veuillez trouver.....................	vL	Vous prie de trouver	vpL
Vitamine(s)................................	V	Vote..	v̇
Vos bien dévoués......................	vbd	Voyage	$\vec{v}$
Votre..	v‾	Voyager..................................	$\vec{v}$'
Vous	v	Voyageur	$\vec{v}$r
Vous ne	v n		
Vous nous..............................	vn	W	
Vous vous..............................	v̄	Week-end..................................	WE
Vous prie d'agréer...............	vpg		

Annexe 2
Abréviations spécifiques

Abréviations juridiques

Certaines des abréviations spécialisées sont des abréviations courantes, d'autres des propositions qui vous aideront dans votre créativité.

Accident du travail	AT	Licenciement	lst
Acte sous seing privé	ASP	Livre des procédures fiscales	LP̄F
Adjudication	aJº	M'a donné instruction	ni̿
Affaire fixée pour plaider	ȦFPP	Main levée	ML
À l'honneur de vous exposer que	ahc	Maison d'arrêt	na
À l'honneur de vous exposer ce qui suit	ahs	Mettre obstacle à l'exécution de ses obligations	m⊣
Assignation	Asº	Ont l'honneur de vous exposer que	ohc
Assignation à comparaître	Asº co	Ont l'honneur de vous exposer ce qui suit	ohs
Autorité de la chose jugée	ORJ'	Par ces motifs	⊖

Attendu que	7	Par suite d'une tentative de conciliation demeurée infructueuse	prsu
Bureau des conciliations	BC	Préjudice	p¹⁰
Conciliation	Cº	Procédure civile	P̄cv
Condamner la même aux entiers dépens d'instance en tant que besoin	côm~	Procédure pénale	P̄pl
Conseil des Prud'hommes	CPH	Prud'hommes	PH
Constitution	Csº	Référé	r̄
Coupable de faits qui lui sont reprochés	cRh'	Révocable	xb
Décret	D	Saisie-arrêt	sa
Demande de prendre attache auprès de vous	ddv	Sauf erreur ou omission de notre (ma) part	seu
Entrer en voie de condamnation	Eva	Sollicite qu'il vous plaise	slu
Être débouter de sa demande	d̂d	Statuer	ṡ'
Homologation	o→gº	Statuer conformément au texte précité	ṡTx
Il nous paraît opportun de saisir le tribunal	Ɔn↑	Stricto sensu	SS
Ipso facto	IF	Substitut du Procureur	ssp̄
Irrévocable	·x	Sursis	⊢⊣
J'ai reçu instruction de porter cette affaire	jsuī	Syndicat	S
Je reviens vers vous	↩	Vu les autres pièces	vap
Lato sensu	LS	Vu le livre de procédures fiscales	vP̄f
Levée d'écrou	de	Votre bien fondé	vbf

Abréviations médicales

Accident cardio-vasculaire	ACV	Fécondation in vitro	FIV
Accident vasculaire cérébral	AVC	Grossesse	þ
Accident coronarien	AC	Hormone	h→
Accident de la voie publique	AVP	Homéopathie	σ↗·
Adultes	X̄	Hypertension artérielle	HTA
Alcool	A	Infarctus du myocarde	IM
Allergie	A→	Infirmière	♀
Amphétamine	↙↗	Métastases	m↗
Antibiotique	āb	Microbe	μ
Antiseptique	ās	Molécules	ɱ
Antispasmodique	āz	Mortalité	†)
Anxiolytique	āx	Numérotation formule sanguine	NFS
Approvisionner	++'	Patient (e)	ρ̈
Bactérie	ƀ	Pathologie	₽
Bouillon – Yaourt – Compote	BYC	Pharmacie	φ
Cancer	K^{r}	Posologie	P̂
Centre de recherche d'études et de documentation de la santé	CREDES	Post-opératoire	PO
Chimiothérapie	Xτ	Radio(graphie)	Rx
Chirurgie	ħ	Salle d'opération	SO°
Chromosome	Km	Service hospitalier	s—H
Cicatrice	‡	Sida ou HIV	ℓ
Clinique	©	Scanner	scn

Contre indication	Qıd°	Tentative de suicide	TS
Dépression	⇓°	Test de grossesse	Tþ
Diagnostic	δ̄	Thérapie	τ
Échographie	´G·	Toxicomanie	łx·
Effet indésirable	e̊ I	Traumatisme	lʒ
Électro-encéphalogramme	EEG	Vaccin	Vx
Électrocardiogramme	ECG	Virus	γ/
Empoisonnement	//t		

Abréviations parlementaires

Abstention	â	Cohabitation	ceb°
Amendement	at	Controverse	←/→
(L')Amendement (est) adopté	atad	Contentieux	⇄co
(L')Amendement (est) rejeté	atrj	Consensus	↶↷
Avis suivi	avs	Contrôle *a priori*	Q «
Avis non suivi	a̸v̸s̸	Contrôle *a posteriori*	Q »
Ballottage	B̃	Corollaire	c̈
Bipartisme	2ʒ	Défense	▷
Boycott	b̂	Député	d̂
Campagne électorale	cāë	Électeur	ë
Censure	⊗	Émargement	´yt
Clôture de discussion	∠d°	Empêchement électoral	āë
Coalition électorale	cë	Erreur manifeste d'appréciation	EMA

Exception d'inconstitutionnalité	γCs°	Persona grata	‹G
Exception d'irrecevabilité	γ ɍ̸	Persona non grata	‹G̶
Immunité parlementaire	·ʅπ	Référendum	r̄ʅ
Ingérence humanitaire	ιo7h	Sans objet	·ʃ̸
Inscription d'une question	ιc ?	Sénat	S̃
La séance est levée	S͡ L	Statuer	ṡ'
La séance est ouverte	S͡ o	Statut du Parlement	ṡπ
L'assurance de ma haute considération	âʅh	Suffrage	s↑
L'assurance de notre haute considération	ânh	Sur le même unique pris entre (2) branches	sm̂∪
Levée de protection parlementaire	LS͡π	Sursis à exécution	s⊣°
Magistrat	§	Suspendre l'application du règlement	sap°
Majorité	y	Suspendre la séance	sS͡
Mode de scrutin	ʅš	Titulaire	ŧ
Motion de censure	ʅ⊗	Tour de scrutin	/š
Motion d'ordre	ʅQ	Validation législative	vlj
Ordonnance de référé	Qr̄	Veto	‖

Annexe

3 Répertoire en anglais

Vous trouverez dans ce répertoire l'essentiel des abréviations anglaises. En effet, toujours dans un souci de cohérence et de simplification d'apprentissage, toutes les abréviations communes au français seront utilisées.

Ainsi, par exemple, seront à l'identique :

personne/person : 

utile/use : 

offer/offer : 

employ/employee : 

architecte/architect : 

journaliste/journalist : 

ensemble/together 

par retour de courier/by return of post : 

Ou encore : question, social, television, telecommunication, technic, avenue, attention, intention, individual, benefice, budget, business, calculate, cell, capital, certain, character, client, example, executive, expert, extraordinary, minister, more and more, negative, number, operation, politic, present, principal, railways, salary, secretary,... Vous vous apercevrez que vous en connaissez déjà un grand nombre.

Comme pour les abréviations françaises, leurs dérivés se déclinent avec logique. Ainsi, par exemple :

computer :  fera compute : 

achieve :  fera achievement : 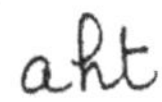

custom :  fera customer : 

convenience : cn̄	fera	convenient : cn̄l	
minister : $	fera	ministery : $·	
manager : M̃	fera	management : M̃t	
near : $\vec{m}$	fera	nearly : $\vec{m}$·	
reduce ↓s	fera	reduction : ↓°	
use : u	fera	usual : ul	usually : ul'

De même, nous pourrons simplifier des abréviations de pays et différencier par exemple :

England : <u>UK</u> de United Kingdom : UK

Vous pourrez ainsi imaginer d'autres simplifications sur le même modèle.

A			
A, an	a	Ago	←
Another	A	All	l
Able	ab	Almost	lls
Unable	~~ab~~	Already	lrd
About	al	Also	ls.
Above	av	Although	lτ
Achieve	ah	Always	lvs
Acknowledge receipt	ar	Amendment	at
Across	σ→	And	∝
Ad, advert	ad	And so on	∝~
After	af	Any	l
Again	ag	Anyone	l1
Against	ags	Anybody	lb
		Anything	l?

Anywhere	lẘ
Anyway	lv
Appreciate	aph
We would appreciate	vaph
Approximate	apx
Around	↺
As	s̲
As far as	afa
As long as	ala
As a matter of fact	am
As much as	a1a
As soon as	asa
As soon as possible	asap
As well as	ava
Available	avl
Average	avj
B	
Back	↶
Be	b
Am	ʔ
Are	r
Are not / aren't	rl
Is – has	s
Is not - isn't - has not - hasn't	sl
Because	bc
Before	b4
Beginning	→7
Belong (to)	∈
Below	b.
Better	++
Between	bv
Buyer	B̃
C	
Can not, can't	cl
Chairman	ho→
Committee	ĉl·
Complain	qp✓
Computer	€r
Consign	q⃗
Constant	q^s
Consultant	Č
Consumer	qƐ
Contract	Qa
Convenience	cn̄
Corporate	c̊
Customer	C̃
D	
Data	da
Database	dab
Day	d'
Today	2d'
Yesterday	yd'
Deliver	dl̃
Delivery	dl̃·
Delivery note	dl̃n

Delivery time	dẽτ	Everything	'vŋ
Despite	zl	Every time	'vτ
Did, had	d̲	Everywhere	'vů
Did not, didn't	d̲l	**F**	
Discount	d→	Firm	F
Dispose	dz	Flight	f→
Disposal	dzl	Following	fŋ
Distinguish	ds	For example	fex
Distinction	ds°	For instance	4n̄
Diversity	d̊	For, Four	4
Do	d	Forecast	4>
Do not, don't, does not, doesn't	dl	Forward	→
Does not belong (to)	∉	French	FR
Down	↓	From	f
During	dŋ	Further (to)	fτ
E		Furthermore	f+
Enable	n̄ab	**G**	
Enclosed	Ϭl	Going	gŋ
Enclosure	Ϭr	Good	g̃
Please find enclosed	f̌Ϭ	Growth	G̃
Engineer	ℰ	**H**	
Especially	'zh'	Hardware	Ⓗ
Establish	el	Have, 've	v
Every	'v	I have, I've	
Everyone	'v1	Haven't / have not	vl
Everybody	'vb	He	ɔ
Everyday	'vd'	Him	hɔ
		Himself	hɔs

His	hs
Her	h_
Hers	h_.
Herself	h_s
Here	h
Hereafter	haf
Hereby	hbi
Hereunder	hn
Herewith	hv
Home shopping	ĥhη
Hotel	$\vec{h}$
House	ĥ
How	h.
How long	hl
How often	hf
However	hv
I	
I	i
In	–
In spite of	zf
Include	⊂
Does not include	⊄
Inclusive	⊂s
Increase	⇑
Interview	Iv
Into	–2
Instead of	sf
Insurance	î
It is (it's), its, it has	is

It, at	i
Item	ĩ
J	
Judge	J
K	
Kind	k
L	
Last	«
Less	–
Less and Less	≡
Look for	l4
Look forward (to)	l→
M	
Manager	M̃
Manufacture	2̃
Market	2_l
May	M'
Me, my	2
Mine	2n
Myself	2s
Meeting	2η
Month	2t
N	
Near	$\vec{m}$
Negotiate	m̃
Newspaper	mpp
Next	»
Never	mv
Nevertheless	m̲

No, not / know	n
No one	n1
Nobody	nb
Nothing	nŋ
Nowhere	nẘ
Nowadays	nd'
O	
Of / off	f
Offer	õ
Often	·f
On	–
On the one hand	L
On the other hand	¬
Once, one's, ones	1s
Oneself	1ʃ
Onto	–2
Opinion	˘.
Other	·τ
Our, hour	H
Ours, hours	H!
Ourselves	Hʃ
Out	↷
Overall	θl
P	
Perhaps	ph
Please	p̆
Proceed	P̄
Process	P̄s
Prospective	p→v
Provide	P̃d
Purchase	p–h
Q	
Quick	q̶
R	
Rather	rT
Rather than	rTn
Reduce	↓s
Regard	rg
Regarding	rgŋ
In regard of	rgf
In this regard	Trg
With regard to	vrg
Best regards	brg
Kind regards	krg
S	
Sales	S̃
Salesman	S̃o→
Sample	sp
Self, selves	ʃ
Several	+r
She	(
Significant	sgn̄
Since	↗
Sincere	ss
Sincerely	ss·
Sir	𝒮

So as to	ss/
Software	Ⓢ
Some, sum	ε
Someone	ε1
Somebody	εb
Something	εη
Sometimes	ετ
Somewhere	εω̊
Specially	zk˙
Straightforward	Sf
Street	St
Subsidy	S˙
Supply	S̃
Supplier	S̃r
T	
Terms	L.
Terms of payment	Lpt
Terms of purchase	Lp
Sales terms	S̃L
Thank you	τ̲
Thank you very much	τ̲vr
That is to say	i.e
The	τ
Themselves	τs
Their	τr
Theirs, there is, there's	τs
Therefore	τ4
They	τ'
Through	\
Throughout	\2
Thus	τ̇
Time	τ
To, too, two	2
Together	E
Trade	T̃
Trader	T̃r
Trade Union	T̃U
Travel	λ⃗
Treatment	Tt
Turn over	TO
U	
Understand	ns̊
Until	↘
Up	↑
Upon	↑_
Us	us
Use (full)	u̇
W	
Want	W
We / with	ʊ
What	wl
When	w̲
Where / were / wear	ω̊
Which	wh

While	w	Y	
Why..	?i	You	y
Will..	ue	Your	yr
Withdraw..................................	v^d	Yours..	yr.
Within..	v^ŝ	Yourself / yourselves	ys
Without....................................	ve	Yours faithfully	yf
Would you be kind as to	v^k	Yours sincerely	y^ss
		Yours truly	yt
		Yours very truly	yvt

Annexe

4 Adaptation à la langue espagnole

Dans un souci de cohérence, de continuité et surtout de simplicité, nous vous proposons ci-dessous MERASE®, (adaptation de MERAS® à la langue espagnole), qui reprend la majorité des principes de la méthode française.

Comme en français, un tableau récapitulatif reprend toutes les graphies que nous utiliserons dans la langue espagnole. De nouveaux tracés ont été créés afin de palier certains sons inexistants dans notre langue.

N'hésitez pas à consulter votre dictionnaire bilingue ou de phonétique afin de connaître la prononciation exacte de certains mots.

- **Suppressions :**
  - la ponctuation ;
  - les lettres muettes (consonnes ou voyelles) ;
  - toutes les voyelles et les diphtongues à l'intérieur des mots ;
  - les majuscules de début de mot ou de nom propre (comme en français, on souligne la dernière lettre d'un nom propre).
- **À retenir :**
  - la graphie des sigles, des acronymes, des poids et mesures, du pourcentage est conservée ;
  - comme en français, nous gardons le surlignement (ex : poco a poco : $\overline{pc.}$).
- **Les consonnes :**
  - Restent à l'identiques.

– Apparition de la lettre : j pour les « je » prononcé « re » comme dans « jefe »

- **Les voyelles et diphtongues :**
  - ne s'utilisent qu'au début et à la fin des mots ;
  - Une nouvelle apparaît pour les sons « au, aú » : á
    Exemple : aula : āla
  - la semi-voyelle « y » représente tous sons mouillés « ille ».

Exemple

llevar : yvr rey : ry yema : y'la

- **Les voyelles nasales**

La règle reste inchangée. Deux nouvelles nasales apparaissent pour les sons

« un, um » ū et « aun, aún » ú

Exemple

andar : ādr indicar : idcr acción : a°
hundir : ūdr pienso : pis. legion : lj°
aún : ú aunque : úc' umbelífera : ūblfra

Comme en anglais, nous avons la possibilité de fin de mot, de graphier le son nasal ou non. Ainsi :

pontón : polo ou poln
Yucatán : yclā ou ycln

- **Le son « ment »**

En syllabe seule, initiale, intérieure et finale, le son « ment », « mant », « mient » (le « t » doit se prononcer) s'écrit avec un « t » avec sa barre.

Exemple

mentalidad : tldd miento : t.
momento : 'lt. fundamental : fūdtl

- **Le hiatus**

La règle reste inchangée.

Exemple

santuario :  aerodinámico : 
fuente :  peor : 

- **Consonnes consécutives**

La règle des consonnes consécutives reste inchangée.

Exemple

resbalar : 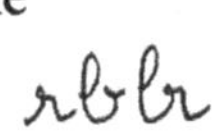 adquirir : 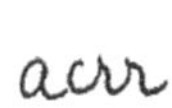

Comme en français, les quatre graphies spécifiques de consonnes consécutives s(x)t, s(x)p, sm(), str() sont utilisées en espagnol. Une nouvelle graphie apparaît pour les sons sc() : 

Exemple

escuela :  escoba : 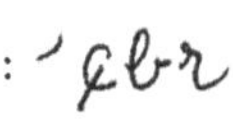 buscar : 

- **Syllabes liquides « R » et « L »**

Pour « R » comme pour « L », la règle reste identique

Exemple

hombre : 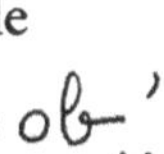 carne :  plaza : 
pulsar : 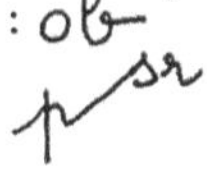 ornar : 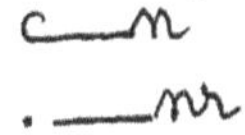 olvidar : 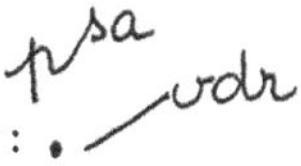

- **La marque du pluriel**

À l'inverse du français, mais comme en anglais, il est nécessaire de reconnaître le pluriel en espagnol car il se prononce. Comme en anglais, il sera représenté par un petit point en dessous de la dernière graphie. Nous agirons de la même manière pour la 2e personne du singulier et 1e et 2e personne du pluriel.

Exemple

arboles :  muchachas : 

- **La représentation des terminaisons « ARLE », « ERLE » et « IRLE »**

Nous prolongerons le grand trait du « R », par un petit trait du « L ».

Exemple

manifestarle :  decirle : 

Ces terminaisons se déclineront logiquement :

manifestralo :  decirlo : 

- **Les polysyllabiques**

Comme en français, jugez de la pertinence pour l'utilisation de celles-ci. À noter une nouvelle venue :

– S() b() r / s() br 

Exemple

sobrino :  sabor : 

- **Les jours, les chiffres, les heures, les mois et les points cardinaux**
  - les chiffres et les mois restent à l'identique ;
  - les adjectifs numéraux cardinaux se déclinent comme en français ;
  - nous utilisons à l'identique les lettres majuscules soulignées pour les points cardinaux :

Norte :  Sur :  Este :  Oeste : 

  - les jours :

lunes :  martes : 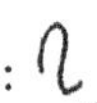 miércoles : 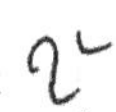 jueves : 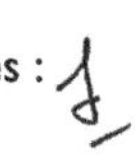
viernes :  sábado :  domingo : 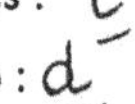

Quelques abréviations

Toujours dans un souci de cohérence et de simplification d'apprentissage, toutes les abréviations communes au français seront utilisées.

Ainsi, par exemple, seront à l'identique : acusar de recibo, a través, aumento, beneficio, comercio, compañia, comunicación, conjunto/junto, diferente, documento, energía, existe, extraordinario, idéntico,igual, importante, individual, industria, mundo, particular, principio, posible, punto de vista, resulta, sociedad, teléfono, trabajo, reunión....

Además	d+	Mas	+
Ahora	ḣ	Más o menos	±
Atentos saludos de	asd	Señor	S̃
Cierto	sl.	Señora	S̃a
Cuanto antes	c++	Señorita	S̃la
Del, de él, de la	§	Sin embargo	sf
de los, de las	§̣	Varios	v̊
Es	s		
Estar	^		

Tableau récapitulatif des tracés espagnols

Consonnes

b	b
c, k, q, ck	c
d	d
f	f
g, j	g
j	j
gn ()	g
ch ()	k
l	l
m	ɿ
n	m
p	p
r, rr	r
s	s
t	t
v,	v
x,cs,cc	x

Groupe de sons consonnes

m ( ) t ( ) r ( )	m
prometer :	p‿m
t ( ) r ( )	/
tierra :	/a

Voyelles

Voyelles

a, á, ia, ua	a
e,ue	ʼ
i, í, ui…	....·....
o, ó, io,uo…	....•....
u, ú	θ
ie	ᴗ
au, aú	á

Semi-voyelle

i (entre 2 voyelles), y, il, ill

y

Consonnes consécutives

La règle reste inchangée quand 2 consonnes sont consécutives sauf pour :

st, xt	s
sp, xp	z
str	S
sm ()	ʒ
sc, squ, xc, xqu	ℓ

Sons nasaux

Voyelles nasales

an, en, am, em, uan, uen	ā
in, im, ín	ı
on, om, ón	o
un, um	ū
ien, iem, ién	i
ión	°.......
aun, aún	ú

Hiatus

Comme en français, en initial et en final, on écrit tout ce que l'on entend.

Dans le corps des mots, on remplace le hiatus simple par « e » et le hiatus nasal par le son nasal entendu.

Marque du Pluriel

Un petit point en dessous de la dernière graphie écrite.

hombres : oḅ

Verbes conjugués au présent

(2ᵉ pers. du sing + 1ᵉ et 2ᵉ pers du pluriel)

somos : ɛ̣

Liquides	Majuscules		Terminales	
Comme en français	alt ( ) r altr ( )	a	sión, ción, sion, xion, stion,	o/
R – petit trait horizontal quand précédé d'une consonne – grand trait horizontal quand suivi d'une consonne	circ ( ) circun ( ) cerc	C	siones, ciones	o/.
	contr ( )	Q		
	eléctr ( )	ė	ing	ɿ
L – petit trait oblique quand précédé d'une consonne – grand trait oblique quand suivi d'une consonne	ent ( ) r ant() r entr ( ) antr()	ε	**Le son MENT+ voyelle sonore**	
	et ( ) r etr ( )	^	*ment, mant, mient*	
	ext ( ) r extr ( )	X	momento :	ɱt.
	gr ( ) f	g	mentalidad :	tldd
Terminaisons en « arle, irle, erle »	ort ( ) hort ( ) orth ( )	H	miento :	t.
Prolongement du grand trait du « R » par un petit trait du « L »	int ( ) r ( ) intr ( )	I	semente :	st'
	imp( )r impr ( )	⊥		
	oto auto	O		
	ord ( ) r ord ( )	Q		
	r () p () r () r () pr ( )	R		
	s() b () r s() br	S		
	s ( ) p ( ) r ( ) s ( ) pr ( )	S		
	tele	T		

Annexe 5

Correction des exercices

Chapitre 2, p. 30

musique	rcn	crs
br	sg	hrd
bsn	bbn	seigneur
ngln	clj	rougeole
hn	sg	bagarre
pdŋ	lsŋ	nU
jd_	lj	plhnl
ld	ll	tapioca
rr	crvnŋ	sg°
srl	ll	axe

Chapitre 2 p. 31

1. l bl rb d crn

2. l rdcl d sln

3. j dn 1 crs a bb

4. s cp vl . du du crs

5. l flg gg vrn (dr sr 1 hs

6. De multiples casseroles dans la cuisine.

7. + d bslc sr l sld

8. l csn d lnl d l csn

9. Je corrige les devoirs de Paul.

10. d dlss drd

Chapitre 3, p. 39

edp	·sbl	·p·
al.	ubcl'	cyo
al	'cy	pre
chocolat	pls'	'r
srr'	usure	clre
·ppll	pe	ryl
py'	p'	. bu
bjo	asr	al'
cre	so	feuilleter

Chapitre 3, p. 40

1. 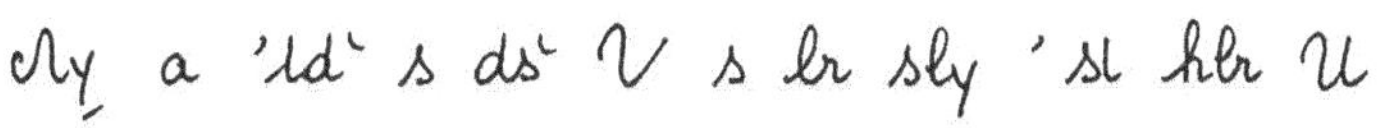

2. 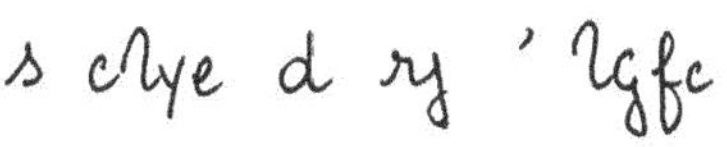

3. Je vois le soleil rougeoyer du talus où je suis assis.

4. Louna est émue par ce scénario magnifique.

5. 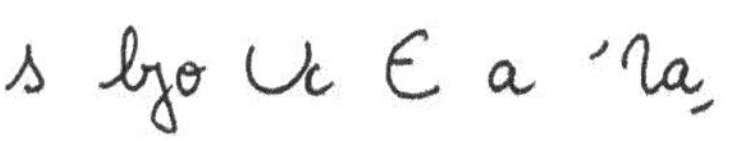

6. 

7. Une souris court sur le caillebotis.

8. 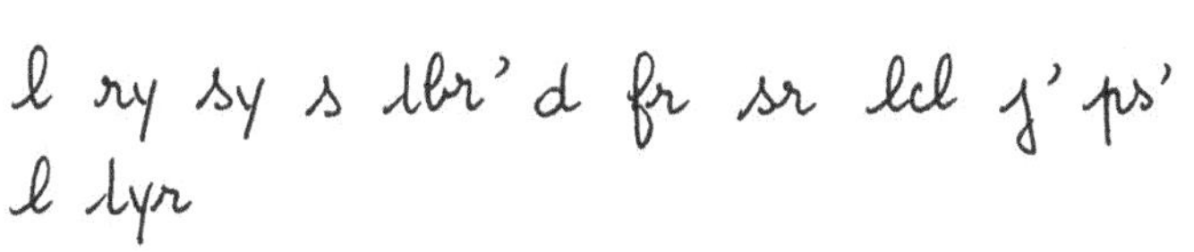

9. 

10. 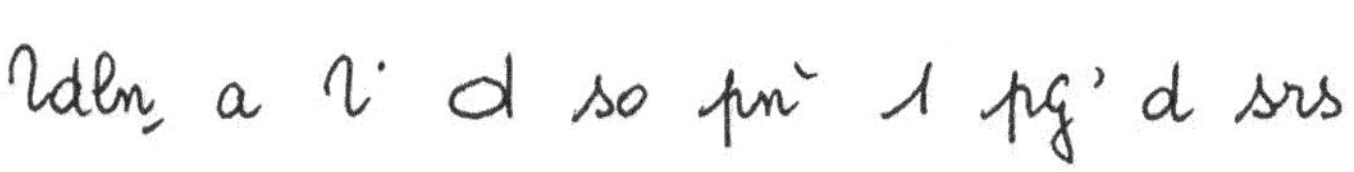

Chapitre 4, p. 46

anchois	lolcl	pā ea
āsil	pugi	clji
gl°	fi	sody
sy	idi_	ci
hāso	pādl	lodu
cāpg	aprās	cosn
sdu	sās	encens
llācl·	clpu	pilu
cis'	jocy	attentat

Chapitre 4, p. 47

1. L'air de la montagne est vivifiant et bienfaisant pour les enfants.

2. 

3. 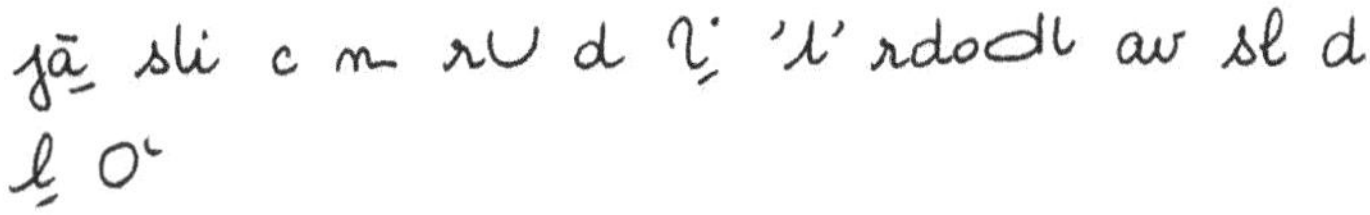

4. 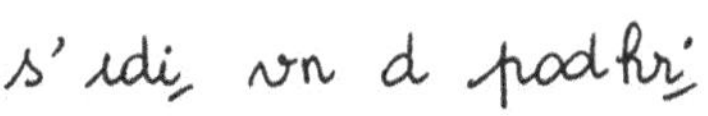

5. 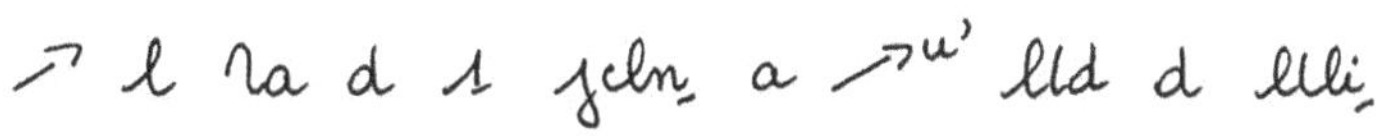

6. 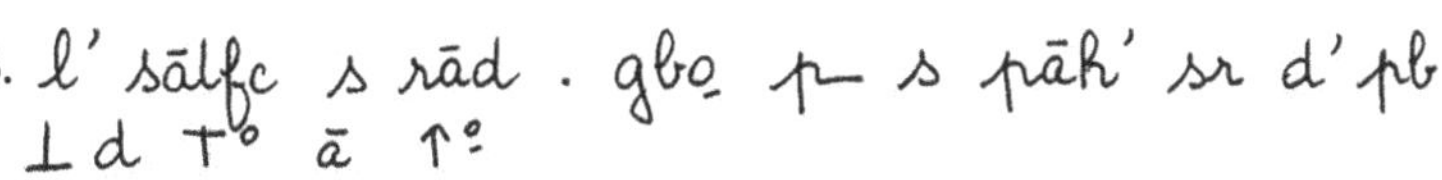

7. 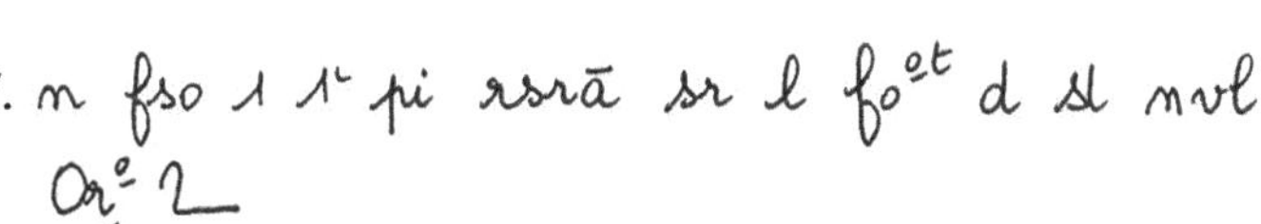

8. Ce magicien est édifiant !

9. 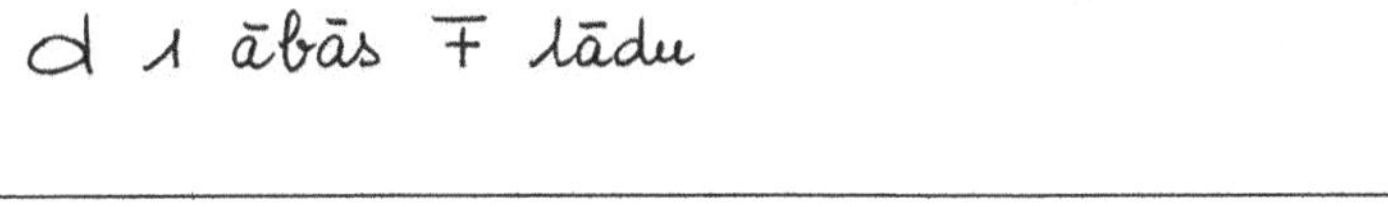

Chapitre 5, p. 53

flt	dt	cimenterie
t.	dtr	efficacement
aprt	ligament	ctr
dslt	tr	logiquement
rdtr	généreusement	pāst
jt	dtbl'	'clt
'lgt	rjt	lamenter
uljt	t)	pt'

Chapitre 5, p. 54

1. 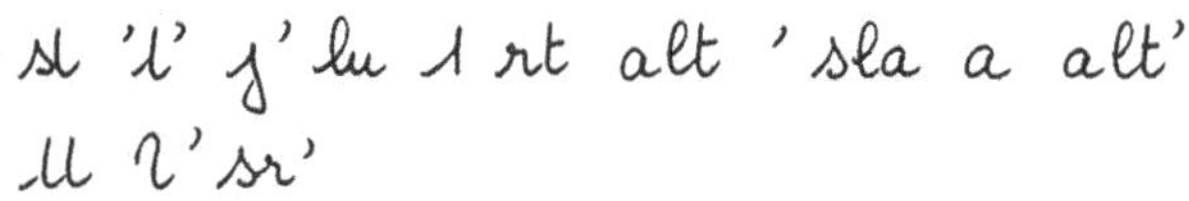

2. 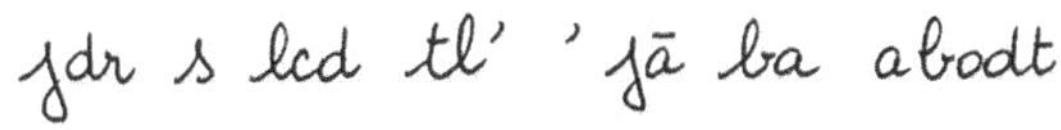

3. 

4. 

5. J'ai un rendez-vous avec l'entrepreneur de cette industrie pour une affaire.

6. 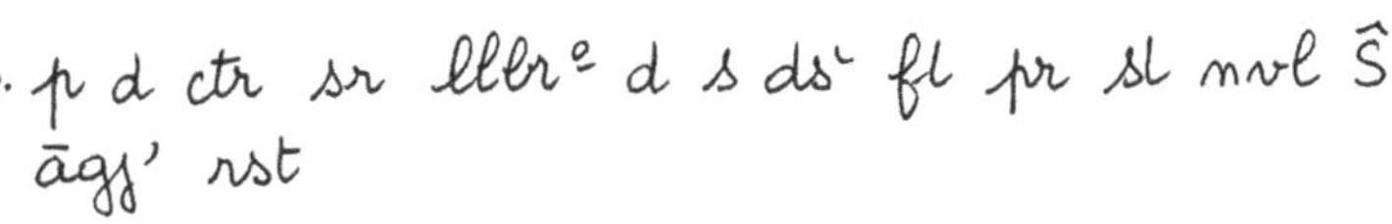

7. Sabine a eu un entretien avec sa hiérarchie et a démenti l'appel téléphonique émanant de la concurrence.

8. Je recherche un emploi commercial dans le bâtiment.

9. 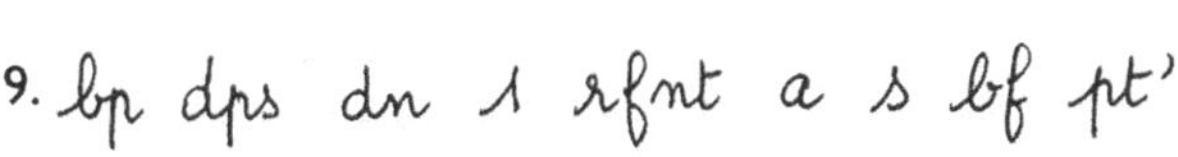

10. Le juge commente les dires de l'avocat.

Chapitre 6, p. 59

a'ri	aur·	aner
cNl'o	cusds	Noé
pes·	Ul'.	anel
der	cerās	situation
l'o,	reb	théorie
.s'ā	suā	fainéant
n'o	n'ā	frao,

Chapitre 6, p. 60

1. a ldās n alo covnr d lhās a dn'
a sl Ȧ

2. dvā s pesj celc n 'l° 'ba' ' anāl'

3. Je mets de l'éosine sur le genou de Joëlle.

4. J'ai passé une commande de paréos tahitiens à mon fournisseur.

5. j' ã' ā lsn 1o O' vecl

6. d l c.u du 1h' s.' 'cl l' dlās d jena

7. l' Tĉ° n ăva hc an' 1 aner Tc

8. s w dd 1 sⁿ dolj·

9. ldel p nel: sr' dl' a nel a a'l:
vr so al' l'a

Chapitre 7, p. 66

Chapitre 7, p. 67

1. 

2. 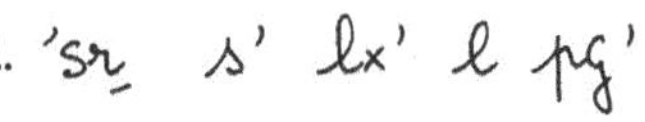

3. Bénédicte s'est estropié le pied.

4. Il faut absolument discuter de cette affaire.

5. 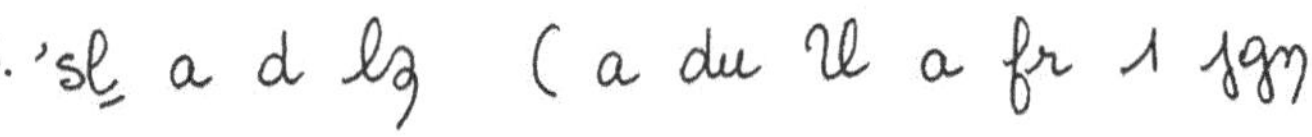

6. 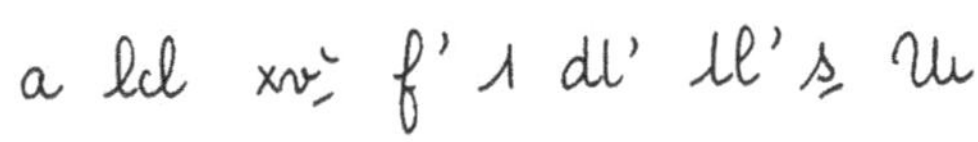

7. 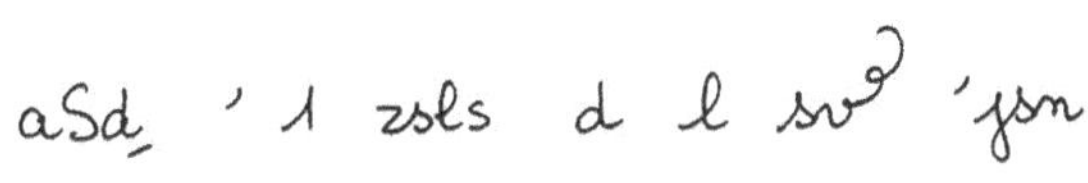

8. 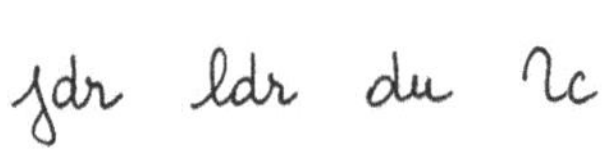

9. 

Chapitre 8, p. 75

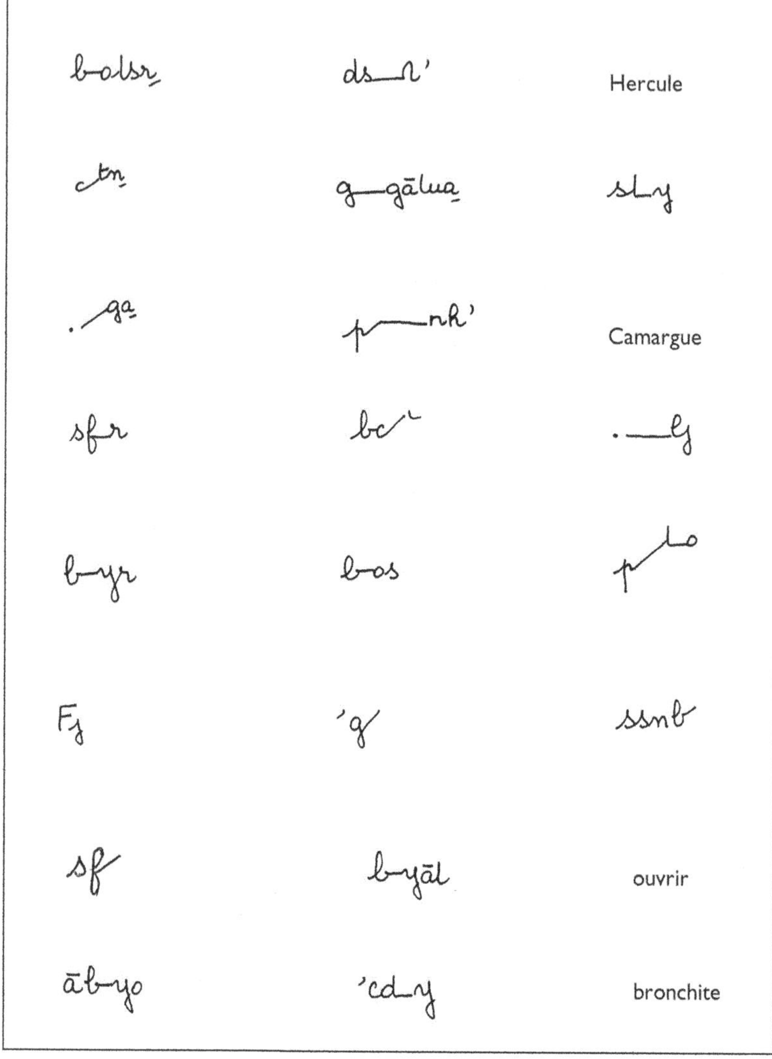

Chapitre 8, p. 76

1. 

2. 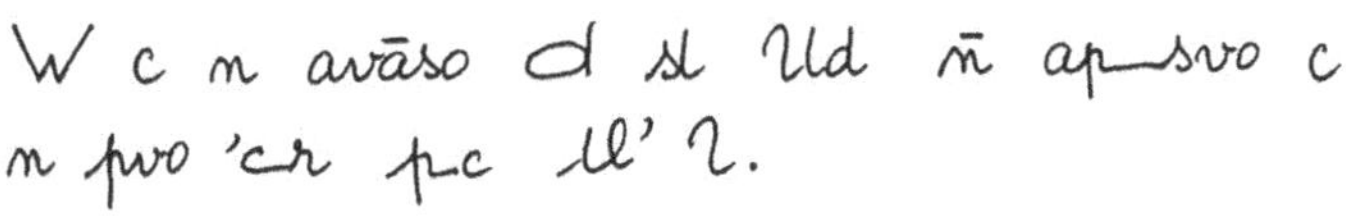

3. 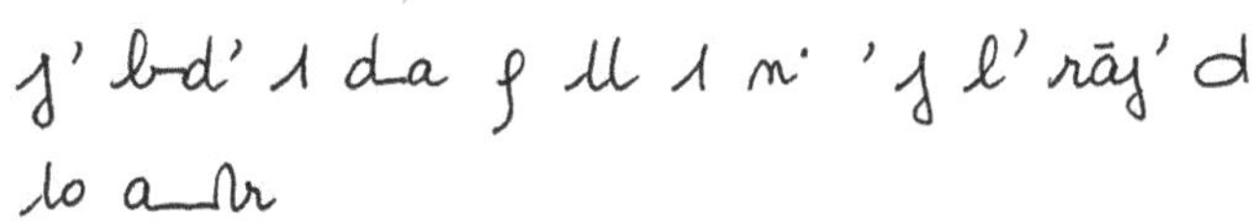

4. 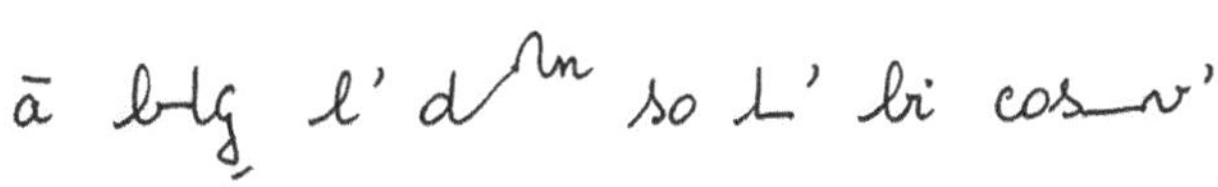

5. Le chiffre d'affaires de cet établissement est affligeant.

6. Ce représentant utilise Internet pour expédier en urgence son dossier.

7. 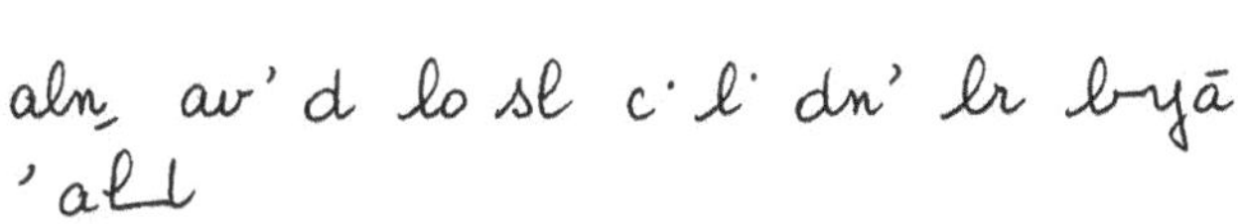

8. 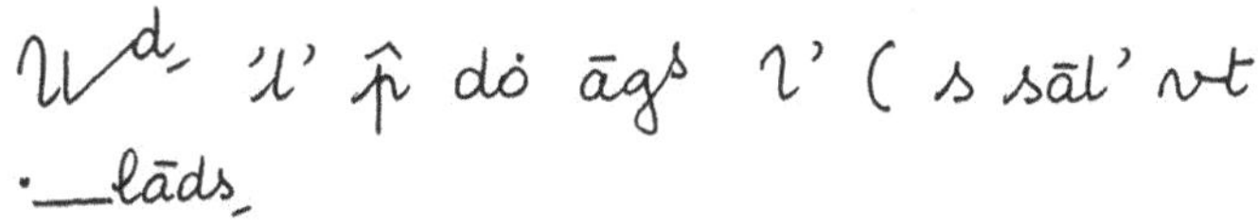

Chapitre 9, p. 85

Ɛn	fn^	ventre
ad/	Ɛs	ancêtre
Ɛj	terrorisme	s^ ns'
Cl/	Xr	HG
Afl·	⊥reb	Ir
ėlnj'	Ops'	/lr
ml	Qm	Qnr
Glj·	R/	superstition

Chapitre 9, p. 86

1. 1 C' éc ⊥

2. j' ps' 1 Qa av 1 a gry p– fr Ql' ,
R' lOrbl d p̄a

3. p– sXp' d l sl crln ps pr l fn^
^l d l blc d crn

4. l q↑ s' ^ms' av s λ̃ sr lld d
so Qc

5. av s ml éc jε ‡ l prm d l vr

6. l' Orbls ps' θ l' Q d l pls sr
lOrl

7. vrl a 1 s+ d dvr Qn' pr s ms
dcl

8. Victorine met de la moutarde sur sa viande.

9. ps S d Qrl' (h dszrt 1 rvr p–
s dsa'

Chapitre 10, p. 92

Stratifié	Stf'	Illettrisme	·l^3
Plagiste	pj^s	Spéléologue	zlelg
Stupide	spd	Stroboscope	Sbcp
Affligeant	afjā	Stationnaire	s°r
Stigmate	sU	Séisme	sez
Moustique	ʌsc	Spartiate	z_sl
Palestine	plsn	Structure	S/
Tornade	L_nd	Cendre	sād
Constellation	cosl°	Calfeutrer	cfL'
Spectacle	zlc	Crudités	c_dl'
Islande	·sād	Éclaboussure	'cbsr
Abasourdir	abs_dr	Flegme	fʌ
Charcutier	h_cl'	Soupçonnable	ssnb
Agréable	ag_eb	Glaïeul	gyl

Contremaître	Qm	Extrémité	Xu'
Goinfrer	gif'	Électronique	ènc
Oléagineux	. legne	Ortolan	Hlā
Ambidextre	ābdX	Sucre	sc
Huître	· L	Contrordre	QQ
Orchestre	. — cS	Ahaner	aan'
Préau	p–'.	Absolument	aslt
Traître	L^	Paléontologue	plolg
Discuter	dcl'	Chouans	hoā,
Moutarde	md	Paraître	pr^
Éternité	^nl'	Géographie	jeg·
Entorse	ɛs	Anéantissement	anālst
Accordéon	acQ'o	Pointure	pj
Éternuer	^nu'	Paréo	pr'.
Prêtre	p–^	Scolopendre	clpād

Chapitre 10, p. 94

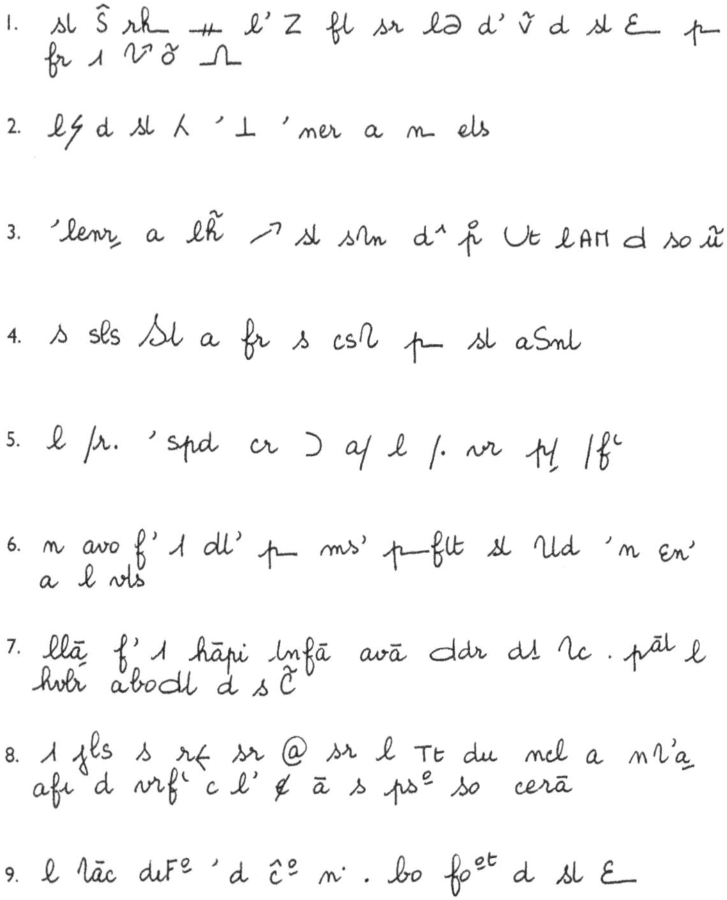

Chapitre 10, p. 95

1. n̄ lido f—rt a l rāp p— mp gs' sr l' 'cl' v—gs'

2. c⊥l l leb.u c p—vc l pj' d f° d sl sle l' 3̃
rsvo 1 p̃° ' 1 It . rsa

3. θ s hvlr d clr εsl s^v= psd' d'e pe Qmr

4. lgs c·∃ ε s' 2^ ' X

5. csā lāj d' 'cvs ' d' ·L ⊂ d 1 pll g—gl d' lr
d 2—n

6. lə d' fsl a rvl' 4 g^de fs dsr° l + cnu 'lā l
†° d' dnsr

7. llt° d l ⊖ n rps c sr 1 lon d pāl p—r·(
l r·

8. l O^c n avo ālādu a l rd. c l rs: du N 'l'
εt rcv—l d nj

9.) ' ner d cn^ lie d s ∍— hrc ds' l Pf a s'
'ldā sno lz° ' grāl'

10. sl σ→ εbr' ' 1 X lssi vnu d1 Q' liln

11. b-n: f' d' cs dʒ ā ca d Ss ulās

Chapitre 10, p. 96

l' sle d lsn

↗ 1 s^t lā s x· 1 lp nv. d sle l' sle d lsn

.' d s' els lo ìl o C^ā pe s p̄' ā lc° l ml
d s' bsi do) .ra lsj ' no l p̂p' cad sā
avr a R) l' ·ν2b fr c· sups p 1 acs°

l' lc° so coc^u p 1 dr' d1 ν2n d 2ā vrā
slo l π C^l d' sle d lc° o du ml lo'

a lzr° du Qa l ml sra ā P rslu' pr l
lq ν2' ri nāph sls· d s pH' abr acrr du
d· ml a 1 p· aje c̄' ā fo° d l dr' di
d lν2Hst ' d lsr

l' E pr lv' 1 J a lo' 1 ml p lcl l'
·nv° ∧ so fcāl

s· lerct lo ml p̂ lo' ā plc l lc° ' ācr
lU' a 1 nb rSe dcpt s̊

Chapitre 10, p. 97

l + āsi cf' du ⊖

ā 1686 1 jālyo⁷ d pl_r̃ du mo d Fhc: p_cp: isla r d' fs' sy_r̃ a pr: so db' d cf' do l mo d cf' p_cp:

so els dur ≠ l le d rU d' + b. 'z: ā r̃ d lēs d s' bso ' d s' s_b' l'.s' d so □ ag_eb 'du vsny d lāsn ĉd: Fss.

is' l 1ᶜ cf' l/r du ⊖ 'l' n' ' f + d 2 sc lo s c' pH' 1 mo ⊖ c' 'zr' ā pH' 1 ◁ l ⊖ d' l^ d'ar 'd l π fcāla l cf' p_cp:

d l foln: a anll: Fs: ā psā pr v/ rs: b1h' b^{sc} ug: v_ln ' lā dA l ls d' h̃' du p_cp: 'sl d' g^{d} mo d l l// Fss

· 18ᵉ sc l' 'd' Vē · p_r lr 'sr f l rvlᵉ rbzr: ◁lo: ' Vra: s' rU' ' lo d' m̂ c l llnā bnp_l: · lsa so hp. ā gs

js a' gr o · cs' jāpl: s_l: ' sln: d bvr: c' q°' ./ dl ls d l' pcs: ' dl: · o f' qq a^{l} lr d cr sy a pr:

j l p_cp: fdl · g^{de} ob d so 'sr Sl a acyr d' g^{r} mvl

Chapitre 10, p. 98

o⃗°

sr l' rl bln 1 'l' d' ic° sr l' vr ls'
apr^ sl Fl sup ' cr no . gl

1 m̂ 'lā en lat ' l t l fh ' l sl.

l gl ' 1 vs ngs° c^l o lo s ll l snla
' l TV · so T' . m̂ pā c l' T→ vrll

n dvo . lnr 1 cs d8 c rcns c n t En np
1 ∋

l t np 1 lhs ĉ l' A ' n da p ^ T' ĉ ll

ↄ sr' bo c l' icrlb g–d 1 h–l 'xlc 'n
dvn p n sr c–l

l snla avrcu h–l hp ' dA n o dn' d'
ja ∞ l' nb° p c bnel ' fln n ā o dn'
dA

cd bl'

X' du jl d l SACD (94)

Chapitre 10, p. 99

l' a1h vv ly ĉ ā 1693

) ml' c 5M . ↗ n sc) so j p' d 125M
) abl lE d' ÉU ' lr lāg . fsl ' 1 dll alt
) n psd n· O1bl n· TV n· apry éc

l ĉl' p-lsāl a1h a fl' ā 1993 s' 300 ā 'v· ly
ĉ a lpc d s ce°

ā 1693 ssjcb a1n do l no a1h c' s pp
'gs ā a
l' # l' a1h sro vll d p-sc°) '1g
alr . ÉU vr 1850 ' sisl ⊲ l col' d lācsr
o lo lv j ācr l + fH cosɛ°

l' p-sc° d' anbls do) so ·su so a lò d lr
·slt du ⊖ 1d-n
sls· ' . s· l 1↑ m̄ p- g-d' lSl' d lr ĉl'

āf l 1. ⊖ $s p- e l gr l vs l dg l'
ssd l /rz c

) rfs s ⊖ 1v' 1' av lcl) cops ldm̂ ā
iiā p-dt l' pg do) n pv s ps'

Chapitre 10, p. 100

UNE SCÈNE EN INDE

La mousson vient de détremper la campagne indienne. Il faut dire que les pluies ont été exceptionnellement abondantes cette année.

Dans ce pays tranquille et encore ignoré des circuits touristiques traditionnels, des flamants roses et des cigognes chantent, seul bruit dans cet univers mystérieux.

Pour arriver au village, une route a été construite il y a quelques années. Le village est isolé mais tout de même équipé : l'eau coule au robinet et l'électricité emballe les ventilateurs.

On peut voir des fresques multicolores qui décorent toutes les maisons.

Des petites filles voilées, les oreilles chargées de bijoux et le nez percé d'une pointe dorée se dirigent vers l'école, qui commence très tôt le matin, accompagnées par de jeunes garçons.

L'après-midi, tous les élèves doivent garder les troupeaux dans les champs.

Autant de tribus, autant de villages différents qui se distinguent par leur architecture, la couleur du voile des femmes, la broderie des couvertures, la forme des bijoux ou l'étendue des tatouages sur les corps.

Mais partout, l'on trouve cette impression d'harmonie et de douceur.

Chapitre 11, p. 116

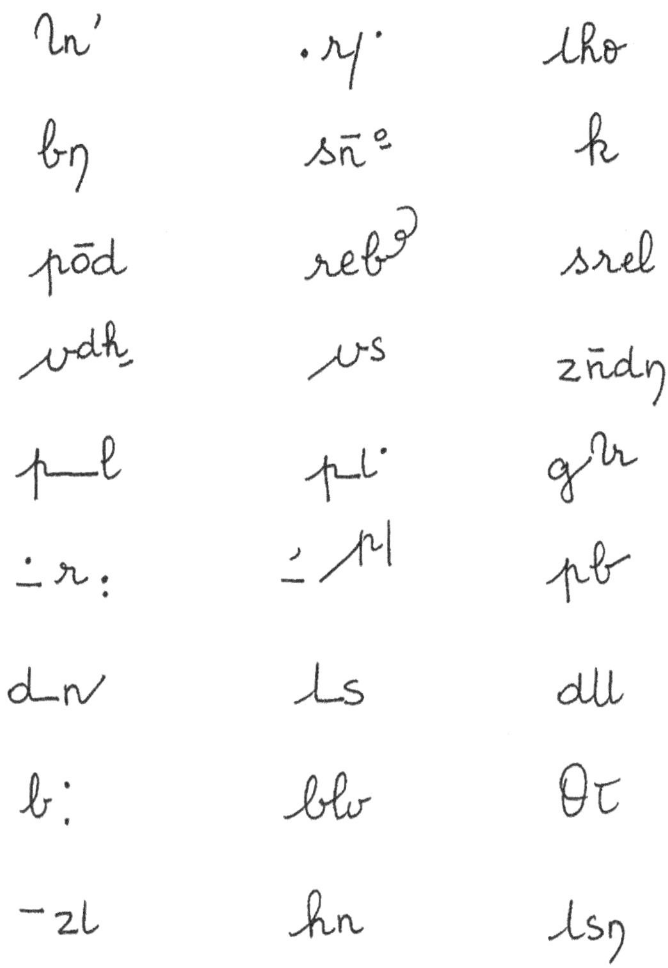

Chapitre 11, p. 117

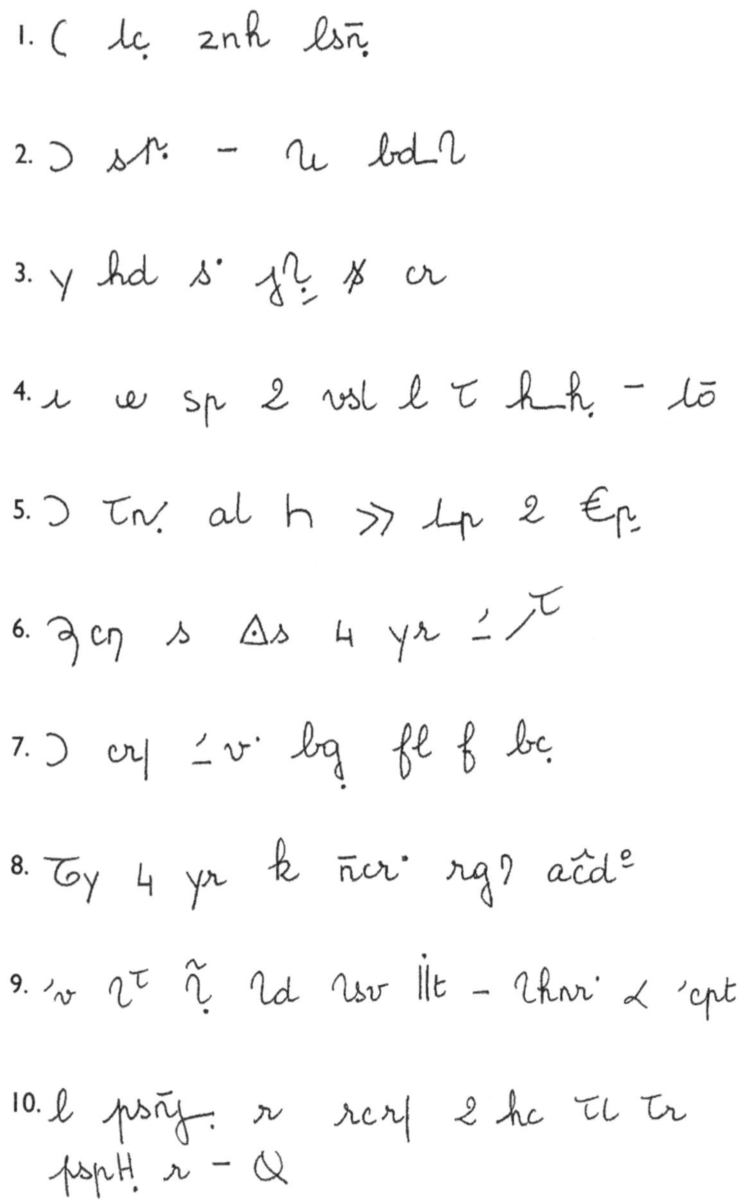

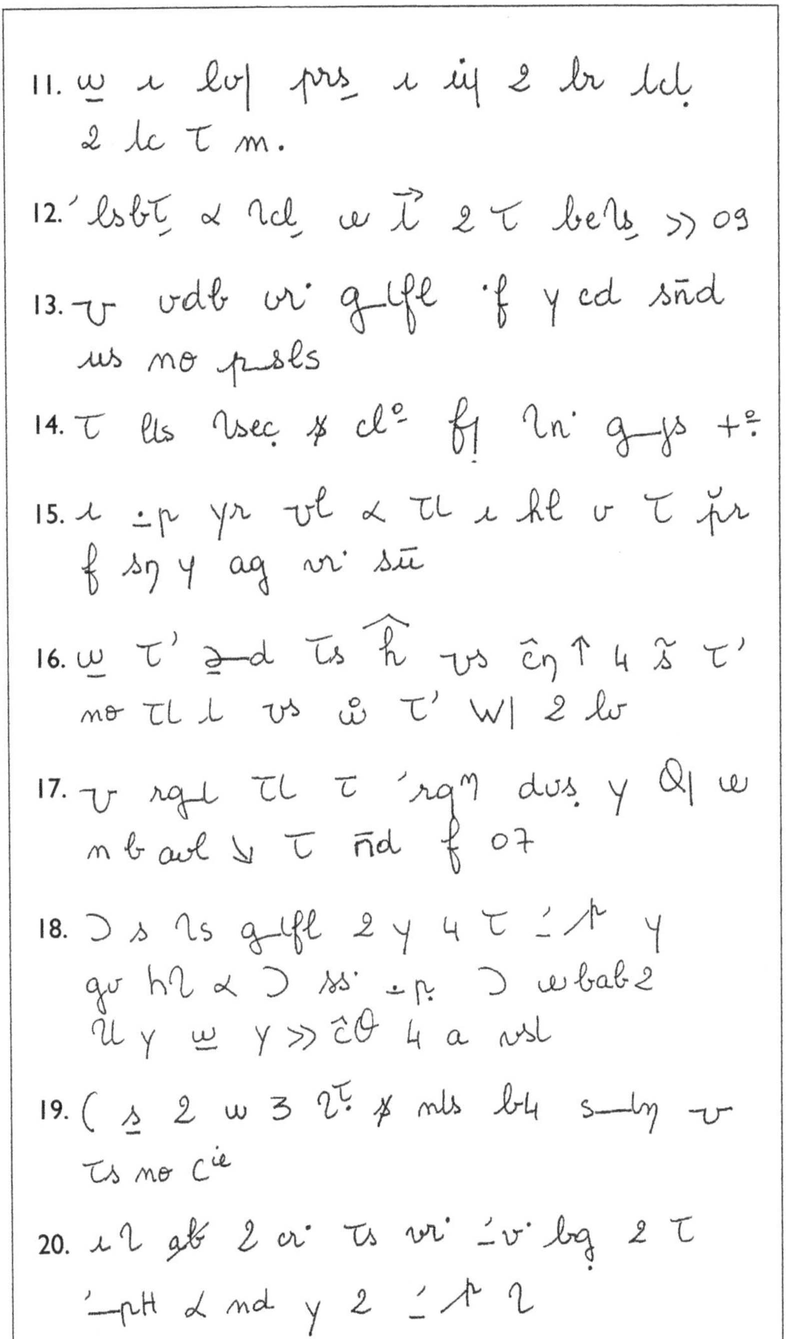

Bibliographie

Cerveau, mémoire et mind mapping

Une tête bien faite, 3e éd. Tony BUZAN (Éditions d'Organisation, 2004).

Mind Map. Dessine-moi l'intelligence. Tony et Barry BUZAN (Éditions d'Organisation, 2003). Site Internet : *www.mindmapping.fr.*

Comprendre notre cerveau. Jacques-Michel ROBERT (Éditions du Seuil, 1984).

Deux cerveaux pour une classe. Marie-Joseph CHALVIN (Éditions Nathan, 1993).

Utiliser toutes les capacités de votre cerveau. Dominique CHALVIN (Éditions ESF, 1990).

La mémoire en pleine forme. Jocelyne de ROTROU (Éditions Robert Laffont, 1993).

Techniques de prise de notes

Prendre des notes vite et bien, 3e éd. Gérard HOFFBECK et Jacques WALTER (Éditions Dunod, 2007).

La méthode SPRI pour organiser ses idées et bien rédiger. Louis TIMBAL-DUCLAUX (Éditions Retz, 1988).

Écrits professionnels

Rédiger sans complexes, 2e éd. Michelle FAYET (Éditions d'Organisation, 2003).

Réussir ses comptes rendus, 3e éd. Michelle FAYET (Éditions d'Organisation, 2005).

Rédiger des rapports efficaces, 3e éd. Michelle FAYET et Jean-Denis COMMEIGNES (Éditions Dunod, 2005).

Synthèse : mode d'emploi, 2e éd. Michelle FAYET et Jean-Denis COMMEIGNES (Éditions Dunod, 2007).

Méthodes de communication écrite et orale, 2e éd. Michelle FAYET et Jean-Denis COMMEIGNES (Éditions Dunod, 2005).

Modèles types de lettres et courriers électroniques, 2e éd. Michelle FAYET (Éditions d'Organisation, 2006).

57466 - (VI) - OSB 80° - STY - API

Dépôt légal : mars 2012 - Suite du tirage : octobre 2021

Achevé d'imprimer par la Nouvelle Imprimerie Laballery
58500 Clamecy
N° d'impression : 110038

Imprimé en France